国家出版基金项目

NATIONAL PUBLICATION FOUNDATION

[清] 李文炤 撰
赵载光 校点

李文炤集

湖湘文库编辑出版委员会
岳麓书社

《湖湘文库》编辑出版领导小组

《湖湘文库》编辑出版领导小组办公室

《湖湘文库》编辑出版委员会

出版说明

湖湘文化源远流长，博大精深，是中华文化中独具地域特色的重要一脉。特别是近代以来，一批又一批三湘英杰，以其文韬武略，叱咤风云，谱写了辉煌灿烂的历史篇章，使湖湘文化更为绚丽多彩，影响深远。为弘扬湖湘文化、砥砺湖湘后人，中共湖南省委、湖南省人民政府决定编纂出版《湖湘文库》大型丛书。

《湖湘文库》编辑出版以“整理、传承、研究、创新”为基本方针，分甲、乙两编，其内容涵盖古今，编纂工作繁难复杂，兹将有关事宜略述如次：

一、甲编为湖湘文献，系前人著述。主要为湘籍人士著作和湖南地区的出土文献，同时酌收历代寓湘人物在湘作品，以及晚清至民国时期的部分报刊。

二、乙编为湖湘研究，系今人撰编。包括研究、介绍湖湘人物、历史、风物的学术著作和资料汇编等。

三、乙编中的通史、专题史，下限断至1949年。

四、甲编文献以点校后排印、据原本影印及数据光盘三种方式出版。

五、除少数图书以外，一律采用简体汉字横排。

六、每种图书均由今人撰写前言一篇。甲编图书前言，主要简述原作者生平、该书主要内容、学术文化价值及版本源流、所用底本、参校本等。乙编图书前言，则重在阐释该研究课题的研究视角和主要学术观点等。

七、对文献的整理，只据底本与参校本、参校资料等进行校勘标点，对底本文字的讹、夺、衍、倒作正、补、删、乙，有需要说明的问题，则作出校记，一般不作注释。

八、甲编民国文献中的用语、数字、标点等，除特殊情况外，一般不作改动。乙编图书中的标点、数字用法、参考文献著录规则等均按现行出版有关规定使用和处理。

《湖湘文库》卷帙浩繁，难免出现缺失疏漏，热望社会各界批评指正。

《湖湘文库》编辑出版委员会

前　言

李文炤，字元朗，号恒斋，清代湖南善化（今长沙县）雷田村人。生于康熙壬子（1672）年，卒于雍正乙卯（1735）年。李家为善化望族，其父李恪人是秀才，以博学闻于郡邑。李文炤少年聪慧，14 岁即补博士弟子员，被人誉为神童。康熙二十九年（1690）省试，李文炤结识了同里熊班若、邵陵车补旃，听他们讲濂、洛、关、闽之学，大受启发，认为找到了学问的正道，回家后便四处购买周、程、张、朱的著作进行研读。后来又结识了沩山张石攻、邵阳王醒斋，共同钻研性理之学，书信往来，析疑剖异。

康熙五十二年（1713）李文炤考中了举人，第二年参加进士考试不第。从此他放弃了科举做官，潜心学术，不愿意担任吏职。他曾被任命为湖北榖城教谕，以疾推辞不就。李文炤主教岳麓书院数年，在教书育人方面有自己的一整套思想，订有《岳麓书院学规》，并写了接续朱熹《白鹿洞学规》的《豫章书院学规》。他是清代前期主教岳麓书院卓有成就的一位山长，在当时培养和造就了不少人才。

李文炤既是一个理学家，又是一个经学家。宋明理学以四书为核心文本。李文炤认为四书是六经的精华。但四书不能离开六经，性理之学不能离开儒学的一整套名物制度的落实，后者即儒家的礼学，李文炤的经学研究是以礼学为中心展开的。

李文炤用力最勤的是《周礼集传》，该书被收入《四库全书》中。宋代理学并不重视《周礼》，因为王安石变法是以《周礼》为旗帜的。李文炤则认为《周礼》是周公致太平之书，六官为百王不易之典。《周礼》讲的是官制即政治制度，对中国古代的政治体制产生过重大的影响，是讲究经世致用不能不重视的经典。李文炤还撰写了《增删仪礼经传通解》，所谓“仪礼经传”即包括十三经之中的《仪礼》与《礼记》。可惜这篇著作没有刊刻，现在已经失传。从《增删仪礼经传通解序》中，可以看出它的主要内容：“首之以嘉，则冠、昏、饮食、燕射之必详；次之以宾，则相见、聘朝之必辨；次之以军，则师田、均建、役刑之必晰。由是而慎终以凶，则殡虞、练祥、服制、仪节不可以苟也；由是而而追远以吉，则祖考、神祇、庙貌、文物不可以忽也。夫然后以通礼弥之，其居家也，有《内则》；其入学也，有《弟子职》、《少仪》；其立朝也，有臣礼；优游于日用，则《曲礼》致其文……若《礼运》、《礼器》则总文质之宜，具经典之义，而一以贯之，而礼之为教可得而悉矣。”

这是对儒家礼仪制度较为全面的阐述。

李文炤的《春秋集传》，是他的礼学经世思想的延伸。他按照儒家“出于礼则入于律”的原则，以是否合于《周礼》来解释《春秋》。他认为《春秋》所讥，即是反乎《周礼》的；《春秋》所褒，即是合乎《周礼》的。他的这个观点在学术上有待推考，但揭示了汉代以后的《春秋》学为政治体制建设服务的特点，可以说是经学研究上的一个创新。

李文炤作的《周易本义拾遗》是对朱熹《周易本义》的补充。《周易》是宋明理学的哲学基础，李文炤是真诚信仰程朱理学的道学家。他认为周敦颐立道学之元，二程是道学的亨通，朱熹是道学的利贞，也就是集大成。他尊崇濂、洛、关、闽之学，但没有注意到濂学、关学与程朱理学之间的差异。他推崇张栻正学，但把张学依附于朱学。这是自宋元明以来，长期以程朱理学作为正统学术的影响结果。他对道学内部的其他学派，如陆王心学、永嘉学派的功利之学，采取非常严厉的批判态度。这与康熙、雍正时代的官方理学是一致的。

不同于官方理学，他是继承湖湘学术的经世传统，把理学与经世学结合在一起。他认为世间只有两种学问，一种是“性理学”，一种是“论世学”，也就是经世致用的学问。他的经学研究之所以用礼学为中心，因为礼学研究的是政治制度、社会行为与文化，是经国济世之学。他认为濂洛关闽之学是羽翼六经，本末皆兼。他不只是讲求性理，更看重的是儒学的社会功用。清末的曾国藩讲理学即是礼学，在李文炤的学术中已经有明确的表述。

李文炤一生著作宏富。除了上面提到的经学著作外，理学著作有宋五子书集解七种三十卷。包括《太极图说解拾遗》一卷，《通书后录解》一卷，《西铭解拾遗》一卷，《西铭后录解》一卷，《正蒙集解》九卷，《近思录集解》十四卷，《感兴诗解》一卷，《训子诗解》一卷。其中用功最多的是《正蒙集解》与《近思录集解》，后者是综合朱门后学的解释而加以贯通的著作。关于前者，他在岳麓书院学规中说“至于《正蒙》，尤多奥僻，尝不揣愚为之集解”。他似乎没有看见过王船山的《张子正蒙注》，可能是船山著作当时被列为禁书的缘故。

李文炤的其他著作还有《恒斋文集》十二卷，是他去世后由其子章达编辑而成的。以上的著作都有刊刻。其未刊刻的著作还有《语类约编》、《渊源全录》、《古文醇》、《续古文醇》、《楚辞集注拾遗》、《地理八书》等，现已不可见，只在《恒斋文集》保存其序言。

李文炤是在王船山之后，经过明清鼎革的社会大振荡，湖湘学术沉寂多年，在雍、乾时代重新兴起的一位有代表性的学者。他的学术成就在博大与精深两方面都赶不上王船山，但为清代湘学的继往开来发挥了重要作用。

本书点校的只是李文炤著作中的三种，即《恒斋文集》、《周礼集传》、《家礼拾遗》。李文炤著作只有一个版本：四为堂藏版。《周礼集传》与《周易本义》则收入《四库全书》。本次点校以湖南省图书馆和北京大学图书馆收藏的四为堂藏版为基础，《周礼集传》则与四库全书版核对（仍是四为堂版）。《周礼》经文部分则参校清代阮元主编的《十三经注疏》（中华书局 1979 年 11 月影印本）。

本书只作标点和校记，一般不作注释。但个别地方，如《周礼·考工记》经文次序作者作了很大的变动，也作一二注释，以免读者误解。本书由我的研究生杨旭初步标点，本人二次核对并作校改、校记，因为版本的限制及本人经学修养的局限，错误在所难免，望方家指正。

赵载光

2010 年 11 月 15 日

目　录

恒斋文集

恒斋文集卷之二

记

辩

恒斋文集卷之五

恒斋文集卷之六

祭文

恒斋文集卷之七

赋

恒斋文集卷之八

诗集上

恒斋文集卷之九

诗集下

恒斋文集卷之十

恒斋文集卷之十一

恒斋文集卷之十二

周礼集传

家礼拾遗

家礼图式

家礼附录第一

乡礼

家礼附录第二

学礼

家礼拾遗卷之一

通礼

家礼拾遗卷之二

家礼拾遗卷之三

家礼拾遗卷之四

家礼拾遗卷之五

祭礼

恒斋文集

恒斋先生文集序

经世之文，六经尚矣。由周迄汉，称盲左腐迁为文字之宗，然不过论议之透脱，章法之工致而已。衡其义蕴，鲜克咸当，要不若贾疏、董策有经济实用也。昌黎文起八代之衰，而欧曾继之，如《原道》、《本论》、《宜黄学记》诸作，言皆圣门馀绪，文章于此可谓盛矣。若乃诗赋，则后世群推屈、宋、李、杜为冠，良以其忠君爱国、忧时感事之意居多尔。然则文之为文，惟言有物者，斯能传之久远。否则为君子所不取，概可见也。吾兄恒斋先生自总角以来，志希往圣，力索道原，思叩宣尼之门墙，窥洛闽之奥阃，沉酣六籍，汇为传注，非但欲以文章名世也。即其著述之暇，有时或触物感怀，或过都历境，或友朋赠答，凡形诸笔墨者，类皆抒写志意，阐扬性道，风云月露之辞绝不苟作。岁月既久，充牣奚囊。捐馆之后，嗣子伯成虑手泽久或散轶，属余选次付之剞劂。呜呼！琅玕虽在，謦欬莫聆，披读之下，声与泪俱。迹其遗草，文何必不若韩碑，诗何所不如杜律；若乃辞赋，又不知视屈宋为奚似，大约《长杨》、《子虚》未可以伯仲行也。惜夫卦数甫周，修文旋召，虽魁楚乡，通仕籍，未获身登朝右，一吐胸中之奇。借使得邀宣室之召，而对扬休命，则《说命》、《卷阿》庶有嗣响。彼韩子所谓鸣国家之盛者，将不在兹耶。先生文集甚夥，不能悉刻，今梓其尤者，质诸同志，俾高识之士得以月旦评焉，而先生之不朽者，谅即此而亦在，余岂阿所好哉！时乾隆戊午人日，愚弟芳华谨序。

恒斋文集卷之一

序

周易本义拾遗序

易之体要，象辞变占而已。辞者卦之蕴也，变者爻之动也，象者理之形也，占者事之兆也。卦无定体，爻无定用，而圣人之精蕴于是乎见焉。语其性情谓之德，语其形容谓之象，语其成位谓之体，语其对待谓之错，语其流行谓之综，卦之万变，由是而生矣。承其尊乎，乘其卑乎，应其敌乎，互其交乎，变其之乎。得奇之谓健，得偶之谓顺，无过不及之谓中，质与位当之谓正，爻之万殊，由是而生矣。引而伸之，触类而长之，则于圣人之情亦思过半矣。至哉！卜翼之作乎。释之以彖、象，申之以文言，经纬之以序卦杂卦，系辞所以明辞也，占在其中矣。说卦所以明象也，变在其中矣。《易传》之作，盖善于祖述者，虽《本义》亦大抵本其说而约之耳。然于辞则多得之，而于象盖未深考，是亦不无遗议也。不揣愚陋，妄为补葺，释经则以象数为主，释传则以义理为归。体用一原，欲推而明之；显微无间，欲究而极之。而数载之间，忧哀沓至，横逆频加，稍有暇日，未尝敢释于心也。草稿三易，始克成编，盖七年于兹矣。观会通以行典礼，岂所敢知，由辞以得意或庶几其万一矣乎。

增删仪礼经传通解序

五礼有庸，昉于虞廷，而秩宗之官特典其事。自夏历商，莫不由之，迄成周之代，元圣挺生而制作于是乎大备。然行之既久，威仪太甚，忠信或薄，文物既繁，僭拟斯萌。孔子周流列国，参考互订，思欲折三代之衷，为万世不易之成宪。夏时、殷辂、周冕、韶舞，固已略见其概矣。乃询之柱下，仅得周仪；征之杞、宋，不足文献。是则虽有订礼之意，而未必其遂为成书也。然三百三千经（曲）〔典〕具在，而七十子之徒作为传记，以故郁郁之盛，未尝失传焉。迨秦灰既烈之后，而其迹遂荡然矣。汉人以金帛购书，真伪混淆，诸儒任意去取，《仪礼》之经仅存十有七篇，其记仅存四十有九篇。此外经之篇三十有九，记之篇一百有馀，虽或偶见于《大戴礼》及注疏，称引之间，不过存十一于千百耳。唐之玄成魏公辑为《类礼》二十馀卷，而故府不传。宋之伊川程子始与门人吕与叔，思欲大加删订而迄不能就。惟朱子与门人黄直卿，厘为《仪礼经传通解集注》，然卷帙浩繁，而诵习者益寡矣。顾其书实为稿本，而篇目之离合，注疏之得失，犹多有可议者。盖专以冠、昏为家礼，而丧、祭列之续卷，则不当分而分也。《曲礼》〔以〕仪之纷赜，生民所通用，《大学》、《中庸》之渊微，圣学之极则，而并入学礼，则不当合而合也。至于《周官》乃治平之全书，不专于言礼，而裂取其分土制国、设官建侯、师田刑辟之事，以充王朝之礼，能无笔削圣经之嫌乎。故知此书实为稿本，而未可执之以为定论也。炤自方壮之年，始得其书而诵习之，继而重遭大故，乃留意于丧、祭之礼。据黄氏之所定者，去其重复，补其疏略，复取朱子之成书，分为七类而解释之。首之以嘉，则冠、昏、饮食、燕射之必详；次之以宾，则相见、聘朝之必辨；次之以军，则师田、均建、役刑之必晰。由是而慎终以凶，则殡虞、练祥、服制、仪节不可以苟也；由是而追远以吉，则祖考、神祇、庙貌、文物不可以忽也。夫然后以通礼弥之，其居家也，有《内则》；其入学也，有《弟子职》、《少仪》；其立朝也，有臣礼；优游于日用，则《曲礼》致其文；逊敏于庠塾，则《学制》、《学记》立其规；和同于天人，则《夏小正》、《月令》备其用；若《礼运》、《礼器》则总文质之宜，具经典之义，而一以贯之，而礼之为教可得而悉矣。夫然后以通乐饰之，乡有南，朝有雅，郊庙有颂。至于《乐记》，则声容德政，发挥无遗，而乐之为教，可得而推矣。嗟夫！礼乐之用，经三代圣人之作述而后成，今欲据残阙之遗文而复还其盛，岂可得哉！然则是编之修，亦曰守其旧以俟之其人而已矣。风会推迁，无往不复。圣人有作，即始见终，据此而推明之，其必有以默识于意言之表乎。周子曰："不复古礼，不变今乐，而欲致治者，远矣。"建中和之极者，三复焉可也。

源源井井，条分派别，是制作手段，虽未必尽合洪荒之旧，然九川涤源，九泽既陂，不可谓非再底平成也。弟实庵识。

周礼集传序

万象融融，上天统之。庶类纭纭，后土含之。大运绵绵，四时纪之，而元化默宰于其间。王者有作，人极于是乎立焉。设官分职，纲举目张，盖取诸此而已矣。君者极也，相者阴阳五行也。司徒为教养之相，宗伯为礼乐之相，司马为征伐之相，司寇为刑辟之相，司空为田赋之相，播五行于四时也。冢宰为修齐治平之相，浑二气于一元也。洪荒以来，茫昧莫稽，唐虞以降，损益迭出，及成周而后大备。孟子曰：周公思兼三王，以施四事。其有不合者，仰而思之，夜以继日，幸而得之，坐以待旦。甚矣，制法之难也。周辙既东，王纲不振，诸侯恶其害己也，而皆去其籍。虽以子舆之哲，亦仅闻其略而已。然庖人之类，见于《内则》；庶子之掌，载于《燕义》；九伐之法，述于穰苴；职方之纪，出于汲冢；司乐之篇，呈于窦公。盖不待李氏女子之献，刘氏天禄之校，而其言固已散出矣。去圣既远，晦蚀繁多，有仿其迹而假之者，有窃其似而乱之者，有师其意而不能循序以施之者，天下之士益以惑焉。惟朱子以为运用天理烂熟之书，而其论始定。顾表章虽明而训释未逮，至于诸儒之说，则又未免以私意小智杂乎其间。非不有醇焉，而不胜其疵也；非不有详焉，而不胜其略也。学者入于其中，能无望洋向若之叹乎。炤自弱冠，即不能无疑于此，于是熟读深思，远稽博采，不揣固陋，勒为一编。上推列圣之因革，下鉴历代之兴衰，以窃附于诗书集传之后。至若《冬官》既亡，则旁搜官名于传记之中，以志其梗概。而《考工记》亦存之，以备参稽焉。庶几圣人之精意，不汩没于百家之曲说云尔。嗟夫！天地无心，生民有欲，其污隆升降，视乎君相之一念耳。志气如神，百体从令，当躬具有位育也。朝廷建极万方，承式海宇，不啻官骸也，外王内圣，果且有二道乎哉。自道术之裂也，论学者以虚无为宗而土苴世务；论治者以名法为急而迂疏性术。规矩准绳之不立，而思制天下之器，利天下之用也，其可得乎？然则是书，固四子之梁筏，五经之模范也。糟粕煨烬，无非至教，神明变化，存乎一心，此传之所为作也。若曰为天地立心，为生民立道，为去圣继绝学，为万世开太平。则宇宙之广永，当必有人焉任之，而岂区区之所敢议哉。

煌煌巨篇，规模气象，绝似刘原父《仪礼补亡》诸作。黄上珍

春秋集传序

《春秋》议道之书也。道之大原出于天，分而为三纲，而人遂各戴其天焉。天子以之平天下，诸侯以之治其国，大夫以之齐其家，士、庶人以之修其身，而宇宙无不得所之物矣。皇古以来，君师代作，成周有制，六典昭垂，融融泄泄，莫非天理之充周，即莫非道术之经纬，其斯以为太和之运哉。东迁以后，下凌上替，卿尹之扰攘而百官失其统，邦国之吞蚀而四海失其均。世官用而兴宾之法失，税赋增而养民之意衰。僭窃相仍，而礼乐变矣；争夺无已，而征伐擅矣；乱贼日滋，而刑罚纵矣；田邑逾制，而疆理坏矣。举六典之所载者，皆紊而废之，则道术不用而智力相竞，亦其势然也。孔子生乎其时，梦想周公而不获一试，于是因鲁史而作《春秋》，以成周之道术，治成周之臣民。扫阴雨晦霾之积沴，指示以太虚之本体，而宇宙之太和在其手矣。盖其心如天之于万物，包涵遍覆。以知则易，以能则简，故形于言者，绝无委曲烦扰之迹。随其所发，而莫非性命之精微，无我故也。后之儒者，不能得圣人之心，而思穷圣人之言，讦以为直，徼以为智，舍康庄而入于荆榛之中，又何道之能议耶？伊川程子略举其端，未竟其绪。私淑其学者，迭相阐明，譬诸以管窥天，而终不能尽见其全体。窃不自量，裒集之、择取之、间亦附己意而足成之，未知于圣人之意果如何，而诸儒之穿凿附会，则尽去之矣。嗟夫！宇宙之纲维，一道而已。纯之则为王，驳之则为霸，戾之则为裔，戕之则为贼，气化之迁流，不能不叠兴于其间。圣人未尝不欲一切以道绳之，而仅寄一线于简册之中，此圣人之所深悲也。使凡

有天下者，与有国、有家、有□者，读其文，推其意而思其义。一念之慊，不啻华衮之加也；一念之欺，不啻斧钺之至也。则日用云为，无适而非春秋，即无适而非圣心，无适而非天理矣。拨乱反正，莫要于此，心一身之，三代既复，而后推之于家也，可推之于国也，可推之于天下也，亦无不可载之行事之深切著明。皆本乎天道，以符乎六典，岂徒二百四十二年之陈迹而已哉。不然，则是吏案而已矣，则是邸抄而已矣。

太极外传自叙

有理斯有数，有数斯有位，有位斯有名。其升而上也，为象之见，为政之运，为气之布，为岁之变，为日之迁。其降而下也，为形之凝，为岳之峙，为海之潴，为方之定，为行之错。其冲和而中处也，性以宰之，情以达之，化以营之，官以寓之，藏府及体以载之。相感而有事，相接而有伦。典以立其政，礼以齐其俗，则以备其物。建学而师道立焉，坐明堂而君道举焉。国之大事，在祀与戎，报德于帝，报功于神。本仁于内享，致义于外祭，而鬼神通矣。以攻、以守，皆有具焉。平居则时田，遇变则行阵，而寇乱弭矣。人伦既察，庶物乃明，以节众欲，以来四灵，而三极之道，焉有不立者乎？故曰："道亦器，器亦道。"又曰："不闻性与天道而能制礼乐者，末矣。"

西铭外传自叙

有天地，然后有万物，曰乾坤，曰民物，曰君相，曰长幼，曰圣贤，曰困穷。皆所谓棋之局也。善事天地者，曰畏，曰乐，曰肖。不善事天地者，曰悖德，曰贼，曰不才。皆所谓棋之着也。乐之至，则述事而继志矣；畏之切，则无忝而匪懈矣；践之完，则生成而顺宁矣。程叔子谓《西铭》言道，如以管窥天，止见北斗。夫北斗为天之纲，则《西铭》亦圣学之纲也，得其纲而万目将次举焉。故程伯子谓其可以达天德，薛敬轩谓其可以语王道，岂虚语哉。

通书解拾遗序

此书本号《易通》，盖因论《易》而推及于他书也。以《乾彖》尽造化之理，以《蒙艮》立教学之归，以《乾损益动》明修己之实。以《家人睽复无妄》极治人之原，而《易》之精蕴已思过半矣。其曰诚、曰纯、曰一，则《中庸》之枢纽也；其曰端本、曰善则，则《大学》之体要也；其曰视听言貌思，曰刚柔善恶中，则《洪范》至切之目也；其曰礼乐政刑教，则《周礼》至当之规也；其曰正王道、曰明大法，则《春秋》至简之义也。至于示不改之乐，发无言之蕴，推性善之由来，明仁义之大化，而孔孟之心法，于是乎昭然若揭焉。投五金于大冶，而精粹者上腾；萃百卉于一区，而英华者先露。是书于群圣之作，亦若是而已矣。呜呼！此其所以奋乎百世之下，而独得夫千载不传之绪欤。顾其言高而旨远，辞约而义微。朱子之解，恒引而不发，以俟学者之自悟。然嗣是以后，惟敬轩薛氏尝究心焉，延及后世，而诵习者亦罕矣。炤自弱冠下第登舟，闻良友之训导，始获见其遗编而读之，豁然如生长蔀屋之中，一旦决藩垣而忽睹天之广大也。昼诵宵思，炎雪靡间。然后叹条理之密，意味之深，诚有不我欺者，而岁华已十六易矣。窃因朱子之绪馀而推究之，章循其序，篇揭其纲，录为一卷，以备遗忘。而无极之真，阴阳五行之运，男女万化之象，常若了然于心目之间。同志之士，倘致思于此焉，则所谓书不尽言，言不尽意者，岂遂终不可得而见耶？

醇懿醖酿，可以伊川《易传》、《春秋》二序并驾而齐驱。弟实庵识。

正蒙集解序

《正蒙》之书，张子言道而作也。盖道在天地，而体诸圣人，寓诸六经，其下学上达，则存乎君子之自修焉。一气混茫，万有森列，生天生地，神鬼神帝，皆是物也。有仪有象，则变化不穷。升之为七政，布之为五行，散之为风云雷雨，岂有他哉，与道为体而已矣。万物芸芸，天则覆之；庶民蚩蚩，圣则范之。故君子之学，必本天而宗圣，庶物人伦，明之察之，而理可穷矣。人心天命，研之精之，而性命可知矣。由是尽心而成身，则自得之实也；由是修己而及物，则时措之宜也。蕴之而为德，发之而为业，行诸上而为君相，明诸下而为师儒，见诸日用而为言行、为政事，皆同归而一致耳。《易》拟其象，《诗》宣其志，《书》述其事，《礼》、《乐》彰其用。百家之方术，岂足以紊之。大哉道乎！非仁且智，其何以凝之乎。订其顽则仁，砭其愚则智，而于天下之道，一以贯之矣。是《正蒙》之大旨也。虽其辞多未畅，理多未融，诚有如程子、朱子之所讥者，然囊括造化，缕析圣诠，一洗异端之荒谬，俗学之支离，殆非天人之对，性道之原，所能闯其藩篱也。是以忘其固陋，集诸说而以己意断之，发明其大醇，辨晰其小疵，至若意见或殊而义理不妨两通者，则亦并著其说，以听学者之自择。然后此书之辞意，不至于苦其艰深而疑其偏窒也。或者谓此书不及《通书》、《易传》之深醇，难以上接四子之传，则其言过矣。《近思录》并列四先生之言，虽以《观物》内外篇而不得班焉。《语类》又谓横渠之于二程，犹伯夷、伊尹之于孔子。夫《采薇》一歌，传闻匪实，且民到于今诵之。乃若《伊训》数篇表里谟诰，未尝因道之小偏而遂废其言也，则何疑于《正蒙》乎。然则是书，固宜与《通书》、《易传》并行而上接四子之传。特凡近之说，不能加章句集注之神会而心得之耳。是则所望于同志者之商质也。

可与朱子诗传序并行。弟实庵识。

近思录集解序

昔者衰周之运，百家竞作。孔孟之徒有忧之，缉微言而成《论语》，遵正学而著七篇，使学者不迷于向方，其功盛矣。秦汉以降，道术分裂，荀、扬、王、韩各驾其说而不能相一。有宋周子，以先知先觉之诣建图属书，弁冕群言，以传之程氏，而张氏亦与有闻焉，推演光大，辨析精微，所谓为天地立心，为生民立道，为去圣继绝学，为万世开太平者也。顾其业至广，其说愈详，学者乃或望洋而兴叹。甚至未尝究其巅末而妄肆诋诃。有如陆九渊议太极之非，是太原可得而湮也；林栗攻《西铭》之失，是弘纲可得而绝也；程迥诋主敬之误，是圣功可得而废也；陈亮疑道治天下之迂，是王猷可得而杂也。朱子盖深悯之，于是不得已而为近思之录，著性命之蕴，而天下之言道者有所宗。揭进修之要，而天下之言学者有所准。至于穷理、居敬、克己之方，理家、入官、均平天下之法，以逮应物、教人、制心之则，与夫闲邪说、宗正学之归，莫不举之有要而循之有序，诚可以羽翼四子而补其所未备焉。欲求数君子之道而不先之以是书，固不得其门而入矣。

然其微辞奥义，多未易晓，朱子虽往往发明之，而散见于群书。《四书集注》、《或问》、《大全集》、《语类》，盖学者欲观其聚焉，而不可得也。窃不自揣，为之裒集而次列之，而又取其意之相类与其说之相资者，条而附之，以备一家之言。至其所阙之处，则取叶氏、陈氏、薛氏、胡氏之言，以补之。叶氏名采，字平岩，著《近思集解》；陈氏一名埴，字器之，著《近思杂问》；一名选，字士贤，著《小学集注》；薛氏名瑄，字德温；胡氏名居仁，字淑心，著《读书录》及《居业录》，其言及《近思录》者取之。间亦或附己意于其间，庶几可以便观览、备遗忘，以待同志者之取裁而已矣。呜呼！学者诚能逊志于此书，则诸子百家皆难为言，而于内圣外王之道，不患其无阶以升。较之役志于辞章之中，老死于训诂之下，风推浪旋，无以自拔，而犹自矜衣钵之传者，其小大之不同，量为何如也。聊志其概于此，以自警云。

家礼拾遗序

先正朱文公宅祝太夫人忧，著《家礼》一书，藏之匣中，为一仆童所窃，逮易箦后，乃行于世。当著书时年方强仕耳，故与晚年之论不无小异，然其规模之宏大，条理之精密，固无愧于制作之能事也。予自连遭大故以来，取是书而遵守之，诵习之，已而参之于《仪礼》、《周官》，复衷之于《语类》、《文集》，为辩论数十则。上推先生之遗意，下辑群儒之公论，名曰《家礼拾遗》。郡侯崔公闻而嘉之，锡以弁言，然未敢出以示人也。比年以来，《三礼解》成，恐始学者未免有万牛回首之叹。乃复取故编而订正之，以为有家者，诚能守此而谨行焉，亦足以正其本矣。至若蓝田乡约，则乡礼之准绳也。白鹿洞揭示、沧洲释菜仪，则学礼之权舆也。辄取以附其后，以为三代之文物，虽不能遽复，而因俗以宜民，道莫近乎此也。抑《文中子》有言曰：“冠礼废，天下无成人矣；昏礼废，天下无家道矣；丧礼废，天下遗其亲矣；祭礼废，天下忘其祖矣。”呜呼！吾未如之何也已。然则观是书者，其毋以言近而忽之，倘亦寡过远罪之一资乎。

语类约编序

大化之运，元必归贞。道统之传，开必有会。是故修和之盛，司空告其成；谟烈之垂，家相成其德。洙泗之传，命世发其蕴。斯所以卓然自立于一代，而万世共由之也。秦灰既烈，圣道中沦，虽以董、韩、孙、石之才，而莫能振其绪。迨濂、洛叠起，而道统于是乎中兴。然合志者，未免夷、惠之偏，及门者，鲜有颜、曾之匹，而道术亦复为天下裂矣。借六经以文奸言，托三代以饰虐政，蛊中于君心，毒流于生民，是王氏之学也。安石。尚纵横之诡习，扬、嵇、阮之馀波，其文适足以灭质，其博适足以溺心，是苏氏之学也。洵、轼、辙。恃履忠蹈信之资，蔑知言穷理之学，醇大而疵亦不细，功多而过亦不少，是司马氏之学也。光。以佛乘为道岸，以禅悟为儒修，肆淫诐邪遁之辞，攻螟螣蝥贼之技，是张氏之学也。九成。昧心性之大原，务德业之崇广，九层之台不积于累土，千里之行不谨于举步，是胡氏之学也。宏。讥问学为榛塞，诋思辨为陆沉，聚精会神而以为德性，任情率意而以为天机，是陆氏之学也。九龄、九韶、九渊。择善之不明而托于浑厚，立己之不固而流于通融，博学多闻固有之，守约穷源则未也，是吕氏之学也。祖谦、祖俭。即器而谓之道，即物而谓之则，侈心于制度之末，凿智于文为之繁，是永嘉陈氏之学也。傅良。义与利双行，王与伯杂用，枉己而思以直人，诎身而思以伸道，是永康陈氏之学也。亮。神徂圣伏，百喙争鸣，于是晦翁夫子独与敬夫、季通，左骖右介，攘剔之，扶持之，然后圣道大明，如日月之经天，江河之行地。从游之士几遍天下，而训诲谆恳，提撕反覆，忧之深而言之切，虑之远而说之详。顾记录之多，未免重复；识见之误，未免舛讹。敬轩薛子，盖屡以删修，诏后之人，而未有承其志者也。窃不自揣，择其言之精粹者，勒为一编，名之曰约。至若《四书》、《五经》、《太极》、《通书》、《西铭》之说，则前民固已裒集于传注之下。惟程、张之书之发明者，则附于《近思》之集解。《礼仪》之辨晰者，则附于《家礼》之拾遗。故其所编者独此而已矣。其他文集则将入古文之选，而独取知旧、门人之问答，列于各传之末焉。呜呼！宋之道统，先知先觉，周子以之，其斯道之元乎；有典有则，程子以之，其斯道之亨乎；无内无垠，朱子以之，其斯道之利贞乎。然则读是书者，何异聆大成之再集也哉。

渊源全录序

天牖生民，笃生至圣。颜、曾拔萃，翱翔两骖，此道统之源也。然颜以明睿之资，备中和之蕴，而端木未足以并之，故天不假龄，而有丧予之叹。曾则笃实弘毅，引年眉寿，思、孟复承其业，而其学于是乎大光矣。历汉及唐，杂以百家之支离，乱以二氏之邪遁，虽或不无豪杰之士特立于其间，譬彼支川之清泚，小涧之湍流，终不足与于四渎环瀛之胜也。宋治休明，而卓尔之见，忽发于月岩星墩之间，一门亲炙，渊舆继轨，然一则超诣而自得，一则持守以有成。超诣自得者，英才莫能窥其奥；持守有成者，遂主绝学之宗盟焉。乃若雪月风花之品题，野马细缊之窥测，则犹若倚于一偏，而非正鹄之的也。汴京南渡，斯文从之。然晦翁缵正叔之绪而底于大备，子静袭伯淳之诣而入于歧途，遂至朋分角立，历数百年而未已。以故德温、叔心方续晦翁之传，而公甫、伯安复张子静之帜。而有明末代之学术，卒沦于淫辞诐行之归。呜呼！其亦不思而已矣。夫子渊虽见天心之复，而必循循于博文约礼之功；茂叔虽探无极之真，而必乾乾于穷理尽性之旨。其与明新、择执、涵养、进学之义，又何以异哉。盖上智之资，诚立而明通，大贤之品，敬直而义方。学焉，而各得其性之所近，不可诬也。不自度其气质之若何，而凌高躐空，惊世骇俗，舍义理而任知觉，汩性命而摄精神，未尝不言心，而不知惟危惟微之分也；未尝不言性，而不知有欲有恒之辨也；未尝不专心以求静，而不知静存动察与守静致虚之殊涂也；未尝不妄意以睎神，而不知形生神发与诚精神应之异致也；几何而不为异端之赤帜也哉。今因伊洛渊源之录，溯而上之，以至于尼峄，沿而下之，以及于薛胡，各仿《世家》、《列传》之体，而录其行实。尽删异学之荒谬，而使道术归于一焉。庶几读《论语》群书，如聆左史之记言；读《渊源》一录，如观右史之记事。而圣贤之仪型，宛然在目矣。若夫观而摩焉，奋而兴焉，则存乎其人云尔。

二序醇肆而明畅，愿此书速广其传，以为后学之津梁，望之。黄上珍。

唐宗舜孝经刊误注序

孔门立教，以仁为宗。仁之发也，先见于亲而为孝，移之于君而为忠，推之于长而为弟，极之于民物而为仁爱，皆一理之充周耳。圣人生平不忍绝人以不仁，惟于短丧之宰予责之。亦不敢许人以仁，惟于顺亲之伯夷，从兄之叔齐，忠君爱国之微、箕、比干与之。世衰道微，弑逆接踵，乃与及门诸贤，讲论传授，存天理民彝于一线之未泯，以诏来世。其似圣人者，既申之以本立道生之旨，而得圣人之宗者，复述《孝经》之篇。顾其书虽存，而淆乱之者亦不少，虽以紫阳草庐之删订，而尚未适厥中。故先帝衍义之书，专取经文，而于传文则不尽从也。吾友唐子宗舜乃取而精校之，识天明地察之为至德，推天经地义之为要道，而一书巅末遂迎刃以解。传之家塾，以示诸生。若筑室焉，基立则不堕；若树材焉，本固则不摇，非仅以为场屋论艺之资也。抑宗舜之为人，淳厚慈良，其于仁孝之道，非苟知之，实允蹈之，故能默契于千载之上。诸生毋徒求之色相声闻之间则几矣。不然无躬行心得之实，恣入耳出口之纷，则是以身谤也，岂作者之所望哉。

楚辞集注拾遗序

诗歌之作，关系五伦，而于朝廷为尤巨。帝歌陶赓，所以鸣其盛；五子述戒，所以鸣其衰。至成周而其体大备，宣圣删之以垂万世之经，可谓盛矣。诗亡迹熄，乃有楚大夫变而为骚，以继夫风雅之馀韵。后代辞人往往宗之，然采其华而忘其实者多矣。独晦翁先生以名世之德业，遭伪学之禁网，且伤其良友之以宗臣而罹无辜之祸也。于是悲天悯人，神会心契，而有集注之作，后语之录，以故千载之忠魂昭雪于一旦。但大旨虽明而微意未晰，后儒不无遗论焉。间尝于斋居之下，得王、林、廖、朱四家之说而参酌之。王名夫之，号船山，作《楚辞通释》。林名云铭，字西仲，作《楚辞灯》。朱名翼，字悔广，作《离骚辩》。廖名志灏，字伯湘，作《天问答》。取其当者，黜其误者，以补集注之遗。惟《九歌》、《远游》，则鄙见不无一得之长，亦辄敢附于其内。至于后人之续作，独宋大夫负同调之悲，贾太傅生旷世之感，珠辉璧映，一例发明。其馀则欲稍加笺疏，而力未暇也。嗟夫！屈子之经，朱子之传，皆忧世之书也，亦即经世之书也。予以浮游物外之人，砺石霖雨之具，久已付之杳冥。白发青阳之感，无由形之寤寐。然沉吟反复之下，而不觉恻然其动心焉，诚不知其胡为而然也。昔者蒯通流涕而读乐毅报主之书，胡寅豪饮而诵孔明出师之表，亦不知其胡为而然也。事不相谋而情实相感，倘亦人心之不容已者乎。

慷慨悲歌，如闻渐离击筑，雍门鼓瑟，旷世相感，抑何深哉。弟实庵识。

岳麓书院同窗年谱序

尼山、峄山，重规叠矩，独其叙人伦则若有不同者，一则曰昆弟，一则曰长幼。以故述十义者，分兄良、弟悌、长惠、幼顺而四之。纪七教者，并兄弟、长幼、宾客而三之。学者不能无惑焉。迨横渠作《订顽》，然后以一言断之曰民吾同胞，则四海之内诚皆兄弟矣，而况于合志同方者乎。楚南旧有岳麓书院，自宋以来弦诵迭起，以迄于今，人文更济济矣。丁酉之岁，大中丞李公，大方伯宋公，莅任兹土，讲求大典，以此地为乐育之薮，相与招致九郡之俊士，捐糈以优之，课艺以励之。既又命炤充山长，与广文临皋陈先生共襄厥事。院中之士，相与迭讲所疑，迭肄所业。春窗朝融，秋堂夜静，鱼鱼雅雅，声应气求。群相议曰：吾侪断金之谊，可谓笃矣；丽泽之资，可谓厚矣。他日者辞名山而归去，得无离群索居之悲乎。则家世之传，乡里之迹，姓字之志，不可以不之详也。予闻其言而深感之，古者党庠州序之设，达于天下，士之处则同志，出则同道，纠其德而劝之朋友，正其行而强之道艺。当是之时，家敦诗书，人说礼义，不出闾巷，而师友渊源已渐被久矣。自道术之不同，风俗之不一，而士各以其所趋向者为学，于是有间关而求师，越境而访友者。然而得其人，则为颍川之名德，为洛社之儒宗；失其人，则为西蜀之争党，为东林之虚声。不可以不慎也。抑又有当慎者，一日之因而终身之宗。由之砥行砺节，则与之交者，与有荣焉；污身败名，则与之交者，与有辱焉。然则此一叙也，岂不足以当弦韦之佩乎。夫长幼之节，实由天叙。故元子、胄子、凡民之俊，选其入学，皆以齿。伐木之诗，可咏也。戒之哉！毋护短而吝，毋挟长而骄，毋匿非而以为和，毋攻隐而以为直，则庶乎可期以古处，而不为无益之标榜矣。况是院也，当朱、张讲学之年，潇湘之间，有洙泗之风。予以浅陋，仰止前贤，言行学术，百不逮一，徒自愧叹而已。诸君倘有志焉，尊其所闻，行其所知，深造诣极，自是而不已，庶足以为斯院之光乎。勖之哉，予将拭目而观诸君之新功也已。

意挚而情谦，辞严而气和，真人师之言也。弟实庵识。

地理八书序

男女居室，而胎息则寄于妻。乾坤定位，而产育则资于地。上古之时，葬埋未备，降生神灵者，间气所钟也。中古以来，墓人有职，宅兆有卜，其开国承家，生生不已者，莫非地气之应矣。郎曰竹而王，石而君，空桑而相，亦传闻之辞则然，而岂数数见哉。古之达者，知其然也，于是建为得水藏风之说。俾人得以奉先而裕后，其仁孝之心，可谓盛矣。青乌、白鹤，世远言湮，及晋之景纯而始大著。嗣是以后，书愈多而道愈枝，求其言高而旨远，辞约而义微者，盖十不得一焉。予自罹丧祸以来，究心有年，乃择七家之书而读之。精纯隐括，弁冕群言，若星有极而水有源也。《葬书》以之，平正通达，绝无瑕疵，若布帛之适体而菽粟之适口也。《发微论》以之，而形势之说明矣。立典垂则，函盖万有，义可精而神可入也。《王尺经》以之，探赜索隐，靡复留馀，三才可以际而万象可以贯也。《催官篇》以之，而理气之说明矣。乃若出入造化，进退古今，为形家之《中庸》，则《玄机经》所以为至也。提晰纲目，开示堂奥，为形家之《大学》，则《玄枢经》所以为当也。至于近世著述，不可殚纪。惟《钩玄论》不蔓不漏，故特取之。但专言形势，而不及理气，且克择之说阙如。故窃补其遗，以附诸书之后，而地理之体用，殆于是乎备。既又总会众言，略加疏释，显者微之，幽者阐之，信者传之，疑者辨之。虽于先哲之传心，未见其吻合。然于生民之日用，亦或不无少资焉。仁人孝子，尚相与共订正之哉。

黄太母颂节诗续集序

诗之作也，半出于闺门之间。夭桃浓棣，鸣燕好也；角枕锦衾，志专一也；草虫山蕨，纪怨思也；柏舟中河，著节操也。夫以闺门一时所遭之不齐，而其发为诗歌，乃至于感天地、泣鬼神，与朝廷郊庙之辞并垂千古，夫岂寻常之绮语可得而比伦哉。吾友黄子奉璋，自幼而孤，母氏鞠育而成立之，思所以酬罔极之恩者，而不能偿其万一，于是自号荻斋，而征诗于同人，得巨编若干首。亡友石攻张先生，既与质夫张公同叙而行于世矣。嗣后声闻益远，赞颂益多，欲复剞劂之而征叙于予。予之学，仅得石攻之绪馀，若所作文辞于石攻无能为役，而何敢续貂。然石攻之心则或有以知之矣。盖其颂黄母之诗有云：“我闻作诗自有谱，兴观群怨代天语。”夫天之所以牖民者，纲常而已。立言者苟能扶三纲、植五常，是虽钧天之奏，不加于此矣。谓非天之语而何哉！然则荻斋之续刻，一以罄永言之孝思，一以征秉彝之同好，是乌容以已乎。或者谓奉璋不克如永叔之禄位崇高，以尊养其亲，若有歉然。于(昼)〔画〕荻之教者，则浅之乎为见也。夫君子之事亲，得志则鼎烹备物，失时则菽水承欢。要其显扬之道则一耳。况奉璋策名司铎，多士景从，未几解组，弄雏戏彩，视永叔之归田，叹蹉跎而衰老，果孰为遂其初者耶。异日者，耋耄有赞，期颐有颂；予将为奉璋求海内之立言者，以垂不朽。然则是叙，固草创之野乘，非诚敢为珠玉之弁词也已。

有功彝伦之言。弟实庵识。

增删广三字经序

《易》曰：“蒙以养正，圣功也。”夫蒙初有觉而即以圣功期之，譬诸种树者然，壅其根本，去其蠹蚀，则虽勾萌甲拆之微，而已具有蔽日干霄之势矣。故教小子者，仁孝所以立其本，忠信所以固其干，诗书所以发其英。否则，功利之所飘摇，嗜欲之所枯槁，百家众技之所侵残，即幸而成材，亦臃肿屈曲而不足以荷栋梁之任。岂有他哉，渐积之势然也。圣远言湮，教法失信，童子初登庠塾，即浮靡之是溺，纷华之是骛，漠然不知圣功为何事，其间岂无有立于当时，有闻于后世者。然拟之三代之英，则瞠乎其后焉。是皆由蒙养之不端，而非古今人不相及也。程子尝欲作诗以教童子，令朝夕歌之，而未及成书。宋儒王伯厚所作《三字经》，犹仿佛其遗意。然其言之不醇、不备者，尚多有之。吾乡车子须上乃取而更订焉，列小学、大学之程，明为己、为人之介，定男教、女教之趋，洵训蒙之指南也。惟读书之法尚当折衷，而道统之传未及开示。窃不自揣，附千虑之一得于其间，顾未知其当否何如耳。夫《曲礼》、《少仪》、《弟子职》诸篇，其句短而便于读，其词明而易于解，其语韵而谐于声，是亦古之训蒙书也，而今俨然经矣。然则读是书者，其毋徒视为调舌顺口之资，而即以为射者之的、行者之归焉，则何圣功之不可期哉。嗟夫！今日之童子，即异日之成材也。处为真儒，出为良臣，吾将舍之而谁与望乎？是为序。

言近而指远，可作教学箴铭。弟实庵识。

古文醇序

宇宙英华之气，发而成文。在天为象纬，在地为葩藻，在人为书契。二帝以之变草昧，三王以之光鼎革，至圣以之觉颛蒙。文之用于天下也，大矣。《尚书》开六籍之始，《语》、《孟》折百家之衷，后有作者，孰得而及之哉。周衰文弊，百氏争鸣。焚书之祸，宜若有以致之。汉兴，一返于淳朴，及末造而渐漓矣。魏晋六朝，巧言乱德，虽以盛唐诸公而莫能挽其流。非昌黎师弟，则八代之衰何自而起乎！庐陵、南丰遍相祖述，宋之文治，日以昌明。至程朱有作，而微言大义直合古人心印矣。年代既远，篇什愈繁，势不得不有以约之。梁之《文选》，专主艳丽。唐之文粹，亦尚浮夸。惟宋之正宗，识高而议当。顾所取者，或失之泛，而所不列者，又未免于有遗。此昭代渊鉴之书，所以独超乎历朝之选本欤。顾取多用弘，读者不能无重大之叹，是以忘其固陋，精择其尤，而间或补其未备，勒成一编，名之曰醇。若醴醪之养生，若参术之已疾，不徒适口腹之欲而已也。虽然，天下有道，则行有枝叶。天下无道，则言有枝叶。文非君子之所尚也。得其所以文者，博而不失之杂，约而不失之陋，斯可矣。语曰：“三人行，必有我师焉。”况合历代之贤君、良相、名儒、修士而如闻其音旨，如接其仪容，其取资宁有既乎，是在学者之自得云尔。

续古文醇序

予昔选左国以下之文四帙，名之曰醇。今兹来止志局，友人携明文甚夥，因裒而择之，得百有馀篇，用以备一代之言而志其概。曰明文之渊源何自哉？紫阳氏嫡派私淑于其人，酝酿名山，黼黻景命，而昌黎、南丰之法律，道鄘、豫洛之精蕴，悉萃于开国之群材，堂哉皇哉，升堂窥奥，诚正始之元音也。无何天未厌乱，靖难剪锄，而读书种子绝矣。然而遗编未坠，崛起有人，不虞新会新建之邪说突出，簧鼓天下之人心，而学术于焉大坏。下至文章末技，不为罗刹之侏离，即为化人之傀儡。当斯时也，岂无河滨之民，思捧土以塞孟津之罅，而滔滔东注，莫之能返也。然则学术之醇醨，岂非国运之治忽所由系哉。今试取胜代之文而翻阅之，如咀甘蔗，中边皆甜，初代之文也。如咽橄榄，回复隽永，中代之文也。如尝姜蔌，涕泗滂沱，末代之文也。知其言即可以论其世矣。山有木，工则度之；狐有腋，匠则制之。以之议道，以之议政，皆可损益而折其衷矣。世有大心秀才乎，当必以予言为不虚哉。

雨湖吟社序

从来诗歌有作，必赖江山以助之。以故香山有唱和之编，洛社有真率之会。辉映千古，迄于今不朽焉。虽然之数子者，或怡情于丘壑，或适志于园林，其于水云汀月之胜，尚未能沉酣而领略之也。吾族谷友先生乃与良友高僧志同道合，环居雨湖之傍者凡八人焉。春朝涵翠，秋夜澄碧，搴帘望远，鼓楫凌波，而百馀里之景物尽贮之诗卷之中。积成巨帙，镌示同人。予以应征入志局，得与谷友相见，宗谊之馀，继以吟社，徐观八子之稿，锦裁绣错，而后知其实获江山之助也。彼天下推佳丽者，莫若西湖，然不过载妖冶之伦，侈歌舞之态已耳。至若洞庭、彭蠡，吞天浴日，游之者每魄掉魂驰于蛟螭出没之间。岂若雨湖之内，雅集豪吟以揄扬风月，拾举莺花，进退烟岚，卷舒云霞，直与香山、洛社鼎立于骚坛也哉。抑予更有嘱焉。雨之为物，将以润天下者也，君子渊源深浩，解泽滂沱，归触石以自藏，敛神功于寂若，庸讵知人之非湖而湖之非人耶。则掉歌之赠答，水槛之讴谣，犹其浅焉者乎，谷友勉之矣。

梅溪曾氏族谱序

古之称不朽者，以世禄为轻，而以立德、立功、立言为重。是故穹窿赫奕之族，有时而光沉影息。而得三不朽之一者，即足以绵世泽而永家声，吾于梅溪曾氏之谱而深有感也。鄫在春秋，号称列国，其后降为附庸，去为大夫，抑为编户，不获与当世之有国有家者比肩。人固疑其世禄之薄矣。然其在鲁也，则子舆氏任重致远，得圣道之宗，自颜氏以外莫得而班焉。非立德者而能然乎。迄于唐，则有洪立者，天步艰难，乃心王室，卒之完节，仗义为国之光，亦可以称立功矣。迄于宋，则有子固者，潜心大业，发为文章，追孟、韩，驾欧、苏，当世宗之。亦可以称立言矣。上下数千载，萃三不朽之实于一门，可不谓盛哉。梅溪之派，出自庐陵，代有闻人，而三省公者，建日省堂以自居，盖深有意于祖武之绳也。其生平行事，宽惠易直，既登之家乘矣。以故子姓绳绳，多有行而能文者，其裔孙侣苍从予游于道院，携家谱而请弁言。予固仰子舆之学而诵子固之文者也，是用沂流溯源而叙其大概如此。典型在望，缵绪宜殷，侣苍尚与同族勖之哉。

张玉友先生诗序

风雅骚辩之后，诗体屡变，而子美之法、尧夫之志，燧孤行于宇宙之间。然子美法虽深而识则浅也，尧夫志虽高而格则卑也。鲥鱼多骨，金橘太酸，亦不可谓非千古之憾事矣。吾执友石攻张先生，负豪杰之才，蕴圣贤之学，间或以其馀力研精于诗歌。饮醇探汤之意，其发之也真；悲天悯人之情，其出之也切。几几乎兼二家之长而有之。有时不免于叹老而祗虑所学之无成，有时不免于嗟卑而实忧斯民之不古，夫岂俗情之所能测哉。迄年逾不惑以后，则志有所专而不暇多作，且又不自珍惜而收存者无几矣。然仪凤一羽，实备五色，又何必较量于篇什之丰啬也耶。盖先生尝诲予曰："诗而无当于兴观群怨者，虽不作可也。"百世而下，知人论世者，其必有以镜诸此矣。夫先生本姓余，讳鸣珂，字玉友，号石攻云。

石攻之人品，于数言中毕见其真，登之集中，可以并垂不朽矣。弟实庵识。

龙塘张氏昭兹录序

古史简略，家乘罕传，自司马氏有世家之纪而历代因之。后人仿其遗意，凡名族必有谱，然其所载，大抵苗裔之昌炽、势位之崇高已耳。夫宇宙之所赖以撑持者，有三事焉：一曰勋业，是乃铭诸太常，祭诸大烝，与一代同其不朽者也。二曰学术，是乃印心前哲，合辙后贤，垂之万世而常新者也。三曰节义，是乃仰参日星，俯贯河岳，塞乎天地之间而无忝者也。凡世家巨族，苟得其一，即已表表人寰，而况兼而有之者乎。予于龙塘张氏有异焉。张氏之先系出曲江相公弟九皋，至宋而笃生社稷臣。魏公力排和议，志复神州，虽扼于奸邪，不获竟其功，然非蜀道完疆，平江复辟，安能延宋祚于弗斩也哉。公之元子，实为南轩先生，师胡仁仲而得言仁之旨，友朱晦翁而会太极之趣。虽享龄弗遐，不获叶相星明江汉之占。然俎豆宫墙与春风沂水，后先辉映，圣门有人，岂曰诬耶。至若裔孙镗，当文丞相勤王时，起兵相应，被执不屈，卒以身殉。其高风劲节，至有明之代，时刁先生出守延平，讨寇于尤溪，力竭战死，赐冠英坊于县东，可谓世济其忠者矣。然则张氏之世泽，不亦源远而流长矣乎。永康邑侯我闲先生讳启禹与予有姻谊，且合志同方友也。携其家乘抵予山庄而求志述，辄敢纪其大概如此。吾愿龙塘诸君子，抚松楸之在望，念杯棬之犹存，则乔木世家之徽音将勿替，引之冠冕，南州非君家而谁与归耶。

杜诗选注序

诗歌之作，所以道性情之真。自三百篇后，惟屈骚、杜韵独压千古。岂仅以才力之过人也哉，亦其性情足以永之耳。然作者既往，识者实艰。《楚辞》惟晦翁之注推见至隐，然九歌、二招后世尚有遗议，又况诸家之龃龉者乎。若杜集则百喙争鸣，任情臆度，甚至以其浅狭之衷挽古人而从之，使其忠爱之至情，反为怨怼之横议，远大之谋猷，反为讥讪之邪说。是则非以解之，实以诬之耳。吾弟实庵有感于此，因会萃诸家之说而断以己意，为注一编，且又古风近律分为二帙。腴辞绮语，悉从删削，惟有关于人伦物理国政民风者则取之。不啻如陶渊明之自选其诗焉。至其疏释之所及，则考事核而详，辨疑精而当，真有合乎已溺已饥之隐衷，而杜诗之真面目始出矣。嗟夫！古今三不朽之业，皆恃浩然之气以充之，彼子美同时以诗鸣者，岂曰乏人。然天子仅感怆于凝碧池头之管弦，神仙亦屈服于楼船水军之威武。岂若麻鞋见主、青蒲极谏者之忠赤也哉。世儒多以其尊《文选》轻《论语》为昧于经术，倚双峰求七祖为惑于异端，然当道废学绝之世而以是责之，亦近于苛矣。实庵所以并其诗而没之，盖所以曲全之也。吾告天下之同志者，苟能取汉、魏、晋、唐、宋、明之诗，而皆仿其例以采择而发明之，则穷理之学出其中，论世之学出其中，孰谓删后之果无诗欤。

曹鸣佩六秩寿序

予性不攻于文，以故应酬之言必慎其出，而于屏帐尤兢兢焉，诚虑其过情也。惟于笃行君子，则耿耿不忘。然诗人结爱而云遐不谓，骚人寄思而云未敢言，又岂待形之于笔札而后见其实哉。吾友曹子鸣佩少负慧才，未及成童而游黉序，弱冠未几而贡成均，文辞醇古，诗歌典丽，渊源所渐，郡邑人士多蔚起者。以故览揆之辰，四方朋侪竞以诗篇相赞美。又为寿屏以颂之，而求序于予。予谊不得辞，窃谓鸣佩之所以推重士林者，在孝友之实，而不仅在学业之优也。盖鸣佩先君子瀔洲先生文行为一邑冠，而鸣佩就养送终一遵典礼，且又表彰其懿德于有司而达之朝廷，祀诸乡贤之列。厥弟九人皆教诲而玉成之。瀔洲身后，有侧室遗腹子，更率诸弟捐赀置产，一体均爱。嗟夫！此可不谓之笃行君子欤。世之羡鸣佩者，咸谓言语妙天下，文则叙事谈理莫不曲当，诗则古体近律莫不研精。然此特吾儒之末技，世之能者，亦不乏人，鸣佩虽工焉而不足以为长也。惜鸣佩者，皆谓高才博学，屡踬棘闱，然此实时命为之。以杜子美之诗，苏明允之文，胡叔心之学，而俱不获一第。鸣佩虽屈焉而不足以为歉也。既负此孝友之望，斯足以闻今而传后矣。抑吾之所望于鸣佩者，更有进焉。古之人尽性至命，通于神明，未尝不本庸行而推之。苟由此而不已焉，吾乌能测其所至乎。昔卫武公，年九十有五，犹求助于百。尔君子鸣佩，自今以往，不以已至者自足，不以未至者自怠。炤虽不肖，愿从诵训官师之列以交相赞襄，庶几不愧为髫龄之老友也耶。

颂扬之中寓规劝之意，可见朋友至谊。弟实庵识。

墓祭志序

生民伊始，其俗太朴。天理民彝，咸蕴于心而用勿著。圣人有作，别生分族，报本反始而礼达于天下矣。上极祖考，尊尊也，下逮曾玄，亲亲也。旁属昆弟族姓，则仁之至而义之尽也。三代以还，迹熄泽竭，国异政，家殊俗，于是西方之教流入中州，妖神怪像设于寝堂，则宗庙废矣。饭僧供佛，歌乐临丧，则丧纪紊矣。造为沉冥鬼狱之论，祷祠醮祭之法，则祭义亡矣。习俗之流垂数千年，虽以有宋大儒修明典礼，而积痼卒难化也。君子盖伤之矣。然而秉彝之在人心，不可忘也。是故吾乡犹有墓祭之制。夫墓祭非古也，形归窀穸，神返室庐丘陇之间，非所以严庙貌也。

荆榛之内，非所以列豆笾也。奔走仓卒之馀，非所以致敬而尽悫也。而人心之不容已者存焉。芳时令节，少长团圞，清旦黄昏，儿女嬉笑，顾九原独不可复作，其何以堪之。况夫日月迁流，陵移谷变，波及之患，势有必然，行道之人且为心恻矣。夫墓祭亦犹行古之道也，礼从宜，使从俗，此吾家族长大人所为慨然有墓祭之议欤。每岁季春一举，孟冬再举，谱无远近，墓无新故，凡属吾宗者，祭奠必及。及期轮次，以一家主之。昧爽各至主祭者之家。无公事而不至者责。拜跪不虔者责。或斩丘木者责。或犯茔域者责。凡责，尊长杖之。如欲赎罪，则罚令修碑一方。庶几吾先祖若宗之遗魄，不泯没于荒榛蔓草之中，而藏狐貉与鼯鼪其遗恫也。若夫立宗子、明谱系、设祠堂、举时祀，则于佗日实冀共成焉。呜呼！凡我同族，尚其念兹哉。

恒斋文集卷之二

记

古文周易目次记

在昔太古，风气方开，天地之变化，形于图书，是故圣人画卦以明之。爰暨夏、商，卦失其次，夏之连山，首艮；商之归藏，首坤。有占无文，而民用勿彰，是故文王、周公系辞以释之。流及末世，淫于术数，而圣人之大义微言几乖且绝矣，是故孔子作传以申之。自秦以降，家私其书，人私其学。田何之易，凡十二篇。费直之易，则以彖、象集二经之中。王弼又以文言益之。焦赣之易，第言阴阳灾异，而更不类圣经矣。其得言而失理者，又纷然杂出而莫知其非。杨雄之《太玄》，司马光之《潜虚》，元嵩之《元苞》，王通之赞皆是。自濂溪周子心契遗经，而作图以明其纲领。一传于伊川程子，乃为传以释经，而易理明矣。自华山陈氏得图画于方外之学，三传以及河南邵子，推演其义而易数传矣。自嵩山晁氏考订古经，厘为八卷，东莱吕氏复因而详正之，而易书亦复其次矣。三者既备，是故朱子乃作《本义》以折衷之。盖《易》之明而复晦，晦而复明者，反覆几数十年，而至是始克集其大成也。无何明儒编缉大全，冠程传于《本义》之前，既失其洁净精微之旨，附诸儒之说于其下，又不免于杂乱支离之失，而《本义》之故编遂不行于世矣。某盖屡思更订焉而未敢也。往岁得敬轩薛先生之遗言，其论易书与愚见吻合。顾以生长楚南，虽欲购求故编而无由。于是手录是书以俟佗日之参订，虽其违世独异之罪所不敢辞。然而辑圣言之浑成，复《本义》之条理，则不无千虑之一得焉。

韩文读本记

大道无形，假文以传之。然言一而所以言者则不一也。有德之言，孔氏以之；造道之言，孟氏以之。若昌黎韩公，殆缀文之言乎。微特笃实辉光远逊孔孟，即较之长沙之通达国体，江都之潜心大业，河汾之折衷六籍，皆不无少逊焉。虽然彼其所处之时，固当秀能二宗大振之会也。西方圣人，士大夫群匍匐而归之，独能大声疾呼以开一世之聋聩，使得及孔氏之门，其识其力，岂遽出游夏以后哉。以故《原性》之篇，究五常七情之蕴；《原人》之篇，推同体异施之序。袷禘之议，小功不税、改葬服缌之辩，适大经小曲之宜。其他羽经翼传者不可胜数，不独《原道》上继七篇而已也。斋居之暇，反复遗编，而门人适多成诵者，因令温所已熟而补所未备，以免俗学空疏之诮。由是遍阅八家，而文章之楷模在是矣。抑尝论之永叔、介甫、子瞻，皆闻韩公之风而兴焉者也。然末叔深疑《易翼》，介甫敢弃《春秋》，子瞻力诋《中庸》，昌黎之集无是也。即谓之作唐一经，亦何不可。

读书晓大义，故能上下千古，卓然自成一家之言，至其文之飘忽出没，则亦非昌黎不办。方戴滨。

宋五子目次记

《太极图说解》。拾遗。《通书解》。拾遗，并周子著。《西铭解》。拾遗。《正蒙》。集解，并张子著。《近思录》。集解，周程张子书，朱子辑。附《感兴诗》。解。《训子诗》。解，并朱子著。

或问是数书者，可以继四书之后乎？曰：何为其不可也。《大学》、《西铭》以具全体大用之实，所以正其始。《语》、《孟》、《正蒙》、《近思》以备内圣外王之蕴，所以阂其中。《中庸》、《太极》、《通书》以极天命人心之奥，所以要其终。而《感兴》、《训子》二诗，则为诲之大旨尽矣。况自周以后，世变不同，异端叠起，欲求圣道而不参之以数书，是入室而不由户也。且胡不以小学观之乎。内篇所辑三代以上之书也，外篇所辑三代以下之书也，亦安见其异致哉。然则王氏之续经，君子何以讥之耶？曰：彼写形而拟其似，此传神而核其真。子比而同之，过矣。

二程全书后记

程子全集凡数种，其《遗书》、《外书》则朱子所手订也。《文集》校于张敬夫，《易传》校于吕伯恭，皆为完善。独《经说》既非全书，而《春秋传》内遗失数条，幸犹见于《大全》。《论语解》后遗失数条，幸犹见于《精义》。今辄录而附之。其《孟子解》一章，亦并著焉。若《中庸解》，则实为吕与叔所撰，朱子已辩于《或问》之内。《粹言》出于杨中立所辑，然去取失当者颇多，固不当存于此编也。窃尝观朱子与刘共父、张敬夫辨论程集误字，其小心直道期于传信如此。又尝于《太极图说》非洪景庐之加字，于《通书》非胡仁仲之去篇目。然则先贤之成书，岂可率意而增损之哉。后有刊行此书者，尚其致察于此夫。

感兴诗解记

愚按感兴者，有感于外而兴会于中也。盖朱子之晚年德崇业广而发此篇，以叙其志焉。故虽偶尔千馀言，而天命之微，人心之奥，外王内圣之归，继往开来之统，异端俗学之介，下学上达之方，靡不毕具。学者诚能得其词而契其旨，则虽哲人已往而其志气之所存者，不啻日相晤对于一堂之上矣。故特表而出之，以继《大学》、《中庸》之绪云。

训子诗解记

按是编不见于《文集》，然与朱子素论无不吻合。其于天命之本然，圣功之当然，修己治人之同然，皆一以贯之。或疑朱子有言爱子而欲其如此，公理也。必欲其如此，则私意矣。然则此编果传闻之不谬乎？曰：无疑也。伯禽就国，元公列亲贤之条。伯鱼趋庭，尼父垂诗礼之训。是则上哲未能忘情于子也。陶渊明诫子云："尚想孔伋，庶几企而及。"杜子美示儿云："曾参与游夏，达者得升堂。"是则中材亦皆责备于子也，亏冶箕裘之念，倘亦情之不能已者乎！暇日流览，略加注释，俾学者知所向往云。

省志订讹记

予承乏志局，分修长沙。乃取县志、府志及一统志而参酌之。然返之于心而有未安者，因作订讹记。盖有隆重势位于崇高者则详之，而侧陋者略焉，是贵贵之书也。专于贵贵则不平。有笃爱家乡，强以族姻里党之庸材而文饰之与英贤等，是亲亲之书也。局于亲亲则不公。有奇节伟行而訾其过激者，是善善之未弘也。善善匪长则伤仁。有含垢纳污而美其包荒者，是恶恶之未切也。恶恶过短则伤义。至若惑异端者，则搜仙佛之秘怪，溺辞章者则裒艺文之浮夸。是皆不足以垂训也。曷不以春秋纲目折其衷乎。宰周公之会，则尊之，王人以下不详焉，贵贵之义如是而已矣。匪是则缙绅焉耳。孔父之节则录之，正考父以下无闻焉。亲亲之义如是而已矣。匪是则家谱焉耳。荀息之忠，子野之孝，宋伯姬之节，皆大书焉，盖贤智之过，犹愈于愚不肖之不及也。文姜之孙仲遂行父之聘，意如荀跞之会，皆特书焉，盖尊亲虽所当讳，而三纲五典不可以沦也。且夫同忝之舍身，上清之致祀，皆存之以示诫，则仙佛之学岂周孔之名教乎。太伭之拟经，永州之作记，皆删之以明芜。则辞章之技岂诗书之遗则乎。不去此数弊，志虽工勿善也。噫！前民之得吾之师，前民之失吾之鉴，乌可苟焉而已哉。

以春秋纲目为宗，一笔一削，具有特识，楚志也而已进乎史矣。受业曾璋识。

蔡江门诗集后记

江门先生者，闽人也。以进士仕明，为吾郡司理。廉明慈惠，吏民允惬。癸未之岁，献贼临城，竭力拒守，城陷殉之。载在国史者，班班可考也。性好为诗，每忧时感事，则以诗寓之。以故郡中父老，迄今犹有能诵其句者。然传闻异辞，十不存一矣，先大人尝谓炤曰："江门之诗，吾家旧有集焉，而兵燹之馀，不可复得，为之奈何。"炤奉命搜寻，卒无完本。今岁之夏，友人忽有携而示炤者，炤以苫块之时，不敢吟哦，然于编礼之暇，间取而观焉，而见其忠君爱国之诚，固绝远乎夸毗之习也。闻先生致命之时，年才三十耳。使其生当圣明，优游卒岁，则其学岂可量乎。先生莅任时，与吾邑孝廉冯梖公相得甚欢，卒偕殉难，潭之人至今以为美谈。然间尝取冯之集，反覆而考之，盖未能免于文士浮华之习，时俗卑庸之见，而先生亦未闻有切嗟之方，抑又何耶？岂当异学盛行之日，士各是其所见，不复知有先王之大道，虽以间世英才，亦不免沦胥以至此极欤，亦可慨也。或者曰：乐行忧违，圣人之明训，明之将亡，夫人而共知之矣。而先生负高世之识，乃不能超然远引，鸿飞冥冥，其于出处之义，得无未适于中乎。曰：是固然也。然国步方艰，正天下士竭力捐躯之秋也，况已策名而委贽乎。精卫衔石以填海，河滨之民捧土以塞孟津，岂曰能之，亦自致其精诚而已矣。比干之激烈而尼父取之，屈原之孤愤而晦翁以为仁之至、义之尽也。则先生之从容就义，其又可訾耶。彼其诗固曰：“无数英雄苦用心，一尺春云成草昧。”岂诚不知天下之不可为者。又曰：“丈夫飘飘七尺身，今作娥眉误嫁人。”正以君臣之义，不可解于心，寒士之妻，弱国之臣，亦各安其正焉耳。至所谓“只是英雄心未死，冢中兵气沉秋水”者，则悲壮慷慨，盖已凛凛乎骑箕尾而壮河山矣。闻伯夷之风者，顽夫廉、懦夫有立志。而况其发于性情，形于言语，有自然之音响节族者乎。先民有言：“笔落惊风雨，诗成泣鬼神。”夫风雨非有情者也，鬼神非有言者也。而犹惊且泣焉，则至性之士，读先生之诗者，其感奋又不知何如也。

辩

十三经源流辩

湘潭曾钧著《十三经源流》，门人携以相质。因问曰：谓汉儒之数出于谶纬，王弼之理入乎老庄，不足为后学之准，谅乎？曰：是诚然也。盖汉儒穷众而不得其真，乃牵纳甲、天星之类以合之。王弼弃象而虚言其理，乃引老庄虚无之说以释之。先儒所以有扶醉汉之讥欤。何程朱全不言象数变互，亦未免于疏耳。曰杨氏之《太玄》，蔡氏之《洪范》，数皆用九，而儒者多非玄而是范何耶？曰：天地之化，不过一气之周流。分而为二，乃为两仪之对待。易以其对待者言也，范以其周流者言也。若玄则裂而为三，而与屈伸消长之理不相似矣。敢问图书位数三同二异，其同者，中与东北阳之不可易也；其异者，西南阴可易也。七九属阳而亦易以其成数，固亦为阴也，其说何如？曰此先儒之成说也。但五行之次，水为五气之始，木为四德之元，土为万物之母，皆至尊而不可易，非火金之所可并耳。然则先儒则之之法多端，可尽用乎？曰不必然也。一为奇，二为偶，三为画，四为象，六八为阴爻，七九为阳爻，五十为大衍，则河图者，则其数而已矣。五行之类以象五方，八政以象八隅，皇极以象中，三德以象左右中，贞悔休咎以象合十，则洛书者，则其位而已矣。敢问图画卦变之法多端，将何所折衷欤？曰先天来往之义，邓潜谷名元锡字汝极得之。盖自震一阳，离兑二阳，乾三阳，自巽一阴，坎艮二阴，坤三阴，皆往而去者，其数则左旋而顺焉。自艮坎一阳，巽二阳，乾三阳，自兑离一阴，震二阴，坤三阴，皆来而回者，其数则右旋而逆焉。如此则无一图二运之疑矣。后天对待之义，惟朱枫林名升字允升得之。盖长男少女相对于纬中，中男中女相对于经中，少男长女相对于左隅，老父老母相对于右隅，何必午贯而后为敌偶也哉。至于卦变之说，则惟来瞿塘名知德字矣鲜得之。盖屯、蒙交易其位，需讼迭居其所，八错之外无卦，不然或往或来，或上或下，此之谓变也。先儒乃舍此而他求，不免于支矣。盖自十翼以后，惟周子得易之理，惟邵子得易之数，其馀百家互相得失，学者精择焉可矣。

问《书》之今文多艰深，古文多平易，何也？曰记录之辞杂方音，制作之辞经润色。不观横渠之书乎，其语录或不可解，而手笔无不可通，亦足以见秦晋间之风气矣。设有人焉能伪作《禹谟》，即舜、禹复生矣。能伪作《伊训》，即伊尹复生矣。又何必疑其辞之不类哉。曰《春秋》、《礼记》、《孟子》、《荀子》所引之书，与此多不相合，何也？曰古人文字皆书于竹帛，不能家置而人有之，历岁既久，著书之人岂能无所遗忘，其不尽合也，宜矣。曰王仲淹之续书非欤？曰：三代以下岂无天资之偶合，小善之一得者，使能精择之，未必不可以继《吕刑》、《秦誓》之后，但必尊之以为经，则不免于僭耳。若白居易之《汤征补亡》，则赘而已矣。

问《诗序》、《诗柄》互相枘凿，孰为得之乎？曰序多非而柄多是，不待言矣。但《雅》、《颂》之篇，有成周一代之事迹，可据其实而解之。若《国风》则多无证无案之词讼，何能臆度于千载之上。如郑、卫之诗，其稍涉情致者，序皆以为刺时君讥国政，固非怨诽不乱之旨矣。而柄则皆以为男女之私愿，闺房之亵语，又岂好色不淫之义乎？曰：《雅》之有正变，奈何曰以时之盛衰而分也。然篇什先后岂无失次者，如《楚茨》、《信南山》明为馈献祖先之辞。《甫田》、《大田》明为祈报社稷之辞。《瞻洛》、《裳华》、《桑扈》、《鸳鸯》、《鱼藻》、《采菽》明为君臣唱和之辞。《隰桑》、《瓠叶》明为主宾酬酢之辞。《頍弁》则燕兄弟亲戚也。《车辖》则燕婚姻也。而序皆以为伤今思古之作，可谓舛矣。曰：雅之有大小，奈何？曰《小雅》乃燕诗，所以示慈惠。《大雅》乃飨诗，所以训共俭，不可以通用也。朱子晚年亦尝见及此矣。《小雅》有侯国祭祀之篇，《大雅》皆王朝祭祀之篇，则朱子未之及，惟《行苇》、《既醉》、《凫鹥》、《嘉乐》，独得其旨耳。曰：此外有《子贡诗传》、《中庸诗说》，亦有可取者乎？曰：有之。如以《大学》八目释《二南》，以《中庸》九经释《小雅》，岂可废其说哉。曰邵子言删后无诗，谅乎？曰未尽然也。陶潜之洁身，杜甫之忧国，即列之三百篇之中，亦复何愧。朱子于《楚辞》之后，亦列汉晋唐宋之词赋，然则骚既可续而诗独不可续乎！但其变而为声律之学，则不尽出于性情之真，必严汰之斯可耳。至若六朝之拟雅、颂，不过娼家之读礼，屠儿之诵佛，而束皙之补笙诗，曾不知其有声而无辞也。其智又出优孟衣冠之下矣。

问《仪礼》五十六篇而止存十有七篇，何也？曰：此汉儒不收录之过也。然明初刘有年犹进《仪礼》逸篇十有九，命藏于翰院秘阁，而今亦不见，伊可惜哉。今求之大小戴记之中，仅得《迁庙》、《衅庙》、《奔丧》、《投壶》等篇，求之注疏之中，仅得《中霤》、《王居》、《明堂》、《禘于太庙》之篇目耳。曰谓《仪礼》皆士礼，谅乎？曰：不尽然也。觐乃天王之礼，聘射燕食皆诸侯之礼，乡饮乡射少牢皆卿大夫之礼，篇目具在，可考而知也。敢问《周礼》之书，九畿之制，不合《禹贡》设官之制，不合《周官》封国之制，异乎《武成》《孟子》建都之制，异乎《召诰》

《洛诰》，果周公之所作乎？曰：是书经纬宇宙，育正民物，非圣人其孰能修之。九畿之制即五服之制，但《禹贡》以五百里为限，此以二百五十里为限。其外薄四海，咸建五长，则即此之蕃服耳。《武成》列爵惟五，分土惟三，《孟子》本之皆实封之数，此则兼山川附庸在其间矣。公孤为六卿之加官，非另设也。《周官》乃天子之事，故言公孤之夹辅，此书乃宰相之事，故止言六卿之分职也。《洛诰》、《召诰》卜宅于山川之形势以求土中。此之建都测日影之加临以求天中。统三才而合一，岂曰异哉。太宰之职，宫府朝廷无所不统，修齐治平无所不贯，乃五峰胡氏纷纷致疑，岂未读《大学》平天下之篇乎。至若王莽借井田之制以夺民产，王安石借泉府之利以敛民财，皆非此书本意，何乃秦皇焚书而归咎燧人氏也。若苏绰立纲陈纪，粗有伦次，唐之《六典》，亦多本之，孰谓无功，但用之宇文氏则非其人耳。《考工记》乃周人省试百工之书，观其国号有秦，殆东迁以后之所作乎。详于车制而不及舟，则必出于西北人信矣。他如俞椿、王次点、吴澄、邱葵、方孝孺、何乔新辈或裂地官养民之法以补《冬官》，或取《春官》司乐教人之法以补《地官》，甚或欲一官各司一职，曾不察其有联事之法也，是皆无稽之论而已矣。敢问《礼记》可尽信乎？曰是多仪礼之传也，其他醇者如《学记》、《乐记》，杂者如《儒行》、《明堂位》，其辨易明，此外则在精择之耳。曰谓俎豆席地，袒衣行礼，书名用方策，人死三日敛，祭必设尸，庙各有制，取士用射，若此之类，皆宜于古而不宜于今，然欤？曰俎豆席地，所以便于礼让，然今既用桌椅，则相习已久而不必更矣。袒衣行礼，则决拾之际，割牲养老之时，不得不然。书名用方策，当时未造纸耳。人死三日敛，虑其有复生者。祭必设尸，神而人之。先王之深意也。庙各有制，而流泽之厚薄可见矣。取士必先以德行道艺而后侯以明之，岂专以一艺定其贤否哉。谓人死含珠玉，圹中藏瓮瓶、筲衡等器，虚土诲盗；三殇之辨太琐，麻葛之易太烦；凡此数者，今用之而不可尽用，然欤？曰：珠玉之含，先王未预料后世之暴客。瓮瓶筲衡之殉，先王未深察东南之蝼蚁。今既觉其弊，则不用可也。三殇之辨，见恩情之深浅；麻葛之易，见变除之重轻；物有赜而不可恶者，此类是也。其他诸辩何如？曰父在为母期，尊无二上也。出母无服，已绝于庙也。支子不祭，不敢紊宗法也。岂得谓之近薄哉。父母为子斩衰，重嫡长尊主器也。妻与母同服，父在则屈，父没则伸也。岂得谓之失伦哉。国君飨宾，夫人出交爵大宾大祭，其敬同也。命妇入养子，乳母必择贤也。国君、夫人入臣子家吊丧，生荣死哀，一体之情也。观宣仁太后临温公、申公之丧，赐范相、吕相之社饭，曹大家，为六宫之师表。夏侯胜授上官太后之尚书。何嫌何疑，又况三代以上乎。宗族姓氏随官地而改易为其繁也，不然则遍天下止有姜黄子姬数姓而可乎？尊嫡抑庶杜争而已乱也。然惟王侯有土者则然，何不可常行之有。曰：裒辑三礼，勒成一书，当用何法乎？曰：朱子、黄勉斋尝共为之，然实未定之稿也，窃意当分为吉、凶、军、宾、嘉之五类，然后以通礼通乐继之，《仪礼》为主，戴氏等书辅焉，而《周礼》则别为一书，以存治平之大法。未知有当于圣作明述之心否也。

问《春秋》三传之得失。曰：《春秋》有事、有文、有义。左氏得其事与文矣，然义则不能知也。公、穀求其义矣，然事与文则多未考也。至其害义伤教之说，则不可以枚举。范宁有言左氏以鬻拳兵谏为爱君，是人主可得而胁也。以文公纳币为用礼，是居丧可得而婚也。《公羊》以祭仲废君为行权，是神器可得而窥也。以妾母称夫人为合正，是嫡庶可得而齐也。《穀梁》以卫辄拒父为尊祖，是为子可得而叛也。以不纳子纠为恶内，是仇雠可得而容也。且也注许赵鞅之清恶，开强臣篡国之端。疏恕邾术之室嫂，阿昏主渎伦之失。则三纲为之扫地矣。不可以见其概乎。曰程子、胡氏之传，果得圣人之心乎？曰程传多精义而未及成书，胡氏虽推演之而多以己意窥测。有如春王正月，不以为周人改时而以为夏时冠周月，能无更制之嫌乎。桓公四年七年阙秋冬，不以为阙文而以为圣人削之，以明王朝之失刑，能无隐语之讥乎。谓滕子不当朝桓而遂贬及其子孙之爵，则罚毋乃滥乎。谓曹公孙会为子臧之后而宥其据邑出奔之罪，则赏毋乃僭乎。谓胥命为相谕以信而善之，则战国时之相王相帝者，果皆善乎。谓同盟为或诸侯同欲，或恶其反复，或王臣与盟，则仪礼设方盟之仪，果因此三事乎。齐桓公命诸侯城楚□□□□也，而乃罪其专封不已苛乎？刘子、〔单子〕以王〔师〕人王城，忠臣也。而乃讥其挟天子，不已悖乎？虞公□子之三〔公〕〔而〕晋人执之，明无王之罪甚于灭国也，而乃□□□公之贪，不责晋人之暴诈可乎？城濮之战楚□□侵中国而晋人败之，其功优于召陵也。而乃专恶晋文之谲，不罪子玉之强横，可乎？诸侯出奔，不书逐君之臣，而以自奔为文，存君臣之坊也。谓专以警乎人君，则是强臣之恣行乃义举乎？郑伯髡顽之卒，楚子麇之卒，齐侯阳生之卒，传虽以为弑而经不书，慎疑狱也。谓皆为中国讳，则中国乃乱贼之薮乎？至于称谓爵氏之间，经但据实以书，非以此为褒贬也，而乃左右随手，高下从心，如獐边之鹿，鹿边之獐，莫可致诘，则亦徒劳而已矣。总之圣人因鲁史以作《春秋》，盖自处于直笔之史官，初无操天子之权之意。又况敢以天自处乎，徒知尊圣人之神奇而不知陷圣人于狂僭，此《春秋》所以为绝学也。

问《孝经》果圣人之自作乎？曰：记录之辞，非自作也。分为经传而别其醇疵，朱子之刊误其识卓矣。但传文之次叙，犹有未帖然者。友人唐文华断以感应章，释至德，三才章、释要道，迥出前人之表。盖天明地察，德之精微也。天经地义，道之昭著也。以下迎刃而解矣。曰《论语》为曾子、有子门人所成，谅乎？曰：是。但以二人称子而知之也。先儒又以《宪问》篇为原思所记，一贯以后为曾子自记，未知果否耳。但当时编次之法，犹有未尽，如《中庸》、《孟子》所引之微言，概未收入，倘能如朱子《近思录》之辑，则有条而有理矣。尝欲取《家语》、《孔丛子》等书，择其合理者，为孔氏外书，顾力未暇也。他如《法言》深而晦，《中说》爽而浅，然以拟《论语》，则皆小儿之强解事耳。曰《孟子》之书，果其所自作欤，抑门人所记欤。曰：篇中诸君皆称谥，恐出于门人所记也。朱子疑有人能记言如此，不可谓轲死而失其传，然安知非乐正子等之所为耶。曰其言亦以类相聚乎？曰：有之。如《梁惠王》篇皆与时君之问答也，《公孙丑》篇皆自任之实学及出处辞受之节也。《滕文公》篇皆与时人之辩论也。《万章篇》皆尚论古之人也。《告子》上篇皆论性与心所谓彀率规矩也。《尽心》之微言，则直窥圣奥矣。彼司马君实之自是其愚，李觏、郑厚之无知妄论，又何足辨哉。曰《尔雅》果出于何人也？曰：是必六经以后诸儒训释之辞。观淇澳首章之训，既载大学亦入此书，则可知矣。谓其为周孔所作，抑何不详之甚哉。

洞晰经书旨趣，故言之凿凿，曾氏之说，但纪其书之晦冥表著与注疏之来历耳，至于经义未之及也，得此阐明，如暗室中一炷矣。弟实庵识。

大全辩

古者羲皇氏作，写天地之妙于一画之间。阅数十〔千〕年而其派愈远。于是孔氏以其身总之，六籍用修，百家莫竞。秦汉以下，道术分裂。暴君烬煨之，邪说杂糅之，俗儒晦蚀之。天启斯文而朱氏兴矣。以传注之体，补删述之遗。盖圣人复起而莫之能易。数传之后，述作浸多，醇疵相半，明儒因是而有《大全》之作焉。孔、曾、思、孟、周氏之言以纲之，程、张、朱、蔡氏之言以纪之，百家之说以缕分而条析之。尽洗汉唐之支蔓，以彰吾道之正统，诚不可谓无表章之功矣。然而其才疏，其学浅，其识卑，不能使君子无遗憾焉。四书者，入道之门也，朱子为之章句集注以著其要。为之精义辑略或问以致其详，可谓备矣。至于《语类》，虽传圣人之微言，然而或记录之有疵，或议论之未定，诸家之训释，惟勉齐汉卿不失大旨。其佗则阳遵而阴畔者非少，择之不可以不精也。今乃于诸书衍陈蔓录而其取舍又未能以皆当也。有如《或问》之编，妄加删除，精义之书并见屏削，而诸家讲义，往往滥妆以乱其真。使读者迷惑而不能自拔，况复望其得圣人之门而入也哉。大易之书，朱子集程、邵之说，校晁、吕之编，而为《本义》，固无毫发之憾。至于程传则广大精微，自成一家，而其不合于经者盖多矣。今乃并列之，使文义两可而莫决，简编已正而复殽其失，为何如耶。《春秋》之书，先哲盖难言之，公、穀、胡、张各有发明，固当兼存之以听学者之自择。今一以胡氏为宗，而于张氏则废之，可谓轻信之甚矣。礼书惟《仪礼》为周公之手笔，《戴记》则后人之所编耳。朱子分为经传，义理灿然，今废《仪礼》遗《大记》而独遵《小记》，是舍本而存末也。况夫成周治平之法备在《周官》，若之何而可束之高阁也哉。濂、洛、关、闽之书，继承四子，羽翼六经，精粗隐显一以贯之。而独以性理名篇，使庸妄者生有体无用之说，固已小失矣。而又自立名目，割裂成书。或一章而分录数处，或片言而迭见各篇。或前哲精要之语而反删之，或后儒离遁之辞而反取之。若此之类，不可胜穷。且《经世》而去其图，安见极数知来之用。《家礼》而多其辩，反失更化宜民之方。粹如《近思录》而见遗，则提纲挈领之意隐矣。切如《小学》而不录，则造端立本之功废矣。精深如《天问集注》而置之。则穷神知化，触类旁通之妙，皆不传矣。至如阿时君之好，则攘佛诋禅，无片语之存，护一己之短，则仗节死义，无另标之目。是尤其心术隐微之邪，非独编书之失而已也。嗟夫！汉儒解经而经亡，明儒遵传而传晦。厥罪惟均而已矣。近则启俗学纷纭之端，远则为异端攻伐之藉。欲望其一道德而同风俗也，岂不难哉。炤诚不敏，窃私病之。是以尝欲厘列圣群贤之言，而为之图以统焉。浅者居下，深者居上，缓者居外，切者居内。篇还其旧，目循其序。学者诚能逊志于此而自得之，则其宗庙之美，百官之富，固可以尽见。而于希圣希贤之方，不患其无阶以升矣。若曰入室操戈，攻前民以自多也，则吾岂敢。

省志辩

庚戌修《省志》于北局，各分一府，其总部则各分一事。辛亥修于南局，联而合之。众议通修，遂至道谋筑室，群喙嚣然，而旧例为之大变矣。星野之纪，相传已久，然昔用赤道之度而今用黄道之度，则多寡之数不同。昔用初气之宫而今用中气之宫，则偏正之垣不同。法当两存之，以俟后贤之裁度。今乃尽删古法，一用新例，毋乃非监夏监殷之意乎。且略灾异而备祥瑞，似与敬天省身者不相合也，此其变者一。名宦之纪，以为后法，非贤且能，岂可滥与。今乃重事功、轻名节，于是凡史传所载宦迹，并为胪列。有如南北朝中反覆之徒，皆得与德业闻望之巨公同等，不亦辱乎。至若一代革除，肤敏之髦士，达古今之通义。板荡之孤臣，守天地之常经。各行其志，不相悖也。今乃尽去守节，专取达节，将使后人何所劝戒耶。此其变者二。乡贤之纪，原折衷于府、县志，不专据国史也。故国史非系大政者不书，而乡贤则一行一节不敢湮没。魏抚军尝面谕云："乡贤当取三不朽者。"苟能仪型州里，是即德在一乡也。扞御灾患，是即功在一乡也。训诲庠塾，是即言在一乡也。若必颜、闵其德，禹、稷其功，程朱其言，则一省有几人哉。今乃蔑弃志乘，专求史书，而所重者又止在名位。有如靖难之代，以董镛监察御史长沙人之殉死，牛景先镇抚御沅人之从亡而不录。（董、牛二人，见陈仁锡《世法编录》。）以刘武之助逆，夏原吉之事仇而大书。其于成仁取义之训，不亦悖乎。此其变者三。节妇之纪，所以重风化也。不幸而死于兵者，尤为卓然。今乃谓抗拒义兵者不得为顺。夫妇人贞吉从一而终，是即其义也。虽汉文帝之母，柴世宗之妻，犹不能无讥焉。岂可以枕簟衾裯之娱，助箪食壶浆之迎乎。即曰大掠所及，完节实艰，不宜多录，死节者以愧之，然不能完节者，谓谅其迫于不得已。如《楚辞后语》之论蔡琰。则可若遂以为处得其当，而反讥死节之过激，是率天下而倍其夫也。此其变者四。隐逸之纪，所以表潜德也，或出于时命，或出于志操。故尧舜在上，下有巢由。周武革命，而采薇作歌。汉高奋兴，而茹芝成曲。安必盛世之无遗贤哉，今乃一概删削。反若猿惊鹤怨者，为适时通变之人。枕石漱流者，为矫世戾俗之士。则先圣逸民之品题非矣。此其变者五。孝义之纪，无分于大小，训天下以庸行也。魏抚军亦曾面谕云："割股庐墓，虽非中庸之道，而不可以为训，然亦出于至性之诚然，而不可使湮没无闻也。"今乃于此辈，新增者不蒙收录，旧采者亦复屏除。使天下而皆中行之士也，则可。天下而未必皆中行之士也，则何如存之以为不肖者之劝欤。此其变者六。方外之纪，聊以纪异耳，然必其道果高、名果成者，然后登之。虽忠臣义士逃归二氏者，吾犹讥其爱君而倍师，念国而忘家，不足为训也。今乃广搜残碑，博采野史，凡能创庵观设像教者，即厕之仙佛之间。然则儒者之中有能造书院、立木主者，亦当列之圣贤之中乎。此其变者七。艺文之纪，本非所急，然去取亦有体要焉。凡有关于学术政典、民风土俗者，虽出于庸夫，亦当存之。苟为不然，虽出于名流，亦当去之。今乃不惟其言，惟其人。然则《国风》不当采闾巷之谣，《春秋传》不当录野谚之语矣。此其变者八。至于文体，虽本群书，亦当润色而出之。故公、穀、左氏传一事而各殊。其状司马行、状神道碑，一人而各异其文。未有著一书而徒剿旧闻者也。若此之类，又其不足置辩者已。凡此纰缪，本欲尽为商酌，无奈口众而我寡也。聊记于此以俟后之君子云。

此辨关系人心风俗，且得古史之法，昭兹来许，必有取法者矣。弟实庵识。

跋

跋车补旃先生诗韵辨论

徇俗习非之见，中于人心。则虽明知理之所当然者，而亦有畏难惮改之念，不独音律一事为然。此其深可叹者也。商鞅之田制，李斯之郡县，叔孙通之礼乐，汉文之刑辟，王安石之选举，其舛谬莫不知之，而千古卒莫之能变。岂非畏难惮改之一念有以中之乎。古之圣哲既竭耳目心思之力矣，而犹必参之往古，验之当今。故其法一成而不可复易，未有率任一己之见而驱天下后世以从之者，吾故曰："三代以后之制法者，皆隐侯之徒耳。"特无迥出千古之识力以正之，故深沉锢蔽而不可返。借令天下之读书好古者而尽如我邵陵先生之见也，则又何弊之不革，而何古之不复哉。先生湛深经术，博通世务。其于诗律一道，特其馀事。而于其所不安者，不以小故而徇俗，不以久用而习非，君子于其言无所苟而已矣。昔朱子见郭氏《内经注》而叹曰："医虽小道，必用古方。"孰谓三代之法而不可施于今乎。愚于此书亦云。

即小见大，有心世道，故言之凿凿如此。弟实庵识。

跋悟真篇七义合参集注

昔玉友张先生尝云："不深知佛老之似，亦不能得圣人之真。"故此篇虽方外之书，必加手录，穷理之至也。然尝试论之。吾儒之所完者，无极之真也。故天理一分不尽则不奸，人欲一分不尽则不圣。方外之所守者，二五之精也。故阳气一分不尽则不鬼。阴气一分不尽则不仙。然则彼之所炼皆形而下者，乃遂指以为道德性命则陋矣。究之至大至刚，塞乎天地之间，必有得于形而上者始能之。故美大圣者曰"文王陟降，在帝左右"。赞醇儒者曰先生岂我辈，造物乃其徒，夫何取于飞升之怪异也哉。世之学者，徒为门外之攻，遂谓无仙无佛则何足以服其心耶。盖物有四灵，则必有群精；人有圣贤，则必有仙、佛。特为三才之主，立万世之极者，则在此而不在彼耳。先生可作，当必以此言为起予乎。

直攻入其膜里而见其肺肝，《原道》、《本论》不过在其门外咆哮而已。弟实庵识。

恒斋文集卷之三

论

三十六宫都是春论附诗

戊戌春，上偶试翰院，出此题，限七言律一首。掌院以难解请之。又出“惟有源头活水来”。友人以前题问予，予作论并诗示之。

天地之大德曰生，其生之理则为仁。其生之气则为木。其生之序则为春。故一元之运以开物为主，其浑沌者，所以启再辟也。一日之运以平旦为宗，其昏夜者，所以开再晓也。一人之身以孩幼为基，其老衰者，所以传嗣息也。一草一木之类以勾萌为本，其雕落者，所以兆将来之华实也。然则春之流贯本无一息之间。其夏、其秋、其冬、不皆所以成之耶。昔邵氏论《易》，而曰：“三十六宫都是春”，请申之。或者曰乾一兑二合之而为三。离三震四加之而为十。巽五坎六加之而为二十一。艮七坤八加之而为三十六。是亦似矣。然纯卦止于八，如屋之栋宇有定而层次则以渐进耳。安有因其积数裂而多之乎。或者曰乾画三，坤画六，震坎艮之画各五，巽离兑之画各四，合之而为三十六，是亦似矣。然阳一阴二，万物之定分。奇者为一宫，偶者为二宫，则男乃一人而女乃二人乎。或者曰六十四卦正对者八，可当八宫。反对者五十六，可当二十八宫。是则益近之矣。然反对之卦，各自有义。

如字之为上为下，为由为甲，为串为串，为彐为彐。《说文》倒予为幻。倒之而意义大别。有如巷陌之间，两户相向，遂可合称为一家乎。盖尝深思其旨而知为月卦发也。地逢雷而为复，由是而临、而泰、而大壮、而夬、而乾。阳爻二十一，阴爻十五。乾遇巽而为姤。由是而遁、而否、而观、而剥、而坤。阴爻二十一，阳爻十五。是阳爻合之而得三十六，阴爻合之而亦得三十六。然孰非一气之流行乎。春之为言，蠢也，阳之动也。夏之为言假也，阳之盛也。秋之为言揫也，阳之妆也。冬之为言中也，阳之介也。阴亦然，圣人不言耳。然则三十六宫皆春之所弥纶耳。其在于身，念虑之扩克，是即吾人之天根也。幽独之省察，是即吾人之月窟也。叙而为亲义序别之伦，孰非至爱之所推乎。发而为恻隐、羞恶、辞让、是非之情，孰非不忍之所贯乎。析而为宽裕、温柔、发强、刚毅、齐庄、中正、文理密察之蕴，孰非醇厚之所统乎。形而为头直、口止、声静、气肃、手恭、足重、坐尸、立齐，以至大经三百，小曲三千之仪，孰非和顺之所体乎。不谓之皆是春而何哉！古之君子，端居谨伐树杀兽之萌，养此春之端倪也。得志溥惠鲜怀保之泽，极此春之分量也。即至穷饿遁荒、徉狂剖杀，而仍不失乎恻怛缠绵不能自已之至性。完此春之机缄也。三十六宫之说，非即天下之广居也哉！邵诗又有之“天外更无乐，胸中别有春”。然则欲求此春之术，无他也，乐天而已矣。诗曰：

万户千门巧匠修，寝堂六六任优游。窗临旭日寒威远，庭贮薰风暑气收。闲弄雏容常婉婉，静看草色自油油。周旋结得羲皇友，遍踏鸿钧十二楼。

乾道成男坤道成女论

天下之物，皆自无而之有，复自有而返无。异学者不知其然，乃一切归之轮回幻妄不可究诘之所，是皆不明乎造化之大用者也。昔周子引易文以论化生之机，曰："乾道成男，坤道成女。"其所以推人物之由来者，言虽约而义则赜矣。请申之。夫宇宙之内，积气者天也，积形者地也，而道实行乎其间。乾之道至健而不息，坤之道至顺而有常。其两间空虚之处，万物各分其形以为身体，各分其气以为运动。而亦遂各分其道以为秉彝之恒性。于禽曰雄，于兽曰牡，于人曰夫，皆男也。于禽曰雌，于兽曰牝，于人曰妇，皆女也。是其为男为女，非有妊娠而自育，非有乳养而自存，盖乾道坤道之所成也云尔。当其未成之时，其胚胎必蕴于大地之隈隩，其气息必资于大化之流行，酝酿之久而官骸、藏府、精神、魂魄，莫不毕具于是。若蛾之出茧，若蜂之出房，若彀之去卵。夫然后得其轻清者而为风之族，得其重浊者而为水之族，得其平中者而为土之族，而人与物乃盈于天地之间矣。考之传记，姜源之履巨迹，简狄之吞鳦卵，朝鲜处女之腹受日光，是其气不必禀乎父也。夜郎之竹生王，氐羌之石生长，和林之树瘿生婴孩，是其形并不必资乎母也。穿土而得羵羊，断梓而得青牛，形家之言盖有开域。而得鹤燕龟蟹之类者，是亦皆生气之所融结而不足以为怪也。至若黄腰能走之兽，赤身吞日之蛇，毋乃戾气之所聚而成焉者乎。程子曰："海上无人之境，焉知不有无种之人生于其间，此理之必然者也。"然则气化之人物，何以不常见于天下乎？曰：天地者，万物之父母也。男女者，物物之父母也。男女既代天地以成能，则天地亦退处于无为矣。且也有男女然后有夫妇，有夫妇然后有父子，有父子然后有君臣。若使尽出于气化焉，则普天之下，率土之滨，皆如蜉蝣之乘阴而出，蜗蠃之因湿而生，岂复有彝伦之可叙哉！然后知无极之真，二五之精，盖无往而不寓。而以有生为轮回之幻妄者，斯惑之甚者矣。惟是西梁之无男，嚈哒之少女，似于乾坤之道有所未全。斯则气化之穷，而天地之所不能无憾者欤。

语似怪僻，理实醇正，非探赜索隐而得其真源者，乌能于片幅中传造化之妙乎。弟实庵识。

五气顺布四时行焉论戊戌荐卷

造化之具，五行尽之矣。气运之变，四时尽之矣。疑若二者不相合也。不知五行之质虽具于地，而其气则行于天。播五行于四时，各司其令，各成其功。迭相竭焉，迭相济焉，而两间之气机遂浑合而无间旨哉。周子之言曰："五气顺布，四时行焉。"请申之。夫五行之质可见而其气则不可见。然九畴庶征之应，实有昭然不爽者。润万物者莫盛乎水，而其源则为雨。熯万物者莫盛乎火，而其精则为旸。舒万物者莫盛乎木，而其情则为燠。敛万物者莫盛乎金，而其性则为寒。终万物始万物者莫盛乎土，而其化则为风。此五气也。青阳始事未几而朱明继之。西颢乘权未几而玄冥继之。而冲气则行乎四者之间，若或有位置之者焉，若或有乘除之者焉。其布之不亦顺乎。由是得燠之气而为春，得旸之气而为夏，得寒之气而为秋，得雨之气而为冬，得风之气而为中央之寄王，而四时于是乎行矣。有以生为行者，一阳来复，已兆始和之端倪。有以克为行者，三伏炎蒸，忽传金风之变革。有以相错为行者，百卉腓而荠麦独秀，众芳灿而榆荚先零。有以相综为行者，严凝甚而葭灰忽飞，燠热烦而井泉已洌。推之一月之内，晦朔弦望，亦有不一之情形。推之一日之间，昼夜晨昏，亦有各殊之景况。此至小之所以无内也。推之一代之中，初盛中晚岂无不齐之规模。推之一元之永，皇王帝伯，岂无各别之运会。此至大之所以无外也。若此者，孰非四时为之乎。溯厥所由，孰非五气为之乎。是故或以木、火、金、水迭王一时，而土则分王四季之馀者，为固而已矣。或以木、火、金、水专居一时，而土则寄巳午之位者，为偏而已矣。或以风、寒、湿、燥各司一候，而火独分君相之用者，为凿而已矣。吾稽之《易》，出乎震焉，齐乎巽焉，木之象也。相见乎离焉，火之象也。说乎兑焉，战乎乾焉，金之象也。劳乎坎焉，水之象也。致役乎坤，言成乎艮，土之象也。其布其行不可以默识乎。吾稽之礼，春之为言蠢也，生之德也。夏之为言大也，长之德也。秋之为言揫也，收之德也。冬之为言中也，藏之德也。其行其生不可以明征乎。盖五行之殊质者，乃无物之不有。而四时之异气者，则无时之不然。生之固为顺，克之亦为顺，错之综之又焉往而不顺哉。大化密移而人自不觉，则曷不于气机间一深察之耶。

是科，房考已荐，总裁谓此论博杂，绌之。自识。

如写家书。弟实庵识。

仲尼颜子所乐何事论

古之君子之为学，皆自治其性情而已。其性情诚底于中和之域，则万变之接于吾者，如暑寒昼夜之相代乎前。是故有天下而不与，为匹夫而无求，安焉而无适不然，利焉而不易所守，盖其天之素定耳。昔程子从周子游，每令寻仲尼、颜子乐处，所乐何事，然卒未尝质言之也。是岂其有所隐乎？盖天地一元之气，化育流行。生之而为春，长之而为夏，收之而为秋，藏之而为冬。皆太和之往复也。万类芸芸，孰不得是气以生。木欣欣而向荣，草油油而随意。是无知之物，莫不有此乐也。鸟嘤嘤而对语，兽呦呦而适情。是匪灵之物，未尝不有此乐也。而况于人乎。赤子之嬉笑即大人神化之基，里巷之歌谣，即宇宙和平之本。无如嗜欲之攻取日深，天机之梏亡日甚，遂不觉役役以终其身矣。备物以养身而神愈悴，却物以治情而性愈槁，孰知此乐之为何事哉？然则如之何而后可以寻之也。将寻之于疏水曲肱之中乎，寻之于箪瓢陋巷之中乎。则蓬户敝衣之徒何以不得与于此乐也？将寻之于疏水曲肱之外乎，寻之于箪瓢陋巷之外乎。则春风沂水之侣，又何以不得与于此乐也。盖人心之所同然者，理也、义也。穷理精义则不疑所行，智者之所以乐也。万物之一原者，性也、命也。尽性至命则反身而诚。仁者之所以不忧也。既智且仁，则何物足以累其中哉！故曰乐则安，安则久，久则天，天则神。天则不言而信，神则不怒而威，此圣人之事也。又曰乐则生矣，生则恶可已也。恶可已，则不知足之蹈之手之舞之，此贤人之事也。是则孔、颜之造诣，虽有安勉之分，而其乐岂有异致乎！程伯子曰："人于天地间，无窒碍处，乐莫大焉。"又曰："置吾身于万物中，一例观之，乐莫大焉。"此非智者之乐乎！程叔子曰："人能克己，则仰不愧，俯不怍，心广体胖，其乐可知，有息则馁矣。"此非仁者之乐乎！朱子曰："孔颜之乐，见处通透，无窒碍行处，纯熟无龃龉，其斯而已矣。"自道术不明而求诸记诵文辞，天下莫不以为烦苦。斯人之具异端，乘其罅隙，遂欲一举而空之以适意于虚无寂灭之间。孰知所谓在中之乐，不改之乐，为何事也耶？庭草不除之意思，吟风弄月之胸襟，盖已旷世而相感，宜其相契之深也。

或者乃以冥然悍然之识力，而妄意躐等以求之，吾见其猖狂自恣而已矣。

见得真，道得出，理窟中掉臂游行。周思皇。

说

醒斋说

宇宙之污隆，人心之绝续，皆于明暗之幾决之。暗则为浑沌，明则为开辟。暗则为昏夜，明则为旦昼。暗则为污浊、为梏亡，明则为高明、为光大。其致一耳。当其暗也，如沉醉然。口未尝无所言，身未尝无所动，耳目未尝无所视听。然诗人终讥之曰："彼昏，诚恶其暗也。"及其醒也，而后大骇矣。夫道在天下，本自昭然。乃萃古今之人，求其常醒者，卒不可多得。暴弃自甘，号呶者也。日用不知，酩酊者也。清和之偏胜，半醺者也。一间之未达，微酡者也。醒岂易言哉！然而求醒则有道矣。研几、慎独而醒者，在神志矣。穷理精义而醒者，在问学矣。知性达天而醒者，在道术矣。是即吾身之开辟也，是即吾心之旦昼也。故诗人美之曰："斋圣非以其明之至哉。"丁氏子克猷，才良而行饬，从学于岳麓书院，将归而名其斋曰醒。请说于予，予乃以此贻之。嗟夫！人之醒也，不自知其醒也。屈原之言曰："众人皆醉我独醒。"陶潜之言曰："醒醉还相笑，发言各不领。"原之与潜，未必为真醒者，而已知醉之非矣。又况思进乎此者，安可中立于明暗之歧也耶。

经星方位说

王者向明而出治，故紫宫居北。出震而御宇，故大角在东。太微前朝也，天市后市也。枢者天体之大中，皇者气机之主宰。帝后储贰，代天以理物者也。尉宰辅弼，卫丞匡君以建极者也。四辅其佐佑之人，五帝座其凭依之所。华盖以覆之，阴德犬理以承之。阴德主恩，犬理主威，或分阴德为阴阳二德，非是。勾陈、天柱以夹持之。尚书宣其化，六甲布其政。柱史、女史以记其言动。御女、天床以待其燕息。此垣内之分职也。内阶宫涂也，辇道御路也。内厨玉食也，天厨大烹也。八穀以厚生，天钩以制度。文昌以司文，枪棓以用武。牢理以禁非，玄戈以除害。传舍以礼宾，四势以防奸。天乙、太乙掌皇猷之润色，公师相守，察辅弼之赞襄，而北斗为之纪纲。此垣外之分职也。大角者至尊所处，左右摄提以辅之。天市在其左，太微在其右。五帝座者，五行之司。将相执法者，大君之辅。太子以嗣之，幸臣从官以护之，郎宿虎贲以卫之，公卿诸侯以佐之，三台少微以佑之。内屏障其扰，谒者通其令，灵台须其候望，明堂备其时巡，长垣固其藩篱，常陈严其捍蔽，而前朝之象具矣。帝座者，九州之主。左泽右山。二十二国者，中原之分。后主内政，旧志后误作候宦给内令。宋志以宦者为三妃，以帝左右二星为常侍，以斗为宦寺阍人，以斛为内屏，未详孰是。女床供内御，宗正、宗人聚内族。斗斛帛度，量度之器也。屠车列肆，交易之所也。贯索以拘贪黩，七公以平法令。天纪以齐众庶，而后市之象具矣。东方苍龙，角为首，亢为咽，氐房心为腹，毛为末。其宫辰卯寅。南方朱鸟，柳为咮，星为颈，张为嗉，翼为翅，轸为尾。其宫未午巳。西方白虎，觜为口，参为身，其宫申酉戌。北方玄武，为壁、为室、为屋之危，穹然若龟之有甲。其宫亥子丑。辰曰寿星，龙寿最永也。角、亢居之，角总兵刑库楼，统众之器也。周鼎者，国祚之镇。天田者，东作之方。进贤者，当务之首。平星者，出政之初。七政所由，是为平道中垣。所向是为天门，而南门以为郛焉。亢为疏庙，一作朝斗柄所指亦名天罡。水墓所归是谓亢池。析威兵也，颉颃刑也，而阳门以为郭焉。卯曰大火，木旺所生也。氐、房、心居之。氐为燕寝帝席饮饫之方也。天乳润泽之施也。天辐阵车骑官道路之驰驱，招摇梗河关津之防卫。房则将相也。震象马，故又称天驷。日者太阳之精也。键闭司户，钩钤司宫罚、司赎刑。好生之德，明堂司政，出震之体。从官近臣也。东咸、西咸侧室也。心则大君，而嫡庶随之积卒雷门之威也。寅曰析木，水衰继旺也。尾箕居之尾。主后宫春而孳尾之象也。传说其师氏乎。屈原、庄周又以为殷相，未详孰是。巫觋宫中所用者。天江、天龟、鱼子，皆以其近汉耳。箕司五谷种稑之种。生于后宫也。糠杵扬风之义也。风木同气丑曰星纪，列宿之终始。斗牛居之，斗以量农，大人以耕。柔土之所产也。天渊、天鳖河汉之所有也。鸡鸣丑，狗象艮，籥以守门户，建以立都关，弁以表玄武之首。且斗养生而弁饰体，故斗主禄而弁主爵焉。牛者力耕之物，其名一元。大武而居金库，则大将之状也。桴鼓者军之耳，旗者军之目。男耕女织相与为耦。水中之土是曰渐台。水傍之土是曰罗堰。坎纯水而田纯土也。子曰玄枵，物至此而耗也。女虚危居之，女至阴而生物，十二国之人民系焉。扶筐其职，离珠其府，瓜其中馈之所供也。天津水之位，奚仲丧之车。万物出于虚而归于虚。司命所以驭其生，司危所以驭其死，司禄所以驭其福，司非所以驭其祸。哭泣以送终，败臼以致毁。天垒以障空，离瑜则后之饰耳。物高者易危，土功象之人者，所役之众。杵臼者，所赍之粮钱者所用之财。坟墓虚梁以送死，盖屋以安生。车府造殳以壮行，而工役备矣。亥曰陬觜，象偏隅之口也。室壁居之。室乃王居，离宫为别馆。垒以环之，羽林以卫之。纲其帐也，魁其阵也，铁钺其用也，土工吏其役也，而师门固矣。雷电处天门之间，螣蛇则玄龟之配耳。乾位西北，天文丽焉。故壁司图书，其象为马，故天厩从之。霹雳云雨雷电之类也。铁锧铁钺之类也。土公吏，力役之司也。公官掌邦土，盖取法于斯乎。戌曰降娄，阴降之极也。奎娄居之，奎为武库，南门其郛郭也。阁道附路，天厩之所，驰策以驭之。王良善驭者也。一作王梁，谓天子之桥梁。天溷以象沟渎，外屏以障之土。司空则公吏之长也。娄为牢苑，更其刍牧之官。斗口所临，亦名天魁。大将军者，统众之象。仓庾则西成之所收也。酉曰大梁，如桥之跨汉，胃、昴、毕居之。胃为仓廒而列囷廪。若动物之有胃。万物闭于酉，大陵其域，积尸其形也。兑象泽，是名积水，天船行泽之具也。昴主荒裔。月者，太阴之精也。阿主隐伏，阴主潜密，砺石以利刃，皆攻伐之情也。兑司口舌，故卷舌、天谗处焉。秋多草莱，故天苑刍稿属焉。物成而宜田猎，故射场、马道具焉。毕者取兽之物。边兵象之天潢。咸池水沐之地也。天街天关，道路之界限。天高斥堠之盼望五车，天节九游参旗行役之威仪。天园百果之所成。九州珠口重译之所通。六诸王则朝于明堂者也。申曰实沉，古分野之君也。觜、参居之。觜乃军候座旗所以辨等威者。物反常为怪，殆更革之义乎。参正司兵，金旺则伐矣。玉井、军井，水生之地也。天屎、天厕，屏以障之。则水之滓秽欤。未曰鹑首，当鹑鸟之前，井、鬼居之。井为暗昧之所。未者昧也钺弧矢为肃杀之具。两河、四渎皆比地而行者也。五诸侯皆分地而守者也。水源于申，故水位水府列焉。木成于未，故寿林老丈寓焉。天罇以象井养，阙丘以象坤偶，军市以象大众。虎狼陈宝之限制，则庚伏之义也。积水为酒，积薪为燎，皆所以供鬼享者欤。鬼为暗昧之物，积尸其质也。天狗以伺之。将烬之火，是为天爟。外厨滋味之象。未者味也社乃土神，天纪统百物而载之也。午曰鹑火，丹凤之位也。柳、星、张居之。柳为天厨，火之利用。酒旗燕享，所以养阳也。星象文明，离之性情，亦为中女，故后妃寓焉。大民小民乃其宗也。南面而垂衣裳者，莫盛乎轩辕，或曰轩辕者后宫之门窗。天相其佐也。稷乃榖神，内平则百姓太和矣。张司宗庙，天庙峙焉。微阴始生，鬼之所处。右社稷、左宗庙，建国之神位也。同其尊者，惟齿德之贵戚乎。故谓之太尊。巳曰鹑尾，当鹑鸟之后，翼轸居之。翼司礼乐光华之地也。轸联玉衡，而司车骑引从之仪也。当巽故主风器，府乐之所用者。金生方始，军门以固之。夏耨当端上，司空以节之。东瓯青丘，海岛之分也。长沙生寿兼入于辰尔。乃若南极之下，马蛇、蜂鹤、飞鱼、金鱼、火鸟、乌喙、孔雀、翼雀、海山、海石、南船、小斗、夹白、附白、南门、三角、波斯、水委之类。虽或见之，存而不论可也。至于紫宫之内，宗藩、公侯、将军、虎贲。昔传其象而今不可见，亦姑阙其疑云。

天官书详写星象躔度，未及其义。此可以补其阙矣。弟实庵识。

恒斋说

李子馆于张府，门人请斋名，以恒揭之。既而叹曰："此予三十年前旧宅之斋名也。"盖古之学者，七年而小成，九年而大成，皆以其不思见异而迁耳。予少窃早慧之号，岸然自足。弱冠下第，始闻宿学之训于舟中。而后知离经辨志，复赴棘闱，获从有道者游处，而后知敬业乐群。嗣是以往，广交尚论，心境屡易，而后知博习、亲师、论学、取友，诚有序而不可诬也。迨既壮之后，乃觉经、史、子、集皆有以会其源流，而洞其得失。盖于知类通达，恍若近之至。若日用所遭大故小节，虽未能情文备尽，而亦不敢苟徇乎流俗。盖于强立不反，未尝无意焉。夫古人以九年而有成，而予乃迟十二三年之久。且犹未敢自信，盖困勉之艰如此。向非有恒之一念根柢于中，则飘摇震撼亦孰知其所底乎。今年将衰矣，世波万顷，尘路千岐。以末学而涉历其间，向日之所知所能，虽未必充养而光大之，然亦未至失坠焉。诚不甘自即于无恒也。子辈之龄皆在弱冠前后矣。如以为过时乎，则年富力强正在此际，不得谓之过也。如以为需时乎，则荏苒蹉跎不转盼而迟暮及之。失今不学而更何所需乎。噫！圣人之神化，非吾侪所能测也。君子之美大，非吾侪所能几也。善人之醇懿，非吾侪所能拟也。至有恒而犹不思奋励以追之，则将置身于何地哉！处斯斋者，尚其触目而警心也夫。

纯乎其纯者也，横渠先生止传《西铭》，当以此补为《东铭》也可。方载滨。

唐位如字说

《易》曰兼山艮，君子以思不出其位。夫人心，动物也。其热焦火，其寒凝冰，其高飞天，其卑沦渊，其疾俯仰之间，而再抚四海之外。苟无位以限制之，则七窗之中化而为猿跳马奔之域矣。唐兄中实次嗣君名开思，求字于予。予字之曰位如。述□□日也。虽然异端强制之学，亦有不思善、不思恶而真如不动者。遂可谓之善事其心乎？是又不然。夫人心，动物也。生机寓焉，而反欲其如灰烬，毋乃与天地之大德相刺谬乎。孟氏有言："思诚者，人之道也。"思而能诚，则醉犹温克，梦亦斋庄。而日用云为，莫非实理之流行。位之中，无乎不尽，位之外无乎或溢矣。故予又以诚斋号之，本孟学也。若但以扬万里相期，则于箕裘世业，岂能吻合哉。唐子勉之矣。

白石说

环案头之器，皆用白石。隆者以为架，洼者以为池。平者以为砚，直者以为尺。方者以为印，圆者以为印之盒。曲者以为纸之镇。乃若扇之楮、罏之玦，瓶之玻璃，几案之擦渗，屏帐之缟练，盂盏之素磁，灯烛檠之锡，皆与之相称者也。客曰："吾闻五色合而成文，胡为专用白者乎?"答曰："太极既分，赤白成象。或淑或慝，万品纷纭。吾欲内以洗心，一疵不染；外以理世，百姓昭明。故假诸物以自警云尔。"客曰："子之志则大矣，而其愿亦何奢乎！尝试观于方寸之间，自平旦以至向晦。倏而雾迷，倏而潢污，倏而渊幽，倏而岳起。盖电磷之明灭者屡矣。其与太虚同体者，有几刻乎。又试观于大运之内，自浑沌以至文明。倏而草昧，倏而陆沉，倏而夜长，倏而昼蚀。盖伭黄之杂战者，数矣。其与神明合德者，有几世乎。故颂至圣者，曰江汉，曰秋阳，虽在一间，未达者犹未能吻合之也。赞希圣者，曰冰壶，曰秋月，虽以大成，再集者犹不能不步趋之也。今子以凡庸之资而冀皜然皭之诣，抑何不知量之甚乎！"答曰："是诚然已。抑吾闻之，静虚之极，明通之幾，是虚室生白之义也。忠信之积，礼法之本，是白可受采之义也。见素抱朴，敦本尚质，而后以人文化成之。是白贲无咎之义也。斯三言者，或可以企焉而及乎。乃若太白若辱，则世尘溷矣；玄而尚白，则灵台黯矣；湛浊在下，清明在上，则纯一杂矣。其术虽工而非吾之所乐由也。语有之‘不曰白乎，涅而不淄’。虽不能至，心窃向往之而已矣。”客曰：“吾子勉之。晓入梁王之苑，雪满群山。夜登庾亮之楼，月明千里。未若清话于子之斋中也。吾子勉之。毋使群石有知为其所笑。”

极似柳柳妙。黄上珍。

白石微物耳。发出许大议论，鸿濛之掉臂耶，曹霸之丹青耶，吾乌乎知之。弟实庵识。

策

定从祀策

尝稽周建四代之学，而虞、夏、商、周之圣哲各为一学以祀之。自孔子有作而祖述宪章，大成是集。则自汉以来，舍别圣而专祀至圣，礼之宜也。至于诸贤诸儒之从祀，则或亲炙于其门，或闻风而兴于百世，亦礼之可以义起者也。然孔子之经，得朱子而后明。非他儒之可并，而世多忽之。则皇上之天亶默成，表章先哲升而跻之十哲之列，岂非旷代之盛事哉。至若范希文之为人也，以天下为己任。授张子以《中庸》诚永叔翼之之伦。而今日始得跻之两庑之列，诚千古之特典也。乃执事犹以损益升降，尚须厘正。见询则生请陈其管见，以待择焉。夫朱子既升于十哲，则濂溪之先知先觉，明道之履中蹈和，伊川之言坊行表，皆大贤也。岂可杂之于诸儒之列哉。十哲之内，既跻子张，则有若、子贱、原思不当仍居两庑。惟南容则记称其载宝以朝，恐不得以一言之尚德而遂进之也。且公西华娴于礼乐，殆亦当与由求并列乎。

蘧伯玉之出处合乎孔子，诚宜从祀。而林放生平无他实验，尚当酌之。而诸贤之位定矣。汉世经师训释多误，自董子而外，皆未必合乎圣人。宋明之儒，亦有显与朱子为敌者，岂可并附宫墙哉。希文既已表章。则诸葛武侯之无惭王佐，陆宣公之不愧醇儒，不无待于尚论，而诸儒之位亦定矣。夫典礼之所关，即学术之所系。一时之论定，而百世之道术明，其于世教岂曰小补之哉！则升之、降之、损之、益之，诚有待于建中和之极者矣。生读诸子之书，尝想见其为人，不意值右文之世，承下问之临，故辄率尔而妄对如此。诗不云乎："高山仰止，景行行止。"虽不能至，心窃向往之，是则平日之素志也夫。

经策

圣人非有意于作经也。稽百王之道法，垂万世之典型。求之上古，而得奇偶之画焉。求之中古，而得典谟之文焉。求之昭代，而得周召之化焉。求之宗国，而得隐、桓之纪焉。此《易》、《书》、《诗》、《春秋》之所由托始也。至于《礼》，则《周礼》、《仪礼》已为成书。其讲习之词，则见于《戴记》者为多。至后世尊之为经，而诸儒之传注乃纷如矣。《易》以穷神化、同忧患，而王弼乃以老、庄之意释之。则何以异于先儒之穿凿乎！邵子探天根、月窟之蕴，程子会一原无间之归，朱子明稽实待虚、存体应用之法，而象数则犹有所未备也。《书序》未必出于古而篇名则非伪。今百篇之内殆亡其半。闻日本诸国尚有完书，而惜不得见也。其所存者，蔡传已多得之，而不愧朱子典谟之解矣。《诗》之《国风》多无证之语，难于臆断。《小序》固近于怨诽而乱。《集传》又岂不近于好色而淫乎。至若雅、颂，则成周之治法毕存而序多失之。但《小雅》主于燕，而《大雅》及《颂》主于祭飨，朱子晚论已见及之。而《集传》或未及更订耳。《春秋》大旨，正名定分别嫌明微而已。《左氏》详于记事，《公》、《穀》工于立义，陆、胡折衷之而皆未免于穿凿。未知果得圣人之意于千载之上否也？三礼之书，《周礼》惟《冬官》未备耳。《仪礼》则多残缺。大、小《戴记》间或补而释之。汉儒详名物而失之浅陋。陈皓推义理而失之泛杂。然朱子、黄勉斋之《通解》，吴草庐之《考注》，亦皆未能适繁简之宜也。乃学宫取士专用《小戴》，毋乃偏而未该乎。六经之说，此其大略也。总之，汉注唐疏，管窥蠡测者也。宋儒传注，神会心得者也。然度数之纷赜，可考而知之。义理之精微，可思而得之。至于泛应曲当之神情，则不可以拟而度之也。生乎百世之后而欲一一追合乎当时，虽圣人复起，犹或难焉。学者慎无固守其所见夫。

史策

史之为义，象以手持中而断事物之偏也。《易》为知来之史。《诗》、《书》、《春秋》为藏往之史。迨司马迁纪传之体立而史遂别于经矣。然其纪事者，仍然《二典》、《禹贡》、《武成》之遗也。其纪言者，仍然《三谟》、《洪范》、《周官》之遗也。岂能出圣人之范围哉！若其失，则不可以胜数矣。羲农见于《易大传》而不录，羿浞之变扰，不登本纪，吴芮之忠良，不列世家，可不谓之疏略乎。以妻祖姑诬虞、舜，以野合而生诬孔子，可不谓之浅陋乎。至于宗黄老、贵游侠、崇货殖，则先哲固已非之矣。范氏则崇乱奖贼，故其后躬自蹈之。不独赞辞失之佻巧而已也。陈氏绝无知人之识，虽诸葛公之贤而拟于管、萧，不独文义少缘饰而已也。若欧阳公有经世之才，有尚论之学，故其书卓然于诸家之表。然以附贼之王彦章而不胜爱慕，以徇节之韩通而遂至沉沦，未知胸中之尺度，果常适其平否也。至于《通鉴》之书，集群史之大成。然以蜀汉为僭国，岂其主常尊之义。以王珪、魏征为无罪，岂人臣无贰之心。屈原而见遗，则何以劝介士之孤忠。扬雄而无贬，则何以惩鄙夫之苟得。不有朱子之《纲目》，则千三百六十二年之是非，孰为定之哉。表岁以首年，所以定天运也。因年以著统，所以正人事也。大书以提要，即《春秋》之旨也。分注以备言，即左、国、公、穀之长也。且《春秋》无《鲁史》之遗稿，故笔削之意不得而窥之。《纲目》有《通鉴》之成编，则笔削之意尽得见之。《春秋》之凡例出于诸儒，故各执其见而不能相一。《纲目》之凡例出于作者，故深思其说而即可旁通。谓其为史学之津梁，史家之极轨，岂曰过欤。

皇上修辑《明史》，正儒臣祖述之会也。但宋元之《纲目》虽有成书，而义例尚多未当。若并取而更订之，则紫阳之心印，庶几可以昭然其见矣。

恒斋文集卷之四

学规

岳麓书院学规

炤以菲材，谬承大中丞大方伯及各宪知遇，付以丽泽讲习之任。自惟浅陋，无以应友朋之求。谨参先民之成法，述一己之陋见。共相商确而持行之，其目具列于左方。

一、古语有之：其为人而多暇日者，必庸人也。况既以读书为业，则当惟日不足以竞分寸之阴，岂可作无益以害有益乎。或有名为读书，縻廪粟而耽棋牌者，即不敢留。至于剧钱群饮，精令挥拳，牵引朋淫，暗工刀笔，亦皆禁止。盖鄙性拘方不能曲徇也。

一、诗有之：朋友攸摄，摄以威仪，无有不敬而能和者。倘或同群之中谑浪笑傲，即嫌隙之所由生也。甚至拍肩执袂，以为投契。一言不合，怒气相加。岂复望其共相切磋，各长其仪乎。有蹈此弊者，亦不敢留。君子爱人以德，幸垂谅焉。

一、每日于讲堂讲经书一通。夫既对圣贤之言，则不敢亵慢。务宜各顶冠束带，端坐辨难。有不明处，反复推详。或炤所不晓者，即烦札记以待四方高明者。其相质证，不可蓄疑于胸中也。

一、每月各作三会。学内者，书二篇，经一篇。有馀力，作性理论一篇。学外者，书二篇。有馀力，作小学论一篇。炤止凭臆见丹黄，倘或未当，即携原卷相商。以求至是，更不等第其高下。伊川先生云："学校礼义相先之地，而月使之争殊，非教养之道。"至哉言乎！

一、四书为六经之精华，乃读书之本务。宜将朱子《集注》逐字玩味，然后参之以《或问》，证之以《语类》。有甚不能通者，乃看各家之讲书可也。次则性理为宗，其《太极》、《通书》、《西铭》已有成说矣。至于《正蒙》尤多奥僻，尝不揣愚陋，为之集解。然未敢出以示人也。诸君倘有疑处，即与之以相商焉。其程朱语录文集自为诵习可也。

一、圣门立教，务在身通六籍所传，六经是也。今之举业，各有专经，固难兼习，然亦当博洽而旁通之，不可画地自限。乃若于六经之内，摘其堂皇冠冕之语，汰其规切忌讳之句，自矜通儒，皆蒙师俗士之见，不可仍也。试观御纂《周易折衷》，何字何句不细心玩索，以天纵圣学而且如此，况吾辈乎。至于《周礼》，虽不列于学宫，然实周公致太平之成法，亦尝集先儒之说为传。有相质证者，不敢隐焉。

一、学者欲通世务，必需看史。然史书汗牛充栋，不可遍观，但以《纲目》为断。至于作文，当规仿古立宜，取贾、韩、欧、曾数家文字，熟读自得其用。制艺的以归唐大家为宗。虽大士之奇离，陶庵之雄浑，皆苍头技击之师，非龙虎鸟蛇之阵也。论诗专以少陵为则，而后可及于诸家。先律体、后古风，先五言、后七言，庶可循次渐进于风雅之林矣。

一、《书》言："知之非艰，行之惟艰。"猩猩能言，不离走兽。鹦鹉能言，不离飞鸟。为士而徒以诗文自负，何以自别于凡民乎？故学问思辩，必以力行为归也。力行之事多端。惟白鹿洞揭示及蓝田吕氏乡约得其要领。他日当纂集而剞劂之，以公同好云。

学规

壬寅之冬在豫章，诸公欲聘余为书院山长，余约以次年应聘。已而有停止之命，遂不果行。然在途中作学规六条，欲以继朱子揭示、胡敬斋学规之后，而不自愧其续貂也。翻阅故稿，不忍毁弃，因漫存之。癸丑白露日书。

白鹿洞揭示

凡五条　见朱子文集

白鹿洞学规

凡七条　见胡氏文集

续规

凡七条

豫章书院续规七条[①]

循小学大学之序以定科级

古圣教人，先之以小学而后继之以大学。故涵养之功，无一息之间，则致知而所知益固，力行而所行愈纯。苟不循其序焉，望其能达乎？夫小学之方非末务也。孝弟可以通神明，言行可以动天地。爱众即民胞物与之渐，亲仁即取友严师之基，岂非圣学

①标题据原目录补。

之胚胎欤。至若礼之节文，身心之所由闲也。乐之声容，气质之所由化也。射御之技，威仪形焉。书数之法，事理周焉。日用之最切者也。夙兴夜寐为民之章，则洒扫必以其恒。勿躁勿隐，侍君子无愆，则应对必以其时。中规中矩，非僻无自入，则进退必以其节，交际之最急者也。夫自幼而长，其养之之备，至于如此。则粗心浮气不生于内，杂事庞言不诱于外，乃可进之于明德新民，而六人之业可以几及矣。今小学之教诚为阙略，然孝弟谨信亲爱乃行己之大法，洒扫应对进退亦应几之当务。惟礼乐未免荒残，然遗经尚在，可以研而求之也。射御未免失传，然遗法犹存，可以推而究之也。书则穷六书之体，而弗专于姿媚以悦人。数则极九章之用，而弗专于会计以理财焉。往而非养德之助乎。苟非然者，心之不妆，事之不习，骤而语路致之功，将散漫而无所统。骤而语诚正修之诣，将捍格而无所本。骤而语齐治平之业，将驰骛而失其居矣。吾未见其有成也。故曰："合抱之木，生于毫末。九层之台，起于累土。千里之行，始于足下。"为学者，乌可不循序以渐进也哉。

择经史子集之书以正学术

圣人之道，寓于六经，乃万世之法程也。后人不思求其道，而但欲效其文，则言愈多而理愈昧者比比也。效《易》者，为老、为庄、为《太玄》、为《潜虚》，而《易》之真隐矣。效《书》者，为荀、扬诸子，为柳、苏诸集，而《书》之真隐矣。效《诗》者，为词赋、为乐府、为声律、为曲调，而《诗》之真隐矣。效《三礼》者，为《通典》、为《通考》，而《礼》之真隐矣。效《春秋》三传者，为记、为书、为志、为史，而《春秋》之真隐矣。然世之为博闻之学者，方且夸多斫靡，而不核其是非得失之所以然，则其文实足以灭质，其博适足以溺心。诚所谓书肆而已必也。精思之，详说之，则不徒得其言而可以得其意。不徒得其意，而并可以得其进乎此者矣。邹鲁之学，备于学、庸、语、孟。濂洛之学，详于《通书》、《易传》、《近思》。而闽中之学，载在《集注》、《集传》者，不可易也。此外，则王之《中说》，邵之《观物》，薛、胡之读书居业，皆可为圣学之助。至若贾、董、韩、李、欧、曾、宋、方、归、唐诸集，亦多发明大道之言，酌而取之，何适而无得哉。诗赋则当以屈、宋为宗，陶、陈子昂、杜、元结为式。史则当以《通鉴》为案，《纲目》为断。其他子集，亦效《楚辞后语》之例，汰其短而不没其所长焉。毋徒弊精神而（縻）〔糜〕岁月也。君子曰：学欲博不欲杂，守欲约不欲陋。好古之士，宜三复于斯言。

辨圣贤才术之品以立趋向

班史分古今人物为九品，而无知人论世之识，卒多任臆也。夫人材之分，大略不离乎三等：一曰圣贤，二曰豪杰，三曰英雄。而三等之中又各分为三品焉。盖听聪言乂于大廷之上者，谓之圣。执事而珍贵于班联之间者，谓之贤。上焉者，徇齐敦敏，爰立人极，是谓生安。次焉者，检身克己，优入圣域，是谓学利。又次焉者，精思力践，密移天赋，是谓困勉。若而人者，以之立德则德崇，以之立功则功博，以之立言则言醇。古者道德一而风俗同，由此其选也。兽之劲迈者谓之豪，木之挺拔者谓之杰。上焉者，左宜右有，大任克当，是谓猷焉。次焉者，弸中彪外，万民所望，是谓文行。又次焉者，介立果行，百变不渝，是谓节操。若而人者，施之于家则家理，施之于乡则乡孚，施之于国则国顺。世变日滋，人心日漓，微斯人而谁与维之乎！草之秀出者谓之英，兽之绝伦者谓之雄。上焉者，遗巨投艰，肆应不穷，是谓才能。次焉者，探赜理繁，措置裕如，是谓技术。又次焉者，出险设奇，多方克济，是谓诈力。若而人者，用其长而不必责其短也。取其偏而不必求其备也，录其功而不必追其过也。其在盛时，百官备，百务具。其在衰世，群策效，群力收。而天下宁有废材哉。乃若务虚旷者，非不矢圣贤之志，而误于岐途。诣玄空者，非不负豪杰之才，而沦于方外。矜奸猾者，非不附英雄之用，而归于太憝。于传有之、取法乎上，仅得乎中，取法乎中，不免乎下。故术不可不慎也。

察刚柔缓急之偏以变气质

古之教者，使人变化其气质而已。《舜典》曰：直而温，宽而栗，所以全其善也。刚而无虐，简而无傲，所以救其失也。《洪范》曰：平康正直，所以待中行也。强弗友刚克，燮友柔克。沉潜刚克，高明柔克。所以治过不及者也。故雅、颂之为教，屡致意于肃雝。宗伯、司乐之立法，皆卒归于中和。无非欲气质之不用事耳。求也退，故进之。由也兼人，故退之。则偏者可入于正。回虽不敏，请事斯语矣。雍虽不敏，请事斯语矣。则正者可至于中。极之，虽愚必明，虽柔必强。则气质不足以限之。所不可移者，独上智与下愚而已。自学绝道废以来，师弟子之间，徒从事于训诂辞章之习。独濂溪周子能知其意，故其言曰："性者，刚柔善恶中而已矣。圣人立教，使人自易其恶，自至其中而止矣。"盖教学之法，如良医之用药。然大热之证，非承气不能除也。大寒之证，非理中不能除也。气不足之证，非四君子不能平也。血不足之证，非四物不能和也。苟杂然并投，则适足以益其疾而灭其身矣。是故清和之德，尚非君子之愿学。狂狷之资，尚待圣人之取裁。以其未能离乎气质之用事也。西门豹性急，常佩韦以自宽。董安于性缓，常佩弦以自警。彼偏才且然，而况君子之志于道者乎。东莱吕子性褊急，读“躬自厚而薄责于人”之言，遂悟其非而改之。善学者，不当如是耶！

专教养礼刑之业以酬知遇

天生斯民，必有以治之。然非一手一足之烈也。伊古以来，多材多艺称周公，博学天纵称孔子，通儒全才称明道，事事物物各造其极称紫阳。岂下此者所可企及哉！以故虞廷命官，必分九职。成周监古，亦列六卿。即孔门之英才，而兵农礼乐各效朝廷之一官。辞学威仪各肖圣人之一体，未有能兼之者也。后世士多浮慕，官鲜专长，而治效遂大异于古矣。夫古之所以治天下者，不过教、养、礼、乐、兵、刑之六事耳。今虽仿其法而未必不失其意。诚能于稽古之时，教则深明乎五典三物之训，而不专尚夫辞章也。养则详究乎井牧口分之法，而不专恃夫蠲赈也。礼则熟悉乎大经小曲之节，而不致饰夫仪文也。乐则渐仿乎文始五行之遗，而不习尚夫淫哇也。兵则推本乎八门六花之变，而不纯任夫诈力也。刑则参酌乎肉辟流宥之条，而不执泥乎律例也。既本乎古，又宜乎今。推之若胡安定之治事斋，治民、治兵、水利、算数之类，皆可分而任之。夫如是则小试其才，可以备有司之选。大行其道，可以膺将相之任。孰谓古今人不相及哉！不观诸治家者乎。农司耕，婢司织，犬司夜，鸡司晨，或旷其职则废矣。不观诸治身者乎。耳主聪，目主明，手主恭，足主重，或侵其官则扰矣。夫天下亦不过身家之大者耳，岂有二道乎。语曰：“不患无位，患所以立。不患莫己知，求为可知也。”苟徒借帖括以为进身之阶，则亦斯世斯民之不幸已。

距异端俗学之非以一归宿

先王之道，大中至正。贤智者俯而就之，愚不肖者企而及之。自道术之裂而异端兴焉，墨氏好称大禹而晏婴学之，杨氏师事老聃而庄周和之。孟子既辞而辟之矣。佛氏之书来于汉明之朝，其人来于梁武之世，迄慧能出而天下靡然从之。惟程、张始辩其失耳。然皆各自为一家，未敢依托于儒门也。乃陆子静者，纵气质之偏，摄精神之粗，反诋穷理精义之学为支离。赖朱子直指为禅学，而天下之信从者乃少。无何延及明代，而其说复昌，陈公甫窃主静之似而沦于寂守，王伯安造致良知之说而归于冥行。遂指朱子之言为洪水猛兽之害，而名教之大闲决矣。至若功利之说，开于管仲，孟子所卑鄙也。至申韩专用名法，无复爱人济物之意。不意永嘉陈君举、永康陈同甫乃远宗其术焉。君举则剽窃私意之制度，同甫则深取苟就之勋业。而皆比附三代之王迹，以自便其私。禅宗、伯术二说并行，而天德王道之体用悉隐。士安得有真儒，世安得有善治也哉！若乃以记诵为学术，不复知修己治人之方。以文辞为能事，不复知躬行心得之实。斯又俗儒之见，而反为二家之所窃笑矣。唐应德曰：六家九流与佛之与吾六经孔氏并也，是门外之戈也。六家九流与佛之说，窜入于六经孔氏之中而莫之辨也。是室中之戈也。呜呼！其言可谓深切著明矣。昔者朱子尝欲学琴而先以乱弹，其后虽遇良师不能教以正声也。然则不端其始而能善其终者，鲜矣。

尽博学详说之功以造返约

道体自约而生博。德行自博而归约。故君子之造道也，知为先，行为后。其成德也，行为重，知为轻。存养则行之本，而知之涯也。省察则知之的，而行之枢也。明乎此，则圣经贤传一以贯之而无所疑矣。《谟》曰："惟精惟一，允执厥中。"精言察也，一言守也。《训》曰："德无常师，主善为师。善无常主，协于克一。"善言分也，一言合也。《丹书》曰："敬胜怠者吉，怠胜敬者灭。义胜欲者从，欲胜义者凶。"敬而主之，言存养也。义而精之，言省察也。而帝王君相之学术略具于此矣。《论语》曰："智及之，仁守之，庄莅之，礼动之。"智则知之而明也。仁则行之而纯也。庄且礼则处之而当矣。《易翼》曰："穷理尽性，以至于命。"穷理则智之尽也，尽性则仁之熟也。至命则勇之无迹者矣。孔子为万世名教之主，其大旨不可备见乎。颜子曰："博我以文。"散一为万也。"约我以礼"，会万为一也。曾子以格物、致知、诚意、正心、修身为明德之序，齐家、治国、平天下为新民之方。语造道也。子思以极高明、道中庸、敦厚崇礼为尊德性之事，致广大、尽精微、温故知新为道问学之功。语成德也。此说与注小异孟子之知言，非尽心知性之验乎。养气非存心养性之发乎。乃若退之述《大学》而遗格致，子由述《中庸》而阙明诚，皆不足以与乎斯道之传也。惟周子独继绝学，推理之原于太极，性之播于五行，命之运于阴阳。而其自言曰主静，曰研幾，曰慎动。而知行存省无不该矣。程伯子曰：廓然而大公，无假乎存也。物来而顺应，无假乎省也。程叔子曰：信道笃则行之果，行之果则守之固。久而弗失，则居之安，由有为以至无意也。张子作《订顽》以明仁之体，作《砭愚》以推智之用，由下学以至上达也。朱子辑小学而列立教、明伦、敬身之目，岂非欲直方之偕立乎。作揭示而举博学、审问、慎思、明辩之条，补修身、处事、接物，以为笃行之实，岂非欲择执之两进乎。故曰：知其要者一言而终，不知其要流散无穷。然则为异说之所汩者，其心必有所蔽矣夫。

家训总序代黄氏作

昔在王凝常居栗如也，闺门之内，若朝廷焉。御家以四教，勤、俭、恭、恕。正家以四礼，冠、婚、丧、祭。美哉修齐之术，抑何其简而切也。非有得于文中子之遗教，而能如是乎。夫克勤、克俭之德，帝舜以之歌大禹，而恭恕之道，孔子尝以之教门人。今颇推而演之，使有志者得有所持循也。若冠、婚、丧、祭之仪，古礼既苦于繁重，今俗又流于鄙倍，惟朱子《家礼》为切实而易行焉。今特提其大纲，而补其细目之未备者，庶几行之而寡过乎。噫！彼人也，我亦人也。闻叔恬之风而不兴者，吾末如之何也矣。

勤论

治生之道，莫尚夫勤。故邵子云：“一日之计在于晨，一岁之计在于春，一生之计在于勤。”言虽近而旨则远矣。无如世俗之人，以逸居为至快，甘食媮衣，玩日愒岁。以之为农，岂能深耕而易耨。以之为工，岂能奉度而尽职。以之为商，岂能乘时而趋利。以之为士，岂能立身而行道。徒然食息于天地之间，则是一蠹耳。夫天地之化，日新则不敝。故户枢不损，而流水不腐。诚不欲其常安也。人之心与力何独不然。是故劳则思逸，则忘凡物之大情也。大禹之圣，且惜寸阴。士行之贤，且惜分阴。又况贤圣不若彼者乎。他如博（奕）〔弈〕、蒱樗之类，皆圣人之所谓小慧耳。劫抢攻杀之称，不离于耳，非所以养德。扰攘争竞之状，不绝于目，非所以惜财。初寒盛暑，永日深夜之娱，常流连于心，徒足以失时而废事，亦何乐而为耶。至若男服勤于外，女亦当服勤于内，奉甘旨、羞蘋蘩、供纺绩，皆不可以尽假手于他人也。

昔周之兴也，房中有服之无斁斁之训。迨其衰也，庙堂有休其蚕织之讥。岂非万世之永鉴哉。俭美德也，而流俗顾乃薄之。夫先王之制，自天子以至于庶人，饮食有节，衣服有章，宫室器用有等，故各守其分而不相渝。今也不视其分之所当为，而惟视其力之所得为。贫者见富者而羡之，富者见尤富者而羡之。一饭十金，一衣百金，一室千金，奈之何其不至于匮且乏也。每见闾阎之中，其父兄淳朴质实，足以自给，而其子弟，或入胥吏之群，或附商旅之队，或列衿绅之末类，无不羞向者之为鄙陋。于是一从而新之，而累世之藏，或尽费于一人之手。甚则谄求诈骗，寡廉鲜耻，彼诚有所不得已也。与其悔之于后而不及，何如约之于始而无难乎。然所谓约者，岂一切而损之。养生送死之具，吉凶庆吊之需，皆称情以施焉，庶乎其不至于固耳。惟是金碧之辉煌，纂组之奇丽，吾诚不知其何所适于用。而伶优之技，歌儿舞女之娱，又不知果足以养人心之和平否也。艾千子云："教盗、教淫、教戏谑，费钱、费日、费精神。"旨哉言乎。又若妇女之伦，多穷奢极靡，而不与男子相称，岂敌体之义乎？孟光丽妆靓饰而梁鸿不答，服私居之服而改容谢之。桓少君资贿甚盛而鲍宣不悦，挽鹿车而乡邦称之。人之度量，相越岂不远哉。

恭论

人之所以招尤而取侮者，患在于不恭。夫骄，衰气也。傲，凶德也。且天下之事，亦何可恃哉！富而可恃，则金谷无绿珠之累矣。贵而可恃，则上蔡无黄犬之悲矣。才华而可恃，则华亭无鹤唳之感矣。君子察乎此，故兢兢业业，日慎一日，而犹恐有不测之患也。乃世俗之情易于满，假稍有禄位，则凌烁闾里。稍有才名，则倨侮侪辈。千人所指，无病而死，彼犹自以为得意，不亦可哀之甚乎。然则持身接物之道，固莫有外于恭者矣。正考甫一命而俯，再命而伛，三命而偻，循墙而走。宜其庆流苗裔，而至圣挺生也欤。是故乡党之微贱，亦当以礼接之。亲故之疏远，亦当以情洽之。至于庭除之内，妻子即监史也，昆弟即师保也，衾影屋漏即天地神明也。必若古人所谓火灭修容、戒慎必恭者，斯为无敢慢之至乎。乃若袒裼裸裎以居身，嬉笑怒骂以与物。甚至跛倚以临祭，箕倨以延宾。即能永终天命，盖亦幸焉尔。《传》曰："民受天地之中以生，所谓命也，是以有动作、礼义、威仪之则，以定命也。"能者养以之福，之犹往也，俗本作之以，非。不能者败以取祸。古之达者，其深悉之矣。

恕论

君子之立心也，一恕足以尽之，而施之于家为尤切。政刑有所不及施也，声闻有所不及被也，但视吾心所以推之者奚若耳。望尊长以慈惠矣，反而内顾吾之为尊长，果无不均焉否也。责卑幼以敬顺矣，反而内顾吾之为卑幼，果无不安焉否也。至于兄弟妯娌之间，谗构易生，猜嫌易起，各求尽己而不责于人。未有不和且洽者。《斯干》之诗曰："式相好矣，无相犹矣。"张子释之曰："犹，似也。"人情大抵施之不见报则辍，故恩不能终。不要相学已，施之而已。昔者王子明为中书，寇平仲为枢密，平仲恃才而子明实能容之。一日者，中书移文于枢密，而倒用其印也。平仲以闻于朝，于是子明罚俸而堂吏被责。已而枢密移文于中书，而其误亦如是也，吏方快之。子明勿校，第还之平仲，使自更而已矣。岂非不相学之明验哉。用斯道以处骨肉也，其有不孚者鲜矣。夫人之欲善，谁不如我，我得矣，而处人于失，可乎？人之自爱，谁不如我，我厚矣，而处人于薄，可乎？盖角弓之诗虑之矣。人之无良，相怨一方。所见偶偏，而其势遂至于不可复返，不殆于推刃乎哉。反是心以求之，而恕不可胜用矣。若曰相助以匿非，是群然而入于苟且之归也。乌乎可！

冠论

卉木之生，必垂华萼。男女之成，必加冠笄。古之人以是为生民之始基也，而后世多忽之。凡男女之幼，即加以成人之冠服，彼不以为章德之资，而但以为美观之具，安望其威可畏而仪可象乎。况夫冠而字之，所以尊其为成人也。乳名未离于保姆，学名方取于父师。而遽加以成人之冠、服，亦殊不称矣。至若女子，必许嫁而笄者，示将成妇也。未许嫁而可遽然加之耶。《孝经》、《论语》，男子必通焉，而后可冠。《列女传》、《女诫》，女子亦必通焉，而后可笄。庶乎教之之意，即隐寓乎其中尔。噫！古礼之不行于世者，多矣。苟能于始基之日而即谨之，庶几爱羊之遗意哉。

昏论

古之为昏也，以择德也。天地合而后万物兴，男女正而后家道立，故圣王重之。宋司马温公有言："世人多慎于择婿而忽于择妇，其实婿易见妇难知，不可以不察也。"其言可谓深切著明矣。圣人知男女之不可苟也，是故择配。近取诸州里，远求诸外姻。其平居耳目甚习，则其隐微毕知。择之既审，则其合之必固。是以久而无相渎相离之患也。而又为之纳采、问名、纳吉、纳征、请期、亲迎之礼。昏礼有六，《家礼》用其三。从简便也。然请期一节，近犹有行之者。乃杨氏所定。见《家礼》纳币小注。其相待以诚而其相求有渐。凡以生民之本，万福之原，于是乎系焉。是以慎重周详而不敢忽。古者妇人先嫁三月，祖庙未毁，教于公宫。祖庙既毁，教于宗室。教以妇德、妇言、妇容、妇功。其既嫁也，始见于夫，有合卺之礼。质明而见舅姑，有馈食之礼。三月而成妇，有庙见之礼。然后畀之以丝麻布帛焉，授之以委积盖藏焉。是故以敬事先祖，而酒浆洁、葅醢备矣。以孝事舅姑，而定省洽，爱敬周矣。以和娣姒，而闺门无间言。以睦亲戚，而远近无怨隙矣。其在于诗，女曰鸡鸣，士曰昧旦。绝宴私也。宜言饮酒，与子偕老。示贞一也。琴瑟在御，莫不静好。章德度也。为絺为绤，服之无斁。昭勤俭也。百岁之后，归于其居。笃志操也。古人于男女之际，其始之终之如此，是以子孙蕃昌而诸福毕至。后世议昏，止图门阀之高，家世之盛。至于性行家法，漠然不省，则已惑矣。而近代恶俗，则止计其奁物之多寡，奴婢之有无。明取明求，廉耻尽丧。其不遂者，至于两姻相仇，妇姑交怨，不亦伤乎。不知男女之交，以合二姓之好。上承宗庙而下启后嗣，岂区区为是哉。且妇人以勤苦为历练，以恭俭为贤良。假如赀装丰盈，奴婢环列，将挟所有以骄其夫家，凭陵妯娌，侮慢舅姑。宴安恣肆，靡有不至。是享其利者无几，而受害无穷也。嗟乎！家世盛衰之数，多由妇人。惟修身以基福，择德以宜家。家道之兴，可坐而致，婚姻顾可忽乎哉。

丧论

物莫不悲其类，而况于一本者乎。故圣人重丧。夫丧，有大本焉，有大经焉。恻怛之实，疾痛之情，大本也。节文之具，度数之详，大经也。盖人之既死，体魄则降，志气在上。为之衣衾以周于身焉，为之棺椁以周于敛焉，为之宅兆以周于椁焉，而所以藏其体魄者备矣。始死而奠无时，犹然养生也。既殡而宾之，于是乎有朝夕之奠。既虞而神之，于是乎有朔望之奠。而所以萃其志气者，详矣。君子因之，称情以立文焉。始而徒跣袒括，殡而衰杖，期而练服，再期而素服。此衣服之节也。始而不食，殡而饩粥，卒哭而疏水，期而菜果，再期而醴腊。此饮食之节也。始而苫块，虞而席木，不入中门，再期而后复寝。此居处之节也。顾自汉景短丧以后，虽以晋武帝、魏孝文、周高祖、宋孝宗之毅然复古，而终不能尽变。夫天下之俗，于是舍先王之制，用浮屠之法。其居丧者，自素服而外，漠然无以异于平日。甚或与宴乐、主嫁娶而不以为非，不亦悲乎。至若旁亲外姻之丧，各有差等。民之所以群居而和壹者，恃有此也。而世之君子，当其少也，则以亲在而嫌疑之。及其老也，又以年衰而畏忌之。独不思父党母党之丧，为人子者，多从亲之服。然则定省之间，何嫌乎以凶服侍其亲也。七十犹衰麻为丧，八十而后齐衰之事弗及焉。且死生常理，虽畏忌之，而将何所逃乎。族之相为也，宜吊不吊，宜免不免，犹且罪之。而况乎有服之亲，而可概置之耶。即行吊于人，亦当有制，食未尝饱，哭则不歌。羔裘玄冠不以吊，圣人之懿行也。倘主人而有酒肉之设，当力辞之。或尊长在座，亦必少尝而速起焉，无使陷于醉饱之失也。吊服与冠皆当以木棉为之，不可费主人之布帛。若赞礼题主概用公服，其失非小，而举世安之。敦厚好古之君子，当必有一洗其陋者矣。

祭论

先哲有言："祭祀之报，本于人心。"故豺獭能祭，其性然也。自佛、老之教盛行于中国，或妖神怪像设之于寝室，或诵经供佛行之于户庭，而祀先之礼概乎灭裂矣。幸而有宋大儒修明典制，虽不尽协乎先王之旧，而礼以义起，正百世之所当遵也。朔望俗节之奠，以荐新也。冠婚爵命之告，则当因时祭而行之。高、曾祖考之祭，凡同服之亲，四时择日会于小宗祠堂之内，日用丁巳。具牺牲而献之。其旁亲无后之神主，各以班而列焉。然后同高祖之支庶别择日而祀。其三代之私亲，同曾祖之支庶别择日而祀。其二代之私亲，同祖之支庶别择日而祀。其父母庶乎不涣而不紊耳。始祖、先祖之祭，凡同族之亲，每岁择日会于大宗祠堂之内，具牺牲而献之。但始祖之祀，有似禘之嫌。先祖之祀，有似袷之嫌。殆非士大夫之家所可僭。不若但择先人中之名臣修士，仿圣人七世观德之意而特奠之，是亦干袷之遗意也。墓祭则非古矣，然先王联坟墓之法已废，而后世风水之说又盛行，则其势不得不散置于各方。凡夫陵迁谷变之虑，盗葬侵址之虞，皆不可以不备也。于春露秋霜之际，会族人而一展省焉，固人情之所不容已也。至若五祀之祭，则亦有家之至切者。户者，万物之所毕出也，故春祀之。门者，万物之所毕入也，故秋祀之。养物者，莫盛于火，而灶其司也，故夏祀之。滋万物者，莫盛于水，而井其司也，故冬祀之。礼记作行，亦通。盖古者井田之法，沟即在涂下故也。万物莫不依地而附天，中霤则一家之土中，而天气之所由通也，故季夏祀之。夫君子之心，无德不报，是数者皆人所赖以生也，而可恝然哉。噫！淫祠谬宇，则群然谄之以求福，至于当敬之鬼神，乃反忘之。经不正而民不兴，可胜道哉。

传

王醒斋先生传

醒斋先生既卒之六年，其孤书思抵予舍，泣而言曰："寒家将刊家谱，而先君子尚未立传，计相知之厚者莫吾子若，敢以请。”予谊不敢辞，忘其固陋而次辑之。谨按：王氏，系安福巨族，及先生之远祖徙于邵。其尊公某登贤书，值国变，完节以终。先生其季子也，生而外朴内慧。一日，尊公偶见其文，乃大奇之。受知于蒋慎斋，嗣后学使者，皆推为国士，试辄冠军。丙子已荐元，其二场为謄录所毁，遂报罢。天性孝友忠信，三党无间。有亡兄遗产，悉以畀其外甥。诸侄家被疫，每晨各至其门。告厉神曰：“神奉帝命，岂敢归咎，但有罪者速罚，无辜者勿波及也。”既而皆愈。为父及伯父从祀乡贤，卖田以给其费而不以均之诸兄侄。藩府有莽牛者，率众于龙山开矿，不许，则将煽乱。先生倡首，鸣之县府，达之制置，事乃已。戊子岁，学使者试未遍而卒。诸庠科举公资，皆以前案例分给，先生领宝庆府学批独并遗才而均之。曰优等岂常在我辈乎，众皆允服。其学无所不窥，《太极》、《洪范》、《律吕》、《经世》，皆深造诣极。南华、西竺之说，亦洞究其蕴而抉其非。盖自紫阳之学六传以及方侯，城遭靖难之变，而其统遂绝。河汾崛起，曲高寡和。而陈公甫、王伯安遂鼓其偏执之说以乱之学。士大夫从风而靡，虽胡敬斋、罗整庵力加攻诋，譬之诸葛之讨贼，韩范之平戎，名义甚正而力或未之逮也。至□□□氏，始大声疾呼以号于一世。然其书散在天下，不知者以为文评也，其知者以为讲义也。先生独曰：“百世绝学之传，赖有此耳。”率其同志，精思力究，南方风气为之一变。其稿行世，无不以为醇儒之文云。少多脱略，晚乃严密，温和冲淡，浑然不见其圭角，故后学无不倾心。先生随材造就，远及数郡。先君子于庚午鄂邸得见先生，谓炤等曰：“举子中乃有斯人，汝辈得所就正矣。”自是以往，质疑问难，谊等天亲。炤尝充岳麓书院山长，缪作《中庸》、《易通》讲义。先生首肯，为点窜其总论。曾重订《仪礼经传》，先生赐之叙言。又以生平所未彻者数事，伏问先生，乃作《广道》、《蠡测》、《鬼神》、《死生》四篇示之，手泽尚新。呜呼！痛哉，先生生于丁酉年十月十二日，卒于辛丑年七月十六日，嗣子一，即书思，邑庠生，嗣孙四。文集□卷，诗稿□卷，藏于家。元复其名也，能愚其字也，盖以颜氏之子自命乎。

恒斋文集卷之五

书札

与人论文书

相别数载，长亭偶遇，写心之幸，实出望外。邂逅晤言，便征文艺。今特乘便相寄，惟高明裁焉。抑炤固非乐为文者也。先民有训曰："太上立德，其次立功，其次立言。"修己治人，位天地，育万物，德之大者也。平水土，教稼穑，敷五典，明五刑，功之大者也。议礼作乐，删诗订书，系易象，修《春秋》，言之大者也。下此者，非不各有其德而德分厚薄焉。非不各有其功而功分优劣焉。非不各有其言，而言分醇疵焉。六合如彼其广也，古今如彼其永也，我生其间，特一人焉。其何以自立于当时，而庶几有闻于后世乎？将欲以太上者自命，而力既未遑也。将欲以其次者自命，而势又难必也。无已，则姑取又其次焉者而漫任之而漫为之而已矣。虽然，欲为言，而经书传注古之人固已备矣。吾敢复赞一辞于其间，则不能不出于文。欲为文，而骚、赋、记、序一切文集，古之人亦已各成一家言，且又未必大有益于世教也。吾何必赘焉。则不能不出于制艺。欲为制艺，而浮夸纤丽之词所以蹈虚声弋利禄者，今之人又莫不攘（背）〔臂〕争先也。吾安可苟同于流俗。则不能不理宗往圣，法宗先民，而窃自附于羽经翼传之制艺。夫制艺，特文章之一体耳。将以为无益之浮言，则童而习之，成名而弃之，烟消草腐于大地山河之内，阅数十百年而邈无馀迹也。将以为有裨于用而为之，则一日成文，千秋犹在，安可不殚心思、积岁月以求上告无大罪于圣贤，而下免后人之指摘也。盖炤之从事于斯已有年矣。当其始也，纵观历代之书，流览百家之籍，入乎耳，出乎口，靦焉以示于今之文人，则群而誉之矣。复靦焉以自较于古之文人，则又自以为不我过矣。久而愈自信焉，久而稍自疑焉，乃参之有道君子则之前而始自惊矣。诸君子复进我以古之立言者。宗庙若是之美也，百官若是之富也，而后自愧矣。于《书》则见《典谟》之奥焉，于《诗》则见《雅》、《颂》之华焉，于道则见蒲坂、景亳、（豊）〔丰〕镐、洙泗、濂、洛、关、闽之大焉。参之以左、韩、欧、曾，而外此者皆不足为文也。参之以屈、陶、杜、韦，而外此者皆不足为诗也。参之以归、唐、陈、黄，而外此者皆不足为制艺也。观百物而后知化工之神，萃众材而后知作室之用。于是乃敢就正于君子，而君子则曰未也。古之学者，穷天地之理，尽事物之变，蕴为德行，发为文章。仰观于天，则有日月星辰之灿列。俯察于地，则有山川草木之蕃变。近验于身，则有威仪辞令之宣著。焉往而非文也。焉往而非文，则何止弄笔墨而后谓之文也。于斯时乃始若涉大海而莫知其畔崖矣。诸子百家、稗官野史、方技之流，皆肆力以穷之，而皆未能浩乎其有得也。马方驰而控之也艰，（努）〔弩〕将满而发之也难。吾方不知终身之果何所就，则何暇矫首顿足、伏鬣长鸣于圉人之侧，而冀其空群之一顾也。春山朝荣，秋堂夜静，有得于心，则从而志之，而制艺殆将千篇矣。兹不能尽呈，聊誊写数首，譬诸蚓窍蝇鸣，闻其一响即可以辨其全声矣。公固素知我者也。不然，则又安敢出罗刹国人之语，以聒中华都人士之耳也哉。

为家君与刘某书

相别屡年，久疏音问。白发青阳，弥增感慨。兹因细故，义激于中，敢告故人，幸加聪听。寒家之聚族于兹土也，已十有馀代矣。世以礼、义相传，诗、书为业。或嗣股肱以艺黍、稷，或牵车牛以服商贾。无敢为僻言、左行以获戾于祖宗之训者。往者会因兵变，举族流离，族兄美吾旅寓贵境。干戈之不暇恤，而何诗书礼义之与有。是以顽焉罔知，悍焉罔忌。耳不闻周孔教为何事，目不识《原道》、《本论》为何言。故以其长子为山僧，使祖考之祀将自是而馁，子孙之胤将自是而斩，其亦可哀也已。身为绝三纲、悖五典之人，义不得复见祖宗之庙貌，亦不得复齿于宗族。故大人宗子峻以拒之，惟恐其忝焉而后翻然改图也，出之沉沦污溷之中而迁之文物衣冠之地。盖寒族之人，自黄童以至白叟，莫不喜其革而悲其晚也。乃比者，风闻其邻里中，无识之夫、好事之徒肆为异论，以恐惑之。呜乎！其亦不思而已。是所望于高明者，戢止之、解谕之焉耳。朝廷之于民也，士农工商有常职，徒流笞杖有常刑，未闻教人为僧之令与禁人不为僧之律也。且夫子孙才，族将大，人之所甚愿也。子孙不才，族将微，人之所甚戚也。人情不甚相远，其忍使吾兄承先肇后之子，为无父无君之人，以自陷于禽兽之域乎。况乎佛之立教也，亦不过诱人以相从，未必强人以相从也。而非然者，则是梏鸟兽、坊鱼鳖之术焉耳。如来而可作也，吾亦将掩口而哂之，唾其面而责之矣。语不云乎，成人之美而不成人之恶者，君子也；成人之恶而不成人之美者，小人也。夫彼之弃邪而即正也，幽告之祖宗而无愧，显告之宗族而无疑，上居之官长而无过，下告之戚姻乡党而莫不以为宜。相与成之，则彼得以自立，而吾亦不失爱人以德之称。弗与成之，则吾自居于僻言左行之党，而于彼曾何伤也哉。伏惟仁兄，识足以超出于流俗，言足以取信于乡里，思朝廷化民成俗之意，念寒家合宗立族之心。大祛习俗之狂惑，而示之以纲常名教之正。则盛德之深厚并于河山，而令闻之昭彰光于日月矣。

与黄上珍

辱承手札，伫想良殷。但以禫服期，迫不能如命所谕。婚礼弟亦何知，但粗晓守墨本耳。古之六礼，文公已裁其二矣。此圣人之因革随时，非末学所敢议也。其纳采、纳币、亲迎、仪节，亦甚简便。但庙见一节，微有可商。古者三月庙见，家礼改为三日，已有定说矣。但家有祠堂者，此则甚宜。今吾乡无祠堂之制，祖宗之灵皆在寝室。岂有合卺之后，舅姑尊长皆揖让于一堂之内，而独于堂上之祖宗乃迟之三月之久乎。然则不得已而次日告神，然后拜见诸人，或亦庶乎其可也。至于乡俗，皆有拜见天地望空行礼之说。此则惑之甚者，万不可从。士庶人之家，敢轻见于天乎，其馀则亦无可议者。况令祖之淹博，又何待于后生之赞襄也。下问所及，聊尽其愚耳。抑此犹其文也，正伦理，笃恩义，使修齐之业积厚而流光，是则吾兄所素自任者，而安可以不勉也哉。雪窗萤案之下，溢为词章，有缮写者否。期见示数首，亦欲以观吾兄所存之一二也。试期不过来春，面晤非远。辞不尽意，临楮神驰。

与唐宗舜一

思虑纷扰而晰理茫如，此吾人之通患。然我日斯迈而月斯征，期相与不负斯言耳。《仪礼》经传之书，如大禹之治百川，不必尽符洪荒之迹也。然而九州攸同之功，终必赖之。但明时洪武间，刘有年尝进逸《仪礼》十九篇，乃唐时所亡者，今不可得而见，是亦千古之恨事也。昏礼必告于庙，此人情之至当。左氏所讥先配后祖恐正指此而言。文公于《仪礼》传记虽有存疑之辞，而于家礼已定为告祠堂之制。阙疑之心，折衷之义，固并行而不相悖乎。庙见非必以盈三月为期也，因时祭而告于祖考耳。天子诸侯之时祭，尝因卒献之时而策命其臣，此可以类推矣。注疏所列制度文物固不可废，但不无支芜迂悖之处。朱子犹未暇一一修改，倘踵事增华不无待于后之人耶。丧祭之礼虽竭力以考究之，而苦于勉斋旧编失其体要，而祭礼为尤甚。不揣固陋，欲稍加增损，以合文公所修五礼之辙，聊以此意相商焉。《家礼》之书大经大法，固足以更化而宜民，然其制度文为之间，所未安者，亦多有之。因辄率然为论，殆近百篇，名之曰拾遗。而《乡礼》则取《乡约》一则，学礼则取揭示、释菜仪二则，别为二卷，名之曰附录。异日成书，当以相质也。阴雨连旬，不能远出。昨稍晴霁，而又以造册之故，不得不往城料理。是以未获一造尊庑，不胜慨然，裴令亲亦烦以此意达之。场期不远，如往省，望维舟顷刻，至寒舍一叙。所欲言者，亦非笔札之所能既也。

大抵圣门之学，知崇礼卑而已。汉儒犹存礼卑之遗，不过沦于俗学。明儒徒窃知崇之似，乃至陷于异端。近日所得，惟此数言而已，聊为食芹之献。

与唐宗舜二

昔承德音，而以俗冗往城，未及奉答。所问皆圣学大端，而浅陋何足以尽知之。敢摅臆见，以俟高明之裁择焉。“诚”之为说，莫详于《中庸》。然大约不过实理实心二义。若《通书》之所言，皆以理言者也。第四章以心言中之为说，亦莫备于《中庸》。而未发之旨，推极性原。《通书》虽专就已发言，亦举用以该其体耳。神之为说，则《易》屡言之矣。如曰观天之神道而四时不忒，又曰神也者妙万物而为言者也。则非天命而何哉。盖诚者，理之原，即太极也。中者，性之蕴，即五行之各具也。神者，命之机，即阴阳之不测也。以是推之，而图书之相为表里也，明矣。小学之辞，诚便于诵读。然吾辈于诗学不甚精工，翻觉堆垛成文，无复风以动之之意。异日俟玉友张先生相聚，与之商确，当必别出机杼耳。明史是非，大须讨论。如所疑数事亦其要者。洪武事不师古，不可胜纪。不使建文终丧者，彼实不深知周公汉文之优劣耳。然而为建文者，恐当以圣制为重，祖命为轻，庶几权而不戾于经乎。永乐之篡，彰彰千古。作明史者，当每岁书建文帝在某处，而分注永乐之年号。至仁宗即位，彼之兴复绝望，而此之善政方新，然后略建文而正洪熙之统，差可以得其平耳。景泰之立，亦与唐肃宗、宋高宗无异。虽于少保之才节不能有所匡正，毋乃未闻道之过耶。李邺侯力辞相位，其识殆加于人一等矣。大礼之议，聚讼纷然。张、杨诸公各执偏见，而未深察乎抚育、推择之不同，则是秦固失之而楚亦未为得也。盖君臣之义、父子之恩，二者并行而不悖，乃各得其安。当是时，苟能列正德于七庙之内而祀兴献于别祠，则公义与私恩交尽矣。安得以宋仁宗之子英宗为比哉。舜受尧之天下而未闻废瞽瞍之祀，光武虽中兴汉室而亦必承元、成之统。光武又似太过古人之权衡，审矣。至若兄终弟及，礼之变也。然既尝为君臣，则兄弟一伦又在所轻。观展禽逆祀之论，可见其概矣。是即兄弟数人相继而立，如吴子寿梦之类。恐不得不以一人为一代也。但于昭穆之次，又不相合。此非率然所可决，更思之可也。《仪礼》二本，谨以相付。《通书后序》一篇，亦并呈教。十月十七日将行大祥之礼，恳求望后光降赞襄。存没均感。

大礼之议，后访之黄上珍，不以为然。盖既承其位，自当奉其祀而服其丧。若恐生父之斩后，除非让位于他宗藩则可耳。

与唐宗舜三

违教甚久，晦明风雨，无日不往来于心也。伏读尊谕，足见切问近思之至。顾浅陋，何足以知之。聊据鄙意，缕陈而待明者之择焉。尝谓《仪礼》之分经传，固朱子特创之例。而推之太密，则亦未能悉协也。今试观于《中庸》之篇，非《学礼》内所收乎。其间或论理，或叙事，错出并见而后成文。若以例分之，则如乱丝之不可理矣。如所谕《保传》篇，文完字足，浑然天成，又何可以割裂耶。故愚所订《祭礼》有经有传者，还之以经传之旧。特牲、少牢等篇是也。有经无传者，存其经而不必凑他书以纪之。如迁庙、衅庙篇是也。有传无经者，存其传而不必割他经以纲之。郊社、蜡祭之类是也。庶几简而易晓。后世如有作者，存此蓝本，自能因旧以为新，岂必断鹤续凫而后为备哉。庄子之书，少时甚好之。自庚午见王能愚先生之后，则不敢专心于此矣。然其学大抵为我之学耳。以其精者治身，以其粗者治世。故体用两橛而卒不可行。《逍遥游》

言所见贵于无待也。《齐物论》言成心不可以不忘也。《养生主》则其入手处。《人间世》则其应务处。《德充符》充实之验也。《大宗师》归宿之地也。而《应帝王》之意则犹释氏之所谓周遍耳。观其末篇，自叙置孔子于不言。而以关尹、老聃另为一家之学，与己不同，其诸佛学之胚胎欤。索隐行怪后必有述，亶其然乎。世途甚隘，吾党甚孤，斯征斯迈，惟贤者是望。馀不宣。

上玉友张先生

相别数月，鄙吝盈襟，近况未审何似也。山间寂寞，左右简编，虽或有一得而无与质正者，每念函丈而兴慨耳。数月以来，将勉斋所编礼书，去其重复，正其颠倒，率妄之罪，所不能辞。然子仪、光弼亦觉各成一军，但注疏尚仍汉唐之旧。意欲更订焉，而苦于力之未逮也。蔡氏范数其义似皆推而得之，已略为之说矣。他日相见，当以面质耳。近读《周礼》、《尔雅》，始知前此《易注》，其于名物度数，多所未察。如小贞吉、大贞凶、宗伯、太卜之职皆有。大贞之文，谓封国、立君之大事，求正于神也。他若祭祀田猎，皆为小贞可知矣。屯之九五，坎，体也。坎为鬼，为禽，化坤为田役，故小贞则吉。然其性本陷，无君长之才，故大贞则凶。咸函古字通用，《春官》大祭祀则老成之杖，皆以器贮之，名曰杖咸。夫山泽通气，男女构精，皆虚受之象也。《庄子》釜底之黑谓之黬，则《易》之命名审矣。丰之蔀旆与斗，皆以车中所有言之。盖《考工记·轮人》章谓车，盖之上承者为斗，植立者为部。此卦下离为车，上震为马，为涂，中复坎为弓，轮乃其象也。至若沬者，隐晦之义也。《楚辞》："凭心未沬。"《檀弓》："瓦不成沬。"亦其明证。旧说何故而以小星训之耶。《尔雅》牖户之间谓之扆，其内谓之家。盖古者户在东南，设黼扆以蔽之。家人之卦，外巽扆象也。内离牖象也。且巽下断而为资斧则扆之，质与文皆象之矣。《考工记》又谓："治皮革之柔者为需。"夫至坚之物遇水未有不濡者，需卦之所由名也。儒字从需，倘亦有取于雍容和缓之义欤。节亦兼取节候之意，故传谓天地节而四时成。又以卦序考之，三十卦备而坎离会，以象日月之交也。六十卦具而节体成，以象甲子之周也。不亦曲而中乎。司市大市，日中为期，离象也。其下有廛次，艮象也。火山为旅，殆以此耳。凡若斯者，不能尽述。以是而益叹读经之难也。昨于熊世兄宅偶得李谦庵《易说》，其书固多偏驳。然其精诣处，亦有迥出先儒者。如云："乾尚质而崇德行，坤尚文而多辞采。以故华葩不出于松柏，纂组恒由于女工。"此尤学人所当铭心之语，不知班若先生何以并不寓目也。学欲约，不欲陋，岂非吾人之深戒乎。

与刘匪石 讳良辟，衡阳人

京国联镳，汉江异楫。本拟星沙系缆，草堂尽欢。不料泊舟之时，闻兄已帆随湘转，望衡九面矣。续得手必捧读，愧无实以当之。虽然厚意不敢以不报，则略陈其愚以请质焉。盖吾辈之所以不及古人者，自入蒙馆之初，即专以文辞为事。而于明体、达用之学概未之讲，故成己、成物两皆无具。仁兄既任教督之责，自今以往，宜先取小学之书，令其讲习。在成人可以为桑榆之收，在小子可以为后车之戒。然后涵泳《四书》之旨，将《集注》、《或问》、《语类》细玩，以求圣人之意。六经之中，惟《诗》、《书》、《礼》最切于日用，不可不兼通而熟。复之观《近思录》，以究诸儒之精微。观《渊源录》，以考诸儒之践履。次乃及于《纲目》则古今成败得失之迹，可得而推也。次乃及于律令，则异日临民出政之方，可得而娴也。至若诗赋之类，本无关于轻重之数，何必深留意乎。居家之法，一以《家礼》为准，庶可寡过。吾辈既忝附衣冠人士之末，则为乡党之倡率，有不得辞其责者，何可率略处之耶！盖儒者之学，体用兼该。或出或处，随宜而施。文辞乃其馀事耳。即掇巍科跻朊仕，而人之贤否，初不系此也。胡康侯及第而归与客弈棋，其母责之曰："汝谓得一第，遂足了终身耶?"邹智十六发解，乡人聚观，智以诗谕之曰："龙泉寺里苦书生，偶窃三巴第一名。世上许多难了事，乡人何用太相惊。"彼以妇人童子之识而且犹若是明者，宜所自处矣。雪窗萤夜，倘有新构，因便付来，以相商酌，馀不宣。

与儿章达

贺寿非古也。今之君子多有行之者，大抵皆行成而名立，可以无忝于所生者尔。若我则少而有志，壮而自怠，不觉蹉跎以至于半百而迄无所成。每诵杜子美"多少浮生事，飘零付转蓬"之句，不胜愧恨。此汝曹之所当以为戒者，而反以为贺耶?况五兄弃世，哀痛方殷。乃欲释凶服而受庆祝，则是坏法乱纪，自身而始矣。尚能率子弟以古处乎！且人生盖棺事定，故虎尾春冰，日慎一日，犹恐名浮于实。此人心之所以惟危也。倘能兢兢，自守以终其身。则百世之下，自有公论耳。岂在乎屏帐之夸张也。千万力辞族姻诸友，莫作是念。不然，则不得不远行以避之。然以酷暑之时，而勒人远行，于汝心亦必有戚戚焉者矣。

与陶伦宰讳士偰，宁乡人

黄甲列名，中秘读书，此士人之荣遇也。然诗文应酬之类虽不可废，而性命经济之学则尤当汲汲焉。老冉冉其将至，恐修名之不立。每诵此言，不胜感慨，愿吾兄之及时也。弟养拙林泉，俗冗纷集。客岁修葺宗祠，举行祭奠，是以徒作壁上之观。今岁又与乡人议社学社仓之制，若未能速成，则北上之期又未可必矣。《易》象之说，近得吴草庐、朱枫林、汪钝庵、吴宥函诸说，又觉详备胜于往时。惟《序卦》则合诸家之论，而皆觉未安，不知作何究竟耳。《三礼》搜辑愈密，惟《周礼集传》诸友求者甚多而家无副本，不能应之。然欲刊行，所费不过百金。不知吾兄能为有力者一吹嘘否耶。王庚兄汉阶辛丑岁曾于寄储六雅书中，询其近况。张兄百川壬寅岁曾于宜黄晤罗勍公，问其起居。皆未知得达否也。既同在中秘，必尝相见，契阔之感，烦吾兄一转致之黄子上珍。北上肄业，谅必聚首。此责善辅仁之友，不可作泛泛乡亲视也。

与唐宗舜

黄宅之宴，本期君与郑广文同宿，可以快谈一宵。岂料不谐，人事固难前定也。性命双修之书，此间久已有之。但鸳鸯虽绣出而金针未度，亦是方士家派头耳。然内丹、外丹又岂绵力者所能办乎。大抵仙、佛、圣贤，皆求一止。仙止精，佛止神，圣贤止理。是故二五之精，仙佛守之。无极之真，圣贤全之。然则彼之所见不过形而下者，乃遂不察而误认以为形而上者。斯惑之甚者矣。周子有言："看一部《法华经》，不如看一艮卦。其旨不已明乎。"抑又尝思之、天地者，万物之父母。忠臣孝子儒者是也。盗臣窃子仙者是也。乱臣贼子佛者是也。信如彼言，万劫不朽，后天不老。又岂若吾儒之悠久无疆，不过家常茶饭耶。吴氏《春秋臆》所评皆当，俟《春秋衍》到日相与共商之。天文之书，虽有乾坤宝典，多残编断简。其精约者一本，前年为衡州欧阳箭南借去，至今未还。俟他日当相寄耳。诗则僭加删润，惟狂率是恕。馀不宣。

与黄上珍

山居孤陋，忽闻荣捷南宫，且授任铨部内。此本积学所应得者，亦不足为吾兄惊喜也。近接手书，拳拳旧好，又得闻方灵皋先生之绪论，令人神驰。乡遂都鄙无异法，拙传已如此立说。观《孙子》云：兴师十万，不得操作者七十馀万家。则吴越之区，亦用成周田赋之法矣。盖朱子之于圣学，譬诸李沆、韩琦，安社稷则有馀，拓边境则未暇。故四子之精蕴阐发无遗。而六经之名物度数，则未免于阔略也。迩来作《春秋集传》而成周之典制益明，不知胡康侯何以不信《周礼》而乃欲解《春秋》也。然弟亦非勇于苟作者。因前年冬月，汉阳有傅慎全者，乃陕西李二曲之门人也，年已七十矣。因其师遗嘱《易经》不得真解，令遍求四方。渠乃筮之，以为在西南湖岳之间。遂策杖至衡，诸友引之来舍，留止数月，以董萝石自拟。携拙作《易说》以归，而留其乡人杨耻庵所著《春秋说经》写本于斋中。其书亢爽径直，尽去诸儒牵合附会之陋习。但过于屏弃传说，未免有扶醉汉之讥。又得吴宥函《春秋臆》，亦多所发明，而惜未尽也。以此起兴，勒成一书。

俟脱稿日，然后可邮寄耳。少读灵皋先生之文，以为有震川之广渊而加之以洁，有荆川之精卓而加之以腴。不意吾兄得与之订交也。今有群书序文数首，欲求斤削，未审可否，抑更有嘱焉。年龄混到垂暮，而友生鲜同方合志之人。吾兄交游甚广，若遇有一个半个灰头土面之士，可指引到山斋相与资丽泽之益，庶免孤陋之□乎。荣吴二老友必常聚首，当于经济之方互相讲究，使他日入循吏之列，亦桑梓之光也。王澂海、蔡秀水、陈沧州至今犹为美谈，况进于此者乎。周思皇馆弟家塾，唐宗舜馆团头市，相去五里；家实庵馆张仙庵，相去十里。故常得晤言，已将尊札遍呈阅矣。

与傅慎全讳良辰，汉川人

违教久矣，客岁蒙寄手书，捧读欣赏而无便奉答。北上之议既不果行，则江汉之滨亦徒怅望而已。少日曾习《春秋》，群疑百出。承携杨耻庵解说见示，启发良多。但先儒拘守左氏传闻之辞，往往牵经以合传。而耻庵遂一概不信，竟视为传奇杂剧之比。则是秦固失之而楚亦未为得。此程子所以有扶醉汉，救一边倒一边之叹也。萤窗雪夜，四顾寂寥。因叹宣尼志在周公而生非其时，乃寓周公之思于乱世之迹，一切皆以天理裁之。盖《周礼》、《春秋》虽所载有治乱之殊，而其为运用天理之熟烂，则一也。不揣固陋，总合群言而精择之，但以易简二字，净诸家之委曲烦扰。勒成一编，俟告竣之日，缮写相商，然后并耻庵原本完赵。非敢久假也。至于去岁，先生以董萝石自拟，则弟与阳明固不同道。今阅手札，又以陈了翁自拟，而以程伯淳见推，断不敢当。彼生知之亚，绝迹飞空，岂蹇劣之所能及乎。切磋琢磨之语，则拜觃深矣。盖弟气质本属粗率，而克治又复疏缓，所以每日之间救过不暇也。又前者吾两人相商，以涵养为头，而以致知、力行作两脚，各皆释然不疑。然近日思之，觉涵养便是行之尽头，所谓自戒惧而约之也。省察便是知之发源，所谓自慎独而精之也。如此，则只是惟精惟一两项工夫而已矣。未审然否，伏乞垂示。无由面晤，临楮神驰。

附傅慎全书

宋之学者，以不知天下有伯淳为耻。弟非衡湘之游，几不知善化有先生矣。学以中为宗，道以中为至，传道必中行。狂狷之偏倚，得圣人裁抑，亦可以与于斯文。然人之禀受，圣不世出，而中行不易。有狂狷不经圣人裁抑，则偏倚不化。至于垂世立教，各有所主。其讲学聚讼，势使然也。先生得中行之资，善人之质，且学之博，识之大，著述之精，是可以绍斯文于几晦者也。客冬奉访，蒙不弃，纳之教下。坐雷田春风中数月，特无光庭之领受为愧耳。别归，无书可教，诸凡拮据。小女笄字，议于九月。俟出室后，或有西蜀之行。携来《易经拾遗》，犹未抄录。并石经《大学注疏》、《周礼序文》等作，朋辈读之，无不钦服。所集刊刻，望速寄我。若石经行世，《周礼》阐扬，则圣学由宋至今，又一昌明，其功岂浅鲜哉。但弟犹有说焉。天之生人不偶，人之无负于天非易。治骨角者，既切而复磋之；治玉石者，既琢而复磨之。以先生之明敏天授，加之勤学好问，固无须此以进。然于规劝之义，或不以为过焉。临颖不禁神往。

与周聘侯先生

企慕多载，一旦瞻韩，何幸如之。甫及归家，而从妹因蕙谢兰摧之痛，致毁璧陨珠之惨。遣使问故，唁吊往返。而先生之行旌已迫，不及饯送，至今怅然。所著诸书，聊藏箧笥，以备遗忘。而过蒙华衮之褒，何敢当也。谨将《易说》二本，《周礼说》六本，《性理解》六本相付。其《古文醇》八本，前此鄙见，因百篇止于《秦誓》，故托始于汉初，亦纲目不敢直续春秋之意也。今承尊谕，补选《左》《国》数十篇。彼系经而此系文，其体悬殊，度亦不至疑于僭乎。惟是《春秋》之说，大与四传相异。即以隐公元年言之；元乃始义，则体元调元之论，赘矣。春王正月即周之时令，则夏时冠周月之说，凿矣。隐不即位，乃先意承志之孝。则子以母贵，探先君之邪心之辩，非矣。盟蔑盟宿乃讥其以衰服行宾礼，则专罪屡盟之长乱者，偏矣。克段乃诛乱臣之义，则独罪其君之不友者，奇矣。归赗乃夫妇兼赠，则谓崇妾媵而拂大经者，支矣。古者名字通行，如凌烟阁之勋臣可考。则以宰咺书名为贬者，亦臆说耳。祭伯之来，乃讥诸侯之不朝。而王臣之自屈，则谓人臣义无私交者，亦刻议耳。益师之卒不日，因乎旧史，则谓恩数之薄者，亦曲辩耳。以此一年推之，则二百四十馀年之不合者，何可胜数。恐观者熟习于四传之说，反指骆驼为肿背之马，不反滋其纷纭乎。先生其裁酌之。如果可行世，则迟日并付以求正焉。《仪礼》之书，诚为烦重。但《家礼》乃日用所需之书，朱子未及改订，不揣愚陋，取《语类》、《文集》及诸家与臆见合成一编，且以《乡礼》、《学礼》附其后。敝地士友家亦多用之，不识亦可以并发剞劂否耶？心迩地遐，无由再晤，临楮依依。

附周聘侯书

名大璋，桐城人。癸卯举人，甲辰进士，以挑选领龙阳县事。甫九月，求改教职。归。

久仰山斗，昨始识韩。受教良多，深恨相见之晚也。蒙赠佳什，奖借过实，愧何敢当。近时名流继起，穷经类不乏人，一知半解，未必无所补益。要皆从科举起见，未有根极理要，探经心而执圣权如先生者也。《周礼》向无善本，先生《集传》精纯简尽，揭大义于中天。《周易本义拾遗》采根蹶窟，足补考亭所不足。其他著作虽未领教，而片羽一斑已足觇五色而窥全豹。干城先圣，津梁后喆，宁有涯涘耶。弟解缆期迫，候驾不至，未奉尊命，不便将原稿携去。五月初旬，积秀书坊人去金陵，千祈邮寄以便付梓。弟到家即到旧家停商之，书到即刻，不久羁也。《仪礼》卷帙浩繁，尚可缓图，《春秋》性理等书，亦望惠教。古文一选，去取精严，颜之为醇，真可不愧。但周秦以上竟尔缺略，恐不足以厌购求者之心。《左》、《国》、《公》、《穀》不无驳杂，择其关系重大者辨别是非，亦足以维世道、正人心。麟经法戒，并列毛诗，美刺互陈，正此意也。弟于此事，未窥门仞，妄效刍荛，殊属狂谵，在高明裁之。知己无多，一别即散；不能久聚，可为呜唈。书林往来，尚可通音问。幸时赐手翰，以当面谈也。临颖曷胜依切。

与黄上珍

客冬一晤，倏尔睽违。续闻尊居失火，不觉心悸，未审所失几何，且旋即营缮否耶。迩来家食，所事何务，所读何书，因风谕及，是所望也。弟则尘冗虽少，而离索无聊，只得取故书而温习之耳。偶因避暑，留意《楚辞》，然觉前贤之遗议者亦多矣。如《离骚》之篇，高丘指京师也。春宫指山东诸国也。西皇指嬴秦也。高丘无女既不必求。春宫诸女又不易求。西皇则仇敌之国，义不可往。是诚我瞻四方蹙蹙，靡所骋者矣。又如《九歌》之篇，东皇太乙思皇也。云中君思帝也。河伯、东君思王也。河伯指禹，东君指汤武。湘君湘夫人思贤后妃也。大司命、少司命思贤卿佐也。《山鬼》思遗贤也。《国殇》思良将也。礼魂思太平之民也。皆不可得见，则万品失序之景况，不已宛然在目乎。其他妙义甚多，兹不能悉呈也。又闲取老氏之书观之，盖亦未可忽视。致虚极、守静笃，非邵子之渊源乎。见素抱朴，少私寡欲，非汉文帝之矩度乎。其引圣人云："我无为而民自化，我无事而民自富，我好静而民自正，我无欲而民自朴。"又云："受国之垢，是谓社稷主；受国之不祥，是谓天下王。"意非上古之圣人，不能为此言，而〔老〕〔氏〕〔讲〕〔训〕之耳。鄙见如此，明者以为如何。

与王廷鉴

昔岁文驾往京，蒙札告别，未及回音。续闻改授教职，众皆愀然，而弟独私窃幸之。盖官无尊卑，期于称职。胡安定、朱枫林、曹月川，皆曾居广文一席，何尝不可以千古，岂必簿书钱穀而后为政哉。是在勉之而已矣。又前承谕以《春秋衍》之书可得而致，然竟不能待而胸中技痒，遂于丁未岁勒成《春秋集传》一编，今在黄上珍案头相与参酌。然私心必欲得《春秋衍》一观，而后可以晰疑赏奇也。不识年兄何以为计乎。

与邑宰李君讳凤生，山西人。

谨承台命，往省修志。波涛安静，道路无虞，仰荷福庇，今已入局矣。兹特恳者，昔为诸生时，曾于康熙四十八年，公呈邑父母梁公之清操，当入名宦。邑孝廉冯公之节烈，当入乡贤。时邑侯章即详府达院，而赵公已蒙批准。但云名宦、乡贤必须分呈分详，以便各疏题请。不料赵公内陛总宪，遂尔中止。今值盛朝广搜志乘、表彰潜德。独此二人未蒙华衮之荣褒，不协缁衣之同好。幸从前卷案尚存，敢祈申命礼房，检寻原卷，赐以详达。俾冰清玉洁之淑德，常照乎宫墙。而成仁取义之英风，永楷模乎乡里。舆情永协，令闻不磨。即梁、冯二公在天之灵，亦必感佩于无穷矣。

与家实庵书讳芳华

相别久矣，靡日不思。杜诗解甚妙，可以空前绝后。但近体不知已成帙否，并望邮示，将为序言，以弁其首焉。长夏无事，因取《渊源录》足成之。自朱子至罗整庵而止，其孔门师弟别为《洙泗渊源录》。但《左传》、《家语》、《孔丛子》、《史记》、《韩诗外传》、刘向《说苑》及诸杂书，棼如乱丝，大加删择，始克成编，他日当以奉阅。又董子、武侯、文中子、陆宣公、韩子欲附于其后，不识可否？盖此数子者，使得出于圣门，即非具体，未必在四科之后。即不及五贤，岂遂在真、魏、薛、胡之下哉。区区私心，诚有所不忍遗也。抑伊洛以后，许鲁斋参元大政而未见其格君化俗之功，吴草庐为宋乡贡而不免居金马玉堂之列。不知可合程朱之辙否。而朱枫林为开国之元老，实明体而达用。方侯城为靖难之忠臣，实取义而成仁。然世无有表章之者，何妨取以继金许之统乎。凡此皆望熟思明示，以定万世之公论，其所系亦非小也。馀不宣。

附实庵复书

前抚军赵逼迫验勘，羁省将近二旬。生徒荒废，归即赴馆，是以未暇奉谒，缱绻之思，无时忘之。杜近体诗注出月可了，另寄呈阅。若辱赐序言，何荣如之。弟诸解以意逆志，兼考唐史以立言，但不知杜氏家奴亦首肯否。渊源之录，关系道脉，正当修明以俟来者。先生用意深远，于此可见。然孔门弟子，荒远难稽，大抵惟见于《论》、《孟》者，确足信耳。他如《左史》多诬，如阚止之叛是也。《家语》、《孔丛子》晚出，亦难尽信。《史记》尤为不经，如孔子世家不几于侮圣乎。《韩诗》、《说苑》未尝细玩，恐亦沿袭于传闻者多也。窃谓孔门身通六艺者七十二人，姓字虽存，言行无征者大半。惟是实有证据者，列叙之可也。否则，宁可从阙疑之例。若掇拾无稽之言以补缀之，恐不足取信将来也。江都、武侯其识卓，其学醇，其出处合节，庶几于道，夫复何疑。敬舆、退之值圣学晦冥之秋，而乃陈谟一本，经术卫道，深排佛、老。虽造诣行藏未尽纯粹从容，而大有功于世道人心，亦董、葛之亚也。文中子见则高矣，文亦美矣，然太半献策以干篡君，续经《中说》以拟至圣，似汲汲于自见者。毋乃立名之士，而非笃行之儒乎。道统之属，窃有疑焉。真、魏承紫阳之绪而出处殊多惭德，又不若薛、胡之守正矣。鲁斋退不能有守，进又不能有为，无据之甚者也。草庐学遁东鲁，出窥黄阁，其能免李固处士虚声之讥乎。洛闽之学，岂其如是。摈而不录，亦不为过。枫林、侯城，一则启沃之功著，一则靖献之节昭，其殆程朱之支裔乎。若夫孟子之后有孔斌子顺者，议论醇正，出处不苟，见于史策，似有足取。朱子之后，文山之忠，叠山之节，无愧正学。先生不识皆可附载否？管见如斯，其不当处，望赐辨正示教，幸甚。中秋前后归，自当奉教。相见不远，琐琐不宣，此上。

与吴采夫孝廉讳宁谘，本邑人。

承谕问及象山、白沙、阳明之学。窃谓三子者，渊源相接，后人未敢轻议。其象山之非，则朱子固已详辩之矣。乃若白沙、阳明之失，当时亦有诋之者。如敬斋乃白沙同门之友也，整庵乃阳明同僚之友也，而其攻击乃如此之力，则吾侪亦可以释然矣。谨按《居业录》曰："陈公甫静中养出端倪。"又云："藏而后发，是将此道理安排作弄，都不是顺其自然。"又曰："见得此心光明亦是佛学之低者，若高底连心都无了。今陈公甫已到高处，娄克贞未到。"又曰："自家大本不立，见得道理不分明，未有不入异教者，如陈公甫、娄克贞皆是儒者陷入去。"故程子曰："只因无处捞摸，智穷力屈，见得有个宽间意思遂归之。"朱子曰："只为这里工夫欠阙，奈何这心不下，故如此。"其答罗一峰曰："公甫天资过高，入于虚妙，遂与正道背驰。"不知先生曾疑之否与？张廷祚曰："公甫天资太高，清虚脱洒，所见超然，不为物累，而不屑为下学，故不觉流于佛老，反以圣贤礼法为太严，先儒传注为繁赘。而欲一切虚无以求道真，如以手捉风，无所持获。"

夫道，本人所固有。公甫曰："至无而动，莫实于理。"公甫曰："致虚所以立本。"此皆不可晓也。其曰天自信天，地自信地，吾自信吾。又曰尘微六合，瞬息千古。只是一个侻侗自大之言，非真见此道之精微者，乃老庄佛氏之绪馀耳。又复书曰：昔年之学，专于记诵、博览、训诂、词赋，其所从事者浅而陋。近年以来，学者立心稍高，不能仔细体验圣贤切实工夫而妄言圣贤，故遂入于空虚玄妙，其凌高驾空反成狂妄。其入异教也，宜矣。原其存心之失有二焉。只为工夫未至，身心纷扰放逸，要求虚静，故有屏绝思虑以为心不放者，又有体察照看，心在内里以为存者，其心如此，自然不暇即事穷理。故穷理之失亦有二焉。以为天地万物无非此理，无适而非道。凡其知觉、运动、视听，云为，无非至神至妙。其曰无动而非神，即此意也。又有悬空想出一个道理在虚空杳冥之中，以为无极之真、太极之妙，此乃吾之真性不生不灭、无有始终穷尽。其曰：“物尽而我无尽。”即此意也。不意此等乱贼生于吾世，非但为我兼爱而已。其于天地人伦物理俱已离绝，非但无父无君而已。今吾人但当实做居敬穷理工夫，使身心内外一归于正，方有内修外攘之具。观此数条而白沙之为异端，明矣。按《困知记》曰：“象山之说之传至于今未泯，尊崇而信奉之者，时复有见于天下。”杜牧之有云：“亦使后人而复哀后人也。”愚惕然有感于斯言，是故不容于不辩。

又曰：王伯安以古本大学见惠，序文首尾数百言，并无一言及于致知。近见《阳明文录》有《大学古本序》，始改用致知立说，于格物更不提起。其结语云：“乃若致知则存乎心悟。”致知焉尽矣。阳明学术以良知为大头脑，其初序大学古本，明斥朱子传注为支离。何故却将大头脑遗下，岂其拟议之未定欤。合二篇而观之，安排布置，委曲迁就，不可谓不劳矣，然于大学本旨，恶能掩其阴离阳合之迹乎。又曰王伯安答萧惠云：“所谓汝心，却是那能视听言动的这个便是性，便是天理。”又答陆元静书有云：“佛见本来面目，即吾圣门所谓良知。”渠初未尝讳禅，为其徒者必欲为之讳之，何也？其答王阳明曰：圣门设教，文行兼资。博学于文，厥有明训。颜渊称夫子之善诱，亦曰博我以文。文果内耶、外耶，是固无难辨者。凡程、朱之所为说有戾于此者乎。如必以学不资于外求，但当反观内省以为务。则正心诚意四字亦何不尽之有，何必于入门之际，便困以格物一段工夫也。顾经既有此文理，当尊信，又不容不有以处之。则从而为之训曰：“物者意之用也。格物，正也。正其不正以归于正也。”其为训如此。要使之内而不外，以会归一处。审如所训，兹惟《大学》之始，苟能即事即物，正其不正以归于正。而皆尽乎天理，则心亦既正矣。意亦既诚矣，继此诚意正心之目，无乃重复堆叠而无用乎？

大哉乾元，万物资始。至哉坤元，万物资生。凡吾之有此身与夫万物之为万物，孰非出于乾坤。其理固皆乾坤之理也，自我而观物，固物也。以理而观我，亦物也。浑然一致而已，夫何分于内外乎。所贵乎格物者，正须即其分之殊而有见乎理之一。无彼无此，无欠无馀，而实有所统会。夫然后谓之知至，亦即所谓知止。而大本于是乎可立，达道于是乎可行。自诚正以至于治平，庶乎可以一以贯之而无遗矣。外此或夸多而斗靡，则溺于外而遗其内。或厌繁而喜径，则局于内而遗其外。溺于外而遗其内，俗学是已。局于内而遗其外，禅学是已。凡为禅学之至者，必自以为明心见性。然于天人物我未有不二之者，是可谓之有真见乎。使其见之果真，则极天下之至赜而不可恶一毛一发皆吾体也。又安肯叛君父捐妻子，以自陷于禽兽之域哉。今须援俗学之溺，而未有以深杜禅学之萌。使夫有志于学圣贤者，将或昧于所从。恐不可不过为之虑也。

又详朱子定论之篇，不知所谓晚年者断以何年为定。羸躯病暑，未暇详考。偶考得何叔京氏卒于淳熙乙未，则朱子年方四十有六。尔后二年丁酉，而论孟《集注》、《或问》始成。今有取于答何书者四通以为晚年定论，至于《集注》、《或问》则以为中年未定之说。窃恐其考之欠详，而立论之太果也。又复书曰：向蒙惠教，有云格物者，格其心之物也，格其意之物也，格其知之物也。正心者，正其物之心也。诚意者，诚其物之意也。致知者，致其物之知也。自有《大学》以来无此议论，此高明独得之妙，夫岂浅陋之所能窥也耶。然诲论之勤，两端既竭，固尝反覆推寻，不敢忽也。就三物而论，以程子格物之训推之，犹可通也。以执事格物之训推之，不可通也。就一物而论。则所谓物者，果何物耶？如必以为意之用，虽极安排之巧，终无可通之理。此愚之所不能无疑者一也。又执事尝谓意在于事亲，即事亲是一物。意在于事君，即事君是一物。诸如此类，不妨说得行矣。有如《论语》川上之叹，《中庸》鸢飞鱼跃之旨，皆圣贤吃紧为人处。试以吾意着于川之流、鸢之飞、鱼之跃，若之何？正其不正以归于正耶，此愚之所不能无疑者二也。执事答人论学书有云："吾心之良知即所谓天理也。致吾心良知之天理于事事物物，则事事物物皆得其理矣。致吾心之良知者致知也。事事物物各得其理者格物也。"审如所言，则《大学》当云格物在致知，不当云致知在格物，当云知至而后物格，不当物格而后知至矣。且既言精察此心之天理以致其本然之良知，又言正惟致其良知以精察此心之天理。然则天理也，良知也，果一乎？果非一乎？察也，致也，果孰先乎？孰后乎？此愚之所不能无疑者三也。

答欧阳崇曰："良知即天理之云甚悉。"苟云知觉与良知名同而实异。未知考之孔、曾、思、孟、濂溪、明道之言，质之楞迦、楞严、圆觉、涅槃诸经，其宗旨异同，颇觉判别。足知贤契不肯以禅学自居也。然人之知识，不容有二。孟子本意但以不虑而知者名之曰良，非谓别有一知也。今以知恻隐、知羞恶、知恭敬、知是非为良知，知视、知听、知言、知动为知觉，其果有二知乎。夫人之视听言动不待思虑而知觉亦多矣。感通之妙，捷于桴鼓，何以异于恻隐、羞恶、恭敬、是非之发乎。且四端之发，未有不关于视听言动者。是非必自其口出，恭敬必形于容貌，恶恶臭必掩其鼻；见孺子将入井，辄匍匐而往救之，果何从而见其异乎。知惟一尔，而强生分别，吾圣贤之书未尝有也。惟楞严有所谓真识、现识及分别事识三种之别。必如高论，则良知乃真识，而知觉当为分别事识无疑矣。夫不以禅学自居，志之正也。而所以自解者，终不免堕于其说，无乃未之思乎。天性之真，明觉自然随感而通。自有条理，仆虽髦固，知贤契所得在此数句。然谓良知即天理，则天性明觉只是一事，区区之见要不免于二之。盖天性之真，乃其本体，明觉自然，乃其妙用。天性正于受生之初，明觉发于既生之后。有体必有用，而用不可以为体也。此非仆之臆说。其在《乐记》，则所谓人生而静天之性，即天性之真也。感物而动性之欲，即明觉之自然也。在《易大传》，则所谓天下之至精，即天性之真也。天下之至神，即明觉之自然也。在《诗大雅》，则所谓有物有则，即天性之真也。好是懿德，即明觉之自然也。诸如此类，其证甚明，曾有一言谓良知为天理者乎。夫天人物我，其理无二。来书于格物工夫，惟是随其位分，修其日履，虽云与佛氏异，然于天地万物之理，一切置之度外更不复讲，则无以达夫一贯之妙，又安能尽己之性以尽人物之性，赞化育而参天地哉。观此数条而阳明之为异端，明矣。

至若整庵答湛甘泉书曰："白沙先生人品甚高，抱负殊伟。言论脱洒，善开发人，其以禅学为疑，诚有据也。"盖白沙之言有曰大道至无而动，至近而神，又曰致虚所以立本也。执事从而发明之曰："至无无欲也，至近近思也，神者天之理也。"兹非可据之实乎。《易太传》曰："一阴一阳之谓道。"又曰："阴阳不测之谓神。"程明道先生曰："上天之载，无声无臭，其体则谓之易，其理则谓之道，其用则谓之神。"圣贤之言，深切著明如此。今乃认不测之神以为天理，则所谓道者果何物耶。其于大传与明道之言殊不合矣。《中庸》曰："中也者，天下之大本也。"又曰："致中和。"明道先生曰："中者天下之大本，天地间亭亭当当、直上直下之正理。"出则不是，惟敬而无失，最尽是则致中乃所以立本也。敬而无失乃所以致中也。今谓致虚其于《中庸》与明道之言又不合矣。中字虚字，义甚相远。潜心体认，亦自分明。虚无津涯，中有定止。譬之于秤中，其定盘星也。分斤分两，皆原于是。是之谓本，把捉得定，万无一失。是之谓立。若乃无星之秤，虽劳心把捉，将何所据以权物之轻重乎？此理固不难见也。夫随处体认天理一言，孰云非是，顾其所认以为天理者，未见其为真切也。仆安得而不疑乎。

禅学始于西僧达摩。其言曰："净智妙圆，体自空寂。"千般作弄，不出此八字而已。妙圆之义非神而何，空寂之义非虚而何。全虚圆不测之神，又非白沙之所常道者乎。执事虽以为非禅，吾恐天下后世之人未必信也。来书谓以白沙为禅者，皆起于江右前辈。仆亦江右人也，执事岂意其习闻乡评，故从而附和之耶。何椒邱、张古城、胡敬斋固皆出于江右，若李文正公乃楚人而生长于京师。谢方石、章枫山则皆越人，亦皆以禅学称白沙，何也？观此书与敬斋之言吻合，而道术之邪正不已判然乎。盖陈、王之学皆本象山。象山之学实出添园。故庄子者，中国之佛学也。晋以清言演之，唐以禅宗演之，宋明复假道学以演之，遂敢与程、朱作敌，未尝不言心而不知惟危、惟微之分也。未尝不言性而不知有欲有恒之辨也。未尝不专心以求静而不知静存动察与守静致虚之殊涂也。未尝不妄意以睎神，而不知形生神发与诚精神应之异致也。盖此主乎理，彼主乎气，有必不得而强合者。不有胡罗二先生，则反经之功，孰与开之哉。

与张再超名如班

图书配易范之说，古今诸儒所论皆未有惬意者。昨因以学院发策而精思之。为论相付，未知当否，惟高明裁之。河图十数对待，圣人则之以作《易》。洛书九数流行，圣人则之以作范。《易》

所以道阴阳也，范所以道五行也。盖一阴一阳之谓道，图有生成之相合，故《易》以奇偶像之。图有方面之相敌，故《易》以老少像之。图有内外之相重，故《易》以卦画像之。图之中边层级浑之则为三，所谓冲气以为和也。故《易》以三画小成像之，晰之则为六。所谓兼三才而两之也。故《易》以六画大成像之，至于大衍之所则，则圣人固已详言之矣。若夫书之九宫，乃五行之位也。天有五气，地有五质。人禀之，而三德分焉。沉潜水也，高明火也，强弗友金也，燮友木也，平康土也。圣人参赞之业因是而生。此所以一居下之中，而六八贰之也。八政即六官也。食货、司徒皆地官之属。祀掌于宗伯，乃春官之属。师掌于司马，乃复官之属。司寇掌刑，而行人掌宾附焉，皆秋官之属。司空乃冬官之属。五卜固分五行之兆，二占亦各具八卦之体。皇极立而本诸身，征诸庶民，质诸鬼神，此所以五居中而三七辅之也。五纪之中岁如元，月如会，日如连，星辰如世，历数则运行其间。是即生长收藏之蕴也。五福六极之内，资焉而寿，反是则疾。通焉而康宁，反是则忧。遂焉而富，反是则贫。固焉，而考终命，反是则凶短折。攸好德则善全其美，反是则恶且弱。是即元亨利贞之用也。圣人恭己敬天而威福万民。此所以九居上之中而二四匡之也。由是观之，盈天地之间莫非阴阳五行之变化。特《易》出于上古，故但写其浑沦之状。范呈于中天，故并列其条目之详。嗣是以后，惟濂溪周子深知之。而《太极》、《通书》遂合二者而益推广其义耳。必欲舍此而于方隅子目之间屑屑比拟之，是亦徒劳而已矣。

与家实庵

承谕易系之说，因原稿以章旨附于各章之末，故观者未能了了。今取而置诸章首，则纲领井然矣。盖德业易神乾坤事占者，上系之纲领也。象主体德变互及之者，下系之纲领也。此其分配似确非苟然者。若不作总注之体，则不能尽其辞矣。至于细碎文义，不无与本义异者，然皆非无稽之谈也。方以类聚，物以群分。以方隅人物释之，则无不包。若指心术事为则狭矣。电即霆也，出穀梁子天地之化。寒结而为山，暑融而为泽，方密之亦有是言。以是释之，而八卦远求之象全矣。男女即索而得者，大始成物，即父母之所为，以是释之，而八卦近取之象全矣。《易》之序即指《序卦》，故与爻之辞对言。《易》与天地准章，分指卦蓍，此吴草庐之意。“精气为物”，恐是二五之精，则不必增魄散二字，“旁行不流”，对上文而以守经行权分之，玉友常以为妙解。上珍疑仁固有所限而知岂有所穷，然管叔监殷而周公诚不知其将畔，则知岂无所穷乎。“生生之谓易”，明指生仪、生象、生卦而言，以《太极图说》证之可见。若以为阴生阳、阳生阴则仅得变易之一义耳。策数出于过揲，归熙甫之言，万不可易。故特用之。四象所以示指蓍变，象占四者，疏中何氏之说不约而同，不可泥于上文之四象也。吉凶贞胜之贞，以为正而常，则其语甚平。以为正而固，则其语有力。韩康伯之注云尔，而《正蒙》中亦有是解矣。阳卦奇，阴卦偶，断指成卦之主而言。非如阳卦五画，阴卦四画之云也。刚柔有体，明言卦体。惟变所适，明言卦变。道有变动故曰爻，即前章所谓“爻者，言乎变者也”。爻也者，效天下之动也，则爻辞之必兼乎变可知已。云为二字，以言动释之，出吴草庐，恐胜于本义。而变动以利言，而下如项平父之说，则岂有语类丛杂之疑乎。惟是《说卦》“和顺于道德而理于义，穷理尽性以至于命”，用来瞿塘侧重义命之说，上珍疑其非圣学之次序，此则诚然。今改为平列，而但于末云于是乎示之义命以系辞，则道德理性固缊于义命之中矣。数往知来，用邓潜溪之说，则与天体之顺逆相合。若如旧说，则是一图分为二运也，而可乎？凡此曲折，皆经百思，恐猝观者未必尽悉也。特未知其当否何如，惟高明裁之。酷暑未收，伏惟节哀自爱，馀不宣。

恒斋文集卷之六

祭文

祭木巽黄公文

呜呼维公。德孚乡党，行著亲故。坦然直己，独擅众誉。孝于事亲，友于弟昆。雝雝肃肃，式训其门。兰桂盈庭，义方是率。或督以耕，或劝以学。紫荆无恙，聚族而居。载恤其寡，载抚其孤。推于乡里，解纷息争。惟过是劝，惟善是成。推于亲友，欵洽任恤。情靡不周，礼无或佚。硕德重望，胡不百年。岂期一旦，永诀终天。易箦之时，超然万虑。谓死如归，谓生如寓。惟是礼法，久矣陵夷。饭僧供佛，莫觉其非。凡尔诸嗣，奉亲以礼。既卒养生，当谨送死。千载颓俗，一朝更始。九泉有知，含笑何已。苟违遗命，瞑目无期。凡兹戚友，实共闻之。呜呼！得正而毙，古人所难。身骑箕尾，气列河山。公之大节，昭然若此。嗟彼俗士，胡可伦拟。秋日凄凄，百卉具腓。体魄既降，精魂曷归。秋风烈烈，万象萧瑟。逆旅告终，茂陵将宅。仪虽不腆，诚或有馀。神其鉴矣，庶无吐诸。尚飨。

吾乡之不用浮屠□自公遗命始，故谨志之。

祭班若熊先生文

呜呼！大钧播物，生则有死。彼庸庸者，亦何足齿。草木俱灰，归于尽耳。惟彼贤达，落落古今。诗书颂读，企慕无垠。履遗剑挂，恍惚仪型。矧伊同人，当此永诀。经师易逢，人师难得。凄风断云，同我伤恻。忆昔髫年，辱公知遇。国士相期，空群一顾。素榻高悬，仙舟对晤。日月既久，此情弥深。历时不见，鄙吝盈襟。悠悠千古，耿耿寸心。公升青云，我辱泥涂。刘蒉下第，不胜嗟吁。年富力强，子其勉诸。公在京师，我乐衡泌。有花倦赏，有酒慵沥。夜雨孤灯，琴书寂历。迨公之归，二竖交攖。我来讯之，色笑相迎。二载之间，话对英英。春窗和风，秋堂皎月。反覆更端，陈编披阅。进退古今，表里人物。六经之奥，史册之纷。百家之学，方技之文。民风国政，目见耳闻。大无不包，细无不遍。有伦有脊，听者忘倦。恍惚绪馀，聋聩色变。不读异书，当见异人。南州冠冕，东国人伦。我诚何幸，而得尝亲。天乎天乎，云胡不淑。白玉楼成，记文是属。不念吾曹，道孤学独。武昌玉树，送置空山。广陵逸散，无复人间。日星河岳，顿觉俱闲。呜呼哀哉，尚飨。

祭刘明寰文

呜呼！巫觋符章之说，不知始于何人。而世何其笃信而不悟也。如我公之逝，亦大可悲矣。公之壮年，自谓得异术能驱策鬼神，扫除疫疠。尝屡试之，卒无所染。以故乡里之间，亦以此神之。今岁之夏，有遘是疾者，闻其名而迎焉。不数日而舆疾以归矣。飞鸟未尽，良弓先藏。造物者抑何其过刻哉。夫沴厉之气，何代蔑有。惟以理胜之，则入于其间而不染。瘐衮之于父兄也。杨椒山之于寺僧也，彼其孝友慈祥之念可以对上帝，而何沴厉之足云乎。盖神之为德，不过聪明正直耳。人而能聪明正直，是亦神而已矣。以吾之聪明，敌彼之阴昧。以吾之正直，敌彼之柔邪。其胜负之机，不待智者而可决也。老子所谓有道之国，其鬼不神，正以此耳。不知出此而以虚诈之伎俩与之相角，是何异白刃交前而恃小儿迷藏之术，以为莫予毒乎。血气盛强之时，犹足以自固，不知其然而妄意以为吾术之灵，迨垂暮之年而不觉其自败，理有固然，无足怪者。譬诸小溪曲沼之间，掉舴艋而往返，自以为操舟之术尽是矣，而遂恃一夫之力，试之于江湖沧海，曾不知吞天沃日之涛，排山倒海之风，呺然一作，未转眸而膏鱼鳖之腹也。鸣呼痛哉。公之病也，乡闾之人，咸有戒心，以故没不及饭含，葬不及执绋，越旬馀而后相率以致奠，念平日之好，历历在目，抚临终之状，恻恻伤心。遂不能已于言，且并志之，以为世戒焉。公其有知，得无悔心于九原之下否耶。尚飨。

祭杨安仲先生文讳绍闻，江夏人

鸣呼！人之相知，贵相知心。或同堂而殊趣，或异地而断金。苟中情之靡间，何死生之契阔。盖瞬息乎百年，而微尘乎六合。滔滔湘汉，各异风烟。炤也遇公，岂曰非天。岁在丙子，公来吾郡。一睹仪型，弥年就正。长江卷地，衡岳劘空。扁舟来往，并泣途穷。自兹以远，相见益密。晰疑赏奇，永朝永夕。何此欢之不可常得，思故里而心遐。欲溯游而宛在，徒北望以咨嗟。亦越壬午，棘园逐队，维舟江干。片时晤对，临岐把臂。解缆言旋，相期远大。未敢仔肩，告别丁宁。近思之录，衰辑发挥。惟子是属，遄归弥岁。始克成书，函封远寄。天雁河鱼，甲申始和。辱承尺素，历言生平之艰辛，次及先民之矩矱，末乃镌金石之诲，规我以小学之亏。欲登高而行远，必自迩而自卑。遽意斯言，遂成永诀。一鉴既亡，百媸谁别。犹忆曩时，同人相聚。月旦公评，载趋载步。佥谓曲礼三千目，躬行四十年。兹与叔之高行，惟公可庶几焉。孰谓此语遂为先事之谶，而命不少延。道之不明，德之不立，纵及百龄，亦复奚益。公年虽短，所志则长。法言法服，可对先王。秋日凄凄，百卉具腓，启手启足，全受全归。朔风冽冽，万象萧瑟。讣音始来，寝门伤恻。而今而后，永叹质亡。凄风落月，衰草斜阳，芳规在左，忠告在右。冀佩服以终身，谅九原之不疚。君心我意，天日临之。灵其鉴矣，无我遐遗。尚飨。

祭玉友张先生文本姓余

呜呼！豪杰之生，关乎气运。溘先长辞，能无遗憾。楚南僻壤，正学榛芜。实惟先生，大声疾呼。操纵乾坤，卷舒今古。揖让前修，升堂窥户。潜心大业，薄彼雕虫。挥毫所及，海涛天风。洛阳才子，杜陵野老。勍敌周旋，壁观扰扰。黄农梦寐，官礼规模。贾不我及，玉岂忘沽。心远地偏，孝友为政。出其绪馀，皋比讲论。嗟哉先生，后学取裁。方期远驾，克副长才。岂料生平，志舒命促。展禽云亡，伯淳无福。炤也不才，少而狂愚。欣欣河伯，莫睹归墟。弱冠以还，获聆有道。申以婚姻，缔以世好。云山虽间，趣步则频。烟霞精舍，花鸟芳晨。上谒羲皇，下参晦叟。旁及百家，窾分郤剖。或问无生，先生曰恶。陟降在帝，造化为徒。或问久视，先生曰否。天地为炉，金石终朽。忧闵后学，示以指南。悠悠玉宇，皎月寒潭。癸酉秋残，握手抵舍。登高望远，醉酬清夜。丁丑冬朔，先慈负疴。餐风鞭雪，欲起沉瘥。亦越甲申，严君弃世。卜兆述行，有光泉瘗。岁在戊子，灾难纷纭。草堂来唁，共惜离群。孰意斯游，永诀衡宇。几席依然，遗踪终古。客岁鄂渚，逐队棘闱。清秋好月，心朋并携。樽酒言欢，高谈述志。长路何遥，老其将至。惟期子等，共砥修名。毋徒致叹，夙知暮成。岁未一周，言犹在耳。讣音忽来，神魂徙倚。嗟哉先生，而竟何之。江声岳色，恍惚容仪。长夏如焚，策蹇视殡。泪溢西河，琴伤子敬。寒冬栗烈，执绋荒塍。絮陈孺子，剑挂延陵。匣藏琅玕，胸盟胶漆。冥明路殊，斯情无斁。贤嗣玉立，慎尔优游。相期征迈，克绍箕裘。伏冀鹤远，无多甲子。人物依然，离忧慰止。呜呼哀哉，尚飨。

祭能愚王先生文讳元复，邵阳人

呜呼！淳风既丧，雕虫是工。华葩其外，朽蠹其中。惟此哲人，奋乎百世。始卒不渝，表里一致。先生家世，源远流长。亭亭双鹄，云路翱翔。绝巘贞松，凌霜傲雪。馀庆所贻，笃生英杰。少而韬晦，璞玉浑金。一朝触悟，新刃发铏。梦寐之间，恍若神遇。握手论文，先民趋步。先生髫龀时，梦登夫子之堂，子夏握手告以姓氏，又梦朱子教以作文之法云。秋潮惊注，春葩怒生。百家诸子，靡幽不明。振衣千仞，濯足万里。淫诐邪遁，洞见原委。和平岂弟，淑气薰风。汪汪千顷，百谷皆容。恩殚孤嫠，信坚金石。乡党仪型，邦郡法则。任真怀朴，外此形骸。衣冠揖让，起敬朋侪。长沙杨子方，豪士也，见先生退而叹曰："吾辈中动容周旋中礼者，能愚一人而已。"铢视金玉，尘视轩冕。淡泊无营，琴书偃蹇。本其淳意，发为粹文。荆川复作，宇内公论。玄酒鲜尝，太音谁识。长抱遗经，鹏程铩翮。共期眉寿，师表士林。云胡不淑，太初为邻。炤也孤陋，安希绝学。云山虽遥，声应气合。弱冠之岁，维张与熊。实相介绍，获睹德容。先生及车公补旃与吾郡岁荐张玉友、亚元熊班若订交。越三年引予往见之。甫及壮龄，订交周敬。载服载骖，偕聆诲训。先生谓予曰，吾乡周自稷，近沉潜，敬弘烈，近高明，汝可友之。予遂从命。数十年间，音问频来。切劘备至，不鄙散材。痛念厚恩，先君遐弃。伯喈作诔，林宗无愧。辱叨乡荐，命驾穷乡。济时行道，告诫周详。礼书草创，独蒙赏晰。惠以弁言，华衮宠锡，予作《增删仪礼经传通解》先生序之。青灯黄卷，授业山庵。微言见示，凌董跨韩。先生馆洋湖张宅，予笑谓曰：昔老子过秦，授关尹以五千言。今先生可无一言以祛吾辈之惑乎！因作《广道》、《鬼神》、《生死》，《蠡测》四篇。自兹以往，清话无期。七年不见，梦寐怀思。嗟我先生，而至于此。光烛月岩，精托箕尾。朱涂墨改，光怪陆离。期我同人，采拾靡遗。讣告已闻，窀穸未卜。尚冀他时，奔走执绋。秋空皎洁，秋月澄鲜。音容宛在，伫望南天。呜呼哀哉，尚飨。

祭柳君大成姻家文

呜呼！黄流玉瓒，挹注相称。名德巨福，降受岂紊。生也馀荣，没也馀庆。音容虽渺，常留令闻。嗟哉我公，敦固淳庞。仪型族党，望重乡邦。胡不百龄，遽此沦亡。追感遗迹，黯矣神伤。公少失怙，母氏抚立。承志攻苦，蜚声泮璧。堂弟幼孤，义不忍释。旧德先畴，恢廓无失。公之垂暮，福履优游。戏彩绕膝，问安点头。敦诗说礼，式好无尤。九世名族，万石贤侯。炤也愚劣，夙瞻仪表。申以婚姻，重以世好。春朝花媚，秋夜月皓。清言往复，坟典探讨。观形察势，山巅水湄。陶情适性，琴樽赋诗。或棹扁舟，或策轻骑。献酬交错，相对神怡。追想旧欢，历历在目。洛社思攀，香山期续。云胡一旦，遽尔不淑。山高水长，弦断音促。自今以往，公竟何之。泽流宗戚，誉播里闾。后昆绳绳，昌炽奚疑。不祧之祖，舍此其谁。客岁炎歊，流金烁石。杖履稍颠，忽染末疾。寤言谆谆，念予不置。遣使呼儿，候问颜色。阳穷重九，秋高气清。策蹇专访，色笑相迎。颐养如故，志气弥贞。岂期冬暮，遽赴九京。含凄相吊，诸孤罗列。卜兆求安，东西南北。三冬雪霏，长夏日烈。奔走不遑，雨沐风栉。曾几何时，岁华一周。将辞广厦，永托山丘。聆音奚自，觌面何由。凄风一奠，聊以写忧。呜呼哀哉，尚飨。

恒斋文集卷之七

赋

吊诸葛公赋

士之昂昂自命于千古者，名不苟就兮利不苟尝。惟大义之是荷兮，虽历久其弥彰。当炎汉之末运兮，群雄逐鹿以争王。智拟子房者，俯首贼幕兮，孰怀器以自藏。远举辽东者，清风不返兮，孰与时而偕行。慕先生之高谊兮，丁此世之扰攘。当三顾之未至兮，宁高卧于南阳。既鱼水之相得兮，乃尽瘁而不忘。建奇勋于西蜀兮，声义问于朔方。孔孟之心兮，伊周之望。人生各有幸不幸兮，胡为执成败以相低昂。恨予生之晚兮，弗获执鞭以效一得之长。相与长驱关洛兮，挈宇宙以振三纲。明《春秋》之大义兮，举《周礼》之典常。扳秋山兮巍巍，挹江水兮茫茫。俨仪容兮如在，步古庙兮徬徨。繄九原兮可作，偕轻舟兮徜徉。

神鹰赋

伊六龙之远游，涉沧波之浩渺。会玉帛于万邦，拥翠华于绝岛。方物毕献，珍错充庭。奔走海若，呼召百灵。彼何方之山虞，获希世之神鹰。爪侔剑树，目耀寒冰。嚖然长唳，万籁不兴。于是出平原，猎广野。千乘万骑，云飞雨下。天狗狰狞，海青孤骞。上窥碧落，下瞯黄泉。莫不穷搜远到，奋臂争先。于斯时也，任彼喧嚣，独居岑寂。足拳跼以嶷如，翼肃肃而敛戢。蔑斥鹖之纷纭，渺山雉之出没。狡兔望影而潜形，孽狐闻声而遁迹。徒忧惧之多端，曾何足当其一击。俄而苍崖欲裂，松风长号，猛犬战栗，铁骊奔逃。飞卫弯弓而欲堕，荆卿挥剑以徒劳。无拔山之威力，孰能制其咆哮。相彼英姿，耸身侧翅，降自九霄。烟尘千尺，五岳之柱欲欹，四溟之源皆沸。奋吴江之要离，斗垓下之项籍。转盼之际，血洒平芜，山君力尽，众兽揶揄。仰天三跃，抢地一呼。闪烁之睛光安在，生平之虐焰皆虚。尔乃奋老拳，舒利嘴，刳肝肠，剔膏髓。贾馀勇于林峦，洗血痕于清泚。海天茫茫，极目千里。沧波之蒲牢悲鸣，翠巘之狻猊徙倚。阳乌愁日车之碎，何处苟全。大鹏恐南溟之翻，无地远徙。故其不遇所敌也，则韬藏利器，振刷毛衣。岂苟求于一饱，宁养晦以俟时。若夫翠竹袅袅，碧梧萋萋。乾坤澄彻，丹凤来仪。前驱后卫，夫复何辞。作群禽之领袖，奋神武之馀威。鬼车敛翼而逃遁，鸱枭俯首以诛夸。护鹡鸰之友悌，保祥鸦之孝慈。野雉之耿介不损，鹦鹉之巧佞何施。奚必日食之弓，月食之矢，然后驱彼群妖，不眩目而聒耳。诚何惭于发扬蹈厉，会朝清明，返宇宙于太和，赓《卷阿》之遗声者哉。

鼓骏气以踔厉，淼波折而纡馀。不作鼠唧苍蝇声，亦不受屠沽儿酒食。可登邹生枚父之堂。郭皇瞻。

起端四语绝深远。叙处有态有声。末段敷意，尤见本领。车补旃。

异蝶赋

维钧天之盛乐，奏羽衣与霓裳。舞翩翩之彩蝶，俾容与而翱翔。悯人寰之朴陋，乃下降于穷荒。值翠华之临幸，随鸳鹭以徜徉。众彩陆离，六翮轩举。凌青霄之上，旌旆央央。栖茂林之间，衣裳楚楚。岂宝厨金玉之屑，抑天孙黼黻之章。毋乃巫峡之行云，绕之以电光。吾想夫蠖屈之日，守气含真。阴阳效其陶冶，日月萃其精醇。倏蜕形于一旦，从丹丘之羽人。更千秋之长养，乃绝类而离尘。诚可谓惊心动目，希世之奇珍者矣。上苑融和，百花烂缦。游蜂心醉，群蛾神散。菡萏飘飘以凌波，葵萼依依而待旦。淡妆素抹，而琼蕊多妍。国色天香，而牡丹吐艳。渺众芳之杂沓，曾何所于留恋。恶流莺之百啭，疾反舌之多言。轻舒绣足，携置楹轩。吸清风而饮湛露，御六气以为飧。负此殊姿，宜文宜质。惟春蚕之彩章，与秋蝉之清节。虽蕞尔之形躯，或仿佛其遗则。陋矣滕王之画图，渺哉谢逸之篇帙。内臣举纲而惆怅，宫妃插花而自失。夫岂传粉偷香之伦所能希其万一者乎。于是瑶池王母、广寒妃子，闻彼仪型，欲一见止。驾跨海之虹桥，散普天之霞绮。移香积之国，环佩氤氲。萃瑶岛之英，花容掺锋。青鸟衔书，辞□□□□□□□□□□□□□逮蛹蛾之伦拟。因而朝辞灵囿，暮宿昆圃。漱云汉之清液，醉悬圃之群芳。含英咀华，栖迟乎月桂之上。娱心适志，徘徊乎岳莲之傍。人寰俯视，氛雾苍茫。何鸳鸯翡翠之侣，尚腼然而炫其文章也耶。

吾辈空口谭文，则家擅灵蛇，人怀司马。以此题试之，恐不能道只字。才如元朗，词场中无难题目矣。郭皇瞻。

别有天地非人间。结构祖骚，神致取之南华。读鹰赋发我壮怀几许，及读蝶赋又不觉生物外想矣。两赋各极其致。使元朗为珥笔侍从之臣，固是本色。或者尤能赞翊机务，如陆敬舆故事耶。车补旃。

广恨赋

江文通作《恨赋》，后人拟之。然皆英雄之侠志，儿女之私情耳。不足以扰士君子之怀也。谨广其意，以俟尚论者。

浑沦之墟，迢递之路，迅飞双丸，高撑八柱。维皇王与帝伯，迭乘权而代御。何风会之屡迁，遂扰攘其多故。问大钧兮无言，岂凡庸兮能悟。借如神禹升遐，伯益总师。选贤与能，旷世同归。后启高让于安邑，咨四岳而宅百揆。教养无改于弃契，礼乐永遵。夫夷夔简平成之司空，择明允之士师。岂致嗣王之逸豫，而启篡贼之骇机。又若太史无争，元子承绪。系八百国之心，踵六七王之武。任西伯以端揆，介父师而夹辅。王子参墨胎之伯叔，纠谬绳愆。尚父率十乱之贤良，奔奏御侮。《麦秀》之悲歌不作，《采薇》之孤踪安睹。奚俟必世之后，乃酿为太和之宇。若夫尼父得主，子晋永年。将经王而络帝，亦提坤而挈乾。克复忠恕之英，载骖载右。敬简孝友之彦，于藩于宣。礼乐兵农，不让九官之师。济德言政，学重（来）六典之昭鲜。聃兮婴兮，敛衽于陶冶之内。侨也肸也，依光于日月之前。何至叹天下之莫宗，而托之空言。更或介甫得师，亲承茂叔。霁月光风，以陶以淑。学巷颜之好修，志莘挚之芳躅。关洛之国士同心，而秉两府之钧。温申之老成协力，而任参签之属。耆英弹冠于丘园，卿尹和衷于朔蜀。又安见大道之行虽未之逮，而三代之英终不可续哉！无如光岳气分，隐显迹异。所遇不齐，各行其是。岂独群材之辐辏，未可赊期。即在一人之投合，亦难强致。彼夫子舆负名世之望，贤储产僝弱之邦。邻封志在囊括，弹丸岂足自强。江都潜心夫大业，河间仅守夫藩封。顾汉廷之主辅，徒好大以喜功。使幽州之贤牧，得隆中之良弼。群雄虽肆其咆哮，焉能遂灰乎炎德。抑河汾之讲论，及兴唐之休明。将驾汉晋而遒上，宁止凌烟之勋名。矧敬舆之内相，共肺腑于患难。何夷险而济屯，甘受佥壬之疑间。且嘉王之居藩，仰晦翁而心醉。何出震而乘乾，厌闻经筵之训诲。吁嗟夫！一流一坎，地覆天反。一升一沉，层古累今。说飘然而入梦，望条尔而叶卜。岂帝心之偏宠，抑苍生之多福。眼浮兮千秋，感生兮八极。抚绿醽兮对青灯，向阿谁兮诉胸臆。

囊括古今，以韵语组织于其中，岂仅登高作赋之才，宋艳班香瞠乎后矣。胡虞继。

南闱赋

维玉轸之流辉兮，映南天之清彻。耸九嶷而带八蛮兮，重以七十二峰之罗列。磊石砥柱乎其东兮，君山锁钥乎其北。旋青螺于银盘兮，横黛眉于广额。九江挟百川以朝宗兮，汇洞庭之巨泽。既震荡夫乾坤兮，亦吞吐夫日月。离盖取诸明兮，鹑鸟协其星垣。夏之为言大兮，正南表其封域。乃钟灵而毓秀兮，为人文之奥区。镵岣嵝而纪绩兮，刳二酉而藏书。感沅兰与湘芷兮，作辞赋之权舆。洛阳才子兮，蕴经纶而命世。杜陵野老兮，乐花鸟为友于。涟水社稷之臣兮，非百里之器。衡山帏幄之相兮，实九仙之徒。追月岩之悬象兮，媲河洛之畴书。抑麓岭之既辟兮，绍洙泗于潇湘之墟。或山斗之齐名兮，或河汾之并驱。莫不吞云梦而凌江汉兮，藐荆山大别之丘隅。愿以地阻重湖兮，天浮七泽。每洪涛之怒生兮，浸空青而萧瑟。堆万顷之琉璃兮，泛菡萏之一叶。乘长风而破浪兮，惊晴波之霹雳。虬龙奋鬣而扬鬐兮，灵龟闪睛而舐舌。窥蓬窗而淼冥兮，悸帆樯之摧折。或炎氛之已尽兮，即秋声之相叠。鼓中宵之大罏兮，霾向晚之残日。疑沙碛之凄迷兮，怪嶂峦之崪屼。徒系缆于汀洲兮，望夏丘而太息。虽神游于月窟兮，安能奋九霄之羽翮。幸后皇之御极兮，悯侧陋之英髦。界金绳于南服兮，裁错绣于炎郊。值中丞之建节兮，树公门之李桃。体圣主之旁求兮，集舆颂与佥谣。方伯鸠工而拮据兮，廉访庀材以劬劳。聊参副之心力兮，喻九郡之属僚。莫不踊跃而赞襄兮，役大众而靡嚣。负岌嶪之罗洋兮，面崔嵬之妙高。侍天星之杰阁兮，卫岳麓之隋乔。浏溪绕百折之翠岸兮，湘江泻千里之银涛。垣周环而匝地兮，栋耸峙而摩霄。室窈窈其窔窔兮，堂巍巍其崇峣。庭轩轩其弘敞兮，门翼翼其迢遥。昔日之艺林兮，雕龙绣虎。今兹之棘院兮，起凤腾蛟。创邃古未有之奇迹兮，沛于万斯年之恩膏。多士躬际夫休明兮，将何以上报夫盛朝。伊三场之制法兮，实有典而有则。苟真知而力践兮，岂徒求之络诵与副墨。识明新之一致兮，斯体明而用达。以位育为分内兮，自覆载之合辙。克求志而达道兮，即贤关与圣域。允居仁而由义兮，又何惭振古之豪杰。若乃开物成务兮，在观象以玩辞。学古入官兮，以四代为师资。匪达政而专对兮，虽多亦奚以为。匪安上而治民兮，虽三千三百其何施。悟春王之笔削兮，则三纲正而庶绩熙。孰谓四子六籍兮，非道岸之阶梯。矧《孝经》之一卷兮，实明天而察地。岂家国之殊理兮，曾君父之异致。新制论题。悟太极之舒展兮，在颜学而伊志。明太和之弥纶兮，斯王外而圣内。旧制论题。观魏公之忠谠兮，暨陆相之康济。并谟训而争烈兮，又何嫌乎俳俪。览政化以颂规兮，即陈善而纳诲。娴法律以劝惩兮，俾民寡过而远罪。至若家修而廷献兮，在敷奏与明试。董淹贯于天人兮，刘感愤于时事。虽升沉之异遇兮，并昭垂乎百世。桓辩析于盐铁兮，王熟悉于边备。虽用舍之殊科兮，均流传乎奕祀。谓陈策之无裨兮，真井蛙夏虫之儿戏。他如文事武备兮，实右有而左宜。观德于瞿相之圃兮，伸威于夹谷之辞。若三踊于鲁庭兮，求用矛于齐师。当列国之扰攘兮，吴以正而孙以奇。惟穰苴之用众兮，乃节制仁义之相资。盖军谋与师律兮，圣人亦不得已而用之。自今以始兮，凡我等伦，期志意之振作兮，偕栋宇以俱新。戒还珠而买椟兮，运匠心于斫轮。采春华而饫秋实兮，处名儒而出良臣。广菁莪之大化兮，永棫朴之深仁。将晖云而卷雨兮，长与湖岳而为邻。

七跂

何求主人与客九日登高游长沙之城，憩天星之阁。湘江萦回兮麓峰磅礴，罗洋谷岭兮苍翠参错。指衡岳兮如拳，眄洞庭兮一勺。帆影蹁跹兮潴泽，雁声嘹唳兮阛阓。客曰：宇宙之内，高境实伙，吾将与子置身何所？主人曰：在心为志，乃形诸言。子言子志，吾将择焉。客曰：鹏程九万兮鳌背千里，旁棘面槐兮百辟攸止。既耸身兮天衢，顾俦辈兮谁拟。或论道兮持衡，或列职兮分理。或任屏藩兮，共奠金瓯。或作干城兮，力捍玉垒。峨貂獬兮纡金紫，依日月之光兮，蹑风云之轨。斯非天下所共尊而莫与比者乎？主人曰：位以程才，爵以命德。性分之内，不加毫末。曾是以为高乎？客曰：云汉章天兮华葩绘地，草昧朴陋兮饰以书契。唯锦绣之才人兮，代化工而写意。思入风云之中兮，力扛鼎鼐之器。上则润色乎皇猷兮，下则雕刻乎品汇。如岱如斗兮，仰之弥高。如海如潮兮，望之无际。天禄阁然其杖藜兮，白玉楼取其碑记。立言若斯，亦可谓冠冕乎侪辈者矣。主人曰：文以载道，辞以宣理。理道或乖，赘焉而已。未足以为高也。客曰：风尘澒洞兮，草窃纷纠。鹰扬虎踞兮，壮气横秋。得一夫之砥柱兮，障九有之狂流。扫搀抢于碧落兮，截鲸鲵于汀洲。宣疆场之膂力兮，运帏幄之心筹。铜柱兮标绩，石碣兮镌猷。云台之姓名兮，遥通帝座。烟阁之仪状兮，俯瞰神州。立功若斯，亦可谓崔嵬乎群俦者矣。主人曰：功成名遂，尔身将退。宠利居之，道家所忌。未足以为高也。客曰：晴云归岫兮，倦鸟投林。象外烟霞惟酒国兮，闲中事业有诗城。彼达人之早识兮，谢世味而无营。看花似锦兮，藉草如茵。阅升沉于今古兮，若残局之纵横。卧白云兮绝巘，采紫芝兮幽岑。抢榆枋而栖枳棘兮，孰识夫鸿飞之冥冥。斯岂猿惊鹤怨者所能并其孤贞耶？主人曰：君子之道，时行时止。鸟兽同群，殆非人理。高则高矣，其能免于癖乎！客曰：至阴肃肃兮，至阳赫赫。嗟我劳生兮，游魂散魄。维彼真人兮，巧运五贼。夺片晷之黍米兮，炼九还之金液。凝神于黄庭丹田、玄堂之间兮，肆志于方丈、蓬莱、瀛洲之侧。一旦步太清之寂寥兮，下视夫三光之罗列。寿比天地兮无疆，名垂宇宙兮不灭。斯岂岩居谷饮者所能仿其遗则耶？主人曰：阴阳为炭，造化为工。有不□□□天同。高则高矣，而不免于怪也。客曰：人□□□□□地埃尘，嗟此末俗兮以妄为真。维化人之独觉兮，远浊世而无邻。空五蕴兮若参商，离四大兮若越秦。入夜摩而放言兮，登兜率而剧论。越虚空以趺坐兮，任辘轳浩劫之相循。视大千沙界之起灭兮，若果蓏之革故而更新。斯岂排神御气者所能齐其等伦耶？主人曰：戴高履厚，驰思出世。三纲孰撑，九畴谁秩。高则高矣，而不免于戾也。客曰：然则子之所谓高者，何哉？主人曰：盖闻江河兮行地，日月兮经天。三才之主兮立矣，万世之师兮作焉。弄一丸于方寸兮，涵万有于不言。必循循于庸近兮，乃峻极之在前。望宫墙而阻绝兮，窥堂室以流连。步之趋之兮如接武，驰之骤之兮若挥鞭。思超逸而绝尘兮，倏仰攀以无缘。舒之兮尽弥纶之量，卷之兮得知觉之先。润色之兮日华而云烂，整肃之兮雷厉而风旋。匪竺梵之空空兮，岂苦蒙之玄玄。是予盖有志而力莫之逮，子其能相与踊跃以腾骞乎？客曰：乐哉斯游，高谈解颐，虽风景不殊，而吾情已移。

独立千仞之上，举手以招时辈，然只是峻绝多张目高瞻耳。倘有摄衣而登者乎，余将请步其后尘。先生作赋数十，虽一时寄兴，皆有深意。然尝自诵杜诗云："辞赋工无益。"又举程子作文害道之言，知非其雅意也。兹不尽载。籍中特选其尤者六篇，以见骚雅之一班云。弟实庵识。

恒斋文集卷之八

诗集上

秋晨癸酉，下同

长空宵雾敛，平野晓烟浮。幽人坐北窗，旭日上危楼。念彼寸阴逝，披衣立楼头。超然遗万虑，独与千古游。前圣留遗绪，哲人勤嗣修。而今五百载，微言空悠悠。沦落天涯里，伊人各一丘。奇文孰与赏，疑义莫能搜。遥看天末渺，满目泛沙鸥。

冬夜

严霜肃万籁，明月散清辉。清辉胡可近，我心独依依。永夜长空白，浮云任意飞。飘飘从西来，萧萧袭人衣。推窗怜夜色，闭户怯寒威。美人在何处，斜月照书帏。

浚池甲戌，下同

草堂之东临小池，涓涓清泉出淤泥。泉流萦回池半曲，菱荷飘飘与水绿。自从芜秽两三年，游萍丛蓼绕池边。岸畔依然风景改，当年物态今何在。春色油油白日暄，呼童具器浚其源。斯须清流如踊跃，初从中央周四角。皓月行空彻底明，轻风拂岸微波生。佳卉缤纷池草碧，春采其华秋采实。

偶然作古韵

海内多英俊，吾道亦何孤。山鸟酬清话，山花映素书。柴扉终日掩，甘与世趋殊。

其二

朝曦入户牖，莺歌闻枕上。华胥梦方回，四顾增惆怅。流光自冉冉，淳风悲日丧。安得叫阊阖，鑪冶付巧匠。再辟浑沦天，力挽江河涨。褰户独行吟，仰看天宇旷。

其三

闻说神仙侣，飘飘远浊世。闭户诵丹经，兴此凌云志。我身无羽翼，太虚渺何际。兴言涉蓬瀛，传闻毋乃伪。服饵可长生，彝伦未忍弃。

其四

世间多才士，艺苑共驰驱。雕虫竞自得，彼此更是非。白首迄何成，少壮不可追。念此使人惧，中夜候鸣鸡。

其五

岂欲逃人世，山居惬素心。田家忘帝力，东作忽西成。白饭酬耕夫，清酒款嘉宾。俯仰聊自给，谁复念清贫。闲宵集亚旅，高坐说《孝经》。

感雁律

秋天漠漠接炎荒，雁阵翩翩来朔方。云里闻声何处弋，水边顾影几回翔。洞庭道远乘宵月，巫峡天高戴晓霜。应是明年春色好，岁寒同伴莫相忘。

采兰乙亥，下同

山居无所为，日晏春光好。遥山幂白云，倦客茵芳草。青青山阿兰，垂华胡独早。负此幽贞性，远彼风尘道。采之以充佩，芬芳满怀抱。桃李岂不鲜，须及落时扫。

忆宗文胄先生古韵

先生讳钾，予同邑人，素仰德范，屡挹风旨。厥年五十有五而卒，思行志而不遇，欲著书而未遑，心甚悲之，爰志其概。

先生冰霜质，孑然出风尘。六经会源流，百家莫与争。笔舌攘异端，以俾吾道明。笑彼传法语，不啻犬羊鸣。尝叹哲人没，邪说漫纵横。儒冠而梵行，月盛日以新。思欲大正之，而力恨未胜。管乐情怀远，羲黄气味醇。斯世莫吾知，萧然且躬耕。男儿炊粝饭，生徒摘芜菁。煌煌车马客，不敢登其庭。讷然接万物，教诲独常聆。列坐传尊酒，清言及夜分。广大穷天地，幽微测鬼神。谓彼多士中，惟汝足知音。依归幸有所，大命胡奄倾。繐帐其已矣，宿草方罗生。年殀残著述，命蹇缊经纶。辱承国士鉴，何以慰九冥。遗言犹在耳，佩服以终身。

冬夜

冬夜深深眠不著，欲明欲暗灯花落。雪辉冰净月轮寒，峻岭平原皓漠漠。重茵叠褥犹生冷，倚翠偎红未安枕。穷家困苦知何限，蓬壁茅檐带露寝。岂无夫妇偕陋室，亦有儿女慰愁日。寒不衣衾饥不餐，饿死冻死谁相恤。山禽唧唧如怨语，尔身虽寒有薄羽。山木萧萧枝干摧，天威凛冽汝焉知。

忆叔父克家翁丙子

人琴俱去已三时，此夜清秋更可思。松竹千株南圃秀，公性好植树。蓬蒿半亩朔风吹。王家珠凤谁看戏，谢傅围棋何处随。国士深知惭久负，穷途莫效阮郎为。

读郑所南心史丁丑，下同

谁把弹丸画九州，仁人任士不堪忧。春王老笔中天月，小雅残声满地秋。一片丹心沉绀井，九围赤县等浮沤。鸡鸣舞罢犹披读，匣剑飞空劈斗牛。

吊蔡江门先生墓

中原失驭奋群雄，彗孛飞光赤县中。万里提封都瓦裂，烽火欲被未央宫。非无武夫提劲卒，河上逍遥惟果腹。亦有文臣坐庙廊，袖手欢娱蟋蟀堂。佥言天下事去矣，悲哉先生志未已。半壁乾坤尚可扶，千秋正气将谁委。百万蛟螭入楚天，攻城掠地起狼烟。三湘七泽无坚垒，壮士吞声泣杜鹃。先生投袂穷城里，泣谕吏民甘就死。长啸危楼夜月寒，挥戈四壁夕阳起。山河破碎泪沾衣，稽颡东城别帝畿。我为官家心已碎，为怜万姓复谁依。千骑拥入狼庭去，左陈轩冕右刀锯。谈笑从容贼胆寒，身骑箕尾知何处。碧血荧荧染芳草，玉骨纵横委长道。一抔收拾千秋恨，湘水为枯麓峰老。

赠别邑侯梁郁盘内诏北上侯讳任，广东人。庚辰

五岭钟元气，三湘得大贤。道亨时正泰，望重志愈坚。忆昔

车初下，而今岁几迁。桑麻弥下里，花柳映平川。村落儿童舞，公庭胥吏眠。渔嬉夕照里，樵伴晓云边。揖让盈途径，弦歌绕陌阡。杨花沾踘蹴，榆荚护秋千。不值韶华久，焉教循吏传。深仁膏雨润，甘节霰霜湔。齑粥终宵宴，葵羹四序筵。室中无长物，厨底足清泉。零露寒重屋，凉飔透一毡。聪明金镜淬，正直太阿悬。颦笑何曾假，佥壬孰敢前。赏心惟翠竹，入耳只高蝉。史册皆师也，簿书何有焉。贤侯常用晦，丹诏倏来宣。共幸芳声远，其如别恨牵。霓旌风袅袅，冰署月娟娟。钟鼎行将勒，淄尘肯自怜。碧波安鼓楫，紫塞缓加鞭。枳棘枝生色，梧桐叶倍鲜。乌台方奋跃，凤阁待翩跹。六宇调元化，千秋汗简编。曲江遗则远，琼浦令名延。丰度惊英主，文章衍圣诠。前民如可作，今日更谁先。嗟我居穷巷，于人懒折旋。采兹兆姓口，聊当百文钱。泽国羁骚客，江干羡羽仙。衡门栖此际，阊阖望弥年。北阙双凫下，南空只鹗旋。京华如聚首，重话旧因缘。

百岁翁辛巳，下同

白发萧萧须拂膝，蒲团作伴衣百结。自云万历之遗民，更历沧桑一百一。我闻此语心摇摇，呼之入室慰萧条。碧血孤臣谈故主，白头宫女诉前朝。乃云幼年初解事，眼见祸端尚谁怼。九关虎豹虐焰张，四海忠良皆玉碎。从此天下公道湮，民怨官贪盗贼横。蟋蟀堂中拥红袖，凤凰城外簇黄巾。哀哀赤子遭荼毒，沟壑溪隍饱人肉。千家只有百家存，断手折胫常满目。槊上婴儿犹叫号，竿头妇女挂城壕。堆焚膏脂为烽火，刳剔肝肠办马槽。藩王刀下尽樽酒，相国湖边沉百口。嫔妃骨肉杂泥涂，蓬跣宫人求匹偶。天崩地陷到长安，英主魂摇万寿山。消息传来半疑信，龙髯遥遥何处攀。古来世事皆如此，君看西日东流水。水辞星宿挽难回，日堕虞渊挥巨起。犹记先民话太平，天下官员尽得人。文不爱钱武轻死，盗贼本是桑麻民。感君厚意无所补，莫轻此论为迂腐。他日调元佐庙廊，四海老翁乐含哺。

湘江水涨夜泛

洞庭之区方八百，真宰移向长沙国。浩浩湘流绕大荒，奔涛怒湍千山裂。千山之下拥平畴，桑麻蔽野禾黍稠。田祖无灵波臣怒，卉木依微岛屿浮。长烟漠漠遥空碧，突兀孤峰撑半壁。云起风号星汉摇，疑是湘妃改瑶宅。九嶷檄唤百神迎，指挥海若鞭河伯。沧桑宇宙常如此，壮士欲挽银河水。呼遣二龙夹钓船，凌虚直上五岳巅，松声沨沨天风旋。下视人寰如蚁垤，四溟烟月啸飞仙。

易说壬午，下同

元天本无言，一动一静间。川岳自流峙，日月往复还。古之先觉者，一画启冥顽。累臣浚其源，旅人扬其澜。秦灰虽幸免，大义竟三缄。共叹微言绝，何期斯道南。鸿钧写面貌，长夜唤沉酣。洛闽递祖述，秋月映寒潭。胡为夸毗子，醉梦肆狂谈。细流笑沧溟，海若为之惭。驱车周道中，愿言备两骖。聪明何时净，冰雪满空山。

春秋说

黍离既已降，获麟乃成篇。因物付万形，大造何私焉。云胡素臣辈，聚讼垂千年。哲人不深辨，删史寓心传。统正人事定，岁周天运全。振裘挈其领，登山陟其巅。茫茫云雾后，白日行中天。谁哉据成法，剪剔百家诠。淘洗千古陋，蔓草不复延。

仪礼经传

文明兆虞夏，经曲备成周。元圣独任之，待旦肆探搜。官止神欲行，迎刃无全牛。劫火肆咸秦，金仙幻神州。三代威仪尽，溯回竟何由。寒泉一老叟，独障百川流。如彼画野后，宝鼎镂九丘。故迹岂尽合，再造功莫俦。大业竟未卒，遗编更谁裒。自愧多凉德，安能经大猷。刍荛倘一得，名山俟千秋。

阅故书，偶得亡九弟端手书大学或问一编，不胜怆然，率尔成韵癸未

百年何奄忽，况尔值夭折。问学苦不力，不朽胡能得。空馀一卷书，宛然存手泽。盖棺良已矣，抚卷徒恻恻。

熊子逾三假击壤集，戏赠丁亥，下同

鲁国有狂夫，浴沂风舞雩。凤凰翔千仞，高步凌黄虞。悠悠千载下，谁哉与为徒。天挺人豪居宋代，玄思直彻九垓外。皇王帝伯写心印，雪月风花发天籁。谢轩冕，藐万钟。林泉招客玩，衣冠与俗同。旷代英才资丽泽，玩谑卿相若儿童。高情逸致不可扳，咳唾珠玉落人寰。闲里沉吟心骨醉，静中演绎云山寒。吾友逾三翁，好闲兼好静。学究青囊秘，心无蜗角竞。清风明月竹一竿，积雪残霞棋数阵。世间清福尽携归，造化小儿偏忌之。阴阳有沴心无事，无妄之灾更咎谁。昨者偶相访，形羸神愈爽。静夜稽星汉，宇宙归一掌。清旦翻瑶编，千古若俯仰。忽忆打乖人，临行索击壤。击壤歌，何其多。天津桥，安乐窝。三千许首镂景物，二十馀年费吟哦。无踪天马随羁靮，决眥冥鸿入网罗。可怡神，可定性。可乐天，可安命。无入不悠悠，何有于愈病。昨夜

三更号风雨，恍惚遥闻真宰语。水竹清闲付阿谁，莺花富贵须有主。岐伯雷公前致辞，锻炼闲人已历时。而今俗虑皆冰释，陶然歌味击壤诗。尧夫大笑向前揖，拈断白髭忆往日。糟粕岂能称醉翁，得意忘言非我力。

忆甥黄之纶

婉婉醇谨儿，岐嶷如在目。屈指三载间，幽明久异域。忆尔当幼龄，英姿实拔俗。陶融及弱冠，恂恂遵往躅。六经晓大义，诸子辨归宿。丽藻茁春葩，长剑斫鳌足。讷然戒夸毗，虚心实其腹。云胡二竖撄，弥年叹奄忽。我时罹天罚，百忧相煎促。层冰覆严霜，五内摧且仆。迨其痛定时，一抔草再绿。吾欲诉真宰，天高听不属。吾欲瞰幽泉，冥路何由烛。诲惭宣尼切，情同颜仲笃。拭泪抚遗编，杜鹃声断续。

题李公祠

紫塞长鲸翻碧浪，陆沉岂独被南州。强枝百折排雷雨，列宿千行幻泡沤。树偃井湮伤正朔，元旦破城，从死者甚众。天荒地老失春秋。丹心照彻神州梦，瀚海天山看运筹。

题蔡公祠

欃枪飞渡洞庭波，落日孤城奋鲁戈。拄地撑天嗟一木，屠鲸剖蝮恨无柯。眼枯剩陨遗民涕，舌截犹闻正气歌。义役谓凌国俊等良朋谓孝廉冯椵公俱不负，臧洪地下快如何。

车子补旃试贡抵郡，招至山居度岁不果有怀戊子，下同

寒雨飘残雪，朔风薄层云。独坐危楼迥，怀人正离群。一经

垂白首，帝阍不可扪。栖栖旅馆中，屡候牧伯门。时抚军赵公摄学政去家五百里，谁与共晨昏。高文摩海岳，雅量际乾坤。真龙谁解好，彩色自氛氲。湘山翠当户，湘水碧绕村。道路匪修阻，何以慰乖分。扫室焚香夜，挑灯理绪论。庚午同舟半月，录其语为一卷。

经废藩墓

荒烟蔓草临古道，断碣残坊倚斜照。猿鹤沙虫迹已非，一抔犹自增凭吊。凭吊兴亡恨事多，炎炎赤县冷洪波。金瓯尽化新亭泪，玉碗空传薤露歌。遥想素车临穴日，下锢三泉饰幽室。齐纨蜀锦岂足珍，弘璧天球那复惜。中野萧萧如室家，残魂终古拥繁华。巨料冬青啼杜宇，惟馀衰柳噪寒鸦。嗟哉奸民徒嗜利，盗珠适遇骊龙睡。肌销骨烬玉颜污，石马铜驼应下泪。我闻厚葬圣所非，曝尸中原岂爱之。昭陵法帖犹沦落，虽锢南山会有亏。古无不亡之家国，悠悠冥路何终极。阴为野土物皆然，托体山阿诚达识。九嶷云树转苍苍，民到于今未忍忘。富贵何常在德耳，君看南国庇甘棠。

答友人评文府学广文张迪贞以金黄见称也

十年剑术学屠龙，沧溟无际跨天风。烟波钓叟闲相笑，一叶轻舟弄短棹。虾游黾跳皆获之，不择潢污并沼溪。珠宫贝阙浮天外，那能忍饥空相待。龙伯国人竹一竿，蹴蹋十岛凌三山。相逢把臂怜同调，青空碧海舒长啸。呼遣金翅择群蛟，沃焦之上烹巨鳌。人间珍错那可拟，凌虚下视任公子。

草书引赠刘先生讳临，四川人

高堂素练虬龙出，暗挟云烟欲破壁。俗眼迷离不敢踪，谁信草圣之遗则。泰山触石雨天下，明河倒挂百川泻。驾风鞭霆任两肘，一画纵横驰野马。我闻苍史代天工，涂山玉简白云封。墨池媚惹夫人妒，爬搔蕉叶篆雕虫。襄阳颠翁洗恶札，已惊天马踏青空。个中大成君独集，日月星辰闲不得。曾经宦海困冷曹，八年鞅掌簿书劳。一朝挥手谢羁鞫，浮沉物外任逍遥。四溟烟水随长啸，五岳林峦挂一瓢。有时掀髯怀太古，满腔王政如可数。有时长尘撇清言，蟪蛄朝菌气为冤。兴来伸臂泼墨汁，纸尽百副犹奔逸。竹胎木叶写神姿，顶发指尖留异迹。安得挥毫洒八垓，长揖鸿蒙指无极。

挽黄姊丈敏公四首讳达先

柴门犹宿昔，衷曲共谁论。风竹留馀韵，林蝉怆别魂。斑衣沾泪点，黄口被啼痕。忍恸周新家，芳园日影昏。

数载逢多难，深悲那可闻。椿萱予见背，儿女尔乖分。聚首眉频蹙，离居虑若焚。九原携令胄，寄语勉修文。

良医谁九折，痼病逾三年。翻恨形骸累，安知世味牵。一抔秋共老，终古月空圆。弱息宁孤立，承家贵象贤。

扶病来山宅，家园手暂携。旧游仍历历，归路转凄凄。野迥长烟暗，江清远岫低。不堪伫立处，瞻望更无期。

水阁夜坐赋得座上泛潇湘己丑，下同

蓬莱缥缈不可攀，寰中清绝是湖南。湘水沉沉挟万派，湖光岳色遥相涵。三伏炎蒸汗如沐，水阁凭虚聊极目。残霞灿烂列宿稀，一声横笛清风拂。火轮飞堕西山隈，中天云汉渐昭回。斜月泛波翻皎洁，飞烟龙水正徘徊。须臾夜静江涛吼，风马云车互奔走。万壑龙吟地轴摇，千岩松啸山灵怒。神妃罗袜怯凌波，帝子夷犹山之阿。铁笛仙人舒醉眼，看飞片石幻青螺。玉宇无尘群动息，客愁已伴清风失。高枕涛声杂沓闻，宇泰定兮魂梦寂。江干寒暑几推移，倚槛行吟是阿谁。牢落杜陵何自苦，风流宋玉转多悲。安得长风剪尘海，澄清六合炎威改。扁舟一叶五湖波，烟水苍苍听（款）〔欸〕乃。

姨侄张三圣羽来访兼省母氏，家宴偶成

人生不可期，聚散靡有常。骨肉本同体，各在天一方。犹忆弱冠日，汝父联东床。岁月曾未几，世路多沧桑。夜台悲早逝，寒泉感萱堂。汝孤幸成立，千里自昂昂。深情念母氏，命驾过山庄。时其母归宁，中道抵予舍留止。汝母见汝来，欲话神已伤。昔别才离乳，何期共我长。姨母见汝来，鸡豚肃壶浆。提携小儿女，侍立慈亲傍。汝妹见汝来，含羞立东房。我生已髫龀，始得拜阿兄。叶香小妹怀中眄，眉目清且扬。列坐东西筵，团圞情话长。不知冬夜永，弦月降繁霜。聚首欢今昔，别后无相忘。兔丝亦有蒂，转蓬亦有行。努力期古处，拭目待高翔。

元日获枭庚寅，下同

有鸟有鸟貌狰狞，昼伏夜飞栖深林。朔雪寒风弥六宇，偃然僵卧点层冰。在昔轩辕初御极，七十一战靖残贼。更忧不孝逆天常，遍煮枭羹饮元日。只应此种绝当年，如何今日犹蕃息。人诛虽免天罚加，双眸炯炯羽槎枒。不及纥干山头冻，散雀犹得伴祥鸦。

摘梅和粥

寒月照春山，长林如新沐。爱此姑射姿，亭亭绝尘俗。攀条采其英，和之以薄粥。素磁发幽香，静夜餐群玉。遥怜煮石人，涧底荆薪束。

独松吟

蛟龙劈空欲飞去，独立苍苍挟烟雾。百灵奔走来迎迟，暂向空山一峰驻。鳞欺积霰自扶疏，叶啸长风起籁竽。改柯易叶非吾侣，修竹寒梅是友于。遥知干节弥峻绝，惨淡蟠云栖日月。枝条犹堪任栋梁，根柢会见凝金石。嗟尔栎社诚不材，广莫之野胡为哉。登封避雨须斟酌，一辱秦官劲节摧。

忆宗文胄先生后乐园，赠其侄孙楷

杖屦从游日，孤情绝四邻。踏青松是盖，浮白草为茵。地迥偏宜月，身闲别有春。伊人馀往迹，花鸟更谁亲。

观涨辛卯，下同

湘流宛转湘山簇，水田漠漠平原绿。一夜蛟龙拔宅飞，万顷琉璃空翠扑。为偕我友泛扁舟，弭棹随波任去留。白云岭上浮天汉，杰阁城头幻蜃楼。此日湖南真清绝，一掬穷乡傲七泽。独怜东作付波臣，田父扶筇常恻恻。共询水患盛何年，江陵相公方秉权。驱筑长堤障江岸，滔滔云梦变桑田。江波浩荡洞庭溢，倒奔上游百川咽。北税虽增南潦频，始信白圭称富国。我闻四渎司节宣，神禹随刊至今传。大河转徙长淮郁，汨陈岂独在南天。虚言调燮何由试，千金自笑屠龙技。同人不惜客愁多，拉看龙舟斗儿戏。瀛海扬波春复秋，轮船飞渡忆沧洲。风光和煦狂澜定，少伯澄湖渺一沤。

闻涨衡山大水移山，盖异灾也

冯夷积怒触天柱，骇走潜蛟拔老树。震电冥冥激浪翻，平原突见奔峰驻。涧流清浅绕山村，一望洪涛挟昏雾。衡岳自古峙湘天，万落千村散晓烟。梦回衾帐惊尸解，应伴灵均作水仙。皇天老眼岂昏眩，玉石俱焚都不辨。娇儿乳下失抚摩，鸾镜枕边分婉娈。鸡犬桑麻尽陆沉，巢覆卵倾悲乳燕。深山大泽产龙蛇，茫茫四溟以为家。不逢至圣驱放之，致令赤县多阽危。我闻衡人诉水患，如听残魂泣耳畔。濯足万里想河清，极目八荒期海晏。嗟哉冯夷何不仁，恣睢暴殄虐烝民。君不见支祁锁淮水，力逾九象为禽耳。又不见介弟罢钱塘，徒负光焰万丈长。上帝震怒不可触，俯听怀柔终天禄。

观禹碑

绝巘危岩一径通，谁留片石写鸿蒙。苍岚缭绕潜丹篆，元气淋漓浑碧空。袖扫烟尘苍籀迹，笔驱风雨鬼神工。江河泯泯残碑老，鞭石应须跨海东。

题友人枕面二首壬辰

羲皇去我久，今古多儿戏。倚枕卧看馀，木落山容翠。

人间何扰扰，策蹇邯郸道。一觉梦魂馀，天阔孤鸿杳。

憩古申国癸巳，下同

当日歌扬水，天王遣戍频。鹃魂遗望帝，蜗角笃懿亲。不作同仇气，安知共主尊。素王如阁笔，谁复叙彝伦。

渡淮水

烟雨遍郊畋，茫茫陆海浮。忽惊星汉水，远带帝王州。江左曾分域，长河竟合流。颍波随运会，清绝看源头。

经孔子思归碑

风尘何黯然，重启素王天。衮钺生平志，甄陶奕世传。苍生如有托，白首合言旋。巨料东周业，飘零岁几千。

望中岳

极目平芜里，层云镇日间。行行知巨岳，望望失群山。帝座声音接，神州郡国环。结茅何计就，坐卧小尘寰。

吊裴晋公墓

庙堂操胜算，海宇绝疑谋。早识龙钟客，能宽父老愁。百神遮匕首，诸将缚旄头。野绿堂非昔，含凄拜古丘。

谒岳少保庙

元戎思唾手，君相正寻盟。万里长城坏，中原半壁倾。功成宁望赏，敌尽不辞烹。痛杀沙尘里，龙髯谁复迎。

观黄梁梦处

不是先知觉，谁非入梦人。镜花方外术，草露隙中身。彝鼎惭莘渭，楼船误岛瀛。华胥游遍后，六字自更新。

经孤竹故国

故都已忽没，高节尚崇窿。偏向干戈会，惟存揖让风。墨胎如守器，牧野有孤忠。应率勤王旅，驰辞渭水翁。

谒杨椒山先生祠

阊阖排云叫，天高听匪聪。胆张廷杖下，神练狱床中。后事群贤补，前修众论同。箫韶终绝响，遗恨独无穷。先生最精乐律。

登观星台六首

危台独立俯皇都，碧入沧溟翠入虚。山后山前多误局，如何只笑石郎愚。

百年盟好指山川，助敌攻邻大信捐。才得空城还赤县，旋教御辇泣冰天。童贯

太平天子好边功，惹得边尘犯紫宫。尚父不来安反侧，蓟门非复旧尧封。仆固怀恩

不向新亭收泪痕，枕戈直欲反危轮。安知歃血终胎祸，塞雨沙尘泣断魂。刘越石

连城带邑沸群□，□□□□种是龙。长憾皇华羁上国，遄归悲愤老无终。田子春

妄听狂夫易水歌，白虹流影醮清波。何如晦处需时变，应作燕山一尉佗。荆轲

谒二程夫子祠甲午，下同

淑运南迁产哲人，春陵妙绪此传真。贞元一气温严别，师表千秋伯仲均。分得光风嘘薄俗，印将霁月照迷津。苍生有福朋无党，王佐联翩宇宙淳。

宿偃城郭店守岁八首

一苑莺花一岁周，无端书剑驻神州。家园共指征车远，眼底云山足底楼。

不履田园弄弱毫，贫家庶务悯卿劳。闺中莫守通宵岁，两地关山入梦遥。寄内

二十年来守岁多，筹今衡古慰蹉跎。今兹绣阁怀行役，应念苍生济得么。寄两女

休把嬉游汩此身，好将幼志一番新。春窗尚惜年华费，远想吟风弄月人。寄子侄甥婿

先子音容杳莫追，双帏犹幸有同枝。儿身况瘁无他虑，只祝高堂鬓少丝。寄姑夫姑母

几载冰霜掠鬓鬟，复怜予弟越乡关。清宵可忆悬弧日，南北东西愿往还。寄姊

献岁芳樽燕乐纷，琴书色笑共氤氲。长途寒峭侵眉目，遥羡天南雁几群。寄群从兄弟

荏苒征尘岁从迁，新知旧学两茫然。寒泉无限相期事，莫为离群缓着鞭。寄同学诸友

过徐元直故里

风木怀慈母，烟尘别故君。麾前失一士，宇内竟三分。凤挹梧冈露，龙依天汉云。孤臣方寸在，狐鼠漫成群。

经牧野

空林疑积水，远岫浑长烟。此地尘为海，当年血化川。貔貅清漠野，鹰隼抉云天。多士看新政，神寒太白前。

经三仁故里

不因暴主怒，那见圣人心。浩气涵寥廓，空明洞古今。一腔留碧血，七窍泻丹忱。曙色凝残碣，停骖感慨深。比干

彼昏原自圣，先觉合称狂。中土传彝训，沧溟辟混茫。华夷天不隔，兴废古何常。辑瑞过西岭，含栖慰首阳。箕子

象贤迷太史，元子作羁臣。物外闲身老，寰中触目新。汤孙

如未斩，周服岂来宾。料得鸿飞翼，冥冥叹绝尘。微子

吊稽侍中墓

宸衣血未干，龙战百灵残。不化千秋碧，长留一片丹。潜销蒿蔚痛，惭听广陵弹。忠孝途偏梗，临风几浩叹。

过宋广平公庙

碧瓦幂轻纱，开元故相家。九重频药石，四海尽桑麻。道直官如寄，言违心便遐。冰霜清客虑，瞥见古梅花。

过张虬髯公故里

谈笑卜天心，群雄漫歃盟。黄埃辞逐鹿，碧浪试屠鲸。一士风尘识，千金指顾倾。伊人烟海渺，长剑几孤鸣。

憩方顺桥夏叟斋

名园大隐此中栖，欲别闲斋步转迟。三径菊松常伴我，一帘风月更输谁。诗城收尽垂纶兴，酒国销残击筑悲。洛社比邻何日遂，危桥容与暮云低。

渡白河吊张枢密公

一水划沙汀，贞臣目久瞑。有魂依故域，无泪洒新亭。飘泊两宫驾，凄凉五国庭。界河浑失问，杭汴路冥冥。

查氏一门七节歌浙江人

闯贼陷京师，查国英妻周与其娣张及黄氏姑，妾廉并其母，又女一侄二，黄氏甥女一，偕缢。越一日，廉氏与幼侄悬断复苏。馀七人

遂死。廉氏度为尼，幼侄迄今存，犹能道其详云。

桃花浪涨长鲸人，神州震憾天都没。望帝乘龙飞碧落，蒲牢悲鸣群鱼沸。赤鲤倔强泥沙间，日巾飘摇洪涛侧。嗟哉查氏妇独奇，三更把臂共歔欷。左挟虞姬右道韫，绿珠不惜危楼陨。个中弱女最堪怜，姊妹依依发如鬒。蝶梦团圞清夜长，鹃魂零落空山冷。天风缥缈步遥空，十二楼台转眄穷。广寒羽客清歌歇，西极瑶池宴乐终。呼之入户悲相对，复恐人寰忘姓氏。独遣小玉报双成，返魂入口惊长寐。嗟哉查氏妇诚奇，一门七烈古所稀。君不见蟋蟀堂中矜坐镇，鞠躬拜表惟劝进。又不见乌蛇阵内勒雄兵，解甲投戈道左迎。全躯保家无馀策，地拆天崩何足惜。若教面目闺中见，女郎定请上方剑。

重完瘗鹤碑，为陈沧洲先生赋

仙禽尸解留委蜕，垅上丰碑百馀字。灵迹不许人间狎，电掣雷轰投江濑。水神披读逾千年，虬龙微吟蒲牢喧。天边雁字争奇古，崖下蝌文共蜿蜒。姑苏太守性嗜古，指挥罔象叱水母。夺之波底立山巅，穹龟背负蜃灰补。危亭碧瓦抶层云，山灵（阿）〔呵〕护山鬼奔。临摹瞥见胎禽影，朗咏还招羽客魂。万事升沉何可测，天人交胜需定力。但令精英永不磨，毕竟沉沦有时出。一片残碣尚如斯，何况千秋不朽垂。遗文把玩增太息，宝鼎光浮泗水湄。

留别家厚载兄讳世惇，居孝感濆溪

腊尽春残汗漫游，楚云燕雪并凝眸。公车往返同行。蔚蓝空阔催征骑，虚白盘桓觅酒楼。半载长途供宴笑，雨乡遥夜起离愁。登临未忍辞维絷，遍上幽岩望远畴。时同阅诸名墓。

赠王道尊并献周礼集传纲领、仪礼通解叙例因求诲订，赋成二十四韵讳奕鸿，太仓人。丙申

三台联北极，一冕式南方。宇内帡幪久，湘中沛泽长。凤毛多异彩，鹏翮倏高翔。发轫仓曹里，持衡蜀道傍。锦江增荡漾，雪岭迸光芒。特简旬宣望，佥推贵胄良。楚封连泽岳，驿路接梯航。画轲飞兰桂，星轺走骕骦。通商开美利，煮海给殊乡。万户调鼎鼐，千艘积霰霜。陇间麦浪翠，陌上稻云黄。京阙供惟正，编氓富永藏。烹鲜虽偶试，游刃已难量。穷巷予才劣，微名世禘芳。山斋踪自僻，国士鉴何当。典则元公圣，笺疏贱子狂。乌龙穷损益，鹓鹭晰毫芒。柱下编馀几，河间业欲荒。大经明创制，小曲示周行。独学惭孤陋，师资托表章。繁花徒剪彩，浅智已倾囊。旧史裁迁叟，新旧出洛阳。调元如有助，献曝敢相将。忍作名山秘，刍荛赞庙廊。

自卑亭岳麓杂咏。丁酉，下同

高以下为基，登高必自卑。凌空思径渡，失足堕荒蹊。

文昌祠

人间重葩藻，天上宠文昌。三古官人日，升沉孰主张。

朱张讲堂

道丧千馀载，微言晰此堂。满山留太极，碧绿与青黄。

仰止亭原名拟兰亭

莫学宴安客，流觞作儿戏。敛襟危坐馀，岳色闲相对。

极高明亭

振衣上峰巅，下视人寰小。列宿低芒角，白云相缥缈。

道乡台

十万长沙户，不容迁客住。犹存一荒台，鬼神相呵护。

咏归桥

行矣复归欤，临流发天籁。四山悄无言，翠入晴空外。

船斋

少伯五湖外，欧阳一室中。行藏无点累，远水接长空。

送曾一侣苍

素丝随变化，岐路任驰驱。往者曾同慨，来兹莫自诬。振衣寻峤岳，濯足指江湖。他日重相访，新知尚起予。

周礼集传读书谣

两仪职覆载，四时成岁功。古之立极者，设官代天工。观象则云火，假物纪鸟龙。惟百惟倍后，元公折其衷。三百有六十，众星罗紫宫。如何百世下，却行追前踪。刻鹄饰宇文，画虎误元丰。致令太平迹，仅存副墨中。衡古鉴损益，商今酌异同。独惭管蠡识，天海徒空蒙。

周四子

道术一以裂，百家各启口。伊谁息争鸣，微言聚邹鲁。龙门有遗编，寒泉复嗣守。源深流自长，根蟠枝愈茂。靖难失名贤，缀辑付庸手。纷纷异同生，心印何由剖。致令离畔者，操戈入户牖。苟不廓清之，日中讶见斗。百兽悄无声，据地惊一吼。

宋五子

混沦欲再辟，哲人奋炎方。关洛路迢递，闽海波汪洋。一圈函宇宙，双牖开奥堂。咳唾落珠玉，飘摇散八荒。辞约义斯微，谓《通书》、《正蒙》。虑远说乃详。谓《遗书》《语类》。《近思》十四卷，挈领而提纲。渊源接尼峄，赘旒陋荀扬。愿言竭驽钝，万古示周行。微者期得意，详者俾成章。此心多榛塞，抚卷只茫茫。

续纲目

嗟哉中原土，事变何百出。王风既凌夷，伯运亦忽没。草窃互撑持，蛇豕肆奔突。陈桥自立后，天地几反覆。烛影天伦乖，新恩元良黜。海上寄乾坤，不留一块肉。攘夺起北平，半月照滇蜀。监国竟即真，帝座倾土木。大礼私恩崇，淫刑公议屈。得失一时竞，是非千载烛。安得如椽笔，青史几行续。

古扁歌

静一堂，宋书院额也，抚军周公新颜之。超然会太极，张南轩句也。给谏车先生录题之。皆遭废弃，辱在泥涂。仲秋下浣与同人取悬于两堂之楣间，乃诗以纪之。

古扁摧残倚破壁，丹青金碧无颜色。尘封烟蚀剥落多，龙跳虎卧光怪出。濯以清泉拭以巾，高悬华堂睹重新。点点画画皆在目，法书呵护如有神。维昔朱张来此院，宇宙在手穷万变。惟静惟一圣学明，无声无臭天心见。而今相去五百年，哲人虽邈微言传。坐对闲斋怀丽泽，眼看旧额想遗编。吁嗟乎，麓之峰兮湘之浦，维彼二贤独有其千古。登斯堂者默会于一言，此日不啻重开生民之牖户。

大梁感兴二首戊戌，下同

谁携神斧劈关山，削出中原万井环。疆理已随河济改，车书惟见华嵩间。千年架漏滔滔里，历代开基草草间。好倩娲皇修地轴，长撑八柱镇人寰。

怀襄咨儆庆安澜，装点神州缺复完。岂料霸图湮故道，齐桓湮九河以广境内。致令狂寇溃惊湍。闯贼决大河以灌汴城。水来天上鲛人泣，劫尽城中蜃蝶残。欲驾飞龙寻禹迹，昆仑四望海门宽。

经朱仙镇

十二金牌出九阍，碧嵩清洛竟埃昏。沙场望帝空啼血，箪食遗民欲断魂。但使龙庭驰羽檄，便甘马革返柴门。可怜宴坐江沱客，犹向新亭收泪痕。

过汝坟桥

采风存列国，吾楚独先鸣。睽别一时感，忧劳万古情。荒湄非故迹，逝水尚馀声。删后谁同调，离骚说主盟。

叶县怀古三首

人皆矜圣哲，君独爱佯狂。争让浮云过，诗书委蜕藏。辙尘何扰扰，浩劫只茫茫。凤返丹丘日，冥鸿伴尔翔。楚狂接舆

结得羲皇侣，生涯百亩边。耰锄薅夕月，蓑笠荷朝烟。贱子甘愚陋，征夫自圣贤。无端饶舌处，姓字被人传。长沮桀溺

底事走天涯，淳风在一家。壶餐存礼数，冠盖谢纷华。良夜情何极，劳生愿莫赊。火轮催客梦，回首隔烟霞。荷篠丈人

王乔故治

何必蓬瀛避世尘，丹成正合寿斯民。朝随鹓鹭云天迩，昼踏桑麻雨露均。赤舄飞来惊绝迹，玉棺阏后任游神。苍生已试分身术，却笑华胥境匪真。

诸葛公草庐

党锢何人得幸存，尚留一木正乾坤。西川日月轮才返，东夏关河气欲吞。大业未酬王佐志，奇才已夺老奸魂。风云惨淡郊原迥，安得庐中共快论。

新野故里

中原方角逐，龙种忽南来。百折弥增壮，群雄莫敢摧。爪牙非霸器，帏幄岂偏材。竟裂三分土，天心实可猜。

憩樊城散佑启客馆

恨舍丹丘伴众鸦，劳劳车马遍天涯。忽看山甫分符地，更值姬周硕辅家。碧水苍崖清梦寐，闲斋静榻贮烟霞。况逢百尺楼头客，抱膝掀髯兴倍赊。时陈子近龙在座。

游双忠庙张顺、张贵

破浪决重围，挥戈挽落晖。一双国士失，半壁版图非。怒气冲波上，游魂带血归。城隅遗像古，凛凛见馀威。

襄阳怀古四首

不踏市朝路，吾生已息机。何劳谦过访，自觉遁偏肥。稚子扶犂稳，山妻荷锸挥。景升如解此，豚犬得长依。庞德公

群择一枝安，幽人眼倦看。寰中多鬼域，尘外得龙鸾。以此扶真主，相从剪巨奸。风埃艰物色，瞻望起长叹。司马德操

鼎足运将终，群钦仁将风。安边惟抚字，对垒亦和衷。岘岭云笼树，襄江水浸空。何人怀旧德，残碣更磨砻。羊叔子

文武长材者，如公世所稀。经搜鲁国史，业继岘山碑。江左徒分土，征南已总师。老臣多远虑，更在外宁时。杜元凯

补中秋节次汤太史以安韵讳士倓，南丰人。时中秋月食，闰月复望

世途多缺陷，赖兹补救者。草昧昏仪象，一画开龙马。洪波浸地轴，平成分九野。作述穷伊姚，选贤公天下。令共变商周，吊民革中夏。素王作旅人，道高知或寡。皇王并帝霸，六籍归大冶。具此再造力，宇宙掌握之。岂如悠悠者，任运徒委蛇。清绝中秋月，周天运一规。虾蟆肆大嚼，精彩顿离披。天公令白帝，重整素娥姿。桂浆云外滴，兔脑腹间肥。六宇一冰壶，莹彻无瑕

疵。吁嗟天上物，有剥尚有复。何况尘海中，万变靡常局。衮职如有阙，良臣斯旁烛。寡过苟未能，修士慎幽独。薄蚀任纠纷，光华原具足。得失忧虞间，善补翻为福。当歌对危轮，清夜神魂肃。

咏史五首庚子

莘野一犁雨，渭滨一竿月。何期草庐中，竟绍前民烈。永托鱼水欢，重整炎精业。挥涕抚遗孤，鞠躬讨国〔贼〕。仲达真妖狐，文若乃短蜮。赤心苟不推，人龙胡可〔辨〕。英雄惟使君，阿瞒早心折。诸葛亮

典午弃中原，群雄徒扰扰。惜哉扪虱人，无地摅怀抱。阿坚独具眼，高置百僚表。神骏一以驭，六合迹如扫。遗言苟不忘，磐石固可保。何代独无才，芳兰幽谷老。王猛

魏鼎既分裂，偏霸各一隅。天生济世才，腹饱三古书。针芥既投契，金石不相渝。岂同宣室里，鬼神访虚无。六典列弘纲，六条陈讦谟。澶漫山东土，几为黑獭鱼。向使声大义，功烈更何如。苏绰

五季迭相仆，天位若蜉蝣。哲王既御宇，群策悉旁搜。九天叫雕鹗，百鸟徒喧啾。征伐出天子，礼乐追失〔之〕。向匪王斧恸，宁惭烟阁俦。明良皆寂寞，点检肆狂谋。王朴

汉德宗黄老，唐治饰仁义。宋仁惇忠信，亦少知人智。卓哉明敬皇，千载之间气。群英星宿罗，元老腹心契。大泽看龙蟠，

高冈闻凤哕。弥留御经筵，闻道吾何愧。天乎不假年，失此有为会。开卷仰都俞，目送苍梧翠。刘大夏等

储先生六雅首魁天下，赋三十韵志贺讳大文，宜兴人。辛丑

莺花野性适，鱼雁好音传。家本吴中旧，名垂宇内先。王唐堪鼎足，金范仅随肩。忆昔偕兰谱，同人集楚天。澄湘酣水月，灵麓弄云烟。光怪搜多士，陶甄被众贤。转眸人事变，屈指客愁骈。篱落贞黄菊，车补旃、王能愚二子隐居。池塘坠碧莲。张玉友、郭来青二子下世。京华频问及，旅况共愀然。握手交逾固，盟心意独专。斗山群仰望，冠盖自联翩。茗酒诗分韵，园林赋累篇。学张濂洛帜，词续贾韩编。岭海皆同调，荆燕并着鞭。衣裳尊领袖，溟澥溯原泉。不值醇醪谊，焉知丽泽缘。晚成推巨器，宗匠觅真诠。尽先衰靡习，还归灏噩前。鹏程列宿负，鳌岛一竿悬。有道而文者，高才何让焉。非资惭陋劣，雅量转缠绵。聚首清言洽，离居别绪牵。图书供我癖，赏析待谁研。浩浩太和卷，茫茫无极圈。羲皇丸两片，元圣制三千。草创方完帙，函封欲就镌。近年作《太极通书拾遗》、《正蒙集解》、《周礼集传》、《周易本义拾遗》，俟脱稿就正。迢遥里道隔，荏苒岁时迁。安得终朝永，相思万虑捐。鲵渊甘寂寞，凤沼快腾骞。尺素如来访，蔷薇露正鲜。

次实庵送春原韵壬寅，下同

鸿钧弄丸半黑白，鼓橐装炉泻形色。三十六宫掌握之，生长收藏无间息。子规听罢倚栏杆，元气淋漓浑不干。青黄碧绿满坑谷，一茎一叶那可删。辘轳大化何时已，万品昭苏一息驶。识得胸中别有春，不在千山万山里。月寒露重莫歔欷，炎雪烟霜各有

辉。留取羲皇真况味，长空苍霭自依微。

舆图歌赠龙云州

大块茫茫际四海，圣人所治惟九州。皇王帝伯几升降，川流山峙自春秋。长城岌岦阻声教，大河转徙变先畴。鸟道鲸波既开辟，疆域未将宝鼎镂。吾友足迹遍天下，乘兴挥写快两眸。青山紫塞蛇蚓走，黄河碧江丝缕纠。大者京省小县邑，咫尺苍茫玉帛裒。吁嗟中原五千里，斯须变幻等浮沤。谁哉万世以为土，峤岳蓬瀛任卧游。

望红拂墓

宇内雄才少，闺中俊眼明。药师鸳枕伴，髯客雁行情。侠骨青山老，琴心绿水泓。非无名世侣，错认是书生。

过萍乡

楚天倏忽接吴疆，渌水依然赴碧湘。瀛海环中浮万国，人间何处不萍乡。

题孝感庙

秦时，温母拾卵，覆之生龙。母偶剖鱼，误伤龙尾，惊去。后母卒，龙化为人，衰绖营葬。土人立庙其傍云。

异类匪懿亲，犹知罔极恩。风云瞑古庙，烟树郁高坟。悴貌天涯远，哀情海角昏。四灵真可畜，谁道惑传闻。

过樟树镇

少读神农书，今行樟树衢。英华收品汇，沉痼赖昭苏。谁假调元手，应陈医国谟。斯民安化日，仁寿遍寰区。

过铁树宫

晋室鲸鲵扰，群蛟此独枭。井中搜蚕尾，川上断虹腰。吴楚安坤轴，江湖静涨潮。陆沉伤赤县，天阙忍逍遥。

吊徐孺子墓

君岂忘情者，难为大厦扶。争归嗟汉鼎，爰止叹周乌。衰草茎犹劲，寒花叶自疏。客舟艰絮酒，烟月一抔孤。

抚州怀古三首

帖括群儿技，如君天下才。风雷毫上集，海岳隙中开。学绝师资杳，经荒大义乖。良工谁琢璞，白璧溷淄埃。临川陈大士

群喙各争鸣，先生醉独醒。斗山（摽）〔标〕典则，川月指仪型。劲节留藏碧，危言寿汗青。云山空满目，一鉴恨冥冥。东乡艾千子

东燕西夏未驱除，汴邑摇摇靡定居。但使中原安衽席，自当外寇绝边隅。本非国手徒翻局，岂有神方只捡书。直到靖康成底事，始知君实不为迂。临川王介甫

名士多懒歌涂中五戏简罗敕公。名士多懒，赋此规之。

苍穹高高黄舆阔，无言无为司橐籥。劳我以生百年中，口代其言兮手代其工。谁炼五色青冥莹，谁撑八柱大块定。帝王名世

及师儒，一息不能让他任。胡为名士欲媮闲，不惜隙驹瞬息间。西晋虚玄铜驼废，南梁苦空朱雀闲。君不见古人皇皇复汲汲，如有师保之督责。后人绰绰更悠悠，不及博（奕）〔弈〕之庸流。而今而后请嘱名士切勿懒，重任长途还须硬脊汉。江湖廊庙作两途，挑到莘挚巷、颜之门难歇担。

关像赞

公已帝矣，答曰不然。曹孙僭号，羞与比肩。公殆圣乎，答曰岂敢。哀定春秋，实有同感。丹青何人，解公衷曲。不衮冕，不章缝，而独写此美髯修眉之面目。

观陶真人肉身癸卯，下同

绿郁红稀踏上方，千年委蜕一龛藏。江流不尽升沉劫，树色偏遮梦觉场。盎里青冥应纵步，鼎间丹药更谁尝。鸿钧炉冶都归幻，掩骼埋胔颂哲王。

登玄武庵

鼓楫□□峰，川光月色同。寺藏苍霭里，人在碧琳中。相对无尘语，傍观怪野容。朗吟寻石径，踏破白云封。

阅王能愚先生遗论

炎方撑一柱，多士得依归。霭霭醇醪味，油油冬日晖。躬行书自熟，神契语偏微。宇内朋从伙，人师何处晞。

游资兴寺

莫辨荒城迹，惟馀古寺留。天低群岫跃，野旷一川钩。旧好倾怀抱，新知快燕游。凉风解客意，故故散平畴。

临湘怀古

秦鹿作脯楚猴裂，矫矫七王分郡国。长河泰山浑无恙，口中菹醢英雄骨。可怜南国一弹丸，功少势疏得苟全。曾玄庙社犹如故，君王大爵不垂涎。我闻古人多厚德，太常铭勋昭日月。尔祖其从与享之，九京尚伴烝尝食。又闻后人善劳谦，功高位极靡间言。蛮貊之邦服忠信，军行见一大人还。吁嗟番令遵何道，履尾披鳞不虞暴。空山那求赤松侣，五湖岂弄鸱夷棹。为寻遗迹到荒郊，芳草长萝蔓古壕。阴符妙谛谁同会，干将寒芒只自韬。浏水涝川常在眼，叹息伊人日已远。罡风吹送火轮沉，月挂东岩攀绝巘。

阅朱枫林集

草昧开英主，文明肇老儒。良平何足拟，闳散谅同趋。赤水玄珠得，虞渊皎日扶。慭遗如有待，官礼应陈谟。

桧柏行在浏邑陈宅

昔侍亲闱当乱离，饿走荒山驻虚宅。恍疑冠盖欲相迎，暮霭朦胧双树立。一树罗纹蟠青冥，老干揉轮枝屈铁。一树亭亭出尘坱，细叶摇云筛夜月。烽火定后五十年，修条远柯弥贞坚。三径清阴忘赤日，满庭苍翠贮长烟。羡君独立山斋侧，俯看百卉羞比肩。不管春秋变荣落，那知人代幻桑田。嗟我别君今半世，萍浮蓬转成何事。地维天柱敢撑持，少壮几时老将至。仰看黛色愧蹉跎，近抚霜皮忆儿戏。还期充养栋梁材，万户千门需大器。

同韵和实庵读冯梉公却聘书冯名一第，张贼征之，不屈，被害。甲辰，下同

封豕长蛇满域中，凤麟何地可潜踪。出师表奏风云变，正气歌传霾雾空。墨沈淋漓成碧血，笔芒刻削敌霜锋。冠裳鼎镬皆尘土，留得遗编唤聩聋。

家石峰叔宰东流修陶靖节祠、菊江亭暨太白书楼，以碑记见示，赋诗答之

陶令济世才，所遇匪其时。眼看乾坤醉，聊以酒自怡。偶因督邮至，遂赋归来辞。去国托微罪，众人谁识之。清风激顽懦，洵哉百世师。贤宰慕前修，庙貌寄瞻思。野亭谨趋步，焕然新堂基。露下秋高日，黄花镂四陲。先民不可作，怅望徒凄其。江声岛色里，恍惚露须眉。太白本诗狂，云水助绘写。曷来居危楼，万卷供陶冶。偶得惊人句，俯视层轩下。搔首问苍天，帝阍知音寡。翠黛巫山横，瀑布匡庐洒。东望穷吴会，忆昔壮游者。只在此楼中，触目成骚雅。遗迹倘犹存，风流如可把。旭日散朱栏，飞烟笼碧瓦。仙乎盍来游，长吟挥玉斝。

览中秘诸君相招计偕书有感

弱龄事雕虫，握管每自雄。昂藏七尺躯，屡入傀儡丛。妍媸凭众口，巧拙无定容。山居五六年，抑志学疏慵。披风溽暑涤，坐月尘坱空。流云挟飞雨，四山郁葱葱。轻风荡曲沼，鳞鳞积水溶。架上何所有，古训豁心胸。斋中何所遇，良朋相过从。昼间何所为，尤悔省厥躬。夜间何所思，前修渺难踪。时复以暇日，灌园课桑农。当其无事辰，众籁听笙镛。怡然忘万物，安知达与

穷。盛世富才彦，群策方升庸。但愿纾远辔，驰驱周道中。甘霖浃九域，煽之以淳风。不材安栎社，何必栋梁崇。

咭邹瘫客

有客有客生不辰，茕独疲癃萃一身。幼失怙恃遭凌暴，脊梁击断肩背倾。双足犹堪踏碓舌，蹒跚伛偻分馀粒。禾黍青黄几十番，残筋碎骨衰无力。少用其身老弃之，逐出柴门归不得。褴褛单衫御雪霜，荆榛丛里避曦旸。荒壕寂寂为宫室，蔓草萋萋办褥床。岂无手足称同气，抚妻抱子忘记忆。亦有井里旧姻亲，掩耳闭目不相闻。风雨昏冥宿阶侧，主人下令严逐客。匍匐潜行古井傍，几作泥牛入溟渤。嗟哉汝生何不辰，遥想当年大古氏。不独亲亲与子子，岂至弃尔若蚁蝇。帝降而王风会异，各亲各子推同类。四民无告常饩加，六行不备严刑至。新诗咏（能）〔罢〕鹧鸪鸣，西风洒泪不胜情。

中秋闻家实庵为诸生讲太极图，偶成一律

月岩曾此写神工，万象三才尺幅中。今夜高旻悬满镜，当年积水印遥空。元盈虚室灵台莹，声入钧天帝□通。蓬海瑶池清话客，谁能掌上指鸿蒙。

挽文年兄介庵讳人合，字又详。乙巳

江岸一抔笼烟树，乃是故人藏骨处。宿草虽繁泪欲倾，追想生平如对晤。英姿雄概邈人寰，出入风埃云□间。伏枥自怜千里足，栖林终守一枝安。忆昔乾坤澒洞日，蝇飞蚁附争馀沥。百舍重茧往探之，归来拊掌增太息。吁嗟用亲不用贤，自古有成者谁焉。却笑井蛙眼自大，更悲笼鸟翅相连。天旋地转搀抢扫，残编

断轴仍搜讨。掀髯逐队杂群儿，姓名煌煌光泮沼。春山秋阁苦吟哦，老笔弥坚志不磨。神锤误中徒然耳，宝剑犹埋奈若何。嗟我订交四十岁，糠粃播扬只增愧。素书未得圯桥传，玉树忍看幽宅闭。惟馀咳唾落琅函，春葩怒簇电光寒。掩卷沉吟惊宛在，林青塞黑髩毛斑。

赠别傅三慎全北归丙午，下同

傅君讳良辰，笃好为己之学。幼从杨愧庵于蜀，壮从李二曲于秦。七十而读《易》，求明《易》学者，筮之得谦之蹇。曰坤属西南，其在湖湘间乎。遂至衡，无所遇。友人导至予山斋，留止数月，携《周易拾遗》归汉阳，因赋诗送其行。

素丝岐路古同悲，一榻高悬坐次稀。天遣灵蓍为介绍，客携老杖伴征衣。彦明行洁仪偏肃，进伯年衰志不隳。极目清波馀怅望，晴川黄鹤影依微。

蜀道秦关参阅多，指南一径更谁过。月岩如故图书晦，观《通书》补说。石碣无存经传讹。论《大学》定本。半载清言犹未已，他时契阔复如何。韦编会得前民意，烟艇重寻安乐窝。

答曹鸣佩

少窃早慧声，泮池共腾越。我龄虽稍长，君名已先列。君如翡翠华，百鸟失颜色。又如蒲牢铿，群鱼心胆裂。昆山片玉莹，桂林一枝茁。新诗传海内，咳唾散冰雪。胡为赋闲居，倏忽逾半百。拂鬓已成班，拈须多化白。而我何为者，肮脏似迂阔。拨置流俗情，神游先民侧。技痒偶逐队，抱璞幸免刖。终然作鹧鸪，自叹行不得。除书忽见征，内顾增太息。徒负纳沟耻，曾无游刃

□。家居何所营，聊为知己说。斗酒与双棋，黄鹂催耳热。独怀孤陋慨，无由资丽泽。日迈月征馀，长途期合辙。

生朝自贻五首

数协河图已作翁，生平志业啸歌中。诞登念切惊浮海，开济方多愧捕风。八柱岂能撑厚块，五云何处补高穹。老农老圃闲相诮，水竹烟霞一蠹虫。

翡翠兰苕少壮时，洛阳封事杜陵诗。弱毫屡傍风檐扫，淡墨频期月窟题。霜雪牛衣难御冻，晨昏羊枣那充饥。龙泉寺里书生句，欲告同人向阿谁。

鲁儒衰甚六经成，碧水苍山画本明。岂料遗编多晦蚀，至今大义或争鸣。涓流亦赴江河永，埃壤应归岱华宏。只有倭书无计觅，欲从槎上泛蓬瀛。亡书在日本国。

禾黍桑麻物态新，危楼眺望亦怡神。间居紫陌千秋足，念到苍生百感频。贞观稍挥医国手，熙宁长恨腐儒唇。兵农礼乐徒拈弄，自笑穷年老斫轮。

晦翁曾想出人间，《易》契《阴符》费订删。只为河清需久视，岂真日昃惜衰颜。太虚落落搏乌兔，浮世纷纷斗触蛮。好结乔松云外友，青牛白鹤更谁攀。

张玉友先生降乩萧宅贻予家书，感而赋之

辞云：朗老于儿女，情文交尽，我在九泉，感佩不忘。但拙子不

才，深负岳意，有愧朗老多矣。尚何言哉。

死别已吞声，谁知复系情。由来念儿女，曾不隔幽明。熟寐晨钟远，趋□宝鉴倾。越鸡惭力薄，扪舌待飞鸣。人世无佳况，天曹事若何。烟云憎点染，日月悯奔波。应出九圜外，眇看万象罗。他时清夜里，细听步虚歌。

实庵山庵独眺见怀，同韵奉和

只将故纸费钻研，山外层云雨外烟。春色已深犹黯淡，东皇何苦惜陶甄。嘤鸣绕树声方切，雁字排空意已传。望远登高须极目，火风轮表尚馀天。

谒真希元祠

伪学□弥〔天〕，危峰嶂百川。罘罳金镜炯，葩藻玉衡悬。公著《大学衍义》，选《文章正宗》。致主惟诚正，安民在惠鲜。青宫伤改步，鹓鹭可周旋。公尝为济王讲官。

怀张德远故宅今为城南书院

元臣矢庙算，力战绝和书。蜀道安磐石，平江返日车。亭台芳草合，池沼白蘋疏。弦诵留遗泽，承家仰硕儒。

定王台怀古戊申

虽居卑湿地，恻恻念咸京。危台一矫首，云中识帝城。身非母氏出，恩爱若亲生。湘流不入渭，秦树岂联衡。惟存陟屺念，瞻望暂摅情。西京群帝谥，南郊冠孝名。惟王克缵绪，至德通神明。笃生舂陵裔，汉室正扶倾。真人起白水，赤县复炎精。大哉裕后泽，造物岂偏荣。

莫春纪行己酉，下同

春服将成日，雨露切时思。驱马出长道，周旋湘之湄。登高纾远眺，万峰列柱维。虎踞分岳色，龙蟠护藩畿。甘霖倏尔降，长川浩渺漭。井疆浑积水，恍若五（猪）〔潴〕移。宗盟肃款洽，谈笑无厌时。至曲潭云盖诸同宗家。乡塾恣讲辩，童冠各怡怡。访黄稚子、周思皇及家实庵诸书郎。众芳异荣谢，杂沓媚轩墀。亦如函气者，早晏各有期。却念山庵里，故迹无复遗。茝兰既零落，肃艾亦离披。谓龙潭授业处顾瞻丘陇上，草卉徒萋萋。音容日以远，恻恻欲何之。

题鱼水图

注罢离骚气未舒，友人赠我鱼水图。白波空明淼无际，倒泻银河汇鉴湖。绰约绿沉披藻荇，依微红腻簇芙蕖。有时明月中天驶，照彻珠躔无纤滓。有时冰雪净人寰，琼瑶作岸影潭潭。有时晴岚生绝岛，英英白云相缥缈。有时暵旱大地枯，流膏吐润百昌苏。么麽琐屑罗水族，尽向此中乐涵育。鲂鳙常材不足珍，鳂鳢陋质聊相蓄。鳣鲔虽负绝尘姿，暴殄不仁须驱逐。个中赤鲤欲成龙，助尔云涛奋碧空。吁嗟有鱼无此水，徒然倔强泥沙里。吁嗟有水无此鱼，不逢神物空沾濡。水在渊兮鱼在渚，一朝会合凭雷雨。

颂曾孝女乳名音姑，贡士仲升之女，湘潭人

女子在室父为天，力补造化称淑媛。缇萦上书断者续，木兰从戎朽者全。曹娥鱼吻夺遗蜕，赵姬霜刃划沉冤。不图复见曾氏女，仓卒之际完经权。封豕长蛇来七泽，闲花野草都狼藉。编排素乳挂屏风，刳剔锦肠撑马枥。填营塞寨总婵娟，徒抱悲笳清夜

泣。此时孝姑年逾笄，为怜骨肉作湘累。大亲霜容居机上，幼弟弱植没深泥。权辞给贼吾随汝，但愿吾家获安堵。马上名花艳夕阳，营中玉树摧黄土。父兮生我我活父，彭殇寿夭何足数。事去人亡近百年，后昆悐慕倍凄然。只今化作身千亿，冢上梅花冰雪天。小子闻之欣击节，追思往事翻呜咽。先人曾拜德操床，屡坐春风立庭雪。先君偕会氏昆季，寓郡城何宅，仲升先生喜其明敏，为讲学、庸二书，获隽。仰止芳型作楚歌，湘灵仿佛挥瑶瑟。

恒斋文集卷之九

诗集下

过洞庭庚戌，下同

不见湖光一纪馀，帆高水阔日轮孤。天容晃漾疑开阖，岛色参差定有无。破浪灵犀分碧海，御风天马绝尘区。几年䃂积胸中块，坐对空明尽豁除。

洪山塔七咏

一柱擎天

选胜鄂城边，凭临此地偏。八方分绿野，一径破苍烟。垤壤高低岭，丝缫巨细川。诞登方发轫，振策指遥天。

二仪高下

幽室灯光灺，撑眸见弥寡。青冥一盎高，聚落群蜗下。岐路辨亡羊，劳生驰野马。置身两大间，怀抱何由泻。

三山半落

下界清苍合，虚空无住着。泥涂认凤凰，水浒指黄鹤。不向此层登，只惊众岫跃。红尘隔断馀，极目穷寥廓。

四顾茫然

舒步薄诸天，人寰万顷烟。蚋蚊何扰扰，雕鹗自轩轩。我相空中失，尘心象外捐。高才捷足者，到此绝攀缘。

五云多处

忽讶天风御，游兹峻绝处。飘飘出岫来，缈缈归岩去。世网尽多端，灵台几点与。翻悲炼石人，莫补漏天澍。

六合清朗

到此心弥爽，天容开滉漾。超然会统宗，卓尔绝凡想。不是极高明，何缘竭钻仰。太虚浩浩如，割据安偏壤。

七级浮图

绕塔坐谈馀，安知此内途。龙蛇窟里透，乌兔次傍趋。帝座通呼吸，皇舆览画图。凌空思径造，失足堕榛芜。

谒禹稷庙

琳宫梵宇满天下，土木形骸恣摹写。何图高阁一登临，瞥见先民聚广厦。平成大块水朝宗，鲜食甘肥粒食丰。巡行下国棠阴永，疆理炎荒秬鬯崇。师师济济称才子，元凯芳名犹在耳。貌古神完气肃雝，未许能臣词客拟。我生阅人岂不多，千英万杰或经过。圣哲仪型劳梦想，执鞭无路可奈何。今日彷徨历古庙，犹胜低眉对时髦。亦知舟子报黄昏，独恋江干频坐啸。

夜闻子规和朱文公三首

空山初夜子规鸣，春雨如膏百卉生。安得云雷依枕席，凌空径渡遍敷荣。

空山夜半子规啼，稚子惊呼望晓晖。满眼含灵怀化日，妒君饶舌唤春归。

空山终夜子规号，偃息匡床谢众嚣。时止时行非我力，通宵呼噪只劳劳。

题帐檐三山图

三山可望不可即，巧手移之卧榻侧。秦皇汉武空想像，鳌背蜃氛几飘没。我来高枕卧羲皇，神作风帆气作航。龙呼虎吸收奔逸，玉女端严洗艳妆。云旗逶迤入空际，天马腾骧群侍卫。下看红荳欲凌波，九野含灵方熟睡。须臾舍舟扶杖立，黛色联绵空翠滴。芳洲瑶草多蒙茸，绝巘乔松正萧瑟。琼台珠阁何鲜华，卷幔推窗纳晓霞。玄猿激啸岩石裂，白鹤长鸣海天遐。危峰四望聊容与，无限遥情向谁语。安得乘霓御烛龙，亿万化身照寰宇。

赋得长夏江村事事幽

阳和淑气已潜藏，酷焰生憎畏日长。懒向市朝挥雨汗，却来林薮纳风凉。棋敲石几闻天籁，茗泻花盂讶水香。客至不劳冠带见，奚童通刺号羲皇。

西轩南圃几春秋，却笑人间万火牛。心未洗时凉亦热，身于安处闹偏幽。轻风微雨看芳草，曲岸芳汀试小舟。莫道山人康济少，黄虞物态已全收。

志局晚望述怀三首

独坐衡门独低徊，归云返照境弥开。眼轮心印闲舒卷，地魄天魂任往来。只合穷经称癖学，敢云作史号良才。凤凰鹦鹉频呼唤，黄鹤翩翩侑酒杯。

晦翁机仲勒陈编，郡邑乘书觉藐然。装点剩残云罅日，描摹遗挂雾中烟。俯临泽国千痕裂，仰视濂岩一盎圆。河伯欣欣惭海若，齐州九点看馀天。

前民踪迹易飘零，怅望来兹嗣好音。冰鉴玉衡同有目，青天白日总何心。生憎奇节成榛塞，最怯芳规付陆沉。暮霭依微凝睇久，遥情脉脉倍难禁。

读丹书

富贵神仙共指名，李白诗云："富贵与神仙，嗟跎成两失。"幽人何事不关情。因眈彝训辞金阙，为择中庸谢玉京。高象先诗云："金阙方辞进士科，玉京早应神仙举。"醉里乾坤输检点，闲中今古漫权衡。茫茫浩劫多如此，久视徒增百感生。

读逊国逸事

三古既递降，臣道日以沦。帝心思牖迪，使之还其醇。降生明良会，忽值残贼群。长鲸排锯齿，毒鳄肆钢龈。真龙潜九渊，海天皆为昏。株连逮师友，瓜蔓被墟村。油颅溅腼面，草革蹴顽身。

仙客饶智算，呵护挟百神。雨师洒远道，风伯净游尘。江干呼冯夷，湖畔召湘君。山鬼与木客，万里辟荆榛。竹篱装紫雾，茅檐堆白云。上古炼石手，补锅给饔飧。葛缕固霜节，骚歌沁水滨。忠孝严平卜，媮娱阮肇薪。遂令高天上，落落少星辰。诸真仰告帝，大义已重新。贯盈靡诛殛，何辜下土民。锡棺一以阏，岧嵬窆惊魂。普天均吐气，沙碛不留痕。或云九关兽，腾掷出塞门。象纬才入目，腰领已瓜分。万众寻遗蜕，舐掌负隅蹲。或云从亡士，飞剑抉浮云。素练穿行幄，头颅万里奔。谁云屠龙者，技成无处伸。榆木川之变，野史所记不同，姑两存之。老佛还西极，百神随缤纷。首阳殺薇蕨，田岛脍鹏鲲。火腿淡菜具，鹅荳肉松存。举觞共烂醉，笑彼二心人。

游淄阳湖吊贺对杨相公江夏人

湖面团圞水清泚，石梁横跨中流砥。疑是银河挽下来，天津有客乘箕尾。枢臣失算溃围师，万山窦里穷寇窥。蹴踏严城戕弟子，烬煨村落泣残黎。逶迤千里驰平陆，青燐闪烁游魂哭。漫云天堑恃长江，鼓楫扬帆肆奔突。儿时兆姓更依谁，藩王相国共安危。藩王库内十年积，相国胸中百万师。争奈藩王见甚鲜，不惜金汤惜珍宝。镂椅沉江伴石砂，长须拂水萦莎藻。满城士女走江干，白刃严催巨绛环。鱼虾餍饫蛟龙呕，脂海浮浮墨浪翻。相国闻之嗟徒手，入告室人浩气吐。泣指澄湖清且涟，骨冷神寒胜抔土。樯摧舱裂没全家，苦作莲心芳作华。独有老臣将诉帝，桥边植立候云车。我来湖畔寻遗迹，老僧指点增太息。清空灏气化层云，掩却中秋良夜月。

同韵酬家实庵早秋寄言

昔岁赴棘闱，侧身宿蜗屋。今兹衡文堂，化作稽古局。胜友虽如云，遥情向谁告。徒携章甫冠，奈适文身俗。以兹生别恨，山庄念遐躅。寄书雕青梧，得书采黄菊。池塘何处清，岩峦几点绿。社酒谁酩酊，山茗孰芬馥。羲皇果否访，真率将无独。宝珠曾振衣，贫子安投宿。君心叹寡和，我〔志〕弥多拂。甲子理陈编，四纪不相续。骄人手生胝，婾士眼多肉。劳劳簿书间，何暇衡人物。朔风日以劲，清霜肃万木。归梦绕家园，鹍鸡鸣角角。翻悲灰劫中，姓名几湮没。

志局议立郭少司马讳都贤，号天门，益阳人。传，是夜见梦于陶奉长先生，感赋近体

广额高颧号些翁，洞庭秋思满诗筒。姓名未获编惇史，精爽犹能入梦中。炊骨食胔当劲敌，拈椎竖拂说孤忠。补山堂上留遗迹，江涨涛鸣吼朔风。

有感

好学由来治性情，锦工书笥浪标名。数年矜字磨难去，几载安容习不成。直以弦韦勤佩服，莫于轼辙误途程。太和腔子填教满，万汇欣欣共向荣。

先妣忌辰感怀

音容已越世，追念不胜情。苦恨轩岐力，难同造化争。老妻应永慕，弱息解将诚。独有萍踪客，遥伤云树横。

题朱天中小像江夏人

朱君示我林下图，古貌古心万虑除。或疑此君为剑客，匣里蛟龙不吮血。或疑此君是酒徒，醉乡日月绝尘区。苍苔点染山容郁，长松飘缈天风拂。挟剑携琴坐石间，素书一卷启琅函。我闻劫火烧海底，飞焰炼干山骨髓。又闻秦鞭架海时，凝然巨质若奔驰。拔剑挥杯歌一曲，欲傍泰山结岩屋。

同韵谢家实庵祝寿

昔在成童日，先子示周行。漩涡期振拔，青冥指高翔。处甘泉石僻，出赴声利场。彼哉小丈夫，躯干徒昂昂。荏苒数十载，旧业只自荒。世波险万顷，岐途迷多方。岂无就正者，寒暴叹靡常。对镜屡惊骇，不觉鬓生霜。暮龄思补过，岁月浩茫茫。进修匪及时，能无勤苦伤。悲悯徒然切，凿枘虑相妨。独与副墨子，寝食共度量。空言诚何补，聊以待修明。回想呱呱日，惭负悬蓬桑。昊天瞻罔极，肃奠转情怆。那敢效时贤，屏帐侈辉光。耄矣垂懿戒，皤如师哲王。前民遗则远，伏枥慎腾骧。

题双槐

广庭久植双株树，绿叶缤纷覆除路。炎歊兀坐正无聊，赖有此君共朝暮。闻道镐京全盛时，森森参立壮阶墀。周召毕荣居其下，布诰陈谟肃拜稽。嗟君劲干列棘院，独对腐儒相结伴。冠盖呵呼若不闻，藻葩绚烂了无见。遥知他日更超群，莫把清阴妄庇人。南柯使君迷梦寐，玉清上相辱门庭。却笑群儿竞染汁，那识黄中参天色。

徐藩台赠历代纪元甲子图，赋诗志谢徐名鼎，徐州人

金轮昼夜旋，双丸如织梭。草木辨舒惨，烟霜别清和。机发大桡氏，运气相荡磨。遂令万古中，刻分不闲过。三正迭相竞，万国启干戈。老蜮蹲中土，卧龙渺么麽。妖狐秽宸极，帝子缠网罗。岛索互谇诟，元经衮钺颇。草窃群割据，欧阳正伪讹。至圣书春王，老笔悬巍峨。初命绍微言，编简挽江河。丞相宣义问，震荡祁山河。五王返日车，辉赫虞渊波。焉知历代后，国步复蹉跎。半月照寰宇，帝号刬削苛。霖雨润土地，革除惭德多。惠代崇庙谥，百神驱阴魔。横议肆一时，其如公论何。方练怒气豁，于郭笑颜酡。高高厚厚间，沉憾出旋涡。仰呼羲和氏，六御靡坎坷。蟪蛄与蜉蝣，妄哉加谴呵。

谢张三仪吉赠洋镜瑶爵二首

莫看非圣书，莫视非礼色。收一人英华，补两间魂魄。未能效耳顺，先须求目彻。知君用意深，自愧多凉德。

双池不酌酒，酌取濡毫水。先天涵繇翼，帝典蕴官礼。三纲括经书，一圈开性理。子云正著书，河海辨源委。

家实庵赠春秋集传弁言，同韵奉答

粤自勋华开文明，乾端坤倪皆轩豁。虚星房昴丽分至，玉帛车书会五岳。平成大业二典垂，多材元公尽推扩。三纲赫赫九畴叙，百姓雍雍万品若。岁差渐改土中移，纷纷人事多纠错。东鲁布衣欲返之，梦想仪型艰制作。君臣父子存竹�，礼乐兵刑寓毫末。后儒不谅苦心多，素王素臣妄吆喝。以天自处肆狂言，有如

夜郎骄地角。岂知圣心微妙处，易知简能非穿凿。嗟予末学抱遗经，管蠡安测海天阔。直道聊睎三代遗，公论不阿群言合。孔氏家奴倘再苏，或应管尔相裁度。如君饱阅等身书，葑菲不遗取善博。他年参透性命文，还期示我真诠确。

颂黄大猷先生七旬荣寿壬子，下同

众夫住世求寿考，鹫岭（耀）〔臞〕容函谷老。面壁顽僧肯浪留，偷桃惯贼空笑倒。岂知吾儒得寿多，承先启后非茫渺。我翁夙具仁者资，醇庞敦固天真葆。衣冠朴素步履雍，洛阳迂叟忘机巧。家世簪缨诗礼娴，父书祖训勤探讨。子姓绳绳大宛驹，关山超越培塿小。就中阿大更轶群，牙签万轴笔一扫。莘挚巷颜作标准，金翅翻波撼瑶岛。贤劳侍漏司喉舌，多士盈庭待鉴藻。蓦然拊膺念双闱，承欢须是抽身早。即今翁年逮从心，扶杖含饴乐未了。嗟我散材与世违，双瞳剪水独依依。实以道腴相餍饫，岂于世味羡甘肥。鸡黍山庄迭来往，程家父子赵家思。穷年伏枥忘千里，迩日栖林稳一枝。斯迈斯征尚期三不朽，何必金丹舍利之陆离。

同韵答家实庵见怀

寒威冒众草，勾萌伸复抑。观象命名屯，实继乾坤辟。时止时行间，在我何所必。乘流斯可逝，遇坎何妨息。君对云山容，我踏平芜迹。烟岚风月友，皆可共晨夕。而况黄卷中，须眉宛历历。狂奴真吾徒，迂叟不才匹。何时阳杲杲，腹笥贮前哲。挟之与俱来，笑谈殷四壁。

家石峰先生书圣训于扇面，伏读志谢

书云：元朗乡居，不履城市者越八月。壬子夏五，适小斋，饮半，索字于素不善书之老人。意不在点画，在得古人名言以为把玩耳。缘恭绎圣训，子张问入官于孔子，孔子曰："已有善勿专。教不能勿怠。已过勿发。失言勿犄。不善勿遂。行事勿留。"君子入官，有此六者则身安，誉至而政从矣。

几载山庄学疏懒，除书虽下仍樗散。徒与蠹鱼作比邻，那将簪绂萦胸坎。一朝忽谒大椿姿，慈祥耿介吏兼师。知我铅刀堪一割，勤加淬砺进良规。先圣遗言只六句，检身接物无不具。誓将佩服毕此生，坎止流行随所遇。有善勿专善益公，集思广益奏肤功。教而勿怠教自浃，推心置赤常恻恻。已过勿发示包荒，自新有路垢瑕藏。失言勿犄只自咎，拒谏饰非罪莫宥。不善勿遂贵乎更，积铁何劳铸错成。行事勿留鲜废滞，下令流水奉行易。如看良医集验方，精神陡健百骸康。炎歊烝郁生烦惋，素练轻挥彻骨凉。他年或有寸长片善著在人寰里，尚从宪乞之后更丐德音荣惇史。

闰端阳

鸿蒙握大运，万顷无停机。日中即方晛，月盈已及亏。茫茫川上叹，逝者固如斯。岂期于兹岁，天中两见之。青蒲重彧彧，苍艾更猗猗。龙舟堪再跃，长川仍溯洄。我思击壤翁，推演一元化。迁流成古今，晦明同昼夜。维彼伊耆姚，盛德抚中夏。中天文明会，三代仅称亚。嬴项扰攘馀，淳风日沦谢。作者莫可及，尼父几悲咤。经世卦图今正在午会十二运。稽首祝天公，运会同岁功。光华仍复旦，民物转时雍。草色毋凄凄，烟光正融融。重来岳牧辈，乘时代天工。娇娇六龙御，挥弦咏薰风。九韶看新作，不羡沧溟东。谓亡书九歌在日本。

讨爵行

榍间双燕子，坌土何劬劳。石沙秃瓜味，泥涂雕羽毛。岂图自暇逸，孳息逮儿曹。么麽彼檐爵，无端生桀骜。利觜肆剥啄，劲翮逞喧嚣。昔穿南国屋，今据乌衣巢。奚童傍观久，胸中五岳高。长梯逼门户，纤指探艾蒿。众卵碎地下，淋漓杂血膏。雌雄瓦上立，哀鸣徒哓哓。万物各有分，反常即为妖。先王慎酒德，防淫戒号呶。亦越服官者，知足为标准。顾名应思义，致祸乃自招。寄谢于飞侣，华堂任游翱。毁破因诛暴，凤凰稳在郊。

饯别赵藩司荣归三十韵讳城，字亘舆，云南通海人。

玉皇几案吏，清况映三湘。作德心弥逸，抣谦道自光。旬宣勋在昔，保障泽难忘。屡念闾〔阎〕困，频忧涝旱妨。茧丝弭属邑，蠹弊绝华堂。犬卧花阴下，农耕月影傍。宫墙崇庙貌，雅乐荐馨香。声振八音合，肃雝万舞洋。新造首郡学宫、文庙乐器。抡材需藻鉴，择士赖揄扬。南土收珍错，西川濯缥缃。择乡贡士、进士，充西粤黔蜀同考试官。舆情方属望，轸曜忽韬芒。退食辞繁剧，储书溢笥箱。百家区以别，诸子说之详。列圣经搜髓，群雄史刺肓。高怀常浩浩，雅量倍汪汪。涓滴皆容纳，刍荛亦度量。朋侪瞻翠柏，众庶指甘棠。佥快登槐棘，其如恋梓桑。同人多缱绻，贱子更彷徨。切劘时交至，居稽实共方。千秋胥砥砺，四载历星霜。袜线材何劣，玑衡识已长。凤兮家相制，麟也素王章。自愧狂窥管，偏蒙智探囊。曾作《三礼春秋说》，皆蒙印可。图书开浑噩，象数入毫茫。臆见劳推测，缄封待寄将。征《易说》未及脱稿应命。锦屏峨地轴，滇海接天潢。眷顾名贤远，徒增独学伤。盈盈望月皎，飒飒朔风凉。离索生烦惋，何由解热肠。

方竹杖引柳婿玉蕴赠

洞庭缥缈生虚碧，中有君山横巀嵲。仙人制笛学龙吟，留得根枝日蕃殖。吾子怜我羸病馀，特向湘妃乞一株。碧琳宫中惊异种，不是圆干是方躯。老夫每思行欲方，同流合污那能坊。亦曾遐慕不逾矩，憧憧往来中无主。手摩目击感慨多，引绳削墨转增颇。杖兮杖兮，仅扶我身耳。灵台之内，俯仰周遭奈若何。

黄甥绅馀卜居于其曾祖山庄，迎予相宅，留止数日，赋诗纪事癸丑，下同

光风嘘百卉，平芜萋以绿。解维泛清溪，芳洲纷郁郁。弭棹上河干，天高日转旭。山庄一扶筇，四围多葱郁。却忆三纪前，鸡黍欢情笃。倏忽成古今，前民存遗躅。汝孤绳祖武，宜家斯保族。及时业不荒，节用财恒足。子姓日以繁，百为在所督。朴者田可耕，秀者书堪读。自厚薄责人，仁里将成俗。吾言甚易知，布帛与菽粟。苟能力行之，纷华岂入目。春雷惊熟寐，时雨正霡霂。恐违农圃期，家园归志速。再拜老姊前，儿曹各相勖。

社后二日纪梦

不作游仙梦，朅来洙泗间。清溪湔俗虑，芳树拂征鞍。三老须眉古，扶杖肃愚顽。低声问吾师，从行谁相参。答云彼二叟，乃是方外班。白象出鹫岭，青牛住函关。长跽叩师席，正闰何相干。再拜辞广厦，毛骨尚生寒。誓将理舟舆，瞻望空云山。赤心悬青简，愿言辟荒残。

吊蔡江门先生，应闽中诸公征

湘岸一抔土，愁云结万古。当年携藏司理骸，骨化筋销名不朽。江汉浮浮蹙楚天，波臣失锁逸青猿。九象狂奔无力斗，百妖号咷弥长路。藩王相国猿鹤悲，白叟黄童虫沙微。夏口含灵翻墨浪，岳阳脂粉播霞灰。消息入湖南，万众心胆寒。横槊长林偃，饮马平湖干。文臣武吏办一走，我公危城独据守。大庭嫚骂气如虹，掷地金声印似斗。寸磔寸脔笑未休，顽身蜕去恣远游。长啸一声入冥漠，九阍开处拜垂旒。恩感隶夫辈，见之潜拭泪。共踏醴陵坡，玉树幽宫闷。弘演有腹我有衣，纳肝裹骨无二致。凌国俊等九人葬公于醴陵坡，以身殉焉。义激孝廉耳，闻之甘就死。有足不跨铁骑驰，有手不草露布驶。任渠斫将无用物，英魂好去追司理。冯一第字根公，请救兵被执。死之。吁嗟乎！故国高官厚禄养贤才，捐躯致命几人哉。我公有义役兮有良友，黄泉碧落结朋侪。君不见陈再灏，鼎甲台衡夸荣耀。攻屠杀掠有权衡，不恤猱升由我教。陈乃郡人，献策云：攻城不如攻野，野清而城自破，杀男不如杀女，女尽而男无归。贼大喜，授状元，晋礼部尚书。又不见简伯功，文武长才盖世雄。多能适足为身累，教场演武辱王封。简亦郡人，贼欲害之，逃去为僧。贼怒，欲屠长善二邑，不得已出见，教场比试，贼党皆败，授王爵。我生去公时□□，因□志乘荣青简。不及臧洪把臂游，自叹成仁道何远。

中秋后泛舟访姨侄张三仪吉，并会黄氏叔侄昆季，留止旬馀叙别

负疴逾半载，闭户养龙钟。为爱秋光迴，兼葭白露丛。浏溪溯游际，涝岸溯回中。伊人相聚首，谈笑气冲融。经史商舒卷，身世任穷通。与上珍议《周官》法度。晴云踏丘垄，衣袂挹青葱。为石霞

克后卜先人宅兆。回思积水时，平畴渺空蒙。蛟螭摇地轴，鸡骛御天风。登高望远处，陵谷迷前踪。禾黍失颖栗，风露冷餐饔。九阍深冥冥，谁为叫阍鸿。饥溺责匪我，儿女话由衷。一堂多豫顺，慰此老萱容。仪吉母庆六旬。天明嗟离索，分袂各西东。剧谈犹在耳，怅望云山重。何以舒老眼，青霄一羽丰。

闺思

绿窗有贞女，四德颇无亏。终年思择配，可意是阿谁。有案不敢举，徒然低双眉。有甕不敢汲，两袖笼柔荑。渐似夔州女，华发野风吹。南邻有弱质，良媒正及时。鼓吹喧四野，佩服盛珠玑。儿女已成行，犹然冠玉姿。北邻有同伴，芳晨叹摽梅。一朝得伉俪，鱼水情怡怡。室家愿既遂，宛转恋罗帷。无盐肌如漆，正位处椒闱。桑女悬宿瘤，翟车荣畹畦。而渠胡为者，永夜守孤栖。清风解烦惋，明月破昏迷。高阁频游目，常恐溷尘缁。岁月不相待，繁华已过期。虑妃与有娀，镇日共游嬉。愿言生羽翼，高举侍瑶池。翩翩青鸟来，乘汝踏天逵。

扶子大生新成进士来谒山庄，留止越宿，赋诗志别讳道弘，鄠县人。

年垂知命日，不踏京华路。坐看故人辈，次第飞鸣去。隐显语默既殊途，老农老圃闲相晤。黄昏有客到柴门，肩舆远下劳趋步。道院离群后，十五历星霜。危楼一聚首，踪迹各飞扬。不知今夕是何夕，友生兄弟共称觞。舍弟实庵来访。为言淡墨名已成，载脂载牵出淄尘。劫火焰高金屋烁，洪波涨阔锦堤崩。深秋融风翻得令，一叶飘飘孤屿横。尘襟虽尽涤，况瘁不堪述。山庄清话久，转觉宁心目。陈编插架其忖量，康济满怀频往复。儿孙壮弱已成行，伫听高堂惊绝俗。予二子二孙及柳氏外孙皆侍坐。吁嗟乎！幼学壮行男儿志，营营莫作温饱计。乘流则逝，遇坎斯休，一任造化小儿之所为。毋使仗剑扬髯之与揶揄，不志道德功名志富贵。时赠本邑钟馗像数纸。

祝家实庵五秩荣寿

我闻君子有三乐，称觞上寿诚何怍。坎坷世路多不平，谁能无憾到衰龄。羡君得天偏独厚，堂上椿萱双郁茂。荀龙天娇刘骥腾，四时八节拜稽驯。安乐窝中常偃仰，金石歌声绍击壤。皋比炳蔚映党庠，渊源深遂派流长。此日欣逢初度节，戏彩浴沂何差别。更期他日寿斯民，遍散胸中一段春。

旅邸遣兴二首甲寅，下同

士元霸王器，冠冕覆南州。长材屈短驭，烂醉豁双眸。德辉览千仞，鱼水共绸缪。大业虽未就，羽仪耀千秋。

公瑾社稷才，雅量涵遐迩。簿书钱谷间，琐屑不足理。神龙去天汉，一蛟犹衔尾。霖雨遍西郊，岂徒润百里。

春日留止朱太朴先生求志园，偶成十三韵

欲继舞雩迹，初春便出游。舟舆何所历，锦岸杂芳洲。烛龙争月色，灯火四郊稠。童冠依依至，谈笑无时休。忽忆闲居叟，园林静且幽。青松团宅舍，梅萼练光浮。主人掀髯笑，秉烛列肴馐。群山如拱揖，策杖烟岚收。登临饶乐趣，望远却生愁。论西边事闲斋吾辈逸，尘坱阿谁筹。古狂如可作，犹然风浴不。四座多太息，书生少封侯。且纵今宵饮，世味复何求。

游黄莺寨

衰年杖履怯登临，贪看莺花绕涧岑。耳畔悄然声寂若，山灵应是待知音。

山僧兀坐掩柴关，万壑千岩拱揖间。顽石也须愁劫海，清泉何苦落人间。

当年闻说避秦来，雉堞无存橹甲灰。这个老僧参透否，莫须更拟作渠魁。喜宁赞其禅师云：当时若非这个，定然作一渠魁。

曾闻丹桂月中飘，此日幽兰云际标。采得数茎克佩服，天香不似畹畦苗。朱平斋改名兰花源。

芙蓉村燕集，以春江花月夜分韵得月字

肩舆御风行，翛然至山宅。松涛清魂梦，柳烟萦眉睫。缅想芙蓉村，冲雨话晨夕。故人多摧残，老友仍魁杰。生涯是诗城，比邻惟酒国。谓萧君格思父子。同人欢聚首，谈笑靡厌射。谓黄子荒榖及同宗次侯。兵农闲搬弄，礼乐细区别。世途任卷舒，此心何固必。暖日煦长川，轻舟飘一叶。默默归草堂，遥情对晓月。

次贺三玉山见赠原韵湘乡人

匣剑徒然枕畔横，炉中那复气盈盈。逸民尽是英雄老，僻学争传狂狷名。金榜玉壶陈迹远，丹崖翠壑索居清。故人莫道深湫陋，丝发盘旋藐巨鲸。

黄子上珍泛舟见访，诊视贱体，且商所著书。留止旬日，赋二律志别

一丘一壑寄闲身，造化小儿偏妒人。敢望苍生终有福，群钦国手实如神。时宜不合肠增懑，积块能销腹饮醇。从此壶觞追□社，鹏程鹤算总轻尘。

饱食无营愧蠹虫，频年万卷搅胸中。披砂始识金多碎，凿〔璞〕深知玉待攻。不有沧瀛资丽泽，难将蠡管觉颛蒙。覆瓿自是扬雄陋，贤达谁推曲学衷。

江干十远，次家绍易韵

远山

湖外平湖山外山，淡妆浅画碧空间。九嶷云尽神游处，元恐尘中费往还。

远树

东皇妙技染条枚，迥野平畴一色迷。淼淼狂澜谁砥柱，苍颜俯压百川低。

远岸

应龙划处锦堤纡，欲泛星槎路有无。羡杀元臣经野日，于疆于理海渎铺。

远村

遥天圈出万家村，廛市徒闻车马喧。最是桃源真绝俗，洞傍云锁不开门。

远烟

朝见山岚暮见霞，清门无障阿谁家。苍苍下视原如此，莫怨东风万缕斜。

远帆

乘风破浪任腾骞，一叶飘飖云外悬。人世利名装尽否，莫随海客泛长天。

远雁

北去南来为稻粱，羽毛况瘁道偏长。醴泉竹实难沾口，只伴凫鹭噪夕阳。

远钟

萧然万籁已沉沉，隐隐蒲牢撼渚汀。蕉鹿黄粱中正热，冷然清况在蘩蘋。

远灯

星疏月淡夜如何，摇曳犀光竞出河。车马衣冠休察见，好藏清焰照岩阿。

远笛

传得咸池截竹声，湘妃染泪更含情。穿云裂石何须听，好奏关山月满城。

渊源录

道脉属师儒，桑榆日已晡。尼山挥鲁戈，馀光照寰区。五纬联珠烂，好月一轮孤。列宿皆悬象，鬼磷自潜逋。彗孛倏飞芒，阴霾蔽太虚。清晖寄煨烬，羲和未回车。非假浚导力，江河溷浊污。帝典天章焕，山梁杂采铺。窃取先民意，骖服驾轮舆。庶同左右史，周道共驰驱。

语类约编

哲人不可见，简策留心声。乾端坤倪启，鬼秘神彰明。七窍搜精蕴，双轮奋途程。贤关并圣域，豁然若开扃。至诚靡厌倦，教学晷无停。周道夷荆棘，百喙敢争鸣。朋从半天下，微言箧笥盈。委积多材朴，拙匠妄挥斤。安得栢梁手，千门万户成。材良值工巧，作宋之一经。

素翁先生惠诗令梓行仪礼通解，同韵奉答

天降地出者，人间惟典礼。一身备中和，四海同文轨。遭秦荡灭之，标枝野鹿起。贾生叹不偶，诸葛惜早死。玄成效小康，类书等故纸。正叔约刊修，及门散诸子。晦翁勤补葺，名山藏稿尔。明儒集群言，弃经用传记。致令三百千，乱丝棼不理。嗟予本非材，贪慕前修美。试就紫阳书，狂率加栉比。吉凶军宾嘉，一遵元公体。通礼及通乐，有经复有纬。譬彼郭李军，各自坚壁

垒。秘之枕匣中，未敢传口耳。一旦遇知音，爨桐横玉几。不畏橄榄酸，翻称蔗浆旨。多君近大耋，好学志不萎。昔编修齐书，已抉古人髓。今采刍荛言，毫无下问耻。求之若元民，武公庶可拟。大旱金石流，手书忽戾止。坐仆问平安，慰暍酌甘醴。蔷薇盥指甲，琅玕清颊齿。江淹老病馀，意气增磈磊。草书聊报答，心绪尚未已。讽诔肆好篇，效颦惊下里。洞庭地轴摇，磊石空青倚。望眼几回穿，难随真率屣。书戌两意通，秋月映寒水。

吊陈烈女

文毅旷督楚，卒于军。其妾陈拾莲子给口。武人求娶，质其父，陈佯诺。迎至一宿河，自沉。时年二十，湘阴人也。

芳容憔悴泣清湘，万国天崩何处藏。拾得莲房心倍苦，个中滋味少人尝。

怪底湘流泯泯清，千秋断送几魂灵。英皇相遇谈陈迹，应恨昭君一冢青。

中和节家塾示诸生

岁序届中和，暑寒靡偏颇。阳德将及壮，阴气半消磨。芳晨诚可爱，弱龄莫是过。送汝登家塾，从兹勉切磋。古人养德性，其法岂有他。气质勿偏任，履蹈无蹉跎。推以及物民，甘泽自滂沱。紫宫悬太乙，薄海静洪波。一念生沴厉，终身作妖魔。嗟予年已衰，须鬓忽将皤。徒思追前修，其于才竭何。亦欲还淳古，奈手无斧柯。选胜聊媮日，谁挽鲁阳戈。惟携乐易友，诗狂醉颜酡。汝曹离乳臭，扶桑日影多。胡家贤济济，康侯子侄。蔡氏士莪莪。季通儿孙。怀古生羡慕，岂徒勤抚摩。狂狷非醇备，愿人更舛讹。那学昌黎叟，城南夸决科。作此铭座右，朝夕熟吟哦。

补六君子赞朱子作周程张邵司马赞，今妄补之。

颜子

万微昭晰，百虑淳懿。天不可阶，庶企及之。物我兼融，中和具备。陋巷萧然，王佐之器。

曾子

亦步亦趋，铢累寸积。一旦豁然，冰融冻释。仁为己任，孝在诚身。塞天横地，履薄临深。

子思子

性与天道，直接微言。大经大本，宗派渊源。千乘何焜，鼎烹何绻。渺不可追，乔松绝巘。

孟子

英姿雄辩，俯视人寰。大言炎炎，周道指南。栋宇纵横，绳墨在手。剪剔荆榛，廓开户牖。

朱子

心醉六经，神凝四子。涣然怡然，若出诸己。开来继往，于斯万年。江河行地，日月经天。

六十四岁自贻四首

卦数将盈叹日衰，连年负疴痒医师。寿身寿世均无术，希圣希天敢妄期。疑是羲皇香案吏，更为尼父扫门厮。人间何物萦胸次，绿满西畴碧满陂。

通籍而今廿载馀，长安天远怯驱车。枪榆不羡云霄迥，照涧翻愁沧海淤。野态可能胜教育，选授襄阳穀城学职不就。隙光宁敢与贤书。征充邻省同考试官，不赴。才猷满眼充群职，迂叟何妨洛社居。

人间不朽事无多，腐语何须竭琢磨。六艺烬馀增舛误，二贤籍后任蹉跎。伊川作《诗》、《书》、《春秋》说，皆未成书。晦翁编三礼解，亦未脱稿。补苴无力将谁俟，铁陷弥生可奈何。独憾引绳非巧匠，深期来哲正偏颇。

不见元公治术迁，滔滔架漏二千年。朱侯谓仲升得主龄逾迈，薛相谓德温逢时任匪专。岂有弓旌来里巷，只将块磊付残编。帝心倘入旁求梦，宪乞犹堪则古先。

恒斋文集卷之十

道吟古韵。或荐予充岳麓书院山长，既而部选谷城教谕，予皆辞之，感而赋此。

精《禹谟》，下同

一念起千岐，粗衷自懵之。只因中偶杂，以致外多疵。铅锡销良冶，粃糠净熟炊。度权随物象，焉得失毫厘。

一

清宁均得一，克肖号三才。骥足无倾蹶，鹏程岂倦回。斯须如暂辍，扰攘即纷来。拴锁徒劳耳，狂猿叫正哀。

主善《(感)〔咸〕有一德①》，下同

高下散还殊，谁非载善区。奂轮鸠众木，轻暖集于狐。封菲毋相掩，刍荛亦可诹。君看师蚁马，管隰岂昏愚。

协一

至理本同原，师心入一偏。百川宗巨海，万象丽高天。共贯同条也，大中至正焉。毫厘罔罅隙，懿德自纯全。

①据《尚书》篇名改。

敬《丹书》，下同

心放可无求，知其放即收。百骸循矩矱，方寸绝纷纠。鬼眮行尸在，神驰走肉留。竹林疏旷友，馀浸没神州。

义

事变迭相尝，攸宜外自方。万钟何系恋，一介岂微茫。王尺裁纯锦，霜箴透膈肓。饰非侮圣训，桧贼逆天常。秦桧言敬以直内可用，义，以方外则不可行。

知及《论语》，下同

暘谷启朝曦，芸芸众动驰。倘居蔀屋底，何异黑甜时。先觉垂模范，真知晰茧丝。师心徒自用，伥伥欲何之。

仁守

万善一腔全，其如因物迁。闻钟心几跃，执玉志常专。频复虽无咎，振恒已是愆。奸雄徒长者，何苦费钻研。

庄莅

保赤贵慈祥，谁能废义方。米容消屈躧，铁耳静喧簧。嚬笑何由假，枢机自有章。谢庭木植吏，嘉客肃回翔。

礼动

人情扰万端，无礼讵能安。损益经三代，洪纤备六官。秦灰归荡灭，汉制剩荒残。薄俗谁更化，良田草露漙。

穷理《易大传》，下同

形器总纷如，哲人善握枢。析薪非折干，切玉自循肤。伦物随夷险，乾坤任卷舒。顽禅空面棰，绝学说无无。

尽性

太虚何所际，性量亦无方。皓月千江朗，和风百卉芳。弦韦常佩服，衡鉴自昭彰。舍此矜功用，张机斗智囊。

至命

於穆浑忘言，神工职节宣。一丸分动静，万象各偏全。外物何能必，好修贵自坚。与天同体后，气数总无权。

博文《论语》，下同

前民不可作，画本尚昭明。孰是遗陈迹，而能印此心。条分楹桷列，缕析杼机成。僻学安孤陋，壶天隔太清。

约礼

颠趾皆天则，谁云娴坐忘。五官安燮理，庶类顺平章。未达从容域，已非交战场。逍遥游物外，终是蹈猖狂。

格物《大学》，下同

学步欲凌空，穷年幽室中。如何舍物理，便可造神功。古今通一息，穹壤具当躬。目击无非道，昭昭若发矇。

致知

才须学广之，德业此攸基。旁烛幽微彻，冥行咫尺迷。磨砻增皎洁，疏濬得涟漪。莫倚良知力，童心与境移。

诚意

善利渺茫间，途分人鬼关。知非才寡过，久假即成奸。黄落仁堪种，青空质未完。良农勤耨殖，终岁足饔飧。

正心

万化本于中，清宁直与通。惨舒多扰扰，出入转憧憧。垒静貔貅气，朝凝鹓鹭容。此间常有主，安攘奏肤功。

修身

六宇正迢遥，微躬作准标。阴阳毗致戾，冰炭竞难调。称物偏陂化，平情怨怒消。脯膰片礼节，锻制赖良庖。

齐家

物性本多殊，何由一厥趋。发肤兼所爱，冠履不相逾。英断燎偏炽，优容浸过濡。肃雝宫庙里，亿兆仰楷模。

治国

动物莫如风，靡然千里同。严凝生凛冽，温厚启冲融。言教哓哓讼，躬行默默从。螟蛉犹速化，况是一胞中。

平天下

缺陷世途多，谁能一险颇。大明无僻照，薄海不扬波。裒益天为准，弛张物自和。揆衡今不作，德业日蹉跎。

尊德性《中庸》，下同

渺躯天地参，大美此中涵。邪郭人民聚，璇玑象纬环。奉盈如恐失，驭朽不逾闲。曲士矜予圣，何思寂掩关。

道问学

道术赜纷纭，研精借见闻。江河涵众谷，岭岫纳高旻。物我曾何间，古今浑不分。惮顽耽径约，孤干突凌云。

致广大以下八章分属有小异章句者，识者详之。

六合外无垠，存焉可勿论。鸢鱼穷化育，户牖见乾坤。各据井蛙陋，安知海若尊。夜郎骄汉大，翻笑使臣昏。

尽精微

一中分造化，巧历莫能传。日用无非义，神明可与权。茧丝微至者，沕液碎仍圆。大意狂夫见，心源孰仔肩。

极高明

太极原无物，寰中入范围。巍巍声臭表，累累璧珠辉。陷溺千寻坠，虚灵一罅微。云泥嗟异路，相望不同归。

道中庸

百姓与知能，乾坤易简呈。别无奇僻迹，即是圣神情。流荡彝伦斁，摸稜伪德兴。崇卑两效法，周道任骞腾。

温故

穷大失其居，探寻味有馀。渔舟忘曲港，驿骑狎长途。尺寸皆堪据，晨昏谅匪虚。不求甚解者，弃髓得肤腴。

知新

造物显诸仁，群生终古新。井泉清用汲，林树茂还升。豁达披金石，精诚洞鬼神。饱餐糟粕味，贻笑斫轮人。

敦厚

帝降下民衷，有初鲜克终。根培嘉粒秀，干固远条秾。民物弘无我，君亲竭匪躬。驰思出世纲，覆载岂相容。

崇礼

登高必自卑，履乃德之基。污世宁求合，周旋自中规。中和如未协，神化亦空驰。岂为吾侪设，清言作遁辞。

知言《孟子》，下同

物论那能齐，昭昭判是非。妖狐清鉴照，幻蜃太阿挥。以圣为权度，于天得指归。异言徒聒耳，雄辩启群迷。

养气

大气浑中边，于人曰浩然。万夫森待令，一鼓奋无前。衾影真靡愧，乾坤尚可旋。龙泉居匣底，光怪夜冲天。

主静《太极图说》

圣性即吾真，能为泛应君。七情皆旅客，百行尽臣民。守寂天机杜，凭虚物则湮。端倪谁养出，朽筏误迷津。陈公甫云，静中养出个端倪方有商量处。

研幾《通书》,下同

庶务杂相投，穷原微且幽。勾萌终合抱，涓滴究奔流。邪正几希辨，兴亡此际求。鬼神窥朕兆，明哲已先筹。

慎动

未发鲜微瑕，安知动易差。防危行不慊，端本思无邪。审固持弓矢，安闲驭驷车。忧虞因满志，失足又谁嗟。

砭愚东铭

察识未昭明，检身咎转生。作非因文饰，纳侮为浮轻。故失违夫礼，奇衺丽以刑。皇皇如不及，想见哲王情。

订顽《西铭》

毫发系当躬，痿痺体失充。达人无岸畔，造物与和同。纯一机缄协，旦明呼吸通。游鳞偶脱水，立蕘浊淤中。

大公《定性书》,下同

方寸太虚谷，无如众欲攻。妇姑蹊勃扰，楚越斗争丛。物感靡牵掣，官骸亦浑融。何思何虑际，来往绝朋从。

顺应

酬酢日无休，何须任术求。平情忘逆亿，顺事绝纷纠。轻重衡常定，妍媸鉴不留。天机深邃处，芒刃失全牛。

笃信好学论,下同

下士艰闻道，终身醉浊醪。夏虫冰那识，蜀犬日偏嗥。彝训天之令，修名圣所标。指南常在握，岐路岂摇摇。

果行

进修贵及时，废事是需迟。玩愒年空费，媮安志渐萎。出疆旌节拥，决阵旐旆麾。积水临千仞，归墟浩渺弥。

固守

知之洵匪艰，贰二复参三。震撼坚持久，纷华力战安。落旄操秃节，封帛闷霜鬟。况是仁为任，贞恒屹若山。

安居

旅客滞天涯，羁栖叹靡家。宫墙如美富，蹈履应臧嘉。袭取波中月，探搜镜里花。怡然常自得，阃奥谅非遐。

立教小学，下同

蚩蚩苦自迷，先觉作君师。奉我维皇命，还渠赤子时。玄空分鼎足，名法乱宗支。治教从兹判，遗经一线垂。

明伦

血气莫非身，秀灵胡独人。此心能著察，所性别尊亲。辐辏轮斯固，丝缫绪不棼。经权兼尽处，终古化人文。

敬身

五事演箕畴，圣修岂外求。城垣除虺蜴，楼阁制狝猴。偶间偏招悔，无虞即启尤。官骸非载道，何异走飞俦。

博学《白鹿洞揭示》，下同

性外物元无，何当据曲隅。执偏终贼道，安陋那成儒。岂欲夸多靡，谁教嗜赘馀。千山万水遍，始识自家躯。

审问

宇宙道均弥，圣人有不知。虚衷来益友，逊志得良师。攻木无先节，寻途早辨岐。浮游誊口说，话对欲攒眉。

慎思

绛阙有专官，幽微举念探。坐驰终入幻，静照不离憨。日用工游刃，当躬善发缄。风云穷变态，城府正潭潭。

明辩

默成在不言，无如众喙喧。乱真因近理，疑似必穷原。两造刊枝叶，百家随轻轩。依违中道立，途径失昭宣。

笃行

真知固解行，作辍鲜能成。积水修鳞泳，培风大翼乘。舌扪忧玉玷，背止惕冰兢。耄矣毋忘戒，终垂睿圣名。

言忠信

前民晞圣贤，不妄语为先。矢口多虞贰，居心失静专。危台基早固，峻宇础弥坚。呼谷闻传响，谁知耳属垣。

行笃敬

身世涉难乎，力行顾何如。矫轻祛佻达，警惰戒疏虞。温克醺酣际，齐庄梦寐馀。脚跟踏实地，夷夏仰迂夫。

惩忿

气涌突如山，骁雄拔去难。触蛮频致扰，荼蓼讵能甘。泽广污堪纳，薮深垢却含。我躬端自厚，物态任云翻。

窒欲

巨石走秦鞭，谁将欲壑填。内讧外谍合，厚实显名兼。流坎行吾义，苑枯顺在天。此中无一物，玉宇共澄鲜。

迁善

善量渺何穷，推移尽变通。清和犹倚着，思勉失从容。云海涛澜阔，烟霄星汉穹。管窥蠡测辈，固守垤潢中。

改过

醉梦百年身，焉知咎日增。神魂醒后豁，志气寤时新。讳疾医挥去，攻珉错铸成。仲由师百世，闻告已情欣。

正谊

有所为而为，虽公亦是私。匡时羞诡遇，成己戒交驰。天地情如见，鬼神质不疑。鞠躬无逆睹，千古立纲维。

明道

惟后克绥猷，道存人不由。六经留委蜕，群哲竭冥搜。日月中天照，江河亘古流。党碑伪学籍，撼树笑蚍蜉。

爱人

仁道正非遐，八荒总一家。清和同畅适，寒暑共咨嗟。在我艰于受，与人慎所加。良工巧运矩，制器更何差。

责己

荆棘既盈怀，推行举步乖。好修靡玷缺，横逆若涓埃。其嫉虺蛇伏，群欣麟凤来。兴王惟罪己，感动速风雷。

恒斋文集卷之十一

杂录上

壬午授业于龙潭庵。癸未授业于家塾。其从游者，独吾甥黄之纶，为有志于为己之学也。性既通敏，辨复详悉。予不惮谆谆尽语之。越甲申冬，沉疴难起。予往视之，泣而出一编付予曰："此小子所录舅氏之训也。"予览而缄之，不忍观者盖十馀载矣。迨授业岳麓书院，从游者颇众。因念吾甥之早世而不得与此名山好友之乐也。乃发其缄，略加润色，著为杂录。然其所言者，皆经史学仕之大纲而已。以昔日之所知，校今日之所得，觉犹然故我耳。日月如流，学业不进。不知何以不负吾甥于九原之下乎！之纶字宸翰，生于丙寅之八月。卒于甲申之十一月。其年盖十有九云。丁酉孟秋月元朗记。

天遍覆而地有幽显，日常运而月有盈亏。春无或杀而秋未尝废生，阳有馀而阴不足，断可知已。

造化之理有偏全，故阳大而阴小。气数之运有纯杂，故阳一而阴二。

万数不外于河图，万象不外于先天，万理不外于太极。

天地之气，其犹果核欤？自里而表，自微而著。复勾萌奉甲拆，乾盛而坤雕也。

草木之实，昆虫之茧，鳞羽之卵，莫不有乾坤之象焉。太极之无所不在，于斯可见矣。

植物有荣落而动物不然者，本天者得其全，本地者得其半也。

动而蛰者其阳中之阴与，植而后雕者其阴中之阳与。

阳生于子，以三才言复之义也。一始于中，以六合言坎之象也。故曰：二义不相妨，亦不相杂。黄钟居下位而为中声，圣人所以体天地之化也。

两仪相附，至为之中。二气交运，分为之中。五行循环，长夏为之中。中无定在，造物且然矣。

阳性质，阴性文。故华葩不出于松柏，纂组恒由于女工。德行必刚立之才，文辞多柔靡之品。乾道之君子，修辞以立诚。坤道之君子，含章而通理。

五行之中各有五行：火之水，温泉是也。木之水，果湆是也。金之水，石浆是也。冰雹亦然。土之水，泉源是也。水之火，雷焰是也。木之火，燧传是也。金之火，石爆是也。土之火，燐光是也。煤块亦然。水之木，浮萍是也。珊瑚亦然。火之木，浣布是也。金之木，瓦松是也。补骨脂亦然。土之木，根荄是也。水之金，浮石是也。火之金，硫磺是也。凡金多生南方赤道之下。木之金，琥珀是也。土之金，矿藏是也。水之土，其泥涂乎。火之土，其灰烬乎。木之土，其朽化者乎。金之土，其蚀涩者乎。

太极而两仪，两仪而四象。加一以为五行者，图也。各倍而为八卦者，画也。此岂有所详略哉？图以明造化之蕴，画以尽阴阳之数。

五行之极，必返其本。故人老而须发白，岁终而霜雪降。其色可验矣。

筮者，阴阳之变化，其说略。卜者，五行之杂糅，其说详。故曰著短龟长。周孔之《易》，皆未备之书。爻辞四千九十六而止。系三百八十四，举一隅也。复系用九用六，竭两端也。《文言》专于乾坤。而其未成篇者，则门人附之《系辞传》中。故曰：

假我数年，若是，则我于易彬彬矣。

焦氏之《易》，本以拟爻辞也，而反远之。程子之《易》，非以补《文言》也，而反近之。故德之于言，犹影响之应形声，焉可诬也。

阳在阳中顺行，元、凯安得而不举。阳在阴中阳逆行，孔、孟安得而不穷。阴在阴中阴顺行，廉、来安得而不遇。阴在阳中阴逆行，共、鲧安得而不诛。星命家之于男女行运也，亦窥此意矣。

天地之外无天地，日月之外无日月。以其大而无外也。元会之后有元会，运世之后有运世。以其久而无穷也。能愚云周思皇曰：天地日月亦拘气象形质，安得大而无外。而道则大而无外矣。

圣人之明，如日照物而不遗也。贤人之明，如月借光，以为鉴也。

以生安之资为学利之事者，孔子也。以学利之资为困勉之事者，朱子也。能愚云。

孔子未兴，而有子产、叔向、季札之徒。周子未兴，而有明复、守道、翼之之徒。其间气之先声欤。

问吾学虽有所受，然天理二字却是自家体贴出来。然则二程之学，岂尽出于周子乎？曰非是之谓也。有所受者，资之于人。体贴出来者，得之于己。知及之而仁不能守之，师虽善教，其如之何！

圣人不言数，为其惑人也。近世以来，若刘秉忠之猾夏，姚广孝之贼主，宋献策之流毒生民，皆数学之滥觞也。程子曰："吾与尧夫同闾巷三十年，世间无事不言，但未尝一言及数耳。"朱子曰："数之茫昧，吾所未学，又安能从人而妄信之乎。"其识卓，其虑远矣。

东莱以制策引学者，朱子犹深非之。况阳明乃以饮博诱人乎。周子之道至矣。然以阅道之节，介甫之学，子瞻、鲁直之才，虽与之游而未尝强之同己也。世无二程，则终焉而已。呜呼！非遁世不见、知而不悔者，而能然欤。

《谟》之中，《训》之一，《彖》、《象》之贞，《论语》之仁，《七篇》之义，《通书》之诚，《遗书》之敬，皆圣人之精也。

成周六卿皆相也。司徒为教养之相。宗伯为礼乐之相。司马为征伐之相。司寇为刑罚之相。司空为田赋之相。特冢宰为修齐治平之相。其任大，其职尊耳。

唐虞命官，教养、礼乐、分职者，法制未备也。兵刑合职者，风会方淳也。故周官不相袭焉。虞附于地官。工附于冬官。四岳即行人附于秋官。纳言即内史附于春官。其斟酌至矣。

《周官》九职，极于闲民，然犹为人。所以后世益之以僧道，益之以娼优，又益之以艺文、星卜、游士乱民，奈之何民不穷且盗也。

宫室车服之有等，教民礼也。度量权衡之有则，教民信也。士农工商之有所，教民义也。《冬官》之职亡而天下之废事多矣。

五岳视公，四渎视侯，其馀山川，以次而降。后世淫名僭号曰帝曰王。使其有灵，肯妄受乎？

《通书》言诚、言纯、言一、言不息，则《中庸》之体要尽矣。其曰端本，曰善则，则《大学》之规模具矣。《章句》序文，但称二程，语表章之功耳。

《鸱鸮》诗传，朱子不免承先儒之误。晚年与蔡仲默论辨而后明。吾于是而见大贤之无我，又以叹穷理之难也。守一说而终身不变者，若非上智，必下愚矣。

生乎朱子之前者，以闻道为艰。生乎朱子之后者，以体道为艰。然入耳出口，岂真能读朱子之书者乎？即有所闻，亦糟粕焉尔。

王政行而《周官》作，王迹息而《春秋》作。故《春秋》者《周官》之反对也。康侯不信《周官》而传《春秋》，毋乃臆说乎。

朱子之注《参同契》，犹屈大夫之作《远游》。其所感者深矣。居夷浮海之意也。

盛衰成毁，万物之常理。而佛曰无生，老曰长生，可谓舛矣。用此之故，其说盛行，君子之所深忧也。《太极》之卒章曰："原始反终，故知死生之说。"《西铭》之卒章曰："存，吾顺事。没，吾宁也。"所以觉天下者，深切矣哉。

古今之运，其犹昼夜之相反与。五帝旦也。三王昃也。五伯晡也。自是以降，渐趋于晦矣。邹鲁之立教，其桑榆之返照乎。濂洛之承统，其虞渊之旋轮乎。汉唐宋明贤君良臣之间出，其星月之辉乎。异端邪说之盛行，其鬼磷之幻乎。太古之初，吾不知其几变也。今兹以往，吾不知其几迁也。道之在天下者未尝亡，而一晦一明，则循环而未始有已。谓江河日下者，老氏之见耳。

斋圣、广渊、明允、笃诚、忠肃、共懿、宣慈、惠和，昔之所谓才子也。而乃以夸毗之文士，狙诈之检人当之，弊也久矣。

正统，有统之以理者，有统之以势者。斯二者，皆天也。能愚云

梁师都背华即裔，故纲目绌之，不使与唐并列。若河东刘氏则立国正矣，而续纲目者，乃以此例之。则是论强弱，不论是非也。

宋之有国，太宗篡也，高宗篡也，理宗亦篡也，岂独艺祖哉！世无朱子，孰正其罪。

建文之出亡也，犹有兴复之望焉。作《明史》者，当每岁书帝在某处，而分注永乐年号。及仁宗即位，善政方新，则天命人心之去留定矣，略建文而正洪熙之始可也。

土木之变，郕王辅太子以监国，正也。上皇既归，避位守藩，变之正也。南宫退老，不易太子，犹可言也，而所为如此，孰曰非篡哉。以于谦之才德而依阿其间，不能以去就死生争之，士固不可以不闻道也。

坐论废而相业衰，廷杖行而士气尽。

孙叔敖不欲攻晋，王猛不欲图江左，存中国也。其与姚许诸公之立心，相去远矣。

赵简子之熊罴，汉高祖之蛇，陈涉之狐鱼，光武之冰，晋武帝之石马，皆饰诈以欺人耳。而世但以成败为真伪，愚矣。石马天成而大讨曹之文，恐出人为。

党人之祸，历代有之，而其品则不同。陈窦之党，多豪杰之士，然志大才疏，行高识浅，遂至于一跌不收也。君子伤之。李之党，则以势力相邀耳。其末也，患得患失，无所不至。清流之变，何足恤乎。马、赵之党，盖多圣贤之徒矣。乃禁之锢之，则斯世斯民之不幸也。若高、顾之党，则不无少逊焉。节义效东汉而或流于矫伪，学术效两宋而未达乎渊源。后世之不古，若盖以此耳。人之云亡，邦国殄瘁。有天下者，尚鉴兹哉。

徐幹之学，亚于仲舒。田畴之才，几于孔明。司空图之清，拟于幼安。罗隐之节，近于元亮。

李长源当肃宗之世却职归山者，深不满于灵武之即位也。若曰超然远引，则何以复相德宗乎。

班固、张居正之称秦始皇、明太祖也，皆以为得圣人之威，谬矣。神武不杀圣人之威也，二君其能然乎。

孝弟、谨信、爱众、亲仁而后学文，行先于知，小学之事也。格致而后诚正、修齐、治平，知先于行，大学之事也。圣贤之论学，屡矣。或偏言焉，或专言焉。偏言之，讲习讨论之事也。专言之，问思辩行皆在其中矣。

学如不及，唯恐失之，古之君子所以竞分寸之阴也。其为人而多暇日者，必庸人矣。

耳目必两，见聪明之不可以偏。手足之指多，见持行之不可不备。此之谓法象。

操丹阅书，而每卷不免有误。握管作字，而每篇不免有讹。人心之难持如此。

德业尝思胜己者，则不敢自足。名位尝思不若己者，则不必过求。

古者四十而仕，是以志定而理明。措诸事业，裕如矣。故躁进之风不已，则学古入官之效不彰。

画工之写物也，浅深浓淡之间，必以其渐焉。夫岂不欲一挥而就乎，物理不如是也。天地之化，圣贤之学，即此可悟矣。

春华盛者秋实衰，辞章厚者德行薄。观绯桃而叹之。诗文之学，诚如羊枣昌歜，不足以饥饱人也。故名士之习不去，则为己之学不成。

诗以道性情也，苟无关于兴观群怨者，虽多，亦奚以为。元亮、子美庶乎其可矣。玉友云。

释氏之禅定，自以为存心矣。然游神于太虚之表，而五官百骸皆视若遗焉，毋乃适所以为放乎。能愚云

仙家谓能超出元会，后天而老，其亦妄矣。不曰：天地间如洪垆，何物不消乎。

太尉、司徒、司空，皆列卿也。尚书者，司会之职。中书者，

内史之职。门下者，纳言之职。枢密者，司马之职。而皆命曰相，名之不正，孰大于是。

季氏将伐颛臾，而孔子料其有内忧。赵相欲祧僖祖，而朱子戒其大不祥。所谓循理以言，而物情事变自不能违者与。

吏未有不俭而能清者。民未有不俭而能足者。奢靡之俗，洵人心之劫灰也。

敬业之乐，岂独在友朋哉？即兄弟间，当必更有深焉者。念及此，未尝不潸然泪下也。舅氏潜心濂洛，屈蠖龙潭。吾兄受书恒斋，性敏而悟颖。舅氏每以其所独自得者以相语，以故吾兄耳熟焉，而汇编成帙，颜曰：恒斋杂录。如吕与叔东见之为录者。悉其精蕴，肖其謦咳，皆足以障狂澜而作砥柱。不幸而吾兄早世，虽永诀之际，犹拳拳不忘焉。手出其所录，还付舅氏。其微言硕画，真足以藏名山传不朽矣。今舅氏拥皋比于岳麓，乃出是录以示同人，憾吾兄不获与兹胜集。绦虽辱舅氏教，滥厕其间，而兄弟切劘之乐，天若有所靳者，其可痛也夫，其可感也夫。同怀弟绦谨跋。

恒斋文集卷之十二

杂录下

予闲居无事，尝在宗祠之厅事，接知旧，训友生，未免多言。既虑耆艾之遗忘，又恐流传之失实。于是即问答日录，择其关于体要者而润色之。极知凡陋，不足以发明义理，酬酢事变。然温故知新之效，亦不可诬也。乃若经书性理之说，则已笔而附群书之末矣，兹不复赘。癸丑长夏月元朗记。

二十四气取义：惊蛰以动物言也。芒种以植物言也。清明以风气言也。谷雨去声以农事言也。水露霜雪以时变言也。寒暑四时以节候言也。三伏终而暑气不行，其处上声暑之义乎。六阴自林钟而终仲吕，一名小吕。其小满之义乎。闽广之间，冬无霜雪。沙漠之野，夏出蛰房。则气亦不应于其地矣。

天数无十，亢龙有悔。地数无一，牝马先迷。故人为至阳则无尾，禽兽乃有之。草木为至阴则埋首，介虫乃缩之。百化可得而推矣。

指南之针必指子午，以南北极之枢所在也。削竹木而圆之悬于空中，铸铁杠而滑之置于池中，黄州叶年兄介繁为予言投棉轧所向。亦无不然。盖大气运旋，凡物不能违耳。故曰：其小无内，其大无垠。

《通书》刚柔善恶之辨，语其质也。然气亦有之。敏悟、高明、豁达，皆阳善也。巧慧、苛察、逆亿，皆阳恶也。强记、沉潜、莹彻，皆阴善也。昏迷、谲诈、污秽，皆阴恶也。中斯睿，睿斯圣矣。盱江罗勍公，讳炉。尝语予曰：“人之智勇皆一，而用之者不同。”予曰：“正惟智勇之品不齐，故君子不可无变化气质之用耳。”

七政之运，日行中也。土木火过也，月不及也。金水则或过或不及也。然则生人气质之不齐，有由然矣。

岁功始于子，终于子，而中于午。故五月五日谓之端阳。阳辰始于子而极于戌，故九月九日谓之重阳。六阴极而阳胎于亥，故十月谓之阳月。孩也、核也、荄也、骸也，皆取是义也。古人之尊阳如此。

唐虞之时，冬至日躔虚，夏至日躔星，各安其位也。春分日躔昴，秋分日躔房，互藏其宅也。过此而渐差矣，必待二万四千馀年而复其故耳。

学宫从祀，群贤群儒共百二十馀人。列之两庑，牲牢不陈，酒醴总献，可谓亵矣。窃意京师太学，百官备，百物具，制当如旧。而省学则专以颜、曾、思、孟、周、程、张、朱九大贤配享。其馀则必产于其地、宦于其邦者，始得从祀。推而府州县学，亦以是为差。则分献不至于阙员矣。至于从祀之人，亦当精择。子静岂可与晦翁并入，公甫、伯安岂可与叔心、整庵同列也哉。乃若陆敬舆之政事，曾子固之文学，朱仲升之经济，方逊志之节义，皆已升堂而窥奥，胡为乎而遗之也？议礼者当以此衷之。

圣狂之分，诚伪而已。王莽拟虞舜，曹操拟文王，唐太宗拟周公，而治统卒不可假也。扬雄、王通拟孔子，陆九渊、王守仁拟颜、孟，而道统卒不可干也。子贡谓：“赐也，何敢望回。”正叔谓：“某何能及家兄。”惟自知之审，故其进不已也。孔明自比管乐，尧夫自处巢由，则愈谦而愈光矣。夜郎自大，亦何益哉。

濂溪先觉也，紫阳先迷后得者也。明道高明而柔克，伊川沉潜而刚克。尧夫识卓而邻于狂，子厚力厚而邻于狷。君实其善人之道乎。钦夫其豪杰之才乎。伯恭则杂于功利。子静则沦于虚无。君子不由也。必也其平仲幼清乎，然出处则未能立而行权，著述则未能择而求执，此句专指草庐。其何以称焉。必也其希元华父乎，然国之三纲已绝，而尚思致君，则难言智矣。身为废储讲官而反面事仇，此句专指西山。则难言仁矣。必也其仲升乎，陈王道于天造草昧之时。必也其逊志乎，立大节于暴君残贼之世。必也其德温叔心乎，探圣学于名儒殄瘁之后。惜乎其力小而风微也。所谓伊人，志迈终古，辩屈百家，其孔孟程朱之功臣欤。微斯人，则紫阳之学不彰，而公甫、伯安之祸且滔天而食人矣。孰念其功之大耶。

或问张孚敬易文庙之主，不称爵而称圣贤师儒，于礼合乎？曰天降下民，作之君，作之师，无隆杀也。奚必以王公侯伯为荣哉！曰周子云：宜乎万世无穷，王祀夫子。吕氏亦云：试观孔孟程朱，今日曷尝无人爵乎。然则追崇之者，亦未为不可。曰周言其功，吕言其理也。究而论之，成王赐周公以天子礼乐而圣人以为非礼。子路欲使门人为臣而圣人以为行诈。纵追封之，何加焉。侪圣人于汉寿文昌之伦，又岂所以为尊乎。

朱子草疏以明赵汝愚之冤、爱国之仁。筮得《遁》之《家人》而焚稿，保身之智，盖几于圣矣。

傅慎全讳良辰。言其师李二曲甚好周钟之文，而闻其从贼，叹曰："科甲之士，乃不可信。"至此遂焚其文稿，终身不习举业。此其恶恶诚严，然亦过矣。范景文、李邦华、倪元璐等，非出身于举业者乎？黄淳耀、金声、艾南英等，非精诣于举业者乎？乌得以一人而概天下士耶。

三代以上犹昼也，太阳当空而众曜悉掩。故大圣大贤乃传。三代以下犹夜也，星月争辉而爝光并现。故小德小才亦著。然则纪载之详略，亦气运之使然欤。孔孟不轻许人以仁，惟于让国之无怨，囚去谏死之自靖出处去就之一趋者，则予之。亦不轻绝人以不仁，惟于短丧之自安，殃民贼亲之无已者，则讥之。然则舍孝弟忠爱而言仁，亦何所据以行之哉？

孔子为委吏乘田以养亲也，为高昭子家臣以通乎景公欲纳君也，夫是之谓降志。不与季孙意如同政，存君臣之义也。卫辄待之为政而不就，存父子之恩也。夫是之谓洁身。

朱子在经筵，请居倚庐以终丧，请朝重华宫以侍疾，请择山陵以安遗骸，请罢内批以全大臣。皆系父子君臣之大伦，不得不言，所谓欲不逾矩也。而宁宗反以非其职分罢之，抑何昏哉！后之学圣人者，不知义之方，但取神之圆，宜其卒归于鄙夫也。

圣人之门，颜渊以睿，仲由以勇，故有丧予祝予之叹。予贡以智，曾子以仁，故皆得闻一贯之传。

吕与叔其程门之乐正子乎。蔡季通其朱门之端木子乎。

朱子深感《书》之肇修人纪节，思孝宗之能复通丧也。深感《诗》之仲氏任只章，思孝宗之犹可与言也。欲知人而不谕其世，可乎？

《论语》之书，六经之精英萃焉。兴观群怨，尽乎《诗》之用。宽信敏公，尽乎《书》之蕴。视听言动之克复，时辂冕舞之损益，尽乎《礼》《乐》之情文。礼乐征伐之升降，禄去政逮之久近，尽乎《春秋》之变革。故曰："《诗》《书》执礼皆雅言也。"又曰："吾志在《春秋》。"至于《周官》之纲领，则政刑德礼而已。《周易》之微妙，则性与天道而已。是故诵六经而不先之以四书，则失于汗漫。诵四书而不实之以六经，则失于空疏。

《周礼》之书，皆本《舜典》。五典克从，司徒之事也。百揆时叙，太宰之任也。七政以齐，冯相保章之用也。类禋望遍，宗伯之所先。巡狩朝觐，行人之所统。封山浚川，司空之所掌。典刑流宥，司寇之所职。于斯时也，兵革不试。故司马之官阙如焉。命官以后，更有条有理，无不吻合矣。是故明物察伦者，舜也。多材多艺者，周公也。天纵多能者，孔子也。其才亦超乎千古矣。

诗之变风变雅，尤足以感人。“岂不怀归，畏此〔简〕书。”忠臣之壹也。“母氏圣善，我无令人。”孝子之纯也。“不念昔者，伊余来塈。”去妇之厚也。“人之无良，相怨一方。”手足之切也。“壹者之来，云何其盱。”友朋之笃也。若不哭孩儿，谁不能抱耶。乃科举之学，废变风变雅而不读，亦独何哉？

《洪范》之书，统括群言。五行即《禹贡》、《考工记》之事也。五事则语孟存省之方也。四勿、九思、小体大体可见其概矣。八政则《周官》之目也。食货归于司徒，宾不统于司寇，未经周公之监耳。五纪即《尧典》羲和之职也。皇极则《太极图说》立极之旨也。无偏无党之谓中，无反无侧之谓正，无有作好、无有作恶之谓仁义。非人之极而何哉。三德则孔周立教之方也。狂狷中行刚柔善恶中均可得而化之矣。稽疑则大《易》之用也。庶征则《月令》之验也。福极则诗、书之劝戒，《春秋》之衮钺，皆具其中焉。非圣人之匹，其孰能修之。

《洪范》阳居四正，阴居四隅，盖各自为类也。人君建皇极于中，下修六府以法地之宜。上修三事以奉天之命。以之治明，则有政事。以之理幽，则有卜筮。此一三五七九之相因也。修己则端其身心之本，治人则齐其气质之殊，法天则正其时令之常，而察其运气之变。此二、四、六、八之相因也。是故皇极之篇，多言锡福。庶征之篇，必本五事而验五纪。此可以观其微意矣。思齐之诗云："不闻亦式，不谏亦入。"物不待格而周知，不待致而精也。"不显亦临，无射亦保。"则心正之实义，传特言身心相系之枢耳。"雝雝在宫，肃肃在庙。"则身修之实义，传特言身家相接之机耳。"刑于寡妻，至于兄弟，以御于家邦。"则齐家之实义。"成人有德，小子有造。"则成教于国之实义，传特言家国相感之化耳。

乾健坤顺，坎诚离明，震道艮德，巽行兑言，君子所以体《易》也。是故道有为则进德，有守则立。行必巽以出之，言必和以发之。

文王系《易》而终之以狐，知帝王之后必有奸雄以承之。狐者，妖媚之兽也。孔子作《春秋》而终之以麟，言残贼之后必得仁善以救之。麟者，慈祥之兽也。

韩柳欧苏并称四家，非定论也。韩之见道虽粗，欧之学术虽浅，然其文皆本于六籍。《原道》、《原性》等篇，凌荀跨扬。《伶官》、《宦官》诸论，超班逾马。若柳则放言而已矣，苏则诐辞而已矣。且柳以王叔文为宗主，苏以程正叔为奸邪，既不知人，岂能立言乎。此外，则李翱有经世之才而其行最高，曾巩闻大道之绪而其学最正。故永叔屡称韩李，熙甫屡称欧曾。四家之品题，定矣。若夫魏征、陆贽之讦谟，孙明复、石介之说论，春华不足，秋实有馀，此又不当以牝牡骊黄物色之者也。

或问诗以言情，而子必本之于理，何也？曰：情出于性，性即理也。忠臣孝子节妇皆情之不能自已者尔，岂必妖淫愁怨而后为情乎。

教养二事，生民之所以立命也，故其食报独远。契之后，贤圣之君六七作。其衰也，犹有三仁。其微也，犹生孔子。稷之后，三后之子孙多贤圣。其终也犹生孟氏。三代以降，汉伯运也。晋唐宋明皆贼运也。或曰：晋则诚然，馀何以征之？曰：玄武之变，夺元良也。西内之锢，幽太上也。陈桥之立，欺幼主也。斧声之疑，戕至尊也。济藩之冤，废亲储也。金川之陷，逐共主也。兴献之帝，蔑大宗也。非贼而何哉！

“惟辟作福，惟辟作威。”君侧之恶，非人臣之所得擅诛也。自《公羊》以此予赵鞅，而后世流祸无穷矣。董卓以之覆汉，王敦、苏峻、桓温、桓玄以之弱晋。陈霸先以之篡梁，李茂贞、朱全忠以之倾唐，郭威以之灭汉，苗傅、刘正彦以之□□□□□□□□□□以之乱明。解经之言可不慎哉！

小人之害，莫甚于南宋秦桧媚君父之仇，非孝者无亲。韩侂胄禁师儒之学，非圣者无法。史弥远夺母后之权，要君者无上。夫国于天地必有与立，而至此极也，半壁安得而不陆沉乎。

管敬仲湮九河以广其国，而黄河之溃决日甚。张叔大堤云梦以肥其乡，而长江之横溢多方。乃知行其所无事者，真圣人之大智。而杂伯之算计，见效实成其愚而已矣。

夏时、殷辂、周冕、韶舞，举一隅而已。他若贡、助、彻之取民，庠序学校之造士，瓦棺塈周棺椁之送死，气声臭与首肝心之事神，匠梓舆之用工，世室重屋明堂之壮居，九官、五官、六官之列职，五服、九服与十二州，九州之分土，尚德、尚富、尚爵之成俗，尚黑、尚白、尚赤之殊时，皆必有一尽善而当从者。惜夫！其不得闻也。噫！子与回言终日，不知凡几，而今存者仅数言耳，伊可惜哉！

人有挟徽鹰而邀重价者。芬山翁曰：“使此画出于尧舜则可，出于宋徽何足取乎！”予曰：“所取于尧舜者，以一典三谟之训耳。使此画诚出于其手，则亦失德之二端矣，何用哉。”

天理之在人心，不以穷凶而亡也。刘劭被擒而谓臧质曰：“天地所不覆载，丈人何见怜耶。”张衡临刑而曰：“我为人作何等事，而望久活耶。”柳璨临刑而曰：“负国贼柳璨，死其宜矣。”人性之善，兹非其明验欤。

或谓陈桥之变，乃太宗、赵普等所为，非太祖之有意也。曰：就令无意，当如张咏之下马（嵩）〔高〕呼，则乱庶可止。不然，则以死继之。今偃然受之而不辞，则大恶有不归于身者乎。况杜太后云“吾儿素有大志”，安得谓之无意耶。幸也，南唐、西川诸国，无汤武之志。李筠、李重进诸镇，无桓文之略。故得以遂其篡耳。不然，岂可使黄袍加身之军士、禅诏出袖之词臣任其罪乎。古之人所以行一不义、杀一不辜而得天下不为者，求其心之无慊尔。然则既篡之后，加恩柴氏，可不谓厚德乎？曰：是犹为盗而稍知自戢者耳，其与杀人纵火者相去不能以寸矣。

烛影斧声之事，千载疑案。然以情理度之，凡寻常小民之家，弟见其兄猝病，未有不呼嫂召侄以侍疾而冀其生者。纵不可起，未有不听其遗命者，岂得匆匆若此也。他日赵普云：“太祖已误，陛下岂容再误。”夫既有遵母命之孝，让神器之公，则是至德，安得谓之误乎。老奸固已窥见其底里矣。陈希夷断离之明夷之象，而曰：“陛下之命，终于火日之手。”况皇后不成服，元子不令终，则是以怨报德刑戮之民也。中辽人之矢而陨命，岂得谓其无天道哉！夫宋之诸君，皆以仁厚相承，然自古亡国，未有波及九族如青城之惨者。呜呼！太宗之贻谋薄矣。

理宗以编氓而袭王爵，已为大幸。乃听史弥远之谋，暗图天位，劫夺元良，得罪于宗社矣。若曰：不知情乎，则当请命太后，诏谕百僚，戮弥远以谢九庙之灵，则叔孙昭子之不赏私劳，元泰定帝之不奖推戴，不是过也。济王而尚在乎，则再三推让以还其位。济王而既没乎，则追封立后以存其祀。王妃仍以后礼事之，庶乎其可。而乃宠任权相，冤抑天亲，抑何不仁之甚哉。内则无以服潘壬潘丙之隐衷，外则适足启李福李全之口实，而国自此微矣。孔子曰："逆人伦者，罪及三世。"然则崖山之下，不复留赵氏一块肉也。庶足以快孝、光、宁宗之积憾矣夫。

明太祖之基，实开于郭子兴，乃以暧昧之过残其二子，情同李密之杀翟让，而不及徐知诰之全杨族矣。噫，与其立宗庙以祀滁阳王，何如分茅土而不绝其子孙欤。

惠宗以世嫡之孙受先君之顾命，燕王必欲夺之，真乱贼之尤者哉。当是时，楚蜀皆称贤王，沐氏亦号忠辅，胡为不合纵而起，

率上游之兵，以为勤王之举耶。既不能然，而仅于逊国之后，立寺以居之，聚徒而讳之，心虽厚而术则疏矣。榆木川之变，锡棺藏骸，野史所记，或以为怪兽之所噬，或以为飞剑之所刺，俱未可知，要皆人心痛忿而幸之云尔。或曰惠宗逊国三十九年，将微之而不录乎，抑以正统归之乎。曰：既未纳降，又未受废，归以正统无疑也。每岁之首书帝居四川，帝居云南，而三朝之年号则傍注之，庶几乎《春秋》之直笔矣。不然将置从亡诸贤于顽民之列乎。曰：其于天命人心之久去，何曰诸贤民之望也。其心所在，即天命之所在，不以气数为盛衰也。彼视迎降劝进之徒，殆犬豕之不若哉。

土木之难，国已无君，立郕王以绝敌人之欲，变之正也。但上皇既归，则当郊迎复辟。或上皇自知己罪，力辞神器，然后不得已而受之，则无攘夺之嫌矣。楚人执宋襄公，公子目夷曰："赖社稷之灵，国已有君。"于是楚人释之。目夷则曰："吾为君守国，固君之国也。"可谓仁至义尽矣。今乃徒效其达变，不效其守经，而曰非利天下也，其谁信之。至于上皇之太子本无罪者，何为废之。己之元子既不寿，则当复之，犹不失其为公也。乃竟依违不

决，何为耶？虽然再造日月，力捍社稷，郕王之心固私而功亦不可没也。乃夺门之后，迁怒不已，戮及元勋。独不念称臣屈膝者，卒之魂销雪窖乎。人之无良，相怨一方，天下是以多不平之事也。

武宗无嗣，迎世宗而继之，既承大宗则难于顾小宗矣。今小民之家，有田数十亩，有牛数头，无子而立族子为后，固当奉其祀，岂得复顾私亲乎。而况天子之贵，四海之富哉。或曰其如兴献王之单传何。曰：使世宗诚以是为慊，则当泣告太后，遍询大臣，择他藩之贤者立乎其位，己则退居王爵。虽泰伯、伯夷之义，不高于此矣。今既贪其位而又欲绝其统，數天之下谁忍孝宗之盛德而无后乎。又况宋英宗于濮议异同亦存而不决，以俟讨论，胡为杖辱言官，毙者纷如也。张璁之谀，严嵩之奸，先后相成，贻讥百世，吁！可叹哉。光宗即位数月，乃未逾年之君耳，岂可夺神宗之终，分熹宗之始以当之。甚矣，其不学古而好议论也。

孔氏之学，求仁而已。时习而说，成己之仁。朋来而乐，及物之仁。人不知而不愠，反身之仁。仲尼、颜子所乐何事，殆寻此耳。此造端托始之深意乎。仁非智不开，故《大学》先之以格致。仁非勇不成，故《中庸》统之以达德。明德新民，天下一家之象也。中和位育，万物一体之情也。仁之过也易流，故孟子以义裁之而立人之道。仁义之失也易偏，故周子以中正定之而立人之极。是以程子曰："仁者，浑然与物同体，义礼智信皆仁也。"订顽、明理一分殊而其蕴尽矣，前后四子之书，岂不同条而共贯哉。

士之立身如作室然，间架为先，装修次之。间架之不立，虽有材朴丹黝何所施诸。然既立矣，而装修之不事，则亦无以为完固而居之安矣。故取舍之分，存养之功，必交资焉，而后谓之仁。族弟文煌尝谓予曰："孟子之论伊尹、夷惠，皆于出处断之。乌可苟哉！”予闻而竦然。

古之教学，使人变化气质而已。胄子之教九德之观，可谓密矣。求也退，故进之。由也兼人，故退之。则偏者以正。回虽不敏，请事克复矣。雍虽不敏，请事敬恕矣。则杂者以纯。如彼良医，然视其病症所在而药之。大热则投以□□，大寒则投以桂附，气不足则投以四君，血不足则投以四物。故造化在手而变化无穷。后世教者不能察病，学者不能自察其病，徒终日杂群方而进之。甚或使之饱梁肉醉醇醪，适足以促其命耳。师道立则善人多，至哉言乎。

学之空疏无得者，以不习其事，遽欲造其理。不观八门六花之阵，不知握奇之精也。不熟先天、后天之图，不知《说卦》之深也。云英韶夏頀武之声容不可闻，岂知《乐记》之蕴乎。忠质文之制度不可见，岂知《礼运》《礼器》之奥乎。是以古之君子，下学而上达。今之君子，临深以为高。

敬贯动静涵养之方，故居处以之，执事以之，出门使民皆以之。极其至则事天而响帝矣。义兼表里，省察之要，故取舍以之，进退以之，辞受取予亦以之。极其至则知化而穷神矣。所谓一也，所谓仁守也，所谓约礼也，所谓尊德性也，皆持敬之别名耳。所谓精也，所谓知及也，所谓博文也，所谓道问学也，皆精义之别名耳。明乎此，则道术何至于为天下裂哉。

养气必本于持志，敬也。知言必由于穷理，义也。

敬之纯则至诚，义之尽则入神。

《论语》以求仁为务，犯上作乱刚恶也，巧言令色柔恶也，二者必不可以为仁，故首戒之。

问圣学异学之分。曰：圣学以义理为本，异学以精神为本。故曰：精神四达，并流其名，为同帝。又曰：精神相反，一而不二为圣人。老、庄以之守身。申、韩以之治人。璨可、慧能以之出世累。子静、伯安以之入事变。其指一也。是以无极之真，吾儒全之。二五之精，异学守之。仁用阳而体柔，故发舒而恻怛。义用阴而体刚，故敛肃而果断。礼用阳而体刚，故明达而方严。智用阴而体柔，故深沉而藏密。虽然乐由天作，礼由地制，则礼未尝无阴。神以知来，智以藏往。则智未尝无阳。此又互为其根，互藏其宅之象欤。

士者事也，能事人而后可为士也。今学中之士，盈千累万，然入则不能事父兄，出则不能事师表者多矣，诚何以副是名哉。

偶入邻馆问诸生曰："邹智中省试第一，以诗谕乡人曰：'世上许多难了事，乡人何用太相惊。'罗洪先廷试第一，而谓妻父曰：'世间大事甚多，此何足贺耶。'汝辈以为何事?"诸生未对，馆师曰："不过内圣外王之道耳。"予曰："无以高论为也，试问诸君，居家而能理乎，居乡而能化乎，为县职而能安民乎，为学职而能造士乎？是皆事之大而难了者也，念之哉。"

天下之民，务本者多则富，逐末者多则贫。乘危蹈险，增机长伪，皆逐末之害也。吾乡高曾之时，越江湖趋省镇者十之一二。祖父之时，十之四五。今则十之七八矣。民安得不贫且诈哉。故曰天下将治则民必尚义也，天下将乱则民必尚利也，为人上者可不谨诸。江南之业医者，内伤外感男妇小儿各分一科，故能专而精。吾于此得官人之法焉。虞廷之九官，周室之六卿，由此其选也。后世乃谓遍历六部者而后可作相，究之教养无方，礼乐无具，兵刑无术，乃俗所谓般般会、件件低者尔。必也遍策百官，令之各言所能，遍训群士，令之各分所习，不十年而人材蔚起矣。此之谓器使。

虞舜圣主也，而禹戒以无若丹朱傲。周成令主也，而周公戒以无若殷王受之迷乱。忠爱之至也，后世颂其君者，动曰圣曰天。可谓忠爱乎。

古者上衣下裳，则天法地。惟妇人一节，故衣裳相联耳。后世上下无章，男女无别，非先王之法服也。

古者封建，亦非出于一时。或因众庶之推戴，或因君上之褒赏，故历数千年而后定于一。后世若效而行之，一代草昧，亲贤并建，可得一二百人。但予以一州一县，嗣后则天子之子弟、将相之有勋德者，以渐而封焉，计海内之大，自王畿以外，可容千馀国，即势当衰乱，不能保其无兼并者，亦非千馀年不能澌灭也。

且又大者居外，小者居内，若牛之野宿，然则鲸吞可御，跛扈可弭，岂若郡县之荡然也哉。

井田既废，旱潦无备。西北之民，盖困甚矣。昔过磁州，环城为池，支流为渠，壅滏水以注之高柳，青葱嘉禾馥彧不异江南风景。乃蒋牧讳耀所为也。若效其法而行之，民困其苏乎。

唐虞置相，名曰百揆。殷人名曰阿衡，周人名曰冢宰，皆有运量宇宙、调剂民物之意。秦以丞相当之，其名固正，复以御史大夫贰之，则是任法。汉以司马、将军参之，则是好武。又称司徒、司空，则是有司而已矣。魏晋而下以中书、尚书充之，以侍中、仆射命之，要皆私狎之职，岂论道经邦之体哉。礼扶君、仆人左、射人右、皆近臣也。唐之三省不出乎此。宋又以平章、参政与枢密副签对掌文武而政权愈分明，废丞相以殿阁大学士代之而柄任愈微，无怪乎相业之日衰也。且上古百揆四岳不过二人，分陕处内不过三人，后世乃至以十馀备位，贤者不得竭其才，不肖者得以挠其柄。诗曰："如彼筑室，于道谋是，用不溃于成。"其斯之谓欤！

墨、劓、剕、宫、大辟，先王之典刑也。至于贼杀其亲则焚之，恶其贼仁之甚，不欲存其迹也。杀王之亲则辜之，恶其贼义之甚，不欲完其形也。故曰："惟仁人，能好人，能恶人。"后世作律者，乃遗此二条。程子以为律是八分书，岂不信然。

古之治天下者有五，礼、乐、政、刑、教是也。后世礼崩乐坏，政刑苛紊而教遂废焉。是以空玄之说，得与儒者列而为三。延至末世，而闾巷之鄙夫，海裔之奇民，皆得各称一教。欲经正而民兴也难矣。

燮理阴阳乃相业也。一身之喜怒哀乐，天下之庆赏刑威，焉往而非阴阳哉。丙吉乃专问牛喘，一何陋也。风不鸣条，雨不破块，海不扬波，此可以观燮理之效矣。

凡当国者，言利之事不可妄兴也。经制钱始于陈遘，总制钱始于韩球，当时明言，兵罢事定则去之，然迄今六七百年，而其法愈严，圣人所以戒作俑者哉。

唐虞三代之时，锡贡极于橘柚，而后世至用海味。章身极于狐貉，而后世至用寓族。岂节以制度者耶。

附录

乡贤题稿

护理湖南巡抚印务湖南布政使司布政使臣张灿题为敬陈刍荛仰祈睿鉴事。

据湖南布政使司布政使臣张灿详称，雍正四年正月初九日，奉前抚部院牌开雍正三年十二月二十日准礼部咨开仪制清吏司案呈礼科抄出本部题前事内开该臣等议得山东学政王希曾疏称，名宦乡贤有呈请入祀者，造册报部核明，方准入祀。臣愚以为，若仅造册投部，犹恐日久玩生，嗣后有呈请入祀名宦乡贤，似应照节义等项请旌表之例，督抚学臣核实，岁终汇题其事实，册结送部核覆。如此则姓氏上达御览，祀典益加郑重。而具详出结等官知事关题达，不敢稍有苟且，督抚学臣自益慎重查核等因，具题前来。查旌表节义，例由直隶各省督抚学臣陆续具题，臣部核明，于年底汇题。名宦乡贤事阙祀典，止造册授部，恐日久玩生，致有冒滥，亦未可定。今该学政既称姓氏上达御览，祀典益加郑重，具详具结等官知事关题达，不敢稍有苟且等语，应如所请。嗣后凡有呈请入祠者，令各省督抚学臣秉公核实确据，每年俱于八月以前汇行题请，并将事实册结，移送臣部查明，照旌表节义例于年底汇题，如此庶冒滥入祠之弊可除，而祀典益加郑重矣。俟命下之日，行文直隶各省督抚学臣，一体遵行可也。雍正三年十一月初六日题。本月初八日奉旨："依议。钦此。"相应移咨该抚照奉。旨内事理一体遵行可也。等因。咨院行司文，奉前督部院牌，准咨行同前由，奉此俱经转行钦遵在案。

嗣奉前抚高部院批，据善化县详称，准儒学教谕毛大鹤，训导田祖藩牒称，据举人陈能、文山、汪煜、李芳华、荣大顺、方如琬、黄澍纶、萧子濂、李绍衣、李闻知、刘世澍、黄文揆、杜迪功、黄玉汝、刘正钧、周家洛，贡监唐文华、胡方捷、欧声振、杨逢春、郭焌、曾璋、李基、黄玙、谭之纲、张夔、王国弼、朱槛、宁藻、凌启壎、李逢灏、周锦、唐学文、柳炯、李逢淇、吴正第、黄理、萧维中、柳煌、黄瓒、刘选、唐文茹、刘方夏、易孔璋、黄士雍，生员柳汇生、张圣羽、李文煌、黄学元、周正方、如琮、凌启试、李文炘、龚嘉课、熊锡爵、张如班、张开桂、廖文宪、唐焕、李绍易、颜大宽、黄孝慕、卢国正、李荣、黄梦熊、张如珖、汪荧、王榕、张余恺、高士瑚、梁琬、张应坛、龚嘉词、王嘉觉、柳宗晟、廖启太、凌启坤、刘世泮、易孔璘、黄玉虹、萧维祺、黄珽、周应武、柳岱、杨光裕、廖启甲、周掞四、杨奇青、汤池、黄城、杨和春、高拔、张启莹、彭文溥、周宣智、柳焯、龚嘉诣、高烈、周应旦、刘志礼、彭孚篆、刘方宁、周质、周昌、高杞，呈为公举醇儒。恳恩详达以崇祀典，以振儒风事。

窃惟学者之不朽在三，朝廷之命祀有六。能敦孝弟忠信之行，斯为宇宙之伟人。克阐诗书礼乐之微，即属士林师表。爰有善化县已故孝廉李文炤，英敏早著，至性夙成。十二游泮宫，四十魁楚省。制行刚方，居恒非礼勿动；宅心孝敬，晨昏子职罔愆。母病痈则亲吮以口，父抱恙则愿代以身。治丧不用浮屠，法遵正叔；建祠以修岁事，制守文公。分产以给从弟，设塾以训族童。妖神可焚，则明天地之性；疠鬼弗惮，惟救闾阎之生。盖行谊之表表有如斯，而学业之渊渊更足述。《大易本义》，明象数而著拾遗，《周礼六官》，衷古今而为集传。《春秋》则用周礼之义为定案，合则褒而违则贬，明圣人非有成心；《仪礼》以宗伯所掌分次第，首乎宾而终乎祭，使后贤知所恪守。《太极》、《西铭》补其义，《正蒙》、《近思》集其解，示理学之真筌；《楚词》、《离骚》阐其忠，《青囊》、《内经》发其微，举游艺之要术。以故，麓峰设教，再竭饮马之池；即其家塾，传经争携问字之笈。凡此皆公评见诸月旦，口碑传于行人者也。能等礼义悦心，秉懿同好，敬陈醇儒学行之实，敢效涓人市骏之忱。伏乞转详崇祀，庶使血食文庙之侧，用慰累行积学之灵；俎豆宫墙之中，益厉纯修潜养之志。则考亭之后得有闻知，而濂溪之南均知私淑矣。上呈等情。

据此，该善化县儒学教谕毛大鹤，训导田祖藩，查得已故举人李文炤，学问渊博，志行端庄，博极群书，精心理学，醇儒之芳规可续；坦怀待物，解囊拯危，生平之硕德堪传展矣。文行兼优，足为后生表正。卓哉！才德迈众，堪作宫墙典型。今据合邑绅衿呈请入祀，所当列乡贤之几筵，享千秋之祀典者也。理合开造事实，册结牒呈，俯赐通详等情到县。该善化县知县韩宗蕃，照依前县张弘列原详，查看得卑县已故举人李文炤。湘水钟灵，岳峰诞秀。冲龄而列黉序，泮水香生；壮岁而荐贤书，艺林价重。抉易、礼之精义，综纬诸儒；阐《春秋》之微言，折衷三传。《离骚》集注，绘屈子之丹心；《性理拾遗》，发先儒之奥旨。继往圣之轨辙，开后学之津梁。非徒摘句寻章，抑且躬行实践。孝思锡类，祭葬礼准文公；友爱同宗，施与义同范子。宅身刚正，妖可焚而疫可驱；处世端方，言为坊而行为表。验之舆论相合，考诸祀典允符。今准该学牒。据举人、贡监生、生员人等呈请崇祀，并开造事实册结前来卑府加具印结，具文详请。俯赐鉴核，题请崇祀，以光俎豆等情。奉批仰布政司确查妥议，通详核夺，仍候督部堂学院批示。缴奉此文，奉督部堂批同前由。奉批仰南布政司确查通详核夺，仍候南抚部院学院批示。缴奉此文，奉学院批示，据详已故举人李文炤，文学品行无愧祀典，仍候督抚两院批示缴俱，经转行确查去后。今据长沙府详据善化县详称，该卑职遵照牒移儒学确查去后。兹据儒学取具该孝廉族邻各结加具印结，粘连转详前来，卑职覆查无异，相应加具印结，详赍本府核转等情到府。卑府又经分檄府长善三学教官董笔平时秀毛大鹤，将所著各项书籍公同细绎，逐加查核。申覆去后，今据各该学覆称学术醇正，发明圣贤，委系纯儒，公同出具印结，申赍本府查核等情到府。

据此，该长沙府知府钱汝驰，查得已故孝廉李文炤制行无亏，立言有体。声蜚黉序，髫年已著文名；心印泗滨，壮岁犹勤学殖。笃庭帏之色养，爱敬兼隆；主岳麓之讲筵，英才辈出。存心仁恕，惠爱及于乡邻；立品端方，贤声播于郡邑。黜浮崇实，堪为后学楷模；翼传扶经，深得前贤阃奥。卑府再行批核，既据该县之覆查，又经三学之紬绎。按其著述，有大醇而无小疵；采厥公评，多同声而无异议。今据该县出具印甘各结前来，理合加具府结。同赍到事实册，并府长善三学印结，并所著书，一并具文详赍，俯赐核转等情到司。据此该湖南布政使张灿，查得善化县已故孝廉李文炤请入乡贤。前奉批，查得据长沙府知府钱汝驱详覆到司。覆查李文炤洞明六籍，贯穿诸家。含英咀华，惟设扶风之帐；怀铅提椠，不窥董相之园。溯关、闽、濂、洛之源，齐身著述；究性命天人之理，盈箧偏摩。循往圣之步趋，立后来之坊表。真有功于名教，实素重于儒林。且其方正宅心，邪神为之退避；慈祥秉性，乡党赖其帡幪。勤色养而切哀思，克尽事亲之道；延师儒而助修脯，无非敦本之诚。凡兹懿行嘉言，俱可奉为世范；似此修身立学，允宜祀夫瞽宗。兹据该府县取具儒学册结，并呈送著书前来，相应具详，伏乞本护院俯赐查核会题，用光俎豆等因，呈详到臣。

据此，该臣看得案准部咨，凡名宦乡贤呈请入祀者，督抚学臣秉公核实汇题等因，饬遵在案。兹据湖南布政使张灿详称，查得善化县已故孝廉李文炤，洞明六藉，贯穿诸家。含英咀华，惟设扶风之帐；怀铅提椠，不窥董相之园。溯关、闽、濂、洛之源，齐身著述；究性命天人之理，盈箧偏磨。循往圣之步趋，立后来之坊表。真有功于名教，实素重于儒林。且其方正宅心，邪神为之退避；慈祥秉性，乡党赖其帡幪。勤色养而切哀思，克尽事亲之道；延师儒而助修脯，无非敦本之诚。凡兹懿行嘉言，俱可奉为世范；似此修身力学，允宜祀夫瞽宗。等情。同各该府县学印甘各结并事实册及所著书详赍前来。臣随会同确查无异，除将册结书籍送部外，相应具详。题请将李文炤崇祀乡贤，以慰舆情，以光俎豆者也。臣谨会同湖广督臣德沛，提督湖南学臣张仕遇，合词具题。伏乞皇上睿鉴施行。

乾隆三年七月二十二日具题。本年十二月十六日奉旨："该部议奏。"旋奉礼部覆题："该臣等议得善化县举人李文炤，孝思维则，教泽永垂。博涉缥湘，得溯委穷源之学；殚心述作，著扶经翼传之功。并宜崇祀乡贤，以光俎豆。臣等未敢擅便，伏乞皇上睿鉴施行。"十八日奉旨："依议。钦此。"

李恒斋先生行述

恒斋先生自甲寅沾疾，至今夏差剧，芳尝过候之。厥后，疾少愈。间一月，倏而心动，命儿往省视，则急走反报，曰先生昨宵已去世矣。芳恸哭往与含敛事。既成服，嗣子泣请曰：惟吾叔知先子最深，敢祈状其行实以丐铭诔于大人先生焉。芳以居忧辞，嗣子述蟜固不脱齐衰见季武子事，请益力。谊不获终辞。爰述平昔之所接闻习见者类次编之，以表其文行学业之万一云。

先生姓李氏，讳文炤，字元朗，号恒斋。系出唐西平王晟之后。明初，其先祖徙居长沙郡城南之雷田村，为善邑望族。其大父洪甫公有隐德。生子五，其三恪人公为邑庠生，高才博学，邑侯郡伯咸器重之。即先生太翁也。太母姓周氏，孕先生十有六月不娠，举家疑以为血疾也。及生，呱声如洪钟，里人咸诧异之。未能言时，太翁掇蜻蜓与戲，忽吐红涎数口，先生惊，投蜻蜓于地。太翁手摩之曰："此儿将来必孝。"甫十岁，适郡城，太翁携之往观文庙，且告以群贤配享从祀之故。先生叹曰："人能似此，不枉一生。"每岁蒙师撤馆，先生常携其旧业，求解于太翁。翁笑谓曰："汝不闻古者易子而教乎？"先生答曰："此谓不肖子耳。"太翁颔之。年十四，补博学弟子员，学使者姚公以"可也简"命题，先生暗用汉唐故事，姚公评曰："雄辩高谈，几于胸罗全史。"前辈一斋郭先生见而奇之。曰："此神童也。"遂订为忘年交。庚午省试，与同里熊先生班若泛舟洞庭，归又与邵陵车先生补旃同舟，二先生语以濂、洛、关、闽之学。先生喟然曰："道有正脉，何可泛骛为。"癸酉省试，又获交沩山张石攻、邵阳王醒斋两先生，书疏往来，质疑剖异。太翁见而喜曰："汝就正得人矣。"自后潜心理学，其于科举业淡如也。然尝语人曰："作文不害事，须务阐发圣贤理蕴，遇不遇，付之于命。抑亦不废君臣之义矣。"癸巳恩科，以第三人举于乡。公车再上，不售，遂杜门著述，不愿就吏职。既而改授湖北穀城学博，亦以疾辞。先生天资颖敏而精力强毅，秉性质直而涵养温醇。祁寒酷暑，人事倥偬，手不释卷。苦心探索，辄废寝食。于书无所不读，读辄务究其蕴奥。虽子、史、梵书，亦必批其根柢。尝言：不察二氏之所以非，安知吾儒之所以是。不观诸子之有纯、有驳，安知吾儒之醇乎其醇。不审秦汉以下之成败得失，安知三代以上帝德王猷之尽善尽美也。其论文以义理为主，而以气脉辅之。故其文浑穆浩瀚，苍劲沈郁。其诗赋冲雅古健，寄托幽邈。所著有古文诗赋数十卷，经书制艺百馀篇，并行于世。

其制行也，率其性真，绝无矫饰。遇事刚果，见义必为。然公听并观，闻谏辄受。其事二人，晨昏定省，出告反面，未尝或违于礼。太母得乳岩疾，先生亲吮之，越数百里觅医疗之，用参至四五斤。或劝之曰："此疾不可起，须节费以为后计。"先生泫然曰："为人子岂有知其难为而即不下药者乎。"太母抱患数载，先生日侍汤药，衣不解带。及卒，请命太翁，治丧不用浮屠。一遵家礼，苫块疏食。拊心泣血，未尝见齿。暨小祥，太翁引《仪礼》“父在为母期”之说谕慰之，始稍抑情。然服丧三年，未尝逾礼也。太翁续娶杨孺人，先生事之一如所生。及卒，居丧尽礼亦如之。甲申，太翁卒，遗命绫帛祭文妄费伤财，宜遍告亲友以纸书之。先生遵行，且诏其子侄曰：“汝等日后，亦当以祖训为法。”是时，先生哀毁骨立，布乘携僮，遍觅吉壤，越险逾冈，不遑自恤，盖慎之也。既卜葬，复营置墓田各数十顷，始免丧祠四代神主于正寝。愀然以未有宗祠为憾。于是始卜雷田祖基，建祠致祭，四时罔懈。又设祭田，附嫡子承祀，永垂不朽。

家法不甚严峻，亦未尝废弛。其教嗣子，日督以讲经义、亲正人、行正事。至于问疑辩惑及商确家政，则每和颜色以导迪之。待臧如儿女，然亦时加毖饬，不少假借。故家人内外，咸爱而敬之。宾朋聚谈，欢饮尽醉，及闲居不御，曰：“此荒时废事药也。”尤恶博奕牌吊之属，曰：“夫人破家荡产，皆由于此。”家人有犯之者，必痛惩之。亲友或以之娱宾，闻先生至，辄屏藏之。其不严而肃，盖如此。待族党姻戚，咸尽厚道。岁时问遗及一切吉凶事，相助相庆，靡不周到。从弟文炘入泮，赠田为其膏火之资。文炎、文烔少孤，咸竭力匡扶教导之，俾克世其家业。族人有因贫质身者，为召其债主，出赀偿之。复给钱其人，以资生业。其他有因田土相讼者，理伸事直，旋复待之如初。姊丈黄敏公常售产于太翁，翁卒，姊氏来奔丧，即称遗命，以契畀之。后敏公子病，复售产以供药饵，先生又代赎还之。敏公卒，抚幼甥之韬等如己子，为之平其家难，理其恒产，笃其教诲。故韬赖舅氏之力，不坠家声。有族甥某以家难故鬻身供役，先生怜之，令其二子更姓别名。居恒重然诺，轻钱帛。与人一言之约，终身不忘。邻里知交，有贫窘者，辄解囊赒之。佃民醇谨者，至数世不易。旱潦则厚减其租，有故辄保恤之。戊子夏大疫，有周姓者，举家卧病，先生亲赍汤药往疗之，复煮糜以饲之。积十馀日，始获痊愈。而先生家无恙，人咸以为正气胜之。新田令陈公来楫，其房师也，行取北上，委家口于郡城。先生为之赁宅馈粟，经理岁馀，回籍复厚赆之。江右顾勋臣，医工也，旧与相识，客死郡城。子幼，八年不得归榇。先生率同人葬之于佃庄，为勒石以志之。其笃于乡党故旧，不以穷达死生易视，类如此。

先生外刚内和，好面折人过。然人一有长，恒称道不置。雅性恬静，不以外事撄心。与之谈世故，默默似不解者。及朋友后辈问难就正，则亹亹百千言不倦，必俾之各得其解而去。邑里中人材为其所成就者甚多。尝为岳麓书院山长，四方闻而景从者，不减百人，先生悉训以圣经贤传（之）之旨、修己治人之方，故一时从游者，悉亲炙而各有所得焉。生平不惑神怪，不畏强御，惟理之所是而行之，一无所怯。长邑有游案邪神，俗称其最灵，能疗人病。同里张姓者妻病，迎神治之，其夫捧香仆地死。先生闻之，蹶然往责之，曰："迎汝治将死者，而反伤生者乎。"命焚其像，众咸畏其神，不敢前。先生促焚之，其神案遂废。郡邑中凡兴利除弊事，勿计艰巨。或具本末诣上官论之，或倡同志，陈辞共白之。如吁王中丞疏减开垦荒田之则，请魏中丞均分湖南北省解额之数，其大者也。

庚戌，诏修《省志》，制台迈公聘之往分领长郡，多采节义潜德之行表章之。董其事者，以简编繁重，少加裁汰，先生争之不获，遂携其初稿归，曰："存此以备将来采录可也。"盖先生虽未获施其经济，而其忠厚之意，直方之概，已隐著于日用因应中矣。若夫其著述大指，则一以阐发圣贤蕴奥为主。谓《易》本为卜筮而作，必先明夫象数而后其辞占可决。于是玩味《系辞》诸传之旨，参之瞿唐来氏、枫林朱氏之说，作《本义拾遗》。虽其取象指数若与朱子不相侔者，然其卦、变卦、互卦之则，本程子反覆往来上下之言，与《系辞》所谓“杂物撰德，非其中爻不备之云”而阐明之，以补《本义》之所未备者，非臆说也。又谓《周礼》本周公身致太平之书，六官为百王不易之典。汉唐注疏及先儒诸说，虽多所发明，然其井然分职之辨与夫丝引珠联之法，未经爬梳，终有遗憾。乃萃群言，衷以己意，辑为《集传》。又属芳取桐城方先生之说，以足成之。其于《仪礼》，则取大宗伯所掌吉、凶、军、宾、嘉五礼为之纲，而以记传分附之。为增删《经传通解》，虽与王朝、侯国之分差异，然其纲领似更精密。要亦未尝或悖于考亭也。至于《诗》之正风、正雅及颂，则细绎其辞，参之《乐记》、《左氏传》与儒先之说，辨其燕飨祭祀之用，附于《仪礼》内，咸确有所据。又取《朱子家礼》厘订增益之以成《全书》。《春秋胡氏传》，朱子尝谓：“且存其本子与后人看者。”先生一日触于出礼入律之言，遂取《春秋》书法按之《周礼》而得其解。时芳馆于宗祠，欣然出相谓曰：“《春秋》所讥者，即反乎《周礼》者也。所褒者，即合乎《周礼》者也。”于是纂辑群言，参以己见，成《春秋集传》。《太极》、《通书》、《西铭》，朱子已著解矣。间有诵习，所得足以补解之未备者，亦附注于其后以为拾遗。《正蒙》、《近思录》未有解释，学者茫无畔岸，乃著二书集解。尝读《伊洛渊源录》，反明谢方石《续录》，叹曰：“古今道惟一脉，前乎此者，洙泗其最盛矣。若汉唐大儒，如董、贾、诸葛、昌黎诸公，非其支派者乎。后乎此者，若元明之金、许、薛、胡诸先正，非其传薪者乎。”乃续《渊源全录》。又谓《朱子语类》乃其门人所记录，其间颇多重复，亦有少年未定之论，乃删为约编，而以其手札附之。又谓坊选古文繁芜混杂，学者不便诵读，乃选《古文醇》。又谓《楚辞》出于忠义所激，其旨远，其词奥，《朱子集注》亦间有未尽发明者，乃著《楚辞拾遗》。他如乾象之缠度，坤舆之脉络，颇尝究心。一切星卜、家言、医术、方书皆得其解。尤精于青囊术，尝语人曰："此亦仁术，学者所宜究心也。"乃著《地理八书》，岁甲寅始倩工镌刻。《易说》、《周礼》、《家礼》适告成，而先生谢世。其未竟者，固嗣子之责也。呜呼！先生嗣是将有《四书详说》之编，《古今诗的》之选，《宋元纲目》之参订，方与芳商议纲领，大旨乃修明之志，未竟而一疾不起。岂不惜哉！岂不恸哉！

先生生于康熙壬子年卯刻，卒于雍正乙卯岁九月十三日亥刻。享年六十有四。元配彭孺人举丈夫子一，即章达，太学生，娶同邑岁进士凌公讳之端之次女。女子子二，长适宁邑岁进士余公讳鸣珂之第三子愓。次适长邑庠生柳公讳凤止第六子煌，岁贡生。侧室刘氏举丈夫子二，章封聘本邑庠生黄公讳玉虹之次女。一章逵，幼未聘。男孙二。经铨聘本邑廪膳生张公讳圣羽之女。经钺聘本邑庠生柳公讳宗晟之女。女孙二，未字，俱达出。将以十一月三十日暂附厝于本乡田心祖墓飞凤山之阳。芳以为先生之文足以起衰而式靡，先生之行足以信今而传后，先生之学业足以绍往而开来，倘所谓今日斯文领袖者非耶。昔畏垒之民，犹欲俎豆庚桑子，矧有功正学如先生者哉！但芳愚暗寡识，虽承教有年，殊未能仰窥其精微。又以重忧之下，心绪瞀乱，举一漏十，姑述其大概如此，敢希大人先生锡之华衮，贲之泉壤。庶几其文行学术足以表见于世，而后之钦其行而诵其书者，慨然感慕于其人，则于先生为不朽矣。

受教制愚弟芳华薰沐敬述。

李恒斋先生墓志铭

先生既窆之次年，冢君章达以余为其尊人相知之深者，属志其墓。余不敢辞，遂掇其大概而志之，其载在行述者不复纪也。

先生生而颖异，器识不凡。幼从蒙师，归质疑义，惊出太翁意表。至邑城，谒文庙，询从祀者，遂忻然慕之。弱冠，学使姚公器之，补弟子员。庚午乡试，与邵阳车补旃前辈濒行，论周、程、张、朱之学，乃知为学之门。遂购《二程遗书》及朱子所辑著诸家并《濂溪图说》、《通书》，沉潜反覆者数十年。莫不贯穿浃洽，抉其秘密，其所诣岂出季通、北溪下哉。复取明代河东馀干、枫林、整庵之遗绪而讨论之，不遗馀力。尤邃于经学，《易》则溯羲文之源流。《礼》则订三礼之同异。《春秋》则阐笔削之微旨。其见于著述皆非苟然者。其于天文地理、诸子百家，靡不洞其所以然。诚可谓一代之通儒矣。先生赋质笃实，居父母丧必循三年礼，不饮酒，不食肉，不御内，即居继母丧亦然。其于父子之仁可概见矣。恩科癸巳居第二。壬寅年过豫章，夜观乾象，怪之。俄而仁皇帝崩，不以旅次废礼，必制服哀临。其于君臣之义亦可概见矣。再上公车，不第，遂绝意仕进，杜门扫轨以著述为务。即一二知己有劝之仕者，亦以义为去就。绰绰然有馀裕者，储其所学以待大用。而一旦赍志以没，人谓伯淳死而天下无福，为可惜也。

先生姓李氏，讳文炤，字元朗，号恒斋。或传系出唐西平王晟后。明初自丰城湖茫徙善化雷田。祖洪甫公生子五，其三字格人者，邑庠生，即先生父也。母周太君孕先生十有六月始生。先生正配孺人彭氏。侧室刘氏。长子章达，彭出，太学生。次章封，三章逵，俱幼，皆刘出。长女适宁邑儒士张余愓，次女适长邑岁贡生柳煌。皆彭出。孙二，经铨、经钺。孙女二，未字，皆达出。先生生于康熙十一年壬子六月初十日卯时，卒于雍正十三年乙卯九月十三日亥时。葬于本乡飞凤山之阳。先生行实，别见于纪传。某独摭其大略以志其墓而为之铭曰：

先生之生，实钟间气。应运继绪，明道为贵。处非不足，出非有馀。万古之宅，天作之居。

眷同学弟周正顿首拜撰。

跋

先君幼有大志，常慨然欲以《周官》、《周礼》易天下。读明良一德之书，未尝不掩卷三叹也。沈酣六籍，贯穿旁达。强仕以前，已有成书。癸巳□□乡，欣欣有达道之望焉，与计偕者再不售，遂欲倡明濂、洛、关、闽之学，以诏来者。于是专心著述，远揽旁搜。而《周易》、《周礼》、《仪礼》、《春秋》、宋五子等书，咸详加厘订，付之剞劂，质诸海内。若诗、古文辞，特其偶然有会而作，先君之馀事焉耳。呜乎！昊天不吊，不永天年。卦数甫周，遽弃人世。余小子恸憾终天，惓念手泽，恐其久而或散轶也，爰挈稿本，属族叔实庵选次而梓之。嗟乎！徒读父书，虽同赵括之愚；伪述先业，幸免刘歆之妄。兹刻是编，公诸同志。庶先大人之怀抱所蕴及言行所存，亦足以见其一斑云。

不孝男章达抆泪谨识。

周礼集传

赞[①]

得读朗翁李老先生手著《周礼注疏》、《增删仪礼经传通解》、《家礼拾遗》。喜其编辑至当，为赋三十韵劝其授梓。

夫子所雅言，在诗书执礼。先圣以此承，后圣以此启。狂秦浑自私，妄将圣经毁。斯道那可无，汉兴随访宋。不惜金帛求，六籍衰复起。诗书堪诵法，礼繁杂难纪。中有非时宜，且有与奢似。好礼而家贫，或畏难而止。大哉朱紫阳，殷勤为参拟。编辑未及成，幸遗稿本在。朱子辑有《家礼》及《仪礼经传通解》，皆未及完成。谓须大大人，尽数一拆洗。勉斋继其任，丧祭赖续载。篇完未遑订，仍只全稿尔。勉斋续辑丧祭礼仪，篇数虽完，仍皆未经订正。予窃不自量，也几经研揣。分卷录从宜，无乃但为己。予就《仪礼经传通解》及诸家礼书，录其有切于修齐之宜从者，分为《学礼修齐从宜》十卷：一曲礼，二冠，三学记，四婚，五内则，六士相见，七乡饮，八乡射，九丧，十祭。其治平诸礼，有会典及仕途各仪注，皆未之录。挂少而遗多，尽数将谁俟。衡湘灵秀钟，笃生人姓李。温如金玉相，昂藏鸾鹄峙。存存达性天，浩浩倒诸子。下砭荀与扬，上规姚与姒。有官不肯做，先生由孝廉授知县，屡征不就。行无不合轨。六籍恣搜讨，各与疏奥旨。尽将诸礼经，一一为整理。沿革因乎时，损益审其是。不以予固陋，编成畀予视。允矣彬彬然，无复虞野史。将无先后圣，于兹一其揆。苟非擅至

①“赞”，因本篇原无标题，故拟用此体，与“序”为类。

精，孰能与于此。世道际昌明，好书当授梓。伫教学礼家，罔不相率俾。

平江教弟彭其位具稿。

序

余自庚寅岁待罪新田，越四年癸巳，皇恩特典，开科较士，闱分易一房。时主试严君率同事诸公焚香告神，誓拔真才，余房所得佳卷最多。既取李子朗轩为房首，满数之外，馀蒙严君分授各房。出闱以后，匆匆告归，得相晤者无几。惟李子居近会城，余谒诸上台时，偶得片刻叙谈，亦不遑悉其所学之巅末也。至戊戌，余谬叨谅移，是冬，入省谢事辞行。李子出其所注《周礼集传》请序于余。余但知其专经《周易》，疑而问之，始知其五经皆有注释，惟是书先成耳。余取而细阅，兵农礼乐无一不备，天地鬼神无微不周。以至内而格致诚正，外而家国天下，事事有条而有理。乃掩卷而叹曰："斯义也，于《尚书》见其略，于是书见其详，以《大学》为间架，以是书为粉饰可也。异日李子出宰州邑，以是书治其下；入赞皇躬，以是书事其上，亦无不可。"余学识浅鲜，翻阅至再，不啻胜读十年书矣。故喜而为之序。

时康熙己亥年长至日，山阴陈来楫济殷氏具稿。

序

《周礼》为元公致太平之书，非圣人不能作。胡氏谓王莽合刘歆伪撰者，非也。自汉而下，述者盖寡。隋文中子称为王道之极，亦未及训而发之。至宋，命王安石董修《周官》为之义序。其所谓因习以崇之，赓续以终之，至于后世无以复加是已。然其所撰十馀万言，多以所创新法附会之，务塞异议者之口，而卒不足以致治，失其义矣。夫有天德，然后可以行王道、尽人物、赞化育，皆圣人性分中事。创制立法，都是天理合当如此。不知而作者，欲以私意小智用之，不亦悖乎！朱子谓看《周礼》也，只循注疏看去，第一要识得圣人公平意思。其间节目有不可晓处，姑且阙之，是以传注未及详焉。长沙李子，单心是书，贯串旁通，汇为集传。其采摭群言，率皆约文申义，足以敷惕厥旨。可谓择焉而精，语焉而详，比于王氏之书，有大醇而无小疵矣。我皇上尊崇经学，命大臣开馆纂修《易》、《书》、《诗》、《春秋》诸经，已有成编，皆折衷以圣训。而是书为经世大法，行将次第及之，则以是编进之石渠天禄间，诚足备当事之采择。而李子以通经博古之才，理必观其会通，言必规于中正，异日出而服官，本其所学以大用于时，其必不如王氏之以经术误世也。余亦于是乎信而征之矣。

赐进士第翰林院检讨加一级年家眷弟陆绍琦序。

周礼集传弁言

浑噩日以远，吊诡日以起。干戈绍揖逊，群情纷靡靡。不有大圣才，宇宙孰经纬。家相佐冲人，负扆作周礼。阴阳运机缄，四序迭纲纪。元化宰其中，无为只恭已。沕沕薰太和，嬇姚轶姒子。西辙倏东迁，六驭失正轨。漂流逮七雄，去籍如扬粃。祖龙肆毒焰，赤帝补疮痏。新都窃近似，后生恣狂诋。倬彼诸老翁，摩挲攒故纸。惜非天孙手，乱丝棼不理。吾兄命世英，六典探源委。梦想在姬公，茧缫还栉比。上溯皇初旧，旁参历代史。荟萃古今言，缀裘成顺美。穆穆迓衡业，恳恳睢麟旨。取法岂远哉，润泽之而已。三代真可复，力行何如耳。

愚弟芳华拜稿。

周礼集传序

万象融融，上天统之。庶类芸芸，后土涵之。大运绵绵，四时纪之。而元化默宰于其间。王者有作，人极于是乎立焉。设官分职，纲举目张，盖取诸此而已矣。君者，极也；相者，阴阳五行也。司徒为教养之相，宗伯为礼乐之相，司马为征伐之相，司寇为刑辟之相，司空为田赋之相，播五行于四时也。冢宰为修齐平治之相，浑二气于一元也。洪荒以来，茫昧莫稽，唐虞以降，损益迭出，及成周而后大备。孟子曰："周公思兼三王，以施四事；其有不合者，仰而思之，夜以继日；幸而得之，坐以待旦。"甚矣，制法之难也。周辙既东，王纲不振，诸侯恶其害已也，而皆去其籍。虽以子舆之哲，亦仅闻其略而已。然《庖人》之类，见于《内则》；庶子之掌，载于燕义；九伐之法，述于穰苴；职方之纪，出于汲冢；《司乐》之篇，呈于窦公。盖不待李氏女子之献，刘氏天禄之校，而其言固已散出矣。去圣既远，蚀晦繁多。有仿其迹而假之者，有窃其似而乱之者，有师其意而不能循序以施之者，天下之士益以惑焉。惟朱子以为运用天理烂熟之书，而其论始定。顾表章虽明而训释未逮，至于诸儒之说，则又未免以私意小智杂乎其间，非不有醇焉，而不胜其疵也；非不有详焉，而不胜其略也。学者入于其中，能无望洋向若之叹乎。炤自弱冠，即不能无疑于此。于是熟读精思，远稽博采，不揣固陋，勒为一编。上推列圣之因革，下鉴历代之兴衰，以窃附于诗书集传之后。至若《冬官》既亡，则旁搜官名于传记之中，以志其梗概。而

《考工记》亦存之，以备参稽焉。庶几圣人之精意不汩没于百家之曲说云尔。嗟夫！天地无为，生民有欲，其升降污隆，视乎君相之一念耳。志气如神，百体从令，当躬具有位育也。朝廷建极，万方承式，宇宙不啻官骸也，外王内圣果且有二道乎哉！自道术之裂也，论学者以虚无为宗而土苴世务，论治者以名法为急而迂疏性术。规矩准绳之不定，而思制天下之器，利天下之用，不亦惑乎。然则是书，固四子之梁筏，五经之模范也。糟粕煨烬，无非至教，神明变化，存乎一心，此传之所为作也。若曰为天地立心，为生民立命，为去圣继绝学，为万世开太平，则宇宙之广永，当必有人焉任之，而岂区区之所敢议哉。

星沙李文炤自序，时皇清康熙丙申年仲夏月天中日。

周礼纲领

昔者黄帝氏以云纪，故为云师而云名。黄帝轩辕氏，姬姓之祖也。春官为青云氏，夏官为缙云，秋官为白云，冬官为黑云，中官为黄云。炎帝氏以火纪，故为火师而火名。炎帝神农氏，姜姓之祖也。春官为大火，夏官为鹑火，秋官为西火，冬官为北火，中官为中火。共工氏以水纪，故为水师而水名。共音供。共工氏，以诸侯霸有九州者，在神农之前，太皞之后，其官名未详。大皞氏以龙纪，故为龙师而龙名。大，音泰。皞，胡老反。大皞，伏羲氏，风姓之祖也。飞龙氏造书契，潜能氏造甲历，降龙氏驱民害，土龙氏治田里，水龙氏繁滋草木，疏导泉源。春官为青龙氏，又曰苍龙。夏官为赤龙氏，秋官为白龙氏，冬官为黑龙氏，中官为黄龙氏。少皞挚之立也，凤鸟适至，故纪于鸟，为鸟师而鸟名。凤鸟氏，历正也；玄鸟氏，司分者也；伯赵氏，司至者也；青鸟氏，司启者也；丹鸟氏，司闭者也。少，诗照反。挚，音至。凤鸟知天时，故以名历正之官。玄鸟，燕也，以春分来，秋分去，故司分之官名之。伯赵，伯劳也，以夏至鸣，冬至止。故司至之官名之。青鸟，鸧鴳也，以立春鸣，立夏止，故司启之官名之。丹鸟，鷩雉也，以立秋来，立冬去，入大水为蜃，故司闭之官名之。大抵上古之时，首敬天而后勤民，故《尧典》止命羲和，而《舜典》乃命九官，亦此意也。祝鸠氏，司徒也；鴡鸠氏，司马也；鳲鸠氏，司空也；爽鸠氏，司寇也；鹘鸠氏，司事也。五鸠，鸠民者也。祝鸠，鵻鸠也，其性孝，故以名教养之官。鴡鸠，王鴡也，其性挚而有别，故以名师旅之官。鳲鸠，鴶鵴也，其性均平，故以名水、土之官。爽鸠，鹰也，其性挚，故以名刑罚之官。鹘鸠，雕也，其来以春而去以冬，故以名兴作之官。鸠之为言聚也，此后世六卿之始，然无冢宰者，意必别有总治之官，如虞之百揆，商之阿衡之类。而宗伯亦未设，则浑噩之时，礼乐有所未备也。司空与司事并设，则洪荒之代，平成有所未奏也。建官之道，亦因乎时而已矣。

五雉为五工正，利器用、正度量，夷民者也。九扈为九农正，扈民无淫者也。西方曰鷷雉，攻木之工也。东方曰鶅雉，砖埴之工也。南方曰翟雉，攻金之工也。北方曰鵗雉，攻皮之工也。伊雒以南曰翚雉，设色之工也。丈尺曰度，斗斛曰量。春扈鳻鶞，相五土之宜，趣民耕种者也。夏扈窃玄，趣民芸苗者也。秋扈窃蓝，趣民收敛者也。冬扈窃黄，趣民盖藏者也。棘扈窃丹，为果驱鸟者也。行扈唶唶，昼为民驱鸟者也。宵扈啧啧，夜为农驱兽者也。桑扈窃脂，为蚕驱雀者也。老扈鷃鷃，趣民收麦，冬不得晏起者也。扈之为言止也，无淫，言不得淫放也。五雉盖司事之属，九扈盖司徒之属。自颛顼以来，不能纪远，乃纪于近。为民师而命以民事，则不能故也。以民事命官，取其切于日用耳，岂不能致瑞而遂纪于近哉？郯子之言，非也。右《左氏传》。

天子建天官，先六大，曰大宰、大宗、大史、大祝、大士、大卜，典司六典。大，音泰。大宗即宗伯，大史、大祝、大卜，皆其属也，大士盖以神仕者。天子之五官，曰司徒、司马、司空、司士、司寇，典司五众。司士掌群臣之版，《周礼》为司马之属，后世之吏部尚书盖其职也。天子之六府：曰司土、司木、司水、司草、司器、司货，典司六职。天子之六工：曰土工、金工、石工、木工、兽工、草工，典制六材。府以藏之，工以用之，《周礼》盖皆人司徒、司空之属。五官致贡曰享。言五官各致其功以献于王，谓之享也。此盖夏殷之制，故上与《舜典》不合，而下亦与《周礼》不同与。右《曲礼》。

八政：一曰食，二曰货，三曰祀，四曰司空，五曰司徒，六曰司寇，七曰宾，八曰师。蔡氏曰："食者，民之所急；货者，民之所资。故食为首，而货次之。食货所以养生也，祭祀所以报本也。司空掌土，所以安其居也。司徒掌教，所以成其性也。司寇掌禁，所以治其奸也。宾者，礼诸侯远人，所以往来交际也。师者，除残禁暴也。兵非圣人之得已，故居末也。"愚按：史称箕子封于朝鲜，以八条治民，疑即此也。食则乡遂有司主之，货则司市主之，祀则宗伯之职也，宾则行人之职也，师则司马之职也，盖已为周礼之胚胎矣。为王者师，不亦宜乎。右《洪范》。

惟周王抚万邦，巡侯甸，四征弗庭，绥厥兆民。六服群辟，罔不承德。归于宗周，董正治官。蔡氏曰："此《书》之本序也，庭直也。"

葛氏云："弗庭，弗来庭者。六服，侯、甸、男、采、卫，并畿内为六服也。《禹贡》五服通畿内，周制五服在王畿外也。《周礼》又有九服：侯、甸、男、采、卫、蛮、夷、镇、蕃，与此不同。宗周，镐京也。董，督也。治官，凡治事之官也。言成王抚临万邦，巡守侯甸，四方征讨不庭之国，以安天下之民。六服诸侯之君，无不奉承周德。成王归于镐京，督正治官之事，外攘之功举而益严内治之修也。"唐孔氏曰："周制无万国，惟伐淮夷，非四征也。极言之尔。"王若曰："若昔大猷，制治于未乱，保邦于未危。治去声。蔡氏曰："若昔，大道之世。制治，保邦于未乱未危之前，即下文明王立政是也。"曰：唐虞稽古，建官惟百。内有百揆四岳，外有州牧侯伯。庶政惟和，万国咸宁。夏商官倍，亦克用乂。明王立政，不惟其官，惟其人。蔡氏曰："百揆，无所不总者。四岳，总其方岳者。州牧，各总其州者。侯伯，次州牧而总诸侯者也。百揆四岳总治于内，州牧侯伯总治于外，内外相承，体统不紊，故庶政惟和而万国咸安。夏商之时，世变事繁，观其会通，制其繁简，官数加倍，亦能用治。明王立政，不惟其官之多，惟其得人而已。"愚按：唐虞官制，乃周礼之所自出也。百揆四岳之外，平水土者曰司空，播百谷者曰后稷，敷五教者曰司徒，明刑流者曰士，若工者曰共工，若上下鸟兽草木者曰虞，典三礼者曰秩宗，谐八音者曰典乐，出纳帝命者曰纳言，九官具而百度举矣。但教养初详，礼乐初备，则其官不得不分。而兵刑未滋，则其官不妨于合耳。至若共工不列于《冬官》，虞不列于《地官》者，亦以其创立也。纳言不若内史之列于《春官》者，又以其专达也。百揆不名为《天官》，四岳不称行人而属《秋官》者，盖备辅弼之任，若两相分陕，而一相处乎内也。夫创制显庸，作者之所以为圣。而统宗会元，述者之所以为明。然则《周礼》之书，岂独兼三王而施四事已哉。噫！盛矣。今予小子，祗勤于德，夙夜不逮。仰惟前代时若，训迪厥官。蔡氏曰："逮，及。时，是。若，顺也。成王祗勤于德，早夜有所不及，然盖修德者，任官之本也。"立大师、大傅、大保，兹惟三公，论道经邦，燮理阴阳。官不必备，惟其人。蔡氏曰："立，始辞也。三公非始于此，立为周家定制，则始于此也。"贾谊曰："保者，保其身体。傅者，傅之德义。师道之教训，此所谓三公也。阴阳，以气言。道者，阴阳之理恒而不变者也。《易》曰：一阴一阳之谓道是也。经者，经纶之谓。燮理者，和调之也。非经纶天下之大经，参天地之化育者，岂足以任此责。故官不必备，惟其人也。"少师、少傅、少保，曰三孤。贰公弘化，寅亮天地，弼（于）〔予〕一人。蔡氏曰："孤，特也。三少虽三公之贰，而非其属官，故曰孤。天地以形言化者，天地之用运而无迹者也。《易》曰：范围天地之化是也。弘者，张而大之。寅亮者，敬而明之也。公论道，孤弘化，公燮理阴阳，孤寅亮天地，公论于前，孤弼于后，公孤之分如此。"愚按：公孤之职，《周礼》未列，然其爵命位次，常迭见于六官之中。盖六卿之加官，周、召、毕、吕、荣、毛之徒，由此其选也。唐宋之尚书令、中书令、侍中，其班在三省两府之上，而明之部阁，多兼三大、三少之称，亦成周之遗意与。冢宰掌邦治，统百官，均四海。蔡氏曰："冢，大也。宰，制也。天官卿治官之长，是为冢宰。内统百官，外均四海，盖天子之相也。百官异职，管摄使归于一，是之谓统。四海异宜，调剂使得其平，是之谓均。"司徒掌邦教，敷五典，扰兆民。蔡氏曰："扰，驯也。地官卿主国教化，敷君臣、父子、夫妇、长幼、朋友五者之教。以驯扰兆民之不顺者而使之顺也。唐虞司徒之官，固已职掌如此。"宗伯掌邦礼，治神人，和上下。蔡氏曰："春官，卿主邦礼，治天神、地祇、人鬼之事，和上下尊卑之等。列春官于四时之序为长，故其官谓之宗伯。成周合乐于礼官，谓之和者，盖以乐而言也。"司马掌邦政，统六师，平邦国。蔡氏曰："夏官卿主戎马之事，掌国征伐，统御六军，平治邦国。平谓强不得凌弱，众不得暴寡，而人皆得其平也。军政莫急于马，故以司马名官。何莫非政，独戎政谓之政者，用以征伐而正彼之不正，王政之大者也。"司寇掌邦禁，诘奸慝，刑暴乱。蔡氏曰："秋官卿主寇贼法禁，诘奸慝，刑强暴作乱者。掌刑不曰刑而曰禁者，禁于未然也。"吕氏曰："奸慝隐而难知，故谓之诘，推鞫穷诘，而求其情也。暴乱显而易见，直刑之而已。"司空掌邦土，居四民，时地利。蔡氏曰："冬官卿主国空土，以居士农工商四民，顺天时以兴地利。按《周礼》，《冬官》则记考工之事，与此不同，盖本阙《冬官》，汉儒以《考工记》当之也。"六卿分职，各率其属，以倡九牧，阜成兆民。蔡氏曰："六卿分职，各率其属官，以倡九州之牧，自内达之于外，政治明，教化洽，兆民之众莫不阜厚而化成也。"愚按：官制之折衷尽善者，莫过乎成周。汉晋以下，皆失其意，独《唐六典》为差近之耳。然吏部专主铨官，则非均平之全体；民部专主敛财，则非教养之美意；工部专主匠作，则非富庶之良规。至有明欲兼历代之制，则又以院寺司监附益之。夫光禄主膳，太医主药，皆《天官》之属也。都察主纠，大理主狱，行人主宾，皆《秋官》之属也。通政即内史，亦当为《春官》之属。国子监即师氏，则又当为《地官》之属矣。何必纷出而无统若此乎。名正则言顺，言顺则事成，论治者，乌可忽诸。六年，五服一朝。又六年，王乃时巡，考制度于四岳。诸侯各朝于方岳，大明黜陟。蔡氏曰："五服，侯、甸、男、采、卫也。六年一朝会京师，十二年王一巡狩。时巡者，犹舜之四时巡狩也。考制度者，犹舜之协时月、正日、同律、度量衡等事也。诸侯各朝于方岳，犹舜之肆觐东后也。大明黜陟者，犹舜之黜陟幽明也。疏数异时，繁简异制，帝王之治，因时损益者，可见矣。"愚按："此言六年五服一朝，而《周礼》侯服岁一见，甸服二岁一见，男服三岁一见，采服四岁一见，卫服五岁一见，要服六岁一见。其期不同，岂此但举其略而《周礼》则致其详与?"右《周官》。

闵子骞为费宰，问政于孔子。孔子曰："以德以法。"夫德法者，御民之具，犹御马之有衔勒也。君者人也，吏者辔也，刑者策也，夫人君之政，执其辔策而已。衔勒，所以制之。辔，所以统之。策，所以齐之。古之御天下者，以六官总治焉。冢宰之官以成道，司徒之官以成德，宗伯之官以成仁，司马之官以成圣，司寇之官以成义，司空之官以成礼。六官在手以为辔，司会均仁以为节。故曰：御四马者，执六辔；御天下者，正六官。道者，修己治人之全术。冢宰之官，上而王身，下而百官万民，皆引而导之，如天之无不覆也，所以成道也。德者，躬行心得之实理。司徒之官，内而乡遂，外而都鄙邦国，皆安而化之。如地之无不载也，所以成德也。仁无不爱者也。宗伯之礼乐，使幽明之际，情之相洽者，厚而文之；相接者当如木欣欣，所以成仁也。圣无不通者也。司马之征伐，使遐迩之间，德之所蔽者，开①而威之。所梗者化，如火烈烈，所以成圣也。义无不制者也。司寇之刑禁，以生道杀民，使邪恶不至肆行而善良不至蒙害。如金之断物，所以成义也。礼无不理者也。司空之事役，以佚道使民，使地利不至失宜，而居民不至失所。如水之安流，所以成礼也。司会总计六官之绩，而周知四方之治，使天下为一家，中国为一人，而仁无不均，若纳辔而系之轼焉。此近臣之最要者。是故善御马者，正身以总辔，均马力，齐马心，回旋曲折，唯其所之。故可以取长道，可以赴急疾。此

①开，疑当作"闻"。

圣人所以御天地与人事之法则也。天子以内史为左右手，以六官为辔。已而与三公为执六官，均五教，齐五法，故亦唯其所引，无不如志。以之道，则国治；以之德，则国安；以之仁，则国和；以之圣，则国平；以之礼，则国定；以之义，则国义。此御政之术。内史出纳王命，进退百官，犹天子之左右手也，此近臣之最切者。六卿分职，犹之辔也。三公论道，则犹之执辔者也。五教谓五伦之教，五法谓五常之法也。过失，人之情，莫不有焉。过而改之，是谓不过。故官属不理，分职不明，法政不一，百事失纪，曰乱。乱则饬冢宰。地利不殖，财物不蓄，万民饥寒，教训不行，风俗淫僻，人民流散，曰危。危则饬司徒。父子不亲，长幼失序，君臣上下，乖离异志，曰不和。不和则饬宗伯。贤能而失官爵，功劳而失赏禄，士卒疾怨，兵弱不用，曰不平。不平则饬司马。刑罚暴乱，奸邪不胜，曰不义。不义则饬司寇。度量不审，举事失理，都鄙不修，财物失所，曰贫。贫则饬司空。饬，谓整摄之也。故御者，同是车马，或以取千里，或不及数百里，其所谓进退缓急异也。夫治者，同是官法，或以致平，或以致乱者，亦其所以为进退缓急异也。夫，音扶，下同。进退者，御之治之之大体；缓急者，御之治之之小节。在适其宜而已。古者天子常以季冬考德正法，以观治乱。德盛者治也，德薄者乱也。故天子考德，则天下之治乱，可坐庙堂之上而知之。夫德盛则法修，德不盛则饬法与政，咸德而不衰。法与政咸德，言皆合于德也。故曰王者又以孟春论吏之德及功能，能德法者为有德，能行德法者为有行，能成德法者为有功，能治德法者为有智。故天子论吏而德法行，事治而功成。有行之行，去声。故曰当作古者。德行本也，功智用也，知之明而后处之当，故事治而功成。夫季冬正法，孟春论吏，治国之要。结上文。右《家语》。

程伯子《论十事札子》曰：臣窃谓圣人创法，皆本诸人情，极乎物理，虽二帝、三王不无随时因革，踵事增华之制。然至乎为治之大原，牧民之要道，则前圣后圣，岂不同条而共贯哉！盖无古今，无治乱，如生民之理有穷，则圣王之法可改。后世能尽其道则大治，或用其偏则小康，此历代彰灼著明之效也。苟或徒知泥古，而不能施之于今，姑欲循名而遂废其实。此则陋儒之见，何足以论治道哉！然傥谓今人之情皆已异于古，先王之迹不可复于今，趣便目前，不务高远，则亦恐非大有为之论，而未足以济当今之极弊也。谓如衣服饮食宫室器用之类，苟便于今而有法度者，岂亦遽当改革哉？惟其天理之不可易，人所赖以生，非有古今之异。圣人之所必为者，固可概举。然行之有先后，用之有缓速，若夫裁成运动，周旋曲当，则在朝廷讲求设施何如耳。此十事之总叙，下文乃分言之。古者自天子达于庶人，必须师友以成就其德业。故舜、禹文武之圣，亦皆有所从学。今师傅之职不修，友臣之义未著，所以尊德乐道之风未成于天下，此非有古今之异者也。此即三公、三孤之职，出治之本也。王者必奉天建官。故天地四时之职，历二帝、三王未之或改，所以百度修而万化理也。至唐，犹仅存其略。当其治时，尚得纲纪小正。今官秩淆乱，职业废弛，太平之治所以未至，此亦非有古今之异者也。此太宰六典之法，为治之纲也。天生烝民，立之君，使司牧之。必制其恒产，使之厚生，则经界不可不正，井地不可不均，此为治之大本也。唐尚有口分授田之制，今则荡然无法，富者跨州县而莫之止，贫者流离饿殍而莫之恤。幸民虽多，而衣食不足者，盖无纪极。生齿日益繁，而不为之制，则衣食日蹙，转死日多，此乃治乱之机也。岂可不渐图其制之之道哉？此亦非有古今之异者也。此司徒井牧之经，养民之基也。古者政教始乎乡里，其法起于比闾、族党、州、乡、酂、遂，以相联属统治。故民相安而亲睦，刑法鲜犯，廉耻易格。此亦人情之所自然，行之则效，亦非有古今之异者也。此司徒乡遂之制，安民之方也。庠序之教，先王所以明人伦，化成天下。今师学废而道德不一，乡射亡而礼义不兴。贡士不本于乡里而实行不修，秀民不养于学校而人材多废。此较然之事，亦非有古今之异者也。此司徒物行之训，教民之要也。古者府史胥徒受禄公上，而兵农未始判也，今骄兵耗匮国力，亦已极矣。臣谓禁卫之外，不渐归之于农，则将贻深虑。府史胥徒之役，毒遍天下，不更其制，则未免大患。此亦至明之理，非有古今之异者也。府史胥徒之数，宰夫之八职辨之，兵戎之起，司马之六军统之，古人所以治兵役也。古者民必有九年之食。无三年之食者，以为国非其国。臣观天下耕之者少，食之者众，地力不尽，人功不勤，虽富室强宗，鲜有馀积。况其贫弱者乎？或一州一县有一岁之凶，即盗贼纵横，饥羸满路。如不幸有方二三千里之灾，或连年之歉，则未知朝廷以何道处之，则其患不可胜言矣。岂可曰昔何久不至是，因以幸为可恃也哉？固宜渐从古制，均田务农，公私交为储粟之法，以为之备。此亦无古今之异者也。此司徒委积之备，所以救荒也。古者四民各有常职，而农者十居八九，故衣食易给，而民无所困苦。今京师浮民，数逾百万，游手不可赀度。观其穷蹙辛苦，孤贫疾病，变诈巧伪，以自求生，而常不足以生。日益岁滋，久将若何！事已穷极，非圣人能变而通之，则无以免患。岂可谓无可奈何而已哉？此在酌古变今，均多恤寡，渐为之业，以救之耳。此亦非有古今之异者也。此司空度地居民之方，所以足民也。圣人奉天理物之道，在乎六府；六府之任，治于五官；山虞泽衡，各有常禁。故万物阜丰，而财用不乏。今五官不修，六府不治；用之无节，取之不时。岂惟物失其性，林木所资，天下皆已童赭；斧斤焚荡，尚且侵寻不禁；而川泽渔猎之繁，暴殄天物，亦已耗竭。则将若之何！此乃穷弊之极矣。惟修虞衡之职，使将养之，则有变通长久之势。此亦非有古今之异者也。五官即司五行之官，此司徒虞衡之任，所以爱物也。古者冠昏丧祭，车服器用，等差分别，莫敢逾僭，故财用易给，而民有恒心。今礼制未修，奢侈相尚。卿大夫之家莫能中礼，而商贩之类或逾王公。礼制不足以检饬人情，名数不足以旌别贵贱。既无定分，则奸诈攘夺，人人求厌其欲而后已。岂有止息者哉？此争乱之道也。则先王之法，岂得不讲求而损益哉？此亦非有古今之异者也。此宗伯礼仪之设，所以辨分也。此十者特其端绪耳，臣特论其大端，以为三代之法有必可施行之验。如其纲条度数、施为注措之道，则审行之，必也稽之经训而合，施之人情而宜，此晓然之定理，岂徒若迂疏无用之说哉？惟圣明裁择。

朱子曰：天子之礼，至尊无上。其居处则内有六寝六宫，外有三朝五门。六寝六宫者，王大寝一，小寝五。大寝听政，向明而治，故在前。小寝释服燕息者，故在后。其小寝，一寝在中，四寝在于四角。春居东北，夏居东南，秋居西南，冬居西北，土旺之月居中。后之六宫，正宫在前，五宫在后，其制如王之五寝。三朝五门者，王宫之外门，一曰皋门，二曰雉门，三曰库门，四曰应门，五曰路门。其朝在雉门之外者，曰外朝。在路门之外者，曰治朝。路寝之廷，曰内朝。皋门之内，外朝也。朝士掌其法，小司寇掌其政。设嘉石与肺石，而朝诸侯、听诏询，大事在焉。应门之内，治朝也。司士正其位，宰夫掌其法。太仆正王之位，而王日视朝在焉。路门之内，燕朝也。太仆正其位，掌摈相族人朝焉。《玉藻》曰："朝服以视朝，退适路寝听政。"然则王日视朝于治朝，而退听政于燕朝矣。雉门之外，悬象治所以待民。应门之外，设宗庙社稷所以严神位。路门之外，则九室九卿朝焉。路门之内，亦九室九嫔居焉。愚按：先郑五门之序如此，后郑稍异，说见《朝士》。其嫔御、侍卫、饮食、货贿之官，皆领于冢宰。其弁冕、车旗、宗祝、巫史、卜筮、瞽侑之官，皆领于宗伯。有师以道之教训，有傅以傅其德义，有保以保其身体。有师氏以媺诏之，有保氏以谏其恶。前有凝，后有丞，左有辅，右有弼。其侍御仆从，罔非正人。以旦夕承弼厥辟，出入起居，罔有不钦。发号施令，罔有不臧。在舆有旅贲之规，位宁有官司之典，倚几有诵训之谏，居寝有亵御之箴，临事有瞽史之道，宴居有工师之诵。旅贲，勇士，掌执戈楯，夹车而趋者。门屏之间谓之宁。训诵之谏，工师所诵之谏，书之于几也。亵，近也。史为书，瞽为诗。工诵箴谏，大夫进规，士传言，庶人谤，商旅于市，百工献艺。动则左史书之，言则右史书之，御瞽幾声之上下。太史，君举则书。旅，陈也，陈货物以示时所贵尚也。献艺，献其技艺，以喻政事也。左右史所书，《春秋》、《尚书》有存者。幾者，察也。察其所存乐者也。不幸而至于有过，则又有争臣七人，面折廷争，以正救之。盖其所以养之之备至于如此。是以恭已南面，中心无为，以守至正。而貌之恭，足以作肃；言之从，足以作乂；视之明，足以作哲；听之聪，足以作谋，思之睿，足以作圣。然后能以八柄御群臣，八统御万民，而赏无不庆，刑无不威，远无不至，迩无不服。傅说所谓奉若天道，建邦设都，树后王君公，承以大夫师长，不惟逸豫，惟以乱民。武王所谓亶聪明作元后，元后作民父母。所谓天降下民，作之君，作之师，惟其克相上帝，宠绥四方。箕子所谓皇建其有极，敛时五福，用敷锡厥庶民，惟时厥庶民于汝极，锡汝保极。董子所谓正心以正朝廷，正朝廷以正百官，正百官以正万民，正万民以正四方者，正谓此也。

周礼集传卷之一

天官冢宰第一

高山之顶曰冢。宰者，司主之名。《白虎通》曰："冢者，大也；宰者，制也；大制事也。"节卿郑氏曰："或问冢宰一官，其属六十，未有一事关乎天者，何也？曰：古之大臣，其所谓寅亮天地、燮理阴阳者，岂若历官、星翁、太史、卜祝之所为乎？凡论道经邦，以转移人主之心术，而厘正天下之万事者，皆寅亮燮理也。皆对时育物，抚五辰而熙庶绩者也。其谁曰人事之非天理耶！"邓氏曰："天官卿与六官并列，何也？曰：《易》乾坤于六子亦并列也。天地四时一不具，即覆载生成之德，讵有遍乎？其并列象分异也，其联事象功同也。"

惟王建国，辨方正位，体国经野，设官分职，以为民极。乃立天官冢宰，使帅其属而掌邦治，以佐王均邦国。建，立也。辨方，考日影以别东西南北之方也。正位，审面势以正祖社朝市之位也。体犹分也，分营国中以为食寝门除，如人之有体。经犹画也，画治野外以为丘甸沟洫，如布之有经。为民极者，立标准于此而民皆取正之也。均，平也。古之称宰相者，多以平为主。若虞谓之百揆，所以度不平以归于平也。商谓之阿衡，所以推至平以一天下之不平也。岂私意小智之所能与哉！

治官之属：大宰卿一人，小宰，中大夫二人；宰夫，下大夫四人。上士八人，中士十有六人，旅下士三十有二人。府六人，史十有二人。胥十有二人，徒百有二十人。大，音泰。有，音又。胥，读如谓。后同。旅，众也。卿大夫士皆用加倍之数，所以广副贰也。府，治藏者，犹今之库官。史，掌书者，犹今之令史。胥，有才智之称，为徒之什长。徒，犹今之隶卒，在官趋事者也。牛弘问刘炫曰："《周礼》士多而府史少，何也?"炫曰："古人委任责成，岁终考其殿最。今则不然，大小之官，悉由吏部，纤介之迹，皆属考功。省官不如省事，官事不省而望从容，其可得乎?"娄里王氏曰："成周之制，下士与庶人在官者同禄，故知官与吏无甚分也。两京去古未远，萧曹以刀笔吏佐命为元勋。故终西都之世，公卿多出胥吏。而儒雅贤厚之人，亦多借径于吏以发身。博士弟子之明经者，多补太守卒吏。东汉流品渐分，然以胡广而不免为郡散吏，袁安世传《易》学为县功曹，应奉读书五行并下，而为郡决曹吏，王充、徐稚皆以从事功曹起家而不以为屈。无他，始有禄以养其廉，而后有功名之途以尽其用也。则《周官》之府史胥徒，其不以卑职冗员限其终身，可知已。后世不为之谋其生，而但为之抑其格，则犯科为奸、不自爱重者，十人而九，此亦为之长者之过也。"

宫正，上士二人，中士四人，下士八人，府二人，史四人，胥四人，徒四十人。正，长也。干宝曰："言司者，总其领，司会之属；言师者，训其徒，甸师之属；言职者，主其业，职内之属；言衡者，平其政，虞衡之属；言掌者，主其事，掌舍之属；言氏者，世其官，师氏之属；言人者，终其身，庖人之属；不氏不人，权其村也，宫正、膳夫，内外饔之属。"

宫伯，中士二人，下士四人，府一人，史二人，胥二人，徒二十人。伯，亦长也。魏氏曰："宫正，宫中官之长，宫伯副之。先王燕居宫中，宦寺、妇人皆不得在侧，左右前后所与居者惟士耳。"

膳夫，上士二人，中士四人，下士八人，府二人，史四人，胥十有二人，徒百有二十人。膳之言善也。丘氏曰："膳夫以下庖、饔、亨人等官，皆以士为之，而属之冢宰。以人君一身，六军万姓之主，宗庙社稷之所关，饮食不可轻也。"

庖人，中士四人，下士八人，府二人，史四人，贾八人，胥四人，徒四十人。贾，音古，后仿此。贾知物价，故特置之。

内饔，中士四人，下士八人，府二人，史四人，胥十人，徒百人。饔，割烹煎和之称。

外饔，中士四人，下士八人，府二人，史四人，胥十人，徒百人。

亨人，下士四人，府一人，史二人，胥五人，徒五十人。亨，普庚反。

甸师，下士二人，府一人，史二人，胥三十人，徒三百人。郊外曰甸。徒三百人者，天子藉田千亩，借此三百人耕耨，故特多也。

兽人，中士四人，下士八人，府二人，史四人，胥四人，徒四十人。

𩣺人，中士二人，下士四人，府二人，史四人，胥三十人，徒三百人。𩣺，音渔。马氏曰："徒三百人者，池塞苑囿，取鱼之处多故也。"

鳖人，下士四人，府二人，史二人，徒十有六人。

腊人，下士四人，府二人，史二人，徒二十人。腊，音昔。腊，干肉也。

医师，上士二人，下士四人，府二人，史二人，徒二十人。

食医，中士二人。王氏曰："《易》之《颐》，君子以节饮食。盖疾病之起，本于气体之不和，始于饮食之不节。于无事之时而顺适之有道，疾病何自至哉？此食医所以设也。"

疾医，中士八人。治内证者。

疡医，下士八人。治外证者。

兽医，下士四人。兽，牛马之类。王氏曰："先王爱民以及物，虽物之微，无不治焉，所以为仁之至也。"

酒正，中士四人，下士八人，府二人，史八人，胥八人，徒八十人。

酒人，奄十人，女酒三十人，奚三百人。奄，精气闭藏者，今谓之宦人。女酒，女奴晓造酒者。奚，犹今之官婢。临川王氏曰："民有是疾，先王因之，择而用之，与籧篨蒙镠，戚施、直镈，聋聩、司火，瞽矇、修声同若。以奄为刑人，则国君不近刑人，而况于王乎。若以为刑无罪之人而任之，则宜先王所不忍也。"

浆人，奄五人，女浆十有五人，奚百有五十人。女浆，女奴晓造浆者。

凌人，下士二人，府二人，史二人，胥八人，徒八十人。凌，冰室也。凌人之掌冰，上以法天时，下以防人患，亦其调燮之一事也。

笾人，奄一人，女笾十人，奚二十人。竹曰笾。女笾，女奴晓掌笾实者。

醢人，奄二人，女醢二十人，奚四十人。女醢，女奴晓为醢者。

醯人，奄二人，女醯二十人，奚四十人。女醯，女奴晓为醯者。

盐人，奄二人，女盐二十人，奚四十人。女盐，女奴晓治盐者。

幂人，奄一人，女幂十人，奚二十人。幂，莫历反。以巾覆物曰幂。女幂，女奴晓治幂者。

宫人，中士四人，下士八人，府二人，史四人，胥八人，徒八十人。

掌舍，下士四人，府二人，史四人，徒四十人。行所解止之处。

幕人，下士一人，府二人，史二人，徒四十人。

掌次，下士四人，府四人，史二人，徒八十人。舒氏曰："此三官之义不明，后世离宫行殿，竭万家之产，姑以为一日巡幸之备。然则有志于经世而为生民立命者，可不察《周官》之义哉！"

大府，下大夫二人，上士四人，下士八人，府四人，史八人，贾十有六人，胥八人，徒八十人。大，音泰。府官有市买，须知物价，故特置贾。

玉府，上士二人，中士四人，府二人，史二人，工八人，贾八人，胥四人，徒四十有八人。工，攻玉者。贾，辨玉者。

内府，中士二人，府一人，史二人，徒十人。

外府，中士二人，府一人，史二人，徒十人。

司会，中大夫二人，下大夫四人，上士八人，中士十有六人，府四人，史八人，胥五人，徒五十人。会，古外反。会，大计也。

司书，上士二人，中士四人，府二人，史四人，徒八人。书，簿书也。

职内，上士二人，中士四人，府四人，史四人，徒二十人。

职岁，上士四人，中士八人，府四人，史八人，徒二十人。明斋王氏曰："岁，当作出，凡出内之出，读作昌税反，与岁音相类也。"娄里王氏曰："司会，掌大计。岁计曰会，故以司会名官。则主岁计，以岁为断，正司会之谓也。不宜复有职岁，有职内当有职出，明斋之说为甚长也。"

职币，上士二人，中士四人，府二人，史四人，贾四人，胥二人，徒二十人。郑氏曰："币，给公用之馀。"

司裘，中士二人，下士四人，府二人，史四人，徒四十人。

掌皮，下士四人，府二人，史四人，徒四十人。

内宰，下大夫二人，上士四人，中士八人，府四人，史八人，胥八人，徒八十人。节卿郑氏曰："天子理阳道，后治阴德，风化并行，故赞治之官皆曰宰。宰属大宰者，意其治家之道，亦多权衡审订于大臣。大臣格心之所自出与，盖女宠近习，所以移人主之德者，大臣总之，无敢逾节。古人致君二南之化，其道由此。"

内小臣，奄上士四人，史二人，徒八人。何氏曰："奄人而为上士者，必其有忠信之心，无险陂之行，故使之食上士之禄而用之。"李氏曰："《周礼》一书，其馀奄皆不命也。夫宦官之位，天象所有，指其居次，或在帷簿之内；论其职掌，或闻床笫之言，固不可以屈辱俊乂、混淆男女。其用奄人，是乃制事之宜矣。然先王不以恩掩义，不以私废公，虽其亵臣，无得过宠。奄称士者，止于四人，况可谓卿大夫乎哉。"

阍人，王宫每门四人，囿游亦如之。囿，御苑也。游，离宫也。

寺人，王之正内五人。寺之言侍也。正内，路寝也。《杂说·周家冢宰》一书，凡阍寺嫔御之职，服膳管库之司，皆属焉。先王奚必烦细若是哉？嗟夫！先王此意不明于天下，盖自冢宰失职，而后有女宠之祸，有阍寺之变，有内藏之私，有宫市之患，有奢侈百出之弊。凡先王治天下之本，莫不废坏焉。

内竖，倍寺人之数。竖，未冠者之称。

九嫔。以宾礼相接之谓嫔。《昏义》曰："古者后立六宫，三夫人、九嫔、二十七世妇、八十一御妻。以听天下之内治，以章明妇顺，故天下内和而家理也。"不列夫人于此官者，夫人于后，犹三公之于王，坐而论妇礼，无官职也。

世妇。王氏曰："执箕帚以事人者，谓之妇。妇人事人，有庙嗣之义，故谓之世妇。"柯氏曰："按《昏义》二十七人。《春官》亦有世妇，则每宫卿二人，下大夫四人，中士八人，其职又与此不同者。后儒合之，则所谓下大夫、中士，果何人也？窃意《天官》世妇与九嫔、九御为列，则诚天子之嫔妃也。《春官》世妇则专掌后宫之礼者，上自王后，下至内外宗，皆其所教。有大夫、士之爵者，乃女官设府于内，有齿德者为之，所谓女传是也。内宰自外而治内，世妇自内而达外，必如此而法制乃备也。观其所属，有府史与奚，而内外宗次之可知矣。后儒合之，非也。"

女御。御，进也，进于王寝侍燕息，所谓御妻也。魏氏曰："《剥》之为卦，上九以一阳而载于群阴，君象也。六五率群阴以承一阳，后象也。后能逮下而无嫉妒之心，然不免为剥其君者。盖阳以博施为德，而孤阳处于群阴之中，鲜有不为其所斫丧者。故古之圣王谨之。自九嫔而下，世妇、御妻皆阙其数而不备，传《春秋》者复述孔子之意，谓天子一娶惟有十二女，其间有待年于国者，俟少者年及，则长者已衰，前后所御，实不过数人而已。"

女祝四人，奚八人。犹王之有大祝、小祝也。

女史八人，奚十有六人。犹王之有太史也。张子曰："《周礼》女八人为女史，令执彤笔，在宫中书王后夫人，以佐内治。宫女德之善恶，及进御烦碎之事，皆书之，故宫女惧而修德。"

典妇功，中士二人，下士四人，府二人，史四人，工四人，贾四人，徒二十人。杂说典妇功以下三官，悉用士人。先儒以为此人主奢俭所系，国家利害所关，非士大夫为之，则害国家矣。

典丝，下士二人，府二人，史二人，贾四人，徒十有二人。

典枲，下士二人，府二人，史二人，徒二十人。

内司服，奄一人，女御二人，奚八人。言内者，妇人之事也。女御，女奴晓进御之服者也。

缝人，奄二人，女御八人，女工八十人，奚三十人。女工，女奴之晓裁缝者。

染人，下士二人，府一人，史二人，工二人，徒二十人。

追师，下士二人，府一人，史二人，工二人，徒四人。追，治金玉之称。

屦人，下士二人，府一人，史一人，工八人，徒四人。

夏采，下士四人，史一人，徒四人。夏采，夏翟羽色。《禹贡》徐州贡夏翟。后世染鸟羽而象之，以为车之𫄨也。临川王氏曰："夏采，掌大丧之复而置一官，则其兼掌明矣。"方氏曰："《大学》之道，治国平天下必本于修身齐家，而其原又在于格物、致知、诚意、正心，而后表里无隔，细大毕贯。家宰之属，骤视之，若纷杂琐细。而究其所以设官之意，则天子诚意、正心、修身、齐家、治国、平天下之事皆统焉。所以为父师之任而非五官之比也。至于格致之学，则师氏、保氏导养有素，而随事究察焉者皆是也。"

大宰之职，掌建邦之六典，以佐王治邦国。一曰治典，以经邦国，以治官府，以纪万民。二曰教典，以安邦国，以教官府，以扰万民。三曰礼典，以和邦国，以统百官，以谐万民。四曰政典，以平邦国，以正百官，以均万民。五曰刑典，以诘邦国，以刑百官，以纠万民。六曰事典，以富邦国，以任百官，以生万民。典，常也。治典，天官之典。经犹治丝之有经，纪犹举纲之有纪。教典，地官之典。扰，驯也。礼典，春官之典。统，合也。谐，和也。政典，夏官之典。均，平也。刑典，秋官之典。诘，禁也。纠，察也。事典，冬官之典。任，使也。生，养也。方氏曰："治典无所不统，其有式贡赋，亦经邦国也。有柄法则，亦治官府也。有统职两，亦纪万民也。教兴则大伦叙，名义相维，安邦国也。惇典交敕，教官府也。服习相渐，扰万民也。礼达则名分定，上下均安，和邦国也。尊卑递承，统百官也。情文交接，谐万民也。政行则纪律明，伐暴讨乱，平邦国也。治兵振旅，正百官也。甸甲番征，均万民也。刑立则威令肃，贬爵削土，诘邦国也。刺奸惩墨，刑百官也。禁暴抑邪，纠万民也。事举则美利兴，任土纳贡，富邦国也。画地考工，任百官也。务农殖货，生万民也。"吕氏曰："三公三孤，天子所与共调精微之原，而无所治者也。统万事而分治之，则有六卿之职焉。六卿者，万事之纲也。为天下者，始于立纲纪，故一曰邦治。纲纪既立，首教之以人道之大，故二曰邦教。人道立，则必有节文之者，故三曰邦礼。教立礼行，而犹有干纪乱常者焉，则将帅之事也，故四曰邦政。大罪陈之原野，降此则有司之法在，故五曰邦禁。民迁善远罪，然后可以永奠厥居，故六曰邦土。终焉六卿分帜，各率其属，以倡九牧，阜成兆民，为治体统。内外交应，本末具举，丝牵绳联，无一节不相关。天下虽广，会头总在六卿。至于冢宰，相天子而统百官，则司徒以下，无非冢宰之所统，乃均列六职而并数之为六卿，何也？纲固在网之中，而首亦岂出乎身之外哉？乾坤之与六子，并列于八方也。冢宰之与六卿，并居于六职也。一而已矣。”以八法治官府：一曰官属，以举邦治。二曰官职，以辨邦治。三曰官联，以会官治。四曰官常，以听官治。五曰官成，以经邦治。六曰官灋，以正邦治。七曰官刑，以纠邦治。八曰官计，以弊邦治。灋，音法。官属，官之僚佐。举者，措而行之也。官职，官之分守。辨者，各有司存也。官联，官之协济。会者，合力相资也。官常，官之典故。听者，屡省其成也。官成，官之品式。经者，理绪而分也。官法，官之轨度。正者，匡其回邪也。刑者，官之责罚。纠者，警于有位也。计者，官之考成。弊者，断其能否也。以八则治都鄙：一曰祭祀，以驭其神。二曰法则，以驭其官。三曰废置，以驭其吏。四曰禄位，以驭其士。五曰赋贡，以驭其用。六曰礼俗，以驭其民。七曰刑赏，以驭其威。八曰田役，以驭其众。都鄙，公卿大夫与王子弟所食之采地。驭，犹马之有衔勒，而操纵可自如也。祭祀，宗庙社稷之典，勿慢勿僭，所以驭其神。法则，两伍殷辅之职，不愆不忘，所以驭其官。退之曰废，进之曰置，惩罪劝功，所以驭其吏。养之以禄，叙之以位，兴贤举能，所以驭其士。赋者，地利所产，贡者，人力所成，开源节流，所以驭其用。礼者，天下之常典，俗者，一方之故习，正经通变，所以驭其民。刑以讨之，赏以优之，迁善远罪，所以驭其威。田猎以简之，役使以任之，因时用力，所以驭其众。庄渠魏氏曰：“先王建都邑以封公卿大夫，在王朝则臣道也，以八法治之。其在封邑则君道也，以八则治之。法者，从上之令而不自专也；则者，受节于上而下得自专也。”以八柄诏王驭群臣：一曰爵，以驭其贵。二曰禄，以驭其富。三曰予，以驭其幸。四曰置，以驭其行。五曰生，以驭其福。六曰夺，以驭其贫。七曰废，以驭其罪。八曰诛，以驭其过。柄，犹器之有所执持。诏，告也。爵有尊卑，所以驭其贵。禄有厚薄，所以驭其富。予者，特赐之恩惠，所以驭其意外之幸。置者，量材之叙用，所以驭其自修之行。生者，当死而入议以宥之，所以驭其再生之福。夺者，有故而夺其田禄以困之，所以驭其失位之贫。废者，放之于远，与众共弃之，所以驭其自取之罪。诛者，责之以言，使之悔而改之，所以驭其误犯之过。以八统诏王驭万民：一曰亲亲。二曰敬故。三曰进贤。四曰使能。五曰保庸。六曰尊贵。七曰达吏。八曰礼宾。亲，九族也。故，故旧也。贤，有德者。能，有才者。庸，有功者。贵，有爵者。吏，比、长、里、胥之类。宾，朝聘、君大夫之属。临川王氏曰："驭以亲亲，则民莫遗其亲。驭以敬故，则民莫慢其故。驭以进贤，则民知德之不可不务。驭以使能，则民知能之不可不勉。驭以保庸，则民知功实之不可害。驭以尊贵，则民知爵命之不可陵。驭以达吏，则民知壅蔽之不可为。驭以礼宾，则民知交际之当以礼。"梁氏曰："驭群臣者执其权，故曰柄；驭万民者举其纲，故曰统。"以九职任万民：一曰三农，生九谷。二曰园圃，毓草木。三曰虞衡，作山泽之材。四曰薮牧，养蕃鸟兽。五曰百工，饬化八材。六曰商贾，阜通货贿。七曰嫔妇，化治丝枲。八曰臣妾，聚敛疏财。九曰闲民，无常职，转移执事。任，犹事也。三农，原、隰、平地之农也。九谷，黍、稷、稻、粱、秫、菰、麻、麦、豆也。树果蓏曰圃，设樊篱曰园。毓，遂其生也。掌山曰虞，掌水曰衡，借官以表民也。作，兴其利也。无水之泽曰薮，有草之地曰牧。蕃，盛也。致力攻治之谓饬，因形移易之谓化。八材，珠、象、玉、石、木、金、革、羽也。居货曰商，行货曰贾。阜，盛也。嫔，有夫者。妇，有姑者。化治，变化而理治之也。臣妾，男女为人役者。聚敛，蓄积也。疏财，疏通其财也。闲民，佣雇为工作者。转移，不主一家也。执事，服勤其事也。按养生无一之不可阙，故治生者，无一夫之可怠。先王于民，随其所能而任之，此国之所以无游民而天下所以富庶也。后世任民无法，九职之外，有僧有道，有优有娼，有乞丐有任侠。兵不出于农而为召募，吏不简于官而为冗役，士不选于乡而为游谈。萃天下之人，半居无用，奈之何民不穷且盗耶！以九赋敛财贿：一曰邦中之赋。二曰四郊之赋。三曰邦甸之赋。四曰家削之赋。五曰邦县之赋。六曰邦都之赋。七曰关市之赋。八曰山泽之赋。九曰币馀之赋。削，音稍。上取于下曰赋。盖取于任地与馀财，非取于户口也。邦中，在城郭者。四郊，四方之郊，六乡百里之内，外距六遂者也。邦甸，去国二百里，天子使吏治之。家削，去国三百里，大夫所食采也。邦县，去国四百里，卿及王子弟之采地。邦都，去国五百里，公及王子弟之采地。币馀，九赋所敛之财，用度之馀，复归职币也。明斋王氏曰："古人节用，故用于上而有币馀。后世横征，故取于下而有羡馀。名相似而实不同也。”方氏曰：“按闾师掌国中四郊之赋，任农以耕事贡九谷，任圃以树事贡草木，任工以饬材事贡器物，任商以市事贡货贿，任牧以畜事贡鸟兽，任嫔以女事贡布泉，任衡以山事贡其物，任虞以泽事贡其物。则农即以谷为贡，馀八者即以所贡之物为赋，明矣。此职邦郊甸稍县都之田赋，则农所贡公田之谷也。其馀赋，则圃牧嫔妇之贡也。关市之赋，即商贾百工之贡也。山泽之赋，即虞衡之贡也。园圃薮牧，即邦郊甸稍县都之地。农工商贾、嫔妇臣妾、闲民，即邦郊甸稍县都山泽关市之人。以九职制九赋，以九赋待九式，贡物之外，别无所谓赋，其义明甚。岂如康成、节卿之说哉。”马氏曰：“自秦废井田之制，隳什一之法，任民所耕，不计多少，于是始舍地而税人，征赋二十倍于古。汉高祖始轻田租，十五而税一，其后遂至三十而税一。皆是度田而税之。然汉时亦有税人之法，按高祖四年，初为算赋，民十五以上至六十五，出税钱人百二十为一算。七岁至十五，出口钱人赋二十。此每岁所出也。然至文帝时，即令丁男三岁而二事，赋四十，则是算赋减其三之一。且三岁方征一次，则成丁者，一岁所赋不过十三钱有奇。其赋甚轻。至昭宣帝以后，又时有减免。盖汉时官未有授田限田之法，是以富强田连阡陌，而贫弱无立锥之地。故田税随占田多寡为之厚薄，而人税则无分贫富，然所税每岁不过十三钱有奇耳。至魏武初平，袁绍令田每亩输粟四升，又每户输绢二匹，绵二斤，则户口之赋始重矣。晋武帝又增为绢三匹、绵三斤，其赋益重。然晋制男子一人占田七十亩，女子及丁男丁女占田各有差，则出此户赋者，亦皆有田之人。非凿空而税之，宜其重于汉也。自是相承户税皆重。然至元魏而均田之法大行，齐、周、隋、唐因之，赋税沿革微有不同。史文简略，不能详知。大略计亩而税之令少，计户而税之令多。然其时户户授田，则虽不必履亩论税，只逐户赋之，则田税在其中矣。至唐始分为租庸调，田则出粟稻为租，身与户则出绢布绫锦诸物为庸调。然口分世业，每人为田一顷，则亦不殊。元魏以来之法，而所谓租庸调者，皆此受田一顷之人所出也。中叶以后，法制隳弛，田亩之在人者，不能禁其卖易，官授之法尽废，则向之所谓输庸调者，多无田之人矣。乃欲按籍而征之，令其与豪富兼并者一例出赋，可乎？又况遭安史之乱，丁口流离转徙，版籍徒有空文，岂堪按以为额。盖当大乱之后，人口死徙虚耗，岂复承平之旧。其不可转徙失陷者，独田亩耳。然则视大历十四年，垦田之数以定两税之法，虽非经国远图，乃救弊之良法也。陆宣公与齐抗所言，固为切当。然必欲复租庸调之法，必先复口分世业，均天下之田，使贫富等而后可。若不能均田，则两税乃不可易之法矣。盖赋税必视田亩，乃古今不可易之法。三代之贡、助、彻，亦只视田而赋之，未尝别有户口之赋。盖虽授人以田而未尝别有户赋者，三代也。不授人以田而轻其户赋者，两汉也。因授田之名而重其户赋，田之授否不常，而赋之重者已不可复轻，遂至重为民病。则自魏至唐之中叶是也。自两税之法行而此弊革矣。岂可以其出于杨炎而少之乎！”以九式均节财用：一曰祭祀之式。二曰宾客之式。三曰丧荒之式。四曰羞服之式。五曰工事之式。六曰币帛之式。七曰刍秣之式。八曰匪颁之式。九曰好用之式。好，去声。式，谓用财之节度。祭祀，牲牢、玉帛之等也。宾客，饔飧、委积之差也。丧则有赠赗含襚之典，荒则有赈恤通移之方。羞，饮食也。服，裳衣也。工事，器用之法。币帛，赠劳之用。草曰刍，谷曰秣，牛马之养。匪颁，非常分赐也。好用，情好赐予也。方氏曰：“九式无军旅，盖甲出丘甸，无养兵之费。有事则墙人致道路之委积，出畿则诸侯共其资粮，此古者所以薄取于民而财不匮也。”

魏氏曰：“均节也者，以三十年之通制国用总计。国赋岁入若干，国费岁出若干，四分为率，量用其三，而存其一。三十年则有十年之积。国不幸多故，不待加赋以病民，民不幸有水旱之灾，吾又得以蠲赋，所以养王仁心，助成恭俭之德，而禁奢侈于未萌也。”马氏曰：“汉隋二文帝，皆以躬履朴俭富其国。汉文师黄老，隋文任法律，而所行暗合圣贤。如此后之谈孔孟而师管商者，乃曰：‘苟善理财，虽以天下自奉，可也。’而其党遂倡为丰亨豫大，惟王不会之说。饰六经、文奸言，以误人国家，至其富国强兵之效，则不逮隋远甚，岂不谬哉。”以九贡致邦国之用：一曰祀贡。二曰嫔贡。三曰器贡。四曰币贡。五曰材贡。六曰货贡。七曰服贡。八曰斿贡。九曰物贡。斿，音由。下供于上曰贡。致，言不求而自至也。祀贡，牺牲包茅之属。嫔贡，麻缕丝絮之属。器贡，银铁丹漆之属。币贡，玉马皮帛之属。材贡，杶干栝荡之属。货贡，金玉贝龟之属。服贡，絺纻纤纩之属。斿贡，羽毛玑珇之属。物贡，鱼盐橘柚之属。杨氏曰：“致者，使其自至也。若天王求车求金，则非自至也。《杂说》言致邦国之用者，非用物不贡，则珍禽异兽不育于国，所谓不贵异物贱用物也。”方氏曰：“邦国独致贡，以粟米皆取于甸服，所以用利而民不劳也。《大行人》六服因朝而贡，物各有定。此则每岁常贡，以当田赋，所宜上供者也。楚于周，当在要服。而包茅祀贡也，桃弧束矢器贡也，则各以国之所有而物非一类可知矣。”王氏曰：“畿内以上取下而名赋，表公上均节之制邦国；下奉上而名贡，表臣子忠顺之节。”以九两系邦国之民：一曰牧，以地得民。二曰长，以贵得民。三曰师，以贤得民。四曰儒，以道得民。五曰宗，以族得民。六曰主，以利得民。七曰吏，以治得民。八曰友，以任得民。九曰薮，以富得民。长，丁丈反，后同。两犹偶也，系犹缀也。牧，五等之侯也，各君其国，各子其民，故以地得民。长，都鄙之长也。但食其禄而不专其利，故以贵得民。师，庠序之传也，言可为坊，行可为表，故以贤得民。儒，学业之士也。内足修已，外足治人，故以道得民。宗，大宗之子也。上治祖祢，下治子孙，故以族得民。主，世禄之家也，令足相孚，惠足相结，故以利得民。吏，乡遂之官也。教化所宜，政刑所被，故以治得民。友，朋侪之伦也。学校合志，乡田合力，故以任得民。薮，富豪之家也。有无相资，吉凶相恤，故以富得民。南轩张氏曰："民心无常，难合易睽，非乎时，眷恋不忍去，必非一人名位可得而留。惟夫牧以地，长以贵，主以利，吏以治，薮以富，足以养民之身。师以贤，儒以道，足以系民之心。宗以族，使知天属之亲不可离。友以任，使知人道之交不可间。然后相安相养、相亲相近，虽有变故之死靡他。后世九两既废，人心易离，匹夫匹妇不获所求，而乐国乐郊之思发于中而形于言者，上之人果何道而服属其心耶！曾子所谓上失其道，民散久矣者，此之谓也。"节卿郑氏曰："牧长主吏各系其民而听其两，似亦可以相维于不败。假令他日有怀诈怵邪之诸侯，倾侧扰攘之士出于其间，则逆节之萌，祸心之包藏，将何以制之？先王于是有师儒朋友豪富之两，以参互于其间，而后邦国之大势，始磐固绵密，不可复动。秦汉以来，牧长主吏之间，如番令吴芮、南海尉佗，才得江湖岭表之心，遂起而王其地。魏其武安以招致宾客之势，倾动天下。吴王濞擅山海之利，赋不及民，拊循招纳，而山东七国之变起矣。士不考论后世之变而能见太宰九两系民之说，则孰知先王防患之意若是其深哉！"魏氏曰："自九两而上，多掌于五官，而大宰复掌之，何也？曰：太宰以天下之事分任之五官，常倡帅以起事，故其纲皆系于太宰。事有偏废不举者，太宰提其纲而目随矣。秦汉丞相虽统九卿，而职业不相关，诿口自有主者，庶事所以多隳也。"正月之吉，始和布治于邦国都鄙，乃县治象之法于象魏。使万民观治象，挟日而敛之。县，音玄。挟，子协反。正月，建寅之月。《周礼》将为万世之法，故仍用夏时也。吉，朔日也。三阳出地，其气始和，岁事将兴，故因其始和而布治焉。象魏，即阙也。所谓雉门两观也。县治法于此，使人观省而传布之也。一旬为挟，必十日而后收敛之者，使远近遍知之，庶可以一道德而同风俗也。乃施典于邦国，而建其牧，立其监，设其参，傅其伍，陈其殷，置其辅。乃施则于都鄙，而建其长，立其两，设其伍，陈其殷，置其辅。乃施法于官府，而建其正，立其贰，设其考，陈其殷，置其辅。牧，方伯也。监，命卿也。参，三卿也。伍，五大夫也。殷，士也。辅，庶人在官者。长，君也。两，二卿也。正，六官之长。贰，六官之佐。考，六官之师。《杂说》：先王命诸侯以国，凡其官属皆自辟置，然彼亦不敢自专，故大国三卿，二卿命于天子。如齐有天子之二守，高国是已。夫必自天子命之者，非使之伺察诸侯也，示以不敢专之意耳。自秦人置郡监，魏晋而下有典签，专以束制诸侯王为事。五代时亦置监郡，殊失古人之意矣。凡治，以典待邦国之治，以则待都鄙之治，以法待官府之治，以官成待万民之治，以礼待宾客之治。官成，八成也。礼，九仪六瑞之类。待者，言法具于此，待事至而应之也。祀五帝，则掌百官之誓戒，与其具修。前期十日，帅执事而卜日，遂戒。及执事，眡涤濯。及纳亨，赞王牲事。及祀之日，赞玉币爵之事。祀大神示，亦如之。享先王，亦如之。赞玉几、玉爵。眡，音视。亨烹同。示，音只。五帝，五行之帝。誓者，誓之以言。戒者，饬之以事。具者，牺牲醴齐之品。修者，扫除粪洒之事。前期，前所诹之期也。散齐七日，致齐三日，合之为十日。执事，将祭之前夕而各司其事也。涤濯，祭器及甗甑之属。牲事，谓迎牲杀牲之事。玉所以礼神，爵所以献齐酒。天曰神，地曰示。大朝觐会同，赞玉币，玉献、玉几、玉爵。大丧，赞赠玉，含玉。作大事，则戒于百官，赞王命。春见曰朝，秋见曰觐，时见曰会，殷见曰同。玉币，诸侯享玉也。玉献，贡献珍异也。玉几，王所凭者。玉爵，礼诸侯之酢爵也。赠玉，既窆以送死者。含玉，始死以为口实者。作，兴起也。大事，祀与戎之类。赞王命者，助王为教令也。王视治朝，则赞听治。视四方之听朝，亦如之。凡邦之小治，则冢听之。待四方之宾客之小治。治朝，在路门外，群臣治事之朝。听朝，在方岳下，王巡狩而听事之朝。王氏曰："视朝于内，听朝于外，皆有以赞其事。则治外无异于内，治远无异于近矣。"魏氏曰："王恭已南面，大事与宰臣平章，一人之体也。大治与闻，助王所不及，小治不以烦王，百揆之体也。上奉王命，次请于冢宰，众务各以其职自治理之，庶僚之体也。故曰：主好要百事详，主好详百事荒。"岁终，则令百官府各正其治，受其会，听其致事，而诏王废置。三岁，则大计群吏之治，而诛赏之。会，古外反，后仿此。正其治，并陈其治状也。受其会，明载其功计也。听其致事，平断其所自致之事也。有功者置之而进其爵，有罪者废之而退其爵，一岁之事也。大无功者，则不徒废而必罪之。大有功者，则不徒置而必赏之。三岁之事也。鹤山魏氏曰：“岁终废置，各因其事而举错之也。三岁诛赏，大计其凡而升黜之也。舜之法，三载考绩，九载而后黜陟加焉。待岳牧九官之法也，群吏恐不能候之如此其久。郑师仲既引考绩为比而说者，又以为虞周事法详略繁简不同，谬矣。”张氏曰：“或谓论道经邦，燮理阴阳，一相之事。今太宰不过从事于文书法令之间，亦奚以别于一官哉？盖古之论道经邦，未尝离事物而尚清谈。文书法令，莫非道也。故太宰事任之重，体貌之尊，特加冢宰以别之。”陈氏曰：“三公之尊，下摄冢宰之职；冢宰之尊，下兼六卿之事。天下万务无所不统，有如出纳之要职，宿卫之亲人，供奉之近习，王府财用之司存，宫中使令之嬖密，凡其布列于王宫之内外，而迫近于人主之左右者，一举而尽属之冢宰。夫是以群士大夫之职业，有所统而不敢自恣；人主之心术，有所碍而不敢自私。纲纪不散，名分不易，爵禄不轻，而左右前后之人，侍御仆从之事，宴安玩狎之际，无敢蛊坏人主之心术，而侵窃大臣之权柄者，体统之正，孰大于此。悲夫！后世之人，不识此道也。夺大臣之权而授之群臣，散天官之属而归之百官，出内庭之士大夫而置之外庭。儒者又从而助之曰：天子大臣当不屑于细务，则又从而削夺之，使之拥虚名于百官之上。而为大臣者，亦拱手清谈而不事事矣。自汉以来，变故备矣。上不得以临其下，外不得以治其内，人主惟意所欲为，而小人惟利是视，君臣上下相与快意于法度之外。而乱萌祸基，四面并起，而天下已不可为矣。故自出纳之要职不领于大臣也，而宰夫之官遂去为中书、尚书之任。中书、尚书迭用事而霍光之权重，恭显之事起。尚书、中书之形成矣。自宿卫之亲人不领于大臣也，而宫正、宫伯之官遂去为光禄、卫尉之任。光禄勋之属日益亲，而门下遂为省，加官遂为司，侍中遂为宰夫矣。自供奉之近习不领于大臣也，而膳夫而下、掌次而上遂去为少府大常之任。比其极也，关内侯、骑都尉之爵，至于烹庖、乐工、医师之贱，至鸣玉而曳组门下大仆之司。至又分为殿中省为内诸司使矣。以至王府财用之司，既非大臣之所与闻，则汉鸿都之卖爵，唐琼林大盈之名库，夫谁得而检之。女宠近习之嬖，既非大臣之所与闻，则房闼有制政之渐，妃妾起巫蛊之风，阉寺擅废立之权，夫谁得而制之。嗟夫！宿卫，非小人也；饮膳、烹庖、酒浆、醯醢，非微物也；洒扫缝染，非贱职也；而幄帟次舍，非细事也。大臣制其权，则小臣不得专其事，天子不得快其私。周公深见远识，后世弗念厥绍而横流至是，是则可憾也。而究论其所自，则始于陈平之自弃其权，而武帝习见其事，遂举其权而授之群臣有司。上下相临之势，自是解散而不可复合矣。方文帝问陈平以钱谷刑狱，不对以为得宰相之体。而不知宰相之无权，盖始于此夫。钱谷之出入，决狱之多寡，国家之本而生民之命也。宰相不与闻，而顾使天子责之廷尉，责之内史，则凡九卿之中，二千石之事，岂复与闻耶！夫天下之事，宰相不与闻而归之天子，天子不能察而归之左右近习之人，国欲治，可得乎？而顾曰上佐天子理阴阳，下遂万物之宜，托此以为宰相职业，是亦清谈不事事之异名耳。自是以后，群①国上计得自达于天子，天下大柄尽归尚书。武帝又以中大夫侍中视丞相为外朝，而内朝之事宰相不得与闻矣。九卿更进用事，事不决于丞相，而外廷之事，宰相又不得闻矣。吏九百石以上调于尚书，而天下之事宰相不得闻矣。文墨小技之事，一言之合意，立取荣宠。为天子私人气焰方张，言听计从，而宰相大臣反被屈辱摧折。入则横议于内，出则专行于外，大臣之无权而小臣之横至，此岂复有纲纪名分也哉！其后丙吉相宣帝，于中兴之日而御史大夫不得抗礼，似稍知重大臣之权矣。而尚书决事，诸将军领之，而中书宦者遂乘间而用事。至于四曹之置，而自宰相而下悉关其中，而尚书、中书始表里为奸矣。究论至此，则天官一属，横流纷错，无复上下之名分，外内之统摄，其所从来久矣。后世如欲复古以为治，要当自周官始；欲复周官，要当自宰相始。则体统正而天下之事可以次举矣。"《杂说》三年大阅，三年大比，三年大计，群吏只每年更互一件。

小宰之职，掌建邦之宫刑，以治王宫之政令。凡宫之纠禁，掌邦之六典、八法、八则之贰，以逆邦国、都鄙、官府之治。执邦之九贡、九赋、九式之贰，以均财节邦用。宫刑，在王宫中之刑违禁令者。未发则纠察之，既发则禁止之。逆，谓迎受。勾，考也。均财使得其平，节用使得其制。贰，副书也。典，法则也。大宰既总其操纵之权，小宰则掌其贰，以考其功罪之实。贡赋式，大宰既制其敛散之政，小宰则执其贰而谨其出纳之籍。方氏曰："宫刑，使太宰之贰掌之，虽天子不得私喜怒，而妃妾专妒虐下之患，不禁而自弭矣。"以官府之六叙正群吏：一曰以叙正其位。二曰以叙进其治。三曰以叙作其事。四曰以叙制其食。五曰以叙受其会。六曰以叙德其情。叙，秩次也。位，朝列之位。正者，辨其尊卑也。治，功状之治。进者，顺其先后也。事，上达之事。作者，兴其功绪也。食，禄养之食。制者，限其厚薄也。会，簿书之会。受者，别其繁简也。情，陈请之情。听者，察其公私也。以官府之六属举邦治：一曰天官，其属六十，掌邦治。大事则从其长，小事则专达。

① 群当作郡。

二曰地官，其属六十，掌邦教。大事则从其长，小事则专达。三曰春官，其属六十，掌邦礼。大事则从其长，小事则专达。四曰夏官，其属六十，掌邦政。大事则从其长，小事则专达。五曰秋官，其属六十，掌邦刑。大事则从其长，小事则专达。六曰冬官，其属六十，掌邦事。大事则从其长，小事则专达。吴氏曰："合六官之属三百六十，象周天三百六十度也。"明斋王氏曰："大事而不从其长，则政出多门，小臣横而大臣无权。小事而不专达，则大臣亲细务以多事，自敝下僚。贤者不得尽其才，不肖者得以推奸借口。二者皆非也。"叶氏曰："周官三百六十，已倍于夏商，通考其卿士大夫之数，六官幾三千人，大抵多兼摄也。盖官属有不必专置者：《地官》如《角人》、《羽人》、《掌炭》、《掌荼》等职，但征一物。《秋官》如《庶氏》、《冥氏》、《穴氏》、《硩蔟氏》、《赤友氏》等官，但攻一事。不可兼乎？有不必常置者：田诅则有《甸祝》、《诅祝》，祭祀军旅共杖禁器则有《伊耆氏》、《衔枚氏》，丧纪则有《职丧》、《丧祝》、《夏采》，不可摄乎？盖周人因事而置官，《周礼》因官而存名。居官而不兼其职则官冗，兼官而不存其名则官废。知《周礼》兼官之职，又知《周礼》存官之名，则可与言官制矣。"魏氏曰："王举太宰，太宰举五官于王，六乡各举其僚属之长数人，使自以类相举，此乾坤易简之道也。汉制六卿，亦得自举椽属，争以辟士相高。非其人，则负知人之明，而亦自失其助。故汉治犹为近古。后世天下之官，尽选于吏部。人才不能周知，不得已而用资格。贤不肖大混淆矣。"以官府之六职辨邦治：一曰治职，以平邦国，以均万民，以节财用。二曰教职，以安邦国，以宁万民，以怀宾客。三曰礼职，以和邦国，以谐万民，以事鬼神。四曰政职，以服邦国，以正万民，以聚百物。五曰刑职，以诘邦国，以纠万民，以除盗贼。六曰事职，以富邦国，以养万民，以生百物。节财用者，取有制而用有经也。怀宾客者，迩者能而远者柔也。事鬼神者，人无怨而神无恫也。聚百物者，修不备而戒不虞也。除盗贼者，令必行而罚必中也。生百物者，民无游而土无旷也。方氏曰："此即大宰所建之六典，不列官府，百官者以职即官府之所守也。所谓节财用、怀宾客、事鬼神、聚百物、除盗贼、生百物，皆典之所该也。故于典略之而职则详焉。治典言经邦国、纪万民，而此曰平曰均者，有经邦国之典，奉职者守经而不失，使各得其分，愿则平矣。有纪万民之典，奉职者循纪而不违，使各致其力，庸则均矣。教典言扰万民而此曰宁者，上之施教曰扰，民能服教则宁也。政典言平邦国、均万民而此曰服曰正者，平者，辑大字小而无所私；服者，建威销萌而不敢犯也；均者，赋役有式，番代有常；正者，进退有度，左右有局也。事典言生万民而此曰养者，生则著其所以生之理。养则备其所以养之事也。其馀皆同者，无异义也。治职与政典同辞者，政典就军旅一事言，治职则兼礼乐刑政而言也。”以官府之六联合邦治：一曰祭祀之联事。二曰宾客之联事。三曰丧荒之联事。四曰军旅之联事。五曰田役之联事。六曰敛弛之联事。凡小事皆有联。六官各有所奉，此祭祀之联也。六卿皆可为将，此军旅之联也。馀仿此推之。敛谓取民之财，弛谓缓民之力。《杂说》制官之法，职不分则紊乱，无统事不联则审察不精，无统则多废事，不精则多败事。如人之一身，耳听目视，手举足运，虽各有所司，而血气脉理相通而无扞格，故能安乐而无危。关节之间一毫阻滞，则病随作矣。唐虞之时，百揆、四岳、州牧、侯伯截然有纪，序条目不相侵紊。彼羲和掌四时之政，令于四方，国有大政得与内朝更相参议。至于司空总齐百揆，理固宜然。而皋陶刑官，得以陈谟与启沃之事。伯益农官，得以赞禹与师旅之事。后夔乐官，得以教胄之与教导之事。《典谟》简古，其事不详，意亦可见。若夫《周官》六典其详可得而闻矣。盖其典治、典教、典礼、典政、典刑、典事，各司其司，各职其职，内外大小莫不专一，此乃其官职当然耳。而其官府之有联，以合邦治，以祭祀宾客。丧荒、军旅、田役、敛弛之事，六官皆得参议焉。大宰兼统六典，即唐虞司空之任也。然司徒掌教，起徒役则肄之。司马掌兵，论官材则肄之。非特此也，大宗伯掌礼，教导学校之事亦肄之。非特此也，在内则为六卿，在外则为六乡之大夫，国家有警则为六军之将。益见当时制官，关节脉理未尝不相通如此。汉兴，去古未远，此意犹存，南军虽掌于太尉，而兵不在焉。四方章奏虽上于御史大夫，而生杀予夺之权不在焉。惟宰相兼军国之权。故汉世宰相之权甚重，以其无所不统也。九卿各率其职，虽散而不相属。然有议论下，而博士之微犹得参议。凡有诏令，御史大夫下相国，相国下诸侯王。御史中丞执法下郡守。故内外无扞格。凡有政事，御史中丞、司隶校尉得以纠举百僚丞相，司直亦得纠举丞相不法，故上下无壅闭。甚者宿卫小臣亦得使之参议朝事。至武帝之末，既分丞相官属为二，丞相之权轻，又不置太尉、大将军掌兵，因得以自便。是故霍光以大将军尽兼军国事，因冠以司马尚书之号。朝廷大事，尽归一人，废立之变，丞相不知。何望于事之交相议论也。唐氏任官之法，职事虽相联属而名位不正。权柄不出于一人，各以私意行乎其间，其弊有不可胜言者。盖唐初以三省之长共议国政，六部各以其职举事，故大小不紊。以天下之大，三省之长相与议论，六部亦为之参议焉。奈何以宰相品望隆重，不欲轻以授人，常以他官居其职。如吏部、如秘书监、如太子詹事等，皆非宰相职。三省之长无人焉。资望既浅，两不相服，权柄分而智术任。虽求以通之，乃所以不通也。君子反覆汉唐之事，乃知建官之制，其名位不紊，权柄不移，职分统而情意交通者，自唐虞以来，惟成周尽善矣。读太宰者，可不深考乎。以官府之八成经邦治：一曰听政役以比居。二曰听师田以简稽。三曰听闾里以版图。四曰听称责以傅别。五曰听禄位以礼命。六曰听取予以书契。七曰听卖买以质剂。八曰听出入以要会。政与征同。傅，音付。邓氏曰："成谓成籍可覆按者。百官以治，万民以察，如布有经而不乱也。"愚谓：政，力征。役，徒役。比居，谓亲比而邻居也。师，兵众。田，田猎。简稽，谓简阅而稽计也。乡曰闾，遂曰里。版图，谓户籍与地图也。贷物曰称，求偿曰责。傅别，谓证佐与券书也。驭富曰禄，驭贵曰位。礼命，谓礼仪与命数也。取予，租税之输纳。书契，谓方策之契合也。卖买，货物之交易。质剂，谓长券短券之别。出入，财用之敛散。要会，谓岁计月计之差。刘氏曰："八者，所以养民之信也。自古皆有死，民无信不立。礼乐刑政，待信为本。有以证于民而莫敢不信，则其本立矣。民而无信，虽有礼乐刑政，何所措哉？"以听官府之六计，弊群吏之治：一曰兼善。二曰兼能。三曰兼敬。四曰兼正。五曰兼法。六曰兼辨。弊，断也。人之材性不齐，以此六者断其优劣也。兼，察也。善谓循良足以宜民者。能谓才能足以办事者。不懈于位曰敬。行无倾邪曰正。守法不阿曰法。临事不惑曰辨。邓氏曰："善，德之本，能，德之用。敬一正，善之则，法、辨，能之施。"以法掌祭祀、朝觐、会同、宾客之戒具，军旅、田役、丧荒亦如之。七事者，令百官府共其财用，治其施舍，听其治讼。共，音供。舍，音捨。下同。戒者，饬其事之所当谨。具者，致其物之所当供。宽其惠曰施，弛其役曰舍，理其事曰治，争其情曰讼。凡祭祀，赞玉币爵之事，祼将之事。凡宾客，赞祼，凡受爵之事。凡受币之事。丧荒，受其含襚币玉之事。祼，酌郁鬯以献尸也。将，送也。宾客有祼，敬宾如敬神也。爵宾所以酢王者，币宾所以享王者。口实曰含，衣裳曰襚。魏氏曰："凶荒之币玉，宾客所助以礼神者。"《诗》曰："圭璧既卒，宁莫我听。"月终，则以官府之叙受群吏之要，赞冢宰受岁会。岁终，则令群吏致事。月终，每月之终也。月计曰要，岁计、曰会。岁终，每岁之终也。致事，谓所自致之事。盖各致一年之功状，以待考也。魏氏曰："冢宰计一岁之功，小宰计一月之功。月计自受之，岁计赞冢宰受之，亚相之体也。"正岁，帅治官之属而观治象之法。徇以木铎曰："不用法者，国有常刑。"乃退以宫刑宪禁于王宫，令于百官府曰："各修乃职，考乃法，待乃事，以听王命。其有不共，则国有大刑。"正岁，每岁之首也。徇，行也。木铎，金口木舌，所以警众者。柯氏曰："正岁，建子之月也。周改岁于建子，故称正岁。改岁之朝，耳目一新。大宰斟酌一年之治法，此日悬于天官之所。小宰乃帅治官之属往观之，乃颁行天下。至正月之吉，悬于象魏。令天下各以其日悬之，行新令也。"张氏曰："《七月》之诗，言月皆夏时，而以周之正为一之日，此可见兼存之法。其兼存何也？周人虽以天统用建子，而以夏数得天，故未尝废也。"王氏曰："小宰及五卿，自王宫、后宫、王朝、王畿以及四海，无所不统。所以储相才也。"方氏曰："六典、八法、八则、九赋、九式、九贡，小宰皆执其贰以佐冢宰。而八柄、八统、九职、九两不与焉。所专掌则邦之宫刑、六叙、六属、六职、六联、八成、六计、七事之法也。盖八柄、八统、九职、九两所以持政教之枢柤，尽万化之性命，正天下之统纪。乃天子之事而冢宰赞焉者也。邦之宫刑、六叙、六属、六职、六联、八成、六计、七事之法，乃冢宰所统而未暇详焉者也。以小宰而上参四者，则体不顺。以冢宰而下与八者，则日不暇给矣。"

宰夫之职，掌治朝之法，以正王及三公、六卿、大夫、群吏之位。掌其禁令，叙群吏之治，以待大夫、群吏之位。掌其禁令，叙群吏之治，以待宾客之令，诸臣之复，万民之逆。治朝在路门外，其位司士掌之，宰夫察其不如仪者，禁使勿犯也。有求于上曰令，反命于上曰复，有言于上曰逆。邓氏曰："臣民，皆有复逆，互文耳。"《杂说》：宰夫掌宾客复逆，要之，此即尚书职事，犹今之掌章奏报告者是也。太仆传令于宰夫，宰夫日夕与天子亲近，执文书以奏也。此官合属冢宰。汉御史大夫领御史十五员受公卿章奏足矣。而又有尚书者，盖侍御史在外庭，不可常至内庭，遂置尚书在内掌四方章奏。至武帝游宴后庭不出，于是置中书谒者，令以宦官为之，平决尚书事，章奏到时尽归尚书。当时少府已不可谁何，于是以大司马大将军领尚书。后来霍山为之有副封之弊，魏相白去以防壅蔽，尚书之权又轻，后以中书收其权，遂成两省。掌百官府之征令，辨其八职：一曰正，掌官法以治要。二曰师，掌官成以治凡。三曰司，掌官法以治目。四曰旅，掌官常以治数。五曰府，掌官契以治藏。六曰史，掌官书以赞治。七曰胥，掌官叙以治叙。八曰徒，掌官令以征令。王氏曰："掌官法以治要之法，当作属。"征，召也。正，六官之长，人所取正者。要，谓枢纽也。师，六官之丞，人所师法者。凡，谓纲领也。司，各属之长，专主一事者。目，谓条件也。旅，各属之佐，共理一职者。数，谓幾务也。藏，谓收而存之。赞治，谓助而修之。叙，谓次而第之。征令，谓奉而行之。方氏曰："要，大纲也。凡者，众目之总数，则行之。"方氏曰："要，大纲也。凡者，众目之总数，则一目中之科条也。夫八职与六属、六职，事相类而别掌于宰夫，何也？属有定数，职有经事，所谓掌官成以治凡也。于每职中别异其事，以分属其人，所谓掌官法以法目也。且八职下逮群吏，又小宰所不暇详也。"了翁魏氏曰："古之官府，卿大夫士转相副贰，其数居多，府史胥徒其数反寡。后世吏多，于官且数倍，积为奸弊，蠹耗生民。古今盛衰之判，抑亦有故矣。古之治也以道，卿士大夫同寅协恭清心而致理；今之治也以法，上下相疑不复推诚。委任天下之事，一决于簿书，变成胥吏世界矣。"掌治法以考百官府群都县鄙之治。乘其财用之出入。凡失财用物辟名者，以官刑诏冢宰而诛之。其足用、长财、善物者，赏之。辟，芳石反。群都，诸采邑也。遂有县鄙，不言乡之州党者，省文也。乘，犹计也。辟名，以空名作实在也。临川王氏曰："失其所藏之财贿，谓之失财；非所当用而用之，谓之失用；所失之物非货贿，谓之失物。"何氏曰："足用，所用无乏。长财，所藏有馀。善物，物无亏损。"明斋王氏曰："或疑长财、足用、善物非聚敛乎？生财有大道，惟用天时、因地利，神其转输而精其调度。若夫子之畜蕃息，萧何馈饷，刘晏理财。其节宣敛散，每与造化相流通。而岂区区商有无多寡云尔也。惟识时务者知之。"以式法掌祭祀之戒具，与其荐羞。从大宰而眂涤濯。凡礼事，赞小宰比官府之具。凡朝觐、会同、宾客，以牢礼之法掌其牢礼、委积、膳献、饮食、宾赐之飧牵，与其陈数。荐，脯醢也。羞，庶羞也。礼事，谓行五礼之事。比，校次之也。牢礼，牛羊豕共为一牢，以礼宾也。委积，米禾薪刍也。膳献，禽羞始献也。饮食，燕飧也。飧，夕食。牵，牲牢可牵而行者。陈数，以爵等为所陈之数也。方氏曰："小宰以法掌祭祀之戒具，而宰夫复以式法掌之者，小宰所令特物之当共者耳。宰夫并详其用财之多寡，故曰式法。"凡邦之吊事，掌其戒令，与其币器财用。凡所共者，大丧小丧，掌小官之戒令，帅执事而治之。三公、六卿之丧，与职丧帅官有司而治之。凡诸大夫之丧，使其旅帅有司而治之。大丧，王、后、世子之丧。小丧，夫人、王子之丧。小官，士也。官有司，王官也。旅，下士也。有司，家臣也。岁终则令群吏正岁会。月终则令群吏正月要。旬终则令正日成。而以考其治。治不以时举者，以告而诛之。正岁，则以法警戒群吏，令修宫中之职事。书其能者与其良者，而以告于上。旬，十日也。太宰但考岁会，小宰兼考月要，宰夫兼考日成，尊卑之体也。良，犹善也。上谓小宰、太宰。刚中郑氏曰："《或问》小宰、宰夫推广太宰之法，而耸动警饬百官府之治矣。今而复掌王宫，何也？曰：先王之治事，权欲合于一而内外不容分也。盖宫正、宫伯不过掌宫中徒役之事，子弟宿卫之职，与夫官府之在内者耳。其间徒役、宿卫又不相关，职既不能以相统，而权亦不能以相临。统而临之，惟太宰焉。故宫正、宫伯、内宰皆隶于太宰。职虽列于外而通于内，权虽分于二而统于一。自今考之，曰建邦之宫刑，曰治王宫之政令，曰宪禁于王宫，曰令修宫中之职事，则王宫、后宫无不在所掌也。自其掌王宫也，则兵卫、郎卫，凡宿卫之人皆领之。宫禁之闭藏，王、后、世子之好用财用之司存，皆领之。其间多寡丰约用舍去取，天子始不得以自私，而小臣始不得以自便矣。自其掌后宫也，则六宫、六寝无王后之限，九嫔、九御无女官之别。诏其礼乐，正其服位，禁其奇邪，稽其功绪。其间损益增减、采择进御，而无侵惑窃移之患矣。盖世未有家不齐而国可以治，未有国不治而天下可以平者。太宰之治，所以兼总内外，而小宰为始。小宰之宫刑，既以齐其家；宰夫之朝法，又以治其国；然后太宰之典法，始可以治天下矣。"

宫正，掌王宫之戒令纠禁。以时比宫中之官府，次舍之众寡。为之版以待，夕击柝以比之。国有故，则令宿，其比亦如之。宫正，宫官，宿卫之长也。时，四时也。比，校也。次，直宿之庐。舍，休沐之所。以四时比校之，虑其有离次失守者。版，所以书其名籍。柝，所以儆其懈怠。故，若兵丧之类。令宿，令之宿卫，以备非常也。方氏曰："既曰夕击柝以比之，又曰国有故则令宿者，平时当夕者更番，有故则尽入宿卫也。"辨外内而时禁，稽其功绪，纠其德行。幾其出入，均其稍食。去其淫怠与其奇邪之民，会其什伍而教之道艺。月终则会其稍食，岁终则会其行事。行，去声。去，上声。奇，音基。辨内外而时禁，分别外人内人，禁其非时出入也。稽，考也。业之成为功，事之伦为绪，得于心为德，措于外为行。幾，察也。稍食，禄廪也。淫，放溢也。怠，懈慢也。奇邪，谲觚非常也。十人为什，五人为伍。共由之谓道，常习之谓艺。《杂说》：宫正以德行道艺，教王左右前后之人，环卫之士。其淫怠奇邪者，又不得与乎其间。无怪乎侍御仆从罔匪正人。王氏曰："稍食以月会，行事以岁会，养之者详而责之者略，君人之仁也。事君先其事而后其食，人臣之义也。人臣致其义，则下不至于慢事而废职；君人致其仁，则人不至于日陵而无耻。"凡邦之大事，令于王宫之官府次舍。无去守而听政令，春秋以木铎修火禁。凡邦之事跸，宫中庙中则执烛。大丧，则授庐舍，辨亲疏贵贱之居。无去守，不离部署也。周时大火之星出辰入戌，以木铎警之，使修火政也。邦之事，即小宰之七事。跸，所以止行人也。执烛，所以为明而防不虞也。庐，倚庐。舍，垩室。亲疏，以王族言。贵贱，以群臣言。王氏曰："天官之职，惟宫中为至要。宫正于正宫，官府、士庶子无不统。内宰掌版图之法矣，此则总为之版，使王宫八面无众寡之不均。师氏使其属帅夷隶守王门矣，此则击柝以比，使昼夜不怠。师保氏教以德行道艺，阍人禁暴氏稽出入，去奇邪矣。此复纠而教之，禁之使王所皆吉士。膳夫、医师各等其功叙，舍人、司禄既掌其禄食矣。此复均而会之，无使其旷职而慕禄。四时有司爟掌火政矣。凡有邦事，宫门庙门阍人既掌其跸燎矣，此复以时申火政而掌跸燎。大丧，司士、太仆既掌守政悬首服矣，此复授其庐舍而辨之，此宫正所以为宫官之长。禁密之地无一处而不究心，内外之众无一人而不致察，百职无一事之敢慢，通岁无一时之敢忽，与小宰、宰夫相成交举，乃天官之第一义，所以别百职之首也。"

宫伯，掌王宫之士庶子，凡在版者。掌其政令，行其秩叙，作其徒役之事，授八次八舍之职事。士，卫士也。庶子，国子之倅，乃公卿大夫之庶子，未为士者也。秩，禄廪。叙，才等。徒役，儆巡奔走也。八次八舍，列次舍于四角四隅也。临川王氏曰："士庶子非王族，则功臣之世贤者之类。王以自近而卫焉，故君臣国家安危一体，休戚一心，上下亲而内外固也。"若邦有大事，作宫众则令之。月终则均秩，岁终则均叙。以时颁其衣裘，掌其诛赏。大事谓寇戎。作宫众，言起而申警备也。明齐王氏曰："秩谓禄之高下，一事而功有勤惰，则为之上下其食。叙谓位之等级，一官而才有升降，则为之先后之次。月终均秩，则禄有不同，故宫正因而会其稍食。岁终均叙，则能有不同，故宫正因而会其行事。此即所谓行其秩叙也。"吕氏曰："古者执戈戟以宿卫王宫，皆士大夫职之。无事而奉燕私，则从容养德，有膏泽之润。有事而司御侮，则坚明守义，无腹心之虞。下至秦汉，陛楯执戟，尚馀一二。此制既废，人主接士大夫者仅有视朝数刻。而周庐陛枑，或环以椎埋嚣悍之徒。有志于复古者，当深绎也。”叶氏曰：“说者多言宫正掌兵卫，宫伯掌郎卫，愚窃以为不然。宫正伯所掌，皆郎卫也。太仆虎贲司隶所掌，乃兵卫也。盖天子之卫有二而其别有四。卿大夫之官吏在宫中而有卫者，宫正掌之。卿大夫之士庶子在宫中而入卫者，宫伯掌之。视朝则司士正其仪，大事则诸子掌其政，此居守环列之卫也。王视朝则前正位而退。王出入则自左驭而前驱。视朝则在路门之左，太仆掌之，而小臣御仆属焉。此仆从侍御之卫也。虎士八百人，先后王而趋以卒伍。视朝则在路门之右，虎贲氏掌之，而旅贲氏属焉。此奔趋先后之卫也。居虎门之左，使其属帅四夷之隶，各以其兵服守王之门外，师氏掌之。帅四翟之隶，使服其邦之服，□其邦之兵以守王宫，司隶掌之。此周防键□之卫也。宿卫之别有四而即卫兵卫俱在其列。二者常相联属焉。然而居守环列之卫，天子所亲，以为腹心者也。居王之左右前后，则其地甚密；备王之顾问应对，则其任甚专。是非稽其功绪，纠其德行，教之道艺，去其淫怠与其奇邪之民，则在王所者，宁必皆薛居州乎！此宫正所以拳拳于此也。至于士庶子之在版者，是其卿大夫士之子弟。有司保以教之，司乐以合之，又有诸子以考之。故宫伯惟均其秩而颁其衣裘，均其叙而掌其诛赏。则在八次八舍之列者，孰非端人正士哉。若夫虎贲之士、臣隶之仆、夷隶之兵，虽不言其政教禁令，然虎贲以下大夫掌之，太仆以下大夫统之，师氏以中大夫帅之。虎贲所掌八百人不言徒而言虎士，则皆士人之有勇力者。虽名为兵而不闻一武夫悍卒放慢诡谲之人得以厕迹于其间。师氏、虎贲无非吉士。侍御仆从罔非正人。当时虽有郎卫、兵卫之别，何尝有文事武事之判耶。然均之为宿卫也，宫正、宫伯则统于太宰，虎贲、太仆则统于司马，司隶则统于司寇，而师氏又为司徒之属，何哉？盖宫卫不可以不相联而兵权不可以不相制。观吕伋必以宰臣之命而后发，召公非有二卿将命以往亦不敢专行，则周人制兵之意深矣。”

膳夫，掌王之食饮膳羞，以养王及后世子。凡王之馈，食用六谷。膳用六牲。饮用六清。羞用百二十品。珍用八物。酱用百有二十瓮。食，音嗣。膳夫，食官之长。膳之言善也。羞，有滋味者。王至尊，而后配王，世子为天下本，故兼养之。进物于尊者曰馈。六谷：黍、稷、稻、粱、菰、麦也。六牲：马、牛、羊、豕、犬、鸡也。六清：水、浆、醴、醇、医、酏也。八物：淳獒、淳母、炮豚、炮牂、捣珍、渍獒、肝膋也。王氏曰：“此但总言馈食之物有此数而已。观夫《月令》云：‘孟春之月，其食麦与羊之类。’盖四时错供，非必一日尽供之也。正如记称四海九州之物，皆以备孝享。而笾人、醢人止于四笾四豆之实。合之为三十二物，自有簿正存焉，可以类推矣。”王日一举，鼎十有二，物皆有俎。以乐侑食。膳夫授祭品，尝食，王乃食。卒食，以乐彻于造。杀牲盛馔曰举。王日一举，以朝食也。后与王同庖。鼎十有二，牛一、羊一、豕一、鱼一、腊一、肠胃一、肤一、鲜鱼一、鲜腊一，共九。为牢鼎，臐一、膷一、膮一，共三。为陪鼎也。物谓牲牢之实，俎所以荐之牢。鼎用而陪鼎不用也。侑犹劝也。祭谓刌肺脊也。礼，饮食必祭，示有所先也。品者，每物皆尝之，道尊者也。造，作食之所也。王氏曰："王之食也以礼，而侑食以乐。则礼乐未尝斯须去身，其所养可知矣。"王齐，日三举。大丧则不举。大荒则不举。大札则不举。天地有灾则不举。邦有大故则不举。王燕食，则奉膳赞祭。齐，侧皆反。明斋王氏曰："王齐日三举，当作王斋则不举。"邓氏曰："王齐日三举，何也？文误也。齐不乐，防散志也。齐变食，防滑精也。何三举之有焉，盖不举也。"愚谓：大札，疫疠也。天灾，日月晦蚀也。地灾，山川崩竭也。大故，寇戎及刑杀也。燕食谓日中与夕食，奉膳赞祭，盖馂朝之生肉以祭。则既无暴殄之患，亦无馂馀之饕，此膳夫所以赞王也。李氏曰："荒札灾皆不举，然则非直于外事杀礼，若王膳亦为之贬也。如此天不为之眷，人不为之悦，用度不足，海内不宁，未之前闻也。"凡王祭祀、宾客食，则彻王之胙俎。凡王之稍事，设荐脯醢。王燕饮酒，则为献主。胙者，酢也，王与尸宾相答酢之俎也。稍，礼之略者，谓小事而饮酒也。设，陈荐进也。杨氏曰："说者谓君臣之义，不可以燕废，故以膳夫为主。非也。礼受爵于君前，则降而再拜。燕所以待群臣嘉宾也，而使之有升降拜揖之劳，是以犬马畜之矣。故以膳夫为主而王不自献酬焉。廪人继粟，庖人继肉，此孟子所谓养君子之道也。"掌后及世子之膳羞。凡肉脩之颁赐皆掌之。凡祭祀之致福者，受而膳之。以挚见者亦如之。岁终则会，唯王及后、世子之膳则不会。脩，脯也。致福，若畿内山川及四海五岳四渎。古帝王之在其国都或王五服之亲，凡以王命而祭者，当归胙于王也。挚见，卿大夫士以羔雁雉为挚而见于王也。二者皆以为膳，享其仪之及物也。明斋王氏曰："凡掌财赋之官，皆有日成月要岁会。盖百官则有进退陟降庶务，则有行止丰约其财之用否，盈缩万有不齐，故必以彼入之数较此出之数，互相会计。王及后、世子一而已，计日而其数可知。百司皆了然，故不必彼此互相勾考也。岂得谓任其所用，为优尊也哉！其事甚明而添一注释，遂使蔡京执此为说，务以侈靡惑人主。使海内虚耗，卒召边裔之祸。然则释经者，言可不慎乎。"

庖人，掌共六畜、六兽、六禽，辨其名物。凡其死生鱻薨之物，以共王之膳与其荐羞之物，及后、世子之膳羞。共祭祀之好羞，共丧纪之庶羞，宾客之禽献。鱻，音鲜。薨，音稿。好，去声。始养曰畜，将用曰牲。六兽，麋、鹿、狼、麕、野豕、兔也。六禽，雁、鹑、鷃、雉、鸠、鸽也。生肉曰鲜，死肉曰薨。好羞，生平所嗜好之物。若文王之菖蒲，鲁晳之羊枣是也。禽献，逐日所进献之禽，若上公日九十双，侯伯七十双，子男五十双是也。凡令禽献，以法授之。其出入亦如之。令，令兽人也。以法授之者，禽兽不可久处，当用则书其数以授之也。入以待用，出以献宾皆依法以校之。凡用禽献，春行羔豚膳膏香。夏行腒鱐膳膏臊。秋行犊麛膳膏腥。冬行鲜羽膳膏羶。岁终则会，唯王及后之膳禽不会。腒，其居反。鱐，音搜。臊，素刀反。行犹用也。魏氏曰："羊子曰羔，豕子曰豚，牛子曰犊，鹿子曰麛。腒，乾雉。鱐，乾鱼。鲜，生鱼。羽，生鸟。食以养生，必顺阴阳五行之气。春为阳中，秋为阴中，故羔豚犊麛皆取其稚者。夏则阳盛，冬则阴盛，故腒鱐鲜羽皆取其成者。牛，土畜，春木旺，以助养脾。犬，金畜，夏火旺，以助养肺。鸡，木畜，秋金旺，以助养肝。羊，火畜，冬水旺，以助养心。"邓氏曰："其有行也，先岁气也；其有膳也，保所废也。乐得时之尽也。"王先生曰："《膳夫》云王及后、世子之膳不会，《庖人》止不会王及后，是世子之膳禽则会矣。曰膳，常礼也。膳禽，非常礼也。不会者所以重其为天下之本。会者所以正其为天下之本也。唯王及后之饮酒不会，是世子之饮酒则会也。唯王及后之服不会，是世子之服则会也。会其禽则无禽荒之失矣。会其酒则无酒荒之失矣。会其服则无好洁衣服之失矣。周公之待世子，所以杜其穷奢极侈之心者如此。"

内饔，掌王及后、世子膳羞之割亨煎和之事。辨体名肉物，辨百品味之物。王举，则陈其鼎俎，以牲体实之。选百羞、酱物、珍物以俟馈，共后及世子之膳羞。亨，音烹。调熟食曰饔。割亨，解而煮之也。煎和，齐以五味也。体名，脊胁肩臂臑之属。肉物，胾燔之属。百品，庶羞之属。取于镬以实鼎，取于鼎以实俎。选者，择其中御也。王氏曰："后、世子言共不言馈者，杀于王也。"辨腥臊羶香之不可食者。牛夜鸣则庮，羊冷毛而毳，羶。犬赤股而躁，臊。鸟皫色而沙鸣，貍。豕盲视而交睫，腥。马黑脊而般臂，蝼。庮，音由。冷，音零。毳，音翠。皫，丕表反。貍，音埋。睫，音捷。般，音班。庮，朽木臭也。泠毛而毳，粘结而团聚也。赤股而躁，股里无毛而发狂也。皫色而沙鸣，色悴而声澌也。貍谓气郁。盲视而交睫，目昏而睫毛相交也。般臂，臂毛有文也。蝼，蝼蛄，臭也。陈氏曰："《论语》：色恶不食，臭恶不食，皆所以养志气也。君子之所以养志气者，未尝不以正。"凡宗庙之祭祀，掌割亨之事。凡燕饮食亦如之。凡掌共羞脩、刑朊胖、骨鳙，以待共膳。凡王之好赐肉脩，则饔人共之。王后言煎和，此止言割亨者，鬼神尚质不贵亵味也。刑，铏羹也。全体曰朊，半体曰胖。好赐，所善而赐之也。饔人，内饔之属人也。

外饔，掌外祭祀之割亨。共其脯脩、刑朊，陈其鼎俎。实之牲体、鱼腊。凡宾客之飧饔，飨食之事亦如之。飧，客始至之礼。饔，既将弊之礼。王氏曰："飨以饮为主，若行人飨礼，九献食，以食为主。若行人食礼，九举。"邦飨耆老、孤子，则掌其割亨之事。飨士庶子亦如之。师役，则掌共其献，赐脯肉之事。凡小丧纪，陈其鼎俎而实之。耆老，谓国老，庶老及死事者之父祖。孤子，谓死事者之子。士庶子，卫王宫者。师，征伐也。役，版筑也。献以饮之，尊长帅也。赐以予之，犒兵众也。鼎俎之实以待奠祭也。方氏曰："特出饔人，明亲共其事也。好赐或以礼贤敬老，或以劳功展亲，故内饔亲之。如曰共王之好赐肉脩则徒共其物之辞耳。又曰内饔本职共王后及世子之膳羞，宗庙之事。特以时举，且所掌惟割烹，故先膳羞而后及祭祀。外饔所掌外祭祀飧饔飨食献赐，皆以时举，则先其重者可矣。丧纪尤非常，故末列之。大丧纪皆五官长，贰帅其属奉之，故此独掌小丧纪也。"

亨，掌共鼎镬，以给水火之齐。职外内饔之爨亨煮，辨膳脩之物。祭祀，共大羹、铏羹。宾客亦如之。齐，去声。大，音泰。镬，所以煮物者。齐，多少之量也。爨，今之灶也。大羹，淡汁也。铏羹，加以五味也。刘氏曰："孝子之爱于其亲以德，不以味也；事于其先以诚，不以苟也。故其祭也，始不忘乎古，所以追崇其德也；终必备其物，所以竭其诚也。"方氏曰："亨人，辨膳羞之物以为爨亨煮。久暂缓急之齐其物之美恶，则饔人辨之矣。"叶氏曰："古人饮食其辨物也以时，其用物也不妄，其取物也有道，其视物也同体。不徒口体之养，而且有以养其心。是以移气移体，耳目聪明，血气和平。盖存我以厚苍生，安身以保国家。此其有助于王而掌于太宰也。西汉大官令犹膳夫等官，隶于少府而掌于丞相御史，犹有周官遗意。东汉则以奄人主之，晋人则属之光禄。渡江以后，则又隶之侍中。至唐则隶之内侍省，而大臣皆无所政令于其间矣。大臣无所统则小臣无所忌，养体且不足，况能养其心乎。"

甸师，掌帅其属而耕耨王籍，以时入之，以共齍盛。祭祀，共萧茅，共野果蓏之荐。丧事，代王受眚灾。王之同姓有罪，则死刑焉。帅其属以薪蒸役外内饔之事。齍，音咨。盛，平声。蓏，力果反。甸师，供野物官之长。郊外曰甸。以耒而刺地谓之耕，以金而芸草谓之耨。籍之言借也。盖天子躬为倡率，而庶人终其事。不敢以为固然，但曰假贷其力也。治米曰齍，在器曰盛。萧，香蒿以祭脂者。茅，青茅以缩酒者。植生曰果，蔓生曰蓏。古者田畴之间无有废地，虽帝籍亦不使荒也。代王受眚灾者，盖以国有大祸，毋乃粢盛不敬鬼神勿享之故。欲代新王受谴罚，即令人不自殒灭之义也。同姓乃公族有重罪不能以议亲之辟免者，不刑于市而于甸，隐之也。木大曰薪，小曰蒸。甸师胥徒至多，农隙几于徒食，故兼此役也。王氏曰："夫四海之内各以其职来祭。而王必亲耕以共齍盛者，服勤以自致也。以天子之尊必亲耕，则天下之为农者，孰不劝于耕。以天子必耕以共齍盛，则天下之为子者，孰不劝于养。行一物而其义两得之矣。"王氏曰："茅体顺理直柔而洁白，承祭祀之德，当如此。"魏氏曰："甸师主宗庙齍盛，戮于是，示得罪祖宗已不敢赦也。"

兽人，掌罟，田兽，辨其名物。冬献狼，夏献麋，春秋献兽物。时田，则守罟。及弊田，令禽注于虞中。罟，网也。以网搏所当田之兽也。兽物，凡兽可食之物。守罟，守其网以俟触擢者而取之也。弊，仆也。春火弊，夏车弊，秋罗弊，冬徒弊。弊则田止矣。注，犹水之注而下也。盖置虞旗于田虞之中央，而令田众输其所获也。临川王氏曰："冬，物成之时。狼，残物之尤者。夏，田稼之时。麋，害稼之众者。各于其害物之时罟而献之。春秋献兽物，亦以除民之害也。"凡祭祀、丧纪、宾客，共其死兽生兽。凡兽入于腊人，皮毛筋骨入于玉府。凡田兽者，掌其政令。入于腊人将以共脯脩也。入于玉府，将以制器用也。王氏曰："田兽有时，若獭祭鱼，然后渔人入泽梁。豺祭兽，然后田猎。鸠化为鹰，然后设罻罗。昆虫未蛰，不以火田是也。取兽有法，若不麛、不卵、不杀胎、不妖夭、不覆巢，践毛不献，不成禽不献是也。田猎有地，若东有甫草，驾言行狩是也。及其辨夫死生鲜薨之物，当公当私之宜，断其争禽之讼，皆所以谓之政令也。"

㱿人，掌以时㱿为梁。春献王鲔。辨鱼物，为鲜薨，以共王膳羞。凡祭祀、宾客、丧纪，共其鱼之鲜薨。凡獻者，掌其政令。凡獻征，入于玉府。时，冬月也。梁，水堰也。堰水为关，以笱承其空而取之也。王鲔，鲔之大者。獻征，取其须骨以饰器物也。刘氏曰："鱼潜于渊，盖物之善者也。圣人养之之法，则数罟不入洿池也。獭祭鱼，然后渔人入泽梁也。然则罟非其制，不可设矣。取非其时，不可为矣。是故先王制罟必四寸，然后天下之鱼得以长育矣。梁设有时，则凡鱼得以遂性而颁首莘尾矣。《中孚》曰：豚鱼，吉。盖信在民心而惠及豚鱼也。"

鳖人，掌取互物。以时籍鱼鳖龟蜃凡貍物。春献龟蜃。秋献龟鱼。祭祀，共蠯、蠃、蚳，以授醢人。掌凡邦之籍事。籍，敇角反。蜃，上轸反。貍，埋，通蠯，薄追反。蠃，郎戈反。蚳，直其反。互，合也。谓有甲相合者。貍谓藏伏泥中者，籍以杈刺泥中而搏取之也。蜃，大蛤也。蠯，蜯也。蠃，螺也。蚳，蚁子也。邓氏曰："介物龟为长而以鳖命官，主食献也。"临川王氏曰："鳖及龟鱼，字乳以夏，而蜃以夏秋。春献鳖蜃，秋献龟鱼，避其字乳之时而不献也。惟先王不以饮食之养，害仁政之法度如此。然后能率天下之民以成鱼丽之功矣。"王先生曰："里革以舍蚳蝝为仁，周公以共蠃、蚳为礼，何也？盖宣公之夏滥非其时也，圣人取物以时而已。"

腊人，掌乾肉，凡田兽之脯腊膴胖之事。凡祭祀，共豆脯。荐脯、膴、胖。凡腊物，宾客、丧纪，共其脯腊，凡乾肉之事。脯，去骨者。腊，带骨者。豆脯，乾豆之脯，野味也。荐脯，荐献之脯，牲牢也。明斋王氏曰："凡畋獻有时，方其入山泽也，则有馀而无用。及其设禁也，则欲用而不得故于其多。时取以为腊，所以足用而不费，且不至于多杀。亦所以养不忍之心也。昔吕正献公每贮腊薨以待客，正谓此耳。"

医师，掌医之政令，聚毒药以共医事。凡邦之有疾病者疕疡者造焉，则使医分而治之。疕，匹婢反。疡音羊。医师医官之长。毒，五毒药。五药轻曰疾，重曰病。头疮曰疕，身疮曰疡，造者就医以求药也。必分而治之者，内外杂症各尽其所能也。岁终，则稽其医事以制其食。十全为上，十失一次之，十失二次之，十失三次之，十失四为下。食，禄也。不曰禄而曰食者，廪之而已，不假以名器也。程子曰："以十全为上，非谓十人皆愈为上。若十人不幸皆死疾，则奈何？但知可治不可治者，十人皆中即为上耳。"魏氏曰："通乎方技者，可以为医工，不可以为医师。医师，通乎道者也。不能兼众医之技，能使众医各尽其所长，知此者，其可以相天下乎。"

食医，掌和王之六食、六饮、六膳、百羞、百酱、八珍之齐。凡食齐视春时。羹齐视夏时。酱齐视秋时。饮齐视冬时。食，音嗣。齐，才细反。并下同。和，调也。视，犹比也。饭宜温，羹宜热，酱宜凉，饮宜寒。凡和，春多酸，夏多苦，秋多辛，冬多咸。调以滑甘。和，去声。春为木，木之味酸。春主发散，宜多酸以收之。夏为火，火之味苦。夏主解缓，宜多苦以坚之。秋为金，金之味辛，秋主揫敛，宜多辛以散之。冬为水，水之味咸。冬主坚栗，宜多咸以耎之。黄氏曰："滑所以调之，虑其不通也。甘所以调之，虑其不和也。"凡会膳食之宜，牛宜稌，羊宜黍，豕宜稷，犬宜粱，雁宜麦，鱼宜苽。凡君子之食恒放焉。稌，音杜。放，甫往反。稌，稉稻也。苽，雕胡也。黄氏曰："牛、羊、豕、犬、雁、鱼，天产也。以为膳，所以养人之精。稌、黍、稷、粱、麦、苽，地产也。以为食，所以养人之形。精不足于养则气衰，形不足于养则气殆。然则膳食之养不可相废，其宜不可相反。或失焉，则所养适足以害之耳。"明斋王氏曰："食医以王为主，疾医以万民为主。大人治于未病而其法通乎下卑者，不能备物也。大小治于已病而其法通乎上尊者，不敢指斥也。"娄里王氏曰："《周官》饮食之事，何其多说也。凡以养王躬之和也。夫人伤生之事，食与色而已。人则疑之曰：食之伤生与色埒也。噫！食之伤生甚矣。食以淡泊减少为正，过则损人。故曰：五味令人口爽。又曰：甘脆醲肥腐肠之药。王以一身玉食万方，苟非加意调和而均节之，其为祸于朝夕，宁有极乎。又况炼、养服食。三代以前虽无其事，然圣人防患于未然，宁不虑之。是故一饮食之细，设膳夫矣、庖人矣，亨人矣。复有食医调其剂，会其宜。迎五行之气，导百物之精，以致养于王。王之一身，莫非中和之气所节宣而蒸动者。且安得有石烹云锻之说，采药饵丹之害，可以蛊惑而中之者哉！读《周礼》者，慎勿谓膳夫以下累累诸官，皆圣人所以奉口腹而极肥甘也，则幾矣。"

疾医，掌养万民之疾病。四时皆有疠矣：春时有痟首疾。夏时有痒疥疾。秋时有瘧寒疾。冬时有嗽上气疾。痟，音消。痒，以掌反。疥，音介。嗽，西豆反。疠，不和之气。痟，酸削也，嗽咳也，上气喘逆也。临川王氏曰："冬伤于寒，及春寒动而搏阳，故有痟首之疾。夏伤于暑，及秋暑动而搏阴，故有瘧寒之疾。"王氏曰："夏阳益于皮肤，故有痒疥之疾。冬阴溢于藏府，则肺动而为嗽上气之疾矣。”以五味、五谷、五药养其病，以五气、五声、五色视其死生。两之以九窍之变，参之以九藏之动。藏，去声。五味，酸苦辛咸甘也。五谷，稷稻黍麦豆也。五药，寒热温凉平也。五气，腥焦羶朽香也。五声，宫商角徵羽也。五色，青赤白黑黄也。九窍，阳窍七，两耳、两目、两鼻与口也。阴窍二，大小二府也。九藏，阴藏五，心、肝、肺、肾、脾也。阳藏四，胃、膀胱、大肠、小肠也。两之参之者，重审验之也。郑氏曰：“味、谷、药皆五气，声色亦五，何也？五行之气滋为味，播为谷，散为药，其实一体也。充为气，发为声，形为色，其实亦一体也。一体故投其合，而和取所胜。而攻用所相为养也，用其精也。”愚谓：五色则望而知之。五声则闻而知之。九窍之变问而知之也。九藏之动切而知之也。医法略备于是矣。凡民之有疾病者，分而治之。死终，则各书其所以，而入于医师。《三礼辨》云：“分治之，则疾医似非一科，然仅有士八人，岂非所治止于邦内而乡遂都鄙各有人与。”临川王氏曰：“终则尽其道而死，所谓君子死曰终是也。终亦有所以而非医之罪也。”

疡医，掌肿疡、溃疡、金疡、折疡之祝药，劀杀之齐。凡疗疡，以五毒攻之。以五气养之。以五药疗之。以五味节之。劀，音刮。齐，去声。疡，疮痈也。气结曰肿，血溢曰溃，刃伤曰金，蹶跌曰折。祝即祝由也。《素问》曰：“上古移精变气，祝由而已。”劀，去其脓血也。杀，去死肌也。五毒，药之有毒者。五气，药之气臭也。临川王氏曰：“疾医以治内为主，故先味而后药。疡医以治外为主，故先药而后味。”凡药，以酸养骨。以辛养筋。以咸养脉。以苦养气。以甘养肉。以滑养窍。凡有疡者，受其药焉。王氏曰：“人四月受水精以成血脉。脉软则和，咸能软，所以养脉也。五月受火精以成其气。气坚则壮，苦主燥，所以养气也。六月受金精以成其筋。精筋散则不挛，辛主散，所以养筋也。七月受木精以成其骨。骨收则强，酸主收，所以养骨也。八月受土精以成肤。革肉缓则不壅，甘主缓，所以养肉也。窍者，形体骨肉空虚之处，非此无以通血气。”《素问》曰：“骨肉滑利，可以长久。惟滑则无所凝止，此养窍之义也。”

兽医，掌疗兽病，疗兽疡。凡疗兽病，灌而行之以节之，以动其气。观其所发而养之。凡疗兽疡，灌而劀之，以发其恶。然后药之，养之，食之。贵人贱畜，故兽病兽疡同一医也。病隐而难知，必灌之以药使行，又从而节止之。以是动其气脉，观其所发动而调养之，其病可愈矣。疡显而可见，必先灌而攻之。刮去其脓血而发其恶，然后制药以疗之。节其弛骤以养之，时其刍秣以饲之，则其疡可愈矣。凡兽之有病者、有疡者，使疗之。死则计其数，以进退之。吴氏曰："人之医二，兽之医一。在人有劝惩之法，在兽则进退之而已。又所以贵人而贱畜也。"明斋王氏曰："医，仁术也。是故先王立之师以掌之，使众医分治民疾，计其功而制其食。使医者无求于病，则清心而业精。病者不必酬乎医，则药之所及广而活者众。能者举之于上，不能者黜之不得行医。于是医者以治人为心，而民无夭札之患矣。"叶氏曰："观民之疾疡有医，见先王仁民之心。观兽之病疡有医，见先王爱物之心。然而民物安矣，而王、后、世子之尊，公卿大夫之贵，不使医官共其事，何也？曰：此当以食医求之乎。民故与物治其疾于已然，君与臣治其疾于未然。故食医一官，不独和王之六食六饮之等也。曰：凡君子之食，恒放焉。此皆保其安于无事之日，养其正于无病之时也。"

酒正，掌酒之政令，以式法授酒材。凡为公酒者亦如之。酒正，酒官之长。式法，如《月令》所谓秫稻必齐、曲蘖必时、湛饎必洁、水泉必香、火齐必得、陶器必良是也。授酒材，授酒人以其材也。公酒，谓乡射乡饮以公事作酒也。辨五齐之名。一曰泛齐。二曰醴齐。三曰盎齐。四曰缇齐。五曰沈齐。齐，才细反，下同。泛者，浮滓泛然也。醴者，汁滓一体也。盎者，葱白色。缇者，红赤色。沈者，滓沈于下也。凡此皆以度量节作之，故以齐名。辨三酒之物。一曰事酒。二曰昔酒。三曰清酒。事酒，方事于糟漉也。昔酒，久酿而熟也。清酒，久收而澄也。辨四饮之物。一曰清，二曰医，三曰浆，四曰酏。医，于已反。酏，音池。清，醴之泲者。医，梅浆，一名醷滥也。浆，煮米去滓也。酏，以白糖调水也。掌其厚薄之齐，以共王之四饮三酒之馔，及后、世子之饮与其酒。凡祭祀，以法共五齐三酒，以实八尊。大祭三贰，中祭再贰，小祭一贰，皆有酌数。唯齐酒不贰，皆有器量。馔，具设也。大祭，九献十二献者。三贰者，加三尊以副之也。中祭，五献七献者。再贰，加二尊以副之也。小祭，一献三献者。一贰，加一尊以副之也。器量，所以注于尊中者。明斋王氏曰："或疑经有五齐三酒而不知其所用，夫岂虚设哉。愚以九献之仪考之。一献王祼，二献后祼。此主乎郁鬯也。三献王荐腥，四献后荐豆笾，是为朝践之礼。《礼运》云：'醴盏在户'，是三献四献所用即泛齐醴齐也。五献王荐熟，六献后荐豆笾，是为馈食之礼。《礼运》云：'粢醍在堂'，是五献六献即盎齐缇齐也。七献王酳尸，八献后酳尸，是为加事之礼。则王用沉齐而后用事酒。自此之后，事神之礼杀而交人之礼隆，于是而用味矣。至九献，则后进羞笾羞豆而诸臣酳尸，则全用交人之礼。故于是而用昔酒至夫清酒者，则但诸臣以为酢酒而已。齐酒主于献神之用，神有定位，则献有定数，故五齐皆无副益之尊。三酒群臣酢爵所用，助祭诸臣数不可拘，故三酒皆有副益之尊。然祭酒于每尊之所容各有限量。献神之外，不得以滥供。三酒则每所用之爵皆有其数，应用之外，不得而妄费。盖酒人之所甚好而尤易侵。自商都沉湎于酒以取败，周公以为戒，故防之周密如此。"共宾客之礼酒。共后之致饮于宾客之醴，医酏糟，皆使其士奉之。凡王之燕饮酒，共其计，酒正奉之。凡飨士庶子，飨耆老孤子，皆共其酒，无酌数。掌酒之赐颁，皆有法以行之。凡有秩酒者，以书契授之。礼酒，王所致酒也。糟，醴之不泲者。酒为阳，故王致之。饮为阴，故后致之。计者，献酬多少之数也。无酌数，以醉为度也。秩酒，老臣月给以酒，授以书契，使执而自取之也。酒正之出，日入其成，月入其要，小宰听之。岁终则会，唯王及后之饮酒不会。以酒式诛赏。王氏曰："酒正之出，出以给用也。日入其成，旬计也。月入其要，月计也。入其书于小宰，使之听之。以其执九式之贰，当守出内之。正，正其不如法者也。于酒特谨其出，异于馀物，先王防患之意，可谓微矣。岂特是哉，彝有舟，以示其沉溺之祸。尊有罍，以示其浸淫之患。觚言其穷而为孤，散言其穷而至于散。先王于礼用之时，每致戒焉，况给用之际也耶。"

酒人，掌为五齐三酒。祭祀则共奉之，以役世妇。共宾客之礼酒，饮酒而奉之。凡事，共酒而入于酒府。凡祭祀，共酒以往。宾客之陈酒亦如之。役世妇，听其役于世妇也。临川王氏曰："飨以示恭俭，故谓之礼酒。燕以示慈惠，故谓之饮酒。"愚谓酒府，酒正之府也。陈酒，归饔饩之酒也。

浆人，掌共王之六饮。水、浆、醴、凉、医、酏，入于酒府。共宾客之稍礼。共夫人致饮于宾客之礼。清、醴、医、酏、糟而奉之。凡饮共之。明斋王氏曰："水者，即井泉所汲水之本质。冬月或以火煎，百沸而饮之，所谓白汤也。凉即水也，大暑用之，所以清溽气。浆者，以水和米，煮之去滓而存其饮，即今米饮。极能利水道者。医，郑氏以为梅浆，能生津止渴者。醴，甜酒也。酏，即今饴糖，一名饧糖，米麦酿成。盖以白糖为汤，有消食止渴之功者。四物于语说辨论间，可以生津液、助神气、久而不渴。故浆人主共此六饮于王，入于酒府而酒正奉之也。水凉皆本质，不用辨四物，须造之得法，故云辨四饮之物也。”魏氏曰：“后世以茶代饮，尚其爽口，非赖以为养矣。”

凌人，掌冰。正岁十有二月，令斩冰，三其凌。春始治鉴。凡内外饔之膳羞鉴焉。凡酒浆之酒醴亦如之。祭祀，共冰鉴。宾客，共水。大丧，共夷槃冰。夏，颁冰掌事。秋，刷。刷，所劣反。正岁，谓建子改岁。十有二月，则建丑之月矣。凌，冰室也。三之者，备消释也。鉴即甀也，以盛冰者。膳羞用之，恐臭恶也。酒醴用之，恐味变也。宾客不用鉴，嫌使停膳羞也。尸之槃曰夷槃。实冰槃中，置之床下，以寒尸也。颁冰者，王以冰分赐群臣也。刷者，刷阴其室，以待新冰也。王氏曰：“藏冰将以备暑而亦所以达阳。出冰所以御暑而亦所以助阴。夫阴阳之气流行于天地之间。一气不至则闭塞而为灾，一气或过则乖戾而为疾。善防患者或养其弱以抗其强。故方阴之盛而阳之微也，则凿冰以达阳。或损其有馀以补其不足。故方阳之隆而阴之消也，则出冰以御暑。如此则无愆阳，无伏阴，无闭塞乖戾之患矣。先王裁成天地之道，辅相天地之宜以左右民，盖如此也。”

笾人，掌四笾之实。朝事之笾，其实曲、蕡、白、黑、形盐、朊、鲍鱼、鳙。馈食之笾，其实枣、栗、桃、干藤、榛实。加笾之实，菱、芡、栗、脯。菱、芡、栗、脯。羞笾之实，糗饵、粉餈。曲，芳弘反。蕡，符文反。㮚①，古栗字。下菱芡栗脯，衍文。餈，咋资反。笾，竹器。四笾，即朝事馈食加笾、羞笾也。王荐腥为三献。后于是荐朝事之笾豆为四献。王荐熟为五献。后于是荐馈食之笾豆为六献。王酳尸为七献。后于是亦酳尸而荐加事之笾豆为八献。酳毕，后又荐羞笾羞豆而宾进以酳尸为九献。孰麦曰曲，枲实曰蕡，熬稻曰白，熬黍曰黑。形盐，虎形之盐也。朊，生鱼为脔。鲍，干鱼也。鳙，析而干之也。干藤，干梅也。菱，芰也。芡，鸡头实也。馈笾、加笾各八。而馈止于五、加止于三。或互用之与，抑有阙文与。糗，米屑。粉，豆屑。合蒸曰饵，饼之曰餈。互文以相足也。凡祭祀，共其笾荐羞之实。丧事及宾客之事，共其荐笾羞笾。

①栗字原皆作“㮚”，故于注文中标出。

为王及后、世子共其内羞。凡笾事，掌之。内羞，房中之羞也。

醢[1]人，掌四豆之实。朝事之豆。其实韭菹、醓醢，昌本、麋臡、菁菹、鹿臡，茆菹、麇臡。馈食之豆，其实葵菹、蠃醢、脾析、蜃醢，蜃、蚳醢，豚拍、鱼醢。加豆之实，芹菹、兔醢，深蒲、醓醢，箈菹、雁醢，笱菹、鱼醢。羞豆之实，酏食、糁食。菹，庄鱼反。醓，土感反。臡，音泥。茆，音卯。麇，京伦反。拍，音薄。箈，音迨。四豆亦谓朝践、馈食，加豆、羞豆也。醓，肉汁也。无骨为醢，有骨为臡。昌本，蒲根也。菁，蔓菁也。茆，凫葵也。脾析，牛百叶也。豚拍，豕肤也。深蒲，入水之蒻。箈，箭萌也。笋，竹萌也。酏食，以酒酏为饼。糁食，以肉与米合蒸饼而煎之也。凡祭祀，共荐羞之豆实。宾客丧纪亦如之。为王及后、世子共其内羞。王举，则共醢六十瓮，以五齐、七醢、七菹、三臡食之。宾客之礼，共醢五十瓮。凡事共醢。齐当作齑。凡醯酱所和，细切为齑。昌本、脾析、蜃拍、深蒲是也。全物为菹。临川王氏曰："朝事之笾豆，以象朝事其亲所进也。馈食之笾豆，以象食时所进也。加笾加豆，则以象馈之有加。羞笾羞豆，则以象养之有羞也。"魏氏曰："笾豆实有常品，土产居多。仅取远方一二干物。《禹贡》扬州锡贡橘柚，周公弗以实笾。良以鲜果善溃，圣人智尽仁至如此。后世犹有厉民者。孔子先簿正祭器，不以四方之实供簿正。远哉深乎！礼家乃夸四海九州之物咸在，是教之殃民也。善乎郭高祖之言曰：所奉止于朕躬，所害及于氓庶。仁哉。"

醯人，掌共五齐七菹。凡醯物以共祭祀之齐菹。凡醯酱之物，宾客亦如之。王举，则共齐菹醯物六十瓮。共后及世子之酱齐菹。宾客之礼，共醯五十瓮。凡事，共醯。齐当作齑。醯，醋也。王氏曰："醢人有五齐七菹而此又共之者。盖齐菹有须酱而成者，有须醯而成者。故醢人、醯人各有五齐七菹也。凡醯物，则凡以醯成之之物。凡醯酱之物，则凡以醯成之之酱也。"方氏曰："膳饔，所以养生。故先言王而后及于祭祀。笾豆，所以奉鬼神，故先言祭祀而后及于王。义各有当也。至于酒之肇，本为元祀。故先五齐。醯醢、齐菹并笾豆之实，则先祭祀。酱非所以共神，六饮皆奉生人，故皆于职事别之。"

---

[1]醢，疑当作"醢"。

盐人，掌盐之政令。以共百事之盐。祭祀，共其苦盐、散盐。宾客，共其形盐、散盐。王之膳羞，共饴盐。后及世子亦如之。凡齐事，鬻盐以待戒令。齐，才细反。鬻，音煮。柯氏曰："盐之所产不同。有刮于地而得者，其味苦，谓之苦盐。有熬其波而出者，其状散，谓之散盐。有风其水而成者，其味甘甜，谓之饴盐。有积于卤而结者，其形似虎，谓之形盐。祭祀则共苦盐，取其成于自然。与玄酒明水不异也。宾客则共形盐，取其如虎之形，示服猛也。然皆益以散盐者，取其洽洽四海，能致远物，以奉先祖，怀诸侯也。王及后、世子膳羞皆共饴盐者。取其甘甜可食也。"愚谓：齐事，和五味之事。鬻，冻治之也。马氏曰："按《周礼》所建山泽之官虽多，然大概不过掌其政令之厉禁，不在于征榷取财也。"至管夷吾相齐。负山海之利，始有盐铁之征。观其论盐则虽少男少女所食，论铁则虽一针一刀所用，皆欲计之，苛碎甚矣。故其言曰："利出一孔者其国无敌，出二孔者其兵不诎，出三孔者不可以举兵，出四孔者其国必亡。先王知其然，故塞人之养，隘其利途。故予之在君，夺之在君。贫之在君，富之在君。"又曰："夫人予则喜，夺则怒。先王知其然，故见予之形而不见夺之理。故民可爱而洽于上也。"其意不过欲巧为之法，阴夺民利而尽取之。既以此相桓公霸诸侯，而齐世守其法。故晏子曰："民参其力二入于公而衣食其一。"山林之木，衡麓守之。泽之萑蒲，舟鲛守之。薮之薪蒸，虞候守之。海之盐蜃，祈望守之。县鄙之人，入从其政。逼介之关，暴征其私。市常无艺，征敛无度。盖极言其苛如此。然则桑孔之为，有自来矣。

幂人，掌共巾幂。祭祀，以疏布巾幂八尊。以画布巾幂六彝。凡王巾皆黼。幂，莫历反。以巾覆物曰幂。林氏曰："八尊所实，设而不酌，是礼之文。巾以疏布，所以成之以质也。六彝所祼，用以郁鬯，是礼之实。巾以画布，所以成之以文也。布有疏，则有密。巾有画，则有素。疏而素者，质也。密而画者，文也。"张氏曰："王所用巾绘以斧形而黑白半之。虽华不至于侈靡也。后王之奉金玉文绣无所不至，而龙须火浣进矣。"

宫人，掌王之六寝之修。为其井匽。除其不蠲。去其恶臭。共王之沐浴。凡寝中之事，扫除、执烛、共炉炭。凡劳事，四方之舍事亦如之。宫人，寝舍，官之长六寝。路寝一以治事。小寝五以燕休。井以停水，防火烛也。匽以窒渠，备洒扫也，蠲，洁也。沐以洁首，浴以洁身。劳事谓烦劳之事，舍事谓巡守馆舍之事。临川王氏曰："王朝有三，寝有六。阴阳之义也。"王氏曰：

“寝中之事，后世皆属之宦寺。而周公必以属士人，宜其有承弼启沃之功而无逢迎消蚀之患也。汉犹近古，孔光以名士亲执唾壶侍中。后世宫人意亡而治弥不古若矣。”

掌舍，掌王之会同之舍。设陛枑再重。设车宫、辕门。为坛壝宫、棘门。为帷宫、设旌门。无宫则共人门。凡舍事则掌之。梐枑，音陛互。梐枑，行马设梐枑，再重于外。中设车宫，仰辕为门。王所居之行宫也。王于宫中犹出警而人跸，行宫不可不严也。坛壝宫置社，主列戟为门，示威也。帷宫朝方岳诸侯，设旌门，示文也。无宫则共人门，以长大之人表门。卒不及办，权宜之制也。方氏曰：“车宫曰设，陈列之也。坛壝则筑土起埒埒。帷则置椓杙系纲。故皆曰为。于旌门独曰设，恐疑帷宫本具旌门，故加设以明异事。”

幕人，掌帷、幕、幄、帟、绶之事。凡朝觐会同军旅、田役、祭祀，共其帷、幕、幄、帟、绶。大丧，共帷、幕、帟、绶。三公及卿大夫之丧，共其帟。帟，音亦。在旁曰帷，在上曰幕，皆布为之。四合象宫室曰幄。坐上承尘曰帟。皆绘为之。绶，绦也，所以连系四物者。大丧张帷于堂，张幕于庭，张帟于柩上。士无帟，王有惠，则赐之。魏氏曰：“王以事出，不可露次。故以缯布为帷幕幄帟，用毕而撤之，后可复用。事简而费不及民。后世俭者乎蒲为行宫事，已而废。奢者乎锦为步障，民劳已。皆不知幕人之法也。”

掌次，掌王次之法，以待张事。王大旅上帝，则张毡案，设皇邸。朝日祀五帝，则张大次、小次，设重帟、重案。合诸侯亦如之。师田，则张幕，设重帟、重案。居曰舍，止曰次。法谓大小丈尺也。幕人共之，掌次张之。大旅上帝，祭天也。毡案，床上著毡也。皇邸以版为屏风，而以染羽象凤凰者饰之也。朝日，春分拜日也。祀五帝，四时迎气也。大次以止息，小次以俟退。重帟，复帟。重案，床重席也。师田不张幄者，恐王或誓众而回顾占察也。诸侯朝觐会同，则张大次、小次。师田，则张幕设案。孤卿有邦事，则张幕设案。为诸侯张设，使有所依也。为孤卿张设，所以藉币而受命也。凡丧，王则张帟三重。诸侯再重。孤卿大夫不重。凡祭祀，张其旅幕，张尸次。射则张耦次。掌凡邦之张事。旅幕，助祭之众所共处也。尸次，尸所独处以更衣也。两人为一耦，张次以待当升射之人也。

大府，掌九贡、九赋、九功之贰，以受其货贿之入，颁其货于受藏之府。颁其贿于受用之府。凡官府都鄙之吏及执事者，受财用焉。大府，治藏官之长。九功，即九职也。受藏之府，内府也。受用之府，外府也。明斋王氏曰："凡财赋之入也，必先受法于司会，司书授之以法。掌事者依法征敛入于太府，而存其贰于司书。太府乃颁于玉府、内府、外府，而职内复存其贰。毋敢额外多取。凡财赋之出也，必考于司会、司书验其合式法与否。然后得支于太府，而存其要贰于司书。太府乃复于内外等府拨与，而职岁复存其贰，毋有额外多用，此利权所以常归于一也。"凡颁财，以式法授之。关市之赋以待王之膳服。邦中之赋以待宾客。四郊之赋以待稍秣。家削之赋以待匪颁。邦甸之赋以待工事。邦县之赋以待币帛。邦都之赋以待祭祀。山泽之赋以待丧纪。币馀之赋以待赐予。此以九赋之财，给九式之用也。魏氏曰："关市非常赋，以待王之膳服。邦中常赋，以待宾客。薄于自奉而厚于奉人也。亦以商旅所会，百物便焉，官易办而民不扰。四郊，百里而近，输刍秣之重者。邦甸，二百里而稍远，输工事之轻者。祭祀之用为至尊，公臣之最贵。故以共其所尊。卿亚于公，故共宾客之币帛。大夫亚于卿，故共匪颁山泽。亦非常数，以待丧纪之变也。"临川王氏曰："凶荒札丧，关市无征。而王于是时，亦不举而素服也。"王氏曰："大宰九式以荒丧并言而此缺之者，盖荒之用出于三十年之所积故也。"凡邦国之贡，以待吊用。凡万民之贡，以充府库。凡式贡之馀财，以共玩好之用。凡邦之赋用，取具焉。岁终，则以货贿之入出会之。吊用，丧荒吊恤禬之用也。玩好，若宗庙之镇器，天府之守器，诸侯之分器皆是。非徒充耳目之役也。赋用，以赋所入而用之。《杂说》：古者太宰制国，用制其出也。夫财用，冢宰制出，司徒制入。自汉丞相以钱谷出入为非已任。则均节会计之职散之九卿。盖经用属司农，禁钱属少府，会稽属尚书郎，廪假属仆射右丞。然犹有统摄不相侵紊。光武归禁钱于司农，归水利于少府，归盐铁于郡国。意善而法不精。章、和以后，改大农之平准为中准列于内署。而取少府之掌药大官御者，钩盾、尚方、考工、诸曹别作监，悉用奄人主之。而二卿之职又分。魏置度支尚书而户部自此始。梁置太府而太府卿自此始。盖离析为数司矣。其他如仓人，至魏为仓部。膳夫至北齐为膳部。内府至齐为金部。而尚食诸官别入殿中。监曝染诸官别入少府。监大官别有光禄。供帐别入卫尉。凡《周礼》之栉比丝联者，纷不可考矣。

玉府，掌王之金玉、玩好、兵器。凡良货贿之藏。共王之服玉、珮玉、珠玉。王齐，则共食玉。大丧，共含玉、复衣裳、角枕、角柶。掌王之燕衣服、衽席、床第，凡亵器。若合诸侯，则共珠槃、玉敦。凡王之献金玉、兵器、文织、良货贿之物，受而藏之。凡王之好赐，共其货贿。齐，侧皆反。柶，音四。第，音子。敦，音对。好，（云）〔去〕① 声。下同。兵若兑戈和弓之类。器若赤刀天球之类。服玉，大圭也。珮玉，珩璜琚瑀也。珠玉，琢玉为珠以贯弁冕也。食玉，屑玉而食之，固阴精而养至阳之气也。含玉，为死者口实也。复衣裳，为死者招魂也。柶，匕也。角枕以安尸，角柶以楔齿。燕，私也。衽席，卧席也。床第，床箦也。亵器，清器，虎子之属。珠槃，以珠饰槃，所以盛牛耳。玉敦，以玉为敦，所以盛牲血。皆盟会所用也。以下奉上曰献。文织，谓帛之有文出于织成者。方氏曰："王之燕衣服、亵器，皆掌于玉府。则冢宰、小宰得检察。虽以良货贿共之，而毋敢作淫巧以荡上心矣。"

内府，掌受九贡、九赋、九功之货贿。良兵、良器，以待邦之大用。凡四方之币献之金玉、齿革、兵器，凡良货贿入焉。凡适四方使者，共其所受之物而奉之。凡王及冢宰之好赐予，则共之。齿，象齿也。革，犀兕之革也。使者，王所遣物所以遗诸侯也。明斋王氏曰："冢宰之赐予而得于内府支用者，盖与君为体。如吏之足用长财善物者赏之。或待宾客之小治有善而应有所赐。或使者至侯国应有所问。遗若使者有私觌之礼也。此皆公事而非其私惠。故内府共之。"方氏曰："九赋九功似分为二。不知财用之至多者，莫如九谷而皆出于田野。国中山泽亦有耕者，故举其多而以田野为主皆征九谷。至于园圃、山泽、薮牧、关市，既非谷土、虞衡、圃牧、工商、嫔妇、臣妾、闲民，又非农者所执之业。既殊所贡之物，亦异不得不别而为二。注疏谓九赋为口率出泉，误矣。"

外府，掌邦布之入出，以共百物。而待邦之用。凡有法者。共王及后、世子之衣服之用。凡祭祀、宾客、丧纪、会同、军旅，共其财用之币。赍赐予之财用。凡邦之小用，皆受焉。岁终则会。唯王及后之服不会。布，钱也。共百物者，或作之，或买之。皆以布致之也。有法，谓百官之公用。赍者，行道之财用也。王氏曰："古者宝龟而货贝，所以交易者惟

---

①"云"当作"去"。

贝而已。至太公立九府圜法，始用钱代贝。或曰泉，或曰布。布取宣布之意，泉取流行之义。其实则一而已。”魏氏曰：“理财之道三：一曰务本源以生财也，九职是已。二曰立经制以节财也，九赋、九贡、九式是已。三曰通权衡以济财也，其九府圜法乎。”魏氏曰：“内府主公帑之在内，外府主公帑之在外。王者四海为家，曷有内外？曰内府掌邦赋以待王之大用，故储于内帑以慎重也。外府掌邦布以待邦之小用，故发于外帑以从便也。其为公帑则一，而与玉府同统于太府。西汉天下经用尽度大司农，人主奉养劳费一出于少府，古意尚存，惜乎散出无纪耳。”

司会，掌邦之六典、八法、八则之贰。以逆邦国都鄙官府之治。以九贡之法致邦国之财用。以九赋之法令田野之财用。以九功之法令民职之财用。以九式之法均节邦之财用。司会计官之长。六典、八法、八则之贰已掌于小宰。而司会亦掌之者，盖其职在会计。故逆受而钩考之，所以计其治也。均节，均平而有节制也。掌国之官府、郊野、县都之百物财用，凡在书契版图者之贰。以逆群吏之治。而听其会计。以参互考日成。以月要考月成。以岁会考岁成。以周知四国之治，以诏王及冢宰废置。纪载为书，合验为契。人民曰版，土地曰图。参者，三相稽也。互者，两相比也。日成、月要、岁会，大宰、小宰受其总，宰夫正其详，而司会则兼考之也。方氏曰：“凡用财，有分用者，有总司者。并出财者各有簿书，所谓参以考之也。官有联事，彼此互见，所谓互以考之也。惟日成纷杂，易于抵冒。参互以得其实，则月要、岁会虽大积而无误矣。”又曰：“《月令》每岁季秋制诸侯来岁所赋于民轻重之法、贡职之数。则古者邦国之岁会皆达于天子可知。盖必知其年之丰凶而后可酌其所赋于民轻重之法，必周知其国用之多寡而后可定其贡职之数。故曰以周知四国之治。”刘氏曰：“司会，职财计者也。而必先掌六典、八法、八则之贰，以逆邦国、都鄙、官府之治者。圣人以为职会计以进身者，不顾国政之是非，不度民情之弊疚，惟利是积，则或伤于仁。惟节是求，则或害于义。故礼乐衰微，黎民困弱，则非所以存国之体也。于是择中大夫之贤，取其道德，猷为亚于冢宰而才于列卿者，以司会计。是故必知六典、八法、八则之本，然后施九贡、九赋、九功、九式之法。知其治之本而不失，则财用可致而不害乎王之所以建极于天下者矣。故冢宰施其法于上者也，司会察其法于下者也。则有伤于国，有蠹于民，盖得以卷舒裁成王道焉。然后参互以考日成，月要以考月成，岁会以考岁成，非以戕吾民也。不明乎是者，则务刻削于民，国利虽赢而下增弊疚，非所以建大计也。以周知四国之治者，谓八州诸侯之国，礼乐刑政能致中和于其民者，必周知之。则岁会虽不足而其治有可旌者焉，岁会虽赢而其治有可废者焉。故以诏王及冢宰废置者，以治为本也。其财用之奸弊则其下吏当之，於乎盛哉。其制治之方也。财足以周天下之用，而治不失其本焉矣。"

司书，掌邦之六典、八法、八则、九职、九正、九事邦中之版，土地之图，以周知入出百物。以叙其财，受其币，使入于职币。凡上之用财用，必考于司会。正，音征。九正，即九贡、九赋之征。九事，即九式之事。邦中之版，载户口之登耗。土地之版图，载疆域之广狭。凡天官、地官之职，司会皆掌其书。然后财可得而理也。叙财而录其馀财，受币而录其馀币，使入于职币以待用，此考财之入也。上之用财用，必考于司会合式法否。苟其事弗当，则互相执奏，以杜奢侈之萌。此考财之出也。三岁则大计群吏之治，以知民之财器械之数，以知田野夫家六畜之数，以知山林川泽之数，以逆群吏之征令。凡税敛，掌事者受法焉。及事成，则入要贰焉。凡邦治考焉。大计者，日有成，月有要，岁有会。三岁又总而计之也。上有所召曰征下，有所禀曰令。恐群吏横取于民，故逆受而钩考之也。掌事者，若闾师、旅师之类。掌赋税之事者，皆就司书受法，敛毕有要簿入于冢宰。其贰藏于司书，以为考逆之证也。王氏曰："典法则职贡式，无不掌版图，吏治靡不知。故欲知国家治法吏治得失，皆于是考之，犹太史凡辨法者考焉也。"

职内，掌邦之赋入，辨其财用之物而执其总。以贰官府都鄙之财入之数，以逆邦国之赋用。凡受财者，受其贰令而书之。及会，以逆职岁，与官府财用之出。而叙其财以待邦之移用。官府之有财入，若关市之属。方氏曰："受财，受太府之颁而藏之者。若内府、外府、玉府是也。太府以其令之贰下职内，故受而书之。"愚谓会岁，终会计也。以已入财之数，与职岁出财之数，并各官府所用之数，并钩考之。则其有无存积与公清欺罔，皆得而知矣。移，那移也。王氏曰："如丧三年不祭，则移祭祀之用于丧。丰年而用大众，则移凶荒之用于役。都有馀则可移于县。甸不足则取之于稍。有司守常，不得擅移。通融之法，皆职内主之也。"

职岁，掌邦之赋出，以贰官府都鄙之财、出赐之数，以待会计而考之。凡官府都鄙群吏之出财用，受式法于职岁。凡上之赐予，以叙与职币受之。及会以式法，赞逆会。叙者，尊卑之节，先后之伦也。币馀之赋，以待赐予，职币掌之。故以叙与之而使授之其人也。赞逆会者，助司会钩考群吏之计也。张氏曰："凡内外府应干财用，皆计于司会，职内、职岁又所以赞于司会也。汉高帝时，独萧相国知此。领天下之财以柱下史张苍为计相。此近周之司会。其后诸府各自置府以为管计，此官遂废。盖缘先王都无毫发之私。后世不立此官者，只为人不便于已耳。"

职币，掌法式以敛官府都鄙，与凡用邦财者之币。振掌事者之馀财，皆辨其物而奠其录，以书揭之，以诏上之小用赐予。岁终，则会其出。凡邦之会事，以式法赞之。振，举也。悬牌曰揭。方氏曰："凡用邦财者，谓畿外所用之财也。如小行人适四方，遭侯国有故，而令赙补赒委犒襘，岂能远报于王朝。王巡狩、会同、军旅而有好赐赈恤，岂能转输于畿内。凡闲田之岁入，侯服之正供，必有积贮于四方，以待王朝之用者矣。"刘氏曰："凡馀财皆谓之币，此掌敛而聚之。振者，兴起之谓也。掌事者，所用有馀财，既不复用则沉坠矣。故振兴之以适于他用，则无滞财也。"王氏曰："辨其物，妨其或以贱贸贵也。奠其录，妨其或以多为寡也。"何氏曰："奢侈生于有馀，节俭生于不足。汉武因贯朽粟陈而用度无艺。唐玄宗因左藏克溢而赏赐无捡。成周所以觉察馀赋如是之严，正恐人君以有馀而妄用也。"魏氏曰："式法有定，何从羡馀。曰古人虑事经久，凡颁赐于官者，所估原数亦令稍优，以备缺乏，事毕送出还官，式法所以曲尽也。振者刷出之，使不埋没。财之在手如食在口，人多忽之。万分廉介不过小善，一点贪污便成大恶。圣人严于会财，固以恤民，亦以养小臣之廉，免陷于过也。后世法严而弊不止者，官不择人，禄养不足，如饥而禁之食，难矣。"

司裘，掌为大裘，以共王祀天之服。中秋，献良裘，王乃行羽物。季秋，献功裘，以待颁赐。大裘，先儒以为黑羔裘也。事天，盖冬至圜丘之祀。其时寒，其地旷，非此无以御之。良裘，天然精美之裘，若鼬裘之类。行羽物者，颁羽毛之物以赐群臣也。功裘，人功缉缀之裘，若狐青麛裘之类。颁赐者，使大夫、士服之也。王大射，则共虎侯、熊侯、豹侯。设其鹄。诸侯则共熊侯、豹侯。卿大夫则共麋侯。皆设其鹄。大射，王将祭祀以射，选助祭之人也。虎熊豹者，以虎熊豹之皮饰侯之侧也。虎侯王所射，熊侯诸侯所射，豹侯卿大夫以下所射也。鹄者，以熊虎豹之皮栖于侯上以为射之的也。鸹鹄小鸟捷点而难中，是以取其象焉，诸侯之大射。熊侯，诸侯所自射。豹侯，则群臣所共射也。卿大夫之大射，则以麋侯，与其家臣共射之。其制则三其侯而鹄居一焉。班氏曰："天子所以亲射何，助阳气达万物也。春气微弱，恐物有窒塞，不能自达者。夫射自内达外，贯坚入刚，象物之生，故以射达之也。"含文嘉曰："天子射熊，诸侯射麋，大夫射虎豹，士射鹿豕。"天子所以射熊何？示服猛巧佞也。熊为兽猛巧者，非但当服猛也。示当服天下巧佞之臣也。诸侯射麋者，示达迷惑人也。麋之为言迷也。大夫射虎豹者，示服猛也。士射鹿豕者，示除害也。各取德所能服也。侯者以布为之，何用人事之始也。本正则末正矣。所以名为侯何，明诸侯有不朝者则射之。故《礼·射义》曰："嗟尔不宁，侯骄不朝于王，所以故天下失业，亢而射尔。所以不射正身何，君子重同类，故画兽而射之。"明斋王氏曰："按侯之云者，言矢之所至，以此为侯。故古文作医，象矢集于布之形。其诸侯与侯候字，则皆从人而谐医声。人在上则作侯，为诸侯字。人在旁作候，为侯候字。前人不识古文，遂谓射中者得为诸侯。然则天子而射又何说焉。夫射者，兵之以近及远，男子所有事。古者君臣相与尽志于射者，取其能御外侮以安善良而已。虎熊豹皆兽之极猛者。春秋书多麋，亦害稼之兽。取其皮为侯，以示驱猛兽除民害之意。射之所以有事者在此，不于此求其义，而乃妄求之于侯，不亦失之远也哉。"大丧厥裘饰皮车。凡邦之皮事掌之。岁终则会，唯王之裘与其皮事不会。厥，音钦。厥，陈也。皮车，遣车革路也。裘与车皆陈之，所谓陈舆服于其庭也。

掌皮，掌秋敛皮，冬敛革，春献之。遂以式法颁皮革于百工。共其毳毛为毡，以待邦事。岁终，则会其财赍。皮革毛毯，故于秋敛之。革须揉治，故于冬敛之。逾岁则乾久而可献矣。毳毛，毛之细缛者。邦事，若张毡案之类。收贮曰财，出给曰赍。王氏曰："按裘无与于天官而为之属，古者以皮为币，盖亦外府之类，故附于职币之后也。"

内宰，掌书版图之法，以治王内之政令。均其稍食，分其人民以居之。内宰之治宫寝，犹太宰之治朝廷。太宰不称外，兼统乎内也。版以录阍寺女奄之名。图以画宫寝庐舍之状。政令，施阍寺者。稍食，吏禄廪也。人民谓士庶子分而居之，使之更迭以宿卫也。以阴礼教六宫。以阴礼教九嫔。以妇职之法教九御。使各有属，以作二事。正其服，禁其奇邪，展其功绪。

阴礼，妇人之礼。若内则、女宪所言是也。后之有六宫，亦犹天子之有六官。妇职，女功也。九御，即八十一御妻，九九而御，故以号焉。礼以训九嫔，使之成德。职以课九御，使之勤事，尊卑之体也。使各有属者，三三为属，如侄娣之于媵以相亲爱。俾无嫉妒之心也。二事，丝枲也。大宰以丝枲之事任嫔妇。内宰以丝枲之事任内人。治自内而外，化自近而远也。正其服，绝其靡丽也。禁其奇邪，屏其蛊媚也。展其功绪，省其职业也。明斋王氏曰："按内宰教嫔妇之法，此古今人世昏明偏全浇淳美恶之一大界限也。夫天之生人，有一男则有一女。岂男子有教而妇人独可无教乎？古者宫中必设师傅保姆之官。故《周南》后妃言告师氏而后归宁。宋国夫人保姆不至以及于火难。百姓妇女亦必有师。四十无子为人间女师是也。今观祭祀宾客，礼也。《关雎》所称琴瑟钟鼓，乐也。《国风》诸篇，诗也。女史所记，书也。非学何以能之。惟如是，故古者女子之盛德高识，若敬姜、孟母者，无忝于男子。而凡祭祀、宾客、丧纪有男子之事，则有妇人之事。是以能上奉神灵之统，下理万物之宜也。此谓内宰之教。盖传其学于师傅、保姆而教之。然亦有齿尊德邵，如昭帝后之亲受书于夏侯胜者矣。秦汉而下，其君既无修身齐家之学。至于吕不韦、审食其、武三思，或委以国事，令监宫中者，遂使人疑而不复信。苟得人如内宰者以治之，岂有是丑哉！以是知周公之法似迂而实切也。"大祭祀，后祼献则赞，瑶爵亦如之。正后之服位而诏其礼乐之仪。赞九嫔之礼事。凡宾客之祼献、瑶爵，皆赞。政后之宾客之礼。凡丧事，佐后使治外内命妇，正其服位。祼谓王出而迎牲，后乃从后祼也。献谓王荐腥荐熟，后亦从后献也。瑶爵，谓尸卒食，王既酳尸，后亚献之。其爵以瑶为饰也。服谓袆衣以下六。服位，谓房中户内及阼阶所立之处。礼，乐之仪，凡行礼必有乐，欲其相应也。九嫔之礼事，谓赞后荐玉齍彻豆笾之类。宾客，王同姓及二王之后也。王礼宾而后亚祼。王献宾而后继献。王酬宾而后以瑶爵酬宾。其礼皆如事神焉。后之宾客之礼，若牢礼及医酏糟之类。内命妇，九嫔、世妇、女御也。外命妇，卿大夫、士之妻也。服有精粗，位有前后，皆从而正之。明斋王氏曰："按后与尸宾酬酢，后哭诸侯，嫔御吊临于卿大夫之丧。此古人之至大礼，非中古以上莫之能行也。礼国君娶夫人之辞曰：与寡君共宗庙社稷。故祭必夫妇亲之。天子以天下为家，建侯树屏，虽世爵而必命有德者。故其来朝，以礼神之礼礼之，是以后皆从王。古者君臣同体，大臣之死，王为之服，故后夫人亦有吊临之礼。且古者世道淳笃，人心淳一，溥天之下专以行礼为务，而无淫姣邪伪之风。为之尸者，则足以象神，而人亦以神事之。为之宾者，果才德出类，而人亦以贤礼之。有丧者主于哀戚，而人之吊之者，亦真有哀戚之事。是故可以行献酬吊临之礼而无嫌也。况所谓尸者，皆王同姓懿亲而卜吉者。苟匪人则不足以为尸矣。所谓宾者，亦微子、箕子、鲁公、太公之流。苟泛常诸侯，则宗伯摄之矣。所谓吊临者，亦必王之诸父兄弟及姑姊妹或嫔御父母之家耳。不然则内外宗命秩视嫔御者掌之，岂以少年宫嫔数数入诸臣之家以行礼哉！后世无尸，若臣无复献酬之礼。后夫人不复出宫，此礼皆不必复讲。然观宋之宣仁赐忠宣公社饭，为温公、申公吊临彻朝，犹有君臣一家之意。后王不可不知，而《周礼》自当存之，未可以轻訾也。"**凡建国，佐后立市。设其次，置其（其）[1]叙。正其肆，陈其货贿。出其度量淳制，祭之以阴礼。**淳，诸允反，又音纯。凡建国者，前朝后市。王立朝而后立市，阴阳之义也。次，司市所居。叙，胥师、贾师所居。肆，百货所藏也。刘氏曰："度，五度，分寸引丈尺。量，五量，龠合升斗斛。淳，布帛之广。制，布帛之长。皆出于市。所以一制度、正民心、绝情伪也。"愚谓：祭之以阴礼者，市中之社以妇人祭礼祭之也。柯氏曰："至矣哉，王立朝、后立市之义乎！古者后不预政非无政，后不主礼非无礼也。立市者后之政乎。阴礼者后之礼乎。朝之政主乎义，王与公卿大夫平章天下者也。市者商贾贩夫交易之处，主乎利，后令内宰立之者也。夫市以通货贿、济民用不可阙者也，先王不立于前而置于后，政不出于王而出于后。此见圣人先义而后利，贱货而贵德之意也。且立其法曰：君过市则刑人赦。谓已侵利，则无以令乎人也。至于夫人、世子、命夫、命妇过市，有罚者，以身为君子当论道义，而不当见财利也。其贱之也至矣。然必使后立之祭之者，亦以阴能成阳，利能和义。财货成家，市肆成国，先后之间，治乱之分，心术之判也。观之鲁孟之所传授，拳拳于先义后利之戒。其亦得于圣王之法乎。"**中春，诏后帅内外命妇始蚕于北郊，以为祭服。岁终，则会内人之稍食，稽其功事。佐后而受献功者，比其小大与其粗良而赏罚之。会内宫之财用。**中，去声。北郊，正阴之位。稍食，嫔御之廪给。功事，丝枲之职业。布帛缕小则良，缕大则粗，必赏罚之以示劝惩也。魏氏曰："后宫费财，视王宫弥甚，不严立品节限制，则肆为奢骄滥无纪，使天下骚然困矣。"**正岁均其稍食，施其功事。宪禁令于王之北宫，而纠其守。上春，诏王后帅六宫之人而生穜稑之种，而献之于王。**穜稑，音同陆。北宫，

[1]后一"其"字当删。

后之宫守宿卫者。先种后收曰穜，后种先收曰稑。后宫藏其种者，以其有传类蕃孳之祥也。将以助王亲耕，故必生而献之焉。刘氏曰："赏罚于岁终，故均其稍食于岁始。励功德也。已施其功事于正岁，则稽其功事于岁终。考勤怠也。"李氏曰："内宰仲春诏后帅命妇蚕以为祭服，又上春诏后帅六宫生穜稑之种而献于王。夫普天之下，蚕者非一女也，将以为祭服有不足者乎？而后且亲蚕。耕者非一男也，将以为粢盛有不足者乎？而后且佐王之耕。以事先舅先姑，敢不用力焉，不可以为妇道也。王后之尊而亲蚕，天下之女子有不遵微行求柔桑者乎？王后之尊而佐耕，天下之女子有不馌南亩喜田畯者乎？王后之尊而为妇道，天下之女子有不承先祖以共祭祀者乎？明王以孝治天下，此其一助也。"陈氏曰："后妃母仪天下而慊慊然，有不足配至尊之意。内小臣而下，凡阉官，九嫔妇官下至于女奴，晓祝者、晓书者、晓缝者，必属之大臣。则夫员数之损益，职掌之废置，禄秩之多寡，赐予之疏数，皆禀命于朝廷而后不与。且使内宰得以稽其功绪而赏罚其勤惰。苟违有司之禁，虽天子不得自以为恩，是以私谒不行而内政举。古之所谓正家者盖如此，而非屑屑然也。令出房闼而方较是非于紊乱之后，争予夺于纵弛之馀，抑末矣。汉太尉杨秉纠中常侍，而尚书诘以三公统外，安得越奏近臣。盖内治不听于公卿久矣，毋怪乎后世之多乱也。"

内小臣，掌王后之命。正其服位。后出入，则前驱。若有祭祀、宾客、丧纪，则摈。诏后之礼事。相九嫔之礼事。正内人之礼事。彻后之俎。后有好事于四方，则使往。有好令于卿大夫，则亦如之。掌王之阴事阴令。相好，并去声。小臣之侍后，犹太仆之侍王也。诏，告。相，助也。正则整齐之而已。俎谓后受尸之爵，饮于房中之俎也。郎氏曰："好事，恩好之事，以物而问遗之者。好令，恩好之令，以言而吊慰之者。后亲族有为四方诸侯者，有为王朝卿大夫者，则皆使小臣将之。"张氏曰："阴事谓群妃进御之事。阴令谓诏告北宫之令。"明斋王氏曰："夫妇三纲之首，闺门万化之原。众庶莫不然而况母仪天下者乎。宦寺者不能不用而不可以轻用，其选有甚于外廷之臣者。故其职曰掌后命。正服位、出入前驱，与太仆之于王无一爽。庶几出入起居，罔有不钦也。若礼事在后曰诏，九嫔曰相，内人曰正，一大小宗伯之赞于王。庶六宫娴于礼仪而无有愆忒也。若好事、好令，则使往亲亲贤贤，与王同志。即郑诗'女曰鸡鸣'之意也。掌王之阴事、阴令，则恩逮下而无嫉妒。庶有樛木、螽斯之美也。古称妇寺以其柔媚如女人也。今观其职如此，非刚正之士其孰能之。是故奄悉无命爵，惟此称上士。盖必其士器、士行、士德而锡以士爵也。"娄里王氏曰："先王之制，后代沿习，倍失其意而祸患亦倍烈者，莫若宦官。尝考周家合内小臣、内竖、寺人之数，不过十九人耳。后世衣朱紫者或数千，噫！何其怪也。先王之世，十九人之寡，不过给将令洒扫。后世则兵刑钱谷将相之权，无不拱手委之。至于世臣可疑，重臣可疑，诵诗读书之臣可疑，碎首杀身之臣可疑。而熏腐之人则无可疑。噫！又何怪也。卒之覆国亡身靡不由是，后之视今，亦犹今之视昔，悲夫！"

阍人，掌守王宫之中门之禁。丧服、凶器不入宫。潜服、贼器不入宫。奇服怪民不入宫。凡内人公器、宾客，无帅则幾其出入。以时启闭。凡外内命夫命妇出入，则为之辟。掌扫门庭。大祭祀、丧纪之事，设门燎，跸宫门、庙门。凡宾客亦如之。王之五门，自外而内，皋、库、雉、应、路。雉门当中，谓之中门。丧服，衰绖也。凶器，明器也，恶其不祥，故不入。潜服，若衷甲者。贼器，无刻识者。虑其不轨，故不入。奇服，尨杂之服。怪民，狂易之民。恐其惑众，故不入。内人，宫中之人。公器，公家之器。宾客，列国朝聘之臣。出入无帅导之者，必讥察之。所以防闲之也。以晨昏之时而启闭，防不虞也。出入而辟除行人，使避贵也。燎谓地烛。刘氏曰："祭祀，王在庙中。大丧以下，王或出送葬，跸宫门庙门以肃王之归也。"

寺人，掌王之内人及女宫之戒令。相道其出入之事而纠之。若有丧纪、宾客、祭祀之事，则帅女宫而致于有司。佐世妇治礼事。掌内人之禁令。凡内人吊临于外，则帅而往，立于其前而诏相之。相，去声。女宫，宫中执役之女奚之类也。为之右曰相，为之先曰道。有司即内宰及宫卿也。内人吊临，或从妃嫔，或哭宗姻，必诏相之者，不以贱而废礼也。明斋王氏曰："寺之为言侍也。王之正内五人，主侍于王路寝之旁者也。今考经文惟曰掌王之内人及女宫之戒令，乃其专职。其馀则大礼之时，佐世妇礼事，掌内人之禁令及佐内人吊临于外而已。故所谓侍者，非以执事于王也。王当总内宫之治而不可以用夫士人，故以属之奄。盖侍于王所而代王以正其宫人也。夫正其宫人而常在于王所，得与王左右大夫士杂处，岂险人可得而容。苟宫中有纤微差忒，有不上闻者乎？此周之内政所以至严且密也。且各虽近于正内而实不近于王，岂虞有窃弄之祸。后世宦寺至以数万，计左右前后罔非是辈，幽旷隔绝靡所不为。天子以一人耳目，安能照察之。然后知周公正内五人之制，所以不可易也。"

内竖，掌内外之通令。凡小事，若有祭祀、宾客、丧纪之事，则为内人跸。王后之丧迁于宫中，则前跸。及葬，执亵器以从遣车。遣，器战反，后仿此。竖，童稚之称，盖奄之小者。内宫寝也，外朝廷也。童子出入便疾，故使之通命令于小事也。丧而迁者，将葬而朝于庙也。亵器，頮沐之类。遣车，载祖奠牲体之车。或曰载死者衣冠之车。张氏曰："成周盛时，内小臣、阍人、寺人之属，悉统于冢宰。西汉之治，稍犹近古。三公总九卿，而少府之官凡内臣皆属焉。佞幸如邓通一有细过，申徒嘉得召而斩之。况当时内臣亦参选明经之士，咸拜议即更宿王宫，以备顾问。如扬雄之位执戟，孔安国之掌唾壶是也。东汉则不然，议即不在宿直。人主无由亲近明经之士。十常侍皆宦者为之，卒至群奄用事。孙程始得以专废立之权。董卓横行，以成败国之谋。原其所自，盖东汉三公拥虚位，无复西汉统领九卿之职。而宦者专权，非三公所能制也。"朱子曰："天官兼嫔御、宦官、饮食之人皆总之。则其于饮食男女之欲，所以制其君而成其德。至矣，岂复有后世宦官之弊也哉!"

九嫔，掌妇学之法，以教九御。妇德、妇言、妇容、妇功，各帅其属而以时御叙[①]于王所。凡祭祀，赞玉齍，赞后荐，彻豆笾。若有宾客，则从后。大丧，帅叙哭者亦如之。德谓贞顺。言谓辞令。容谓婉娩。功谓丝枲。御犹进也。凡群妃御见之法，月与后妃共象之。卑者宜先，尊者宜后。女御当九夕。世妇当三夕。九嫔当一夕。三夫人当二夕。后当一夕。亦十五日而遍云。自望后反之。玉齍，受黍稷之玉敦也。从后，赞礼事也。曹大家曰："夫云妇德不必才，名绝异也。妇言不必辨，口利辞也，妇容不必颜，色美丽也。妇功不必工，巧绝人也。清闲贞静，守节整齐，行已有耻，动静有法，是谓妇德。择辞而说，不道恶语，时然后言，不厌于人，是谓妇言。盥浣尘秽，服饰鲜洁，沐浴以时，身不垢辱，是谓妇容。专心纺绩，不好戏笑，洁齐酒食，以奉宾客，是谓妇功。此四者女人之大德，而不可乏者也。"魏氏曰："王元气几何，乃每夕御妇人。曰阳以博施为德，阴性专妒。先王宽举大数立法，非实数也。且御不御在王耳。凡祭祀则齐戒。疾病则齐戒。遇灾异则齐戒。发大命临群臣则齐戒。皆不近妇人。其大寒大暑，一岁之虚。四时有厉气，一月之虚。风雨震动之变，一日之虚。王亦当暂远帷簿也。"

世妇，掌祭祀、宾客、丧纪之事。帅女宫而濯摡，为齍盛。及祭之日，莅陈女宫之具。凡内羞之物。掌吊临于卿大夫之丧。水

---

①原作"叙御"，据十三经本作"御叙"。

涤曰濯，手拭曰摡。为犹治也。莅，临视也。内羞，糗饵粉餈之类。吊临，王后使吊其姻亲也。

女御，掌御叙于王之燕寝。以岁时献功事。凡祭祀，赞世妇。大丧，掌沐浴。后之丧，持翣。从世妇而吊于卿大夫之丧。翣，音歃。女御即御妻也。叙御，以九九而叙进，则无失时之怨而有广嗣之祥也。献功事，献丝枲成功之事。王后之丧，沐用沈以洁首，浴用汤以洁身，然男子不死于妇人之手，供给汤物耳。翣，饰棺也，左右各四人持之，从世妇之数，盖如使者之介云。李氏曰："男女之际，人之所甚重，前哲备言之矣。然而贤妃相成之道不世出，乱国亡家者往往而是。盖妇人之性，阴昧而柔弱，鲜克正也。夫后妃同体于王。其次嫔御，亦所爱幸。一举事足以旋转天地，薄食日月。其为祸福可胜言哉。贵则为骄，富则为侈。并宠则妒，不答则怨，憎则有谗言，爱则有私谒。府库或为之空，刑赏或为之滥。奸邪或为之昌，忠良或为之剥。宗室或为之尽，冢嗣或为之易。帷簿或为之不修，社稷或为之不食。末喜之杀桀，妲己之杀纣，此类岂少哉！成周内宰之职，王宫之中，自王后之下至女御之卑，皆受教，皆习礼，德皆正，言皆顺。无冶容，无废功，无侈服，无邪道。则闺门之内，何有不肃。普天之下，何有不化。《关雎》之不淫，《葛覃》之躬俭，《樛木》之无嫉妒，《螽斯》之多子孙，《卷耳》之转佐求贤，《兔罝》之莫不好德。于斯见矣。王道安得而不成乎。"

女祝，掌王后之内祭祀。凡内祷祠之事。掌以时、招、梗、襘、禳之事，以除疾殃。内祭祀，内五祀也。祈福曰祷。报福曰祠。以时者，言随有事之时而行之。招者，招取新祥也。梗者，更易旧患也。襘者，会合多福也。禳者，攘去群祸也。明斋王氏曰："鬼神之事，妇人信之尤酷。圣人深识鬼神之情状，因人情之所不能已制为正祀。则彼淫祀不禁而自止矣。后世不知此，一切禁绝，此淫祀之所以纷然也。"朱子曰："使后世有此官，则巫蛊之事，安从有哉。"

女史，掌王后之礼职。掌内治之贰。以诏后治内政，逆内宫，书内令。凡后之事，以礼从。礼职，行礼之职。分如祭祀则有荐彻，宾客则有献酬之类。内治之贰，即内史所掌之政令，而书其副也。逆内宫者，钩考其财用也。书内令者，宣布其意旨也。以礼从，亦若太史之以书礼从王也。何氏曰："成周一代，后妃多贤，是岂独师傅保姆之助哉！盖其嫔妇祝史，亦皆窈窕之淑女掌其教、赞其礼、诏其美、匡其过，相与辅导、警戒以成其德。子孙世有哲王，不亦宜乎。汉唐以来，或以俘囚之女充后宫，或以娼优之贱备妃嫔。上不知教，下不知学。令德不闻，有由然矣。若唐山夫人房中之歌，蔼然雅颂之音。才人徐惠直谏之疏，凛乎姜后之风。其庶几成周之家法乎。”明斋王氏曰：“按史之为官，手持中而不失者也。故主记人君言动，纳之金匮。为上者不得而与，虽至暴如桀纣，亦无容其私。人君设欲览之，或有所更易，为史者知有法而不知有其身，头可断而手不可易，有死而已。继之者亦然，所以谓之信史。春秋之时，齐有太史之简，晋有董狐之笔，此意尚存。盖自古相传之法也。夫人君唯其言而莫予违。后、夫人身居禁中，尤易纵恣，然而好善名恶恶名之心，人孰无之。故垂象于天，有柱史、女史各司其职。先王法之，故特设女史，以妇人之贤且能者，执彤管以侍后。犹王之左右史而兼掌夫礼职、内治、会计之事。盖王政烦，故分掌于太史、内史诸职。后事简，故总一职而已。”

典妇功，掌妇式之法，以授嫔妇及内人女功之事赍。凡授嫔妇功，及秋献功，辨其苦良，比其小大而贾之物，书而楬之。以共王及后之用，颁之于内府。贾，音价。苦，音古。后同。典，主也，主妇人丝枲功官之长也。妇式谓妇事之模范。嫔妇谓国中妇人工于其业者。事者，织纴之务。赍者，丝枲之物。苦恶良善、小精大粗，各殊其价而楬之，示不混也。颁而藏之以待用，不忍费民也。

典丝，掌丝入而辨其物，以其贾楬之。掌其藏与其出，以待兴功之时，颁丝于外内工，皆以物授之。凡上之赐予，亦如之。及献功，则受良功而藏之。辨其物而书其数，以待有司之政令，上之赐予。丝入，谓九职嫔妇所贡之丝。兴功之时，若温暖宜缣帛，清凉宜文绣也。外工谓外嫔妇，内工谓女御。以物授之，若缣帛授以素丝，文绣则授以采丝也。有司之政令，谓礼物法物之正也。凡祭祀，共黼画组就之物。丧纪，共其丝纩组文之物。凡饰邦器者，受文织丝组焉。岁终，则各以共物会之。黼画，画黼于服也。白与黑谓之黼。组就，以组为冕旒之就也。采色一成曰就。丝以为线缕也。纩组以为俟气握手诸用也。青与赤谓之文。邦器，若茵席屏内之属。文织丝组，所以饰之也。临川王氏曰：“典丝所共，则祭祀、黼画、组就、丧纪、丝纩、组文之物。是乃王之致美乎黻冕，致孝乎鬼神也。其受良工不亦宜乎。”

典枲，掌布缌缕纻之麻草之物，以待时颁功而授赍。及献功受苦功，以其贾楬而藏之。以待时颁。颁衣（物）〔服〕①授之，赐予亦如之。岁终，则各以其物会之。缉而细曰缌，治而白曰纻。缕则其线也。草，葛蒯之属。受苦功者，待丧纪之用也。颁衣物授之，当颁衣服之时，各以其物授之也。明斋王氏曰："按四方之奢俭勤惰，皆起于后宫后夫人者。佐天子以理天下之内治，正以其贵而勤，富而俭，有以率先天下耳。天文有扶筐星，后妃亲蚕之器也。织女星，后妃亲织之象也，咸列象于紫微垣。故周礼特为典妇功一职，以司后宫工作之事。此内治之所以修举而无怠荒之祸也。敬姜有云：民劳则思，思则善心生。逸则忘善，忘善则恶心生。沃土之民不材，淫也。瘠土之民莫不向义，劳也。是故王后亲织玄紞。公侯之夫人加之以纮綖。卿之内子为大带。命妇成祭服。列士之妻加之以朝服。自庶士以下皆衣其夫。社而赋事，烝而献功，男女效绩愆则有辟古之制也。敬姜可谓知言矣。抑周之先自昔相传，男勤于耕，女勤于织。故丝枲之事不特典妇功掌之而已。九嫔教之，内宰职之，又佐后而赏罚之。宜其女有馀布而财不可胜用也。及其衰也，后宫休其蚕织，民间则杼柚其空。贡禹谏元帝曰：故时齐三服，官输物不过十笥。方今齐三服，官工作各数千人。一岁费数巨万，三工官费五十万，东西织室亦然。夫一妇不织，或受之寒，奈何民不困穷也。即周之内治如此，宜其永世也与。"

内司服，掌王后之六服。袆衣、揄狄、阙狄、鞠衣、展衣、缘衣、素沙。辨外内命妇之服。鞠衣、展衣、缘衣、素沙。袆当作翚，揄当作摇，缘或作褖，下同。内司服，宫中缝官之长也。狄，与翟同，雉也。素质而备五色谓之翚。青质而备五色谓之摇。袆衣，画翚。揄衣，画摇。皆刻缯而缀之。阙狄，刻而不画，皆祭服也。从王祭先王则服袆衣。祭先公则服揄狄。祭群小祀则服阙狄。鞠衣色黄，桑服也。展当为襢，以礼见王及宾客之服也。缘衣，即绢章燕居进御之服也。沙同纱，即今之纱，以之为里而彰其色者。内命妇之服。鞠衣，九嫔也。展衣，世妇也。缘衣，女御也。外命妇者，其夫孤也，则服鞠衣。其夫卿大夫也，则服展衣。其夫士也，则服缘衣。三夫人及公之妻，其阙狄以下乎。侯伯之夫人，揄狄。子男之夫人，亦阙狄。惟二王后袆衣。陈氏曰："阳数九，故王之吉服九；阴数六，故后之吉服六。"凡祭祀、宾客，共后之衣服，及九嫔世妇。凡命妇，共其衣服。共丧衰亦如之。后之丧，共其衣服，凡内具之物。丧衰之等：为

①"物"，十三经本作"服"。

天王斩衰，为王后齐衰。后丧之衣服谓袭衣十二称，小敛十九称，大敛百二十称也。内具之物，谓生时所用，如纷帨线纩鞶袠之属。

缝人，掌王宫之缝线之事。以役女御，以缝王及后之衣服。丧缝棺饰焉。衣翣柳之材。掌凡内之缝事。役为所使也。棺饰，帟帷之类。柳，丧车也。翣柳皆以木为体，用缯彩缠之以为饰。是衣其材也。

染人，掌染丝帛。凡染，春曝练，夏纁玄，秋染夏，冬献功。掌凡染事。丝，染而后织。帛，织而后染。春阳和煦，故暴练其帛。夏暑润溽，故染纁玄，以为祭服。夏，翟也。翟至秋而五色皆备，故染者拟而象之。冬则功成而可献，故于冬而献其染之功也。

追师，掌王后之首服。为副、编、次、追衡、笄。为九嫔、

及外内世妇之首服。以待祭祀、宾客。丧纪共笄绖亦如之。追，音堆。笄，音鸡。追，冠名，《记》曰牟追，夏后氏之道也。副，所以覆首，用发为之。编，列发而为假紒也。次，次第，发长短而合于髻也。追，治也。衡，所以悬瑱。笄，所以卷发。皆以玉为之而入于发中，即今之簪也。笄绖，榛笄而加麻绖也。魏氏曰："礼，男子冠而妇人笄，妇人之饰不过发与笄而已。后世珍宝盈头，不几冶容诲淫乎。"愚按郑氏谓副为王后从祭之饰。编为亲蚕之饰。次为见王之饰。外内命妇衣鞠衣，襢衣者服编。衣褖者服次。然《诗》曰：副笄六珈，是夫人亦得用副矣。《昏礼》曰女次纯衣，是嫁女亦得用次矣。窃意妇人之等威，殆以衡笄之玉骨角分之乎。

屦人，掌王及后之服屦。为赤舄、黑舄、赤繶、黄繶。青句、素屦，葛屦。辨外内命夫命妇之命屦、功屦、散屦。凡四时之祭祀，以宜服之。繶，音意。句与絇同，音劬。复下曰舄，禅下曰屦。繶，缝中紃也。句谓之拘，状如刀，衣鼻在屦头，以为行戒也。赤舄盖王所用。黑舄盖后所用。阴阳之正色也。赤繶盖王舄之饰，黄繶盖后舄之饰。阴杂阳纯之义也。青絇，所以相间而成文者。素屦，去饰无繶絇也。葛屦，夏月所用。冬则以皮为之。凡赤舄、黑舄、素屦皆然也。命屦，配命服之屦。《诗》曰"玉锡韩侯，玄衮赤舄"是也。功屦，即皮屦，若衣之有功裘也。前言葛，此言功，互文以见义耳。散屦，亦素屦之类。四时祭祀，冬春则用皮。夏秋则用葛。吉祭则用赤黑。丧祀则用素散。各随其宜也。张氏曰："首服在上尊，又是阳多变，故男子妇人首服各别官掌之。屦舄在下卑，又是阴少变，故男子妇人舄屦同官掌之。"愚谓弓鞋之制，始于李唐。违物性之常，滋妖冶之玩。而男女之

舄屦遂迥乎不侔。后世因之而不变，亦可笑哉！

夏采，掌大丧。以冕服复于太祖。以乘车建绥复于四郊。大，祖之大，音泰。乘，去声。绥，音馌。夏采，五色翟羽。衣旗备五色，故以名官也。复，始死而招魂也。馌，以旄牛尾为之，缀于橦上，象太常也。刘氏曰："王之衮冕，生常服之，奉享于太祖之庙者也。王之太常，生建诸玉路，乘于四郊，以奉祀者也。及其始丧则用以为复，而莫测其神气之奚往也。故或以其服，或以其乘，或以其建，或之其所往而致敬者。或之其所居而素安者。或用其所暱而常侍者。皋而复之，庶几其神之复而可生也。孝子尽爱之道，无所不至矣。是以夏采复于太祖。复于四郊祭仆。复于小庙隶仆。复于小庙隶仆。复于大寝小寝。"愚按冢宰之职，掌饮食衣服，所以佐王之修身。掌宫壶妇寺，所以佐王之齐家。掌百官万民，所以佐王之治国平天下。独至于篇终，乃列夏采之职者。盖曰生服其教，没畏其神。哲王之正道，代天理物之任，于是乎终而不必以为讳也。汉唐庸主，惑于神仙方士之说，以求长生而反促其死者，有之矣。观成王之《顾命》，非深达《周官》之意而能之乎？或者乃指为不祥之官而不必设。盖朝闻夕死之说，不明于天下久矣，又何怪哉。

周礼集传卷之二

地官司徒第二

徒，众也。教养徒众，象地之载万物也。或问司徒职在敬敷五教。而地官言教者甚略，而言山林陵麓之事却甚详，何也？朱子曰："亦须使之有衣有食，五方之民各得其所，而后教可施也。况其中言教亦不略，如书孝弟、姻恤、属民、读法之类，非乎？"

惟王建国，辨方正位，体国经野，设官分职，以为民极。乃立地官司徒，使帅其属而掌邦教，以佐王安扰邦国。因其性而导之曰安，矫其习而驯之曰扰。张氏曰："舜命契曰：'汝作司徒，敬敷五教，在宽。'《孟子》亦曰：'使契为司徒，教以人伦，父子有亲，君臣有义，夫妇有别，长幼有序，朋友有信。'《王制》曰：'司徒修六礼以节民性。明五教以兴民德。齐八政以防淫。一道德以同俗。'穆王命君牙为司徒亦曰：'弘敷五典，式和民则。'未闻以司徒治财赋、任土地也。今司徒之属，如乡大夫、州长、党正、族师、闾胥、比长与师氏、保氏、司谏、司救、调人等官，无非教人之良法美意。顾教民为善，莫切于财利相交之际。是必有以禁其非而导之于义者，故司徒兼焉。后人惑于泉府之在司徒，遂以司徒为财赋之任。又以地官宜掌土地，遂取司空之事归之，而不以司空为阙，卒使司徒之本职不明。而所谓掌邦教者，殆为虚语矣。"

教官之属：大司徒卿一人。小司徒中大夫二人。乡师下大夫四人。上士八人。中士十有六人。旅下士三十有二人。府六人。史十有二人。胥十有二人。徒百有二十人。司徒掌六乡。乡师分而治之。二人共三乡之事，相左右也。舒氏曰："周公设官之意，谓教必发乎迩，可以见乎远。故教官于六乡为最详焉。"

乡老，二乡则公一人。乡大夫，每乡卿一人。州长，每州中大夫一人。党正，每党下大夫一人。族师，每族上士一人。闾胥，每闾中士一人。比长，五家下士一人。乡老，致仕公孤之老。《记》曰："三公在朝，三老在学。"盖三公犹或兼六卿之事，而三老则惟化六乡之民者也。乡大夫以下，则里中之贤者而出使长之也。党正、族师，即今之里正。闾胥、比长，即今之保长。其下大夫、上士、中士、下士，皆里中之贤者，民自兴举而出饩以共之也。汉之乡老、啬夫亦皆百石。魏之州县乡官悉由吏部。唐之里正、村正皆以勋品。宋以后则胥徒任之，贱而多责，人不乐为矣。马氏曰："按两汉二千石长吏皆可以自辟曹掾，而所辟之概多取管属贤士之有才守者。盖必如是，乃能知闾里之奸邪，黔庶人之休戚。故治状之显著，常必由之。后世长吏既不与之以用人之权，而士自一命已上，拘于三互之法，不使之效职显能于木〔本〕土。士之贤者亦以隐情恤己，不与郡府之事为高。而与郡守县令共治其民者，则皆凶恶贪饕、舞文悖理之胥吏。大率本土人也。然则岂三互之法可行之于僚掾，而独不可行之于胥吏。可施之于有行止之命官，而独不可施之于无籍在之恶少乎。"明斋王氏曰："以王畿千里居民之数计之，为六千四百井。每井以上中下三等不易一易计之，一夫耕二夫之地，实止四家，以可任者三人至二人计之，每井十人。故每二万五千馀家可任者六万四千人，出车百乘，徒万人。每五家而出二人，可任者六人而用其一也。是千里之地合有四千万家，为车十六万乘矣。然自古称天子曰万乘，则十六倍而用其一，四十家用其一人而已。又以乡遂居民之数计之，近郊远郊四面各地方二百里，为田六十四同。每同二万五千家，合有一百六十万家矣。及观乡遂序官之数，比邻之长，共三万人，所统至于十五万家。是一家而兼十家，每一比长所统五十馀家矣。夫丘（甸）〔甸〕之法，兵皆设而不用。止闾之法，户皆有馀而不籍。何也？盖有居民可用之数，用以力田、治水、田猎、追胥，每同可任者十万馀人是也。有丘甸出车之数，每同出车百乘、徒万人是也。有简稽之数，苟尽简阅之，则此不胜其疲。故如载师之法，自十一而至于二十而三，每五分而稽其一，必十馀载而一周。其比闾之法，则以一家而兼十家，所以统辖乎民者，必十年而一周。推此二法，即如今之设里者，计一而藏九，休九而用一，其法不得不然也。至以调遣言，则行者有寒暑锋镝之苦，居者有离索怨旷之思。是岂可轻发而多用哉。故大司马所统不过六军，为车七百五十乘，为徒七万五千人。于千里之内更番而调遣之，其优裕而不迫，均遍而不颇，类如此。是故天子出必有六军，君行师从，卿行旅从。征发而不至于虚空，行役而不以为劳苦。居足以守而无虞，出足以战而无敌。田足以耕而不乏食，老幼废疾有养而无失所。

此周制之所以为善也。且夫车马器械，皆平日之简稽。委积刍薪，随道里而贮峙。吉行五十里，军行三十里，劳中而有逸。将必知兵，兵必顺民。行险而不危。故易曰毒天下而民从之也。后世之民其逸者与，则漫然无教，骄奢淫欲不遗馀力。遇有警急，则束手无策，延颈待毙。其劳者与，则征伐四出，戍役无節，死亡相继。至发闾左，千里萧条、天下骚然。其不至于败亡也几希。"

封人，中士四人，下士八人，府二人，史四人，胥六人，徒六十人。聚士曰封。胥徒多者，以畿封事广也。

鼓人，中士六人，府二人，史二人，徒二十人。何氏曰："鼓人兼金而称鼓人者，金以节鼓也。"

舞师，下士二人，胥四人，徒四十人。柯氏曰："此教舞以共野祀，司乐之舞则学士为之也。"

牧人，下士六人。府一人，史二人，徒六十人。养牲于野田者。

牛人，中士二人，下士四人，府二人，史四人，胥二十人，徒二百人。明斋王氏曰："牧人兼六牲而官为下士，以其职止刍牧之事。故与鸡人、羊人、犬人等同。爵牛人虽主一牲，然其用非止于牲事。其掌财赋为大，故官为中士。若马则尤重于牛，故挍人为下大夫也。"

充人，下士二人，史二人，胥四人，徒四十人。充犹肥也，养系牲而肥之。

载师，上士二人，中士四人，府二人，史四人，胥六人，徒六十人。载之为言事也，事民而税之。

闾师，中士二人，史二人，徒二十人。二十五家曰闾，此征民税之官，而曰闾师者，宜督其亲民者也。

县师，上士二人，中士四人，府二人，史四人，胥八人，徒八十人。四百里曰县，此征野贡赋之官，而曰县师者，居六乡以至邦国之中也。

遗人，中士二人，下士四人，府二人，史四人，胥四人，徒四十人。遗，维季反。

均人，中士二人，下士四人，府二人，史四人，胥四人，徒四十人。

师氏，中大夫一人，上士二人，府二人，史二人，胥十有二人，徒百有二十人。国子人多，使役处众，故其徒多也。

保氏，下大夫一人，中士二人，府二人，史二人，胥六人，徒六十人。

司谏，中士二人，史二人，徒二十人。

司救，中士二人，史二人，徒二十人。

调人，下士二人，史二人，徒十人。张氏曰："调犹和合也。凡人之情，方其有触则怒，怒则争，争则鼎镬在前不顾也。及其怨隙已成，杀伤被执，退省其身，已无生路。追念其父母妻子不可复见，未始不悔悟而叹，旁人之不我救止也。先王灼知人情之隐，设调人以谐和于始，使不至于此也，忠厚之至也。"

媒氏，下士二人，史二人，徒十人。媒之言谋也，谋合二姓之好也。

司市，下大夫二人，上士四人，中士八人，下士十有六人，府四人，史八人，胥十有二人，徒百有二十人。

质人，中士二人，下士四人，府二人，史四人，胥二人，徒二十人。

廛人，中士二人，下士四人，府二人，史四人，胥二人，徒二十人。

胥师，二十肆则一人，皆二史。贾师，二十肆则一人，皆二史。司虣，十肆则一人。司稽，五肆则一人。胥，二肆则一人。肆长，每肆则一人。贾，音古。虣，音暴。自胥师以及司稽，皆司市所自辟除者。胥及肆长，市中给繇役者。

泉府，上士四人，中士八人，下士十有六人，府四人，史八人，贾八人，徒八十人。郑司农云："故书泉或作钱。"

司门，下大夫二人，上士四人，中士八人，下士十有六人，府二人，史四人，胥四人，徒四十人。每门下士二人，府一人，史二人，徒四人。营国九里，四面各三门，则十二门也。

司关，上士二人，中士四人，府二人，史四人，胥八人，徒八十人。每关下士二人，府一人，史二人，徒四人。王畿千里，王城在中，面有五百里，界首面置三关，则十二关也。

掌节，上士二人，中士四人，府二人，史四人，胥二人，徒二十人。

遂人，中大夫二人。遂师，下大夫四人。上士八人，中士〔十〕[①] 有六人。旅下士三十有二人。府四人，史十有二人，胥十有二人，徒百有二十人。遂，谓王国百里外六遂之地。自远郊以达于畿，中有公邑、家邑、小都、大都焉。娄里王氏曰："按王国之外百里为六乡，大司徒自治之。二百里为六遂，则司徒不能遍教，特设遂人分理。"而郑氏云："自远郊以达于畿，则遂人职掌似不止于六遂矣。按家邑大夫之采邑，在稍地三百里。小都卿之采地，在县地四百里。大都三公王子弟采地，在畺地五百里。意六遂之外，公卿大夫及王子弟各任其教养之政。而遂人则总其成与。详考《春秋》有都宗人、家宗人，夏秋官有都家司马及都家士，而司徒不设此官，其微意可知矣。盖礼、政、刑三典，其权不可旁寄。所谓礼乐征伐自天子出也。故特设宗人、司马士于都家以监领之。至教化之事，不过与斯民共陶淑于德行道艺之间。食其地即当教其民，有无嫌于专擅者。故王国不复设都家分教之官，而第以遂人总其成。此王道所谓宽严本末，无不要于中而立极也。不然谓遂人所掌自郊达畿，则其所治之地反三倍于乡老、乡师矣，又不可通者也。"

遂大夫，每遂中大夫一人。县正，每县下大夫一人。鄙师，每鄙上士一人。酂长，每酂中士一人。里宰，每里下士一人。邻长，五家则一人。魏氏曰："按国中自百里外制六遂，以副贰六乡。王化首及于乡，其次及遂。故以区区农民，王治之稍详，亦以王朝之官兼之。卿不自兼，故其秩每下一等，至邻长则无爵矣。六遂之外则为都鄙，以封公卿大夫及王子弟。各使吏自治之，王不察察焉。都鄙之外则为邦国，以封建诸侯王治之，弥略矣。德则无不遍覆。"

旅师，中士四人，下士八人，府二人，史四人，胥八人，徒八十人。六乡之内所有赋税，闾师征之，闾师敛之。此则县师征之，旅师敛之，以地广也。征敛别官，故官属与胥徒多也。

---

①十三经本有"十"字。

稍人，下士四人，史二人，徒十有二人。魏氏曰："事与县师相关，县师通掌天下兵赋，稍人专掌稍甸都鄙。"

委人，中士二人，下士四人，府二人，史四人，徒四十人。

土均，上士二人，中士四人，下士八人，府二人，史四人，胥四人，徒四十人。

草人，下士四人，史二人，徒十有二人。

稻人，上士二人，中士四人，下士八人，府二人，史四人，胥十人，徒百人。

土训，中士二人，下士四人，史二人，徒八人。

诵训，中士二人，下士四人，史二人，徒八人。

山虞，每大山中士四人，下士八人，府二人，史四人，胥八人，徒八十人。中山，下士六人，史二人，胥六人，徒六十人。小山，下士二人，史一人，徒二十人。度其产曰虞。

林衡，每大林麓下士十有二人，史四人，胥十有二人，徒百有二十人。中林麓，如中山之虞。小林麓，如小山之虞。

川衡，每大川下士十有二人，史四人，胥十有二人，徒百有二十人。中川，下士六人，史二人，胥六人，徒六十人。小川，下士二人，史一人，徒二十人。平其利曰衡。

泽虞，每大泽大薮中士四人，下士八人，府二人，史四人，胥八人，徒八十人。中泽中薮如中川之衡。小泽小薮如小川之衡。水所常钟曰泽，有时而晞曰薮。

迹人，中士四人，下士八人，史二人，徒四十人。迹之言迹也。魏氏曰："主知禽兽之处，田猎则用之为耳目，其犹兵法之有乡道乎。"

丱人，中士二人，下士四人，府二人，史二人，胥四人，徒四十人。丱，虢猛反。

角人，下士二人，府一人，徒八人。

羽人，下士二人，府一人，徒八人。

掌葛，下士二人，府一人，史一人，胥二十人，徒二十人。

掌染草，下士二人，府一人，史二人，徒八人。

掌炭，下士二人，史二人，徒二十人。

掌荼，下士二人，府一人，史一人，徒二十人。荼音，徒。荼，茅莠也。

掌蜃，下士二人，府一人，史一人，徒八人。蜃，大蛤也。

囿人，中士四人，下士八人，府二人，胥八人，徒八十人。

（埸）〔场〕① 人，每场下士二人，府一人，史一人，徒二十人。娄里王氏曰："春夏场人树艺果蓏，既尽地之利矣。季秋则筑为场，以授农夫使纳稼焉。故不曰圃人而曰场人，所以重谷也。"

廪人，下大夫二人，上士四人，中士八人，下士十有六人，府八人，史十有六人，胥三十人，徒三百人。米廪事重，出纳又多，故徒独众也。

舍人，上士二人，中士四人，府二人，史四人，胥四人，徒四十人。舍犹宫也，主平宫中用谷者也。

仓人，中士四人，下士八人，府二人，史四人，胥四人，徒四十人。

司禄，中士四人，下士八人，府二人，史四人，徒四十人。

司稼，下士八人，史四人，徒四十人。

舂人，奄二人，女舂抌二人，奚五人。抌，音由。抌，杼臼也。方氏曰："舂人职领以女奚，数甚少，盖夫人亲舂，以其粢盛，故女奚助以终事。若牢礼飨食之米，特取之廪人而差择之耳。"

饎人，奄二人，女饎八人，奚四十人。饎，音炽。饎，炊饭也。

稿人，奄八人，女稿每奄二人，奚五人。禾兼草曰稿。此掌冗食者，

①场，原误作"埸"。

亦若谷之有稿也。

大司徒之职，掌建邦之土地之图，与其人民之数。以佐王安扰邦国。土地之图，远近之差也。人民之数，多寡之实也。此司徒所掌之大纲。下文乃详言之。以天下土地之图，周知九州之地域广轮之数。辨其山林、川泽、丘陵、坟衍、原隰之名物。而辨其邦国都鄙之数，制其畿疆而封沟之。设其社稷之壝而树之田主。各以其野之所宜木，遂以名其社与其野。周，遍也。九州，扬、荆、豫、青、兖、雍、幽、冀、并也。广，横也。轮，纵也。东西为广，南北为轮。积石曰山。竹木曰林。注渎曰川。水钟曰泽。土高曰丘。大阜曰陵。水崖曰坟。下平曰衍。高平曰原。下湿曰隰。名，地名也。物，生物也。畿，即九畿。疆，犹界也。社，土神。稷，谷神。壝，壇与埒也。田主，田神也。所宜木，若松柏栗之类。以土会之法辨五地之物生。一曰山林，其动物宜毛物，其植物宜皂物，其民毛而方。二曰川泽，其动物宜鳞物，其植物宜膏物，其民黑而津。三曰丘陵，其动物宜羽物，其植物宜覈物，其民专而长。四曰坟衍，其动物宜介物，其植物宜荚物，其民（晳）〔晳〕而瘠。五曰原隰，其动物宜蠃物，其植物宜丛物，其民丰肉而庳。覈与核同。专，音团。庳，音婢。会，计也。物生，动物植物之生，各异其禀也。毛物，狐貉之属。皂物，柞栗之属。山林之民得木之气多，故毛而方。毛者，木之体。方者，曲直之象也。鳞物，鱼龙之属。膏物，桐漆之属。津，润也。川泽之民得水之气多，故黑而津。黑者，水之色。津者，润下之象也。羽物，翟雉之属。核物，梅李之属。丘陵之民得火之气多，故团而长。团者，火之体。长者，炎上之象也。介物，龟鳖之属。荚物，荠荚之属。晳，白也。坟衍之民得金之气多，故晳而瘠。白者，金之色。瘠者，坚瘦之象也。蠃物，龟螾之属。丛物，萑苇之属。丰，厚。庳，短也。原隰之民得土之气多，故丰肉而庳。丰者，土之体。庳者，卑下之象也。魏氏曰："夫五地随气异形，气行地中。人物之生，复随形异禀。盖天气以为父，地质以为母，子肖母形居多。圣人仰稽天运，俯察地理。以土会之法，通计所生物何者为多，因而知其土之所宜。所以通知地利而尽人物之性也。"因此五物者民之常，而施十有二教焉。一曰以祀礼教敬，则民不苟。

二曰以阳礼教让，则民不争。三曰以阴礼教亲，则民不怨。四曰以乐礼教和，则民不乖。五曰以仪辨等，则民不越。六曰以俗教安，则民不偷。七曰以刑教中，则民不虣。八曰以誓教恤，则民不怠。九曰以度教节，则民知足。十曰以世事教能，则民不失职。十有一曰以贤制爵，则民慎德。十有二曰以庸制禄，则民兴功。偷，当作偷。虣，音暴。祀礼，馈献之礼。所以教民敬于鬼神也。敬则不敢苟且矣。阳礼，饮射之礼。所以教民让于尊长也。让则不相争竞矣。阴礼，婚姻之礼。所以教民亲于男女也，亲则不致怨旷矣。乐礼，声容之礼。所以教民和于上下也，和则不生乖戾矣。仪，交接之仪。所以辨民之等威也。辨则不相逾越矣。俗，习便之俗。所以安民之居业也，安则不至偷薄矣。刑，以禁民为非。是教之以协中也，中则无暴横之患矣。誓，以警民为义，是教之以周恤也，恤则无懈怠之志矣。度，谓宫室车服之差。是教民以制节也，节则有不安分而知足者乎。世事，谓士农工商之业。是教民以才能也，能则或有见异而失职者乎。贤有大小则爵有尊卑，是以贤而制爵也。而民有不慎于德行者乎。庸有多寡则禄有厚薄，是以能而制禄也。而民有不兴于事功者乎。明斋王氏曰："五方风气不同，其民习以成俗，若有恒性。《王制》所谓：'广谷大川异制，民生其间者异俗。'故曰五物者，民之常也。变化气质在于修道之教。施地官之十有二教，此道德之所以一，风俗之所以同，而斯民不复囿于风气也。"以土宜之法辨十有二土之名物，以相民宅而知其利害。以阜人民，以蕃鸟兽，以毓草木，以任土事。辨十有二壤之物，而知其种，以教稼穑树艺。相，去声。种，上声。相，占视也。凡民所居之宅，高下异势，广狭异形，山谷平原异气。必相而知其利害，使之趋避也。阜、蕃，皆盛也。壤者，耕熟之土。春种曰稼，秋收曰穑。艺，犹莳也。刘氏曰："十有二土即十有二州也。州各有宜，如职方氏所掌。周虽合十二州为九州，然本尧所分，十二异宜，故职方氏从时王之制以正其名。而大司徒复因上古之法以教民。言十二壤者，率一土复有此十二之别。当知其种之所入，即《草人》骍刚、赤缇、坟壤、渴泽、咸泻、勃壤、埴垆、强檃、轻爨，凡九也。"以土均之法，辨五物九等。制天下之地征。以作民（赋）〔职〕。以令地贡。以敛财赋。以均齐天下之政。五物，五土所宜之物。九等，上中下各三等也。地征，贡赋税敛之总名。职，即九职也。贡，即九贡也。财赋，即九赋之财也。以土圭之法测土深，正日景以求地中。日南则景短多暑。日北则景长多寒。日东则景夕多风。日西则景朝多阴。日至之景尺有五寸，谓之地中。天地之所合也。四时之所交也。风雨之所会也。阴阳之所和也。然则百物阜安，乃建王国焉。制其畿方千里而封树之。景，音影。土圭，长一尺五寸，测土深，推测南北东西之深也。正日景，表正方中之影也。夏至日正中时，立八尺之表以候日影，以土圭量之，其影短于土圭，则其地在日南而多暑。其影长于土圭，则其地在日北而多寒。影在表之东，是地在日东也。景夕，谓日中时其影已如夕时也。如此则其地多风。影在表之西，是地在日西也。景朝，谓日中时其影尚如朝时也，如此则其地多阴。凡此，皆非地中也。盖地近南则多暑。近北则多寒。东方近海故多风。西方近山故多阴。唯日至之景尺有五寸，适与土圭合，乃地之中也。合者，天地正当其中也。交者，四时皆协其候也。会者，风雨以序而至也。和者，阴阳相济而行也。百物阜安，有生者遂，有形者育也。封者，封土以为界。树者，树木以为固也。河间王氏曰："西北多山，东南多水，惟地中平壤，为天地之所合。北极下半岁为昼夜。赤道下一岁再冬夏。惟地中为四时之所交。日东近海多风，日西连山恒雨，惟地中乃风雨之所会。日南近日多暑，日北远日多寒，惟地中乃阴阳之所和。"浚仪王氏曰："《隋志》周公测影于阳城，以参考历纪。先儒皆云：夏至立八尺表于阳城，其影与土圭等。《尚书考·灵曜》曰：日末影尺五寸，日短影尺二寸。《易纬通卦验》云：冬至之日植八尺之表，日中视晷影长短，以占和否。《周髀》云：成周土中夏至影一尺六寸。冬至一丈三尺五寸。刘向《洪范传》曰：夏至影一尺五寸八分。冬至一丈三尺一寸四分。春秋二分影七尺三寸六分。汉魏及宋所都，皆别四家历法候影，则齐纬候所陈，恐难依据。刘向二分之影，直以率推，非表候定其长短。《考灵曜》、《周髀》、《灵宪》及郑玄注《周官》，并云：日影于地千里差一寸。按宋元嘉十九年壬午，使使往交州测影。夏至出东南三寸三分。何承天遥取阳城，云夏至一尺五寸。计阳城去交州万里而影实差一尺八寸二分。是六百里差一寸也。后魏信都芳注《周髀四术》，谓金陵去洛，南北略当千里。景差四寸，则二百五十里而差一寸也。唐开元中，太史测景。五百二十六里二百七十步而差二寸五厘。则康成之言似未可据。又按司马光日影图曰：日行黄道，每岁有差。地中当随而转移。故周在洛邑，汉在颍川阳城。唐在汴州浚仪。而《唐志》犹取阳城日影以为法，与汉志不同。"凡建邦国，以土圭土其地而制其域。诸公之地，封疆方五百里，其食者半。诸侯之地，封疆方四百里，其食者参之一。诸伯之地，封疆方三百里，其食者参之一。诸子之地，封疆方二百里，其食者四之一。诸男之地，封疆方百里，其食者四之一。土其地，犹度其地也。制其域，定其四境也。其食者半，参之一、四之一，谓诸侯贡于天子而食之之数。大国贡重，正之也。小国贡轻，字之也。秀发叶氏曰："公之封疆虽五百里，而受田食禄则百里。侯伯封疆虽四百里、三百里，而受田食禄则七十里。子男封疆虽二百里、百里，而受田食禄则五十里。如今之郡县，大小不齐，而俸禄自有常也。"朱氏曰："此五等诸侯之地，考之史传，周公封鲁、太公封齐，皆不止百里。孟子《王制》之言与周制不合。说者以《周礼》兼附庸，及统山林川泽而言，广封之制也。"凡造都鄙，制其地域而封沟之。以其室数制之。不易之地家百晦。一易之地家二百晦。再易之地家三百晦。乃分地职、奠地守、制地贡而颁职事焉。以为地法而待政令。晦，古亩字。都鄙，王子弟、公卿大夫采地也。其介曰都，其居曰鄙。以其室数制之者，依丘邑之室数而制地与之也。不易之地，岁种之。一易之地，休一岁乃复种之。再易之地，休二岁乃复种之。或曰不易者，不间陇而为畎也。一易者，间一陇而为畎也。再易者，间二陇而为畎也。陇不播种，故又谓之莱。分地职，分司其事也。奠地守，各定其业也。制地贡，各奉其税也。《或问》陈氏以为，王之子弟及公卿以下，其官不少也。皆受地，如列国之君，则千里之畿有所不容，疑亦视此以差降，非必尽如之也。此说何如？朱子曰：此以差降非必尽如之也。此说何如？朱子曰："以《周礼》考之，其制亦与孟子不同，然大都则方百里，而小都亦五十里也。但《王制》以为县内诸侯禄也，则国不继世而食之亦无嫌于不容矣。其据土以传世者，殆《周礼》之末失与。"以荒政十有二聚万民。一曰散利。二曰薄征。三曰缓刑。四曰弛力。五曰舍禁。六曰去幾。七曰眚礼。八曰杀哀。九曰蕃乐。十曰多昏。十有一曰索鬼神，十有二曰除盗贼。舍，音捨。去，上声。幾，音讥。杀，色界反。蕃当作藩。聚者，不使散离也。散利，贷其种食俾无滞积也。薄征，轻其租税不尚催科也。缓刑，宽其法纲虑有冤憾也。弛力，息其繇役恐妨生业也。舍禁，舍山泽之令与民同利也。去幾，去门关之征便民转移也。眚礼，宾嘉祭祀之仪物，皆从其省也。杀哀，殡葬赗赠之财用稍从其薄也。蕃乐，藏乐器而不用致修省之诚也。多昏，减昏礼而不备，消怨旷之感也。索鬼神，上下奠瘗以祈民福也。除盗贼，内外肃清以去民害也。吕氏曰："荒政条目始于黎民阻饥。舜命弃为后稷，播时百谷。

其详见于《生民》之诗。其后如禹之水，汤之旱，民无菜色。其荒政制度不可考。及至成周，大司徒以荒政十二聚万民，其详又错见于六官之书。然古者以三十年之通制国用，则有九年之蓄。遇岁不登，人主则贬损减省，天下各有禀藏，则振发济民而已。当时措置与后世不同。至春秋战国，王政既衰，秦饥乞籴于晋，鲁饥乞籴于齐。当时九年之制已自败坏。其后如李悝之平籴法，丰年贱收之，凶则出以赈饥。谷价不贵，民安其居。此亦三代以后救荒之良策也。至汉武诏令水潦移于江南，下巴蜀之粟致之江南。唐西都不登，则幸东都。在高宗时有逐粮天子之语。盖移民易粟，孟子所谓苟且之术。而秦汉以来又谓之善政矣。大抵其法愈坏，则其术愈粗。今试举其可行者六七条。如汉载粟入关中，无用传后来贩粟者免税。如后世劝民出粟，散之乡里。又如富郑公在青州，处流民于城外，室庐措置，种种有法，当时寄居游士分掌其事，不以吏胥与于其间。又如赵清献公在会稽，不减谷价，四方商贾辐凑。此皆可师其意、广其法，以推行于不穷者也。至于平籴之政，尤须讲求。自李悝平籴至汉耿寿昌为常平仓，元帝以后，或置或罢，至宋朝遂为定制。仁宗时韩魏公请罢鬻没官之田，募人承佃，为广惠仓，散与鳏寡孤独。庆历、嘉祐间，既有常平，又有广惠、广济二仓，以备赈恤。所以仁宗德泽倍洽于民。至王荆公用事，常平、广惠量可以支给，尽籴转以为钱。变而为青苗，取三分之息，百姓遂不聊生。广惠之田卖尽，虽得一时之利，要之竟无根柢。元祐间虽复，章惇继之，三仓又坏。论荒政者，不可不详考也。”以保息六养万民。一曰慈幼。二曰养老。三曰振穷。四曰恤贫。五曰宽疾。六曰安富。保息，保安而使之蕃息也。养老，老者安之，俾以寿终。慈幼，幼者怀之，俾得遂长。鳏寡孤独谓之穷，振之不至失所。饥寒空乏谓之贫，恤之使得聊生。疾者宽之则不竭其力，富者安之则不穷其财。方氏曰：“安富尤保息之大者。盖富者不安，则民不务积聚而失其所养者众矣。上岂能遍给哉！汉武行告缗之令，商贾中家皆破。民媮甘食美衣，不务畜藏之产业。则知安富之虑远矣。”邓氏曰：“于此见先王之制，欲万物各得其所。后世虐茕独者不足言，即以锄富强为政，去教意远矣。”以本俗六安万民。一曰嫐宫室。二曰族坟墓。三曰联兄弟。四曰联师儒。五曰联朋友。六曰同衣服。嫐，音美。本俗，旧习也。嫐宫室，上栋下宇，以安其居也。族坟墓，左昭右穆，以聚其灵也。联兄弟，内宗外戚，以洽其情也。联师儒，党庠家塾，以正其德也。联朋友，合志同方，以辅其业也。同衣服，吉采凶素，以章其身也。魏氏曰：“本俗者，祖宗根本所在也。民不忘本，则善心生。”邓氏曰：“保息本俗于八统九两，其事同，何也？曰：民生有道，太宰执之为民治。司徒掌之为民教也。八统九两，恢恢其兼覆并包乎。保息本俗则敦仁而率育之也。共事通之为官联。殊事建之为官法。听治断讼守之为官常。皆是物也。归之约万民于人道焉尔。《易》曰天地睽而其事同，故二官同道也。”正月之吉始和，布教于邦国都鄙。乃县教象之法于象魏，使万民观教象，挟日而敛之。乃施教法于邦国都鄙，使之各以教其所治民。令五家为比，使之相保。五比为闾，使之相受。四闾为族，使之相葬。五族为党，使之相救。五党为州，使之相赒，五州为乡，使之相宾。比，毗至反，下同。赒，音周。比，亲厚也。保，犹任也。闾，吕也，如脊吕之当中也。受，容纳也。族，聚也。如宗族之聚处也。党，类也。赒，给足也。宾，谓宾兴其贤能者。邓氏曰：“布法施教，首比、闾、族、党、州、乡，何也？教自下起也。物生自下，地德也。王治笃近，先家也。家和而乡治，乡和而国治，国和而天下治。始联而比之，既协而和之，王治之大教也。闾使相受，善为受其庆。恶为受其患。老受而终之。幼受而长之。穷无归者受而养之也。相葬丧同其戚。相救凶同其灾也。乡之言向也。向之斯饮射而宾之，教合敬也。王教莫大于能群，莫先于敬让，莫厚于敦睦，莫美于不争。大道之行，天下时雍，则不争之极也。故保受葬，救赒宾，渐之仁，摩之义，导之于礼乐而要之化斯其路也。”方氏曰：“五家暱近，故奇邪使之相保。二十五家则宅舍多矣，故有故而寄托者使之相受。百家则财力赡矣，故葬具丧役使之相共。五百家则势众强矣，故寇盗使之相救。二千五百家则蓄积厚矣，故祲札使之相赒。万二千五百家则秀民聚矣，故使之宾其贤者。兴贤，国典也。而曰相宾者，使乡人自相推择而宾礼之。所谓使民兴贤出使长之，使民兴能入使治之也。此及十二职、三物、八刑，独列于布教之后与诸职异者，前所列土会、土宜、土均，皆地法也。土圭，造都鄙也。荒政、保息、本俗，安万民也。惟十二教主于教民，而皆教之大纲，故与诸大政并列于前。此四者乃教之细目，亲民之吏所奉守者，故详于施教法之后。使各以教其所治之民也。”朱子曰：“比、闾、族、党之法，正周公建太平之基本。”颁职事十有二于邦国都鄙，使以登万民。一曰稼穑。二曰树艺。三曰作材。四曰阜蕃。五曰饬材。六曰通财。七曰化材。八曰敛材。九曰生材。十曰学艺。十有一曰世事。十有二曰服事。登，进而成之也。稼穑，即三农生九谷也。树艺，即园圃毓草木也。作材，即虞衡作山泽之材也。阜蕃，即薮牧养蕃鸟兽也。饬材，即百工饬化八材也。通财，即商贾阜通货贿也。化材，即嫔妇化治丝枲也。敛材，即臣妾聚敛疏材也。生材，即闲民无常职转移执事也。学艺，请习道艺也。世事，世守先业也。服事，服勤公事也。方氏曰："冢宰以九职任万民，而司徒增其三，何也？国用制于冢宰，故九职所任皆财赋所从出也。司徒颁教则秀民之学艺，巫史、医卜之世事，庶人在官之服事者，其职事不可缺矣。"愚按《虞书》云："水火金木土谷惟修，正德厚生利用惟和。"此生民之日用，斯须不可离者也。司徒之职事，皆本此而损益之耳。后世人自为生，家自为俗，民焉有不散者哉。**以乡三物教万民，而宾兴之。一曰六德：知、仁、圣、义、忠、和。二曰六行：孝、友、睦、姻、任、恤。三曰六艺，礼、乐、射、御、书、数。**知、行，皆去声。姻，音因。物犹事也，兴犹举也。谓以乡三物教成万民。乡大夫论其贤者能者，以乡饮酒礼尊之为宾而献其书于王也。理之得于心者谓之德。知，周知也。仁，公爱也。圣，通明也。义，合宜也。忠，尽心也。和，中节也。理之见于行者，谓之行。孝，顺于父母也。友，宜于兄弟也。睦，和于九族也。姻，合于外亲也。任，信于朋友也。恤，惠于困穷也。理之寓于事物者，谓之艺。礼有五以节性也。乐有六以防情也。射有五以观德也。御有五以范志也。书有六以穷理也。数有九以周物也。先王以此三者教其民。则本末具举，内外交养，可以成人材而阜民俗矣。《或问》言寡尤、行寡悔，果何以得禄耶？圣人教人，真使以是求禄耶。朱子曰："先王之世，教民以德，行道艺而宾兴之。故士能谨其言行则有得禄之道。然圣人之意，则以为君子亦修其在我者而已。其得与不得，非所计也。故曰禄在其中，乃本为此而反得彼之辞也。岂真教之以是而求禄哉。"呜呼！三代之时，先王之法行于上者既如彼。圣人之教，行于下者又如此。是虽欲人才之不成，风俗之不厚，盖亦不可得矣。正使士之不贤者，或不免于外慕。有司之不明者，或不足以为得人。然其所以相求者，盖犹出于修身谨行之意。一得其人，则其法固，万世不易之良法也。岂若后世专以词艺取人，而不考其言行之素。使士之贤者，犹不免急于彼而缓于此。有司之良者，每憾无以必得行艺才业之人。而其不贤且良者，则固皆以为当然而不之怪也。然则人才，风俗之所成就，又安得不愧于古，上之人亦何重于此而不之革哉。**以乡八刑纠万民。一曰不孝之刑。二曰不睦之刑。三曰不姻之〔刑〕①，四曰不弟之刑。五曰不任之刑。六曰不恤之刑，七曰造言之刑。八曰乱民之刑。**行由亲及疏，本末之辨。刑自尊及卑，轻重之差。造言，讹言惑众也。乱

①按十三经本补。

民，左道乱政也。邓氏曰："八刑亦曰乡，何也？曰：乡刑也。乡刑，教刑也。《书》曰：朴作教刑，教刑非刑也。其附刑者归之士矣。"娄里王氏曰："六德圣王不以甚美者，强民也。六艺其末也。六行不备，斯刑之矣。"郝氏曰："造言、乱民二刑用之不善，即申韩之令，诽谤妖言之法矣。"齐桓公内政之法、正月之朝，乡长复事，君亲问焉。曰："于子之乡，有居处好学，慈孝于父母，聪慧贤仁，发闻于乡里者。有则以告，有而不以告，谓之蔽明。其罪五。"有司已于事而竣。公又问焉曰："于子之乡有拳勇股肱之力秀出于众者，有则以告。有而不以告谓之蔽贤。其罪五。"有司已于事而竣。公又问焉曰："于子之乡有不慈孝于父母，不长弟于乡里，骄躁淫暴不用上令者。有则以告，有而不以告谓之下比。其罪五。"有司已于事而竣。是故乡长退而修德进贤，公亲见之。遂使役官及五属大夫复事。公问之如初。五属大夫于是退而修属。属退而修县。县退而修乡。乡退而修卒。卒退而修邑。邑退而修家。是故匹夫有善可得而举也，匹夫有不善可得而诛也。马氏曰："因读《国语》此章而参《王制》言司徒俊选之事，然后知古圣贤于化民成俗、选贤兴能二事，视其贤愚升沉、举切吾身，故其为法甚备。其教人也，不特上贤以崇德，而必欲简不肖以绌恶。其举人也，不特进贤受上赏，而必欲蔽贤蒙显戮。盖赏罚相须而行，则始不视为具文。后世非不立学校也，而未闻有不帅教之罚。盖姑选其能者，而无能之人则听其自为不肖而已。其教之也不备，其选之也不精，宜人材之所以日衰也。虽然惟其教训之法不备，所以选举之涂不精。士生斯世，盖自为才而未尝有所赖于上之人。则所谓焉知贤才而举之，何以识其不才而舍之。而蔽贤之罚亦无所施矣。"以五礼防万民之伪，而教之中。以六乐防万民之情，而教之和。凡万民之不服教，而有狱讼者，与有地治者听而断之。其附于刑者归于士。魏氏曰："伪者，外有所为，丧其天真者也。情者，中有所感，离其天性者也。礼所以节其伪使不偏。乐所以养其情使不淫。"何氏曰："六艺之教，礼乐在其中矣。此又重言之者，教民莫大于礼乐故也。"愚谓：不服教，不服三物之教也。成罪曰狱，告争曰讼。地治，谓治乡遂都鄙之官。恐其不审，故与地治之官共听而断之。附，丽也。士，狱官也。其附丽于法者则归诸士师，而使之刑矣。祀五帝，奉牛牲，羞其肆。享先王，亦如之。大宾客，令野修道委积。大丧，帅六乡之众庶，属其六引，而持其政令。大军旅，大田役，以旗致万民，而治其徒庶之政令。牛能任载，地类也。奉，犹进也。谓献腥肆陈骨体也。谓献熟修道除治道路也。少曰委，多曰积，皆所以给食用者。

六引，六乡所共引柩之索也。旗，画熊虎者，刻日期于旗下，而诛其后至者焉。若国有大故，则致万民于王门。令无节者不行于天下。大荒、大札，则令邦国移民通财。舍禁、弛力、薄征，缓刑。致万民于王门，以为卫也。无节者不行，以防奸也。移民，谓食不足者，移之以就有馀也。通财，谓食有馀者通之以济不足也。方氏曰："于荒政十二之中独举此四者，贡赋天子所制也。故舍禁、弛力、薄征必待司徒之令。刑章天子所定也，故缓刑必待司徒之令，其他皆邦国得自主也。若移本国之民与邻国通财，其事尤大，非天子之命不敢专也。故荒政外增此而首列之。"岁终，则令教官正治而致事。正岁令于教官曰："各共尔职，修乃事，以听王命。其有不正，则国有常刑。"正治，修文书也。致事，上计簿也。魏氏曰："治官之属，太宰不自令，小宰令之。五官则自令其属。"王氏曰："地官主土与民，故以土地之图、人民之数为大纲。土会以知地生物宜，土均平土，土圭分土，皆治地之法也。十二职以植民生。本俗以安之。保息以养之。荒政以聚之。十二教以达民性。三物以兴之。八刑以纠之。皆治民之法也。比、闾、族、党、州、乡以施教化。遂沟洫浍川以正疆界。通水利，井邑、丘甸、县都以稽民畜。起徒役而伍两卒旅师军之法寓焉。故地也者，以博厚含弘为德者也。《易》"君子以厚德载物"，《周礼》地官庠序、田里、卒伍、市廛、虞衡之制，皆宽裕温柔广博，易良宁多。其教诲不使一夫之不获。宁迟以岁月，不徼一时之近利。此真培植深厚，利泽无穷，非后世之所能及也。"

小司徒之职，掌建邦之教法。以稽国中，及四郊都鄙之夫家。九比之数，以辨其贵贱、老幼、废疾。凡征役之施舍，与其祭祀、饮食、丧纪之政令。比，毗至反，下同。施，音弛，后，仿此。稽，考也。夫家，犹言男女也。九比，出九赋者之人数。征谓征税。役谓徭役。弛舍皆谓免者。老过时，幼不及时，废疾，矜不成人。贵则尊有爵，贱若胥徒以其服勤公事，亦在所免也。祭祀以事神。饮食以养生。丧纪以送死。皆有禁令，不使失礼法也。方氏曰："《经》云：以稽，以辨明教化，即寓于其中也。教寓于祭祀饮食丧纪，使民知礼知义，所以厚生而正德也。教寓于征役之弛舍，使民兴仁兴让，所以忘劳而犯难也。司徒之法，无一人之不教，无一事之不教，无一时之不教。所以周遍沦洽，人人之深，至于刑措也。祭祀之禁令，如不耕者祭无盛，不畜者祭无牲，及寝庙异制，祭荐有品之类。饮食之禁令，如四酺、三酺、二酺，及五十异粻、六十宿肉之类。丧纪之禁令，如墓人职族葬之位及其度数，载师职不树者无椁，不绩者不衰之类。”乃颁比法于六乡之大夫，使各登其乡之众寡。六畜、车辇辨其物。以岁时入其数。以施政教，行征令。及三年则大比。大比则受邦国之比要。登，进而载之也。众寡，谓人民。驾牛马曰车，人挽行曰辇，皆师行之具也。施政教谓行饮射之礼。行征令，谓起徒役之事。比要，大比之簿书。明斋王氏曰：“比要者，其详藏于侯国，其总数则登于天府。小司徒受之。王国岁时入其数，侯国则三年而入其要。内外详略之不同也。”乃会万民之卒伍而用之。五人为伍，五伍为两，四两为卒，五卒为旅，五旅为师，五师为军。以起军旅，以作田役。以比追胥，以令贡赋。古者寓兵于农。居则为比，闾、族、党、州、乡之民。出则为伍、两、卒、旅、师、军之兵。司徒掌力役者也，故因民之卒伍而行之。追，逐寇也。胥，伺捕盗贼也。明斋王氏曰：“旧谓五家为比，故五人为伍。二十五家为闾，故二十五人为两。然此非核实之言也。夫苟定于比即为伍，则征行而用众，何以居守？岂百里之内旷然无人邪。且凡贵贱老幼废疾皆舍，则伍不有缺邪。愚尝详考六乡居民之数，一比长所统有五十家。然则所谓一伍之人，亦于五十家内而取之，十家而取一人也。故比、闾、族、党、州、乡者，教训其居民之法。有家则在所教也。伍两卒旅师军者，部署其勇力之法。凡有材艺者，又自会而用之也。庠序师田各自为制，征行有时而居守不可缺。不外乎比闾而不泥于比闾，实并行而不悖。故以比闾中之民而简阅之为伍两则可。谓比闾之民与其长即伍两之兵与将，岂其然乎。”乃均土地，以稽其人民而周知其数。上地家七人，可任也者家三人。中地家六人，可任也者二家五人。下地家五人，可任也者家二人。凡起徒役，毋过家一人。以其馀为羡，惟田与追胥竭作。人多则授上地，所养者众也。人少则授下地，所养者寡也。可任，谓丁强任力役之事者。羡，饶。竭作，尽行也。永嘉陈氏曰：“猎取禽兽，人所同欲。追伺盗贼，人所同恶也。”马氏曰：“按周家授田之制，如大司徒遂人之说，则是田肥者少授之，田瘠者多授之。如小司徒之说，则口众者授之肥田，口少者授之瘠田。如《王制》孟子之说，则一夫定以百亩为率。而良农食多，惰农食少。三者不同。”章氏曰：“司徒之可任者如此其多，司马法之出士徒如彼其少。盖古人之于兵不尽用之。小司徒只言其可任者，非实数也。后世反此，晋作州兵乃是尽数调发，甚非先王之制。其他如鲁成作丘甲。苏秦谓齐宣王，临淄之中七万户不下，户三男子而卒以二十一万。曹操谓崔琰曰：昨按户籍可得三十万众。故为人州是皆以实数调发。惟孔明仅有此意，以蜀之大共兵常不过十二万。而所用八万，常留四万以为更代。蜀之强以孔明不尽用之故。及蜀之亡，尚有十万二千。所损不过二万耳。"浚仪王氏曰："古者国有闲田，田有余夫，夫有闲民，民有羡卒，不尽其财力也。至秦而自实田，至汉而核垦田，至隋而阅丁口，至唐而括逃户隐田。于是财殚力尽，民无乐生之心矣。"**凡用众庶，则掌其政，教与其戒禁。听其辞讼，施其赏罚，诛其犯命者。凡国之大事，致民。大故，致馀子。**命，誓告之言。大事，兵戎也。大故，灾寇也。馀子，即羡卒。大事，自我作，故所役无过家一人。大故，出于不虞，故并馀子而致之，非得已也。**乃经土地，而井牧其田野。九夫为井。四井为邑。四邑为丘。四丘为甸。四甸为县。四县为都。以任地事而令贡赋。凡税敛之事。**此言造都鄙也。经，所以理之。衍沃之地则为井，隰皋之地则为牧，一夫受田百亩，九夫田九百亩，其形如井字。然方里为井邑，则方二里，凡四井。三十六夫，受田三千六百亩。丘则方四里，凡十六井，一百四十四夫，受田万四千四百亩。甸则方八里，凡六十四井，五百七十六夫，受田五万七千六百亩。县则方十六里，凡二百五十六井，二千三百四夫，受田二十三万四百亩。都方三十二里，凡一千二十四井，九千二百一十六夫，受田九十二万一千六百亩。地事，谓农牧虞衡之事。贡即九贡也，赋即九赋也。郝氏曰："有可耕之田，必求可牧之地。六畜有所养，然后不伤稼穑。故有井必有牧。"古井地非必尽相连属，衍沃则为井。隰皋则为牧，丘陵亦可牧也。今按井田之法，后世难复，失其形体也。故刘恕曰："后魏均田制度似今世佃官田及绝户田，出租税，非如三代井田也。魏齐周隋兵革不息，农民少而旷土多，故均田之制存。至唐承平日久，丁口滋众，官无闲田，不复给授。故田制为空文。唐制云口分、世业之田坏而为兼并，似指为井田之比，失之远矣。"林勋曰："周制步百为亩，百亩仅得唐之四十馀亩耳。唐之口分人八十亩，几倍于古。盖贞观之盛，户不及三百万，永徽惟增十五万。盖周则王畿千里，已有三百万家之田，列国不与焉。是以唐制受田倍于周而地亦足以容之。狭乡虽裁其半，犹可当成周之制。然按一时户口而不为异日计，则后守法难矣。既无振贫之术，乃许之卖田，后魏以来弊法也。合是二说，足以究古今污隆之迹。后有作者，润泽焉可也。"愚按古以百步为一亩，今以二百四十步为一亩，故云周之百亩仅得唐之四十馀亩。然古尺短而今尺长，大略纵横各减三分之一，不过十八亩有馀耳。一夫之力仅能耕此，而八口之家可养矣。方氏曰："《小司徒》井、邑、丘、甸、县、都，以田数计之而出税法也。遂人沟洫浍川以经界言之而通水道也。九夫为井者，以出税法，故止计所耕之地。十夫有沟者，以定经界，故并计所占之地。井间之沟，沟上之畛，以及八家之场圃，皆取于所加百亩之中。且四井为邑，量地制邑，亦必取于四井之中。非每井加百亩，势不能备。然则遂人所谓十夫即此所谓九夫。而沟洫浍川之制，井邑丘甸县都之法，乃乡遂之所同也审矣。又曰任土比民，则大司徒载邦国封疆都鄙室数，次及比、闾、族、党、州、乡之法。小司徒载井、邑、丘、甸、县、都之法，载师载任土之法。闾师载任民作贡之法。县师载赋兵之法。遂人载沟洫之法。其授田则大司徒载不易、一易、再易之田，所授多寡之数，小司徒载上地、中地、下地之人，所任多寡之数。皆各举其一，彼此互备也。”乃分地域而辨其守，施其职而平其政。政，当作征。何氏曰：“分地域者，分其大者为邦国，小者为都鄙也。辨其守，则使衡麓虞候各守其地。施其职，则使农工薮牧各修其业。平其政，则共贡赋、出车徒，各有其常也。”凡小祭祀，奉牛牲，羞其肆。小宾客，令野修道委积。大军旅，帅其众庶。小军旅，巡役，治其政令。大丧，帅邦役，治其政教。小祭祀，玄冕所祭。小宾客，聘问之使。巡役，巡视执役之勤怠也。邦役，谓正棺引窆复土之事。凡建邦国，立其社稷，正其畿疆之封。凡民讼，以地比正之。地讼，以图正之。社稷各有三立之使，有所奉也。畿有九正之使，有所守也。比谓地之比邻，可以证民之情伪。图谓国之版图，可以证地之疆界。岁终，则考其属官之治成而诛赏，令群吏正要会而致事。正岁，则帅其属而观教象之法①。徇以木铎曰：“不用法者，国有常刑。”令群吏宪禁令，修法纠职以待邦治。及大比六乡四郊之吏。平教治，正政事，考夫屋及其众寡，六畜、兵器。以待政令。魏氏曰：“治成，治之成效。宰夫所听日成也。地官则乡师听之。小司徒据之以行考课之法。大司徒定其功罪。诛赏则请于太宰以诏王。月要，小司徒自受之。亦致于小宰。岁会，则小司徒致于大司徒。大司徒致于冢宰，故五官之事尝与天官相通。又曰平章其教治优劣，论正其政事得失。夫屋者，九等之民有勤惰贫富，五亩之宅有修废，百亩之田有荒熟也。及夫户口有众寡，六畜有登耗，器械有备乏。皆阅计为比要，国家有事则用之。”

乡师之职，各掌其所治乡之教，而听其治。以国比之法，以

①教象之法，十三经本作“教法之象”。

时稽其夫家众寡。辨其老幼、贵贱、废疾、牛马之物。辨其可任者与其施舍者。掌其戒令纠禁，听其狱讼。大役，则帅民徒而至。治其政令。既役，则受州里之役要，以考司空之辟。以逆其役事。凡邦事，令作秩叙。役要，所遣民徒之数也。辟，法也。必考于司空者，以司空主役作也。逆其役，事钩考其工之剧易，以定徒之多寡也。魏氏曰："秩部署其常位，叙次第其功程。作之者，乡吏也。乡师令之而已。古之役法实寓军法，事有常次，驭万众如一人焉。"大祭祀，羞牛牲，共茅蒩。大军旅、会同，正治其徒役与其辇辇。戮其犯命者。大丧用役，则帅其民而至，遂治之。及葬，执纛以与匠师御柩[①]而治役。及窆，执斧以莅匠师。蒩，音租。辇，音鞠。纛，音道。匶，同柩。窆，音便。束茅以藉祭物曰蒩，《士虞礼》所谓"苴刌茅，长五寸，束之"者是也。驾马之车曰辇。戮其犯命者，用众贵严也。治谓监督其事。纛，羽葆幢也。匠师，事官之属。尸在棺曰柩，执纛以为指挥，乃与匠师侍柩之侧而治其役。夫，以正行列进退也。窆，下棺也。执斧，以示威也。莅匠师，临视丰碑之役也。凡四时之田，前期出田法于州里。简其鼓铎、旗物、兵器，修其卒伍。及期，以司徒之大旗致众庶，而陈之以旗物。辨乡邑而治其政令刑禁，巡其前后之屯，而戮其犯命者。断其争禽之讼。陈，去声。四时之田，春蒐、夏苗、秋狝、冬狩也。田法，谓春主金鼓，夏主号名。及坐，作进退疾徐疏数之类。前期，出之及期复教之也。简者，豫为阅计。修者，豫为配当。所谓好以整暇也。陈谓军阵行列以熊虎之旗致众庶。而布陈以定之，所以习兵法也。乡邑各殊耳。目易乱则以旗物辨之。屯，聚也。巡其屯则众有制。断其讼，则获而不贪也。凡四时之征令有常者，以木铎徇于市朝，以岁时巡国及野。而赒万民之囏厄。以王命施惠。朝，音潮。囏，古艰字。征令有常，谓乡官属民及田役之类。徇于市，令万民也。徇于朝，令百官也。方氏曰："以王命行惠者，其职代王巡狩。见民艰厄，即以王命发仓廪出泉布，而无所壅遏。不待奏请报可。此圣人虑事之详，忧民之切也。"明斋王氏曰："司稼行野观稼，赒其急而平其兴。司救岁时有天患民病，以王命施惠。然二官所治者广，恐徒为文具，故乡师亲出

①柩，原作"匶"。

巡其所治。岁时者，随事而行不拘其时。艰厄，兼不足与病疾二者。而言以王命施惠，代王巡行也。”岁终，则考六乡之治，以诏废置。正岁，稽其乡器，比共吉凶二服。闾共祭器。族共丧器。党共射器。州共宾器。乡共吉凶礼乐之器。若国大比，则考教、察辞、稽器、展事。以诏诛赏。稽其乡器，考其良窳也。吉，祭服。凶，吊服。祭器，簠簋鼎俎之属。丧器，夷槃輁轴之属。射器，弓矢楅中之属。宾器，尊俎笙瑟之属。共之者，集而为之，以待用也。吉即祭器。凶即丧器。礼乐即宾射之器共之者，合而具之，以备物也。考教谓考其所职。察辞谓辨其所言。稽器谓核其所共。展事谓省其所为。则吏之贤否可知矣。魏氏曰：“考教，唐虞之明庶以功也。察辞，唐虞之询事考言也。稽器，唐虞之修五礼如五器也。展事，唐虞之屡省乃成也。废置诛赏，脉络与冢宰相应。”乡大夫之职，各掌其乡之政教禁令。正月之吉，受教法于司徒。退而颁之于其乡吏。使各以教其所治，以考其德行，察其道艺。此乡官之长也。教法，三物、八刑、十有二教之类。邓氏曰：“德与行并言，欲内外兼举也。道与艺并言，欲精粗一贯也。考察之为宾，兴本乡先教化，故先之。”以岁时登其夫家之众寡，辨其可任者。国中自七尺以及六十，野自六尺以及六十有五，皆征之。其舍者，国中贵者、贤者、能者、服公事者，老者、疾者皆舍。以岁时入其书。七尺谓年二十，六尺谓年十五。易氏曰：“近郊之民，王之内地，共辇之事，职无虚月。追胥之比，无时无之。故七尺而征，六十而舍。则稍优于畿外，非姑息也。远郊之民，王之外地。其沟洫之制，各有司存。野役之起，不及其羡。故六尺而征，六十五而舍。则稍重于内地，非荼毒也。”三年则大比。考其德行、道艺，而兴贤者、能者。乡老及乡大夫帅其吏与其众寡，以礼礼宾之。厥明，乡老及乡大夫群吏献贤能之书于王。王再拜受之，登于天府，内史贰之。贤，有德行者。能，有道艺者。众寡，谓来观礼之众宾，无论多少也。以礼礼宾之，谓以乡饮酒之礼宾之也。天府，掌宝藏之官。内史，诏爵禄之官。登于天府，宝之也。内史贰之，将欲用之也。叶氏曰：“民数谷数之登，必拜而受之，藏于天府，所以重农也。贤书能书之登，亦拜而受之，藏于天府，所以重士也。以此见井田之行，不惟兵农不分，而士农亦不分也。此其所以为良法与。”退而以乡射之礼五物询众庶。一曰和。二曰容。三曰主皮。四曰和容。五曰兴舞。此谓使民兴贤，出使长之。使民兴能，入使治之。易氏曰："内志正而其节比于乐，是之谓和。外体直而其容比于礼，是之谓容。以中鹄为主，是谓主皮。礼乐交作，是谓和容。发扬蹈厉，是谓兴舞。"愚按：此既献贤能之书，归而合其民于乡射，问于众庶而求其人，养于乡学以补所典之缺也。使民自兴起于贤能，则出可为都鄙之长。而入可为乡遂之吏矣。又按马融《论语注》云："射有五善：一曰和志。二曰和容。三曰主皮。四曰和颂。五曰兴舞。"与周礼不同。然马说恐是而周礼之传本或误也。颂即诗歌之辞，舞即干羽之节与。伯厚王氏曰："古者使民兴乡之贤能，还以长治其乡。士自修于家，民自为乡谋。故毁誉公，贤否明，众宾之席弗属，堂下之观礼者弗坐，无异辞也。"马氏曰："三代盛时，下无诡诐衒耀之习，上无妒贤嫉能之风。其衰也，有操引士之权而蔽明者矣。故仲尼有窃位之讥，齐桓有内政之令。及读汉高祖、武帝诏令，皆以为人才遗佚，咎在公卿，至立法以论其罪。若后来之法严谬举之罚，而限其涂辙者有之矣。未有严不举之法，而责以荐扬者也。盖古之称贤能者，皆不求闻达之士。而后之干荐举者，皆巧于奔竞之人。故法之相反如此。诚反覆于三代之盛衰，迨两汉以及后季，则国家待士之厚薄与士自待之轻重，概可见矣。"娄里王氏曰："成周贡士官人之制见于乡大夫者，曰使民兴贤使民兴能而已。夏官司士辨论官材，以德诏爵，以功诏禄，以能诏事，以久奠食。孟子曰：'尧以不得舜为己忧，舜以不得禹、皋陶为己忧。'可见三代以上之君，第注意于官人之人而已。此外未尝屑屑也。自汉文策晁错之后，贤良方正皆承亲策。上亲览而第其优劣。武帝于董仲舒意有未尽，至再策三策之。晋武帝于虞挚、阮种亦然，此岂后世之精且勤过于古帝王哉！盖三代以下，人品巧伪驳杂，不若成周以前之易辨。而人主知人之明亦不能必得天下官人之人而独授之以权，故不得矻矻为此也。至唐之制科，则全付之有司。故牛僧孺辈以直言忤权幸则考官坐其累。而刘蕡所陈尤为忠愤鲠切，则自宰相以下无不惴惴焉，不敢为之明白，则又不若汉廷远矣。"岁终，则令六乡之吏皆会政致事。正岁，令群吏考法于司徒，以退各宪之于其所治〔之〕① 国。大询于众庶，则各帅其乡之众寡而致于朝。国有大故，则令民各守其闾，以待政令。以旌节辅令，则达之。考法者，虑其亏废而考之。宪之于其所治，则各表悬其法于所治之州、党、族、闾、比也。大询谓询国危，询国迁，询立君。帅民

①据十三经本增"之"字。

而致于朝，谋及庶人也。大故而各守其闾，防奸谍也。凡军中搏贼之法皆然，见动者即擒之。虽有征令，必有旌节以辅之，乃得通达，虑诈伪也。朱子曰："古人学校、教养、德行、道艺、选举、爵禄、宿卫、征伐、师旅、田猎，皆一事也。"愚按：先儒以乡大夫为六卿之兼官，今考经文言受教法于司徒。则恐其别设六卿各居其乡，如汉之三辅耳。盖上卿之位亚于公孤，先王借之以分理者也。朝廷之上百职攸萃，则以六卿统之。乡州之间四方取则，亦以六乡卿领之。宫壶之内，万化由基，又以十二女卿纲之。乡卿之总于地官，正犹女卿之总于春官也。如以为六官所兼，则州长、党正何不使六官之佐贰兼之。且遂大夫又将使谁兼之乎。明乎设官之意，则王畿首善之法可得而知矣。

州长，各掌其州之教治、政令之法。正月之吉，各属其州之民而读法。以考其德行道艺而劝之，以纠其过恶而戒之。若以岁时祭祀州社，则属其民而读法，亦如之。春秋以礼会民而射于州序。属，犹合也。因聚众而劝戒之者，欲其同归于善也。祭祀州社，春祈年而秋报功也。序，州党之学名，先行乡饮酒之礼而后乃射也。凡州之大祭祀、大丧，皆莅其事。若国作民而师田行役之事，则帅而致之。掌其戒令与其赏罚。岁终，则会其州之政令。正岁，则读教法如初。三年大比，则大考州里。以赞乡大夫废兴。大祭祀谓山川古迹之在州境者，大丧谓乡老、乡大夫之卒于州境者。行巡、行役、工役致之，致于司徒也。正月之吉已读法而正岁复读之者，重其更新也。废，退。兴，进也。何氏曰："不曰诛赏者，乡大夫之教民兴贤能、废愚不肖而已。至于诛赏则大司徒与王之事也。"

党正，各掌其党之政令教治。及四时之孟月吉日，则属民而读邦法以纠戒之。春秋祭禜，亦如之。国索鬼神而祭祀，则以礼属民。而饮酒于序以正齿位。壹命齿于乡里。再命齿于父族。三命而不齿。禜，音咏。孟月吉日读法者，弥亲民则于教亦弥数也。禜谓雩祭水旱之神。索鬼神谓大蜡之祭。正齿位，若六十者坐，五十者侍立。六十者三豆。七十者四豆。八十者五豆。九十者六豆是也。壹命谓下士，犹以年与众宾相次也。再命谓中士，则止以年与父族相次矣。三命谓上士，则虽父族亦不得班之。而席于尊东谓之僎焉。俊仪王氏曰："乡大夫饮酒是尚德也。党正饮酒是尚齿也。"朱子曰："古人贵贵长长，并行而不悖。虽不序亦不相压，自别设一位，如今之挂位然。"凡其党之祭祀、丧纪、昏冠、饮酒，叙其礼事，掌其禁戒。凡作民而师田行役，则以其法治其政事。岁终，则会其党政，帅其吏而致事。正岁，属民读法而书其德行道艺。以岁时莅校比。及大比，亦如之。冠，去声。书其德行道艺，以待宾兴也。族师以邦比之法校夫家，党正则临视之。

族师，各掌其族之戒令政事。月吉，则属民而读邦法。书其孝弟睦姻有学者。春秋祭酺，亦如之。每月吉日读法者，至亲民则于教亦至数也。学，即道艺之工候。方氏曰："族师所掌无教者，虽书孝弟睦姻有学者，而教事非所能任也。观此则党正州长以上掌教治者，而德行道艺足以表众可知矣。《记》曰：能为师而后能为长。此古之民所以易于观感兴起而政教无壅也。"王氏曰："古礼民不得群饮。故汉文赐民之酺五日，此言春秋祭酺，盖亦祭社毕而民得相与饮酒，因以书其行也。"以邦比之法，帅四闾之吏。以时属民，而校登其族之夫家众寡。辨其贵贱、老幼、废疾可任者，及其六畜、车辇。五家为比，十家为联。五人为伍，十人为联。四闾为族，八闾为联。使之相保相受，刑罚庆赏相及相共。以受邦职，以役国事，以相葬埋。共，如字。校亦比也，联犹属也。明斋王氏曰："邦比之法，闾胥而下由族师而定。党正而上据族师而行。故于此详言比法。民居家则有比，行役则有伍。然使无什则比自比而伍自伍矣。复使十家十人为联，庶乎合同而不离绝也。"马氏曰："按秦人所行什伍之法，与成周一也。然周之法则欲其出入相友，守望相助，疾病相扶持。是教其相率而为仁厚辑睦之君子。秦之时一人有奸，邻里告之。一人犯罪，邻里坐之。是教其相率而为暴戾刻核之小人。"方氏曰："小司徒职凡起徒役无过家一人。事急役重则然，寻常征役必每减。可知此联法恐即其制也。盖联十家而出五人，联八闾而出百人。合羡卒计之，乃用其一而存其四。使得居守且无废穑事也。其必联以八闾，何也？军旅之伍必以近，而合使与类相依，与其长相习也。但役必更番，合畿内计之常数，十年而后一从役。故八闾之人，亦不以同时并调为困耳。"若作民而师田行役，则合其卒伍，简其兵器。以鼓铎、旗物帅而至。掌其治令、戒禁、刑罚。岁终，则会政致事。卒伍欲聚故合之，使有所统。兵器欲精故简之，使有所备。致事，致于党正也。

闾胥，各掌其闾之政令。以岁时各数其闾之众寡，辨其施舍。

凡春秋之祭祀、役政、丧纪之数，聚众庶。既比，则读法。书其敬敏任恤者。凡事掌其比，觵挞罚之事。数，上声。觵，音觥。祭祀，谓州社党崇族酺也。役，田役也。政，若州射党饮也。丧纪，若族相葬埋也。慎以存心之谓敬，勤以给事之谓敏。觵，罚酒之爵，以兕角为之。挞即扑，作教刑，以榎楚为之。既比则读法，不以民少而忘教也。书及于敬敏任恤，不以小善而失录也。失礼则罚酒、罚扑，不以小过废法也。陈氏曰："闾胥聚民无常时。族师属民有常月。族师岁属以月吉与春秋。党正岁属以孟吉与正岁。州长岁属以正月之吉与春秋。然后乡大夫三年大比之，以卑者其职繁，尊者其事简也。由党正而下，有所读，有所书。州长则有所读，无所书，而有所考。乡大夫则考而兴之。无所读，敬敏任恤易知者也，故闾胥书之。孝弟睦姻，有学难知者也，故族师书之。德行则非特孝弟也，道艺则非特有学也，故党正书之。书之者易，考之者难。故书之止于党正，考之在于州长，而兴之者在乡大夫。以卑者其责轻，尊者其任重也。凡此皆教之有其术，养之有其渐。方其在学也，一年视离经辨志，三年视敬业乐群，五年视博习亲师，七年视论学取友，谓之小成。九年知类通达，强立不返，谓之大成。此中年考校之法也。若大胥掌国士之服。春合舞，秋合声。于其合声，则颁次其所学而办异之。诸子掌国子之倅，春合诸学，秋合诸射，以考其艺而进退之。此比年考校之法也。学之考校如此，乡之考察又如彼。所掌非一人，所积非一日。此人人所以莫不激昂奋厉以趋上之所造也与。或问先王之学教民其效如此，后世学校固未尝废而独未睹其效，何邪？"朱子曰："先王之学，以明人伦为本，故自其咏歌弦诵之间，洒扫应对之际，所以渐摩诱掖、激厉作成之者。无非有以养爱亲敬长之心，而教之以修已治人之术。是以当是之时，百姓亲睦、风俗淳厚，而圣贤出焉。后世学校虽存，而不复此意。所以教之者，不过趋时干禄之技。而其所以劝勉程督之者，又适以作其躁竞无耻之心。虽有长材美质可与入于圣贤之域者，亦往往反为俗学颓风驱诱破坏，而不得有所成就。尚何望其能致化民成俗之效如先王之时哉。"

比长，各掌其比之治。五家相受相和亲，有罪奇邪则相及。徙于国中及郊，则从而授之。若徙于他，则为之旌节而行之。若无授无节，则唯圜土纳之。徙谓不便其居。或自国中而出，或自郊而入，必遣人护送以授之彼土之吏。若出居他乡、他国必为旌节以送之而后使之行也。圜土谓狱城，无节无授恐为奸民，故置之狱城以诘其所自来焉。梁氏曰："比长职之至卑者也，而一乡之治必始于此，圣人慎焉。其相受相和亲也，而后善俗可以兴。有罪奇邪而必相及也，而后奸慝无所容。无授无节则必治之也，而后寇盗反叛之徒无所藏。善有劝，恶有惩，非上之虑周而处当，曷能致此哉。”魏氏曰：“天下之治必从其柢，是故民制起于比闾乡里。田制起于井邑丘甸。兵制起于伍两卒旅。学校贡举之制起于乡举里选。苟治无根柢而求天下太平，是累九层之台而弗为基也，可乎？”

封人，掌设王之社壝。为畿封而树之。凡封国，设其社稷之壝，封其四疆。造都邑之封域者亦如之。令社稷之职。社壝，方丘祀地之坛也。畿上有沟，积土于外以为封，树木干上以为固。其三社三稷，盖亦仿此。封国谓建诸侯社稷之壝，天子割五色之土与之，焘以黄土，藉以白茅，而为土神、谷神之坛也。封其四疆，限之四面之界至也。社稷之职，牲币器物之各司其职也。凡祭祀，饰其牛牲，设其楅衡，置其絼，共其水稿。歌舞牲及毛炮之豚。凡丧纪、宾客、军旅、大盟，则饰其牛牲。楅，音福。絼，特忍反。饰谓刷治而洁清之。楅之言偪也。设于角衡之言横也。设于鼻皆所以防抵触者。絼，牵牛之绳。将杀则以水涤之，以稿荐之。歌舞牲，牵入时言其肥香以歆神也。毛炮之豚，焰去其毛实枣于腹而炮之，以备八珍也。丧纪有奠牛，宾客有馈牛，军旅有犒牛，大盟有歃牛，皆饰之。敬其事也。明斋王氏曰：“按《封人》主封土而兼牲事，人君能得人和，保其社稷，然后鬼神长享其祭，故以王社稷封土之人而赞牲事。言孝在于能守土而物次之，周公垂教后王之意，至深切矣。”

鼓人，掌教六鼓、四金之音声。以节声乐，以和军旅。以正田役。杂比曰音，单出曰声。节之而不使过，和之而不使乖，正之而不使乱，皆金鼓之用也。教为鼓，而辨其声用。以雷鼓鼓神祀。以灵鼓鼓社稷。以路鼓鼓鬼享。以鼖鼓鼓军事。以鼛鼓鼓役事。以晋鼓鼓金奏。鼖，扶云反。鼛，音羔。马氏曰：“雷鼓以马革，乾为马故也。灵鼓以牛革，坤为牛故也。”邓氏曰：“路，大也，王用器皆名路。”愚谓天神用雷，地祇用灵，各从其类也。人鬼用路，事死如生也。鼖之为言盛也，军事用之以肃其令也。鼛之为言缓也，役事用之以节其力也。晋之为言进也，作乐金奏之时，用之以壮其气也。《记》曰：“鼓大而短，则其声疾而短，闻鼖鼓、晋鼓是也。鼓小而长，则其声舒而远，闻鼛鼓是也。”其制则不可得而详知矣。以金錞和鼓。以金镯节鼓。以金铙止鼓。以金铎通鼓。錞，音淳。镯，直角反。铙，女交反。錞，錞于也，圜如碓头。乐作，鸣之。镯钲也，形如小钟，军行鸣之。铙，小铃也，有秉执（执）而鸣之。铎，大铃也，有舌摇而鸣之。陈氏曰：“錞之声淳，镯之声浊，铙之声高，铎之声明。淳则阴与阳和，故可以和鼓，倡而和之故也。浊则承阳而节之，故可以节鼓，行而节之故也。高则阴胜于阳，而可以止鼓，退而止之故也。明则阴与阳通，而可以通鼓，作而通之故也。金鼓用之军旅，则将军之气一军之形候也。况用之以节声乐乎。后世以角代金，非古制也。”

凡祭祀百物之神，鼓兵舞、帗舞者。凡军旅夜鼓鼜，军动，则鼓其众。田役亦如之。救日月，则诏王鼓。大丧，则诏大仆鼓。帗，音弗。鼜，音戚。兵舞，执干戚以为威。帗舞，执竿而缀五采之缯以为饰，皆鼓之使应节也。鼜，夜戒守鼓也。军动，旦行也。日月薄蚀，阴阳争竞，故击鼓以助阳气焉。大丧始崩及窆时皆击鼓，以警众也。明斋王氏曰：“大司乐一官专教乐舞之事矣。而鼓舞又属之地官者，大司乐所教乃国之子弟。其乐舞为大司徒掌邦教，则国中乡遂之民于军旅、田役、祭祀之用乐者，其事尤多。故复有鼓人、舞师以教之。与春官联事而各司也。《书》曰：‘劝之以九歌俾勿坏。’盖鼓舞圣人所以动民而兴起教化之至神者。司徒特为之设官有以哉。”

舞师，掌教兵舞，帅而舞山川之祭祀。教帗舞，帅而舞社稷之祭祀。教羽舞，帅而舞四方之祭祀。教皇舞，帅而舞旱暵之事。凡野舞，则皆教之。凡小祭祀，则不兴舞。羽舞，析白羽而舞之，《诗》所谓“振振鹭也”。四方谓望祭。皇舞，析五采羽而舞之，以象凤凰也。旱暵谓雩祭。教野舞者，以备乡遂祭祀之舞也。不兴舞者，无功德之可形容也。吴氏曰：“兵舞用于山川，有捍卫之义。帗舞用于社稷，有帗除之义。羽舞用于四方，有翼蔽之义。皇舞用于旱暵，有阴阳相济之义。”

牧人，掌牧六牲，而阜蕃其物。以共祭祀之牲牷。凡阳祀，用骍牲毛之。阴祀，用黝牲毛之。望祀，各以其方之色牲毛之。凡时祀之牲，必用牷物。凡外祭毁事，用尨可也。尨，亡江反。牷，色纯者阳，祀天神也。骍，赤色。阴祀，地祇也。黝，黑色。望祀，五岳四渎也。方色，东青、南赤、西白、北黑也。毛之，谓毛之纯。时，祭四时，迎气及五祀及宗庙四享也。牷物，春青、夏赤、秋白、冬黑也。外祭，若表貉之属。毁事，若候禳之属。尨谓色之杂者。邓氏曰：“外祭其事遽，毁事其祭略也。”凡祭祀，共其牺牲，以授充人系之。凡牲不系者，共奉之。牺，体完者。系之，系而殊其养，若帝牛在涤三月是也。不系者，非时之祭也。王氏曰：“（性）〔牲〕之纯者谓之牷，牲之全者谓之牺。《春秋》鲁郊牛口伤，周景王雄鸡自断其尾，则不可谓之牺矣。”

牛人，掌养国之公牛，以待国之政令。凡祭祀，共其享牛求牛，以授职人而刍之。凡宾客之事，共其牢礼积膳之牛。飨食、宾射，共其膳羞之牛。军事，共其犒牛。丧事，共其奠牛。食，音饲。公牛，公家之牛也。享牛，以献神。求牛，以索祭即绎也。职人，犹言有司，指牧人、充人、监门者而言。牢礼，飧饔也。生馈之曰积，熟进之曰膳。羞，进也。犒，饷也。奠，殷奠、遣奠也。吴氏曰："职一作杙，所以系牛也。"凡会同、军旅、行役，共其兵车之牛，与其牵徬，以载公任器。凡祭祀，共其牛牲之互，与其盆簝以待事。簝，音老。兵车之牛，载什器糇粮之车用牛挽之也。居其前曰牵，居其旁曰徬。任，犹用也。互，所以悬肉。盆，所以盛血。簝，所以受肉。

充人，掌系祭祀之牲牷。祀五帝，则系于牢，刍之三月。享先王，亦如之。凡散祭祀之牲，系于国门，使养之。展牲则告牷。硕牲则赞。牢，闲也。草食曰刍。三月，天道小变之节。散祭祀，星辰山川之属。国门，谓城门，司门之官。展，省视也。祭之前夕，展牲则告其完全也。硕，肥腯也。奉牲之时，为之赞助以歆神。与封人歌舞牲同意也。明斋王氏曰："按《周礼》于六牲，有所以养之者，初时畜之也。有所以共之者，将用而以其牲入陈也。有所以奉之者，既杀而荐之也。盖养者善于知物性，而得其饮啄居处孕字之宜者也。共者，稍知礼仪者也。奉者，则大人君子而以交于神明大宾客者也。小不可以侵大，大不可以司小，畜牧一事，曲尽其道如此。"

载师，掌任土之法。以物地事、授地职，而待其政令。载师，主任土官之长。任土者，任土之所宜以制赋也。物，物色之也。地事，种植之宜。地职，耕牧之任。政令，则贡赋之征也。以廛里任国中之地。以场圃任园地。以宅田、士田、贾田任近郊之地。以官田、牛田、赏田、牧田任远郊之地。以公邑之田任甸地。以家邑之田任稍地。以小都之田任县地。以大都之田任畺地。廛，空域也，里民居也。国中，谓王国之中。登禾稼曰场，植果蓏曰圃。宅田，致仕者所受之田。士田，仕者所受之圭田也。贾田，贾人有事官府者。五十里为近郊。官田，庶人在官之所受者。牛田，养公牛之所。赏田，以待赏赐者。牧田，畜六牲之所。百里为远郊。公邑之田，六遂之馀地也。天子使吏治之，自此以外皆然。远郊之外曰甸。家邑之田，大夫所食采邑也。三百里曰稍。小都，卿所食采邑也。四百里曰县。大都，公及王子弟所食采邑也。五百里曰畺。凡任地，国宅无征。园廛二十而一。近郊十一。远郊二十而三。甸稍县都皆无过十二。惟其漆林之征二十而五。国宅，公廨也。园少利，廛无谷，故薄征之。漆林乃自然之利，非人力所作，故厚征之。其馀皆各官以十一之法取于民以自奉，而又少分之以奉天子也。其牛田、牧田亦以其十一者，共刍豢之用，而又于所取之中分二十之三纳之于国耳。易氏曰："孟子之说十一之法，通乎三代，今考载师所言，任地不止十一而已，毋乃非周人之彻法与郑氏惑焉。盖误认载师为任民之法，而不知为任地之法也。尝考载师之职，以宅田、士田、贾田任近郊之地，故曰近郊十一。以官田、牛田、赏田、牧田任远郊之地，故曰远郊二十而三。若公邑之田，则六遂之馀地。家稍、小都、大都之田，则三等之采地。故曰稍甸都县皆无过十二。是六者皆各酌其轻重，而以其一十二、二十而三者输之于天子。此皆任地之赋也。知任地之法异乎任民之法，则成周十一之彻法可考矣。"浚仪王氏曰："漆，以饰器用而已。舜造漆器，群臣咸谏，防奢靡之原也。种漆成林，重其征，所以抑末而返朴也与。"车清臣曰："此太宰九职之征与助彻之法，迥不相类。十六句相承，上既言国，故园廛不言国。上既言园廛，故稍甸县都不言园廛也。其曰以廛里任国中之地，以场圃任园地。此即见国宅无征，园廛二十而税一，是二句相承，下文皆相承。其曰以某任某地者，田制定后方就田之中而起地之税耳。古人重本抑末，故地税常重而田租常轻也，未知是否。"凡宅不毛者，有里布。凡田不耕者，出屋粟。凡民无职事者，出夫家之征。以时征其赋。不毛，不种桑麻也。里布谓宅里之钱。屋粟谓屋室之粟。夫家之征，谓众寡力役之征。明斋王氏曰："《周礼》国宅无征，里本无布。百亩助而不税，家本无税。况游惰必多贫乏。使一家而出二十五家之布。一民而出百亩之税。一家力役之征，虽刑罚日施，何能强其所无哉。且先王制其田里，教之树畜，任之以职。岂容有宅而不种桑麻，田而不艺五谷。民而游手好闲者，乃定为常赋而以时征之乎。愚谓此皆为工商杂流而言也。盖均授以宅田，彼则专以别业。家富丁众构屋皆满而不毛。其差役与众同，故有里布。以宅里得名，非出二十五家之布也。均授以夫田，彼则专事别业，不暇于耕而他人耕之。居夫三之屋而不助耕公田，故出屋粟。亦如一夫助耕公田之粟。以屋室得名，非出三夫之粟也。闲民无专职，出夫家之征。谓辨其夫家之众寡而起力役之征。盖民之受地有上中下三等而施力役。闲民虽不受地，亦当计其家之众寡而施征役。以当十一、十二等之征也。大抵先王于不农之民必少授之田，俾知稼穑艰难。又罚其体，使不得同于□业之人以愧其心。然习之成俗，为之获利，终或不能强之以移其服习，故即其居与身而定征赋，以等于务本力穑之人耳。或曰有田则有粟米，有家则有力役，有身则有布缕。孟子所谓布缕粟米力役之征，而后世用以为租庸调。此古今之通道，乃谓里本无布，何也？盖《周礼》在民无不耕，妇无不织。有粟贡粟，无粟贡他物以当邦赋。惟闲民无尝职，则使出夫布。其一家专务于织，则以布缕为赋耳。战国时遂有布缕之征，又与粟米力役并取之。故孟子权时而言，君子用其一，缓其二。后世仍习不废。其实先王非九职之民皆有征布也。或者又曰夫三为屋，旅师掌聚屋粟。今曰屋本无粟，何也？盖此明言田不耕者出屋粟，则田耕者不出屋粟明矣。战国时宅廛有征，而有所谓里布并夫布而征之。故孟子言廛无夫里之布，此周家旧法也。苟里而有布，屋而有粟，是凡宅皆有征，即税间架矣夫。而有布是凡民皆有征，即口率出钱矣，尚得为盛世事哉。"

闾师，掌国中及四郊之人民，六畜之数，以任其力，以待其政令。以时征其赋。国中至四郊，谓自廛里以及近郊远郊也。六畜亦任其力者，若牛马之类也。凡任民任农以耕事，贡九谷。任圃以树事，贡草木。任工以饬材事，贡器物。任商以市事，贡货贿。任牧以畜事，贡鸟兽。任嫔以女事，贡布帛。任衡以山事，贡其物。任虞以泽事，贡其物。凡无职者出夫布。序官林川言衡，山泽言虞。此则山言衡，泽言虞。义可相通也。前之无职事者，乃家厚逸居之民。此之无职者，乃无常职而转移职事之闲民也。夫布，谓一夫之钱，薄征之，所以戒其不能自立与。凡庶民，不畜者祭无牲。不耕者祭无盛。不树者无椁。不蚕者不帛。不绩者不衰。衰，力追反。盛，黍稷也。椁，外棺也。不帛，谓不得衣帛。不衰，谓不得服衰。夫王道以养生送死为始。今乃禁不得用，所以耻其不勉也。王氏曰："载师任土，自国中以及畺，掌其大纲。闾师任民，自三农以至无常职，掌其细目，相为经纬。"

县师，掌邦国、都鄙、稍甸、郊里之地域。而辨其夫家、人民、田莱之数，及其六畜、车辇之稽。三年大比，则以考群吏。而以诏废置。邦国，诸侯之地。郊里，郊所居也。域，界限。夫家举其纲，人民详其目。莱谓休而不耕者。若将有军旅、会同、田役之戒，则受法于司马。以作其众庶及马牛、车辇，会其车人之卒伍。使皆备旗鼓、兵器，以帅而至。司马掌邦众，故受其法焉。车有乘法，人有联法，会其卒伍使不乱也。旗所以指挥，鼓所以进退，兵器所以击刺。使之备物，恐不修也。凡造都邑，量其地，辨其物，而制其域。以岁时征野之赋贡。量其地者，家邑二十五里，小都五十里，大都百里也。物谓地所有者。野即甸稍县都也。所征贡赋与闾师同。魏氏曰："县师主天下之兵赋，不属之司马而属之司徒者，古者寓兵于农，无事则属之司徒，此经制也。有事而后属之司马，此权制也。是故司马调兵必檄司马之属，先王所以防微也。"

遗人，掌邦之委积，以待施惠。乡里之委积，以恤民之艰厄。门关之委积，以养孤老。郊里之委积，以待宾客。野鄙之委积，以待羁旅。县都之委积，以待凶荒。遗，惟季反。委积，国用之馀。少曰委，多曰积。艰厄，耕而不足，敛而不给者也。孤老，幼而无父、老而无子者也。羁旅，过行而寄止者也。凡宾客、会同、师役，掌其道路之委积。凡国野之道，十里有庐，庐有饮食。三十里有宿，宿有路室，路室有委。五十里有市，市有候馆，候馆有积。凡委积之事，巡而比之，以时颁之。庐，憩息之舍。宿，止寓之所。路室，室可以安身者也。市，交易之处。候馆，楼可以观望者也。巡而比之，不使有侵欺也。明斋王氏曰："按会同、师役、道路之委积，此国之大用而太府不言者。盖太府九式皆主邦中所用，甸稍县都之赋。式用之馀，所存甚多。故廪人凡邦有会同师役之事，则治其粮与其食。仓人凡国之大事共道路之谷积，饮食之事。此所谓会同师役掌其道路之委积，互相督领使无失误。盖平日以式法之馀，各随道路之便，收贮其地。卒然有用，所以无馈饷刍挽之劳。畿外邦国之法亦当如此，是以虽千里征伐，若衽席上过师也。"

均人，掌均地政。均地守，均地职，均人民、牛马、车辇之力政。凡均力政，以岁上下。丰年则公旬用三日焉。中年则公旬用二日焉。无年则公旬用一日焉。凶札则无力政，无财赋。不收地守地职，不均地政。三年大比，则大均。政，作征。人民，用以筑凿。牛马、车辇，用以转输。皆力役之征也。公旬，每冬力役之期，凡有旬日也。盖古者用民之力，岁不过三日。然地有远近，不能齐至，故以一旬为期焉。中年则减三分之一，无年则减三分之二，圣人之仁也。凶札一切罢免，恤劳困也。三年大均，稽消长也。章氏曰："三代役法，莫详于周。《周礼》伍两军师之法，此兵役也。师田追胥之法，此徒役也。府史胥徒之有其人，此胥役也。比闾族党之相保，此乡役也。有司徒焉，则因地之善恶而均役。有族师焉，则教民之众寡以起役。有乡大夫焉，则辨年之老少以从役。有均人焉，则论岁之丰凶以行复役之法。"

师氏，掌以媺诏王。以三德教国子。一曰至德，以为道本。二曰敏德，以为行本。三曰孝德，以知逆恶。教三行：一曰孝行，以亲父母。二曰友行，以尊贤良。三曰顺行，以事师长。师氏，诲官之长。媺谓善道。国子谓王太子、庶子及公卿大夫元士之适子也。至，极也。敏，速也。逆恶，犯上作乱也。取善辅仁之谓友，无隐无犯之谓顺。朱子曰："至德云者，诚意正心、端本澄源之事。道则天人性命之理，事物当然之则，修身齐家治国平天下之术也。敏德云者，强志力行、蓄德广业之事。行则理之所当，为日可见之迹也。孝德云者，尊祖爱亲、不忘其所由生之事，知逆恶则以得于己者。笃实深固有以真知彼之逆恶而自不忍为者也。凡此三者，虽曰各以其材品之高下、资质之所宜而教之。然亦未有专务其一而可以为成人者也。是以列而言之，以见其相须为用，不可偏废之意。盖不知至德，则敏德者散漫无统，固不免乎笃学力行而不知道之讥。然不务敏德而一于至，则又无以广业而有空虚之弊。不知敏德，则孝德者仅为匹夫之行，而不足以通乎神明。然不务孝德而一于敏，则又无以立本，而有悖德之累。是以兼陈并举而无所遗，此先王之教所以本末相资、精粗两尽而不倚于一偏也。"其又曰："教三行者，何也？曰德也者，得于心而无所勉强者也，行则其所行之法而已。盖不本之以其德，则无所自得而行不能以自修。不实之以其行，则无所持循，而德不能以自进。是以既教之以三德，而必以三行继之。则虽其至末至粗亦无不尽，而德之修也不自觉矣。然是三者，似皆孝德之行而已。至于至德、敏德，则无与焉。盖二者之行本无常师，必协于一，然后有以独见而自得之。固非教者所得而预言也。惟孝德则其事为可指，故又推其类而兼为友顺之目，以详教之，以为学者虽或未得于心，而事亦可得而勉使其行之不已，而得于心焉。则进乎德而无待于勉矣。况其又能即是而克之以周于事而溯其源，则孰谓至德、敏德之不可至哉。或曰三德之教，大学之学也；三行之教，小学之学也。乡三物之为教也，亦然而已详。"居虎门之左，司王朝，掌国中失之事，以教国子弟。凡国之贵游子弟学焉。凡祭祀、宾客、会同、丧纪、军旅，王举则从。

听治亦如之。使其属帅四夷之隶，各以其兵服守王之门外，且跸。朝在野外，则守内列。中，去声。朝，音潮。举，一作与。虎门，天子路寝之门，画虎以示勇猛也。司王朝者，管理王朝而因以纳诲也。掌国中失之事，谓教以国之典故得失之迹，庶临事而不迷也。国子弟，有国守者。贵游子弟，乃贵无官守而游于此者。举，犹行也。兵服，若东方南方其服布，其兵剑；西方北方其服旃，其兵弓矢之类。内列，藩卫列营之在于其内者。朝在野外而亦守之，以王听治于此也。

保氏，掌谏王恶。而养国子以道。乃教之六艺：一曰五礼。二曰六乐。三曰五射。四曰五驭。五曰六书。六曰九数。乃教之六仪：一曰祭祀之容。二曰宾客之容。三曰朝廷之容。四曰丧纪之容。五曰军旅之容。六曰车马之容。养国子以道者，优游涵泳以使之循乎事物当然之则也。五礼：一曰吉，以事鬼神；二曰凶，以哀丧荒；三曰军，以行征役；四曰宾，以谨交际；五曰嘉，以谐好惠。六乐：一曰云门，作于黄帝；二曰大咸，作于唐尧；三曰大韶，作于虞舜；四曰大夏，作于夏禹；五曰大頀，作于商汤；六曰大武，作于周武。五射：一曰白矢，谓贯侯见镞也；二曰参连，谓三矢相续也；三曰剡注，谓羽高镞低其去剡然也；四曰襄尺，谓与君耦射让尺退立也；五曰井注，谓四矢贯侯均布如井也。五驭：一曰鸣和鸾，谓升车马动，和应于轼，鸾应于衡也；二曰过水曲，谓随水屈曲，不坠于险也；三曰过君表，谓辕门戟门，表识之处，当下而过也；四曰舞交衢，谓车在交道，周旋中规，折旋中矩也；五曰逐禽左，谓尊者居左，驱禽就射也。或曰五射谓弧弓、夹弓、庾弓、唐弓、大弓之法，惟王弓不敢用。五驭谓玉辂、金辂、象辂、革辂、木辂之节。六书：一曰象形，圜周为⊖日明，缺半为☽月明也。二曰会意，止戈为武，人言为信也。三曰转注，考转为老，秀转为秃也。四曰（处）〔指〕事，人在一上为上，人在一下为下也。五曰假借，长借为长上之长，少借为少幼之少也。六曰谐声，江叶工之声，河叶可之声也。九数：一曰方田，以御田畴界域；二曰粟米，以御交质变易；三曰差分，以御贵贱廪税；四曰少广，以御积幂方圆；五曰商均，以御功程积实；六曰均输，以御远近劳费；七曰盈朒，以御隐杂互见；八曰方程，以御错揉正员；九曰勾股，以御高深广远。祭祀之容齐齐皇皇，宾客之容穆穆皇皇，朝廷之容济济翔翔，丧纪之容累累颠颠，军旅之容暨暨詻詻，车马之容匪匪翼翼。或问：德行艺犹可指名，道则何如？朱子曰："道者，知其理也。如礼乐之文，祝史所掌。至于礼乐之理，则知道者方知之。所谓天高地下、万物散殊，而礼制行矣。流而不息，合同而化，而乐兴焉之谓。”郑氏曰：“保氏养国子于道而不废六艺、六仪，何也？曰艺者，道之分仪者。道之则游于艺、习于仪，而后能深于道也。古之教者，合道与艺而言之，故其教达天。今之教者，离道与艺而言之，故卑者溺于技，高之废应务而荡于虚也。此学之大辨也。”凡祭祀、宾客、会同、丧纪、军旅，王举则从。听治亦如之。使其属守王闱。闱者，宫中之巷门。魏氏曰：“师保氏主于辅导王躬，乃使兼教国子者，因其宿卫王宫也。王所皆善士，王谁与为不善乎？”又曰：“师氏以辅王，保氏以弼王，事相因也。先王有师臣者，有友臣者。王于公孤则师之矣，于师保则友之矣。师严而友亲，相须以成就圣德。后世人主不知务学；故师友道废。人臣惟仆仆为恭。汉置谏议大夫，唐宋置拾遗补阙，人主曷尝与之为友哉。呜呼！帝王富有天下，贵为天子，崇高极矣。惟隆师亲友使德为圣人，尊荣莫大焉。乃徒知自尊而不知尊贤，此世道升降第一关系也。”叶氏曰：“周官三百六十属，分职联事可谓纤悉，而独谏诤一职缺然不详。仅师氏掌以媺诏王，保氏掌谏王恶一语而已。以二官考之，则皆守卫王宫者也。其教国子以德而养国子以道者，亦皆守卫之人。居王之左右前后，备王之顾问应对。盖已循诱其善、潜格其非于冥嘿之中，正不必昌言显谏发声征色之为也。又况周之设官分职，平时之诏王为治者，不一人也。冢宰则诏王驭群臣民，诏王废置百官。府司会则诏王废置，天府则诏王察群吏之治。廪人则诏王杀国用。太史闰月则诏王居门。小吏则诏王忌讳。内史则诏王听治。司士则诏王治。小臣则诏王法仪。长幼尊卑，无非诏王之职。出入起居，无非诏王之时。是不特一师氏诏王而已也。以至臣民之复逆，大仆达之。三公孤卿之复逆，小臣达之；群吏庶民之复逆，御仆达之。民有可询则有外朝，穷有可达则有路鼓。苟有过恶，岂有不得闻者哉。是又不特一保氏谏王而已也。是故瞽诵诗谏，则瞽矇之官得言矣。士传言谏，则士师之官得言矣。商旅市议，则司市之官得言矣；兽臣有箴，则山虞之官得言矣。巷伯伤谗，则寺人有言矣。扬觯饮酒，则膳夫有言矣。古人不以谏名官，而人得以谏。虽《春秋》此意未泯。自汉武置谏大夫专掌议论，于是有谏官之名。郑昌讼宽饶，则曰臣官以谏为名，不敢不言。鲍宣论何武，亦曰官以谏诤为职，不敢不谒愚。夫职在谏诤而后得言事，非谏诤而言事，宁不越职乎。”愚故始疑周人之不设谏官，而终喜周人谏诤之路广。始喜汉人之专设谏官，而终咎汉人谏诤之路狭。司谏掌纠万民之德而劝之。朋友正其行而强之。道艺巡问而观察之。以时书其德行道艺，辨其能而可任于国事者。以考乡里之治，以诏废置，以行赦宥。其行，德行之行，并去声。强，上声。纠德而劝之朋友，则不至于足已。正行而强之道艺，则不至于冥行。巡问，稽之众论也。观者，观所由；察者，察所安。任国事，用以为吏也。行赦宥，失教误犯者使之自新也。魏氏曰："此访求人才也，宾兴有常，此则察举遗逸焉。大宰岁终考察吏治，以诏废置，法之经也。王时遣使者出而访察吏治，法外意也。此圣人所以明目达聪而无壅滞之患也与。"

司救，掌万民之邪恶过失，而诛让之。以礼防禁而救之。凡民之有邪恶者，三让而罚，三罚而士加明刑。耻诸嘉石，役诸司空。其有过失者，三让而罚，三罚而归于圜土。凡岁时有天患民病，则以节巡国中及郊野，而以王命施惠。邪恶在心，故为不善者也；过失在事，误陷于恶者也。以礼防禁，不遽加刑也。言责曰让，楚挞曰罚。明刑者，去冠饰而书其状于背也。耻诸嘉石，所以辱之；役诸司空，所以苦之；归于圜土，所以收而教之。施惠，如赒以衣食，济以药石之类。王氏曰："圣人之恶恶也，非有与于己。故其让、其罚、其役、其归圜土，宽柔不迫。不过使之生其耻心，以强其罢不丽于刑而已。后人之恶恶也，皆出于己。有是恶即以是刑加之，岂有冀其归于善之意哉。故每至于残忍过中，而无暇再三申教之也。"

调人，掌司万民之难而谐和之。凡过而杀伤人者，以民成之。鸟兽亦如之。难，去声，下同。难，相为仇雠也。过，误也。成，平也，使乡民共平解之也。鸟兽亦谓过而杀伤者。凡和难，父之雠辟诸海外。兄弟之雠辟诸千里之外。从父兄弟之雠不同国。君之雠视父。师长之雠视兄弟。主友之雠视从父兄弟。弗辟，则与之瑞节而以执之。辟、从皆去声。主，大夫君也。瑞节，剡圭也，不从王命，故以瑞节与调人，使执而治其罪也。张氏曰："此杀人者，或是八议三宥之类。法所不加，而孝子忠臣之心，情所当原，故立为辟雠之典也。"凡杀人有反杀者，使邦国交雠之。凡杀人而义者，不同国，令勿雠。雠之则死。反杀者，被杀者之子弟既杀其雠，而雠之子弟复杀其人，往来报复，无有已时。故使邦国交雠之而不容也。明斋王氏曰："杀人而义者，被杀者不义矣。若为奸盗而被杀之类。被杀者子弟不为仇，雠之则服死刑，罪其党恶不服义也。不同国三字衍文。或问君父之雠，亦有当报不当报之别乎？朱子曰：'《周礼》有之杀人而义者，令勿雠，雠之则死。此不当报者也。'《春秋传》曰：'父不受诛，子复雠可也。此当报者也。'当报而报，不当报而止，是即所谓直也。周公之法，孔子之言，若合符节，于此可以见圣人之心矣。”凡有斗怒者，成之。不可成者，则书之。先动者诛之。王氏曰：“斗怒乃仇杀之渐，亦和而平之。平之不服，则书其应和之端于史。首发难者，即为不直而诛之，则莫敢先动矣。”何氏曰：“杀人而死，邦之大法也。彼既杀人父兄，盍以王法诛之。奈何使其子弟雠之邪。曰：法有经权，情有故误。杀人之父可诛也，如鲁轨之杀徐达之，则不可诛也。杀人之兄可诛也，如田横之杀丽食其，则不可诛也。原情以定法，因法以求情，可也。必若逞私忿、肆奸威以屠戮无辜。则所谓不待教而诛者，又何谐和之有哉！圣人承衰乱之后，矜过误而弛重辟之典，原人情而立辟雠之法，虑之精而处之当矣。”

媒氏，掌万民之判。凡男女，自成名以上，皆书年月日名焉。令男三十而娶，女二十而嫁。凡娶判妻入子者，皆书之。判，别男女之合必行媒，以有别也。成名谓子生三月，父名之。男子三十筋骨坚强，女子二十肌肤充盛，阳舒阴促，娶嫁之期，过此则失时矣。判妻，谓被出而再嫁者。入子，谓纳女而为妾者。皆书其故，杜讼端也。中春之月，令会男女。于是时也，奔者不禁。若无故而不用令者，罚之。司男女之无夫家者而会之。中，去声。中春，阴阳和会之月。会男女者，顺天时以成婚姻也。奔者，速不备礼之谓。不禁，暂许之也。无故，谓非贫不能备礼及大荒杀礼之时。不用令，不用媒氏六礼之令也。无夫家者，谓鳏寡也。邓氏曰：“奔者不禁，将淫奔不禁乎，是诲淫也。”曰：“非也。礼不云奔则为妾乎，奔，疾速之义也。女子必六礼备而后行，时至听奔，谓不备礼而昏焉，可也。《易·归妹》以须反归以娣是也。然亦听为妾而已。不以干会男女之正。又明非中春犹禁也，防之至也。”王氏曰：“按程子云取失节者以配身，是已失节也。此云司无夫家者而会之，非与。夫天下之人，上智寡而中材多。一与之齐，终身不改，固女子之节，苟尽责此事，则失所者必多。且非贞节之人，徒使之不嫁以避失节之名，则其阴至于败俗必有甚者。故圣人于牧民之政而开为此法，所以待中人其娶之者，即孟子所谓娶妻非为养而有时乎为养也。”凡嫁子娶妻，入币纯帛，无过五两。禁迁葬者与嫁殇者。凡男女之阴讼，听之于胜国之社。其附于刑者，归之于士。两，去声。一色之谓纯。倍丈曰端，倍端曰两。五两，盖两匹一束，共有十端，取双全之义也。迁葬、嫁殇，谓男女夭亡，父母痛之，或迁他家之男以合葬，或嫁己家之殇女以祔之。生异室而死同域，渎乱人伦，故禁之。此郈原所以辞曹叡也。阴讼，谓中冓之言。胜国之社，乃亡国之屋社。奄其上而栈其下者听之，于此恐宣露也。叶氏曰："古者纳币不过于此，则是婚姻之礼虽详，而其仪实略。此婚姻所以及时而男女所以得正与。"郑氏曰："国之亡必始于男女之无别，故就而听之，惕之也。"鲁哀公问曰："男子十六精通，女子十四而化，是则可以生民矣。而礼男子三十而有室，女子二十而有夫也。岂不晚哉？"孔子曰："夫礼言其极，不是过也。男子二十而冠，有为人父之端，女子十五许嫁，有适人之道。于此而往则自昏矣。"群生闭藏乎阴而为化育之始，故圣人因时以合偶男女，穷天数也。极霜降而妇功成，嫁娶者行焉。冰泮而农桑起，妇功而杀于此。

司市，掌市之治教、政刑。量度、禁令。以次叙分地而经市。以陈肆辨物而平市。以政令禁物靡而均市。以商贾阜货而行布。以量度成贾而征偾。以质剂结信而止讼。以贾民禁伪而除诈。以刑罚禁虣而去盗。以泉府同货而敛赊。商贾之贾，音古。成贾之贾，音价。后仿此。偾，音鬻。司市，市官之长。次，次舍也。叙，行列也。陈，犹列也。物靡，谓侈靡之物。阜，盛也。布，即钱也。征，召也。偾，买也。大券曰质，小券曰剂。贾民，谓佣贩之民。伪以物言，诈以人言。刑罚，宪徇扑也。同者，官民相通也。货不售，则敛而贾之，民无货则赊而贷之。大市，日昃而市，百族为主。朝市，朝时而市，商贾为主。夕市，夕时而市，贩夫贩妇为主。凡市入，则胥执鞭度守门，市之群吏平肆。展成奠贾，上旌于思次以令市。市师莅焉，而听大治大讼。胥师、贾师莅于介次，而听小治小讼。昃，音侧。百族，百姓也。市于日昃，交易而退也。商贾市于朝时，家于其间也。贩夫贩妇市于夕时，用其馀力也。鞭度，刻尺寸于鞭之柄，以威众而度物也。平肆，谓均其次之分界。展成，谓省其货之成否。奠贾，谓定其价之高下。上旌，当市之时，树旌以为众望也。思，审度之意。介，分辨之意。临此二次以听治讼，则不待株连而事速理矣。凡万民之期于市者，辟布者，量度者，刑戮者，各于其地之叙。凡得货贿六畜者亦如之。三日而举之。期，谓卖买相约。辟布者，开布帛之府以相贸易也。量度者，辨器而求其齐也。刑戮者，犯令而彰其罪也。市井器杂，则百物壅滞，故事各以其地而分叙焉。货贿六畜亦各有肆，使其主易于求之。三日而无识认者，然后举而入官，以息争也。凡治市之货贿、六畜、珍异。亡者使有。利者使阜。害者使亡。靡者使微。凡通货贿，以玺节出入之。国凶荒札丧，则市无征，而作布。亡者之亡，音无。缺货者使之有，利用者使之阜，盖贵其价以来之，示民不贱用物也。害财者使之失，靡费者使之少，盖贱其价以抑之，使民不贵异物也。玺节谓邦章，若今茶引盐引之类。无征，蠲税以苏民也。作布，铸钱以聚物也。魏氏曰："古者命市纳贾以观民情之好恶，风俗之得失，政治之污隆系焉。是故起其价以征之，正民之所好也。抑其价以却之，正民之所恶也。昔齐侯问市贾，晏子对曰：踊贵屦贱，而齐侯为之省刑。乃知司市之所治抑末也，其本系于上之人耳。管子曰汤七年旱，禹五年水，人之无糧有卖子者。汤以庄山之金铸币而赎人之无糧卖子者。禹以历山之金铸币以救人之困。夫玉起于禺氏，金起于汝汉，珠起于赤墅。东西南北去周七八千里，水绝壤断，舟车不能通。为其途之远，其至之难，故托用于其重以珠玉为上币，以黄金为中币，以刀布为下币。三币握之则非有补于暖也，食之则非有补于饱也。先王以守财物以御人事而平天下也。是以命之曰衡。衡者，使物一高一下不得有调也。"吕氏曰："三代之时，所以作钱币，权一时之宜，本非先王财货之本处。论国用三年耕必有一年之食。以三十年通制，则有九年之食，以为财货之盛。三登曰太平，王道之盛也。以此知古人论财，但论九年之积。初未尝论所藏者数千万缗，何故？所谓农桑衣食，财货之本，钱布流通，不过权一时之宜而已。先有所谓谷粟，泉布之权方有所施。若无其本，虽积镪至多，何补盈虚之数。所以三代以前论财赋者，皆以谷粟为本。所以九贡九赋用钱币为赋者甚少。俸禄亦是颁田制禄，君卿大夫不过以采地为多寡，亦未尝以钱帛为禄。是以三代之人，多地著不为末作。汉初尚有古意，王公佐吏所谓万石、千石、百石，亦是以谷粟制禄。至武帝有事四夷，国用不足，于是立告缗之法，以括责天下。自此古意渐失，钱币方重。自汉至唐，惟五铢开元最为得中。本朝初用开元法，其钱皆可久行。自太宗以张齐贤为江南转运务，欲多铸钱。自此开元之法一变，而钱皆恶薄不可用。不知国家所以设钱以权轻重本末，未尝取利。论财计不精者，但以铸钱所入多为利，殊不知权归公上利之大者。南齐孔觊论铸钱不可以惜铜爱工。若不惜铜则铸钱无利，若不得利则私铸不起。私铸不起则敛散归公上，此其利之大者。徒徇小利钱便薄恶，如此则奸民务之，私铸纷起，利孔四散。乃是以小利失大利，孔觊斯言，可谓不易之论也。"凡市伪饰之禁，在民者十有二。在商者十有二。在贾者十有二。在工者十有二。郑氏曰："在民，若以水和米、麻代丝之类，民所造也。在商，若以石为玉、冀产为扬产之类，行货者所饰也。在贾，若饰今为古，饰陈为新之类，居货者所饰也。在工，若陶中窳铜和锡之类，造作者所饰也。"市刑，小刑宪罚。中刑徇罚。大刑扑罚。其附于刑者归于士。

国君过市则刑人赦。夫人过市罚一幕。世子过市罚一帟。命夫过市罚一盖。命妇过市罚一帷。宪罚，悬示责让也。徇罚，声罪徇众也。扑罚，夏楚挞辱也。市者货利所在，君子不入焉。故贵者过之，或赦、或罚。不言王后者，至尊不敢斥指也。邓氏曰："刑人赦何也？曰：司寇言之矣。士师协日刑杀，君欲免之，则更会其期而赦之。言非是无过也。"娄里王氏曰："罚幕、帟、盖、帷，何也？曰：幕、帟、盖、帷，皆自蔽之物也。市，利之薮也。好利，小人之行也。小人之行不可以示通国者也。罚幕、帟、盖、帷，言当自蔽藏，耻之也。朝在前而市在后之意也。"凡会同师役，市师帅贾师而从，治其市政。掌其卖偾之事。大众所在必有市焉，则不乏用也。张氏曰："市师，即司市也。所谓市者，非特国市而已。遗人五十里有市，市有候馆，则专以待宾客。会同、师役之事。量人量军之垒舍，量其市朝州涂军社之所。里则道路之与军舍亦有市矣。有市则有卖偾之事，而当时未尝有外市之官，特以国市总之。惟会同师役之时，则市师帅贾师而从之，是以国市之官而分任其事也。"

质人，掌成市之货贿，人民、牛马、兵器、珍异。凡卖偾者质剂焉。大市以质，小市以剂。掌稽市之书契，同其度量，壹其淳制。巡而考之，犯禁者举而罚之。平其价曰成。人民，奴婢也。珍异，四时食物也。大市，民人牛马之属。小市，兵器珍异之属。书契，交易之券也。同其度量，欲长短浅深之均齐。壹其淳制，欲副广匹长之合式。陈氏曰："舜以五岁同度量，周十有一岁同度量。此步尺所以一而得其具正也。后世之尺，或以黍、或以忽、或以指，然黍有大小，丝有巨细，指有长短，此步尺所以异也。"凡治质剂者，国中一旬，郊二旬，野三旬，都三月，邦国期。期内听，期外不听。王氏曰："既质剂而复有谓治者，盖人之奸伪无穷，物之外饰不测。有用后而得其情者，亦有货物多不及详检者。故因地之远近，为此限期。过期不治，欲民及时正明其交易，不使讼无已时，官民俱劳也。"

廛人，掌敛市絘布、总布、质布、罚布、廛布，而入于泉府。凡屠者，敛其皮角筋骨，入于玉府。凡珍异之有滞者，敛而入于膳府。何氏曰："絘布，胥师所取，在次之泉也。总布，肆长总敛，在肆之泉也。质布，质人所税，质剂者之泉也。罚布，司市所举，犯令者之泉也。廛人本敛廛布而兼敛诸布者，欲使知取其物之税，不得取其地之税也。五布皆入于泉府，所以敛市之滞货也。”愚谓入于玉府以饰器，入于膳府以供羞。先王之无弃物如此。魏氏曰：“官铸钱散民间，有散无敛，则泉法不行。官设法以收之，不入外府而入泉府者，还以便民也。”

胥师，各掌其次之政令。而平其货贿，宪刑禁焉。察其诈伪、饰行、儥慝者而诛罚之。听其小治小讼而断之。平者，不得擅为高下也。宪，表悬之也。魏氏曰：“饰行，以事欺人。儥慝，卖滥恶之物者。”

贾师，各掌其次之货贿之治。辨其物而均平之。展其成而奠其贾，然后令市。凡天患，禁贵儥者，使有恒贾。四时之珍异亦如之。凡国之卖价，各帅其属，而嗣掌其月。凡师役、会同，亦如之。卖，当作贾。恒，常也。谓若乘饥荒而贵儥米谷，乘疾疫而贵儥药棺，皆禁之使有常价也。嗣，更代也。谓空乏而欲买于民，贮畜而当卖与民。皆更代而掌其所直之月也。娄里王氏曰：“贾师禁贵儥者，使有恒贾，亦是三代以前之事。盖三代圣王养民者周而取民者略。国中商贾五口而当农夫一人，亦受田于国。荒则去幾，札丧则无征，王之加惠甚沃也。至于市政森严，所以使之安其业而乐乐利利者尤备。是故当其贪渔无厌、乘天患而高价厉民，则贾师为之展成而奠价。后世皆民自为养，而关津之吏因公擅敛，以掊克之无所不至。倘贾师之法行，则惟有裹足不至而小民坐槁而已矣。赵清献在会稽不损粟价，四方商贾辐凑，岁凶而民不饥。后世有以禁民贵粜为救荒之奇策者，此刍狗周官而不知润泽者也。”

司虣，掌宪市之禁令。禁其斗嚣者与其虣乱者，出入相陵犯者，以属游饮食于市者。若不可禁，则搏而戮之。嚣，五羔反。斗，力争也。嚣，口竞也。虣，虐物也。乱，悖理也。陵犯，私相侵也。属游饮食，私好相结者也。

司稽，掌巡市。而察其犯禁者与其不物者而搏之。掌执市之盗贼以徇，且刑之。不物，谓奇言异服怪民也。窃物曰盗，伤人曰贼。徇而行之，不待归于士也。

胥，各掌其所治之政。执鞭度而巡其前，掌其坐作出入之禁令，袭其不正者。凡有罪者，挞戮而罚之。王氏曰：“坐作出入，谓大市、朝市、夕市各有作止之期与出入之候，无得争先后以乱市法。”愚谓袭掩而捕之也。罚使之出布也。郑氏曰："四时珍异养老慈幼者，需以共。故贵侈者亦禁之，教孝慈教睦焉。坊出入教让，正坐作教礼。群聚而饮酒，诰疾之矣，故禁之。禁之者，作勤俭教敬愨，厚民敦俗之道也。一市耳，而治教礼政刑之道毕具，道靡间故也。欲正人心、匡俗失者，必谨诸此矣。"

肆长，各掌其次之政令。陈其货贿，名相近者相远也。实相近者相尔也。而平正之。敛其总布，掌其戒禁。尔亦近也。相近者相远，如布帛之名同而制之精粗则异也。相近者相尔，如牛马之实异而物之肥腯则同也。何氏曰："平者，平其价之实；正者，正其物之名。"张氏曰："先王之立市也，不使杂于闾里，惧其乱教也。不使士农为之，以商贾之人持心近薄，恐其乱俗也。昔者晋之富商韦藩木楗以过于朝，而曰虽有泽车华服不敢与士君子齿。则周公遗化犹存什一于千百也。后世立市无法，士农杂而为之。是以人皆笃于利，士君子而有商贾之行。圣人以道治天下之意，无复存矣。"

泉府，掌以市之征布。敛市之不售、货之滞于民用者。以其贾买之，物揭而书之，以待不时而买者。买者各从其抵，都鄙从其主，国人、郊人从其有司，然后予之。泉府主钱而谓之泉者，取流通之义也。征布即廛人所敛之五布，抵本价也。从其本价，不邀利也。李氏曰："主谓都鄙大夫，有司谓乡遂之吏。有此符信，然后予之，恐奸民乘时贩卖，官为所欺而民不沾实惠也。"马氏曰："买之于方滞之时，卖之于买之际。此与常平之贱籴贵粜之意同。泉府则以钱易货，常平则以钱易粟。其本意皆以利民，非谋利也。然后世常平之法，转而为和籴。且以共所储他用而不以济民。则惟恐其数之不多，利之不羡，于是亦以理财之法视之矣。"凡赊者，祭祀无过旬日。丧纪无过三月。凡民之贷者，与其有司辨而授之。以国服为之息。贷，音特。赊，贳也。丧祭事大，但立期取偿而无息也。贷，乞假也。辨而授之，察其真而后予之也。国服为之息，偿本之后使民为国服役，以充工价之费也。何氏曰："国服为息，先儒多以为贷钱取利，王介甫因其说遂立青苗之法，天下骚然。胡致堂父子以其病民也。遂力诋周礼非周公之书，噫！以释经一言之误，而贻天下之大患，废圣人之全经，其失均也。"凡国之财用取具焉。岁终，则会其出入而纳其馀。国之财用，有司兴作之财用也。纳其馀者，入于职币也。叶氏曰："熙宁大臣慕周公之理财，为市易之司以夺商贾之赢。分天下以债而取其什二之息。曰此周公泉府之法也。天下之为君子者，又从而争之曰：

此非周公之法也。周公不为利也，其人又从而解之曰：此真周公之法也。圣人之意，六经之书，而后世不足以知之。以此嗤笑其辩者，然而其法行而天下终以大弊。故今之君子真以为圣人不理财，言理财者必小人而后可矣。夫泉府之法，敛市之不售、货之滞于民用者。以其贾买之其赊者，祭祀丧纪皆有数而以国服为之息。若此者，真周公所为也。何者当是时天下谓之齐，民未有特富者也。开阖敛散轻重之权一出于上。均之田而使之耕，筑之室而使之居。衣食之具无不毕与。然而祭祀丧纪犹有所不足，取则于常数之外。若是者周公而不与，则谁与之，将无以充其用而恤之也。则民一切仰上而其费无名，故赊而贷之，使以日数偿而以其所服者为息。且其市之不售货之滞于民用者，民不足于此而上不敛之则为不仁。则二者之法，非周公谁为之。盖三代固行之矣，今天下之民不齐久矣，开阖敛散轻重之权不一出于上。而富人大贾分而有之，不知其几千百年也。而遽夺之可乎？夺之可也。嫉其自利而欲为国利，可乎？呜呼！居今之世，周公固不行是法矣。夫学周公之法于数千岁之后，世异时殊，不可行而行之者，固不足以理财也。谓周公不为是法而以圣贤之道不出于理财者，是足为深知周公乎？且使周公为之，固不以自利。虽百取而不害，而况其尽予之乎。然则奈何君子避理财之名。苟欲以不言利为义，坐视小人为之，亦以为当然而无怪也。徒从其后颦蹙而议之，厉色而争之，然则仁者固如是邪。"

司门，掌授管键，以启闭国门。幾出入不物者，正其货贿。凡财物犯禁者举之，以其财养死政之老与其孤。祭祀之牛牲系焉，监门养之。凡岁时之门，受其馀。凡四方之宾客造焉，则以告。司门，防守官之长。管谓籥键其牡也。管以闭之，键以启之。正者，禁其淫侈而归于正也。犯禁，谓犯伪饰之禁者。举之，没入于官也。死政之老孤，死国事者之父祖及子，不专恃委积而更以此厚之也。监门，谓门徒使之养牛，便刍牧也。其馀，谓祭门之胙。造，至也。以告，则便于逆之。王氏曰："按门关之设，所以豫备不虞而无守御之兵，何也？盖城郭沟池之固有掌固，道路之阻有司险，封疆之官有掌疆。皆夏官之事。若地官则主守土，凡王畿吏民皆其所统。而特设掌门关之管键，则虽大司马之属，有所出入，苟无司门之节，门关之吏亦得而问之矣。后世门关管钥并属于大司马，岂知周公之意哉！"

司关，掌国货之节，以联门市。司货贿之出入者，掌其治禁与其征廛。凡货不出于关者，举其货，罚其人。凡所达货贿者，则以节传出之。国凶札，则无门关之征，犹幾。凡四方之宾客敂关，则为之告。有外内之送令，则以节传出内之。传，去声。出之之间，疑脱入字。敂，音叩。内之之内，音纳。节谓玺节，联门市者，自外入者通之门与市，自内出者通之门与关也。征者，征其出入之货。廛者，赋其市地之廛。不出于关，谓从私道而避征税者，则没入其财而挞其人也。传谓文移无征，所以苏困也，犹幾所以防奸也。敂，击也。送令，奉令以送其往来也。

掌节，掌守邦节而辨其用，以辅王命。守邦国者用玉节。守都鄙者用角节。凡邦国之使节，山国用虎节。土国用人节。泽国用龙节。皆金也，以英荡辅之。门关用符节。货贿用玺节。道路用旌节。皆有期以反节。凡通达于天下〔者〕①，必有节以传辅之。无节者，有幾则不达。使，去声。荡，当作簜。节，行者所执之信也。辨其用者，或用以守、或用以使也。邦国用土，取比德也；都鄙用角，取御侮也。虎为毛虫之长，人为倮虫之长，龙为鳞虫之长，故铸金以象其形焉。英，琼英也。簜，大竹也，谓饰以玉与竹也。符节，剖竹以相合。门关之官为之玺节，加印以示信。司市之官为之旌节，析羽以彰华。乡遂之官为之有期，立为限期，事毕则反之也。不达，惟圜土纳之。易氏曰："节所以辅王命，传所以辅邦节。先王之时，天下为公，虽有节传示信而信行于节传之外。"陈氏曰："节之为物，或以玉、或以角、或以金、或以竹。或用以守、或用以使、或用以民。珍圭、牙璋、琬圭、琰圭、谷玉，使者为信于所适者也。龙节、虎节、人节、符节、旌节，行人为信于道路者也。调人凡和难弗辟，则与之瑞节，而以执之，此琰圭耳。则琰圭不特施于使身，民亦与之也。书《康诰》曰：'越小臣诸节。'春秋之时，宋司马握节以死。司城郊节于府人而去，司马牛致其邑与珪而适齐。则守节不特于邦国都鄙，虽官府小臣亦有之也。《考工记》牙璋谷圭七寸，琬圭琰圭九寸，汉竹使符竹箭五枚，长五寸，然则先王之节其长盖亦不过于此，若夫旌节之制又加长焉。观苏武之仗节，则非以寸计之也。汉竹使符铜虎各分其半，右留京师，左符郡守。唐符玺节，凡国有大事则出纳符节，班其右而藏其左。先王之节，其班与藏，盖亦如此。然老子曰执左契而不责于人，则藏其右者非是。"

遂人，掌邦之野。以土地之图经田野。造县鄙形体之法。五

①〔者〕字据十三经本增。

家为邻，五邻为里，四里为酂，五酂为鄙，五鄙为县，五县为遂。皆有地域，沟树之。使各掌其政令刑禁，以岁时稽其人民。而授之田野，简其兵器，教之稼穑。遂人，犹小司徒也。野兼稍甸县都而言，邻近也。里言同井也。酂者，赞助之意。鄙者，边鄙之称。县者，首尊之义。通水曰沟，植木曰树。简其兵器，以除害也。教之稼穑，以兴利也。方氏曰："造都邑必因山川原隰之面势，规疆潦薮牧之便宜，度道路沟渠之支凑，所谓形体之法也。"魏氏曰："六乡聚居国中，其势易行。六遂散处于野，势有所不便。而圣人一之促零就整，以法齐其不齐，是以遐迩较若画一。使各掌其治教刑禁者，亲民之官皆得自专其治。后世守令太轻，必也重其任、专其任、久其任而后可以大有为耳。"凡治野，以下剂致甿，以田里安甿，以乐昏扰甿。以土宜教甿稼穑，以兴耡利甿。以时器劝甿。以强予任甿。以土均平政。甿，忘耕反。耡，音助。政，读作征。甿犹懵懵无知之貌。剂，要书也。每家止任二人，以下地为率也。乐谓乡乐，所以化其俗也。昏即昏礼，所以正其家也。土宜，辨十二土之宜也。兴耡，谓民之弱者众起而助其耕也。时器，谓耒耜钱镈之器及时而铸治之也。强予，谓民之强者以馀力而予人也。土均，辨五物九等之差也，一治野而厚生，正德利用之方毕具矣。孰谓先王之为略于野乎哉。辨其野之土，上地、中地、下地，以颁田里。上地，夫一廛，田百晦，莱五十晦，馀夫亦如之。中地，夫一廛，田百晦，莱百晦，馀夫亦如之。下地，夫一廛，田百晦，莱二百晦，馀夫亦如之。一廛，二亩半之宅也。田间休空之处为莱。上地家七人，中地家七人，下地家五人。此外谓之馀夫，亦别计人数而授田也。凡治野，夫间有遂，遂上有径。十夫有沟，沟上有畛。百夫有洫，洫上有涂。千夫有浍，浍上有道。万夫有川，川上有路，以达于畿。遂、沟、洫、浍、川，皆所以通水也。遂广深各二尺，沟倍之，洫又倍之。浍广二寻深二仞，川则因自然之势而利导之。径、畛、涂、道、路，所以通行也。径容牛焉，畛容大车，涂容乘车一轨，道容二轨，路则因川势而加广之。达于畿者，通于千里之畿内也。叶氏曰："司徒言井邑，遂人言沟洫，非乡遂异制也。井邑定田亩以出税，故以四井四邑言。沟洫定水道大小以兴利，故以十夫百夫言。乡言井邑，则遂之田赋亦如之。遂言沟洫，则乡之水利亦如之。互文见义尔。"愚按孟子言方里而井，井九百亩，其中为公田。八家皆私百亩，同养公田。

公事毕，然后敢治私事。所以别野人也。而遂人之法，以十起数，故古今诸儒皆疑其不尽用井法焉。朱子曰："乡遂用贡法，十夫有沟。都鄙用助法，八家同井。"又曰："沟洫以十为数，井田以九为数，决不可合。"后之言田制者皆宗之，然窃尝思之，井田之法，自夏禹以来，非一日之积。成周安得独于乡遂之地而破坏之。且当是时，千八百国各有乡遂，则将使近国都之地，皆不得服先畴而食旧德乎？况经明言以达于畿，安得谓专用之于乡遂邪？盖井邑沟洫，实相表里者也。方里为井，井也百亩。夫三为屋，屋三百亩。跨三井历三屋而亦得九百亩。又以百亩为闲田，沟贯其中，畛偃其上。两岸之间，各分五十亩，以育馀夫，以牧六畜，所谓十夫有沟，沟上有畛。盖亘三里三分有奇之地，以其径者言之也。所谓百夫有洫，洫上有涂，盖纵横各亘三里三分有奇之地，以其积者言之也。至于千夫有浍，浍上有道，则亘三十三里有奇之地，又以其径者言之也。至于万夫有川，川上有路，则纵横各亘三十三里有奇之地，又以其积者言之也。《诗》曰"骏发尔私，终三十里，亦服尔耕，十千为偶"，兹非其明证与。然则一成之地方十里，则有三沟三洫之纵横。除去闲田，实为七百二十九夫。又除去公田，实为六百四十八夫矣。一同之地方百里，则有三浍三川之纵横，除去闲田，实为七万二千九十夫，又除去公田，实为六万四千八十夫矣。若其井牧之法，则又只以纵横加倍计之。一成止于五百七十六夫，除公田为五百一十二夫。一同止于五万七千六百夫，除公田为五万一千二百夫。盖成同之间，岂无污隆之处，硗确之所，必如是而后能核其实耳。先儒乃欲四面各加一里以合一成之数，各加十里以合一同之数。夫井田随地而制形，乃无故弃一里与十里以为闲废之壤乎。吾知其必不然矣！或曰如子之言，乡遂都鄙实无异法。然则孟子所谓野九一而助，国中什一使自赋者，非与？曰经固言之矣，以廛里任国中之地，是则什一自赋之处也。若乡则为近郊，遂则为远郊。故司徒云井牧田野，遂人亦云治野，安得复谓之国中也哉。然则周人之彻，实未尝兼贡助而用之，而井田之通乎天下明矣。故浚仪王氏有言，以水佐耕者，丰稻人掌之。以水佐守者固司险掌之。自乡遂之法弛，至商鞅决裂阡陌，吕政通决川防，古制荡然矣。古者内为田庐，外为沟洫。在易之师，寓兵于农，伏险于顺，取下坎上坤之象。沟洫之成自禹至周，非一人之力。沟洫之坏自周衰至秦，非一日之积。先儒谓非田坏而戎马入其中，如入无人之境，悲夫！

以岁时登其夫家之众寡，及其六畜、车辇。辨其老幼、废疾，与其施舍者。以颁职作事。以令贡赋。以令师田。以起政役。若起野役，则令各帅其所治之民而至。以遂之大旗致之，其不用命者诛之。野役，师田工作也。熊虎曰旗。魏氏曰："六乡有征，调大司徒以旗致万民。

六遂别有大旗，亦司徒掌之。有事遂人请于司徒，用以征调。”凡国祭祀，共野牲，令野职。凡宾客，令修野道而委积。大丧，帅六遂之役而致之。掌其政令。及葬，帅而属六绋，及窆，陈役。凡事致野役，而师田作野民，帅而至，掌其政治禁令。绋，音绋。野牲，麋鹿雁兔之属。野职，薪炭疏材之属。绋，举棺索也。陈，列也。大丧之正棺、殡、启、朝及引，六乡役之；载及窆，六遂役之。明斋王氏曰：“凡疏导之法，挽漕之便，皆于是在而封植以息争端。设险以限戎马，实寓其中矣。自遂沟径畛而下民各以其力自治之，洫涂浍道者必上之人创之，合众力修治。若川之与路，则其工夫尤大，非一方之民所能办。必损府库之积，移用其民，乃可成。军礼所谓大役用众者也。凡欲积贮富厚，必始于此。自黄帝立法，禹卑宫室而尽力乎沟洫。文王卑服，即康功田功，皆谓是尔。”朱子曰：“《汉志》言秦废井田、开阡陌。按阡陌者旧说以为田家之道。盖因田之疆畔，制其广狭，辨其从横，以通人物之往来，即《周礼》所谓遂上之径，沟上之畛，洫上之涂，浍上之道也。盖陌之为言百也。遂洫从而径涂亦从。则遂间百亩，洫间百夫，而径涂为陌矣。阡之为言千也，沟浍横而畛道亦横。则沟间千亩，浍间千夫，而畛道为阡矣。阡陌之名因此而得，此其水陆占地不得为田者。颇多先王之意，非不惜而虚弃之也。所以正经界、止侵争、时蓄泄、备水旱，为永久之计，有不得不然者，其意深矣。商君以其刻急之心，行苟且之政。但见田为阡陌所束，而耕者限于百亩，则病其人力之不尽。但见阡陌之占地太广而不得为田者多，则病其地利之有遗。又当世衰法坏之时，则其归授之际，必不免有烦扰欺隐之奸。而阡陌之地切近民田，又必有阴据以自私而税不入于公上者。是以一旦奋然不顾，尽开阡陌，悉除禁限而听民兼并买卖。以尽人力垦辟，弃地悉为田畴，而不使有尺寸之遗，以尽地利。使民有田即为永业，而不复归授，以绝烦扰欺隐之奸。使地皆为田而皆出税，以核阴据自私之幸。此其为计，正犹杨炎疾浮户之弊而遂破租庸以为两税。盖一时之害虽除，而千古圣贤传授精微之意于此尽矣。董仲舒言富者田连阡陌，而请限民名田。盖曰富者一家而兼有千夫百夫之田耳。至于所谓商贾无农夫之苦，有阡陌之得，亦以千夫百夫之收而言。盖当是时，去古未远，此名尚存而遗迹犹可考者。顾一时君臣乃不能推寻商究而修复之耳，岂不可惜也哉。”

遂师，各掌其遂之政令戒禁。以时登其夫家之众寡。六畜车辇，辨其施舍，与其可任者。经牧其田野，辨其可食者，周知其数而任之，以征财征。作役事，则听其治讼。巡其稼穑，而移用其民，以救其时事。遂师，犹乡师也。经牧，经画而井牧之也。可食，谓可耕之处。财征，赋税也。时事，如四时水旱之事。移用他遂之民以相救助，则人力可胜天灾也。方氏曰："读法兴贤详于六乡，经野劝农详于六遂，亦互相备也。后世民自为耕，猝有水旱，富者尚能自救，而贫者坐视其田之芜没。然后知先王设官以移用其民，虑事周而兴利博也。"凡国祭祀，审其誓戒，共其野牲。入野职、野赋于玉府。宾客，则巡其道修，庀其委积。大丧，使帅其属以幄帟先。道野及窆，抱磨，共丘笼及蜃车之役。军旅、田猎平野民，掌其禁令。比叙其事而赏罚。庀，尔匹反。磨，音历。审，亦听也。野职、野赋。齿角羽翮，絺绤之类。庀，具也。以幄帟先，葬窆之间张神座也。道，帅之也。磨者，适历也。天子千人，分布六綍，绨疏得所，名为适历，抱持版之名字而校录之也。封土为丘笼，盛土之器也。阛圹用蜃车，载蜃之器也。平野民之均其役也。魏氏曰："未至师，遂师先以军法部署而行赏罚。帅而至，则赏罚一听于大司马，若大司徒。"

遂大夫，各掌其遂之政令。以岁时稽其夫家之众寡。六畜、田野，辨其可任者与其施舍者。以教稼穑，以稽功事。掌其政令，戒禁，听其治讼。令为邑者，岁终则会政致事。此遂官之长也。何氏曰："谓之邑者，民之所聚皆邑也。在邦甸则谓之公邑。在家削则谓之家邑。在都则谓之都邑也。"正岁简稼器，修稼政。三岁大比，则帅其吏而兴甿。明其有功者。属其地治者。凡为邑者，以四达戒其功事，而诛赏废兴之。稼器，耒耜镃基之属。稼政，耕耘收获之令。兴甿，举共贤者、能者，如六乡之为也。明其有功者，明显其功而不使之没。属其地治者，聚饬其职而不使之怠。盖兴甿之后，因以察吏也。郝氏曰："四达：自遂大夫达县正，县正达鄙师，鄙师达酂长，酂长达里宰。里宰以下无爵，故止言四。"魏氏曰："乡遂皆有选举而市独无之，古法工商不得入仕。噫！圣人惇本抑末之意可见矣。"又曰："汉举贤良、方正、孝廉、茂才，犹乡之宾兴贤能。其举孝弟力田，犹遂之兴甿。古意犹有存者。故三代以还，两汉得人为盛。后世徒存其名而鲜实效，由于上下皆以伪相蒙也。"

县正，各掌其县之政令征比。以颁田里，以分职事。掌其治讼，趋其稼事，而赏罚之。征，征召。比，案比。趋，催促也。魏氏曰："遂大夫言政令，县正加以征比。亲民之官，兼理期会细事也。田里职事，上有成法，县正亲民为之，计亩而授，度丁而分。稼事赏罚，秋官之野刑，上功纠力也。汉制尚有田律。”若将用野民，师田、行役，移执事。则帅而至，治其政令。既役，则稽功会事而诛赏。移执事，移用其民以相佐助也。明斋王氏曰：“县正犹乡之州长。惟作民而师田、行役，掌其政令与其赏罚。此一事语意皆同。至于州长有正月之吉，春秋社祭之读法，考行有春秋州序之礼射，而此乃缺如。则遂大夫之兴甿，将安所稽乎，是县正亦当有序矣。至于此有颁田里分执事而州长无之者，盖近郊之民，百族所聚，不止田里之事，故于载师特详焉。”

鄙师，各掌其比之政令祭祀。凡作民，则掌其戒令。以时数其众庶，而察其媺恶而诛赏。岁终，则会其鄙之政而致事。数，上声，下同。祭祀，即禜也。作民，起役也。时谓四时。媺，成于乡三物者。恶，陷于乡八刑者。明斋王氏曰：“鄙师犹乡之党正，党正于孟月吉日，春秋祭禜有读法之礼。岁终蜡祭，有正齿位之饮。皆于序行之。然则鄙之会聚其众，岂无序乎？”

酂长，各掌其酂之政令。以时校登其夫家，比其众寡。以治其丧纪、祭祀之事。若作其民而用之，则以旗鼓、兵革帅而至。若岁时简器，与有司数之。凡岁时之戒令皆听之，趋其耕耨，稽其女功。简器，阅稼器与兵器也。有司，谓遂大夫。简之，则器无不精，数之，则器无不备。趋耕耨而野无惰农，稽女功而家无休织。方氏曰：“古者王内之政令，内宰治之。民家之女工，酂长稽之。所以上下男女各警其职，而事无不举，教无不行也。”

里宰，掌比其邑之众寡，与其六畜、兵器，治其政令。以岁时合耦于耡，以治稼穑。趋其耕耨，行其秩叙。以待有司之政令，而征敛其财赋。耦，并耕也。合耦以相助佐，则勤者倡而隋者奋也。秩叙，聚民之常度与次第也。待政令者，不敢专也。邓氏曰：“遂大夫曰稽，县正曰征，其大凡也。酂长曰校登，里宰曰比，其细数也。弥亲民者弥详。”陈氏曰：“里宰犹乡之闾胥，里宰于农中寓教，故行其秩叙。闾胥于数中寓农，故书敬敏任恤。此其文之异耳。”浚仪王氏曰：“贾公彦疏云：‘周时未有牛耦耕，至汉赵过始教民牛耕。’今考《山海经》后稷之孙叔均始作牛耕，冉耕亦名伯牛。贾谊《新书》载郑穆公曰：‘百姓饱牛而耕。’《月令》季冬出土牛示农耕早晚，何待赵过。过特教人耦耕，费省而功倍焉尔。”

邻长，掌相纠相受。凡邑中之政相赞。徙于他邑，则从而授之。相纠以远罪也，相受以敦和也。王氏曰："祭祀丧纪赞其财，师田行役赞其力。一里之中，如一家然。所以为仁里也。"魏氏曰："六乡士也，故详于教。六遂农也，故详于养。因以互文见义矣。"又曰："乡遂群吏，汉散为亭长、三老、啬夫，尚以教导为务。古制时见一班。至唐为里正、坊正、村正，宋为保长、耆长。则仆仆执役于官，惟征催钱粮、勾摄公事尔。世变江河愈趋愈下矣。"伟长徐氏曰："夫治平在庶功兴，庶功兴在事役均，事役均在民数周，为国之本也。先王周知其万民众寡之数，乃分九职焉。九职既分，则劳逸者可见、勤惰者可闻矣。然而事役不均者未之有也。事役既均，故上尽其心而人竭其力，然而庶功不兴者未之有也。庶功既兴，故国家殷富，大小不匮，百姓休和，下无怨疾焉，然而治不平者未之有也。故泉有源、治有本，道者审本而已矣。故《周礼》孟冬，司寇献民数于王，王拜受之，登于天府，内史、司会、冢宰贰之，其重之也如是。今之为政者，未之知恤已也。譬无田而欲树艺，虽有农夫，安能措其强力乎？是以先王制六乡六遂之法，所以维持其民而为之纲目也。使其邻比相保、受赏罚相延及，故出入存亡、臧否顺逆，可得而知也。及乱君之为政也，户口漏于版图，夫家脱于联伍，避役逋逃者有之，于是奸心并生而伪端竞作。小则滥窃，大则功劫，严刑峻令不能救也。人数者，庶事之所自出也，莫不取正焉。以分田里，以令贡赋，以造器用，以制禄食，以起田役，以作军旅。国以建典，家以立度。五礼用修，九刑用措，其惟审人数乎。"

旅师，掌聚野之耡粟、屋粟、闲粟，而用之以质剂致民。平颁其兴积，施其惠，散其利，而均其政令。凡用粟，春颁而秋敛之。凡新甿之治皆听之，使无征役，以地之媺恶为之等。耡粟，助耕公田之粟。屋粟，田不耕者之所罚。闲粟，民无职事者之所罚。吴氏曰："甸地，闲田所用之粟，未详孰是。三等之粟以当稍秣，而有所馀者，旅师各随道里之远近而聚于田里。无得耗费，因以济民，所谓用之也。兴者，发散之名，官贷粟与民也。积者，积峙之义，民输粟还官也。平颁者，出入均平，无人多出寡之病。施其惠，谓补耕助敛。散其利，即荒政之散利。三者之政，必欲其均也。新甿，谓新徙来者。无征以宽其财，无役以宽其力。人多授以上地，人少授以下地，所谓以媺恶为之等也。"邓氏曰："积粟陈则腐，以质剂为信，致民而平颁之令输新。《诗》曰：'我取其陈，食我农人。'是也。"娄里王氏曰："《王制》将徙于诸侯，三月不从政，欲启行而为备也。自诸侯来徙，期不从政，初至而未集也。古之保民，曲尽其道如此。"明斋王氏曰："旅师掌六遂之赋，犹闾师之于六乡。闾师言任九职以征其赋。旅师言聚馀粟以散于民。征散各指其一事。又且闾师罚惰民之法，旅师听新民之治，皆互文也。”

稍人，掌令丘乘之政令。若有会同师田行役之事，则以县师之法，作其同徒辇辇。帅而以至，治其政令，以听于司马。大丧，帅蜃车与其役以至。掌其政令，以听于司徒。乘，去声。四邑为丘，四马为乘。一甸之地，凡四丘出长。毂一乘，甲士三人，兵卒七十二人，马四匹，重车三乘，馀卒二十五人，牛十二头。故名丘乘也。同徒，同井之徒也。司马主兵，司徒主役，故各帅而听之。王氏曰：“井邑、丘、甸、县、都出兵之法。此但言丘乘者，以丘出马一匹，四丘出车一乘，井邑之兵自此成。县都之兵由此始。故举以为名，令之治其兵赋也。”

委人，掌敛野之赋敛、薪刍。凡疏材、木材，凡畜聚之物。以稍聚待宾客，以甸聚待羁旅。凡其余聚以待颁赐。余，当作馀。疏材，疏之可食者。木材，木之可用者。稍聚，稍地之畜聚也。甸聚，甸地之畜聚也。馀聚，则县都畜聚之类与。以式法共祭祀之薪烝木材。宾客共其刍薪。丧纪共其薪烝木材。军旅共其委积薪刍。凡疏材共野委兵器，与其野囿材用。凡军旅之宾客馆焉。木材，以共张事也。委积薪刍，委积之薪刍。疏材，以助食用也。野委，庐宿之薪刍。兵器，以卫宾客也。野囿，田猎之苑囿。材用，以备修筑也。军旅之宾客，谓诸侯助王讨者。

土均，掌平土地之政。以均地守。以均地事。以均地贡。以和邦国都鄙之政令、刑禁，与其施舍礼俗、丧纪、祭祀。皆以地媺恶为之轻重之法而行之。掌其禁令。政，政令也。和者，斟酌适中之谓。地媺者从重，地恶者从轻，则丰约各得其宜矣。王氏曰：“按治天下之道，惟取其均平而已。冢宰均四海。司马平邦国。而地官特设均人、土均二职者，均平必自土地、人民始也。盖因地以令赋，地有肥硗而赋由之轻重。然地气有时而衰旺，则田赋不可以不均。因家以起役，家有上中下而役由之多寡。然户口有时而损益，则力政不可以不均。诸侯之国，各有所出，为岁之常贡，此地贡也。宝藏有兴衰，侯国有因革，故地贡不可以不均。九职之民，各有所业，此地职也。民有所移，业有所更，故地职不可以不均。山川险易，道里远近，大而司马均诸侯之守，小而掌固颁士庶子人民之守。地守之谓也。事变不齐，若昔治而今乱，昔险而今夷，故地守不可以不均。此司徒所以有均平之政也。然此特均之常耳。至于司空度地，居民使地。周民居而无旷土，民尽地利而无游民。必有待于移民以实其空，此则司空之事，而宗伯所掌之礼，是之谓大均。非用大众不能，盖必合六官而后可。”

草人，掌土化之法以物也，相其宜而为之种。凡粪种，骍刚用牛，赤缇用羊，坟壤用麋，渴泽用鹿，咸泻用貆，勃壤用狐，埴垆用豕，强檃用蕡，轻爂用犬。相，去声。种，上声。缇，音底。泻，音昔。貆，音萱。埴，昌志反。强，其两反。檃，呼览反。爂，孚照反。化，变而美之也。物地，占其形色也。骍，赤色。缇，缥色。坟壤，润解。渴泽，涸水处。泻，卤也。勃壤，粉解。埴垆，黏疏。强檃，坚硬。轻爂，浮脆也。王氏曰：“九者之土化之法，用牛、羊、麋、鹿、貆、狐、豕、犬之骨，焚为灰，以渍其种。蕡则以麻子捣之，以渍种也。所用之汁不同，因以助其种之生气，以变易地气。则薄可使厚，过可使和，而稼之所获必倍常。《诗》云‘诞后稷之穑，有相之道’是也，或曰以汁粪其地也。”

稻人，掌教下地。以潴畜水，以防止水，以沟荡水，以遂均水，以列舍水，以浍写水。以涉扬其芟作田。凡稼泽，夏以水殄草而芟夷之。泽草所生，种之芒种。旱暵，共其雩敛。丧纪，共其苇事。潴，音朱。畜同蓄。列，禄计反。潴，积水之陂。防，制水之堤。荡，播也。列，盛水之塍。舍，止也。写，泄也。盖（由）〔田〕无水则燥，故有以止之。而多水则涝，故又有以泄之也。作犹治也。开遂舍水于列中，乃涉历而扬去前年所芟之腐草，因以治田而使之肥美焉。稼泽，谓种谷于泽地。殄，病也，绝也。夏月暑雨以水浸草，可以绝其根，则稻可得而种矣。雩敛，雩祭之所敛也。苇事，所以填圹而御湿也。郝氏曰：“芒种，稻有芒者，性易生，今湖乡多有之。”魏氏曰：“中原地高，惟近水者可稻。圣人兼尽地利，以南方水田之法施于北方，防丰凶备旱潦也。今中原弥望，地多荒芜，此困穷之本，宜重农扈之官。使南方老农为师，广兴地利，富庶其可几乎。”娄里王氏曰：“三代东南为龙蛇之薮，民文身以居。江汉以南，不通中国，何得有东南水田法。后稷所谓诞降嘉种禾役穟，穟皆西北高原之事。盖圣人教民耕耨蓄泄，全在沟洫。神禹所谓卑宫室而尽力乎沟洫是也。班孟坚《西都赋》云：‘郑白之沃，衣食之源，提封五万，疆场绮纷，沟塍刻镂，原隰龙鳞，决渠降雨，荷锸成云。’西京近古，虽阡陌既开，其迹尚未尽泯。故犹有水田之利。嗣后屡为战争戎马之场，沟洫故道湮不可考。遂令沃壤化为石田，而东南版图日廓。人谋既臧，地力兼尽，遂以天下之大，仰给一隅。而中原以北，甘心弃之不顾。噫！可叹也。庄渠之说，理非不长。然谓三代圣人以南方水田之法施于北方，防丰凶备旱潦，则非矣。是不可以不辨。”

土训，掌道地图，以诏地事。道地慝，以辨地物，而原其生以诏地求。王巡守，则夹王车。守，去声，下同。道，说也。图，山川形势之图。事，农圃薮泽之事。慝，谓物产之不美者。原其生，推求其所以生也。求，取辨之宜否也。巡守，行视所守也。

诵训，掌道方志，以诏观事。掌道方慝，以诏辟忌，以知土俗。王巡守，则夹王车。辟，音避。方志，古今记载之迹也。观事，博览多识之事也。慝，谓民风之不美者。辟忌，不苟徇之也。俗，习尚之善否也。魏氏曰：“古左图右书，土训图学，诵训书学。王适诸侯而二官夹车备顾问。王中心无为而左右各以其职为献纳。广王耳目而开拓其心胸，俾四海如指诸掌，万古如视诸目也。”邓氏曰：“土，万国之心。师保氏王格，王格其心也。万国，王之体。土训、诵训主训王，俾王知地治于我同体也，其义一也。”

山虞，掌山林之政令。物为之厉，而为之守禁。仲冬斩阳木，仲夏斩阴木。凡服耜，斩季材，以时入之。令万民时斩材，有期日。凡邦工入山林而抡材，不禁。春秋之斩木不入禁。凡窃木者，有刑罚。掌山林者林衡，亦受法于山虞也。厉，遮列也。阳木生山南者，斩以一阳之月；阴木生山北者，斩以一阴之月。皆取其气之始生也。服，车材。耜，农器。季犹稚也，用稚材取其柔也。抡，择也。不入禁，不入所禁之山也。娄里王氏曰：“入山抡材，虽邦工亦必以时，但不拘期日耳。若邦工不时有需，仅斩四野之木，不得入山。万民斩材则必以冬夏而复有日数。所以息纷争、养物力，非故专利而病民也。”若祭山林，则为主，而修除且跸。若大田猎，则莱山田之野。及弊田，植虞旗于中，致禽而珥焉。为主，办护之也。修除，治其场坛也。莱，除其草莱也。取禽左耳曰珥。盖田既止，则立虞人之旗，令获者皆致禽于其下。珥，取禽耳以计获之多少也。

林衡，掌巡林麓之禁令，而平其守，以时计林麓而赏罚之。若斩木材，则受法于山虞，而掌其政令。山足曰麓。守，藩界也。计者，计其守护之功也。蕃茂则赏，刊落则罚。

川衡，掌巡川泽之禁令，而平其守。以时舍其守，犯禁者执而诛罚之。祭祀、宾客，共川奠。舍，音捨。兼言泽者，谓连川之泽。若济溢为荥之类。郝氏曰："时谓当渔时，舍其守，弛禁也。四时惟夏不渔，季冬大渔。"愚谓川奠，鱼鳙蜃蛤之属。

泽虞，掌国泽之政令，为之厉禁。使其地之人，守其财物。以时入之于玉府，颁其馀于万民。凡祭祀、宾客，共泽物之奠。丧纪，共其苇蒲之事。若大田猎，则莱泽野。及弊田，植虞旗以属禽。入于玉府，当邦赋也。颁于万民，不私利也。泽物之奠，芹茆菱芡之属。苇蒲，所以为席者。属禽，聚而别之也。方氏曰："《周官》不以山泽授民而官守之，此先王所以忠利于民而尽万物之理也。盖山泽颁于民则争讼繁，盗窃者无忌，且或非时过取以自耗。故官为厉禁而使其地之人守之。山林则断材有期日，窃木者有罚。川泽则时舍其守，犯禁者执而诛罚，耗之无门，用之有节，所以滋殖阜蕃而材物不可胜用也。详考经文，皆官为民守。所征者，不过齿角骨物。羽翮葛材，草贡而又以当邦赋，外此无纤毫之征。用此知门关肆市之有征，乃所以抑末禁奸而出于不得已也。若欲擅利，则山泽之利岂特十百于门关之征哉。"

迹人，掌邦田之地政，为之厉禁而守之，凡田猎者受令焉。禁麛卵者与其毒矢射者。令，谓时与处也。麛，鹿子也。麛卵则不遂其长，毒矢则必致其死，禁之所以爱物也。易氏曰："田之义有三：大田之时，虞人莱所田之野，教民以战阵之事。天子乘革路，建大常，见于司马是也。其次牧畜于囿，设囿游之禁，以时取其赋而不废乎祭祀、宾客之用。天子载旌车之旌见于囿人是也。若夫邦田之地政，非囿人所禁之地，亦非大司马所莱之野。平田之地，迹其禽兽之所萃者，故谓之迹。迹人者，掌其地政则为厉禁以守之。当邦田之时，天子载木路巾车，所谓木路以田者，此也。"

卝人，掌金玉锡石之地，而为之厉禁以守之。若以时取之，则物其地图而授之。巡其禁令。卝，古矿字。金未镕、玉在璞曰卝。五金玉石各有产地。金有五品，举金锡该之。物其地图，物色其所产之地，使按图而取之也。魏氏曰："以时取，非有故不得已，不轻取也。权万纪言宣饶银，发采之，岁可得数百万缗。唐太宗黜之，曰朕所乏者非财也，但恨无嘉言可以利民耳。卿未尝进一贤、退一不肖而专言利，以桓灵待我邪！此可以为万世法矣。"娄里王氏曰："恐取者托言公事，越界侵渔，致伤地脉。兼或破冢发屋，实生厉阶。故授以地图，令其按图采取。苟与图不合，即为犯禁而诛之。此卝人之禁令也。”

角人，掌以时征齿角。凡骨物于山泽之农，以当邦赋之政令。以量度受之，以共财用。当，去声，下同。齿角骨物，以为器用也。郎氏曰：“平地之农以稼穑为事，而供十一之赋。山泽之农以射猎为生，亦各输其所有，以当十一之税也。”

羽人，掌以时征羽翮之政。于山泽之农，以当邦赋之政令。凡受羽，十羽为审，百羽为抟，十抟为缚。翮，羽本也。羽翮，以为旌旄弓矢之用也。

掌葛，掌以时征絺绤之材于山农。凡葛征，征草贡之材于泽农，以当邦赋之政令。以权度受之。粗者曰絺，细者曰绤。草贡，蔴纻之属，可缉绩者。

掌染草，掌以春秋敛染草之物。以权量受之，以待时而颁之。染草，蓝以染青，蒨以染赤，皂斗以染黑之类也。时谓染夏之时也。

掌炭，掌灰物炭物之征令，以时入之。以权量受之，以共邦之用。凡炭灰之事。草木与石皆可灰，以供澣练甃砌也。木与土煤皆可炭，以供薰炽也。

掌荼，掌以时聚荼，以共丧事。征野疏材之物，以待邦事。凡畜聚之物。荼，茅莠也。《士丧礼》茵著用荼，盖缝布贮荼，陈于棺下，以藉棺而御湿也。野疏材，蒿艾之类也。

掌蜃，掌敛互物、蜃物，以共闉圹之蜃。祭祀，共蜃器之蜃。共白盛之蜃。互物，介虫也，蜃其大者，闉圹塞窆也。蜃器，以之饰器。白盛，以之饰墙。魏氏曰：“山泽所征，惟服食器用。未尝求一异物，此则万民惟正之供。后世崇尚珍玩，每至竭民膏脂。故曰天下治乱决于人主之多欲寡欲焉而已。”

囿人，掌囿游之兽禁，牧百兽。祭祀、丧纪、宾客，共其生兽死兽之物。囿游，苑圃游观之处。禁谓取用有节，蕃息有时，侵盗有罚也。百兽，脂膏羽鳞之类。娄里王氏曰：“牧百兽以共丧祭、宾客，则其不畜珍禽奇兽可知。郑氏以后世掖庭备畜之事说经，不几导人主以禽荒之覆辙与。”

场人，掌国之场圃。而树之果蓏、珍异之物，以时敛而藏之。

凡祭祀、宾客，共其果蓏。享亦如之。珍异，果蓏种之嘉者。时，谓成熟之期也。魏氏曰："享谓宗庙月享，每月朔荐新也。"

廪人，掌九谷之数，以待国之匪颁、赒赐、稍食。以岁之上下数邦用，以知足否。以诏谷用，以治年之凶丰。凡万民之食食者，人四鬴，上也；人三鬴，中也；人二鬴，下也。若食不能人二鬴，则令邦移民就谷。诏王杀邦用。数，上声。稍食，食者之食，音饲。杀，色界反。廪人，食官之长。赒赐，赐予也。稍食，廪禄也。数，犹计也。治年之凶丰，预为之节也。六斗四升曰鬴，此皆一月所给之数也。移民谓凶处，就谷谓丰处。杀邦用，若素服不举，杀礼弛县之类。凡邦有会同师役之事，则治其粮与其食。大祭祀，则共其接盛。行道曰粮，居止曰食。王氏曰："天子藉田千亩，所获收于御廪。此廪人掌之，祭天地宗庙。其他祭祀共于舂人。接者，继续之义，言舂而又舂，即《说文》所谓米一斛舂八斗为糳，复从糳一斛舂九斗为凿也。"娄里王氏曰："以税入之多少制国用之数，此成周赋法之所以善也；以国用之多少制取民之数，此后世赋法之所以不善也。"

舍人，掌平宫中之政。分其财守，以法掌其出入。凡祭祀，共簠簋，实之，陈之。宾客，亦如之。共其礼，车米、筥米、刍禾。丧纪，共饭米熬谷。以岁时县种稑之种，以共王后之春献种。掌米粟之出入，辨其物。岁终，则会计其政。县，音悬，后同。种，上声。政谓用谷之政。分其财守者，计其用谷之数，分送宫正内宰使守而颁之也。方曰簠，圆曰簋，盛五谷之器也。筥亦器名。饭米，实于口不忍虚也。熬谷，错于棺旁以惑蚍蜉也。县种者，欲其风气燥达也。辨其物者，九谷六米别为书也。

仓人，掌粟入之藏。辨九谷之物，以待邦用。若谷不足，则止馀法用。有馀，则藏之，以待凶而颁之。凡国之大事，共道路之谷积、食饮之具。粟，谷未去壳之称。馀法用，谓常式之外，犹有宽馀，当用之处止之，以其不急也。藏而待颁，不妄费也。致堂胡氏曰："赈饥莫要于近乎其人。隋义仓取之于民不厚，而置仓于当社，饥民之得食也其庶几乎。储备如此，他日关中大旱，民犹不免食粟糠豆屑，帝亲帅之如洛阳就食，况素无备乎，百姓殆挤于沟壑耳。后世义仓之名固在，而置仓于州郡。一有凶饥无状，有司固不以上闻也。良有司敢以闻矣，比及报可，委吏属出，而文移反覆，给散艰阻，监临胥吏相与侵没，其受惠者大抵近郭力能自达之人耳。县邑乡遂之远，安能扶携数百里以就龠合之廪哉。能赈者其弊如此。若逢迎上意，不言水旱，坐视流散，无矜恤之心，则国家大祸由此而起。如王莽之末年，元魏之六镇，炀帝之四方鱼烂河决不可收壅矣。必欲有备无患，当以隋文帝县置社仓为法，而择长民之官行恤农之政，民其庶有瘳乎。”

司禄阙。明斋王氏曰：“按司禄虽阙，然以《孟子》、《春秋》考之，则炳如也。《孟子》曰：大国地方百里，君十卿禄，卿禄四大夫。次国地方七十里，君十卿禄，卿禄三大夫。小国地方五十里，君十卿禄，卿禄二大夫。自大夫而下则三等之国，皆大夫倍上士，上士倍中士，中士倍下士，下士与庶人在官者同禄。禄足以代其耕，而耕者之所获则有食九人至五人之五等。庶人在官者其禄以是为差。夫国君有实封之地，大司徒其食者半、三之一、四之一是也。有所食之禄，君十卿禄而下是也。自卿而上大臣与君同休戚，故三等之国随其大小，下于君十倍。自大夫而下，少则无以为食，故三等之国，命虽不同而禄无隆杀。自下士而下，则取足以代耕，而以耕者之所入为差。畿外君臣之禄不过如此。至于畿内臣庶之禄，《孟子》所述卿大夫元士之禄与诸经不合。考之《春秋》三公之爵称公，则当同大国君之禄。卿之爵称伯，则当同次国君之禄。中大夫之爵称子，则当同子男之禄。下大夫称字，则其爵视附庸之君与大国大孤，而禄之所入亦当视附庸之君，盖半于小国之君也。观《秋官》掌客诸侯待王臣之礼。三公视上公，卿视侯伯，大夫视子男，亦与《春秋》合。当以之为正可也。其元士以下，亦依命数而班以禄。则元士视列国之卿，中士视其大夫，下士视其上士。盖爵尊于侯国之上，则禄亦当加厚。掌客七视诸侯之卿礼，亦其证也。夫公卿大夫士庶之禄，皆给自公田。官吏有更易而田赋无增减。田为母而官吏为子，苟给之以田，永为常业，亦已足矣。必入于司禄而后给之者，盖岁有丰凶，功有上下，故必收入于官而给之。所谓家稍之赋以待匪颁，且以示君上养贤之意也。其公卿大夫各有采地，而其所以治采地者，又各有官。盖治王朝官府之事，则食在朝。家稍之匪颁，治甸稍县都之地，则又当食采地之常禄。如宋朝之兼官，则有兼禄，亦优厚君子之道。而其所统乡遂都鄙之吏，则各食于其地。八则所谓禄位以驭其士，大约一视其爵以为禄也。然则司禄所掌亦不过此。而周室班禄之制，庶几无不可闻焉者乎。”

司稼，掌巡邦野之稼，而辨穜稑之种，周知其名与其所宜地，以为法，而县于邑闾。巡野观稼，以年之上下出敛法。掌均万民之食，而赒其急，而平其兴。周，遍也。县于邑闾，使众皆知也。急，艰厄也。兴，发散也。王氏曰："后世仓廪之官，知为国敛储而已。周公于仓廪之下特设司稼，周知地所宜种，为耕法以示民，使谷之所出自倍。巡行年之上下，为敛法以示吏，使谷之征敛不颇。又周其急、平其兴焉，此其所以异于后世也。"

舂人，掌共米物。祭祀，共其齍盛之米。宾客，共其牢礼之米，凡飨食，共其食米。掌凡米事。飨食之食，音饲，下同。飨有食米，亦犹祭有馈食也。凡米事，谓王、后、世子、嫔御、外内朝冗食，飨耆老、孤子、士庶子等，所食之米皆供之也。

饎人，掌凡祭祀共盛。共王及后之六食。凡宾客，共其簠簋之实。飨食亦如之。六食，炊米六以为饭也。

稿人，掌共外内朝冗食者之食。若飨耆老、孤子、士庶子，共其食。掌豢祭祀之犬。内朝，司寇断狱弊讼之朝。外朝，路门外之朝。不言治朝者，省文也。冗食，留治文书之人所食也。谷食曰豢，不畜于饎人者，不敢亵至尊之馀也。

周礼集传卷之三

春官宗伯第三

宗，尊也。伯，长也。不言司者，鬼神示人之所尊，不敢主之故也。邓氏曰："宗伯掌建邦之五礼。曰春官何也？曰：春，天地人之所和同也。春于天为德元。于令为人统。于地为广生。故天气下降，地气上升，产万物以成其为春。同天覆焘，同地持载。体万物以成其为仁。故春于人为仁，仁者人也。人天地之心，万物之所体，而礼其体也。故吉礼所以仁鬼神也。凶礼所以仁死丧也。宾礼所以仁邦国也。军礼仁师田封役大均也。嘉礼仁邦国万民而亲之也。通三灵、协五经于爱敬而神明之，及交记曰宗伯之官以成仁。此之谓也。"

惟王建国，辨方正位，体国经野，设官分职，以为民极。乃立春官宗伯，使帅其属而掌邦礼。以佐王和邦国。周子曰："礼，理也。乐，和也。阴阳理而后和，君君臣臣父父子子兄兄弟弟夫夫妇妇，万物各得其理而后和。故礼先而乐后。"吕氏曰："礼官之长，是为宗伯。坛坎昭穆之等，燕飨聘射之节，贯本末而等文质者，所谓礼也。神人之所以治，上下之所以和者也。一失其礼，则僭乱谄妄，而渎乎神、乖争陵犯而悖乎人。上下皆失其分，安得而和乎。成周合礼乐于一官，和云者，盖亦包乐于其间矣。后世礼乐废坏，所以治人者不过簿书期会之末。至于祀典尤为不经，间有一二仅存者，不过使先王之文物不废乎吾世而已。所谓治神者，漫不知其何语矣。"

礼官之属：大宗伯，卿一人。小宗伯，中大夫二人。肆师，下大夫四人。上士八人。中士十有六人。旅下士三十有二人。府六人。史十有二人。胥十有二人。徒百有二十人。肆犹陈也，陈列祭祀之位及牲器粢盛也。

郁人，下士二人，府（一）〔二〕① 人，史一人，徒八人。郁即郁金，和鬯之香草也。陈氏曰："献莫重于灌，灌以求神祀，礼之所先也。"

鬯人，下士二人，府一人，史一人，徒八人。鬯即秬黍所酿之酒，芬香而条畅者也。

鸡人，下士一人，史一人，徒四人。鸡，木畜也，故列职于春官。

司尊彝，下士二人，府四人，史二人，胥二人，徒二十人。彝，盛郁、鬯之尊也。

司几筵，下士二人，府二人，史一人，徒八人。王先生曰："《诗》云：'肆筵设席，授几有缉御'，则知筵铺于下，席加于上，所以为位也。又设几以为之凭，优尊者也。"

天府，上士一人，中士二人，府四人，史二人，胥二人，徒二十人。言天者，尊宗庙之物也。

典瑞，中士二人，府二人，史二人，胥一人，徒十人。瑞，节信也。

典命，中士二人，府二人，史二人，胥一人，徒十人。命，令也，以简策而迁秩之也。

司服，中士二人，府二人，史一人，胥一人，徒十人。《杂说》司服掌王及卿大夫之服。弁师掌其弁冕。而皮弁丝屦皆藏于天官之属，既成而颁焉。盖冢宰制国，用宗伯授之以服御。汉初有御府令，掌御衣服。东西织室亦有令，各属少府。费悉出于禁令，不以调大农而齐三服。官输服不过十笥，其后浸侈，齐官至数巨万。而东西织室不别为令，以其丞属御府，盖稍省约。晋宋御府改为中署。然则自汉以下，所谓礼部太常尚无车舆服冕之辨，况制自冢宰乎。方氏曰："古者命赐群下必于祖庙。故冢宰诏王以爵禄驭群臣，而典命、司服则列于礼官也。"

典礼，中士二人，下士四人，府二人，史二人，胥四人，徒四十人。

---

①据十三经本改。

守祧，奄八人，女祧每庙二人，奚四人。守祧，专掌遗服及祧主之室者。先儒谓四亲庙并文武二世室及后稷姜源庙共八，故以八人守之。然姜源有庙则禘祭何以在始祖之庙。且周公制作之时，文武正在亲庙之中，岂得豫立二世室乎。然则八人者，盖二人共掌一亲庙之遗服也。若太祖则年久未必有遗服，惟夹室之藏主，至多必八人共掌之。故以祧名官□□也。女祧则惟掌亲庙之遗服而已矣。

世妇，每宫卿二人，下大夫四人，中士八人，女府二人。女史二人，奚十有六人。此后宫之保傅，女子之有齿德者为之。夫男正位乎外，女正位乎内，天地之大义也。天子必设公卿大夫，上以相辅，岂后妃之伦而可使之恣行己意乎。故太姒归宁必告师氏，伯姬避火必待保姆。此宫阃之所以常治也。王后、夫人、九嫔最尊，则以卿辅之，世妇次焉。御妻又次焉，则以大夫士辅之。特不设公孤以避至尊耳。先儒乃谓以奄为之，则是成周盛时，刑馀之人，已上跻卿大夫之列。何怪汉唐有明之季乎。或又以为群臣之妻，夫卿大夫从王，其妻从后。以备内外之官，特祭祀之时则然，岂得无故而常处六宫之中邪。至甚可笑者，谓其官皆系男子，夫官既曰妇而以德行道艺之男子充之，周公岂其冒昧至此，斯亦不足辨也已。方氏曰："《周官》自夫人嫔妇以及女奚阍寺，皆掌于小宰、内宰。复设春官世妇以列职于宫中，使王知深宫燕私一嚬一笑，中外臣庶皆得以耳而目之。所以止邪于未形而正君心，谨阴礼，俾表里澄澈以为百官亿兆之仪则也。且使有德有齿之妇人，日周旋于后妃嫔妇之间，则耳濡目染、默化潜移，与随事而调剂者，亦不少矣。"

内宗，凡内女之有爵者。内女，王同姓之女也。

外宗，凡外女之有爵者。外女，王诸姑姊妹之女子也。

冢人，下大夫二人，中士四人，府二人，史四人，胥十有二人，徒百有二十人。封土以象山顶，谓之冢。

墓大夫，下大夫二人，中士八人，府二人，史四人，胥二十人，徒二百人。茔域以安遗骸谓之墓。

职丧，上士二人，中士四人，下士八人，府二人，史四人，胥四人，徒四十人。魏氏曰："孝子荒迷中弗能如礼，故特设官相之，先王之体群臣可谓至矣。"

大司乐，中大夫二人。乐师，下大夫四人，上士八人，下士十有六人。府四人，史八人，胥八人，徒八十人。邓氏曰："大司乐于春官乎属何也？曰重礼也。礼天叙物得序而后和。夫阴阳寒暑以时序而后和，礼先乐后，故乐属之礼也。夫乐从阳来，礼由阴作，阴阳天地之性也。大乐必易，大礼必简，易简天地之德也。礼天地之判，乐天地之交，判合天地之情也。合敬同爱，礼乐一体，夫安可二之也。"

大胥，中士四人。小胥，下士八人。府二人，史四人，徒四十人。胥者，有才智之称。

大师，下大夫二人。小师，上士四人。瞽矇，上瞽四十人，中瞽百人，下瞽百有六十人，视瞭三百人。府四人，史八人，胥十有二人，徒百有二十人。无目眹谓之瞽，有目眹而无见谓之矇。瞭，目明者。王氏曰："先王作乐必用瞽者，以其听之审也。《国语》曰"瞽矇修声"是也。瞽矇无所见，故设视瞭三百人以扶之，因使掌乐焉。"愚按：后世颠连无告之甚，莫如瞽者。上焉者，工星卜以衒利。下焉者，为乞丐以偷生。诚使古乐得复，则若辈皆有以尽其才而使之各得其所。亦大和之一端也。

典同，中士二人，府一人，史一人，胥二人，徒二十人。同，阴律也。不以阳律名官者，因其先言耳。方氏曰："不以阳律名官，何也？同者，同于律也。曰典律不足以包同，曰典同则律可知矣。"

磬师，中士四人，下士八人，府四人，史二人，胥四人，徒四十人。

钟师，中士四人，下士八人，府二人，史二人，胥六人，徒六十人。

笙师，中士二人，下士四人，府二人，史二人，胥一人，徒十人。

镈师，中士二人，下士四人，府二人，史二人，胥二人，徒二十人。邓氏曰："镈如编钟而大，视大镛而小。"《国语》曰："细钧有钟无镈，尚大故也；大钧有镈无钟，尚细故也。"

韎师，下士二人，府一人，史一人，舞者十有六人，徒四十人。韎，莫拜反。《明堂位》曰：韎，东夷之乐也。方氏曰："鞮鞻氏掌四夷之乐而特设韎师。盖周起岐雍，其化先行于南，次及于北，而东方独阻声教。商奄既诛，淮夷徐戎尚为鲁患。故特设一官肄东夷之乐，以志王化之难成，职方首扬州，亦此义也。”

旄人，下士四人，舞者众寡无数。府二人，史二人，胥二人，徒二十人。旄，旄牛尾，舞者持之以指挥也。

籥师，中士四人，府二人，史二人，胥二人，徒二十人。籥，舞者所吹也。临川王氏曰：“籥三孔主中声，而上下之律吕于是乎生，乐之本也。”

籥章，中士二人，下士四人，府一人，史一人，胥二人，徒二十人。籥章，吹籥以为诗章也。

鞮鞻氏，下士四人，府一人，史一人，胥二人，徒二十人。鞮，丁兮反。鞻，九具反。芸阁吕氏曰：“鞮鞻，革屦也。周官有鞮鞻氏，盖蛮夷之服也，革去毛而未为韦，非吉服也。”

典庸器，下士四人，府四人，史二人，胥八人，徒八十人。庸器，有功者铸器而铭其功也。

司干，下士二人，府二人，史二人，徒二十人。干，楯也，舞者所持也。

太卜，下大夫二人。卜师，上士四人。卜人，中士八人，下士十有六人，府二人，史二人，胥四人，徒四十人。黄氏曰：“三从二逆，作内吉，作外吉；二从三逆，作内吉，作外凶。人可违也，卜筮不可违也；筮可违也，卜不可违也。故乃心卿士庶民与筮之数或可逆，至于龟则有从而已。”

龟人，中士二人，府二人，史二人，工四人，胥四人，徒四十人。工，取之攻之者。

菙氏，下士二人，史一人，徒八人。菙，荆也，所以灼龟者。

占人，下士二人，府一人，史二人，徒八人。

簭人，中士二人，府一人，史二人，徒四人。簭，与筮同。

占梦，中士二人，史二人，徒四人。

视祲，中士二人，史二人，徒四人。祲，阴阳气相侵，渐成祥者。王氏曰：“《易》曰‘观乎天文以察时变’。又曰‘天垂象见吉凶，圣人象之’。天人同流相应而不相远，先王于天象必立官以观妖祥，辨吉凶。所以和同天人之际，使之无间。

此视祲之所由设也。”

太祝，下大夫二人，上士四人。小祝，中士八人，下士十有六人。府二人，史四人，胥四人，徒四十人。王氏曰：“神人之交，有祝以宣其意。犹人相与有事于言也。大祝主达诚于鬼神（示）①，小祝佐之。送终大事，则别立丧祝。甸取禽兽寓兵，又别立甸祝。至于能操术禳却，使善必福恶必祸，非精其事者不能。又别立诅祝焉。不以干大祝者，欲其心无所淆，得专致其寅清之德也。”

丧祝，上士二人，中士四人，下士八人，府二人，史二人，胥四人，徒四十人。

甸祝，下士二人，府一人，史一人，徒四人。

诅祝，下士二人，府一人，史一人，胥一人，徒十人。

司巫，中士二人，府一人，史一人，胥一人，徒十人。

男巫无数。女巫无数。其师，中士四人，府二人，史四人，胥四人，徒四十人。《杂说》先王之时，安有诅祝之事。令特设巫祝官十馀员，周公似好巫者，是不然。此正周公通幽明之理，所以安鬼神之道，与尧命重黎相似。至汉无此等官，淫祠谄祭无所不有，遂有巫蛊之事。观汉如此殽杂，方知周公之意思深长。王氏曰：“盖理于性命而又知鬼神之情状，庶不入于妖怪矣。”

大史，下大夫二人，上士四人。小史，中士八人，下士十有六人。府四人，史八人，胥四人，徒四十人。魏氏曰：“大史为万世公是公非所出。君相有过，直笔而书。以死守职，故畏清议不敢肆行。后世人主得自观史，以宰相监修，佞辞曲笔，卒亦难掩恶名。宜罢实录进呈，复起居□、善恶□□□□金匮中，君相不与焉，史书□笔常侍王之左右，庶几有戒心而寡过也与。”

冯相氏，中士二人，下士四人，府二人，史四人，徒八人。冯，音凭。相，去声。冯，乘也。相，视也。盖登高以仰观也。

保章氏，中士二人，下士四人，府二人，史四人，徒八人。保，守也。章，明也。盖世守夫垂象也。刘氏曰：“冯相氏，考诸历数以知天道者也。保章氏，占于天象以察时变者也。”

---

①“示”字当衍。

内史，中大夫一人，下大夫二人，上士四人，中士八人，下士十有六人，府四人，史八人，胥四人，徒四十人。

外史，上士四人，中士八人，下士十有六人，胥二人，徒二十人。

御史，中士八人，下士十有六人。其史百有二十人，府四人，胥四人，徒四十人。吕氏曰：“稗史之名见于《周官》，以中士下士为之，特小臣传命令者耳。至于战国，其职益亲。故献书多云献书于大王御史。颍池之会，各命御史书事。而淳于髡亦曰御史在前，执法在后，是掌记事纠察之任也。至秦人主自亲事以御臣下，侍御仆从其势益重，而御史大夫遂与丞相分权矣。”

巾车，下大夫二人，上士四人，中士八人，下士十有六人，府四人，史八人，工百人，胥五人，徒五十人。巾，犹衣也。凡乘车，兵车多无蔽覆。王至尊，五路必有盖，丧车五乘皆有蔽。及后之五路皆有容，盖此职专掌公车，故以巾名。

典路，中士二人，下士四人，府二人，史二人，胥二人，徒二十人。

车仆，中士二人，下士四人，府二人，史二人，胥二人，徒二十人。

司常，中士十二人，下士四人，府二人，史二人，胥四人，徒四十人。王氏曰：“日月为常，王所建也。九旗莫尊焉，谓之司常，主尊者言之也。”

都宗人，上士二人，中士四人，府二人，史四人，胥四人，徒四十人。都谓大都小都也。

家宗人，如都宗人之数。家谓采邑。芸阁吕氏曰：“古之典祀者皆以宗名之，故伯夷作秩宗，周礼有宗伯，下及都家有宗人。礼始于亲，亲之法非庙不统，所以别姓收族无不出于祖庙，故宗官重矣。”

凡以神士者无数。以其艺为之贵贱之等。以神士者，谓明神理而仕之也。无数，不拘常数也。

大宗伯之职，掌建邦之天神、人鬼、地示之礼。以佐王建保邦国。示，音祇。神之为言伸也，体高气远，运乎万物之表也。示之为言视也，形博产多，著乎万物之中也。鬼之为言归也。魂游魄散，返乎来移之际也。建以立其基，保以固其脉。五礼皆然，而吉礼其尤重者。邓氏曰："异吉礼也，吉礼所以接三才之奥也。小宗伯之职，首建邦之神位；肆师之职，首立国祀之礼。他四礼无列焉，皆异之也。夫国与天地有与立焉，王上事天明，下事地察，中事其先。无怨恫于鬼神，而后能以邦国宁。故建礼以佐王建保邦国也。呜呼！不本于神道而能制礼乐者，末矣。不本于礼乐而能以和于神人安定其国家者，未之有也。"以吉礼事邦国之鬼神示。以禋祀祀昊天上帝。以实柴祀日、月、星、辰。以槱燎祀司中、司命、飌师、雨师。以血祭祭社稷、五祀、五岳。以貍沈祭山林、川泽。以副辜祭四方百物。以肆献祼享先王。以馈食享先王。以祠春享先王。以禴夏享先王。以尝秋享先王。以烝冬享先王。槱，音酉。飌风同。貍，音埋。副，孚逼反。禋，升烟以达精意也。以形体谓之天，以主宰谓之帝。实柴，实牲于柴上也。星谓五纬，辰谓日月所会十二次。槱燎，积柴而燔之也。司中，星名，疑即司非主人之罪。司命，星名，主人之生皆在虚宿内。飌师雨师乃风雨之宰，或以为箕毕二宿。此三者，所以祀天神也。血祭者，取牲血以祭也。社，土神。稷，谷神。五祀，户、灶、中霤、门行也。五岳，东岱、南衡、西华、北恒、中嵩也。藏诸地之谓貍，置诸水之谓沈。披牲胸曰副，磔之曰辜。四方谓四次坛即祊也。百物即大蜡也。此三者，所以祭地示也。肆，陈腥也。献，进熟也。祼，灌以郁鬯也。馈食，供以黍稷也。宗庙祫禘时祭，皆备此。四节，春物方生，以词达诚曰祠。夏阳方盛，以乐为主曰禴。秋物方成，取新以荐曰尝。冬物具备，合众物而进之曰烝。此六者，所以享人鬼也。按先儒之论，鬼神最为龙杂。故此条之解，曲说纷然，今总贯而折衷之。冬至有圜丘之祀，启蛰有祈谷之祀，季秋有明堂之祀，夏旱有大雩之祀，皆天帝也。四时有迎气之祀，则五行之帝也。春分有朝日之祀，秋分有夕月之祀，其司中司命风师雨师之外，更有司民司禄等神。此所以祀天神也。夏至有方丘之祭，春秋有王社国社之祭，四时有户、灶、中霤、门、行之祭，郊后有四望之祭，则岳渎之类也。社后有四方之祭，则山林川泽之类也。岁暮有大蜡之祭，惟先啬司啬及农兼乎人鬼。猫虎，兼乎物魃。其馀坊也，水庸也，邮表缀也，皆所以祭地示也。三年有大祫之享。五年有大禘之享。四时有禴祠烝尝之享。其馀先圣、先师、先蚕、先牧、有德、有功、泰厉、国厉之类，尚多有之，皆所以享人鬼也。后世礼法既紊，妖妄渐兴。泰畤汾阴之是敬，木偶土像之是崇，而天神地示人鬼之礼尽变。盖不仅僭郊禘、渎烝尝、旅泰山、祀爰居之失而已也。顾儒者释经，不能推制作之精意，究造化之本原。而反引谶纬之曲说以乱之，是何异于扬汤而止沸，抱薪而救火也。反经之君子，尚其致思乎此哉。以凶礼哀邦国之忧。以丧礼哀死亡。以荒礼哀凶札。以吊礼哀祸灾。以禬礼哀围败。以恤礼哀寇乱。始卒曰死，既葬曰亡。含赙赠所以哀而送之也。饥馑曰凶，疫疠曰札。输粟馈财所以哀而赈之也。人孽曰祸，天害曰灾。遣使问故所以哀而慰之也。国受攻曰围，兵受破曰败。会财致货所以哀而补之也。敌在外为寇，逆在内为乱。扶危救倾所以哀而忧之也。以宾礼亲邦国。春见曰朝，夏见曰宗，秋见曰觐，冬见曰遇，时见曰会，殷见曰同。时聘曰问，殷頫曰视。见，音现。朝，音潮。頫，音眺。朝犹朝也，欲其蚤来也。宗，尊也，欲其尊王也。觐之言勤也，欲其勤于王事也。遇犹偶也，欲其若不期而至也。会，合也，立期而合诸侯，以讨不顺也。殷，众也，王不巡守，则六服尽朝王，亦为坛而命以政也。问，即行人所谓岁遍存，盖聘之小者。视行人所谓三岁遍頫，盖聘之大者。以军礼同邦国。大师之礼，用众也。大均之礼，恤众也。大田之礼，简众也。大役之礼，任众也。大封之礼，合众也。伍两卒旅之制谓之大师，所以用其命。土地赋税之节谓之大均，所以恤其事。搜苗㺸狩之法谓之大田，所以简其能。城郭宫室之修谓之大役，所以任其力。封疆沟涂之限谓之大封，所以合其志。以嘉礼亲万民。以饮食之礼亲宗族兄弟。以昏冠之礼，亲成男女。以宾射之礼，亲故旧朋友。以飨燕之礼，亲四方之宾客。以脤膰之礼，亲兄弟之国。以庆贺之礼，亲异姓之国。冠，去声。脤，上忍反。膰，音烦。嘉，善也。言万民者，通乎上下也。时燕曰饮，族食曰食。宗族兄弟，凡同姓之亲也。有室家曰昏，备衣冠曰冠。成男女，使男女皆得成人也。相见曰宾，相耦曰射。故旧朋友，凡同学以齿者也。训恭俭曰飨，示慈惠曰燕。宾客，凡朝聘之君大夫也。社稷之胙曰脤，宗庙之胙曰膰。兄弟之国，同姓也。赞喜曰庆，加财物曰贺。异姓之国，婚姻甥舅也。明斋王氏曰："夫吉礼主严，凶礼主哀，军礼主威，宾礼主庄。故复因人情可嘉美之事，制为五礼以亲之，则上下交而王泽之流沛然矣。"以九仪之命，正邦国之位。壹命受职，再命受服，三命受位，四命受器，五命赐

则，六命赐官，七命赐国，八命作牧，九命作伯。受职，受所治之职事也。受服，受当祭之冕服也。受位，受列位以莅民也。受器，受祭器以祀先也。赐则，赐之都鄙而以八则治之也。赐官，赐之官司而使臣之也。赐国，赐之成国而使治之也。作牧，作九州九牧。作伯，为诸侯之长。《公羊传》云："自陕以东，周公主之；自陕以西，召公主之。是谓二伯。"薛氏曰："凡王之臣命数，其三公八命，加一命为上公。卿六命，加一命为侯伯。大夫四命，加一命为子男。上士三命，加一命为附庸。中士再命，加一命为上士。下士一命，加一命为中士。诸侯之君命数，则上公九命，加一命为三伯。侯伯七命，加一命为九州牧。子男五命，加一命为王之卿。诸侯之臣命数，则上公之孤四命，加一命为县内诸侯。卿三命，加一命受器。大夫再命，加一命受位。士一命，加一命受服。侯伯之卿三命，加一命受器。大夫再命，加一命受位。士一命，加一命受服。子男之卿再命，加一命受位。大夫一命，加一命受服。士不命，加一命受职。一命受职者，公侯伯之士，子男之大夫，王之下士，皆一命，固已受职治事矣。子男之士不命，此则或加子男之士为之。夫未命之士，如府掌官契以治藏，史掌官书以赞治之类，非无职也。然其职非受于王，皆官长所自辟除。受命于王则为正吏矣。再命受服者，王之中士，公侯伯之大夫，子男之卿皆再命。固已受服矣。王之下士，公侯伯之士与子男之大夫皆一命，此则或加为之受服。玄冕之服，以司服云卿大夫同玄冕而知也。受于君则不自为也。三命受位者，公侯伯之卿，固已受位矣。此则或加公侯伯之大夫，子男之卿，王之中士为之夫。再命已不卑，虽得聘于天子，不得言位于王朝。惟列国之卿，始有列位于王，为王之臣也。四命受器者，公之孤，固已受器矣。公侯伯之卿皆三命，则此或加公侯伯之卿为之器，谓祭器也。惟四命始得有祭器。《礼运》曰：'大夫具官祭器，不假非礼也。'则未四命已前，虽得造祭器犹未具必假之始足。至四命始受命于公，得具而用之。五命赐则者，或加公之孤，或加王之大夫，出为县内之诸侯，故赐之八则之治也。六命赐官者，或加子男，入为王卿。赐之官，使得自置其官，治家邑也。七命赐国者，或加王之卿，或加子男为侯伯，以卿而为侯伯，始有其国也。以子男为侯伯，则加受其国也。八命作牧者，侯伯有功德者，加命得为州牧，专征伐于诸侯也。九命作伯者，王之三公八命，是上公矣。有功德则加一命，为二伯得征五侯九伯也。《王制》曰：'制三公一命，衮若有加，则赐也。不过九命，则诸侯之加命至九而止矣。'先王之时有定命之数，有加命之数。定命之数典命掌之，加命之数宗伯掌之。加命非定命，故谓之九仪之命而已。一命之士积加命而至九，则为都鄙之君。五命之子男积加命而至九，则为方伯。诸臣进以为君，诸侯进以为方伯，九仪之命为之劝乎。"

以玉作六瑞，以等邦国。王执镇圭，公执桓圭，侯执信圭，伯执躬圭，子执谷璧，男执蒲璧。信，音身，后同。镇圭，以四镇之山为瑑饰，取其能安四方也。桓圭，以双植之楹为瑑饰，取其能扶王家也。信圭，象人形而直其身，取其尊而不屈也。躬圭，象人形而磬折其身，取其卑而不倨也。谷璧，瑑谷取其可为食以养人也。蒲璧，瑑蒲取其可为席以安人也。杂记凡圭广三寸，厚半寸，剡上左右各半寸。其长短各依命数。璧形圆径九寸，中有孔曰好，周边曰肉。好倍肉曰瑗，肉倍好曰璧。郑氏曰："瑞，信也。诸侯来朝，执命圭辑合之为信。玉，纯阳，精，备天地全德，故用之。"王氏曰："镇圭，尺有二寸，法天数也。其馀九七五皆阳数。凡南面之君，其命数皆从阳。圭直方止而不变者也。公侯伯位已定，故用之。璧圆通流行而未定者也，子男德方进，故用之。"以禽作六挚，以等诸臣。孤执皮帛，卿执羔，大夫执雁，士执雉，庶人执鹜，工商执鸡。鹜，音木。挚，至也，言自致其诚也。皮帛，束帛而加以皮也。天子之孤，以虎皮取其文炳也。公之孤，以豹皮取其文蔚也。羔取其柔而有礼，雁取其进而有序。雉取其介而有文，鹜与鸡则取其畜于人而已。《曲礼》曰：饰羔雁者以绘，此天子之臣所用与。《士相见礼》云：执挚以布，此诸侯之臣所用与，自雉以下，则无饰矣。芸阁吕氏曰："古者以禽为挚者，执之以见其所尊敬之物也。人道之大，贵贱、长少，贤不肖之分不乱也。贱当事贵，少当事长，不肖当事贤。事之必有养，挚用禽者，所以致其养。故膳夫之职，以挚见者受而膳之。司士掌摈士者，膳其挚也。孤执皮帛，诸侯执圭璧，孤与诸侯，臣之贵，挚亦以禽，则逼于下矣。皮帛可制以衣裳，圭璧则宝货因以比德焉。所以异于诸侯而为等也。妇人无外事，惟酒食是议，供养舅姑者也。故挚用榛栗脩脯，不用玉帛禽鸟。天子无客，礼无所用，其挚惟告于鬼神，用鬯以为挚。宗伯以禽脊，六挚以等诸臣。虞书亦云，三帛、二生一死挚，此孤卿大夫士庶人之挚也。羔雁以生者，卿大夫以道去就，不若士死以服事也。"王氏曰："不言三公，三公执璧。"王先生曰："六等之玉谓之瑞，而六等之禽谓之挚。曰瑞曰挚有用饰者，有不用饰者。有用享者，有不用享者。六瑞则有缫藉之饰，皮帛则束帛而以虎豹之皮为饰。羔雁则以馈布为饰。自士执雉以下则无饰矣。尊卑不同故也。五等诸侯有挚有享，圭璧也，玉帀享也。自六挚以下则不用享矣。以其六瑞受而复之，三帛二生一死受而不复故也。"以玉作六器，以礼天地四方。以苍璧礼天，以黄琮礼地，以青圭礼东方，以赤璋礼南方，以白琥礼西方，以玄璜礼北方。皆有牲币，各放其器之色。琥，音虎。放，上声。礼谓告神而荐于其座也。天色苍，其形圆，故郊用周圜之璧。地色黄，其形方，故社用八方之琮。东方色青而生气锐升，故迎春用剡上之圭。南方色赤而为阳之半，故迎夏用半圭之璋。西方色白而杀气威严，故迎秋用象形之琥。北方色玄而为阴之半，故迎冬用半璧之璜。刘氏曰："璋，明也，象物之相见乎离也。璜，黄也，象物之藏于黄宫也。"又曰："玉作六器，所以放神示之德也。牲币又放其器之色，欲因其类以答其飨也。故能建神示于无形，收礼敬于色象，而必受其福焉。"以天产作阴德，以中礼防之；以地产作阳德，以和乐防之。以礼乐合天地之化、百物之产。以事鬼神，以谐万民，以致百物。天产，动物也。牲牵之具，野腊之致，菹醢之备，所以养精魄而作，起其至阴之德也。然过用之，则至于暴殄，于是以中礼防之。牢有太少，鼎有正陪，俎有贵贱，灿然各得其序焉。地产，植物也。簠簋之盛，尊罍之齐；笾豆之实，所以养神气而作起其至阳之德也。然过用之，则至于积滞。于是以和乐防之。食有劝侑，燕有歌吹，飨有佾舞，油然各适其宜焉。夫天高地下，万物散殊，流而不息，合同而化。此天地之化之所以日新，百物之产之所以日盛也。而圣人之制礼作乐、履中蹈和至于如此。岂不有以合之乎。神示祖考无不感格，则所以事鬼神也。闺门族党无不敬顺，则所以谐万民也。飞潜动植无不孚化，则所以致百物也。子思子曰："致中和，天地位焉，万物育焉。"其斯之谓与。凡祀大神，享大鬼，祭大示。帅执事而卜日宿。视涤濯，莅玉鬯，省牲镬，奉玉齍，诏大号，治其大礼。诏相王之大礼。相，去声，下同。宿者，视祭之前夕，齐宿而躬亲之也。大号，神示鬼牲齍币之名号也。若王不与祭祀，则摄位。凡大祭祀，王后不与，则摄而荐豆笾，彻。大宾客，则摄而载果。与，音预。果，音祼。不与，谓有故而不能行礼也。荐、彻，皆后之事，故代之。载果，祼鬯载于圭瓒也。后从王而有灌献，故亦从而代之也。朝觐会同，则为上相。大丧亦如之。王哭诸侯亦如之。王命诸侯，则傧。国有大故，则旅上帝及四望。王大封，则先告后土。乃颁祀于都家乡邑。傧，进之也。王策命诸侯则傧之，使前以受命也。王氏曰："旅者，合众神而祭之也。举天之上帝，地之四望，则众神皆合祭之矣。"刘氏曰："王大封诸侯，则先告大社，然后割其方之上白茅包而赐之。俾立社于其国。又随其命数颁之，祀典有邦国都鄙乡邑皆然。"明斋王氏曰："愚按颁祀上有阙文，观天地夏秋等官，皆有和布悬法，此独阙。颁祀者，正岁首之事。乃者，继前事之辞。”

小宗伯之职，掌建国之神位。右社稷，左宗庙。兆五帝于四郊，四望、四类亦如之。兆山川、丘陵、坟衍，各因其方。左右库门，内雉门，外之左（左）右也。临川王氏曰：“右，阴也，地道之所尊，故右社稷。左，阳也，人道之所乡，故左宗庙。”薛氏曰：“五帝而兆止于四郊，则火与土相生以相继者也，故同兆于南郊。”王氏曰：“帝即《易》帝出乎震之帝，所以主乎元气。革而为五，春青、夏赤、季夏①黄、秋白、冬黑，是为五天帝。《月令》云：其帝太皞、炎帝、黄帝、少昊、颛顼，是为五人帝。而用以配享者也。又曰：‘五岳四渎在地而成形，故祭谓之望。日月星辰在天而成象，故祭谓之类。’郝氏曰：‘望者无见，类者无形，故宗庙社稷亦谓类。小宗伯类宗庙社稷是也。山川丘陵等，谓所在小山川利益民者，各因其所在祀之。’愚按汉《祭祀志》立春之日，迎春于东郊，祭青帝勾芒。车旗服饰皆青，歌青阳，八佾舞云翘之舞。立夏之日，迎夏于南郊，祭赤帝祝融。车服皆赤，歌朱明，八佾，舞云翘之舞。先立秋十八日，迎黄灵于中兆，祭黄帝后土。车服皆黄，歌朱明，八佾，舞云翘育命之舞。立秋迎秋西郊，祭白帝蓐收。车服皆白，歌西皓，八佾舞育命之舞。使谒者以一特牲先祭先虞于坛。有事天子入囿，射牲以祭宗庙，名曰貙刘。立冬迎冬北郊，祭黑帝玄冥，车服皆黑，歌玄冥，八佾舞育命之舞。是时近古，故礼意犹有存者。迨郑氏释经，乃信纬书之说。而以威灵仰、赤熛怒、含枢纽、白招拒、汁光纪为五帝。斯无识之甚者矣。章氏曰：“类之所施，或于上帝，或于日月星辰，或于社稷，或于宗庙。类之所因，或以巡守，或以大师，或以大灾肆师。类造于上帝则为位。大祝六祈，一曰类，二曰造，凡此皆有所祈也。不若大旅之有所告而已。故大祝六祈有类造而无旅焉。昔武王伐纣，既事而退，柴于上帝。成王营洛，位成之后，用牲于郊牛二。此盖类礼也。何则书于舜之既受命，则类于上帝于汤之受命。则告于上天，是既事则必祭，而祭必以类礼也。类造之礼，其详不可得而知。要之劣于正祭与旅也。观祀天、旅上帝，大宗伯掌之。类造上帝，小宗伯、肆师掌之。则礼有隆杀者矣。”

掌五礼之禁令与其用等。辨庙祧之昭穆。辨吉凶之五服、车旗、宫室之禁。五礼，吉、凶、军、宾、嘉也。用等，尊卑隆杀之差也。祖考所依之宫曰庙，迁主所藏之室曰祧。群庙之列，则左为昭而右为穆。祫祭之位，则北为昭而南为

---

①原作夏季，当为季夏。

穆。南向者，取其向明，故谓之昭。北向者，取其深远，故谓之穆。吉之五服，衮冕，鷩冕，毳冕，希冕，玄冕也。凶之五服，斩衰，齐衰，锡衰，缌衰，疑衰也。禁者，各视其贵贱亲疏以为之辨也。朱子曰："《王制》天子七庙，三昭、三穆与太祖之庙而七，诸侯、大夫、士降杀以两。而祭法又有适士二庙、官师一庙之文，大抵士无太祖而皆及其祖考也。其制皆在中门外之左，外为都，宫内各有寝庙，别有门垣。太祖在札，左昭右穆，以次而南。天子太祖百世不迁。一昭一穆为宗亦百世不迁。二昭二穆为四亲庙，高祖以上亲尽，则毁而递迁。昭常为昭，穆常为穆。诸侯则无二宗，大夫则无二庙。其迁毁之次，则与天子同。《仪礼》所谓以其崇祔，《檀弓》所谓祔于祖父者也。三代之制，其详既不可得闻，然其大略不过如此。汉承秦〔制〕，不能深考古制。诸帝之庙各在一处，不容合为都宫，以序昭穆。贡禹、韦玄成、匡衡之徒，虽欲正之而终不能尽合古制，旋亦废罢。后汉明帝又欲遵俭自抑，遗诏无起寝庙。但藏其主于光武庙中，更衣别室。其后章帝又复如之，后世遂不敢加。而公私之庙皆为同堂异室之制。自是以来，更历魏晋，下及隋唐。其间非无奉先思孝之君，据经守礼之士。而皆不能有所裁正其弊，至使太祖之位下同孙子，而更僻处于一隅。既无以见其为七庙之尊，群庙之神则又上厌祖考，而不得自为一庙之主。以人情而论之，则生居九重，穷极壮丽。而没祭一室，不过寻丈之间。甚或无地以容鼎俎，而阴损其数，孝子顺孙之心，于此宜亦有所不安矣。肆我神祖始独慨然。深诏儒臣讨论旧典，盖将以远迹三代之隆，一正千古之谬，甚盛举也。不幸未及营表，世莫得闻。秉笔之士，又复不能特书其事以诏万世。今独其见于陆氏之文者，为可考耳。然其所论昭穆之说，亦未有定论。独原庙之制，外为都宫而各为寝庙门垣，乃为近古。但其礼本不经，仪亦非古。故儒者得以议之。如李清臣所谓略于七庙之室而为祠于佛老之侧。不为木主而为之象，不为禘祫蒸尝之祀，而行一酌献之礼。杨时所谓舍二帝三王之正礼而从一谬妄之叔孙通者，其言皆是也。然不知其所以致此，则由于宗庙之不立，而人心有所不安也。不复议此而徒欲废彼，亦安得为至当不易之论哉。"掌三族之别，以辨亲疏。其正室皆谓之门子，掌其政令。三族，上亲父、下亲子，并已为三也。以父亲祖，以祖亲高曾，以子亲孙，以孙亲曾玄，是为九族也。九族之中，三族为亲，馀族皆疏也。正室，谓宗嫡。以其当门，故谓之门子。掌共政令者，治其昭穆，明其嫡庶，使不得以卑代尊，以孽代宗也。王先生曰："春秋有公族、馀子、公行，以亲疏为言也。《诗》有公子、公族、公姓，以久远为言也。此言门子者，以嫡子为言也。古人重立嫡。天子曰太子，诸侯曰世子，皆以嫡言也。《曲礼》则曰孤子，当室名其嫡也。《文王世子》曰：正室守太庙，是以正室名嫡也。此曰其正室，皆谓之门子，则其重嫡之意深焉矣。”毛六牲，辨其名物。而颁之〔于〕五[①]官，使共奉之。辨六齍之名物与其用，使六宫之人共奉之。辨六彝之名物，以待果将。辨六尊之名物，以待祭祀、宾客。果，音裸，下同。毛，择其毛也。名，如牛曰一元大武，鸡曰翰音之类。物，如阳祀用骍，阴祀用黝之类。颁之五官者，司徒主牛，宗伯主鸡，司马主马及羊，司寇主犬，司空主豕也。六齍，黍稷稻粱麦苽也。名物，如黍曰香合而冬食其物，稷曰明粢而夏季食其物之类。六彝，鸡鸟斝黄虎蜼也。六尊，献象壶著大山也。王氏曰：“祭祀之事，莫重于牺牲粢盛。牲，天产也，属乎阳。粢，地产也，属乎阴。故王牵牲，后荐玉齍。牲必共奉于五官者，以五官所以续王之事，而终之以成外治。粢必共奉于六宫者，以六宫之人所以续后之事，而终之以成内治也。”临川王氏曰：“尊彝皆所以待祭祀，宾客于彝言果将，于尊言祭祀。宾客相备而已，言彝果将，则尊酌献可知也。”掌衣服、车旗、宫室之赏赐。掌四时祭祀之序事与其礼。若国大贞，则奉玉帛以诏号。优有功曰赏，示私恩曰赐。序事，先后之次、隆杀之节也。大贞，遇大事则卜而求正于神，若立君、封国、迁都之类是也。大祭祀，省牲，视涤濯。祭之日，逆齍，省获，告时于王，告备于王。凡祭祀、宾客，以时将瓒果。诏相祭祀之小礼。凡大礼，佐大宗伯。赐卿大夫士爵，则傧。小祭祀掌事，如大宗伯之礼。大宾客，受其将币之赍。充人系牲，则省之。执事者，涤濯祭器，则视之。馆人共粢盛，则逆之。烹人烹牲，则省之。时谓早晚之节，备谓馔具之完。将，送也。瓒果，以圭瓒盛郁鬯而裸之也。大礼，若祭主迎尸、裸献、割牲、饮福、交神之大节。小礼，又其中之节目，若后世之通赞、分赞也。王氏曰：“诸侯虽卑如子男，犹摈以大宗伯，以子男，君道也，故隆之以致其伸。诸臣虽尊如孤卿，犹傧以小宗伯，以孤卿，臣道也。故杀之以致其屈。愚谓将币之赍，乃庭实之时，各贡所有之财物也。”若大师，则帅有司而立军社，奉主车。若军将有事，则与祭，有司将事于四望。若大甸，则帅有司而馌兽于郊，遂颁禽。与，去声。甸、田同。有司，大祝之属。立

---

①据十三经本增“于”。

军社，有事于社而载石主以行也。奉主车，告于祖庙而以迁庙之木主行也。用命赏于祖，不用命戮于社，以示不敢自专之意尔。将有事，谓与敌合战，君子临事而惧，故祭四望以求福也。馌，馈也。以禽祭四方之神，若馈之也。颁禽，谓以予群臣。方氏曰："若所征之地近五岳四渎，则使有司将事而不亲，非遍祀四望也。以礼官与军事者，军旅不可无礼也。以礼官与田事者，田猎不可无礼也。大宗伯不行者，天地宗庙社稷之事为重也。"大灾，及执事祷祠于上下神示。王崩大肆，以秬鬯渳，及执事莅。大敛、小敛，帅异族而佐。县衰冠之式于路门之外。及执事视葬献器，遂哭之。卜葬兆，甫竁，亦如之。既葬，诏相丧祭之礼，成葬而祭墓为位。渳，亡婢反。敛，力念反。县，音玄。竁，昌绢反。执事，谓祝巫。求福曰祷，得求曰祠，与民同患也。大肆，始陈尸而伸之也。渳，浴也。大敛、小敛，盖事官之属为之，而小宗伯必莅之，慎终也。同姓者方衔哀，故帅异族而助之。衰，丧衣冠。丧冠县式于路门之外，俾不异制也。执事，盖梓匠之属。献器，献明器也。卜葬洮，卜其茔域之吉凶也。甫，始也。穿圹也。丧祭，谓虞祔之祭。成葬，丘已封也。祭墓，祭后土于墓。左为先人，托体于此，祀其神以安之也。凡王之会同、军旅、甸役之祷祠，肄仪为位。国有祸灾，则亦如之。凡天地之大灾，类社稷宗庙，则为位。凡国之大礼，佐大宗伯。凡小礼，掌事，如大宗伯之仪。肄，习也。位，坛墠之位。类，非常祭，依正礼而为之。

肆师之职，掌立国祀之礼，以佐大宗伯。立大祀，用玉帛牲牷。立次祀，用牲币。立小祀，用牲。以岁时序其祭祀，及其祈珥。珥，而志反。大祀，天地宗庙也。次祀，日月星辰五祀岳渎也。小祀，司中司命风师雨师山川百物也。序者，先后大小之次。求福曰祈，止灾曰珥。大祭祀，展牺牲，系于牢，颁于职人。凡祭祀之卜日，宿为期，诏相其礼。视涤濯亦如之。祭之日，表齍盛，告洁展器。陈告备，及果筑鬻。相治小礼，诛其慢怠者。掌兆中、庙中之禁令。凡祭祀礼成，则告事毕。鬻，音煮。职，音枳。职，所以系牲者。职人，谓充人及监门人也。宿，豫也。表，徽识也。陈，列也。盖盛六谷于簠簋，表而识之，乃告洁净，陈祭器于堂东，展而视之，乃告备具焉。筑鬻，筑香草煮以为鬯也。兆中，谓四郊之位。庙中，谓七世之庙。大宾客，莅筵几。筑鬻，赞果将。大朝觐，佐宾，共设匪瓮之礼。飨食，授祭。与祝侯禳于畺及郊。匪与篚同。王氏曰："大宾大祭皆主于敬，故其灌宾也，犹灌神焉。"愚谓佐傧为承傧也。匪以实币，瓮以实醯醢。举大牢以饮宾，谓之飨。烹大牢以食宾，谓之食。授祭，授宾以祭肺也。侯者，迎候善祥也。禳者，禳去妖氛也。此小祝之职，而肆师亦共为之。大丧，大湘以鬯，则筑鬻。令外内妇序哭，禁外内命妇男女之衰不中法者，且授之杖。中，去声。序哭者，以服之轻重为先后也。不中法，不合所悬之式。授杖，王丧杖竹，后丧杖桐也。凡师甸，用牲于社宗，则为位。类造上帝，封于大神，祭兵于山川，亦如之。凡师不功，则助牵主车。凡四时之大甸猎，祭表貉，则为位。貉，音百。社，军社也。宗，迁主也。聚其神之谓类，诣其所之谓造。封，谓坛也。大神，社及方岳也。山川，所过名山大川也。主车，载石主木主之车，助牵之，恐为敌所得也。貉，师祭名。陈氏曰："表貉之祭，其神蚩尤。黄帝与蚩尤战于阪泉，军法之兴始于此也。故后世祭之。记曰祃于所征之地，祃与貉一也。貉之祭，盖使有司为之而立表于陈前。肆师为位，甸祝掌祝号，既事，然后誓众而师田焉。古者将卜则祭，先卜将用马则祭马祖，将用火则祭爟，然则将师田而祃祭者，不特为祷而已。"尝之日，莅卜来岁之芟。狝之日，莅卜来岁之戒；社之日，莅卜来岁之稼。若国有大故，则令国人祭。岁时之祭祀亦如之。秋祭曰尝。芟者，农功之始。秋田曰狝。戒者，兵寇之备。稼者，农功之成。王氏曰："夫于得也而不忘失，于安也而不忘危。先王与民同吉凶之患而为之卜焉。欲豫知其吉凶而防之也。"又曰："岁时祭祀，常礼也。国有大故而祭，非常礼也。然皆待上令而后祭焉，则其祀事有节矣。"王先生曰："大宗伯国有大故，则旅上帝及四望。小宗伯凡天地之大灾，类社稷宗庙，则为位。肆师国有大故，则令国人祭。其祀大小不同，所掌之官异焉。"凡卿大夫之丧，相其礼。凡国之大事，治其礼仪，以佐宗伯。凡国之小事，治其礼仪而掌其事，如宗伯之礼。相者，相其适子也。大事，如朝觐会同。小事，如授祭授杖。王氏曰："此所谓大事则从其长，小事则专达也。"明斋王氏曰："按天地之道，春始之。王者之政，礼基之。礼，孰为大？鬼神示为大。昔伯夷为秩宗，典此而已。至于乐以导天地之和，史以弥纶天地之文，与夫羲和卜筮迪知天道，巫祝知鬼神之情状，皆理之至精而事之神妙。苟非洁净精微有以通神明之德者，不足以知其道。非清明正直纯一不贰者，不足以致其礼，周礼所以并属之宗伯也。与故舜命伯夷曰：夙夜惟寅，直哉惟清。盖不庄不敬，则慢易之心入之。而自反不直，灵台昏塞，其何以感格于鬼神示。易曰：圣人以此洗心，退藏于密。又曰：齐戒以神明其德。夫宗伯之道，斯其至矣。”

郁人，掌裸器。凡祭祀、宾客之裸事，和郁鬯，以实彝而陈之。凡裸玉，濯之陈之，以赞裸事。诏裸将之仪，与其节。凡裸事沃盥。实彝而陈之者，停于祭前也。裸玉，王用圭瓒，后用璋瓒也。仪谓奉送之仪，节谓早晚之节。大丧之渳，共其肆器。及葬，共其裸器，遂貍之。大祭祀，与量人受举斝之卒爵而饮之。肆器，陈尸之器。裸器，遣奠之彝瓒。貍之者，貍于祖庙阶间，明奠终于此也。或曰纳之圹中，以为明器也。斝，饮器名，王酳尸，尸酢王，受卒爵而饮之。言执事者，同蒙其福也。必与量人者，郁人赞裸尸，量人制从献之脯燔，其事相成也。

鬯人，掌共秬鬯而饰之。凡祭祀，社壝用大罍，禜门用瓢赍，庙用脩，凡山川四方用蜃，凡裸事用概，凡副事用散。秬鬯，未和郁者。饰之，饰其器也。大罍，以瓦为之。瓢赍，剖甘瓠而齐之以为尊也。脩，加饰也。蜃，以蜃灰饰之。概，则以黑漆饰之，而朱带络腹也。散，则漆之而已。凡此，皆盛鬯酒之器，若既和郁金之后，则盛以瓒矣。王氏曰：“祭礼郁人所和鬯，乃用以裸。鬯人所共秬鬯，不和郁者，用之以陈而已。郁鬯之有秬鬯，亦犹五齐三酒之有玄酒也。亦返本复古、不忘其初之意与。”明斋王氏曰：“按旧说，谓祭天无鬯。夫天神在上，似不当求之于地。然地亦天也，何嫌于阴阳上下以求之。观大宗伯祀鬼神示之下，总云莅王鬯。司尊彝职云，大旅存尊彝。表记云，天子躬耕粢盛秬鬯，以祀上帝。则事天有鬯明矣。但此叙鬯器不言祭天，与典瑞灌器止于宗庙何也？盖祭天用陶匏，贵其自然。此特文有不备耳。若因此而遂以为无鬯，则司尊彝但言宗庙而不及神示，岂祭天地无酒乎。”大丧之大渳设斗，共其衅鬯。凡王之齐事，共其秬鬯。凡王吊临，共介鬯。齐，侧皆反。斗，所以沃尸者。衅，以鬯酒使之香美也。王氏曰：“王齐所以致洁以交神明，故鬯以浴，所以致其香洁。夫王内有洁净馨香之德，足以感通于神明。而外又资于物之洁净馨香者，以助其气体之养，此内外所以两备焉。”陈氏曰：“天子无客礼于天下，而有挚礼于鬼神。天子以鬯为挚，其介鬯则以介致之而已。观天子宗庙之灌，以圭瓒。巡守之灌，以璋瓒。则挚鬯之礼，盖圭璋也。”王氏曰：“裸之事必以郁和鬯者，盖郁香草也，以明其德之馨香也。其色则黄，以明其德之中而著乎外也。秬一稃二米，天地至和之气所生，以明德之和而达乎外也。先王所以承祭祀而交神明者，其德如此。内有以致其德，外有以设饰而致其美，神其有不享者乎。”

鸡人，掌共鸡牲，辨其物。大祭祀，夜嘑旦以𠴲百官。凡国之大宾客、会同、军旅、丧纪，亦如之。凡国事为期，则告之时。凡祭祀，面禳衅，共其鸡牲。嘑，同呼。𠴲，音叫。物，毛色也。夜嘑旦者，夜漏未尽之时而呼以将旦也。𠴲，警起之义。告之时，象鸡之能事也。面谓四面，禳即侯禳，于郊及疆也。衅者，寝庙既成而杀牲取血，以涂其郄也。衅庙以羊，门夹室皆用鸡。邓氏曰：“郁人、鬯人之后次鸡人，何也？郁鬯作阳德，鸡人作阴德，礼道然也。”

司尊彝，掌六尊、六彝之位。诏其酌，辨其用与其实。春祠、夏禴，祼用鸡彝、鸟彝，皆有舟。其朝践用两献尊，其再献用两象尊，皆有罍。诸臣之所昨也。秋尝冬烝，祼用斝彝、黄彝，皆有舟。其朝献用两著尊，其馈献用两壶尊，皆有罍。诸臣之所昨也。凡四时之间祀追享朝享，祼用虎彝、蜼彝，皆有舟。其朝践用两大尊，其再献用两山尊，皆有罍。诸臣之所昨也。献尊之献，当作牺。昨，读酢，下同。斝，读稼。朝享之朝，音潮。蜼，音追。大，音泰。位，所陈之位。《礼运》云：玄酒在室，醴盏在户，粢醍在堂，澄酒在下是也。实，郁及醴齐之属。鸡彝刻鸡形。鸟彝刻凤形，二者皆实以郁鬯，以待祼将。王以圭瓒酌鸡彝之鬯，为一献。后以璋瓒酌鸟彝之鬯，为二献。舟，所以荐彝，如今之承盘也。朝践，即朝献。血腥，言笾豆有践也。牺尊刻牛形。必用两者，一实醴、齐，王酌以为三献。一实醴齐，后酌以为四献也。再献，即馈献，熟食也。象尊刻象形，亦用两者，一实盎齐，王酌，以为五献；一实盎齐，后酌以为六献也。王之酳尸七献，则牺尊之醴齐。后之酳尸八献，则象尊之盎齐。罍者，尊之副，刻云雷之形。诸臣酌之以为九献，不言献而言酢者，避王与后也。斝彝，刻禾稼者。黄彝，刻黄金目者。著尊，著地无足。壶尊，以匏为尊也。王氏曰：“追享朝享，所谓祫禘也。禘及祖所自出，故谓之追享。祫自除丧朝庙始，故谓之朝享。此非四时之常祀，故曰间祀也。”愚谓：蜼，猴属。虎彝、蜼彝，皆刻其形也。山尊亦刻山云之象。大尊，太古之瓦尊也。按尊彝之制，春夏文胜，秋冬质胜，间祀则介乎其间。鸡取其华，凤取其章，牛取其顺，象取其信，虎取其慈，蜼取其孝，皆致饰之物也。斝取其洁，齐黄取其清明，山取其镇静。著也，壶也，大也，是乃古先所用者，皆不尽饰之物也，岂漫焉陈之哉。

凡六彝六尊之酌，郁齐献酌，醴齐缩酌，盎齐涚酌，凡酒脩酌。齐，才细反。祼用郁齐，则酌以献之而已。朝践用醴齐，则以茅缩之而后酌也。涚，犹清也。馈献用盎齐，则以清酒涚之而后酌也。脩，洽也，凡酒则脩洽之而后酌也。大丧，存奠彝。大旅亦如之。存，省也，谓不遽彻也。或曰明器中彝曰奠彝。

司几筵，掌五几、五席之名物。辨其用与其位。五几，玉雕彤漆素也。五席，莞藻次蒲熊也。萑苇乃丧事所用，故不列之。用与位，谓所设之席及其处也。凡大朝觐、大飨射，凡封国命诸侯。王位设黼依，依前南乡。设莞筵纷纯，加缫席画纯，加次席黼纯。左右玉几。祀先王昨席亦如之。依，上声。乡，去声。缫，与藻通。纯，音准。大飨，谓飨宾于庙也。大射，谓选士而射于泽宫也。黑白绣文如斧形，谓之黼。依如屏风。南乡，取向明之义也。莞，蒲之细者。纷，如绶，有文而狭者。纯，缘也。缫，削蒲蒻而编以五采也。画谓云气，次取桃竹枝，而次列以成文也。左右玉几，优至尊也。酢席，尸酢王之席。王氏曰："依画斧其上，取其威断。不施柄，以示神武不杀之意。"诸侯祭祀席，蒲筵缋纯，加莞席纷纯，右雕几。昨席莞筵纷纯，加缫席画纯。缋，画彩色也。雕，刻也。神道尚右，故右几。娄里王氏曰："天子酢席与祭祀之席同。盖天子尊，可与鬼神同席。犹天子之酢酒，得与鬼神同尊也。诸侯卑，故先君之前，以异席示逊焉。"筵国宾于牖前亦如之，左彤几。甸役则设熊席，右漆几。国宾朝聘之宾。彤，赤色。人道尚左，故左几。甸役，谓有司祭表貉所设之位也。以熊皮为席，示服猛也。武事尚右，故亦右几。凡丧事，设苇席，右素几。其柏席用萑黼纯。诸侯则纷纯，每敦一几。柏，当作迫。敦，音对。苇、萑，皆蒹葭也。柏席，迫近于地之席，盖萑藉于下，而底篾丰笋加于上，故谓之柏席也。每敦一几者，始死之时，未知神之于彼于此。若《顾命》所称，牖间南响，西序东响，东序西向，西夹南向。皆有神坐，则皆设奠。而敦其盛饭之物，每有一敦，则各为一几，以安神也。凡吉事变几，凶事仍几。吉事，祭也。祼于室，馈食于堂，绎于祊，每事易几，尚文也。凶事，奠也。朝夕相因，尚质也。王氏曰："吉事变几，各致其诚以求之，庶几或享之也。凶事仍几，使神有所依而不散也。"娄里王氏曰："几长五尺，高尺有二寸，博二尺。筵之度九尺。古席地而坐，迫地铺者为筵，言筵神与宾。加筵上者为席。席，藉也。”陈氏曰：“司几筵之席，莫贵于次席，而次席黼纯。书之席，莫重于篾席，而篾席亦〔黼〕纯。孔安国以篾席为桃枝席，郑氏亦以次席为桃枝席。盖亦有所传而然也。《司几筵》王筵有管而无蒲纯，有黼而无缋。诸侯筵有蒲与管，席有管缫而无次，纯有缋而无黼。则割制之义，又王所独也。《礼器》曰：礼有以多为贵者，天子之席五重，诸侯三重，大夫再重。《郊特牲》曰：大飨，君三重席而酢焉。而《同几筵》王之席三，诸侯之席二，乡饮乡射大夫士一而已，不同何哉？《诗》曰：肆筵设席。注谓：设席，重席也。盖古者，诸侯以上席皆重，设筵单而已。故曰敷重篾席，敷重底席。则王之次席、缫席皆重焉。与莞筵而五，诸侯缫席亦重焉。与蒲筵而三，其数适与《礼器》合矣。”

天府，掌祖庙之守藏与其禁令。凡国之玉镇、大宝器，藏焉。若有大祭、大丧，则出而陈之。既事，藏之。凡官府乡州，及都鄙之治中，受而藏之。以诏王察群吏之治。祖庙，通七庙而言之。玉镇，如天球、弘璧之类，可为国镇者。大宝器，如兑戈和弓之属，历代传以为宝者。陈之，示能传也。藏之，示能守也。治中，谓计治之文书，王者之治，各于此取中也。上春，衅宝镇及宝器。凡吉凶之事，祖庙之中，沃盥执烛。季冬，陈玉以贞来岁之媺恶。若迁宝，则奉之。若祭天之司民、司禄，而献民数、谷数，则受而藏之。上春，孟春也。衅者，杀牲而涂之以血，所以接其生气而神之也。吉事，谓祫禘四时之祭。凶事，谓朝于祖庙之奠。陈玉，陈礼神之玉也。卜而问之神曰贞。迁宝，迁国而以宝从也。司民，疑即司命，或又以为轩辕之角，有大民小民。司禄，星名，在虚宿内，或又以为文昌第六星。民为王者之天，而食乃民之天。故藏其数，以示贵重也。明斋王氏曰：“按地官乡老及乡大夫，群吏献贤能之书于王，王再拜受之，登于天府。秋官岁终则令群吏计狱弊讼，登中于天府。凡邦之大盟约，莅其盟，书而登之于天府。三事不见于此者，互文也。夫天府所掌，主藏守之事，故曰府。玉镇、宝器、国之神物。上春，衅之丧祭，陈之。迁宝奉之，示能守祖物以承天也。藏民数，示不敢虐天民也。藏谷数，示不敢暴天物也。藏治中，重天职也。司徒献贤能之书，登于天府，天命有德也。司寇登中于天府，天讨有罪也。国之大盟约，登于天府，质诸鬼神也。陈玉大贞，听命于天也。王者奉天以致治，己何与焉？故官以天名。孟子曰：诸侯之宝三，土地、人民、政事。宝珠玉者，殃必及身。观天府所藏，岂宝器云乎哉！"

典瑞，掌玉瑞、玉器之藏，辨其名物与其用事，设其服饰。执于人曰瑞，礼于神曰器。服饰缫藉之类，如人之有其服饰也。王晋大圭，执镇圭。缫藉五采五就，以朝日。公执桓圭，侯执信圭，伯执躬圭。缫皆三采三就。子执谷璧，男执蒲璧。缫皆二采再就。以朝觐会同宗遇[①]于王。诸侯相见亦如之。晋搢同。插于绅带之间曰搢。以之为挚曰执。缫藉，织组为缫，饰以藉玉也。备五色为五采，一匝为一就。朝日，春分拜日于东门之外也。三采，朱、白、苍。二采，朱、绿也。方氏曰："于王举朝日，则祀天地宗庙，不必言矣。于诸侯举朝觐、会同宗遇，则祭祀不必言矣。"薛氏曰："大圭，天子之笏也。天子挚镇圭，犹群臣之有挚，晋大圭犹群臣之有笏。"马氏曰："按圭璧，盖符节玺印之类。世徒见绘礼图者，绘天子诸侯被冕服、执圭璧。遂以镇圭桓圭已下为服饰之具。又见《尚书》有五玉三帛二生一死贽之说。遂以圭璧为贽见之物，然皆非也。《舜典》辑五瑞之下，继以颁瑞。修五礼、五玉之下，继以如五器，卒乃复，盖索之以别其伪而复还之耳。春官大宗伯以玉作六瑞，以等邦国。以禽作六挚，以等诸臣。六瑞在先，六挚在后，则圭璧非贽见之物也。"瑑圭璋璧琮，缫皆二采一就，以頫聘。瑑，音篆。王氏曰："瑑，为桓信躬谷蒲之文也。圭锐以象君之用，璧圆以象君之体，皆阳也。璋则半圭。琮，礼地之器，皆阴也。《聘礼》曰：宾袭执圭致命，公袭受玉于中堂，宾裼奉帛加璧，公受币。又曰：聘于夫人礼用璋，享用琮是也。"王先生云："頫聘者，诸侯遣臣时聘及殷頫于天子，亦兼侯伯自相頫聘之礼。"四圭有邸，以祀天，旅上帝。两圭有邸，以祀地、礼四望。祼圭有瓒，以肆先王，以祼宾客。圭璧以祀日月星辰。璋邸射以祀山川，以造赠宾客。邸，本也。四圭有邸，四面皆圭而其邸本为璧，象四序之同一气也。两圭有邸，两面皆圭而其邸本为琮。象经纬之同一形也。祼圭有瓒，于圭头为器，可以挹郁鬯。明大祭大宾之同一敬也。圭璧，圭其邸为璧，明日月星辰之丽天也。射，剡也。璋邸射，璋有邸而稍剡，明山川之丽地也。造赠者，造于馆而赠之山川，为国阻固。宾客，为国捍蔽，此其所以同用也与。土圭以致四时日月，封国则以土地。

---

①"会同宗遇"当为"宗遇会同"。据十三经本。

珍圭以征守，以恤凶荒。牙璋以起军旅，以治兵守。羡璧以起度。土圭，测日景之圭也。王氏曰："以之测天时，则致日月于四时而知其景之长短。以之度地域，则建国以封诸侯，而知其地域之大小。珍圭，言其贵重也。征守，召守国之诸侯也。恤，忧也。国以君为主，民以食为天，故贵而重之。牙璋，篆为牙齿之象也。兵守，谓用兵所守也。出征则有所起，御难则有所治，故取其威也。羡，长而不圆之貌。"易氏曰："以好三寸推之，肉倍好，为六寸，是两畔各三寸，则璧之圆凡九寸。延其旁之一寸以益上下，则横径八寸，袤十寸矣。以十寸之尺而起度，则十尺为丈，十丈为引。以八寸之尺而起度，则八尺为寻，倍寻为常。"浚仪王氏曰："古人之度，在乐则起于黄钟，在则起于羡璧。驵琮为权，其意与此同。璧之体圆，琮之体方。"驵圭璋璧琮琥璜之渠眉，疏璧琮以敛尸。驵，读作组。渠眉，玉饰之沟瑑也。盖六玉之两头皆有孔，于两孔之间瑑为沟渠，两畔稍高为眉，以组穿联于其中也。疏，通也，取其通于天地也。敛尸者，圭在左，璋在首，琥在右，璜在足，璧在背，琮在腹，盖取象方明神之也。刘氏曰："王者之孝，莫大于严父而配天，故其敛也以礼，天地四方之六器为之。"朱子曰："《周礼》载用赤璋、白璧等敛，此岂长策？观季孙斯死用玉，而孔子历阶言其不可。则是孔子方思量到，而周公思量未到也。"谷圭以和难，以聘女。琬圭以治德，以结好。琰圭以易行，以除慝。难、好、易、行，并去声。谷圭，瑑如谷璧之文。和难，解其仇隙也，亦取谷为善之义。聘女，以之纳征也，盖取稼为嫁之义。治德，旌褒其善也。结好，联固其交也。易行，诘责之使改过也。除慝，诛伐之以正其罪也。陈氏曰："宛圭圆而宛之，仁也，故以治德结好。琰圭剡而有锋，义也，故以易行除慝。按郑氏谓：珍圭、牙璋、谷圭、埦圭、琰圭，皆王使之瑞节也。归则执以返命焉。"大祭祀、大旅，凡宾客之事，共其玉器而奉之。大丧，共饭玉、含玉、赠玉。凡玉器出，则共奉之。饭玉以杂米，含玉以实口，赠玉以送窆。王氏曰："凡出玉器以用，皆共其物而奉之，非特大祭祀、大旅、宾客之事而已也。"

典命，掌诸侯之五仪，诸臣之五等之命。诸侯五仪，公侯伯子男也。诸臣五等之命，孤卿大夫士及不命之士也。王氏曰："王臣也，世子也，大国、次国、小国之孤卿大夫士也，亦通。"上公九命为伯，其国家、宫室、车旗，衣服、礼仪，皆以九为节。侯伯七命，其国家、宫室、车旗、衣服、礼仪，皆以七为节。子男五命，其国家、宫室、车旗、衣服、礼仪，皆以五为节。上公谓王之三公。有德者加命为二伯，若周召是也。王者之后亦称公，若杞、宋是也。杞后自降耳。国家，谓其城所方之里。宫室，谓其居所方之步。礼仪，谓介牢朝位之类。郝氏曰："此外诸侯五仪也。"王之三公八命，其卿六命，其大夫四命。及其出封，皆加一等。其国家、宫室、车旗、衣服、礼仪亦如之。王氏曰："三公八命，加一等则九命，而为上公。卿六命，加一等则七命，而为侯伯。大夫四命，加一等则五命，而为子男。盖近于王，则其挚有所屈；远于王，则其势有所伸故也。不言孤，则与卿同六命矣。"郝氏曰："此王朝之臣之命数也。"临川王氏曰："公侯伯子男之命，以九、以七、以五，皆阳数，人君故也。公卿大夫之命，以八、以六、以四，皆阴数，人臣故也。自三命以下则已卑，故虽阳数，亦以命人臣。杂说古之用人，更出迭入，初无内外之事。故王朝之公卿即外之诸侯为之，外之诸侯即内之公卿大夫为之。出入均劳，故皆不见其轻重。春秋时犹有此意。郑武公父子并为周司徒。滕侯为周之卜正。虢公、郑伯并为王卿士。宋以萧封人为卿，犹有古意焉。"凡诸侯之适子誓于天子。摄其君，则下其君之礼一等。未誓，则以皮帛继子男。明斋王氏曰："立适，周之达礼，然犹兼象贤之意。故诸侯适子必其贤足以继世，天子乃命为世子，而不得擅易。既誓于天子，则已成其为君，故摄君。行礼则降一等，而执君之玉。盖世子之礼，专为朝聘、会盟而设。故宫室、玉帛、车旗、衣服，皆用君之物。春秋曹伯使其世子射姑来朝，行国君之礼是也。但其摈介朝位宾主之礼，则降一等以避国君之正。如公之子则用八，侯伯之子则用六，子男之子则用四，以厌于父而从臣道。所以严父子之分也。旧说公之子如侯伯之圭，侯伯之子如子男之璧。是降为二等，且以侯伯而执璧，是失其世守矣。未誓则未有为诸侯之义，故以皮帛继子男之后。降于诸侯而隆于诸臣。虽上公之子未誓亦如之，所以尊天子之命也。"郝氏曰："此诸侯世之礼仪也。"公之孤四命，以皮帛视小国之君。其卿三命，其大夫再命，其士一命。其宫室、车旗、衣服、礼仪，各视其命之数。侯伯之卿大夫士亦如之。子男之卿再命，其大夫一命，其士不命，其宫室、车旗、衣服、礼仪，各视其命之数。郝氏曰："此侯国诸臣之命数。凡诸侯之臣，各半其君之命数而弱。故上公九命，其孤卿则四命，与天子之大夫同。来聘天子则执皮帛，以继子男，后与天子孤同挚同。其卿与大夫士以次降一等。侯伯不得置孤，故其卿大夫命数与公国等。子男五命，故卿止再命。大夫一命，士不命，皆半其君之命数而弱也。"

司服，掌王之吉凶衣服。辨其名物与其用事。用事，谓祭祀、视朝、甸及凶事之事。王之吉服，祀昊天、上帝，则服大裘而冕。祀五帝亦如之。享先王则衮冕。享先公飨射，则鷩冕。祀四望、山川，则毳冕。祭社稷、五祀，则希冕。祭群小祀，则玄冕。大裘，黑羔裘也。在道服之，至郊则改服十二章之衮，即节服氏所谓裘冕也。冕制后方前圆，玄衣朱里，垂旒以为饰。衮冕九章，一曰龙，二曰山，三曰华虫，四曰宗彝，即酒器也。五曰藻，皆绘之于衣。六曰火，七曰粉米，八曰黼，九曰黻，皆绣之于裳。鷩冕自华虫以下，其衣三章，其裳四章。毳冕自藻以下，其衣三章，其裳二章。希冕自粉米以下，其衣一章，其裳二章。玄冕衣无文，裳刺黻而已。衮者，龙象。鷩者，鸟象。毳者，草象。所谓涧溪沼沚之毛也。希者，谓其章之少也。玄者，黻之色也。盖自虞舜观象作服，备天下之德以章身，于天文则取日月星辰之明，于地理则取山之镇。于物宜则取龙之变，取华虫之文。于养人之具则取宗彝之载酒，取粉米之为食。于济物之资则取水之洁，取火之明。水不可绣，借藻以彰之。于致用之器，则取黼之断，取黻之恭。黼象斧，手所持；黻象亚，足所蔽。皆器类也。成周因之而别其用。如此汉儒乃因三辰旂旗之语。而谓日月星辰不绘于衣，则祀上帝与享先王，几无以辨矣。谓宗彝为虎蜼，而牵毳冕以就之，独不思鸡彝、鸟彝之类，又何以不用而专取虎彝、蜼彝乎？水土之草，古人皆谓之毛，奚必属之于动物。故刘熙释名以毳为藻也。亚即两足屈坐之象，故为十二章之始。两已相背，义亦近迂，今概不从之。叶氏曰："十二章者，所以章人君之德。能备此十二物也，亦以法上天之数而必备此十二章也。《周礼》虽无十二章之文。但观行人所谓上公冕服九章，侯伯七章，子男五章，则天子十二章可知矣。康成惑于左氏三辰旂旗之语。谓旗有三章，冕服止九章，不亦谬乎。康成见弁师掌王五冕，以为冕服有六而云五者，遂谓大裘之冕无旒，不联数也。此亦惑于祀天示质之说耳。重莫重于祀天之冕，可以无旒而不数之乎？按五冕，皆五采，十有二就，十有二玉。是服随其隆杀有七章、九章之殊。而冕则皆十有二旒，故六等之服皆曰冕，以首饰尊故也。陆佃礼书谓大裘与衮同冕。大裘祀天而服衮之冕可也。故但言五冕耳。安知衮冕不为十二旒乎。"王氏曰："享先王四时常祭，享先公谓祫祭，享先公则鷩冕者。陈氏谓先公非卑于先王。以祭则各以其服授尸。尸服鷩冕，而王服衮冕以临之，非所以为敬，故不敢也。飨射亦用鷩冕者，以其杀于朝觐。故朝觐服衮而飨射服鷩也。"陈氏曰："希冕，王祭祀社稷五祀之服，非卑于飨射也。以社稷五祀止于利人，故衣粉米而已。谓之希以其章少故也。郑氏以希为絺，以絺为刺，谓希刺粉米无画。然画阳事也，在衣绣，阴事也。在裳希衣之粉米，固亦画矣。绣而不画，则与馀章之在衣者不类，其说非也。唐以希冕为绣冕，其亦袭郑氏之失与。”凡兵事，韦弁服。视朝，则皮弁服。凡甸冠弁服。凡凶事，服弁服。凡吊事，弁绖服。韦，去毛熟皮，其色赤。兼以为衣裳附注，若今俗皮甲、战裙之类。皮弁，以鹿皮为质而饰以采玉。十五升白布以为衣，积素以为裳。凶事之服，则斩衰、齐衰也。吊事之服，则锡衰、缌衰、疑衰也。薛氏曰：“韦弁，一名爵弁，《诗》云：韎韐有奭，以作六师。《士冠礼》曰：爵弁服韎韐。则凡兵事韦弁服，固爵弁也。冠弁服，弁亦皮弁也。盖上文言视朝则皮弁服，下文言凡吊事弁绖服，弁绖亦皮弁而加环。绖则冠弁，服弁，皮弁明矣。《郊特牲》曰：皮弁素服而祭，素服以送终也。此凡凶事冠皮弁服之证也。《春秋传》曰：卫献公射鸿于囿，二子从之，不释皮弁，而与之言。又曰皮冠以招虞人，此凡田事服皮弁服之证也。郑氏谓，冠弁委貌，其服缁布，衣亦积素以为裳。服弁，丧冠也，其服斩衰、齐衰，弁绖者，如爵弁而加环绖，皆非是。《丧服上记》曰：诸侯吊，必皮弁锡衰。弁师曰：‘王之弁绖，弁而加环绖。’此弁绖服皮弁而加环绖之证也。韦弁，爵弁也。故弁师有韦弁而无爵弁。冠弁、服弁，皆皮弁也。故弁师有皮弁而无冠弁服。郑氏谓不言冠弁，冠弁兼于韦弁、皮弁；不言服弁，服弁自天子以下无饰、无等，又误矣。”愚按：薛氏之说辨矣，然冠弁即为皮弁，何以异其名。而服弁即为皮弁，是当丧而首饰如平居可乎？或以为冠弁盖以缁布蒙之，服弁盖以衰蒙之，更考焉可也。凡丧，为天王斩衰，为王后齐衰。王为三公六卿锡衰，为诸侯缌衰，为大夫士疑衰，其首服皆弁绖。大札、大荒、大灾，素服。《昏义》曰：“为天王服斩衰，服父之义也；为王后服齐衰，服毋之义也。”十五升去其半，有事其布，无事其缕，曰锡。有事其缕，无事其布，曰缌。十四升曰疑。锡者，滑易之义。疑者，言拟于吉也。王氏曰：“先濯治其麻缕，则其工精，止濯治其布，则其功粗，以是为差也。”明斋王氏曰：“上言吊事，吊于其家而服之。此言丧服，则居于王宫而服之也。礼必有报，臣于君服如此其重。然则臣有丧祸，天子其忍衣锦而不为服乎。诸侯，王之屏翰也，故为之服缌。缌虽至轻，然天子绝期则为重也。三公六卿，王之股肱也，故为服锡衰，稍加于缌矣。大夫、士虽众，皆王平日所倚任而宣力者，故服疑衰也。或疑诸侯诸臣众矣，天子皆为之吊，与服不亦烦劳而日毋乃不给乎。夫礼者，因理之至极而立为大中之矩，其行之则有权焉。是故，周公康叔始封，不降自当依丧制而服之。二王之后，待之特隆，缌服亦不得而降。又若伊尹、周公、太甲、成王，皆当为之心丧者，虽锡衰数月，何得为过。其馀但闻丧而哭时服之，原不废大礼。而所谓吊者，或以公卿、大夫、士爵同者，摄之，非必天子一一亲往。故礼者，制为之极，使人有所底止耳。”公之服，自衮冕而下如王之服。侯伯之服，自鷩冕而下如公之服。子男之服，自毳冕而下如侯伯之服。孤之服，自希冕而下如子男之服。卿大夫之服，自玄冕而下如孤之服。其凶服加以大功小功。士之服，自皮弁而下如大夫之服。其凶服亦如之。其服有玄端素端。齐，侧皆反。王之服十二章，则天数也。公则不用日月星辰，故自能而下凡九章。侯伯则不用龙山，故自华虫而下凡七章。子男则不用华虫宗彝，故自藻而下凡五章。孤则不用藻火，故自粉米而下几三章。卿大夫则不用粉米与黼，惟玄衣而黻裳耳。大功，九月之服。小功，五月之服。士则加缌，此皆列国之臣之服制。端者，衣袪与袂，广邪等而皆正方，自天子以至士，皆同之。王氏曰：“玄端则玄冠，素端则素冠。齐则无为以待事也。故其冠玄与素而已。凡吉礼之致齐皆玄端，而凶礼皆素端矣。《玉藻》曰：玄冠丹组缨，诸侯之齐冠也。玄冠綦组缨，士之齐冠也。《诗》曰：庶见素冠兮。”方氏曰：“《周官》文略而义详。于王曰凡凶事服弁服，未别其为何服也。于卿大夫曰加以大功小功，则天子诸侯服止齐斩具见矣。于诸侯曰为天王斩衰，为后齐衰。则诸侯之臣于君夫人视此。而外此皆为其亲戚具见矣。五服之缌，于王为诸侯见之，卿大夫加大功、小功，而士无降服则加缌，不必言矣。”凡大祭祀、大宾客，共其衣服而奉之。大丧，共其复衣服、敛衣服、奠衣服、廞衣服，皆掌其陈序。奉，送也。言大者，举重以包轻耳。奠衣服，坐上魂衣也。廞衣服，椁中明器之衣服也。

典祀，掌外祀之兆守，皆有域，掌其禁令。若以时祭祀，则帅其属而修除，征役于司隶而役之。及祭，帅其属而守其厉禁而跸之。外祀，谓四郊之类。兆守，坛壝之守也。征役，召徒众也。王氏曰：“将祭之前，帅其属而禁止之，以致其洁。及祭之日，帅其属而禁止之，以致其严。此先王所以事天地神示之义也。”

守祧，掌守先王先公之庙祧。其遗衣服藏焉。若将祭祀，则各以其服授尸。其庙，则有司修除之。其祧，则守祧黝垩之。既葬，则藏其隋与其服。垩，乌路反。先王，太王、王季、文王、武王也。先公，高圉亚圉以上，其主皆藏于太庙之夹室也。以服授尸，以死者之遗衣使尸服之，以依魂气也。黝，黑也。垩，白也。隋，《士虞礼》作堕。尸所祭米肉堕集豆间者。王氏曰：“遗衣服藏焉，岂特以其常服之衣服为不可亵而忘之乎。亦所以示其体物而不可遗之意也。”郝氏曰：“七庙修除工多，则宗伯有司之事。祧室黝垩工省，则守祧为之。”

世妇，掌女宫之宿戒，及祭祀，比其具，诏王后之礼事。帅六宫之人共齍盛，相外内宗之礼事。大宾客之飨食亦如之。大丧，比外内命妇之朝莫哭，不敬者而苛罚之。比，毗至反。莫，音暮，下同。世妇，女官之长。郝氏曰：“女宫，妇人供宫中之役者。宿戒，当给役则豫戒也。比，校督也。”愚谓：礼事谓祼献荐彻之节。外内宗谓族姻之女有爵者。宾客飨食，王后亦有助王礼宾之法，世妇佐之。苛，谴责也。凡王后有拜事于妇人，则诏相。凡内事有达于外官者，世妇掌之。拜与拜同。拜事谓爵妇人。王先生曰：“妇人不与外政，而内竖云掌内外之通令，世妇云内事有达于外官，何邪？盖虽不与外政，然不能无好事于四方，好令于卿大夫。但先王之时，女谒不行耳。”柯氏曰：“天官九嫔、世妇、女御无爵秩者。天子妃嫔，序次有定，非官职也。何爵秩之有？春官世妇有卿大夫之爵，非天子之嫔御，乃后夫人以下之傅母有职者也。故加以男爵、女府、史各二人，奚各十二人者，其职简也。然亦可以见其有官府矣。若是天子嫔御，则府史奚何为哉，故知春官世妇为傅母，以教六宫礼事者也。或曰内宰以阴礼教六宫、九嫔，以妇学之法教九御矣。春官世妇又诏王后之礼事，相王后之御事，掌达内事于外官，何也？曰此正春官世妇施内宰之教者也。内宰之属，皆男子也。岂可以入宫中而施教乎，故王内之政虽无不掌，而所以教阴礼妇职于嫔御者，亦须世妇诏相之也。况所以通传教令者，内有女宫女奚，专属宫卿之用。外有内小臣，奄竖专属内宰之用乎？曰世妇既为傅母，今每宫卿二人，大夫四人，士八人，合六宫则八十四人矣。不亦多乎？曰不惟后夫人有傅母，嫔御皆有之，况内既有官府，则内政亦多矣。故曰掌达内事于外官，外官非内宰而何哉？曰既非嫔御，其人何自取之。曰以德行为本，道艺次之。或内外宗之有齿德者，或王族之妇人或卿大夫士之妻以齿德为主耳。故明乎春官世妇之职可以无疑于内宰混男女之别，可以免阉官窃柄之祸矣。治乱之原，有不系于此乎。”

内宗，掌宗庙之祭祀，荐加豆笾。及以乐彻，则佐传豆笾。宾客之飨食亦如之。王后有事则从。大丧，序哭者。哭诸侯亦如之。凡卿大夫（之）之丧，掌其吊临。加豆笾，谓加爵之豆笾也。王氏曰：“卒食以乐彻于造，所以助气体之养。先王以生事死，以存事亡。故祭荐豆笾亦以乐焉。

方其以乐彻豆笾，后彻之内宗，内宗传之外宗，外宗传之有司。又曰先王承宾如承神，故飨食宾客惟不入牲。其他皆如祭礼。”愚谓：所哭之诸侯，所吊临之卿大夫，盖王之同族，或后之本宗与。

外宗，掌宗庙之祭祀。佐王后荐玉豆，视豆笾。及以乐彻，亦如之。王后以乐羞齍，则赞。凡王后之献亦如之。王后不与，则赞宗伯。小祭祀，掌事。宾客之事亦如之。大丧，则叙外内朝莫哭者。哭诸侯亦如之。与，音预。视豆笾者，视其实也。羞，进也。献谓祼肆馈酳之亚献。小祭祀谓宫中之神示。李氏曰：“夫富贵骄人，自然之势。矧女子生于王族，尤易乘势以轻其家，不顺于舅姑，不和于家人。夫妇之道，天地之象，人之大伦也。乃由宗室乱之，非所以示天下也。圣人故以内女外女谓之内宗外宗，列为礼官之属。观后之事宗庙，则知所以顺其舅姑。观后之飨同姓诸侯，则知所以和其家人。观后之亚王祼献，则知所以从夫、顺于舅姑、和于家人而当于夫。是故妇顺备而内和理，内和理而家可长，是所以为王化之基也。”

冢人，掌公墓之地。辨其兆域而为之图。先王之葬居中，以昭穆为左右。凡诸侯居左右以前，卿大夫士居后，各以其族。凡死于兵者，不入兆域。凡有功者居前。以爵等为丘封之数与其树数。冢人，丧官之长。公墓，犹言官墓。内穴曰兆，外垣曰域。先王始茔者，子孙以昭穆夹处，与庙制同也。诸侯若周公之葬于毕是也。诸侯有君道，故居前。卿大夫士皆臣道，故居后。王氏曰：“各以其族子孙，各就其所出之王祔葬。如文王之孙则不入武王之兆也。葬以全归为善，刑人恶其毁伤，故不入兆域。有功者，可以光前裕后，故在应葬之域，超其列而居前以旌之。旧说居先王墓道之前，非也。或疑比干、杞梁皆死于兵，其将不入兆域，与是不然，此死于社稷，谓之有功可也，岂复咎其毁伤哉。愚谓：尊者丘高而树多，卑者封下而树少，其数则不可详知矣。或云天子坟高三仞，树以松。诸侯半之，树以柏。大夫八尺，树以药草。士四尺，树以槐。庶人无坟，树以杨柳。或云大夫宜以槐，士宜以柳，庶人宜以药草。然《王制》又云：庶人不封不树，读者详之。”临川王氏曰：“以昭穆为左右，各以其族，尚亲也。凡死于兵者，不入兆域，尚德也。凡有功者，居前，尚功也。爵等为丘封之度与树数，尚贵也。盖先王所以治死者，如此已。”大丧既有日，请度甫竁，遂为之尸。及竁，以度为丘隧，共丧之窆器。及葬，言鸾车象人。及窆，执斧以莅。遂人藏凶器，正墓位，跸墓域，守墓禁。凡祭墓，为尸。凡诸侯及诸臣葬于墓者。授之兆，为之跸，均其禁。请度请圹之式度也。甫竁，始穿圹也。必告后土，故冢人为尸以象神焉。丘隧，墓前道也，以尺度量之。窆器，丰碑之属。言，犹告也。鸾车，设鸾旗之遣车。象人，束草象形之人，以其似人，故告以启行神之也。执斧，示威也。凶器，谓明器。正墓位，正左右前后之位。跸墓域，止行人也。守墓禁，防樵苏也。凡祭墓，谓既葬及修筑而祭后土也。凡诸侯及诸臣之葬，则同姓异姓之墓皆掌之矣。娄里王氏曰："郑注并无祭祖考之说。后儒有为此论者，不知《冢人》非同姓，岂有祭祖考而以他人为尸者哉！况先人之体魄藏于此，事毕而祭其地，此亦情理之必至。祭地而冢人为尸又何疑焉。乃南轩诸儒以为祭墓虽非古法，然先王于人情所不忍而无害于义者，亦从而许之，此亦说经之曲笔矣。"

墓大夫，掌凡邦墓之地域，为之图。令国民族葬，而掌其禁令。正其位，掌其度数，使皆有私地域。凡争墓地者，听其狱讼。帅其属而巡墓厉，居其中之室以守之。邦墓，万民所葬也。族葬谓各从其亲，亦以昭穆为左右焉。度数，即封度树数。盖庶民之家，亦有倔起尊贵者，不可以无辨也。私地域，谓各家所分之区。墓厉，谓茔限遮列之处。居其中之室，山陵之中有官寺在焉，而墓大夫居以治之也。刘氏曰："圣人父母其民，生则富以衣食而教之仁义，死则为之地域而守其丘垄。则为其子孙者有不忠乎君，而不服乎教者哉？周之所以历年独永于百王者，非无自矣。"梁氏曰："周官设冢人、墓大夫之职。天子既以其昭穆而祔葬矣，诸侯群臣亦各以其属祔葬焉。至于万民之众，亦令族葬，治以王官。盖其生也，为君臣，为亲属。而卒也，葬以类从。有以见昭穆之序焉，有以严尊卑之分焉，有以褒崇其功德焉，有以不废其拜扫焉。其亲疏如戚，稽远如近。孝敬以存，人心以萃，由是也。自秦汉以来，天子之葬既各异处，而山林营治侈费不赀。至王公以下，多惑阴阳拘忌，甲可乙否，此是彼非。庶民之家亦纷纷然贪慕于富贵，或久而不葬，或葬之远方，或发掘频数，或争讼不已。思所以杜僭逾、崇孝敬、厚风俗、息争讼，为人上者，安可纵其自为而不严其禁令哉。"程叔子曰："卜其宅兆，卜其地之美恶也，非阴阳家所谓祸福者也。地之美者，则其神灵安，其子孙盛，若壅培其根而枝叶茂，理固然矣。地之恶者，则反是。然则曷谓地之美者？土色之光润，草木之茂盛，乃其验也。父子祖孙同气，彼安则此安，彼危则此危，亦其理也。而拘忌者，惑以择地之方位，决日之吉凶，不亦泥乎。甚者不以奉先为急而专以利后为虑。尤非孝子，安厝之所用心也。惟五患者，不得不慎。须使异日不为道路，不为城郭，不为沟地，不为贵势所夺，不为耕犁所及。五患既慎，则又凿地必至四五丈，遇石必更穿之，防水润也。既葬，则以松脂涂棺椁，石灰封墓门，此其大略也。若夫精画，则又在审思虑矣。葬之穴，尊者居中，左昭右穆，而次后则或东或西，亦左右相对而启穴也。出毋不合葬，亦不合祭。弃女还家以殇穴葬之。”朱子曰：“葬之为言藏也，所以藏其祖考之遗体也。以子孙而藏其祖考之遗体，则必致其谨重诚敬之心，以为安固久远之计。使其形体全而神灵得安，则其子孙盛而祭祀不绝。此自然之理也。”是以古人之葬必择其地，而卜筮以决之。不吉则更择而卜焉。其或择之不精，地之不吉，则必有水泉、蝼蚁、地风之属。以贼其内，使其形神不安，而子孙亦有死亡绝灭之忧，甚可畏也。其或虽得吉地，而葬之不厚、藏之不深，则兵戈乱离之际，无不遭罹发掘暴露之变。此又所当虑之大者也。至于穿凿已多之处，地气已泄。虽有吉地，亦无全力。而祖茔之侧数兴土功，以致惊动，亦能生灾。盖地理之法，譬如针灸，自有一定之穴，而不可有毫厘之差。不然，则攻一穴而遍身皆创矣。今按程朱之论不同。程子用周礼族葬之法，可行之西北而不可施之东南。必若朱子之言而后为尽善。倘遇形势弘博之处，则太祖处正穴而其余以昭穆祔葬可也。若遇形势小巧之处，则祖孙父子各择兆域而葬之，亦可也。若拘于古法而伤残地脉、违失穴场，又岂明者之所为乎。至于程子凿地必四五丈之说，恐非所以随地宜然。西北高原犹或可以深凿。而东南滨海之区，甫及数尺，水泉上涌，如之何而可通行邪？仁孝之君子，当自酌之矣。

职丧，掌诸侯之丧，及卿大夫士凡有爵者之丧。以国之丧礼，莅其禁令，序其事。凡国有司，以王命有事焉，则诏赞主人。凡其丧祭，诏其号，治其礼。凡公有司之所共，职丧令之，趣其事。

丧祭，谓虞祔练祥。刘氏曰：“五服有制，尊卑异仪。殡敛虞祔，葬祭襚含，百礼皆有定法。不可过也，不可不及也。故曰以国之丧礼莅其禁令，序其事焉。凡国有司，以王命有事焉，则诏赞主人者，此谓王命有司含襚赠赗或吊祭之，则诏赞王人以礼拜命也。凡公有司之所共者，此谓凶丧，在乡则乡之有司当共其物，在国则国之有司当共其物。各有定制，不待王命者，则职丧以其制令之。趣之，丧事戒缓也。然后凶礼行于万民而制度不失。其中生者，得以尽其哀；死者，得以尽其礼。王道始终无憾，岂不由于是哉。”《杂说》春秋时臧哀伯葬之加一等，共仲孟穆伯则降之。范献子葬魏舒，去其柏椁。赵孟自誓桐棺三寸，不误属辞。其礼必自上制之。盖有功则升之，有罪则降之。非官府为之制节，则僭越不恭矣。《王制》曰大夫废其事，终身不仕，死而以士礼葬之，是其大要也。

大司乐，掌成均之法。以治建国之学政，而合国之子弟焉。凡有道有德者，使教焉。死则以为乐祖，祭于瞽宗。大司乐，乐官之长。成均，五帝学名。易氏曰："成者，成其行之亏。均者，均其习之偏。"郑氏曰："均，调也，受此成事而调其音也。"未知孰是。以典乐之官掌成均之法者。乐有声音舞蹈，可以养中和之德而救气质之偏也。合，聚也。天子之元子、众子，公卿大夫元士之适子，凡民之俊选，皆聚而教之也。吕氏曰："大司乐既掌学政，教国之子弟有馀矣。犹退然不敢自足，延请有道德者敬事之，使之教国之子弟。以此见古人之心至公，义理之无穷，规模之无疆界。大抵设教受教，当知无穷意思。死则配食乐祖，祭于学校。不特尊师敬长之义，由是慎终追远，民德归厚。亦当时有道德者，教之明堂位，曰瞽宗殷学也。"娄里王氏曰："古者设师保等官教国子，而世子亦齿焉。是时王子与公卿大夫士之子，幼则同学，长则同事。其同学也，有朋友丽泽之益。其同事也，有明良翼赞之功。故周礼一书，不载储宫之官，盖人未有生而贵者，王子之入学也，一国子而已矣。秦汉以来，始加置詹事中庶子等官。而王子之学与国子迥然不侔。朱子称唐六典载东宫官制甚详，如一小朝廷。宋东宫官属极苟简，左右春坊不进贤德，每用武弁之小有才者。赞善大夫诸官，又但为阶官非实有职业。储教之不古，若有由然矣。"刘氏曰："周有天下，立四代之学。虞庠则以舜为先圣。夏学则以禹为先圣。殷学则以汤为先圣。东胶则以文王为先圣。各取当时左右四圣。成其德业者为之先师，以配享焉。此天子立学之法也。"以乐德教国子：中、和、祗、庸、孝、友。以乐语教国子：兴、道、讽、诵、言语。以乐舞教国子：舞《云门》、《大卷》、《大咸》、《大磬》、《大夏》、《大濩》、《大武》。兴，去声，后同。卷，音权。磬，同韶。濩当作頀。祗，克敬也。庸，有常也。兴者托物兴事，道者依古剀今，讽者微言寓意，诵者咏叹达情。发端之谓言，答述之谓语。《云门》言其德如云之出也。《大卷》，言其能聚物类也。二者皆黄帝之乐。《咸池》言其德无所不施，尧乐也。《大磬》言其绍尧致治，舜乐也。《大夏》言其恢大中国，禹乐也。《大濩》言其救护斯民，汤乐也。《大武》言其武功告成，武乐也。或曰《乐记》大章章之也，注尧乐名，言尧德之昭明也。《周礼》缺文，或作《大卷》，或曰《咸池》，作于黄帝，尧亦修而用之。方氏曰："六乐不及文乐者。六乐皆陈帝王功德，故用之于祭祀。二南所称多后夫人之事，故用之闺门、乡党、邦国，以化天下也。盖以《驺虞》、《采蘋》、《采蘩》为射节，而诸侯之射也，先行燕礼；卿大夫上之射也，先行乡饮酒之礼。其合乐皆终于二南，则无地而不用，无人而不闻，视六乐之用，尤切以遍矣。"愚按：孔子言成于乐，孟子言乐则生矣。生则恶可已，恶可已则不知足之蹈之、手之舞之。《乐记》言乐则安，安则久，久则天，天则神。天则不言而信，神则不怒而威。是则造道入德之方，未有离于乐者也。中和者，六德之成；孝友者，六行之本。祗庸即敬敏也。事理通达而心气和平，则乐语之教为之。血脉动荡而精神流通，则乐舞之教为之。但乐语之义则三百篇尚存，犹可以讽咏流连而得其意。而乐舞之法则惟传闻，其羽旄干戚之饰而节度皆不可考矣。《大武》之舞，秦始皇改曰五行之舞。《大韶》之舞，汉高帝改曰文始之舞，魏文帝又复其名，至晋武帝更文舞曰正德，武舞曰大豫。张华为之乐章，则非复虞周之旧。而唐太宗则自为七德九功之舞，古乐于是而崩焉，不亦可慨哉。以六律、六同、五声、八音、六舞大合乐。以致鬼神示，以和邦国，以谐万民，以安宾客，以说远人，以作动物。说，音悦。律之为言述也，述元阳之气也。同之为言偶也，阴助阳以成化也。出于人者为声，被于器者为音。大合乐者，谓遍作六代之乐也。乃分乐而序之。以祭，以享，以祀。乃奏黄钟，歌大吕，舞《云门》，以祀天神。乃奏太蔟，歌应钟，舞《咸池》，以祭地示。乃奏姑洗，歌南吕，舞《大磬》，以祀四望。乃奏蕤宾，歌函钟，舞《大夏》，以祭山川。乃奏夷则，歌小吕，舞《大濩》，以享先妣。乃奏无射，歌夹钟，舞《大武》，以享先祖。射，音亦。奏者，播之于器也。歌者，咏之于声也。舞者，动之于容也。方氏曰："凡阳律，皆奏用乐器之阴也。凡阴吕，皆歌用人声之阳也。"愚按黄钟属子，大吕属丑，子与丑合而《云门》为乐之创始，故天神用之。大蔟属寅，应钟属亥，寅与亥合而《咸池》为乐之继起，故地示之。姑洗属辰，南吕属酉，辰与酉合而《大磬》后于《咸池》，故四望用之。蕤宾属午，函钟即林钟属未，午与未合而《大夏》后于《大粧》，故山川用之。夷则属申，小吕即仲吕属巳，巳与申合而《大濩》后于《大夏》，故先妣用之。先妣即姜嫄，禘祭始祖所自出也。无射属戌，夹钟属卯，卯与戌合而《大武》后于《大濩》，故先祖用之。先祖谓群庙之主，祫祭合食也。《白虎通》曰：歌在堂上，舞在堂下。歌者象德，舞者象功。君子上德而下功。

凡六乐者，文之以五声，播之以八音。刘氏曰："六代之乐虽不同，而皆用五声，旋相为宫，以成文也。假此八物之音，以播旋宫之文，则乐成矣。"

凡六乐者，一变而致羽物及川泽之示。再变而致蠃物及山林之示。三变而致鳞物及丘陵之示。四变而致毛物及坟衍之示。五变而致介物及土示。六变而致象物及天神。临川王氏曰："羽物轻疾，故致之易。介物迟重，故致之难。象物恍惚无形，故其致之尤难。川泽虚，故致之易。坟衍实，故致之难。天神远人而尊，则其致之尤难。其馀所致，先后大略如此。"娄里王氏曰："象物，成象于天者，日月星辰之类是也。天神，即昊天上帝及五帝，并无象之可言矣。"愚按此章，乃极言乐舞感通之妙。周子所谓天地和则万物顺，故神示格，鸟兽驯也。书言凤凰来仪，百兽率舞，岂非其明征乎！而古今说者，或以为大蜡之祭，或以为四方百物之祭，皆可谓固矣。夫籥章之职，明言国祭蜡。则龡豳雅、击土鼓以息老物，安得备六代之乐，四方之祭，不宜反盛于四望山川而百物之祭。又岂有象物天神之类哉。瓠巴鼓瑟而游鱼出听，伯牙鼓琴而六马仰秣，夫何怪于大乐之感通也。凡乐，圜钟为宫，黄钟为角，太蔟为徵，姑洗为羽。靁鼓靁鼗，孤竹之管，云和之琴瑟，《云门》之舞，冬日至，于地上之圜丘奏之，若乐六变，则天神皆降，可得而礼矣。徵，陟里反，后仿此。悬之曰鼓，有柄曰鼗。孤竹，特生之竹。云和，山名。冬日至者，阳之始。圜丘，郊祀之所，象天形也。天神，昊天上帝也。自上而下谓之降。凡乐，函钟为宫，大蔟为角，姑洗为徵，南吕为羽。灵鼓灵鼗，孙竹之管，空桑之琴瑟，《咸池》之舞，夏日至于泽中之方丘奏之。若乐八变，则地示皆出，可得而礼矣。孙竹，枝根末生之竹。空桑，山名。夏日至者，阴之始。方丘，祭社之所，象地形也。地示，后土也。自内而外谓之出。凡乐，黄钟为宫，大吕为角，大蔟为徵，应钟为羽。路鼓路鼗，阴竹之管，龙门之琴瑟，《九德》之歌，九磬之舞，于宗庙之中奏之。若乐九变，则人鬼可得而礼矣。阴竹，山北所生之竹。龙门，山名。九德，谓水火木金土谷为六府，正德、厚生、利用为三事，合之为九功，叙之为九歌也。九磬，箫韶九成也。宗庙，谓祠禴尝烝之享。人鬼，谓祖考，不言降出者，孝子不忍死其亲也。邓氏曰："圜钟，夹钟也。夹钟生于房心之气。房心，天地明堂，又帝所出之方，致天神以为宫，不曰夹，曰圜，以天体言之也。天体始于黄钟，终于姑洗。以木火土金水为序，则宫声当在太蔟。徵之后姑洗，羽之前当以圜钟为宫角。物生之始黄钟子天，气始于子。徵者，物之成，太蔟，寅天之功，成于寅。羽者，物之终，姑洗，辰天之功，毕于辰。三者，皆阳律，相继天之道也。林钟生于未，天社在东井舆鬼之外，西南坤方，致地示以为宫。不曰林，曰函，以地德言也。地气始于太蔟，终于南吕，以木火土金水为序。宫声自当在姑洗，徵之后，南吕，羽之前，故函钟为宫地之功，见于正月，成于三月，终于八月。林钟上生太簇，大族下生南吕，南吕上生姑洗，相生者，地之功也。黄钟生于虚危之气，虚危为宗庙致人鬼以为官。大吕丑幽阴之所，成大蔟幽阴之魄，出东方与人接。应钟亥复归于幽阴，羽声独远于他均者，他乐天地岁事之一，终鬼道无穷。非若岁事有卒，故尽十二律也。子丑寅亥天地始合，人受中以生，归其宅也。三者，律之相合，相合者，人之情，故以祀人。黄钟属子，自子至申，其数九，故九变也。人鬼不曰生孝子之心，神之无不至也。此各以其声类求之。然乐亡久矣，说者久□，□意言之，非深于乐而亲其用，不能及也。”薛氏曰：“凡乐之变数，皆用其宫之本数为终。黄钟为宫者，黄钟在子，子数九，故九变而终。夹钟为宫者，夹钟在卯，卯数六，故六变而毕。林钟为宫者，林钟在未，未数八，故八变而止，皆用其数而为终也。然则凡十二调而作者各用其本数为乐终，非独本数为三也。”刘原父曰：“《云门》之乐六变而终。《咸池》之乐八变而终。《箾韶》之乐九变而终，亦通。或问《周礼》祀天地人，何以无商音？朱子曰：五音无一则不成乐，非无商音，但无商调。先儒谓商调是杀声，鬼神畏商调。”蔡氏曰：“此祭祀之乐，不用商声，只有宫角徵羽四声，无变宫变徵，盖古人变宫变徵不为调也。”左氏传曰：“中声以降，五降之后，不容弹矣夫。五降之后，更有变宫变徵，而曰不容弹者，以二变之不可为调也。”愚按，国语称《大武》之乐，以夷则之上宫毕，陈名之曰羽，所以藩屏民则也。以黄钟之下宫布戎，故谓之厉。所以厉六师也。以太蔟之下宫布令，故谓之宣，所以宣三王之德也。以无射之上宫布宪，故谓之嬴乱，所以优容柔民也。柳宗元以为大武之律变，每奏武曲一终为一成，此可以推乐变矣。**凡乐事，大祭祀宿县，遂以声展之。王出入则令奏《王夏》，尸出入则令奏《肆夏》，牲出入则令奏《昭夏》。帅国子而舞。大飨不入牲，其他皆如祭祀。**宿县，谓于祭之前夕列乐器于笱虡也。展者，扣击而省视之也。三夏，皆乐章名。飨诸侯虽在庙，其牲则杀于庙门内，因即飨之，升鼎乃入。**大射，王出入，令奏《王夏》。及射，令奏《驺虞》。诏诸侯以弓矢舞。王大食，三宥，皆令奏钟鼓。王师大献，则令奏恺乐。**宥与侑同。《驺虞》，《周南》篇名。以弓矢舞，谓执弓挟矢揖让进退之节也。大食，朔望之礼食。宥，劝也。奏钟鼓，以节之助气体之养也。大献，谓献捷于祖。恺歌，怒气释而恺乐形于歌咏也。娄里王氏曰：“古者出兵受成于学，及其反也，释奠于学而以讯馘告泮。

水云娇娇，虎臣在泮，献馘是也。然则司乐之大献，其即献于乐祖与。古人十三舞勺，所以学文。成童舞象，所以学武。二十舞《大夏》，则六舞备而文武一之矣。先王之教，无文事武事之分如此。后世二之，世道所由以升降也。”

凡日月食，四镇五岳崩，大傀异灾，诸侯薨，令去乐。大札、大凶、大灾、大臣死，凡国之大忧，令弛县。凡建国，禁其淫声、过声、凶声、慢声。大丧，莅廞乐器。及葬，藏乐器亦如之。傀，九靡反。去，上声。四镇，十二州之镇山。傀，怪异也。去乐，藏之也。弛县则释下之而已。淫声则不正。过声则不中。凶声则不祥。慢声则不肃。故皆禁之，恐其荡人心而败国俗也。乐器，谓明器。纳之圹中者。《檀弓》云：琴瑟张而不平，竽笙备而不和者是也。

乐师，掌国学之政，以教国子小舞。凡舞，有帗舞，有羽舞，有皇舞，有旄舞，有干舞，有人舞。帗舞、羽舞、皇舞，义见大司徒。旄舞，以干缀旄牛之尾而舞之。干舞，即兵舞，执干楯而舞之。人舞则以手袖为威仪而已。陈氏曰：“古之于大祭祀，有备乐必有备舞。《春秋》书有事于太庙万舍籥，则宗庙用干与羽矣。若夫散而用之，则有所不备。故山川以干，社稷以帗，四方以羽，旱暵以皇。《大司乐》曰：舞《咸池》以祭地示，则社稷不特帗舞。《大夏》以祭山川，则山川不特兵舞也。于《咸池》之类，言其章，不言其器。于帗舞之类，言其器，不言其章，互备也。《书》言舞干羽于两阶，《乐记》比音而乐之，及干戚羽旄谓之乐。《郊特牲》明堂位祭统，皆言朱干玉戚以舞大武，皮弁素积以舞大夏。简兮之诗言硕人，俣俣公庭，万舞继之。左手执籥，右手秉翟，要皆先武后文者。盖尧舜揖让，其舞先干后羽，以苗民逆命故也。汤武征伐，其舞先武后文者，以有武功为大故也。”教乐仪，行以《肆夏》，趋以《采芥》。车亦如之，环拜以钟鼓为节。乐仪，出入于大寝朝廷之仪也。采齐，疑即齐夏。王氏曰：“环拜谓宾拜之仪，环列而拜，以拜者非一也。鼓以作之，钟以止之。作止应乎钟鼓，则其仪不忒矣。”陈氏曰：“夫王食则以乐侑之，言则以乐歌之，行则以《肆夏》、《采芥》节之，登车以和鸾和之。然则王之所以言语饮食行趋登车之际，无非礼乐也。乐以乐之，礼以节之。则纯和之志不内散，而非僻之心无自人。所谓礼乐不可斯须去身者，此也。”凡射，王以《驺虞》为节，诸侯以《貍首》为节，大夫以《采蘋》为节，士以《采蘩》为节。采蘋、采蘩，皆《召南》篇名。貍首，今亡。记曰驺虞者，乐官备也。貍首者，乐时会也。采蘋者，乐循法也。采蘩者，乐不失职也。是故天子以备官为节，诸侯以时会为节，大夫以循法为节，士以不失职为节。愚按厩牧之官曰驺，山泽之官曰虞。驺虞之职，皆得其人而况其大焉者乎。草木鸟兽之类，亦若其性而况其贵焉者乎。故曰乐官备也。采蘋之诗言其取之博，其用之时，其进之恪，故曰乐循法也。采蘩之诗言先事而备，临事而敬，已事而暇，故曰乐不失职也。惟貍首之诗，则无所考耳。射义称其诗曰："曾孙侯氏，四正其举。大夫君子，凡以庶士。小大莫处，御于君所。以燕以射，则燕则誉。"言君臣相与尽志于射，以习礼乐，则安则誉也。芸阁吕氏则曰："记有原壤所歌之辞，曰貍首之班然，执女手之拳然。貍首，田之所获物之至尊者。执女手者，所以道旧结欢也。言君臣相与习礼结欢，奉天子以修朝事，故诸侯之射以是为节。所以乐其会时也。"二说不同，未知孰是。**凡乐，掌其叙事，治其乐政。凡国之小事用乐者，令奏钟鼓。凡乐成，则告备。诏来鼓皋舞，及彻，帅学士而歌彻，令相。飨食诸侯，序其乐事，令奏钟鼓，令相，如祭之仪。**序事，次序用乐之事。小事，小祭祀也。成者，乐之一终。告备，所谓工告乐备也。来，犹至也。皋之为言号也，言当奏乐时告瞽者，使之来。当兴舞时召舞者，使之舞也。学士，谓国子。歌彻，歌雍以彻也。相，扶助也。鼓矇当退，使视瞭扶之。王氏曰："彻祭必歌雍者，取其和而敬也。人之情乐于始者，或倦于终。笃于暂者，或怠于久。于祭之终，犹不失其和与敬，此诚之至也。"**燕射，帅射夫以弓矢舞。乐出入，令奏钟鼓。凡军大献，教恺歌，遂倡之。凡丧陈乐器，则帅乐官。及序哭，亦如之。凡乐官掌其政令，听其治讼。**射夫，众耦也。乐人及乐器出入，亦奏钟鼓者，重之也。亦以警其执事也。始发声曰倡。序哭，以序向明器而哭也。乐官，谓大胥小胥之伦。

大胥，掌学士之版，以待致诸子。春入学，舍采，合舞。秋颁学，合声。舍采当作释菜。版，籍也。舍采，谓荐芹藻之菜，以礼先师。合舞，等其舞容，使应节也。颁学，谓分其才艺之高下。合声，等其歌声，使应律也。王氏曰："公卿大夫之子，其父兄有爵列于国也，故谓之国子。以其众言之，则谓之诸子。以其教于学也，则谓之学士。其实一也。"临邛魏氏曰："古者民以君为师，仁寿鄙夭，君实司之。而臣则辅相，人君以师表万民者也。自孔子以前曰圣、曰贤，有道有德则未有不生都显位、没祭大烝者。此非诸生所得祠也。自君师之职不修，学校废，井牧坏，民散而无所系。于是始有师弟子群居以相讲授者，所谓各祭其先师。疑秦汉以来始有之。而诗书礼乐各立师，不能以相通，则秦汉以前为士者，断不若是之隘也。此亦可见世变日降，君师之职下移，而先王之道分裂矣。然而春秋战国之乱，犹有圣贤为之师。秦汉以来，犹有专门为之师。故所在郡国，尚存先师之号，奠祠于学。故记人识于礼而传者，又即其所闻见以明之也。”以六乐之会正舞位，以序出入舞者。比乐官，展乐器。凡祭祀之用乐者，以鼓征学士。序宫中之事。比，毗至反，下同。会，合也。正舞位者，使左右前后有伦也。序出入者，使进退行缀有次也。以鼓召之，使各司其事也。王宫之中，国子之宿卫者，宫正既教之，大胥又次序之焉。

小胥，掌学士之征令而比之。觵其不敬者。巡舞列，而挞其怠慢者。觵，罚爵也。不敬，谓愆期不时至者。挞，楚扑也。怠慢，谓执事不恪谨者。正乐县之位。王宫县，诸侯轩，县卿大夫判县，士特县，辨其声。凡县钟磬，半为堵，全为肆。乐县，谓钟磬之属，县于笋虡者。陈氏曰：“宫县，四面象宫室，王以四海为家故也。轩县，缺其南，避王南面故也。判县，东西之象卿大夫左右王也。特县，则一肆而已。象士之特立独行也。”郝氏曰：“凡钟磬编县以八为全，每县各八为堵，二八为肆。堵者，立如堵墙。肆者，列行成肆。天子之卿大夫士以肆为轩特判，诸侯之卿大夫以堵为轩特判也。又曰：按乐县不止钟磬，而编县惟钟磬。故有半堵全肆之殊。诗曰：“应田县鼓。”是大鼓小鼓，皆县也。又云：“虡业维枞，贲鼓维庸。”是大钟大鼓皆县也。诸侯以下，县虽不得四面，而众乐皆备则同。郑解乡射谓士惟县磬，是以士特县，为不得有钟鼓矣，何以成乐?”

大师，掌六律六同，以合阴阳之声。阳声：黄钟、太蔟、姑洗、蕤宾、夷则、无射。阴声：太吕、应钟、南吕、函钟、小吕、夹钟。皆文之以五声，宫、商、角、徵、羽。皆播之以八音，金、石、土、革、丝、木、匏、竹。合者，阴阳相合也。阳顺行，阴逆行。黄钟子，大吕丑，相合于下以象地气也。蕤宾午，函钟未，相合于上以象天气也。太蔟寅，应钟亥，夹钟卯，无射戌，姑洗辰，南吕酉，小吕巳，夷则申，相合于左右以象四时之气也。旧说谓以月建合日躔，是不知古今有岁差矣。阳得阴而娶其党，阴得阳而生其类。黄钟得林钟，一阳配四阴也。林钟至太蔟，四阴生二阳也。太簇得南吕，二阳配五阴也。南吕至姑洗，五阴生三阳也。姑洗得应钟，三阳配六阴也。应钟至蕤宾，六阴生四阳也。蕤宾得大吕，四阳配一阴也。大吕至夷则，一阴生五阳也。夷则得夹钟，五阳配二阴也。夹钟至无射，二阴生六阳也。无射得小吕，六阳配三阴也。小吕至黄钟，三阴生一阳也。或曰十二辟卦配之。一阳一阴交而生二阴，律娶妻吕，生子据，黄蕤交而生林也。后此旋例矣，亦通。文之者，调其声而相次成章之谓。播之者，被于器而宣扬不穷之谓。宫最浊，商次之，角次之，徵次之，羽最清。管子曰：“凡德徵，如负猪，豕觉而骇。凡听羽，如鸣鸟在树。凡听宫，如牛鸣窌中。凡听商，如离群羊。凡听角，如雉登木。”太史公曰：“宫动脾而和正圣。商动肺而和正义。角动肝而和正仁。徵动心而和正礼。羽动肾而和正智。故闻宫音使人温舒而广大。闻商音使人方正而好义。闻角音使人恻隐而爱人。闻徵音使人乐善而好施。闻羽音使人整齐而好礼。”乐记曰：“宫为君，商为臣，角为民，徵为事，羽为物。五者不乱，则无怗懘之音矣。”金，钟镈也。石，磬也。土，埙也。革，鼓鼗也。丝，琴瑟也。木，柷梧也。匏，笙也。竹，管箫也。服虔曰：“乾音石，其风不周。坎音革，其风广莫。艮音匏，其风融。震音竹，其风明庶。巽音木，其风清明。离音丝，其风景，坤音土，其风凉。兑音金，其风阊阖。”杨杰曰：“金声春容，失之则重。石声温润，失之则轻。土声函胡，失之则下。竹声清越，失之则高。丝声纤微，失之则细。革声隆大，失之则洪。匏声丛聚，失之则长。木声无馀，失之则短。人禀中和之气，有中和之声，足以权量八音。”**教六诗：曰风，曰赋，曰比，曰兴，曰雅，曰颂。以六德为之本，以六律为之音。**风者，咏民俗之辞，如风之动物也。雅者，陈治体之辞，如鸦鸟之先声也。颂者，赞盛德之辞，如颂磬、颂钟之应歌也。三者，诗之体也。赋者，直述其事而陈之也。比者，以其所类而况之也。兴者，以其所感而拟之也。三者，诗之用也。六德，即忠和祗庸孝友。六律，兼六吕而言之。马氏曰：“盖尝以为诗之体有三：曰风，曰雅，曰颂。风雅虽有一国、天下之不同，然大概风者闾阎之间，民庶之所吟讽，所谓陈诗以观民风是也。雅者，朝廷之上，君臣之所咏歌，所谓王政所由兴废是也。其诗则施之于燕飨。颂者，美盛德告成功者也。其诗则施之于祭祀。然未有三百五篇之前，如康衢、如击壤，则风之祖。如《五子之歌》，则又变风变雅之祖。若颂者，独无所祖。《书》曰：八音克谐，神人以和。又曰：搏拊琴瑟以咏，祖考来格。则祭祀亦必有诗歌，而无可考者。意者太古之时，诗之体未备，和气所感，和声所播，形为诗歌，被之金石管弦，施之燕飨祭祀，均此诗也。未尝不可通用，初不必歌功诵德，极揄扬赞叹之盛，而后谓之颂也。至周之时，风雅颂之别始截然。周室既东，而诗乐亦颇残缺失次。必孔子之圣，周流四方，参互考订，然后能知其说。所谓吾自卫反鲁，然后乐正，雅颂各得其所是也。”愚谓：风者，乡乐也，故州党之饮射用之。邦国之燕射亦用之。小雅者，朝廷之乐也,《鹿鸣》之类，则燕饮用之。《楚茨》之类，则侯国之祭祀用之。大雅与颂者，宗庙之乐也。故大祭与大飨皆用之。特雅以为歌之声，而颂以为舞之节耳。周礼屡言祭祀之后必曰飨亦如之。夫岂以大祭大宾为有二敬乎？至谓颂无所祖，则窃意如孟子所述，劳之来之，匡之直之，辅之翼之，使自得之，又从而振德之。当必为九磬之遗音，称正德之事者。惜夫亡书九歌之篇，不可复见，无以验其必然耳。王氏曰："六德本于性情，所以正于中。六律稽诸度数，所以正于外。以六德为之本，故虽变而犹止乎礼义。以六律为之音，则《书》所谓声依永，律和声，八音克谐者也。"大祭祀，帅瞽登歌，令奏击拊。下管播乐器，令奏鼓朄。大飨亦如之。朄，音胤。登歌，堂上歌诗也。拊，形如鼓，以韦为之，著之以糠。下管，堂下吹管也。播，扬也。小鼓，谓之朄。陈氏曰："古者治定制礼，功成作乐。舜之为乐，戛击鸣球，搏拊琴瑟，以咏堂上之乐也。以象朝庙之治，故继之以祖考来格。虞宾在位，群后德让，下管鼗鼓合止，柷敔笙镛，以间堂下之乐也。以象万物之治，故继之以鸟兽跄跄。《礼记·文王世子》曰：登歌《清庙》，下管《象》、《武》。《郊特征》曰：歌者在上，匏竹在下，贵人声也。《仲尼燕居》曰：升歌《清庙》，示德也；下而管象，示事也。《祭义》亦云：《燕礼》《大射礼》曰：升歌鹿鸣，四牡，皇皇者华，下管新宫。由此观之，则舜升歌下管之诗，虽无经见，要之，歌以示德，管以示事，一也。德成于上，歌咏于堂上。事成于下，管吹于堂下。岂非无所因为上，有所待为下邪，极而论之，堂上之乐以咏为主，堂下之乐以间为主。则律和声也。两者用，然后上下合奏而不失中和之纪矣。然则，乐之张陈戛击必于堂上，柷敔必于堂下，何邪？曰：柷敔，器也。戛击，所以作器也。器则卑而在下，作器者尊而在上，贵贱之等也。荀卿曰：县一钟而尚拊。大戴礼曰：县一磬而尚拊。为堂上之乐，则一钟一磬尚拊，亦堂上之乐也。盖古者，歌诗搏拊而县兴。故一钟，黄钟之特钟也。一磬，黄钟之特磬也。方其工之升歌也，搏拊而钟磬作焉。黄钟之钟鸣于堂上，而堂下之编钟应之。黄钟之磬鸣于堂上，而堂下之编磬应之，所以绝歌者之句也。岂非歌中声之诗，必假中声之钟磬以发其音邪。本朝堂上之乐，不设一钟一磬而尚拊，臣恐未合先王之制，神瞽考中声之意也。"大射，帅瞽而歌射节。大师，执同律以听军声，而诏吉凶。大丧，帅瞽而廞，作柩谥。凡国之瞽矇正焉。射节，若驺虞九节，貍首七节，采蘋、采蘩五节之类。军声，若商则战胜，军士强；角则军扰多变，失士心；宫则军和，士卒同心；徵则将急数怒，军士劳；羽则兵弱，少威明之类。敬而陈之谓之廞柩。谥，谓尸在棺而作大行之谥也。正者，取正于太师也。临川王氏曰："诏吉凶，使知所戒，一体之盈虚，通于天地，应于物类。故占之以寝，卜视之以祲，象听之以同律，皆得其详焉。又曰：史序事，王行见于事，故太史读诔。瞽掌乐，王德成于乐，故太史作谥，谥成德之名也。”

小师，掌教鼓鼗、柷、敔、埙、箫、管、弦、歌。大祭祀登歌击拊。下管，击应鼓，彻鼓①歌。大飨亦如之。大丧，与廞。凡小祭祀小乐事，陈②㮄。掌六乐声音之节与其和。敔，音语。与廞之与，去声。鼗，如鼓而小旁有耳，持其柄而摇之。柷，如漆筒，中有椎柄，动击其旁，以合乐也。敔，刻木为虎，背有七十一刻，以木轹之，以止乐也。埙，烧土为之，锐上平底，有六孔以取声。箫，编小竹为之。管，如篪有六孔。弦，琴瑟也。疏云：大飨，诸侯彻器亦歌雍，若诸侯自相飨，则歌振鹭。与廞，从大师以廞也。何氏曰：“大不逾宫，细不逾羽，五声之节也。琴瑟在上，匏竹在下，八音之节也。大小清浊相应而不相变，则乐和矣。”

瞽矇，掌播鼗、柷、敔、埙、箫、管、弦、歌。讽诵诗，世奠系，鼓琴瑟。掌《九德》、《六诗》之歌，以役大师。世奠，当作奠世。奠，定也。讽诵诗，可知民风之厚薄。奠世系，可知前世之兴衰。鼓琴瑟，则合二者而和之。《九德》，虞诗也，尽善尽美，故歌之。《六诗》，周诗也，有经有纬，故歌之。役，使也。按虞书云：诗言志，歌永言，声依永，律和声。此诗之所由昉也。至成周而其体乃大备焉。孔子正乐，必以雅颂得所为言，则是诗即乐之章尔。但诗之为用，有义理，有声律。秦火以后，义理之学齐鲁毛韩四家犹讲之，虽未必得其真而犹存其仿佛。若声律之学则失其传焉。曹孟德平刘表得汉雅乐郎杜夔，夔老，久不肄习，所得于三百篇者，惟《鹿鸣》、《驺虞》、《伐檀》、《文王》四篇而已。太和末，又失其三，左延年新得惟《鹿鸣》一篇，每正旦大会，太尉奉璧，群臣行礼，东厢雅乐常作者，是也。至晋室《鹿鸣》一篇又无传矣，自此以后言乐者，求之于乐府新声。言诗者，求之于章句驯诂，而二者遂不能以复合。所幸者，三百篇之文犹存耳。鹿鸣、四牡、皇华之为升歌。鱼丽、嘉鱼、南山之为间歌。南陔、白华、华黍、崇丘、由庚、由仪之为笙歌。新宫即斯干之为下管。关雎、葛覃、卷耳、鹊巢、采蘋、采蘩之为合乐。此见于燕

①“鼓”字据十三经本当衍。
②“陈”，十三经本为“鼓”。

礼者也。驺虞、采蘋、采蘩之为射节，此见于射礼者也。豳诗为祭祀，此见于籥章者也。清庙之为升歌，大武之为下管，雍、振羽之为彻，此见于礼记者也。时迈、赉、桓之为武乐，此见于左氏传者也。且也，楚茨之享祀，妥侑、信南山之酒牲血膋，非诸侯享内神之辞乎。甫田、大田之社方禋祀，非诸侯祭外神之辞乎。文王之祼将黼哻，棫朴之薪槱奉璋，旱麓之玉瓒骍牡，非天子宗庙之辞乎。至若登豆升香，则郊祀配天之辞也。帝谓文王，则宗祀配帝之辞也。行苇、凫鹥、既醉嘉乐，则绎祭唱和之辞也。其可推者，不既多乎。学诗者，其致思焉。夹漈郑氏曰："三代既没，汉魏嗣兴，礼乐陵夷，其来有渐。始则风雅不分，次则雅颂无别。次则颂亡，次则礼亡。按上之回，圣人出，君子之作也，雅也。艾如张、雉子班，野人之作也，风也。合而为鼓吹，曲燕歌行，其音本幽蓟，则列国之风也。煌煌京洛行，其音本京华，则都人之雅也。合而为相和歌风者，乡人之用雅者，朝廷之用合，而用之是为风雅不分。然享大礼也，燕私礼也，享则其兼用下乐，燕则不得用上乐。及明帝定四品：一曰大予乐，郊庙上陵用之。二曰雅颂乐，辟雍享射用之。三曰黄门鼓吹乐，天子宴群臣用之。四曰短箫铙歌乐，军中用之。古者雅用于人，颂用于神。武帝之立乐府采诗，虽不辨风雅，至于郊祀房中之乐，未尝用于人事，以明神人之不可同事也。今辟雍享射，雅颂无分。应用颂者，而改用大予。应用雅者，而改用黄门。不知黄门、大予于古为何乐乎。风雅通歌，犹可以通也；雅颂通歌，不可以通也。曹魏准鹿鸣作于赫篇以祀武帝，准驺虞作巍巍篇以祠文帝。准文王作洋洋篇以祀明帝。且清庙祀文王，执竞祀武王，莫非颂声。今魏家三庙纯用风雅，此颂之所以亡也。颂亡，则乐亡矣。是时乐虽亡，礼犹存。宗庙之礼不用之天，明有尊亲也。鬼神之礼不用于人，知有幽明也。梁武帝作十二雅、郊庙明堂三朝之礼，展转用之，天地之事，宗庙之事，君臣之事，同其事矣。乐之失也自汉武始，其亡也自魏始。礼之失也自汉明始，其亡也自梁始。礼乐沦亡之所由，不可不知也。"

视瞭，掌凡乐事。播鼗，击颂磬、笙磬。掌大师之县。凡乐事，相瞽。大丧，廞乐器。大旅亦如之。宾射，皆奏其钟鼓。鼜、恺献亦如之。颂，音镛。磬与镛声相应者，曰颂磬。磬与笙声相应者，曰笙磬。旅者，大故而祭，亦如大丧，陈乐器而不用也。鼜以示戒惧，恺乐以示欢乐，故皆用钟鼓焉。

典同，掌六律六同之和。以辨天地四方阴阳之声，以为乐器。凡声，高声䃂，正声缓，下声肆，陂声散，险声敛，达声赢，微声䪥，回声衍，侈声筰，弇声郁，薄声甄，厚声石。凡为乐器，以十有二律为之度数。以十有二声为之齐量。凡和乐亦如之。硍，音衮。䪥，音暗。筰，音窄。甄，音震。齐，去声。音属阳，故大师举律以兼同。器属阴，故此又举同以兼律。二者皆以竹候气，而以铜为之。天声清明，地声广大。四方之声，即八风也。阴阳之声，即十二节也。钟为八音之首，故特举以概其馀焉。硍者，上藏之象。缓者，中纾之象。肆者，下放之象。陂，偏侈也。散者，外越之象。险，偏弇也。敛者，内收之象。达，稍大也。赢者，有馀之象。微，稍小也。䪥者，不足之象。回，微圜也。衍者，无鸿杀之象。侈，中央约也。筰者，迫窄之象。弇，中央宽也。郁者，结塞之象。甄者，震掉之象。石者，遏密之象。度数，长短之则也。齐量，多寡之容也。八音之器，皆以此准之。朱子曰："黄帝使伶伦自大夏之西、昆仑之阴，取竹于嶰溪之谷。以生而空窍厚薄均者，断两节间而吹之，以为黄钟之宫。制十二筩以听凤皇之鸣，其雄鸣为六，雌鸣亦六。以比黄钟之宫而皆可以生之，故曰黄钟律吕之本。其雄鸣者为六律，曰黄钟、太蔟、姑洗、蕤宾、夷则、无射。其雌鸣者为六吕，曰大吕、夹钟、中吕、林钟、南吕、应钟。于是文之以五声曰：宫、商、角、徵、羽，播之以八音曰：金、石、土、革、丝、竹、匏、木，而大乐和矣。以之候气，则埋之密室，上与地平，实以葭灰，覆以缇素，以侯十有二月之中气。冬至气至，则黄钟之管，飞灰冲素。大寒以下，各以其月随而应焉，而时序正矣。以之审度，则以子谷秬黍中者。九十度黄钟之长而以一黍之广为一分。十分为寸，十寸为尺，十尺为丈，十丈为引，而五度审矣。以之嘉量，则以子谷秬黍中者千有二百实，其龠以井水准其概合龠为合。十合为升，十升为斗，十斗为斛，而五量嘉矣。以之谨权衡，则以黄钟一龠千二百黍之重，为十二铢、两之得，二十四铢而为两，十六两为斤，三十两为钧，四钧为石，而五权谨矣。《舜典》曰：协时月正日，同律度量衡，此之谓也。"

磬师，掌教击磬，击编钟。教缦乐燕乐之钟磬。（及）〔凡〕①祭祀，奏缦乐。刘氏曰："宫县有特磬十二，镈钟十二，皆依辰次陈之，以应其方之律。编磬、编钟各十有六，共为一虡，而磬师之职，掌教视瞭击特磬与编磬，又教视瞭击编钟也。"愚谓：缦乐合八音之奏也，燕乐歌二南之诗也。

钟师，掌金奏。凡乐事，以钟鼓奏九夏：《王夏》、《肆夏》、

①据十三经本改。

《昭夏》、《纳夏》、《章夏》、《齐夏》、《族夏》、《祴夏》、《骜夏》。凡祭祀、飨食，奏燕乐。凡射，王奏《驺虞》，诸侯奏《貍首》，卿大夫奏《采蘋》，士奏《采蘩》。掌鼙，鼓缦乐。祴，音戒。骜，音敖。金奏，击钟与镈，以为奏乐之节也。九夏，皆乐章名。祭祀飨食而奏燕乐者，岂事毕而宴之时与。按经云：王出入奏《王夏》，尸出入奏《肆夏》，牲出入奏《昭夏》。注复云：四方宾来奏《纳夏》，臣有功奏《章夏》，夫人祭奏《齐夏》，族人侍奏《族夏》，客醉而出奏《祴夏》，公入奏《骜夏》。郑氏谓皆颂类而亡之。愚则以为，未必亡也。《王夏》即维天之命也，德合于天，大君之则也。《肆夏》即清庙也，对越骏奔，所以奉尸也。行以《肆夏》，迎送宾以《肆夏》，毋乃取其肃雝之范乎。《昭夏》即维清也，迎牲为祭之始，故曰肇禋缉熙，则昭之义也。至若其馀，殆烈文诸篇当之乎。《纳夏》盖烈文也，献诸侯之乐歌也，百辟其刑，则诸侯咸在矣。《章夏》盖有瞽也，献卿大夫之乐歌也。喤喤厥声，章明之至也。《齐夏》盖雝也雝雝肃肃，整齐之至也。趋以采齐和鸾中采齐，皆取是义尔。《族夏》盖丝衣也，献士及群有司之乐歌也。族者聚会之义，旅酬之象也。《祴夏》盖振鹭也，无恶无射，非戒慎者能之乎，故客出而彻俎用之。《骜夏》盖有客也，宿宿信信，非回旋而不能自已者乎。故绎祭而留宾用之。先儒专以客为夏殷之后，则固矣。夏之为言大也，言大周乐于天下也。凡此六诗之分，用惟《祴夏》、《骜夏》，《仪礼》有明文，其他恐郑氏之臆说也。《族夏》乃取宗族之义，不亦迂乎。《齐夏》专为夫人之用，不亦狭乎。今并存其说，以俟考云。

笙师，掌教龡竽、笙、埙、籥、箫、篪、篴、管，舂牍、应、雅，以教祴乐。凡祭祀、飨射，共其钟笙之乐。燕乐亦如之。大丧，廞其乐器；及葬，奉而藏之。大旅，则陈之。龡与吹同，篴与笛同。教者，教视瞭也。竽笙，皆竹管而以匏为簧，宫管在中央，三十六簧曰竽，宫管在左旁，十九簧至十三簧曰笙。籥如笛，三孔。篪七孔，一孔上出，横吹之。筑地谓之舂。牍以竹为之，其长七尺，大五六寸，其端有两孔髤画之。应亦以竹为之，其长六尺五寸，其中有椎雅，状如漆筒，而弇口，大二围，长五尺六寸，以羊韦挽之，有两纽。客醉而出奏《祴夏》，用此三器。筑地以为声，明不失礼也。钟笙之乐，言钟声与笙声相应也。郝氏曰："众乐独以笙名官，象东方生物以始之也。"

镈师，掌金奏之鼓。凡祭祀，鼓其金奏之乐。飨食、宾射亦如之。军大献，则鼓其恺乐。凡军之夜三鼜，皆鼓之。守鼜亦如之。大丧，廞其乐器，奉而藏之。镈，如钟而大。鼓谓晋鼓。盖视瞭击镈，而师但击鼓，以节之也。郎氏曰：在师以鼓警众，则一夜三击。守国以鼓戒严，亦如在师也。《杂说》军已发行而国犹不废守，此所以又有守鼜。后世用师行军而京师戒严者，本此。方氏曰：镈师所掌即鼓人所教，而别为二职者，鼓人所鼓军旅、田役以及祭祀百物之神，皆地官之事也。镈师所鼓祭祀、飨食、宾射、大献，皆礼官之事也。惟鼓鼜二职并列。然镈师鼓恺乐守鼜，而鼓人无之，则知镈师所掌，皆王朝之事。其夜鼜惟王亲在行则然。若鼓人，则凡军旅通掌其鼓与鼜也。

韎师，掌教韎乐。祭祀则帅其属而舞之。大飨亦如之。郝氏曰："韎韐，戎服。诗曰：韎韐有奭，皮衣色赤。明堂位曰：韎，东夷之乐，祭祀用之，象服远也。周居西土，东夷最远，故舞东夷之乐，昭王化之四达也。"

旄人，掌教舞散乐，舞夷乐。凡四方之以舞仕者属焉。凡祭祀、宾客，舞其燕乐。散乐，野人之乐。夷乐，四夷之乐。东夷之乐曰韎，持矛助时生。南夷之乐曰任，持弓助时养。西夷之乐曰侏僸，持钺助时杀。北夷之乐曰禁，持楯助时藏。皆于四门之外舞之。四方仕者，即野人、夷人也。

籥师，掌教国子舞羽龡籥。祭祀则鼓羽籥之舞。宾客飨食，亦如之。大丧，廞其乐器，奉而藏之。执羽以为舞饰，吹籥以为舞节，皆文舞所用，鼓所以动其容也。

籥章，掌土鼓豳籥。中春昼击土鼓，龡《豳诗》以逆暑。中秋夜迎寒，亦如之。凡国祈年于田祖，龡《豳雅》，击土鼓，以乐田畯。国祭蜡，则龡《豳颂》，击土鼓，以息老物。中，音仲。乐，音洛。土鼓，以瓦为匡，以革蒙其面而击之，或曰筑土为鼓，以蒯桴击之。豳籥，豳地所龡之籥，以韦为之。豳诗，《七月》之篇。田畯，古司穑也。老物，物终而老也。按七月之辞，仰观天时，俯授民事，故逆暑迎寒用之。男耕女桑，庶务举焉，故祈年用之。风日水土，群生赖焉。鸟兽昆虫，百化兴焉。故祭蜡用之。吾乃知周之德与周之所以王也。歌以祈年，舞以祭蜡，此雅颂之分也。逆暑、迎寒，歌舞并作，故统名之豳诗与。郑氏欲以一篇分为三体，则首尾衡决而不可用，朱子又欲以楚茨、大田等篇为豳雅，良耜、载芟等篇为豳颂，然诸篇皆通乎天下之辞，非若七月之专言国俗也。盖亦不可得而强通矣。吴氏曰："诗疑作风，风以导其气，雅以作其情，颂以告其成，所以发达天地之和声也。"

鞮鞻氏，掌四夷之乐与其声歌。祭祀，则龡而歌之，燕亦如之。鞮鞻，四夷乐。人所履之革屦也。乐以所舞言，声歌以所咏言。旄人、鞮鞻氏止用之于燕而不用之于飨，则其声容不如韎师之盛也。陈氏曰："周官韎师掌教韎乐，旄人掌教舞夷乐，鞮鞻掌四夷之乐与其声歌，凡祭祀燕飨用焉。然则胡部之乐，虽先王所不废，其用之未尝不降于中国雅部之后也。故韎师、旄人、鞮鞻氏所以居大司乐之末与。后世以觱篥为头，管进之雅部之前，失先王所以立乐之方也。"

典庸器，掌藏乐器、庸器。及祭祀，帅其属而设笋虡，陈庸器。飨食、宾射亦如之。大丧，廞笋虡。庸器，铸器以铭功者。横者为笋，从者为虡，皆所以县乐器者也。

司干，掌舞器。祭祀，舞者既陈，则授舞器。既舞则受之。宾飨亦如之。大丧，廞舞器；及葬，奉而藏之。干，盾也。舞器，戈戚之属。陈，列也。受之，受而藏之也。王氏曰："文舞则籥师教之，武舞则司干教之。"愚按：六代之乐今皆失传，独韶武犹可因遗经而想像之耳。《书》曰：水火金木土谷惟修，正德利用厚生惟和。九功惟叙，九叙（为）〔惟〕歌。此韶乐之纲也。《记》曰：始而北出，再成而灭商，三成而南，四成而南国是疆，五成而分周公左、召公右，六成复缀以崇天子，此武乐之序也。意者，韶之作也，始象六府之修，继象三事之和。盖疏浚者，水也。焚烈者，火也。兵刑者，金也。咸若者，木也。井疆者，土也。播殖者，谷也。礼乐者，德之正也。共工者，用之利也。亲逊者，生之厚也。于焉沐浴夫膏泽。于焉咏歌夫勤苦。虽越宇宙而不可易焉。故曰如天之无不覆也，如地之无不载也。又曰：不图为乐之至于斯也。武之作也，一成之时，舞者总干山立以象武王，所谓久立于缀以待诸侯之至也。发扬蹈厉以象太公，所谓夹振之而驷伐盛威于中国也。分陕而进，事蚤济也。故其辞曰"胜殷遏刘"，言克敌也，再成而商既灭矣。乃封五帝二王之后，表比干、箕子、商容之冤。庶民弛政，庶士倍禄，故其篇名曰《赉》。所谓大赉于四海而万姓悦服。其辞曰"我徂维求定"，言一戎衣而天下大定也。三成则旋而南，于是散牛马、藏车甲、包干戈、侯将帅。故其辞曰"时迈其邦"，言巡行于中国也。"式序在位"，言分封其亲贤也。"载戢干戈，载櫜弓矢"，非所谓建櫜者乎。四成则南国从而疆之，郊射之容，裨冕搢笏之仪，明堂朝觐耕籍之政，无不象而拟之。故其辞曰"敷天之下，裒时之对"，而其篇名曰《般》，言盘桓而不遽归也。五成而周召相左右分矣。舞者列两行，以坐其足，皆轾右以象偃武，轩左以象修文。然后以齿德之公卿居三老五叟之席，而天子北面以事之。故其篇名曰《酌》，言致治之酌宜也，其辞曰“实为尔公允师”，言二公之化天下信之也。六成则无事矣，衮冕而垂拱矣。惟复缀以崇天子耳。于昭于天皇以间之，可不谓至崇者乎。凡此二舞，皆文武兼用。盖揖逊之朝，不无除凶伐叛之事。征诛之代，亦有制礼作乐之仪。万舞洋洋，此之谓也，然则籥师司干，职虽分而事则联矣。

大卜，掌《三兆》之法。一曰《玉兆》，二曰《瓦兆》，三曰《原兆》。其经兆之体，皆百有二十。其颂皆千有二百。太卜，卜官之长。郑氏曰：“太卜掌三兆、三易、三梦，以卜名，重卜也。玉兆，文如玉肤，属阳。瓦兆，暴烈如瓦解，属阴。原兆，拆烈如原田，阴阳杂。”愚谓：经，常体也。颂，繇辞也。每体各有十颂，其殆雨霁蒙驿克之相重与。浚仪王氏曰：“夏后铸鼎。”繇曰：“逢逢白云，一南一北，一西一东。九鼎既成，迁于三国。”懿氏占曰：“凤凰于飞，和鸣锵锵。有妫之后，将育于姜。”成季卜曰：“间于两社，为公室辅。”骊姬繇曰：“专之渝攘公之羭，一薰一莸，十年尚有臭。”卫侯繇曰：“如鱼窥尾衡流，而方羊裔焉。”汉文兆曰：“大横庚庚，余为天王，夏启以光。”皆龟繇也。掌《三易》之法，一曰《连山》，二曰《归藏》，三曰《周易》。其经卦皆八，其别皆六十有四。《连山》首艮，专以象取夏之易也。《归藏》首坤，专以用取商之易也。《周易》首乾，兼性情形体而取之。每卦各有八变，盖贞悔之相重也。《连山》、《归藏》其文不传。然孔子之大象不与彖爻之辞相比，而另发一义，殆夏商之遗意与。掌《三梦》之法。一曰《致梦》，二曰《觭梦》，三曰《咸陟》。其经运十，其别九十。觭，居绮反。郝氏曰：“致梦，因思虑见闻致者。角一仰一俯曰觭。觭梦，反复异常者。感无心曰咸。陟，升也。魄浊而沉，魂清而升，魄寝魂交，梦中所至，皆魂气感通。升陟曰咸陟。”浚仪王氏曰：“其经运十，谓占梦之正法有十也。一运而九变，十运而九十变。”以邦事作龟之八命。一曰征，二曰象，三曰与，四曰谋，五曰果，六曰至，七曰雨，八曰瘳。以八命者赞三兆、三易、三梦之占，以观国家之吉凶，以诏救政。果，当作裸。征，用兵正敌也。象，垂象示人也。与，两相交际，若取女，仕君也。谋，商大嫌疑也。裸，举大祭祀，若诹日，卜牲也。至，谓行役之所期。雨，谓旱暵之所祷。瘳，谓疾病之求愈。赞，佐也。国家之吉凶，既以此三者前知之，则告于王，俾修政而救之。凡国大贞，卜立君，卜大封，则视高作龟。大祭祀，则视高命龟。凡小事，莅卜。国大迁、大师，则贞龟。凡旅，陈龟。凡丧事命龟。大贞者，以大事相质正也。明齐王氏曰："凡卜在祢庙门阈外，阑西南，北面其叙，先陈龟于庙门外西塾，即此陈龟也。次正之于阈外□上，此之贞龟也。次视高而命之事，然后视高而作其兆。复有尊官，但临事而不执事者，盖有莅陈贞命，作五节之叙，立君社稷，安危所系，封国社稷，万民所永赖。大卜视高作龟，则命之者小宗伯，所谓玉帛以诏号，而贞之者大宗伯，陈之者大宰，莅之者王也。大祭祀鬼神格与不格所系。丧事，先人永藏之地，人子莫大之事，视高命龟，则贞之者小宗伯，陈之者大宗伯，莅之者大宰。大宰帅执事而卜日是也。大迁，因不吉而求其永安，大师众之死生，国之存亡系焉。贞龟则命之者卜师，陈之者小宗伯，莅之者大司空、大司马也。凡旅，陈龟则命之者小宗伯也。小事莅卜，则太卜，但临视之陈贞命作，皆卜师以下自为之也。此因事之小大而尊卑相次之序如此，然以小司寇三询之例推之，则大迁、大师当与立君一类。此在丧祭下或有误文，且若周公之卜瘳，成王之卜大变，皆身亲为之。岂必于有司执其事乎，是又不可一一拘也。"

卜师，掌开龟之四兆。一曰方兆，二曰功兆，三曰义兆，四曰弓兆。凡卜事，视高，扬火以作龟，致其墨。凡卜，辨龟之上下左右阴阳，以授命龟者而诏相之。开者，剖龟之体，去其上甲而存其下甲也。视高，谓视近足之高骨。作龟，谓以火灼之以作其兆也。春灼后左，夏灼前左，秋灼前右，冬灼后右。刘氏曰："兆，体旁璺为兆。微而不可辨，故致其墨食，则见而可辨矣。《书》曰：惟洛食。"浚仪王氏曰："方兆，占四方之事也。汉武帝发易占，知神马从西北来。功兆，占立功之事也。楚司马子鱼卜战令龟。义兆，占行义之事也。惠伯曰忠信之事则可。弓兆，有射意，后世有覆射之法。"郝氏曰："甲有直文一道，分左右阴阳。横五文分十二段，象五气十二辰，首尾两段，尖小不可兆。中四段分四兆，象四时。首曰方兆，象春生方始。次二曰功兆，居前，高曰功，象夏。次三曰义兆，近后宽平，象秋曰义次。四曰弓兆，形曲向外曰弓，象冬□终也。方为始元也，功则通亨也。义前后适平，利也，弓执持而固，贞也，以象四德。首曰上，尾曰下，左为阳，右为阴，左右上下辨，则四兆可知。命龟者，主人也。"愚按：龟书既亡，四兆难晓，姑存王郝二说，以备考云。

龟人，掌六龟之属，各有名物。天龟曰灵属，地龟曰绎属，东龟曰果属，西龟曰靁属，南龟曰猎属，北龟曰若属。各以其方之色与其体辨之。天龟玄，地龟黄，东龟青，西龟白，南龟赤，北龟黑，是其色也。俯者灵，仰者绎。前弇果，后弇猎。左倪靁，右倪若，是其体也。凡取龟用秋时，攻龟用春时，各以其物入于龟室。上春衅龟，祭祀先卜。若有祭祀，则奉龟以往。旅亦如之，丧亦如之。用秋时取其坚也，用春时待其干也。物谓体色，随所宜而各为室藏之。天子备物也，必衅之者，大龟其灼非一，恐久而枯朽，故以生气续之。王氏曰："耕则祭先穑，马则祭先牧，食则祭先饭，不忘本也。况卜以吉凶，前民用，安可忘之乎。天地神明而不测，卜能通之，故兼言祭祀天地之道也。"愚谓：奉犹送也，以待卜日卜牲也。

菙氏，掌共燋契，以待卜事。凡卜，以明火爇燋，遂歃其焌契，以授卜师，遂役之。菙，时洗反。燋，音灼。焌，音俊。菙，荆木。燋，火炬也。契，即《士丧礼》所谓楚焞也。明火，以阳燧取于日者。焌契，楚焞之锐头柱于燋上，吹之使然，以授卜师。役之者，为卜师共扬火致墨等役也。

占人，掌占龟。以八簭占八颂。以八卦占簭之八故，以视吉凶。簭与筮同。郝氏曰："八颂，即八命之颂。八故，即八事之故。古者先筮后卜，卜筮者，卜其所筮。"明斋王氏曰："占人之占龟以八筮，占龟之八颂必先，以八卦占筮之八故，因两视其从违以断吉凶。"方氏曰："古者重卜，先筮而后卜。故筮人不必知卜，而卜人必兼通乎筮。既得八事之颂，犹恐于龟象未审，复以筮义参决其吉凶。所谓以八筮占八颂也。然筮辞之吉凶，各有其故，皆原于八卦之象与德。其或筮龟，从违各异，则又恐筮人之占未审，故复以八卦之象与德究切其义。所谓以八卦占八故也。不曰占筮之故，而曰八故者。八卦之象与德，因事而异吉凶，于八事各有所宜，各有所忤也。"凡卜簭，君占体，大夫占色，史占墨，卜人占坼。王氏曰："卜龟之事，龟坼而后墨见，墨见而后色著，色著而后体备。卜人先占坼，史占墨，次之大夫占色，又次之众占备而后君占体，以断吉凶。事之序也。故《玉藻》曰：卜人定龟，史定墨，若定体，据事序先后言之。而此先言君定体者，尊卑之序也。"临川王氏曰："体色墨坼，皆占龟，而曰凡卜筮，则筮亦占体故也。诗曰：尔卜尔筮，体无咎言。筮占体可见矣。"凡卜簭既事，则系币以比其命。岁终，则计其占之中否。中，去声。既事，已卜簭也。史必书其命及兆于策，系于礼神之币而合藏焉。岁终计之，俾精其业也。

簭人，掌《三易》，以辨九簭之名。一曰《连山》，二曰《归藏》，三曰《周易》。九簭之名，一曰巫更，二曰巫咸，三曰巫式，四曰巫目，五曰巫易，六曰巫比，七曰巫祠，八曰巫参，九曰巫环，以辨吉凶。巫当作筮。更，迁都邑也。咸，皆也，谓众是众非。式，制作之法，或曰试同用人也，如尧试舜之类。目，要凡之宜。易，交易也，如郑以祊易许之类。比，亲也，逆女求昏之类。祠，筮牲与日也。参，筮御与右也。环，筮攻与围也。凡国之大事，先簭而后卜。上春，相簭。凡国事，共簭。相，去声。当用卜者，先筮之，筮而不吉，则不卜。龟尤圣人所重也，相筮，视蓍草而拣择之也。按占者，皆重卜而轻筮。故《洪范》龟先筮后，而左氏亦云蓍短龟长。自孔子赞易之后，则卜日微而筮日著。且《连山》、《归藏》皆废，而《周易》独行矣。然筮之用，莫切于变占，故以六十四为体，而以四千九十六为用。三百八十四爻举一隅也，用九、用六竭两端也。其二爻以至五爻之动，皆以本卦为贞，之卦为悔，而参酌之。今先儒乃谓二爻动则用两爻之辞，四爻五爻动则用之卦不变爻之辞。反谓左氏传得艮之随，而引元亨利贞无咎者为妄，则不明乎观变玩占之旨也。其详见于《周易本义拾遗》之书，读者考之。

占梦，掌其岁时，观天地之会，辨阴阳之气，以日、月、星辰占六梦之吉凶。一曰正梦，二曰噩梦，三曰思梦，四曰寤梦，五曰喜梦，六曰惧梦。岁时，其梦之岁时也。天地之会，升降往来也。阴阳之气，休囚旺相也。日有修短，月有晦朔弦望。星者二十八宿，有隐见之候。辰者十二次，有迟速之躔。梦之所形，关乎气运之变，故必以此占之也。临川王氏曰："正梦，若高宗梦帝赉良弼是也。噩梦，若文王疾，武王梦帝与九龄是也。思梦，若孔子梦周公是也。寤梦，若狐突梦太子申生，人不见而已见之是也。喜梦，若文帝梦黄头郎推上天是也。惧梦，若光武梦乘龙上天而惊悸是也。"季冬，聘王梦，献吉梦于王，王拜而受之。乃舍萌于四方，以赠恶梦。遂令始难驱疫。舍，音捨。难，乃多反。聘，问也。献，进其兆也。菜之始生为萌。释而奠之于四方之神。赠，送其去也。令，谓使方相氏难，所以逐疫也。朱子曰："人之精神与天地阴阳流通，故昼之所为，夜之所梦，其善恶吉凶各以类至。是以先王建官设属，使之观天地之会，辨阴阳之气，以日月星辰占六梦之吉凶。献吉梦，赠恶梦，其于天人相与之际，察之详而敬之至矣。故曰王前巫而后史，宗祝瞽侑皆在左右。王中心无为也以守至正。"何氏曰：

“人之梦兆祸福形焉。固有昭晰而如睹者，亦有渺茫而无征者。占梦之术，其亡久矣。负天之梦，叔孙信之而召家祸，琼瑰之梦，婴齐言之而遽亡身。梦登台者，以忧死。梦身热者，以反诛。升天折翼之梦，启史臣之疑。乘龙受鼎之梦，来谗人之口，祸福固不可测也。凡梦之吉者，当思敬迓而不骄。梦之凶者，当思消弭而无忽，岂可决诸庸术之口也哉！”

视祲，掌十煇之法，以观妖祥，辨吉凶。一曰祲，二曰象，三曰鐫，四曰监，五曰暗，六曰瞢，七曰弥，八曰叙，九曰隮，十曰想。掌安宅叙降。正岁则行事。岁终则弊其事。煇，音运。鐫，许规反。瞢，亡邓反。隮，子兮反。阴邪之侵谓之祲。煇，日旁气也。妖祥者，吉凶之先见。吉凶，妖祥之已成象者，凝形成色，若黑子摩荡之类。鐫者，扑刺如锥也。监者，冠珥如守也。暗者，食既而晦也。瞢者，阴胜而蒙也。弥者，终竟横亘，若白虹贯日之类。叙者，次第环绕，若日晕数重之类。隮者，螮蝀上升也。想者，名状恍惚，若赤乌夹日之类。安宅，察其分野之居而奠定之也。叙降，推其端倪之应而次第之也。岁首云物之占尤重，故始行安宅叙降之事。弊，断也，计其占之中否也。刘氏曰：“日者，太阳之精。出地，则为昼。照物，则为生。阴邪之气或侵于昼，日光所灼，莫不消除也。今日旁有阴邪之气干犯之而不能消除者，阳刚之德衰而阴邪炽甚，遂成十者之异。以《洪范》五行推之，则人君无刚健之德以胜阴，故谪见于天以示警也。圣人设官以掌其事，方其萌兆，则诏于王以修救焉。”

大祝，掌六祝之辞，以事鬼神示，祈福祥，求永贞。一曰顺祝，二曰年祝，三曰吉祝，四曰化祝，五曰瑞祝，六曰筴祝。六祝并去声，后仿此。大祝，祝官之长。天所祐为福，福所化为祥。历年之谓永，正命之谓贞。顺，三才协顺也。年，百谷丰稔也。吉，人神谐和也。化，妖孽绝迹也。瑞，祯祥毕至也。策，龟筮并从也。刘氏曰：“大祝者，所祝大事也。故郊祀天地社稷宗庙六享则用大祝之六辞，所以祈福祥于国家。”掌六祈，以同鬼神示。一曰类，二曰造，三曰禬，四曰禜，五曰攻，六曰说。王氏曰：“鬼神示之于人幽明异势，宜若不可同也。然鬼神聪明正直，依人而行，先王与鬼神合其吉凶，则同鬼神示，固有道矣。大祝之六祈，以其诚信于鬼神示而已。类合其类，而祭若类上帝之属。造即其所而祭，若造于祖之属。禬若禬国之凶荒，民之札丧之属。禜若春秋祭禜之属。攻以治去其害，若剪氏以攻禜攻之之属。以辞责之之谓说，若庶氏以攻说禬之之属。先王所祈如此，亦以与民同吉凶之患而已。彼于祸福之际，固未数数然也。”刘氏曰：“彼六祝者，因祭享祀而祝之，此六祈特为一事祭而祈之。”作六辞，以通上下亲疏远近。一曰祠，二曰命，三曰诰，四曰会，五曰祷，六曰诔。邓氏曰：“上下谓天地，亲疏远近谓庙祧容外神。”愚谓：祠，告祭于神，若伊尹祠于先王是也。命令神之卑者，如命筮命龟，犹今谕祭之类。诰，告神之尊者。如敢昭告于皇王后帝之类。会，谓会同盟誓之辞，质诸神明，以期无负约也。疾病曰祷，述其善而求免。遣丧曰诔，述其善而作谥也。方氏曰：“六祝之辞，典祀所常用也。此作六辞，因事而特告也。”辨六号，一曰神号，二曰鬼号，三曰示号，四曰牲号，五曰齍号，六曰币号。神号，若云皇天上帝是也。鬼号，若云皇祖皇伯某是也。示号，若云后土地示是也。牲号，若豕曰刚鬣，羊曰柔毛之类。齍号，若黍曰芗合，粱曰芗萁之类。币号，若玉曰嘉玉，币曰量币之类。辨九祭：一曰命祭，二曰衍祭，三曰炮祭，四曰周祭，五曰振祭，六曰擩祭，七曰绝祭，八曰缭祭，九曰共祭。刘氏《中义》曰：“大祝之设，所以祀鬼神者也。此九祭当是六享于宗庙，而皇尸祭食之法，是以太祝掌之。凡宾主行食礼则莫用焉。天子祭礼不存，今以诸侯之大夫少牢馈食之礼明之。命祭，谓安尸，尸坐，祝始命尸，取韭菹遍擩于三豆，祭之豆间是也。衍祭，谓上佐食，取黍稷及切肺授尸，尸受而同祭于豆间。宾尸所谓兼祭，以其衍多，故云衍也。炮祭，谓次宾羞羊燔尸擩盐而祭也。周祭，谓宾尸依殽祭之也。振祭，谓凡牢干鱼腊骼肩皆擩之振之。拟祭，弗奠是也。擩祭，谓凡取菹以擩于醢而祭也。绝祭，谓刌肺而绝其本以祭也。缭祭，谓刌肺之大本而纱之，以为缭祭。大夫以下绝而不缭，以上缭而又绝。故乡饮酒称弗缭右绝，末以祭也。共祭，谓凡尸之食祭，皆上佐食，工祝共之所以尊之也。”辨九拜：一曰稽首，二曰顿首，三曰空首，四曰振动，五曰吉拜，六曰凶拜，七曰奇拜，八曰褒拜，九曰肃拜。以右享祭祀。右，作侑，下同。稽首，拜而头至地。稍，稽留也。顿首，拜而头叩地。即，引举也。空首，拜而头至手不及地也。振动，战栗而拜也。吉拜，拜而后稽颡也。凶拜，稽颡而后拜也。奇拜，一拜，答臣下用之。褒，读为报，谓再拜，祀神用之。肃拜，但俯下手，若今之揖也。右，谓侑口食而拜之。王氏曰：“九拜通于五礼，此专以祭祀言者，以大祝主鬼神之事也。”浚仪王氏曰：“古之拜，如今之揖，折腰而已。其仪特敛手向身，微作曲势，正今时妇人揖礼也。或谓自唐武氏始尊妇人，不令拜伏，误矣。”凡大禋祀、肆享、祭示，则执明水火而号祝，隋衅、逆牲逆尸，令钟鼓，右亦如之。来瞽，令皋舞，相尸礼。既祭，令彻。明水，以鉴取于月者。明火，以燧取于日者。必执此而后为六号辞，明其洁也。隋，谓藏隋，祭之终。衅，谓荐血，祭之始。逆牲，则二祼之后，王出庙门而逆牲。逆尸，则向祭之晨，王出庙门而逆尸。皆以钟鼓为节，而大祝令之也。大丧，始崩，以肆鬯渳尸。相饭，赞敛，彻奠，言甸人读祷；付、练、祥，掌国事。国有大故天灾，弥祀社稷祷祠。付，当作祔。言甸人读祷者，语甸人使读祷辞于藉田之神也。丧卒哭而祔庙。十三月而练祭，二十五月而祥祭。掌国事者，辨护其礼文也。弥，犹遍也。始为曰祷，得求曰祠。大师，宜于（射）〔社〕，造于祖，设军社，类上帝。国将有事于四望，及军归献于社，则前祝。大会同，造于庙，宜于社，过大山川，则用事焉。反行舍奠。舍，音释。顺其便曰宜，至其所曰造。前祝，王出入归皆祝，前致其辞也。用事，殆玉人职所谓宗祝以黄金勺前马与。陈氏曰："释奠者，设荐馔酌奠而已，无迎尸以下事也。古者释奠，或施于山川，或施于宗庙，或施于学宫也。"建邦国，先告后土，用牲币。禁督逆祀命者。颁祭号于邦国都鄙。督，正也。刘氏曰："逆祀命，谓不禀天子之命，而僭干祀典者。颁号，谓彼得祭者，则颁其号也。"

小祝，掌小祭祀，将事侯禳祷祠之祝号。以祈福祥，顺丰年，逆时雨，宁风旱，弥灾兵，远罪疾。弥，与弭通。远，去声。福祥，欲求而得之。丰年，欲顺而致之。时雨，欲迎而降之。皆所谓侯也，盖侯福之将至也。风旱，欲调而安之。灾兵，欲消而止之。罪疾，欲推而避之。皆所谓禳也，盖却祸之方来也。刘氏曰："非天地宗庙日月星辰社稷而当祭祀之者，皆小祝所掌也。弭灾兵亦有祭焉，以见王者不得已而用兵也。罪疾，天降罪罚，札瘥其民，为政者之所恐惧也，故设祭禳以远之焉。"大祭祀，逆齍盛，送逆尸，沃尸盥。赞隋，赞彻，赞奠。凡事佐大祝。大丧，赞渳，设熬，置铭。及葬，设道赍之奠，分祷五祀。沃尸盥者，尸尊不就洗也。奠，定爵也。熬，熬谷置于棺旁，以惑蚍蜉也。铭，以旌书死者官爵姓氏以识之也。赍，犹送也。其奠即遣奠也。分其牲体以祷五祀，告以去此宫中，而不复返于此也。大师掌衅祈号祝。有寇戎之事，则保郊，祀于社。衅，衅鼓也。祈，祃祭也。王氏曰："保郊，保神壝之在郊者。社不在郊，无所事保，祀之而已。保郊所以防患，祀社所以弭兵也。”凡内外小祭祀、小丧纪、小会同、小军旅，掌事焉。

丧祝，掌大丧劝防之事。及辟，令启。及朝，御柩，乃奠。及祖，饰棺，乃载，遂御。及葬，御柩，出宫乃代。及圹，说载除饰。小丧亦如之。掌丧祭祝号。王吊，则与巫前。说，音脱。劝，为倡帅也。防，备倾侧也。辟，谓除菆涂椁。启，开之也。朝，谓将葬而朝于庙。奠，即朝庙之奠也。祖，谓既朝而祖于庭。饰棺，设帷帾之属也。载，载于车。御，谓执翿居前却行，以为节度也。路遥，故二人更相代之，将下棺，则脱载而除其饰矣。虞祔练祥禫，皆称丧祭，其祝号各有不同者，公卿大夫之丧，王亲吊之，丧祝与巫以桃茢执戈，居王之前。掌胜国邑之社稷之祝号，以祭祀祷祠焉。凡卿大夫之丧，掌事，而敛饰棺焉。胜国邑，谓所诛讨之国邑，其社稷仍存之。盖奄其上而栈其下，以为后王之鉴也。《杂说》必立亡国之社，何也？盖存先代之后。忌子卯之日，宝和乘之器，古人于此，皆有深意焉。王氏曰：“敛，初丧时事。饰棺，葬时事。举此以例其馀。”

甸祝，掌四时之田表貉之祝号。舍奠于祖庙，祢亦如之。师甸，致禽于虞中，乃属禽。及郊馌兽，舍奠于祖祢，乃敛禽。禂牲、禂马，皆掌其祝号。舍，音释。王氏曰：“立表以祭谓之表貉。”陈氏曰：“古人祭貉于立表之处，无坛壝。置甲胄弓矢于神坐之侧，置矟于神坐之后，此师祭也。”愚谓起大众以田谓之师田。致禽于虞中使获者，各以其禽来致于所表之处也。别其种类谓之属。馈荐于四方群兆谓之馌。取而入于腊人谓之敛。禂，祷也。刘氏曰：“祷牲，祷马者。又因致禽以祭牢牲之神，求其博硕肥腯也。以祭马祖之神，求其六闲四种孔阜奕奕也。诗曰：吉日维戊，既伯既祷。其是之谓乎。”诅祝掌盟、诅、类、造、攻、说、禬、禜之祝号。作诅盟之载辞，以叙国之信用，以质邦国之剂信。大事曰盟，小事曰诅，皆歃血以诏明神也。为辞而载之于策，坎用牲，加书于其上谓之载。辞国，王国也。邦国，诸侯之国也。刘氏曰：“彼不信而渝盟，以负于神也。故叙国之信以诅之于神，用以质邦国之剂信。质，成也。剂，谓盟载之约也。俾明神降祸于渝者，则天下无敢持不信以事其君焉。”娄里王氏曰：“盟诅，非圣王所恃也。圣人作法，通乎后世，以为防。苟其德未足以臻乎不言之信，则援神明以佐其不逮，以杜天下诞诈之风，此亦圣人神道设教之所不废也。”郑氏曰：“文王修德而虞芮质厥成，明乎文王之德致之矣。”

司巫，掌群巫之政令。若国大旱，则帅巫而舞（云）〔雩〕①。国有大灾，则帅巫而造巫恒。祭祀，则共匰主。及道布，及蒩馆。凡祭事，守瘗。凡丧事，掌巫降之礼。司巫，群巫之长。旱祭曰雩。巫恒世习其业者。匰盛主之器。道布，为神所设之巾。中霤礼所谓以功布为道布，设于几是也。或曰幂主之巾，主在道以巾掩覆，防亵也。以茅藉祭食曰蒩馆，所以承之，若今之筐也。守瘗，谓所埋之牲，玉祭未毕则守之。巫降，谓巫下神之礼，若楚辞所谓灵保是也。人始死魂气初散，而奠不立尸，故以巫而依之也。

男巫，掌望祀望衍授号。旁招以茅。冬堂赠，无方无算。春招弭，以除疾病。王吊，则与祝前。衍者留而延之之意。旁招以茅，束茅以招而祭之也。冬者，岁之终，故设祭于堂以赠，送厉恶无方，东西南北惟所往也。无算，大小多寡莫不除也。春者，阳之始，故招吉祥去祸祟，而疾病可得而除矣。祝谓丧祝。

女巫，掌岁时祓除、衅浴。旱暵，则舞雩。若王后吊，则与祝前。凡邦之大灾，歌哭而请。岁时，若三月上巳之类。刘氏曰：“祓除邪气，又煮香草，桃茢以衅浴，皆乘阴阳代序之时为之。”愚谓女巫阴类，故用以祈雨。歌所以致神，哭所以祈哀也。何氏曰：“或谓先王之世，王道明，邪说息，安有巫史祝诅之事哉？而周公设巫祝，若是之冗，何也？愚以为不然。史乃册，祝见于书，用史巫纷若，见于易。巫史诅祝，古有之矣，古之巫史，非若后世之巫史也。《春秋》、《国语》曰：民之精爽不携贰者，而又能齐肃衷正，其智能上下比义，其圣能光远宣朗，其明能光照之，其聪能听彻之，如是，则神降之。是岂后世淫巫左道治府水厌胜之术者哉。而其所用，大旱则用之，大灾则用之，岁时祓除则用之，又非后世之淫祠谄祭无所不至者也。巫史之设，又何疑哉。”

大史，掌建邦之六典，以逆邦国之治。掌法以逆官府之治，掌则以逆都鄙之治。凡辨法者考焉。大史，史官之长。魏氏曰：“建邦之六

---

①据十三经本改。

典与夫八法八则，大宰掌之，小宰、司会贰之矣。大史复掌之者，盖经世大法，大宰执而行之，至其为书以成一代制作，大史执而藏之。故大宰者，道揆所出也；大史者，礼法所宗也。且大史非治事之官，何以逆邦国官府都鄙之治，盖史官据事实录，汉郡国上计亦先送大史公也。典法一定，永为遵守，其破法不信者与守法者，争是非则考正于大史。刑其不信者，以正其矫诬之罪焉。”凡邦国都鄙，及万民之有约剂者藏焉。以贰六官，六官之所登。若约剂乱，则辟法。不信者刑之。王氏曰：“六官二字，宜衍一。约剂，载辞及券书之类。贰，犹副也。约剂乱，谓违约抵饰及逾期寝阁之类。辟，开也。开其所藏之法以考，则不信者，罪无所逃矣。”正岁年以序事，颁之于官府及都鄙。颁告朔于邦国。闰月，诏王居门终月。中气匝为一岁，自冬至之初以至大雪之终是也。朔气匝为一年，自正月之朔以至十二月之晦是也。中数三百六十五日四分日之一。朔数三百五十四日而以闰齐之。明齐王氏曰：“序事者，若《书》云东作西成，南讹朔易，月令，春而布德，秋而明刑之类。颁之于官府都鄙，则王国之事叙矣。又颁之于邦国，使诸侯以每月朔告于祖庙而行之，所以一正朔于天下也。”王氏曰：“先王历象日月星辰以授人时。期三百有六旬有六日。以闰月定四时成岁。其馀则归之闰。闰非一时之正也，而四时不得则不正。然岁时日月，盖有常矣，而置闰则无常。王者体天而立道于四时，春居青阳，夏居明堂，秋居总章，冬居玄堂。其居固有常矣。至闰而居门，盖以门者一阖一辟之变，往来不穷之通也。《玉藻》曰：闰月阖门左扉，居其中。然则王之居门，岂一朝一夕已哉。凡以应天而已，则不可以不终月。终月所以成其事也。所以见王者消息盈虚与时偕行也。”大祭祀，与执事卜日。戒及宿之日，与群执事读礼书而协事。祭之日，执书以次位常。辨事者考焉。不信者诛之。大会同朝觐，以书协礼事。及将币之日，执书以诏王。执事，大卜之属。史当占廛，故与之同卜日焉。散齐曰戒，致齐曰宿。群执事凡有事于祭者，史专主书，故按其文之所在而协其事之所当共也。位常，若序昭穆，序爵，序事之类，其位常各存乎书册，故执而次之。辨事，谓辨所执之事。不信者，谓与祭之人或抵冒其职事，则以言责之也。将币，谓送庭实之玉帛，执礼书以告王，恐其愆仪也。大师抱天时与大师同车。大迁国，抱法以前。大丧，执法以莅劝防。遣之日，读诔。凡丧事，考焉。小丧，赐谥。天时，谓时日支干、孤虚旺相及星辰变动之类。大师，乐官也。抱法以前，谓国之典法。抱之先往，恐有散亡，且以为立国之基地。执法，谓持行丧葬之节而已。遣，谓将行而为祖庙之奠。诔者，哀死而述其行也。小丧，卿大夫之丧，君为之制谥，使大史将往赐之，小史至遣之日，往为读之。王氏曰："大师执同律以听军声，以声而知天道也。大史抱天时以书而知天道也。"明斋王氏曰："既谥而必读于柩者，一则谓死者有知，亦无后言，质诸鬼神而无憾；一则谓生时所行，死而不可掩善者，以劝恶者，以戒使夫人而知惧也。"方氏曰："大师、大史，知天道。天不可欺，名必当实，故诔谥必属二官。"凡射事，饰中，舍算，执其礼事。舍，音饰。王氏曰："中形为闾虎兕鹿之属，而凿其背以盛算。明善射多算，则能胜物而制之以为用也。执其礼事，以礼书皆掌于太史故也。"

小史，掌邦国之志，奠系世，辨昭穆。若有事，则诏王之忌讳。大祭祀，读礼法。史以书叙昭穆之俎簋。志，记事之书。奠，定也。系世，谓帝系世本之属。昭穆，其相代之序也。忌如地官诵训所谓诏避忌讳。如王制所称大史奉讳恶，盖使之避恶而就善也。俎以盛牲，簋以盛粢，皆以昭穆为先后。小史以书叙之，而必读礼法以证之焉。大丧、大宾客、大会同、大军旅，佐大史。凡国事之用礼法者，掌其小事。卿大夫之丧，赐谥读诔。其读诔亦以大史赐谥，为节事相成者也。

冯相氏，掌十有二岁、十有二月、十有二辰、十日、二十有八星之位。辨其叙事，以会天位。冬夏致日，春秋致月，以辨四时之叙。岁，谓岁星，所在每岁移一舍者。寅曰摄提格，卯曰单阏，辰曰执徐，巳曰大荒落，午曰敦牂，未曰协洽，申曰涒滩，酉曰作噩，戌曰阉茂，亥曰大渊献。子曰困敦，丑曰赤奋若，月谓斗柄所建，每月行一辰者。正月为陬，二月为如，三月为寎，四月为余，五月为皋，六月为且，七月为相，八月为壮，九月为玄，十月为阳，十一月为辜，十二月为涂。辰谓日月所会。玄枵，子也。娵訾，亥也。降娄，戌也。大梁，酉也。实沉，申也。鹑首，未也。鹑火，午也。鹑尾，巳也。寿星，辰也。大火，卯也。析木，寅也。星纪，丑也。十日，甲乙木也，丙丁火也，戊己土也，庚辛金也，壬癸水也。二十有八星，角、亢、氐、房、心、尾、箕，东方苍龙也；斗、牛、女、虚、危、室、壁，北方玄武也；奎、娄、胃、昴、毕、觜、参，西方白虎也；井、鬼、柳、星、张、翼、轸，南方朱鸟也。明斋王氏曰："圣人治天下，不过钦若昊天，敬授人时而已。故岁之所在，可以伐人。太岁所在，不可以犯，此会合夫岁之位也。平秩东作、南讹、西成、朔易，此会合夫月之位也。外事刚日，内事柔日，协日刑杀之类，此会合夫日之位也。”陆氏曰：“日，阳也。阳用事则日进而北，昼进而长。阳盛，故为温，为暑。阴用事则日退而南，昼退而短。阴盛，则为凉，为寒。若日失节于南，则晷进而长，为常寒。失节于北，则晷退而短，为常燠。此四时致日之法也。月之九行在东西南北，有青赤白黑之道各二，而出于黄道之旁。立春、春分月循行青道。立夏、夏至南从赤道。立秋、秋分月循行白道。立冬、冬至北从黑道。古之致月，不在于二至，而常在于二分。不在于二分之望，而常在于弦者，以其得阴阳之平正之故也。”

保章氏，掌天星，以志星辰日月之变动。以观天下之迁，辨其吉凶。志，记也。星谓五星。辰，日月所会。五星有赢缩圜角，日有薄蚀晕珥，月有亏盈朓侧匿之变。七者右行列舍，天下祸福变移所在皆见焉。娄里王氏曰：“天之变动，不可一例拘也。或同象而异应，或异象而同占，稽之古者，不一而足。此保章所谓观天下之迁辨吉凶也。虽然天地之道贞观者也，不观其迁，则趋避滞矣。不观其贞，则趋避私矣。”以星土辨九州之地所封。封域皆有分星，以观妖祥。分，扶问反。星土，星所主土也。封犹界也。分野之星。星纪，吴越也。玄枵，齐也。娵訾，卫也。降娄，鲁也。大梁，赵也。实沉，晋也。鹑首，秦也。鹑火，周也。鹑尾，楚也。寿星，郑也。大火，宋也。析木，燕也。观客星彗孛之所在，而其国之妖祥可知矣。一行曰：近代诸儒言星土者，或以州，或以国。虞夏秦汉郡国废置不同。周之兴也，王畿千里，及其衰也，仅得河南七县。今又天下一统，而直以鹑火为周分，则疆埸舛矣。七国之初，天下地形雌韩而雄魏，魏地西距高陵尽河东河内，北固漳邺，东分梁宋，至于汝南。韩距全郑之地，南尽颍川南阳，西达虢略，距函谷，固宜阳，扎连土地皆绵亘数州，相错如绣。故云汉山河之象多者或至十馀宿。其后魏徙大梁，则河西合于东井。秦据宜阳而上党入于舆鬼方。战国未灭时，星家之言屡有明效，今则同在畿甸中矣。而或者犹执《汉书》地理推之，是守甘石遗术而不知变通之数也。《春秋正义》诸侯祭其分野之星，在地之土各有上天之分，见于传记者。〔以〕商主大火，参为晋星，云龙宋郑之星，则苍龙之方有宋郑之分也。以害鸟帑周，楚恶之，则朱鸟之方有周楚之分也。四月日食，鲁卫恶之。则春分之日在鲁卫之分也。岁在颛帝之墟，姜任实守其地，则于时岁在齐薛之分也。越得岁而吴伐之凶，则于时岁星在吴越之分也。《晋语》云实沉之虚，晋人是居，《周语》云岁在鹑火，我有周之分野，是有分野之言也。以九州当十二次。周礼虽云皆有分星，不知其分谁分之也。星纪在于东北，吴越实在东南。鲁卫东方诸侯，遥属戌亥之次。又三家分晋，方始有赵，而韩魏无分赵独有之。《汉书

·地理志》分郡国以配诸次，其地分或多或少，鹑首极多，鹑火甚狭，徒以相传为说，其源不可得闻。盖古之圣哲有以度知，非后人所能测也。**以十有二岁之相，观天下之妖祥。**相，去声。王氏曰："分星，经星也，故有所主之封域。岁星，纬星也，异于分土则无常主矣。占其所见之相，有顺逆盈缩伏见进退之不同，而妖祥著于天下矣。"愚按：荧惑填星，太白辰星，皆有所见之象。填星二十八岁馀一周天，荧惑二岁馀一周天，大白辰星一岁一周天。皆可以观妖祥，特岁星乃有岁之象，故尤重之。此元之所以冠乎四德，而仁之所以统乎四端与。**以五云之物，辨吉凶。水旱降丰荒之祲象。**物，色也。降，下也。以二分二至观日旁云气之色，青为虫，白为丧，赤为兵荒，黑为水，黄为丰，知所下之祲象。事未至而为之备患，未至而使之防，先王所以仁民可谓厚矣。《春秋传》曰：凡分至启闭，必书云物，为备故也。**以十有二风察天地之和，命乖别之妖祥。**十有二风生于十有二辰之位。丑寅为条风，卯为明庶风，辰巳为清明风，午为景风，未申为凉风，酉为阊阖风，戌亥为不周风，子为广漠风。风生于天地之和，乖则异而不同，别则离而不合，不和之所致也。然乖别在人而妖祥先见于风，则人与天地相流通，万物一气故也。《风经》云：调长祥和，天之喜风也；折扬奋厉，天之怒风也。《玉海》云：应广漠而修刑，则明庶而施惠。待阊阖而藏庶物，候不周而修边备，岂察之命之之遗术与。**凡此五物者，以诏救政，访序事。**临川王氏曰："诏以诏上，访以访下。救政，凶荒乖别之政。序事，救正之事所当先后缓急也。"王氏曰："夫惟天有以示人，惟人有以奉天。修其诚足以应其情，正厥事有以格其变。此圣人所以和同天人之际而使之无间者也。"

内史，掌王之八枋之法，以诏王治。一曰爵，二曰禄，三曰废，四曰置，五曰杀，六曰生，七曰予，八曰夺。枋与柄同。杀即诛也，以言责之而不改，则即于刑也。刘氏曰："圣人独执以制天下治者，八柄也；大宰掌八柄以诏王驭群臣者，不敢擅其轻重也。内史掌其法以诏王治者，又以察其中否也。夫八柄虽出于王，又非大宰所敢擅也。而内史犹以法令考之者，有失其中则弗书其命也。期协于中，然后方策行焉。盖周之所以独永其治者，设官置法，内外相维，以制其失，而惟中之求也。虽贵为天子，富有四海，亦不得作好作恶，以遂其私。而况其下者乎。"**执国法及国令之贰，以考政事，以逆会计。掌叙事之法，受纳访以诏王听治。**上所制而下守之为法。上所命而下禀之为令。贰，副本也。政事，即典法则之用也。会计，即职贡赋之数也。临川王氏曰："叙事，事治先后也。纳，纳言于上；访，访事于下。"凡命诸侯及孤卿大夫，则策命之。凡四方之事书，内史读之。王制禄，则赞为之，以方出之。赏赐亦如之。内史掌书王命，遂贰之。策命，书王言于简以命之也。四方之事书，谓诸侯之书。奏及群臣庶民之复逆，读之所以广聪明而防壅蔽也。赞为之，谓助为颁禄之辞。方，木版，书其辞于方而出示之也。赏赐，土田车服之类。王命，诏敕之下颁者，副写藏之，以待命也。叶氏曰："八柄，大权。既有道揆大臣诏之外，又有法守近臣诏之内，此王所以不得轻用其权，而臣子不得擅窃其柄也。"方氏曰："王之命内史亲书之，且贰之，则矫假以为不信者，孰敢萌其虑哉。汉唐以后，中使口衔天宪，以乱国常，则内史之职废也。"

外史，掌书外令。掌四方之志。掌三皇五帝之书。掌达书名于四方。若以书使于四方，则书其令。使，去声。外令，谓王命颁于畿外者。四方之志，若晋之乘，楚之梼杌，鲁之春秋是也。三皇，谓天皇、地皇、人皇。五帝，谓伏羲、神农、黄帝、尧、舜。其书，即三坟五典是也。书名，六书之法，达于四方使书同文也。书其令，谓书王令以授使者。

御史，掌邦国都鄙及万民之治令。以赞冢宰。凡治者受法令焉。掌赞书。凡数从政者。治令，王所以治之令也。凡治者，谓官府都鄙邦国之为治者。赞书，有王命助内史外史而书之也。数，计也。凡公卿以下从政者，皆有常数，因计其多寡之数，以纠察之也。魏氏曰："御史职与冢宰、内史常相通，格王正厥事，冢宰，大臣之任也。绳愆纠谬，御史小臣以之。保氏所谏王躬过失，御史所争朝廷是非，因纠劾百司矣。秦重法令，人君自与法官决事，疏远丞相。御史大夫，遂与宰相分权。有事御史大夫下相国丞相从奉行文书矣。"

巾车，掌公车之政令。辨其用与其旗物而等叙之。以治其出入。巾车，乘官之长。公犹官也。等者差其上下，叙者治其先后。当用则出而共之，已用则入而藏之。王之五路：一曰玉路，锡樊缨十有再就，建大常，十有二斿以祀。金路，钩樊缨九就，建大旂以宾。同姓以封象路，朱樊缨七就，建大赤以朝，异姓以封。革路，龙勒，条缨五就，建大白以即戎，以封四卫。木路，前樊鹄缨，建大麾以田，以封蕃国。路与辂同。锡，音扬，下同。樊，音盘。朝，音潮。条当作絛。前，音翦。王在焉曰路，言大也。玉路以玉为饰。锡，马面当卢，刻金为之。樊，马大带也。缨，马鞅也。就，成也，以五乎罽饰之，一匝为一成也。大常，旗之画日月者。正副为缕，斿则属焉。祀，谓郊社宗庙。金路以金为饰。钩，马当胸，亦以金为之，而无锡。旂，旗之画交龙者。宾谓会同。王子弟出封，亦以赐之。象路，以象齿为饰。朱，以朱饰勒而无钩。大赤，通帛为之。朝谓视朝。王之甥舅出封，亦以赐之。革路，挽之以革而漆之。龙勒，以龙文饰勒。絛，丝絛为饰也。不言樊，脱文尔。大白，亦通帛为之。即戎谓出军。四方之卫服受封，亦以赐之。木路，但漆之而已。翦，浅黑色。以翦饰韦为樊，以鹄色饰韦为缨。不用五采罽与絛也。大麾，色黑亦通帛为之。田谓时田。九州外之蕃国受封，亦以赐之。陆氏曰："《周礼》祭天，王乘玉辂，建大常。特牲祭天，王乘素车，建大旂。则祭天之礼有两旗两车也。盖乘玉辂，建大常者，即道之车也。祭之日，驭之以适郊，乘素车建大旂者，即事之车也。祭之时，驭之以赴坛。"临川王氏曰："大常象大，有日月焉。大旂象春，有交龙焉。大赤象夏，正南方之物也。大白象秋，正西方之物也。大麾象冬，正北方之物也。"明斋王氏曰："按五路，樊缨十有二就、九就、七就、五就之异。旗则称大旂、大赤、大白、大麾，而不言其斿之数者。盖蒙大常之制旗幅皆十二，故皆贯之以大也。"章氏曰："祀以德，故建大常，奉天道之象也，有德为能格焉。宾以仁，故建大旂，大旂有升降而不为乱幾，固宾之道也。朝以礼，故建大赤，臣以宣猷著盖事上，而君亦以是推焉，固朝之道也。即戎以义，故建大白。田以智，故建大麾。且大白之为色，正秋也，以即戎则宜莫盛于秋矣。大麾之为色，止冬也，以田则宜莫盛于冬矣。"王后之五路：重翟，锡面朱总。厌翟，勒面缋总。安车，雕面鷖总。皆有容盖。翟车，贝面组总，有握。辇车，组挽有翣，羽盖。重翟，雉羽相重为两旁之蔽也。锡面，面有镂锡也。总，著马勒直两耳与两镳者，以朱为之，从王祭祀则乘之。厌翟，次其羽使相厌也。勒面，面有龙勒也。缋，画也。从王见宾客则乘之。安车，不立乘者，妇人车皆坐乘。而独名此者，以无异物可称也。雕面，刻韦饰面也。鷖，青黑，缯色如鷖也。不用翟羽为蔽，朝见于王则乘之。容裳帷垂于下，盖覆于上，三车皆用焉。翟车不重不厌，但以雉羽饰其侧也。贝面，以贝饰勒当面也。组，织组也。握与幄通，四合象宫室曰幄，亲出采桑则用之。辇车，人挽之以行者，漆而不加饰，辁而不用辐，但以组为挽而已。翣，大扇，以御尘也。羽盖以羽为小盖以蔽日也。居宫中则乘之。陈氏曰："祭祀宾客行礼也，故有容盖，出桑适远也，故有幄。朝王不必蔽翣，宫中不必蔽幄也。"王之丧车五乘：木车，蒲蔽，犬禎，尾櫜，疏饰，小服皆疏。素车，棼蔽，犬禎、素饰，小服皆素。藻车，藻蔽，鹿浅禎，革饰。駹车，雚蔽，然禎，髤饰。漆车，藩蔽，豻禎，雀饰。禎，音密。櫜，音羔。服同箙，棼作蕡，藻同藻。雚，音丸。豻，音岸。木车，不漆之车。蔽车旁御风尘者，以蒲为之。禎，覆笭也，以白犬皮为之。櫜，戈戟之弢也，以其尾为之，疏饰以粗布，为缘也。小箙，刀剑短兵之衣。此始遭丧所乘，为君之道尚微，备奸贼也。素车，以白土垩车也。蕡，麻也。素，素缯也。此卒哭所乘也。藻，水草，其色苍，盖以苍土垩车而以蕡麻水草编之为蔽也。浅，鹿夏皮革其去毛者，此既练所乘也。駹，杂也，边侧以漆饰之。雚，细苇席也。然，果然。兽之皮髤赤多黑少色，以韦为之，此大祥所乘也，藩以漆席为之。豻，胡犬之皮，雀黑多赤少色，亦以韦为之，此禫时之所乘者也。服车五乘：孤乘夏篆。卿乘夏缦。大夫乘墨车。士乘栈车。庶人乘役车。夏翟五采。篆，雕刻车衡。画采加雕篆也。缦，杂文画而不雕也。墨车，不画也。栈车，不革挽而漆之也。役车，则有方箱，可载任器，以共役也。凡良车，散车不在等者，其用无常。凡车之出入，岁终则会之。凡赐阙之。毁折，入赍于职币。精制曰良，粗制曰散，不在五车之等，惟人所用也。会之，会其完败多少也。命车赐人，出而不入，故阙之不须会也。其敝坏而材料尚可用者，则入之职币，以备冬官修造缮治之用。大丧，饰遣车，遂廞之行之。及葬，执盖从车，持旌。及墓，呼启关陈车。小丧，共柩路与其饰。遣车一曰鸾车，或曰载遣奠之车。及葬，谓柩在道。蜃车无盖，必执以随之，象生时也。旌谓铭旌。启，关开墓门也。车谓贰车，天子十二乘。柩路，载柩之路也。饰，饰棺者也。岁时更续，共其弊车。大祭祀，鸣铃以应鸡人。更，平声。更续，更受新车以继用也，弊车之材或可用，故共之。鸡人主呼旦，巾车鸣铃以应之者，取和鸾相应之象也。按孔子曰："乘殷之辂。"朱子曰："夫辂者，身之所乘，足之所履，其为用也，贱矣。运行震动，任重致远，其为物也，亦劳矣。且一器而工聚焉，则其为费也广矣。贱用而贵饰之，则不称物劳。而华饰之则易坏，费广而又增费之则伤财。此周辂之所以为过侈与。"但朱子又谓："殷辂朴素浑坚，而等威已辨。则未知既去金玉象齿之饰，而君臣之等戚又将何以辨之乎？意者以夏篆代玉辂，以夏缦代金辂，以墨车代象辂。而孤卿则以革车，大夫士则以栈车乎。质文损益之法，以此推之，则思过半矣。"

典路，掌王及后之五路。辨其名物，与其用说。若有大祭祀，则出路，赞驾说。大丧、大宾客亦如之。凡会同、军旅，吊于四方，以路从。说，音税。从，去声。驾之曰用，舍之曰说。赞，谓助仆与趣马也。以路从者，盖卫王且华国也。

车仆，掌戎路之萃，广车之萃，阙车之萃，苹车之萃，轻车之萃。凡师，共革车，各以其萃。会同亦如之。大丧，廞革车。大射，共三乏。轻，道政反。萃犹副也。戎路，即王所乘之革路。广车，横陈之车。阙车，补阙之车。苹犹屏也，对敌自蔽之车也。轻车，驰敌致师之车。五车皆有副者，兵凶战危以备不虞耳。凡兵车皆以革挽之，各因所用而备副车焉。乏，以皮为之，所以容告获之人。王之大射必张三侯，每侯之后必有一乏，言矢至此力乏而不过也。《杂说》车战之法，每车甲士三人，步卒七十二人，二十四人居前，左右各二十四人。居前者战，左右挟辕常相更番。后又二十五人，为一队，去车二十五步。所谓炊家子十人，固守衣装五人，厩养五人，樵汲五人者也。行则以车为卫，居则以车为营。一车一间又有萃车。孙子曰：萃车千驷，轻车千乘。带甲十万，谓倅车也。车战之法为不可败。计有倅车者，万一或败，免致仓皇无备。后人自不能车战，切不可言车战不可用。宋武帝车战之法甚善，马隆亦用车战，又谁败之。唐太宗李卫公最善论车战。房琯陈涛斜之败，乃是车无骑，牛与马杂用之，何缘不败。

司常，掌九旗之物名。各有属以待国事。日月为常。交龙为旂。通帛为旜。杂帛为物。熊虎为旗。鸟隼为旟。龟蛇为旐。全羽为旞。析羽为旌。属，徽识也。日月兼星辰所谓三辰。旂，旗昭其明也。无角曰交，有角曰龙。或曰龙一升一降谓之交，取其变也。通帛，通副绛帛，所谓大赤也。杂帛，内副以绛，外饰以白也。熊取其毅，虎取其猛，鸟取其速，隼取其鸷，龟取其静而有智，蛇取其敏而有勇。全羽、析羽皆五采，系之于旞旌之上，所谓注旄于竿首也。凡九旗之帛，皆以绛为之质焉。及国之大阅，赞司马颁旗物。王建大常。诸侯建旂。孤卿建旜。大夫士建物。师都建旗，州里建旟。县鄙建旐。道车载旞。斿车载旌。皆画其象焉。官府各象其事。州里各象其名。家各象其号。大阅，简军实也。王建大常，则天明也。诸侯有君道，旂居左者也。孤卿大夫无所将，则无所画。旜，言从王所尚物，言精白以夹辅王朝也。

师都，谓都邑之公孤有臣道，旗居右者也。州里属六乡，为前军。鸟隼，阳象也。县鄙属六遂，为后军。龟蛇，阴象也。郝氏曰："旂旐以上七者，皆统众之大旗也。旞旌以下又各车小旗，所谓徽识也。前道之车载全羽之旞。斿，属也，各属之车载。析羽之旌，皆画其象。犹《曲礼》前有尘埃，载鸣鸢；前有车旗，载飞鸿之类。其三军之众，各有所属官府及其地里居宅。车上各以小旗表职，如司马、乡遂大夫之属，各以执事为象。别之州里之属，各以州里之名为象。别之邻比之属，各以家之象为号别之。如此，则什伍相联，不至淆乱而无组矣。"凡祭祀，各建其旗。会同、宾客亦如之，置旌门。大丧，共铭旌，建廞车之旌。及葬亦如之。旌门，帷宫而以旌为门也。廞车之旌，建旌于遣车之上也。及葬，谓在道至墓之时。凡军事，建旌旗；及致民，置旗，弊之。甸亦如之。凡射，共获旌。岁时共更旌。更，平声。弊，止也。始植旗以致民。既至，则仆之也。获旌，获者所持之旌。更旌，弊坏而更易之也。浚仪王氏曰："按隋志云：卓彼上天，宫室混成。玄戈居其左，上将居其右。弧矢扬威，羽林置后。天垂象，圣人则之。轩辕以师兵为营卫，至三代其仪大备。宋宋绶景祐《南郊卤簿图记》序曰：黄帝创轩冕之容，列营卫之警，舆驾仪物，盖本于此。唐尧彤车，有虞和鸾，夏后之绥，商人之路。《周官》有司常巾车之职，虎贲、旅贲之徒。三五之际，所由来尚矣。秦并六国，兼属车九九之数。汉上甘泉，备千乘万骑之众。自时厥后，损益可知。周必大《绣衣卤簿记》云：盖恭俭者，帝王之盛德也；备羽卫者，国家之上仪也。在汉孝文，殿设书囊之帷，身以敦朴为先。及诏令则曰：鸾旗在前，属车在后，仪物明盛，犹可想于千载之下。然则圣人所以奉己华国，固自殊辙也。"

都宗人，掌都宗祀之礼。凡都祭祀，致福于国。正都礼与其服。若有寇戎之事，则保群神之壝。国有大故，则令祷祠。既祭，反命于国。黄氏曰："都家之邑，有社稷焉，有五祀焉，有先君焉，有名山大川之在其地者，有因国之在其地而无主后者。先王为之宗人以典其祀，而或赐之禽焉。而况子弟之亲，公卿大夫之密，迩寿王以其福，固其愿也。祭仆展而受之，膳夫受而膳之，亦王享其所致而已。"愚谓：正，禁督之也。服，谓衣服宫室车旗之属。寇戎而保壝，捍侵犯也。荒札而祷祠，祈神庥也。

家宗人，掌家祭祀之礼。凡祭祀，致福。国有大故，则令祷祠，反命。祭亦如之。掌家礼与其衣服、宫室、车旗之禁令。王氏曰："都宗人、家宗人，言或详或略，皆互见。"何氏曰："礼之大经，莫重于祭。先王设都家宗人之官，所以杜僭乱之原，别嫌疑之渐也。当是时，命之祭，然后祭又必反命焉，岂有僭渎之失哉。至其后世，季氏以大夫旅泰山，秦襄公以诸侯作西畤。而王制隳坏，一至于此，可胜叹哉。"

凡以神仕者，掌三辰之法。以犹鬼神示之居，辨其名物。以冬日至，致天神人鬼。以夏日至，致地示物彪。以禬国之凶荒，民之札丧。彪，眉秘反。三辰，日月星也。犹，图也。居犹位也。人鬼，泰厉国殇之属。物彪，魑魅罔两之属。盖各于圜丘方泽之明日，以坛壝致之也。阳气生而致神鬼，阴气生而致示彪，则各于其类耳。王氏曰："三辰之法，谓日月星辰之次，舍其推之，皆有法也。天神人鬼地示之居，必图之以三辰之法者。盖三辰阴阳之精也，鬼神示虽幽无形，然皆丽乎阴阳，而由阴阳之精以推之，则其居可图也。昔神降于莘，周内史过曰以其物享焉。其至之日，亦其物也，是亦以三辰之法犹之。辨其所命之名、所色之物，此所以知鬼神之情状也。又曰禬国凶荒、民札丧。夫祷祠禬禬，人情不能免。先王因人情而为之典礼，凡以与民吉凶同患之意尔。"

周礼集传卷之四

夏官司马第四

何氏曰："官以马名，兵所重莫急于马也。"邓氏曰："夏之言大也，于易为离。杂卦离之撰为甲胄，为戈兵，故夏官卿主兵也。夫极兵之用于天道，非凛栗下霜乎亶空土而已，而萌于火正之暑，故兵伏于无形。制兵之道，图于未形，使不至于形。令形成于毒天下也，烈矣。故冬官法水德取其藏以为富。夏官法火德取其明以为政。征者，正也。遏乱略于微，止危机于萌，伏至险于大顺。非洞天地之化机者，宜莫能与于此矣。"

惟王建国，辨方正位，体国经野，设官分职，以为民极。乃立夏官司马，使帅其属而掌邦政，以佐王平邦国。吕氏曰："自夏后氏命胤侯掌六师，举政典以示众，则邦政之掌于司马旧矣。国之大事，何莫非政，独戎政谓之政，何也？天下无事，寓兵于农，然后赋役百为始有所施，是故政之所从出也。天下有事，举兵讨乱，邦之存亡安危系焉，其为政之大，又不待论矣。此戎政所以独谓之政也。统六师而谓之乎邦国。则王者用师之本旨，特欲平邦国之不平者耳。非有他求也，非济贪忿夸武功也，所谓天讨也。"

政官之属：大司马，卿一人。小司马，中大夫二人。军司马，下大夫四人。舆司马，上士八人。行司马，中士十有六人。旅下士三十有二人。府六人，史十有六人，胥三十有二人，徒三百有二十人。行，音杭，后同。舆，众。行，列也。史、胥、徒特多者，军事尚严，需监察也。方氏曰："舆司马主车，行司马主卒。以战，则车骤徒趋，车驰徒走，各有节。以田则险，野人为主，易野车为主，各有法，故分掌之。行司马倍舆司马，以其卒之供车者少，而列阵者多也。舆司马爵尊，战以车为重也。”

凡制军，万有二千五百人为军。王六军，大国三军，次国二军，小国一军。军将皆命卿。二千有五百人为师，师帅皆中大夫。五百人为旅，旅帅皆下大夫。百人为卒，卒长皆上士。二十五人为两，两司马皆中士，五人为伍，伍皆有长。一军则二府，六史，胥十人，徒百人。将，去声。长，上声。制军有左右前后中，故数起于五。凡一车战士七十五人，徐丁二十五人，合为百，故数起于四。军、师、旅、卒、伍、两，皆众名也。将、帅、长、司马，其师吏也。府、史，有军则置之，无则已。故逆言其数，以见义焉。薛氏曰：“一封出车千乘，以杜氏法积算十同千乘，当有戎马四千匹，牛一万二千头，甲士三千人，步卒七万二千人。合士卒之数可以为六军。然而大国不过三军，其有六军者，犹天子六乡六遂迭用之耳。《记》曰：大国不过千乘，盖诸侯地不过百里，车不过千乘。以开方之法计之，方十里者为方里者百，其赋十乘。方百里者为方一百里者万，其赋千乘。然赋虽出千乘，而兵不过三军五百乘而已。则五百乘三乡之所出也，千乘阖境之所出也。何则？乡万二千五百家，合三乡则三万七千五百家。凡起徒役无过家一人，则三军为三万七千五百人矣。三军而车五百乘，则天子六军为车千乘矣。又曰周制万二千五百人为军，六军七万五千人。千里之畿，提封万井，定出赋六十四万井，一井之田，八家耕之，总计六十四万井之田为五百一十二万家。家之一夫，为五百一十二万夫。以此夫众而共万乘之赋，是为七家而赋一兵。孙子曰：兴师十万，日费千金。内外骚动，怠于道路，不得操事者七十万家。盖言一夫从军，七家奉之，此亦见七家而赋一兵也。自夫率之七家相更以给军，则王畿之内凡七征而役方一遍焉。”章氏曰：“王畿千里，近郊五十里，远郊百里。郊为乡，六乡百里。通十为同，为百里者十。提封九万井，九十万夫之地，除山川城邑之属三万六千井，为六万四千井。为六十四万夫之地，除公田九分之一为五十万二千。夫又以一易再易三易通之，三分去一为三十五万四百。夫率三百五十家，赋一乘，积六乡为千乘。而徐率七家赋一兵，积六乡为七万五千夫，此六军之制也。六遂及三等侯国皆如乡之法。畿方千里，为千里者十。如乡之除为三百五十万四千夫，赋车万乘，卒七十五万人，为六军者十，此通畿之师也。大司马递而征之，十年而役一遍。凡三家可任者，率十有一人，则终身无过一再给公上事。盖先王忠厚之至，更劳均逸，不欲穷民之力也。古者畿内之兵不出，所以重内也。卒有四方之役，即用诸侯人耳。或遣上公帅王赋，亦不过元戎十乘，以先起行也。而调兵诸侯，又各从其方之便。高宗伐楚，盖裒荆之旅。武王克商，实用西土。至于征徐以鲁追貊，以韩平淮夷，以江汉略见，于经可考也。平王出戍远以见刺。当是时，周都洛矣，自洛戍申许，无乃未甚远，而周人已不堪。况后世有劳师万里者哉。春秋之初，从王伐郑，犹有蔡人、卫人。二百四十二年间，王人会伐屡矣，未尝见师之出。惟败绩于茅戎，王师自出，春秋深讥焉。”浚仪王氏曰：“古者什伍之法，于州乡则联其民。于师田则联其徒。于宿卫则联其官。故能以中国为一人而无内患。为属连卒州以联其国，为长帅正伯以联其人，故能以天下为一家而无外虞。”王氏曰：“先王因农事以寄军，令文教武事皆出乎其中。射御寓于礼，干戚寓于乐。会什伍而教道艺，无非军政也。因田猎而选车徒，无非军士也。居则联其家而为比、闾、族、党、州、乡，出则联其人而为伍、两、卒、旅、师、军。故六乡之官皆折冲御侮之人。六乡之士皆仗节死义之夫。左之而文无不宜，右之而武无不有。方其奉璋峨峨，髦士攸宜。其不敢怠者，皆卿大夫之才。及其淠彼泾舟，烝徒楫之，其能济者，皆将帅之职。此将帅司马之属，皆取于卿大夫士而足矣。先王之时，所以守则固，战则克，德足以柔中国，刑足以威四裔，用此道也。”

司勋，上士二人，下士四人，府二人，史四人，胥二人，徒二十人。勋，功也。有功则赏之。娄里王氏曰：“赏罚，圣人所慎。慎赏抑幸，慎罚好生。然此皆谓功罪可疑时尔。不然，则大易尚有不留狱之文，而况赏乎，又况军功之赏乎。兵，凶事，胜败无常，赏安可缓也。后世六军之帅，不能专一缣之惠，而司勋爵者，每以苞苴之厚薄为功罪之低昂。噫！司农铢两之金帛则间，祖宗千里之金汤则不问，是则岂可不为之浩叹也哉。”

马质，中士二人，府一人，史二人，贾四人，徒八人。质，平也，买马而平其贾也。

量人，下士二人，府一人，史四人，徒八人。量犹度也，以尺度而量地也。

小子，下士二人，史一人，徒八人。

羊人，下士二人，史一人，贾二人，徒八人。

司爟，下士二人，徒六人。爟，火明也。军中有火攻之法，故属司马。平居无事则掌火政。

掌固，上士二人，下士八人，府二人，史四人，胥四人，徒四十人。固，国所依阻者也。南轩张氏曰：“孟子谓域民不以封疆，固国不以山溪，威天下不以兵革，而先王封疆之制甚详于周官。设险守国与夫弧矢之利并著于《易》何邪？盖先王吉凶与民同患，其为治也，体用兼备，本末具举，道得于己，固有以一天下之心；而法制详密，又有以周天下之虑，此其治所以常久而安固。若孟子之言，则推其本而言之尔。"

司险，中士二人，下士四人，史二人，徒四十人。在国曰固，在野曰险。

掌疆，中士八人，史四人，胥十有六人，徒百有六十人。

候人，上士六人，下士十有二人，史六人，徒百有二十人。候，侍而接之也。军中用以为斥堠、传警，无事则主迎送。

环人，下士六人，史二人，徒十有二人。郝氏曰："往复曰环，如今探子。"王氏曰："巡察内外若环之相循而不穷，故名官曰环人。"

挈壶氏，下士六人，史二人，徒十有二人。王氏曰："先王分十二时于一昼一夜之间。以漏箭准十二时而为百刻，以百刻定长短而分昼夜，于是立挈壶之职焉。后世挈壶氏不能掌其职，不能晨夜，不夙则莫，此诗人之所以刺也。"

射人，下大夫二人，上士四人，下士八人，府二人，史四人，胥二人，徒二十人。

服不氏，下士一人，徒四人。服不服之兽者也。

射鸟氏，下士一人，徒四人。射，食亦反，后仿此。

罗氏，下士一人，徒八人。能以罗网抟鸟者。

掌畜，下士二人，史二人，胥二人，徒二十人。畜，谓敛而养之。

司士，下大夫二人，中士六人，下士十有二人，府二人，史四人，胥四人，徒四十人。王先生曰："今之六部，古之六卿也。自汉成帝初分尚书置四曹，至光武分为六曹，迄于魏晋或五或六，初无常制。宋齐以来，多定为六曹，稍似《周礼》。至隋定为六部，今考其职，则天官冢宰为尚书令，非吏部也。司士掌群臣之版，其吏部乎。"

诸子，下大夫二人，中士四人，府二人，史二人，胥二人，徒二十人。主公卿大夫士之子，以其众多，故谓之诸子。

司右，上士二人，下士四人，府四人，史四人，胥八人，徒八十人。此群属车之右，非王五路之右也。

虎贲氏，下大夫二人，中士十有二人，府二人，史八人，胥八十人，虎士八百人。不曰徒而曰虎士，选其有勇力者也。《杂说》虎贲八百人，乃天子侍卫之亲兵也。六军之外，禁卫惟此而已，王不出则虎贲亦不出。及其弊也，以之从军旅、赐诸侯，非旧法也。

旅贲氏，中士二人，下士十有六人，史二人，徒八人。旅谓膂力方刚也。方氏曰："旅贲氏执戈盾，夹王车而趋。其地尤近，职尤亲，故皆以命士为之，且世职焉。盖必材武过人，忠义素厉而后得与此选。后世逆乱多由禁旅，使宿卫皆世臣良士，奸凶岂能相煽哉。"

节服氏，下士八人，徒四人。为王节所衣服也。

方相氏，狂夫四人。方相犹言仿想，言其异状，非真有是人也。

大仆，下大夫二人。小臣，上士四人。祭仆，中士六人，御仆，下士十有二人，府二人，史四人，胥二人，徒二十人。仆，侍御于尊者之名，四官别职同官，故共府、史、胥、徒也。吕氏曰："夫陪仆朁御之臣，后世视为贱品而不之择者也。不知人主朝夕与居，气体移养，恒必由之。潜消默夺于冥冥之中，而明争显谏于昭昭之际抑末矣。穆王之用伯冏为大仆正，特作命书而以朝夕承弼望之，其知本哉。其曰慎简乃僚，无以巧言令色，便辟侧媚，其惟吉士。则命一伯冏而群仆侍从，固无待穆王之亲择矣，此尤为治之体也。此心不继，造父为御，周游天下，将必有车辙马迹。道其侈者，果不出仆御之间，不知伯冏犹在职否也。穆王豫知所戒，忧思深长，犹不免躬自蹈之，人心纵舍无常，若此可惧哉。"

隶仆，下士二人，府一人，史二人，胥四人，徒四十人。此吏而曰隶，以其事亵也。

弁师，下士二人，工四人，史二人，徒四人。弁，古冠之大称。委貌、细布曰冠。

司甲，下大夫二人，中士八人，府四人，史八人，胥八人，徒八十人。古用皮谓之甲，今用金谓之铠。

司兵，中士四人，府二人，史四人，胥二人，徒二十人。

司戈盾，下士二人，府一人，史二人，徒四人。

司弓矢，下大夫二人，中士八人，府四人，史八人，胥八人，徒八十人。

缮人，上士二人，下士四人，府一人，史二人，胥二人，徒二十人。缮，言善其物也。

稿人，中士四人，府二人，史四人，胥二人，徒二十人。王氏曰："木干枯曰稿。为弓者，一岁而奠体，再岁而献成，必久而后用。故以稿名之。"

戎右，中大夫二人，上士二人。右，骖乘也，此充革路、木路之右者。

齐右，下大夫二人。齐，侧皆反，后同。此充玉辂、金辂之右者。

道右，上士二人。此充象辂之右者。道谓视朝所日行之路也。方氏曰："右取其武，故戎右宜尊。宾祭尚严，故次之。朝夕视朝，武非所尚也。右以戎兼田，以祀兼宾，而仆各异者，右主捍卫其事，可兼宾祀师田。车行异节必各有专仆，而后事可闲也。"

大驭，中大夫二人。此御玉路者。

戎仆，中大夫二人。此御革路者。娄里王氏曰："戎车之御与大驭同为中大夫者，重戎也。而不得同称驭者，重祀也。"

齐仆，下大夫二人。此御金路者。古者大祭大宾同敬，故仆亦以齐名之也。

道仆，上士十有二人。此御象路者。人多以更代也。

田仆，上士十有二人。此御木路者。按右止于三而仆必五者，仆难于右，故不可兼，是以六艺中有五御而不言右也。《杂说》诸右自戎右而外，诸驭自戎驭而外，皆用之平居，而隶于司马，何也？凡车马之政，在国犹在军，故一以师律治之也。

驭夫，中士二十人，下士四十人。

挍人，中大夫二人，上士四人，下士十有六人，府四人，史八人，胥八人，徒八十人。挍谓挍视之。陈氏曰："先王之时，国马足以行军，公马足以称赋。《周礼·乡师》以时辨其马牛之物，均人均马牛之力，县师遂师遂大夫等皆辨其六畜。或登之，或稽之，而牛马与焉。及其用之，则司马法甸出长毂一乘，牛十二头，马四匹，此四马也。挍人以下所掌，此公马也。汉之养马有五监六厩。而武帝之时，马至四十万匹。唐置八使五十六监，麟德间，马至七十万。开元间，至四十五万匹。而与周公马数相去甚远者，盖周制六军之马出于民。而挍人所养者特给公家之用而已。汉唐出军之马尽出于公，所以多寡不同也。"

趣马，下士皂一人，徒四人。趣七口反。趣谓趣养之。《杂说》趣马、膳夫、虎贲、缀衣，皆贱有司也。而《诗》、《书》乃与师氏并言，何也？人主之治，非其庙庭听决之为难，而深居燕坐之为患。非其公卿大夫夹辅之为难，其侍御仆从顺适其意之易惰也。人主之心，惟平时为易纵。人臣之言，惟卑者为易入。于其所易纵之时，而择易入之臣朝夕于其间，则可以养成君德矣。

巫马，下士二人，医四人，府一人，史二人，贾二人，徒二十人。巫知马祟，则祭之；医能知马疾，则疗之。故职同。

牧师，下士四人，胥四人，徒四十人。主牧放马而养之。《杂说》古人养马，处处有牧所，谓牧田是也。可井者井之，不可井者则为牧地，如华山之阳。牧于垧野，皆是牧马。马既在民，虽小国亦自有官掌之。少康所谓仍牧正，大抵皆寓兵于农之意。但令农事不扰，则马政自修，故《诗》之称马政必归之农。《鲁颂》美僖公，亦曰务农重谷，牧于垧野尔。故修农则马政自修，马既在民，特设官以掌之耳。自井牧之制废，而马皆在官矣。

廋人，下士，闲二人，史二人，徒二十人。廋谓无所隐其数也。

圉师，乘一人，徒二人。圉人良马匹一人。驽马丽一人。圉，养马也。四马为乘，两马为丽。

职方氏，中大夫四人，下大夫八人，中士十有六人，府四人，史十有六人，胥十有六人，徒百有六十人。王氏曰："方谓上下四方，职司其地，而后知要害之守也。"

土方氏，上士五人，下士十人，府二人，史五人，胥五人，徒五十人。

怀方氏，中士八人，府四人，史四人，胥四人，徒四十人。

合方氏，中士八人，府四人，史四人，胥四人，徒四十人。

训方氏，中士四人，府四人，史四人，胥四人，徒四十人。

形方氏，中士四人，府四人，史四人，胥四人，徒四十人。先王之于邦国，土方所以主其地，怀方所以来其人，合方所以同其志，训方所以正其德，形方所以联其势。此所以克尽乾父坤母、民胞物与之量乎。

山师，中士二人，下士四人，府二人，史四人，胥四人，徒四十人。

川师，中士二人，下士四人，府二人，史四人，胥四人，徒四十人。

邍师，中士四人，下士八人，府四人，史八人，胥八人，徒八十人。邍，音原。按《王制》云：名山大泽不以封，故邦国之山川原野，设此数官以遥领之。

匡人，中士四人，史四人，徒八人。匡，正也，正法则以一天下也。

撢人，中士四人，史四人，徒八人。撢，他南反。撢，探也，探上德意，以告天下也。

都司马，每都上士二人，中士四人，下士八人，府二人，史八人，胥八人，徒八十人。

家司马，各使其臣。以正于公司马。《杂说》都家皆畿内采地，既有其地，又有其民，又有其赋，非王朝制其兵柄，则将抗衡于王矣。春秋楚子与若敖战于浒。与晋之六卿，鲁之三家，宋之华氏，其调发禁令，悉自主之。而国家不敢问。安得不与上竞乎。

大司马之职，掌建邦国之九法，以佐王平邦国。制畿封国以正邦国。设仪辨位以等邦国。进贤兴功以作邦国。建牧立监以维邦国。制军诘禁以纠邦国。施贡分职以任邦国。简稽乡民以用邦国。均守平则以安邦国。比小事大以和邦国。监，古衔反。比，毗至反。畿，九等之畿；国，五等之国。制而封之，所以正疆土之广狭也。仪，诸侯诸臣之仪。位，先后上下之位。设而辨之，所以等名分之次第也。贤，有德者；功，有能者。进且兴之，所以作其劝善乐业之心也。牧以诸侯总一州者，监以王臣临列国者，建且立之，所以维其尊王顺伯之势也。军谓大国三军，次国二军，小国一军之众。禁谓九伐之令。制且诘之，所以纠其暴乱，使不作也。贡即九贡，职即九职。施则各以其所有，分则各以其所能。所以任其财力而不使乏也。乡民谓大国三乡，次国三乡，小国一乡之民。简以选其强弱，稽以考其众寡，则众可用而无溢漏之患矣。守者土地之司，则者制度之节，均而大小循其分，平而隆杀适其宜，则各相安而无侵畔之忧也。大国比小国以恩，小国事大国以礼，则各相和而无猜隙之萌也。以九伐之法正邦国。冯弱犯寡则眚之。贼贤害民则伐之。暴内陵外则坛之。野荒民散则削之。负固不服则侵之。贼杀其亲则正之。放弑其君则残之。犯令陵政则杜之。外内乱，鸟兽行，则灭之。冯，皮冰反。行，下孟反。以强陵弱之谓冯，以众暴寡之谓犯。眚者，四面削其地，犹人眚瘦也。伐者，声罪致讨，使人共知也。内谓国中，外谓邻境。坛者，为坛会诸侯，命之往征也。削者，渐减其地，明不能有也。负固，谓恃其险阻。侵者，潜师掠境，出其不意也。亲，谓一本之亲。正者，明治其恶以惩贼，仁也。残者，毁灭其身以戒贼，义也。违上之命谓之犯，侮上之法谓之陵。杜者，先敕其与国，不使交通也。外谓外姻，内谓内族。灭者，剪除其宗社，不使渎伦也。正月之吉，始和布政于邦国都鄙。乃县政象之法于象魏，使万民观政象，挟日而敛之。乃以九畿之籍，施邦国之政职。方千里曰国畿。其外方五百里曰侯畿。又其外方五百里曰甸畿。又其外方五百里曰男畿。又其外方五百里曰采畿。又其外方五百里曰卫畿。又其外方五百里曰蛮畿。又其外方五百里曰夷畿。又其外方五百里曰镇畿。又其外方五百里曰蕃畿。籍，礼差之书。政职，兵赋之职。侯，候也，言为王（斤）〔斥〕堠也。甸，田也，言为王治田也。男，任也，言能任职事也。采，取也，言能取方物也。卫，守也，言能宣力以固内也。蛮，言其俗之慢也。夷，言其俗之易也。镇，谓须镇守也。蕃，谓为藩篱也。王氏曰："自侯甸至卫畿谓之中国，所谓疆以周索也。自蛮畿至蕃畿谓之四夷，所谓疆以戎索也。"薛氏曰："《王制》曰凡四海九州，州方千里。"孟子曰："海内之地方千里者九，齐集有其一，此以开方法、论建国多寡之数也。郑氏谓周公斥大九州之界，王畿与九服共为万里，自要以内方七千里，此读《周官》之误也。盖《禹贡》言面，《周官》言方耳。按司马职方之文，皆曰其外方五百里。既曰方五百里，则四面各二百五十里。九畿之相去二畿而当五百里，非一面五百里也。镇畿之内方五千里而已，此正与《禹贡》五服广狭之数略相当，其侯服、甸服则《禹贡》之侯服也。其男服、采服则《禹贡》之绥服也。其卫服、蛮服则《禹贡》之要服也。其夷服、镇服则《禹贡》之荒服也。其蕃服则荒服之外矣。四面比旧各广二百五十里耳。在《禹贡》则绥服之内方三十里，九州之大界也。兼要荒二服而言之，则方五千里耳。唐虞旧域无七千里明矣。在《周官》则采取之内方三千里，九州之大界也。兼卫蛮夷镇蕃五服而言之，则方五千二百五十里耳。在周公时亦无方七千里之地明矣。由是言之，则《王制》九州大界方三千里，兼二帝三王而言之也。其国之大小，服之多寡，则随世而迁，不必同也。《周官》于《禹贡》必广斥其地为蕃畿者，盖有周盛时人物庶蕃，其制不得不然也。圣人于地域，岂好异哉，因其时而已。邱氏曰："《禹贡》九州之外，咸建五长。东渐西被，即成周蕃服之域。是周之蕃服其名虽增于禹而实未尝增也。"凡令赋，以地与民制之。上地食者参之二，其民可用者家三人。中地食者半，其民可用者二家五人；下地食者参之一，其民可用者家二人。参之二，谓田百亩其一，则莱五十亩也。半，谓田百亩其半，则莱百亩也。参之一，谓田百亩其二，则莱二百亩也。刘氏曰："大司徒均土地、稽人民，周知其可任之数，盖与此同。而曰凡起徒役，无过家一人，以其馀为羡，唯田与追胥竭作。则司马令赋以地与民制之者，竭作其羡于四时之田也。或家三人，或家二人，或二家五人，皆所以教之战也。伍两卒旅师军为正兵者，乡遂十有五万人，而羡作在外。郊野都鄙之兵又在其外。莫不军制其师，师制其旅，旅制其卒，卒制其两，两制其伍。而大司马则总其军律而以为用也。既习之以田猎，又试之以追胥驰骤之而队伍罔差，发纵之而进退用命。为其可以起六军而行九伐也，则家选一人，而精强可获矣。军无阙数，战无败事，由教之者众而用之者广焉。圣人之虑，精密如此，此司马所以肃诸侯而正邦国也。乃因四时之田，以教民战焉。"中春，教振旅。司马以旗致民，平列陈，如战之陈。辨鼓铎镯铙之用。王执路鼓。诸侯执蕡鼓。军将执晋鼓。师帅执提。旅帅执鼙。卒长执铙。两司马执铎。公司马执镯。以教坐作进退疾徐疏数之节。中、陈皆去声，下同。数，音朔。振旅，振起其师旅也。春，阳用事，非兵之时，故教入而振旅之法焉。平列陈，平其列以为陈也。提，马上鼓也，有曲木柄可提而击者。鼙，骑上鼓也，其制卑小以便于用者。铙，所以止鼓也。铎，所以退鼓也。镯，所以节鼓也。公司马，谓五人之长。黄氏曰："进则患怯，退则患纷，故军将执晋鼓以作其进，卒长执铙以速其退。"遂以蒐田，有司表貉，誓民，鼓，遂围禁。火币，献禽以祭社。蒐，搜也，春时鸟兽字乳，搜取不孕者用之也。有司，谓甸祝掌四时之田。表貉之祝号者也。誓，若所云"无干车，无自后射"之类。禁，谓虞衡所守禽之厉禁也。春田用火以除陈草。弊，止也。祭社，以祈年也。中夏，教茇舍，如振旅之陈。群史撰车徒，读书契，辨号名之用。帅以门名，县鄙各以其名。家以号名，乡以州名，野以邑名。百官各象其事，以辨军之夜事。其他绵如振旅。茇，蒲末反。撰，同选。茇舍，草宿也。夏，阳盛长，亦非兵之时，故教暂止而草宿之法也。撰车徒，所以选择之。读书契，所以挍录之。号名，徽识所以相别也。帅，谓军将以下。门，所居也。若东门襄仲，桐门右师，皆尝为军将者也。县鄙，六遂之众。家，采邑之众。野，公邑之众。百官，以其职从王者事，谓治教礼政刑土之属也。营垒于野，所戒在夜，欲其名声相闻，则足以辨之而不乱矣。遂以苗田，如蒐之法。车弊献禽以享礿。苗，言为苗除害也。车弊，驱兽之车止也。礿，夏祭名。中秋，教治兵，如振旅之陈。辨其旗物之用：王载大常，诸侯戴旂，军吏载旗，师都载旜，乡遂载物，郊野载旐，百官载旟。各书其事与其号焉。其他皆如振旅。治兵，言修治其甲兵也。秋，阴用事，正兵之时，故教出而治兵之法焉。诸侯用旂，左也，君道也；军吏将帅用旗，右也，臣道也。师都、乡遂之吏不必其为将帅，但用旜物而已。郊野在外，故用旐，后象也；百官在内，故用旟，前象也。此与司常异者，大阅以简军实，以统众为主，故各建其旗而至。治兵以训将士，以用众为主，故各载其旗而行。但有众则有画，而无众则无画，斯为无不同耳。遂以猕田，如蒐田之法。罗弊致禽以祀祊。猕，杀也。秋时鸟兽长成，取可用者杀之也。罗弊，罔兽之罗止也。祊，谓四方之神在祀典者。中冬，教大阅。前期，群吏戒众庶修战法。虞人莱所田之野为表。百步则一，为三表。又五十步为一表。田之日，司马建旗于后表之中。群吏以旗物鼓铎镯铙，各帅其民而至。质明弊旗，诛后至者。乃陈车徒如战之陈，皆坐。群吏听誓于陈前，斩牲以左右徇陈，曰："不用命者斩之。"大阅，农隙而大行简练以习战也。群吏，谓乡师以下。莱，除草，以便驰驱也。表，所以识正行列者。四表积三百五十步，左右之广，当容三军，后表之中五十步，表之中间也。致，谓致之司马。质明，正晓也。弊，仆也。诛，以言责之也。皆坐，当听誓也。群吏，谓诸军帅。陈前，南面向表也。中军以鼙令鼓。鼓人皆三鼓。司马振铎，群吏作旗，车徒皆作。鼓行，鸣镯，车徒皆行，及表乃止。三鼓，摝铎，群吏弊旗，车徒皆坐。又三鼓，振铎，作旗，车徒皆作。鼓进，鸣镯，车骤徒趋，及表乃止，坐作如初。乃鼓，车驰徒走，及表乃止。摝，音鹿。中车，中军之将也。天子六军，三三而居一偏。令鼓，令之击鼓以作士气也。鼓人，谓师帅、旅帅。司马，谓两司马。振铎以作之，鼓人击鼓以行之，伍长鸣镯以节之。掩上振之为摝，摝者，止息行气也。车骤徒趋，赴敌尚疾之渐也。车驰徒走，克敌致胜之勇也。不鸣镯者，不暇节之也。鼓戒三阕，车三发，徒三刺。乃鼓退，鸣铙且却，及表乃止。坐作如初。鼓戒，声鼓以戒攻敌也，声止谓之阕，向前而行谓之发，向外而击谓之刺，及三次而止，象服敌也。铙所以止鼓者，卒长鸣之。郑氏曰："却如进，入如出，教持胜，整暇也。"薛氏曰："立此四表，每至表则间一而坐，坐而更起，以正行列也。田之日，司马建旗于后表之中，则从南头立表，以北头为后表，后表中乃五十步。表之中，从南表至北表也。建旗所以待民之至，故车徒皆行，及表乃止。此表自后表前至第二表也。车骤徒趋，及表乃止。此表自第二表至第三表也。车驰徒走，及表乃止，此表自第三表至前表也。乃鼓退，及表乃止，此自南总至北三表也。"遂以狩田。以旌为左右和之门。群吏各帅其车徒以叙和出。左右阵车徒，有司平之。旗居卒间以分地，前后有屯百步，有司巡其前后。险野，人为主；易野，车为主。狩，言不择而守取之也。军门曰和，明师克在和之义，立两旌以为之。叙和出，用次第出和门也。左右，或出而左，或出而右。有司平之。乡师居门，正其出入之行列也。旗，军吏所载，每百人为一卒。分地者，调其部曲之疏密也。车徒前后异屯，其相去百步，有司又巡其行列，使之不紊焉。险野不可轻陷，故以人居前而为之主；易野不可无卫，故以车居前而为之主。其用盖相须也。陈氏曰："古者用兵险野人为主，易野车为主。则险野非不用车而主于人，易野非不用人而主于车。动则足以冲突，止则足以营卫。将卒有所庇，兵械衣裘有所赍。《诗》云：君子所依，小人所腓。则车之为利大矣。昔周伐郑，郑为鱼丽之陈，先偏后伍，伍承弥缝。郯之战楚君之戎，分为二广，广有一卒，卒偏之两。楚巫臣使于吴，以两之一卒适吴，舍偏两之一焉。考之《周礼》，五伍为两，四两为卒，司马法二十五人为两，百人为卒，卒两则人也，偏则车也。杜预十五乘为大偏，九乘为小偏，其尤大者，又有二十五乘之偏。则郑鱼丽之偏，二十五乘之偏也。楚二广之偏，十五乘之偏也。巫臣所舍之偏，九乘之偏也。先偏后伍，伍从其偏也。卒偏之两，两从其偏也。先车足以当敌，后人足以待变，则古者车战之法，略可知也。或者谓晋人以什共车必克，房琯以车战取败，遂以为用车不若用人与骑之愈。是不知晋人之克，非什之利，用什之幸也。房琯之败，非车之不利，用车之罪也。古者教民以射御为艺，君子以射御为能。则登车而不能御，参乘而不能射者，鲜矣。房琯之用车，有是人乎。不然，巫臣教吴以乘车而以胜于楚，何也？”既陈，乃设驱逆之车，有司表貉于陈前。中军以鼙令鼓，鼓人皆三鼓。群司马振铎，车徒皆作。遂鼓行，徒衔枚而进。大兽公之，小禽私之，获者取左耳。及所弊，鼓皆骇，车徒皆噪。徒乃弊，致禽馌兽于郊，入献禽以享烝。驱者，逐而出之。逆者，要而止之。二车皆田仆所设也。群司马，谓两司马。枚，如箸，衔之，有𦈡结项中，所以止喧哗也。大兽公之以奉上，小禽私之以自畀，先公而后私也。取左耳计数，以论功也。所弊，谓田所当止之处。疾击曰骇，大呼曰噪。徒乃弊，徒皆止也。馌犹馈也。郊，四方之神。烝，冬祭名。《杂说》四时之田，春辨鼓铎镯铙，夏辨号名，秋辨旗物，冬皆辨之。三时各辨其一，何以令军乎？盖互言之耳。其实皆辨也。辨鼓铎有王、诸侯、军将、师帅、旅帅之别。辨号名有县鄙家乡官野之异。辨旗物有诸侯军吏师都乡遂郊野之典，则畿内皆递教矣。四表之表相去三百五十步，虽容六军且不足，况畿内乎？不然，大都之地去王城五百里，一岁四时就国教阅，不几扰民乎？李氏曰：“兵者不祥之器，不得已而用之。若无故而习，是习杀人也，非示天下不复用兵之意也。故用春蒐、夏苗、秋狝、冬狩而教焉。鸟兽鱼鳖皆函血气，若无故而杀之，是暴殄天物也，作禽荒也。故因祭社享礿、祭祊享烝而行焉，明非好兵也。为田猎也，非好田猎也，为祭祀也。外以彰事神之礼，内以作不虞之备，圣人之动，其顺如此，不足为后世法乎！”黄氏曰：“以兵寄农，以教兵寓蒐狩。其赴田役也，犹其在比闾；其赴敌也，犹其在田役。声音服容在乡，则相识于族，在军则相识于卒，在田役则相识于茇舍。不测之变，无常之敌，趣之战也，其与比闾之间，田猎之时无以异也。其孰以为危事哉。”及师，大合军，以行禁令。以救无辜，伐有罪。及师，谓命将出军。大合军者，所以威天下也。禁，以除其非，令以命其善。救无辜，仁之至也；伐有罪，义之尽也。若大师，则掌其戒令，莅大卜。帅执事、莅衅主，及军器。及致，建大常，比军众，诛后至者。及战，巡陈，视事而赏罚。大卜之大，音泰。大师，王亲出征也。莅太卜，临太卜以视吉凶之兆也。主，谓祧主、社主。军器，钟鼓之属。必衅者，神之也。致，乡师致民也。大常，王所建者。比，校次之也。明斋王氏曰：“对敌交战时，亲巡陈，后恐有疏虞，以致蹉跌。及视其事机，以为变化，其有功罪者，因而赏罚之。与安坐城堡而惟遣军出战者，异矣。”若师有功，则左执律，右秉钺，以先恺乐献于社。若师不功，则厌而奉主车。王吊劳士庶子，则相。先，去声。厌，入声。相，去声。律，所以听军声也。钺，所以为将威也。先犹道也。兵乐曰恺，献功于社，示喜也。厌，谓厌冠，军败则以丧礼处之，送主归于庙社，示戚也。士庶子，盖从军之子弟，已命曰士，未命曰庶子也。死则吊之，伤则劳之，不以其人之卑而忘一体之爱也。大役，与虑事。属其植，受其要，以待考而诛赏[①]。与，音预。大役，筑城邑也。司徒、司空谋虑役事，司马与焉。植者，桢干之节度。要者，工程之簿书，考其功过而诛赏之，则惰者勉而勤者奋矣。大会同，则帅士庶子而掌其政令。若大射，则合诸侯之六耦。大祭祀、飨食，羞鱼牲，授其祭。大丧，平士大夫。丧祭，奉诏马牲。帅，帅以从王也。大射，谓将祭而射于泽宫以选贤也。诸侯为六耦，贵之也。若宾射、燕射，则用卿大夫士矣。鱼牲，以鱼为牲也。祭，谓尸宾所当祭之物也。鱼，阴类而众多，故司马进之。平者，一其仪服也。马牲，惟遣奠用之，送之至墓，告而藏之者也。

小司马之职，掌郑氏云：“此下字脱灭，札烂文阙，汉兴，求之不得，遂无识其数者。”方氏曰：“小司马职缺，以诸职例之，所专掌必论辨官材也。盖师之职皆以贰其正然必有专掌之事，为正之所不能兼者。如小宰之建宫刑，小司徒之建教法，小宗伯之建神位，小司寇之建大讯是也。国子选俊并升于司马司士治之。庶子之修业于乡学者，诸子治之而大司马职不及，论辨官材，则小司马专之必矣。”凡小祭祀、会同、乡射、师田、丧纪，掌其事。如大司马之法。

军司马阙。

舆司马阙。

行司马阙。明斋王氏曰：“按军司马者，军中执法之官，犹后世都虞候也。凡一军仪制之举废，人才之进退，军将之得失，十卒之功罪，靡不司之。昔王仪为司马，昭司马得以言上将之咎。段秀实为白孝德都虞候，得以专骄军之戮，所以佐大小司马者也。舆司马者，主一军之车，车必有骑，故天文谓之车骑，行则以为乘载，止则以为营卫，战则以为冲突，兵车莫重之器，此官掌其收藏出入。师行则主营卫车战之事，使无

---

①据十三经本“赏”字在“诛”字前。

离次不齐也。行司马者，主一军战陈行伍、坐作进退之法。凡军法，左右前后各司其局士大夫死行列。故《费誓》曰：'马牛其风，臣妾逋逃，勿敢越逐。祗复之。'《牧誓》曰：'不愆于六步七步乃止，齐焉。不愆于四伐五伐六伐七伐乃止，齐焉。'如是，则人有统摄而无奔溃之患。勇怯并奏而无罢敝之虞矣。凡行陈之事多于车。而舆司马为上士者，盖舆皆士大夫之所乘。而行则兼夫贵贱，且以车为营卫，亦先为不可胜之意也。"邓氏曰："夏官之政，小司马贰之，军司马考之，舆司马主车，行司马主徒，岂将事而作之，故其职不具。与问者曰：夫兵以形势为其用者也，雷动风举，后发而先至，以轻疾制敌。诸合离向背、机神变化，大司马尸之矣。经不少概见何也？曰：王道天德终不极夫兵之用也。皇皇乎成周，四征弗庭。六服承德，刑且措而不用，故阅兵适寓诸农而止，而邦可与守也。况其虑后世至豫，防危乱至深，而务折其萌者至远也。治兵茇舍，大阅振旅，毕教也。纪律严，分数明，而机神变化，可得而措也，岂为不豫哉。且因形措胜，夫又何可预设也。"

司勋，掌六乡赏地之法，以等其功。王功曰勋。国功曰功。民功曰庸，事功曰劳。治功曰力。战功曰多。乡疑作郊。赏地，即载师所谓以赏田任远郊之地者。王功，辅成王业也。功在天下，故曰勋。国功，计安社稷也。功在一国，故曰功。民功，润泽生民也。其事有常，故曰庸。事功，修立政事也。其职能勤，故曰劳。治功，平定危乱也。效力不懈，故曰力。战功，决胜疆埸也。克敌最优，故曰多。邓氏曰："司勋功等有六，战功后焉，首王功曰勋，次国功曰功，次民功曰庸，为其功计，安于无形也。事功治功专于劳力，眇矣，而犹列战功之上，则不正战也。功不列于王国，庸不效于民事，而勤民于战，非王道所右，故后之也。盖天道后阴故也。"

凡有功者，铭书于王之大常，祭于大烝，司勋诏之。大功，司勋藏其贰。掌赏地之政令，凡赏无常，轻重视功。凡颁赏地，参之一食，唯加田，无国正。正，音征。铭之言名也。大常，旗名。大烝，冬之大享，百物皆报，故祭有功者。诏，告神也。凡功书藏于天府，又副于此者，以其主赏也。轻重视功，谓功大者重赏之，功小者轻赏之。参之一食，自食其二，而以其一入于上也。加田，加赐之田。无国正，免其公家之赋税也。王氏曰："先王于有功之臣，其识之，则欲其不忘，其报之，则欲其致厚。铭书于王之大常，使与日月同其光，则识之而不忘也。祭于大烝，使与先王同其荣，则报之而致厚也。又曰：事劳若一时有剧易，战多若一敌有坚脆，若此属不以为常，故轻重视功也。"愚按：先王之待有功其厚如此，此所以亲臣世臣奕世相保也。后世诛夷菹醢者，固不足道。即赎故第而官裔孙者，又岂有赏地加田之遗意哉！乌尽弓藏，千古同悲，此采芝辟谷之士，所以不乐为之用也与。

马质，掌质马。马量三物，一曰戎马，二曰田马，三曰驽马，皆有物贾。纲恶马。凡受马于有司者，书其齿毛与其贾。马死，则旬之内更，旬之外入马耳。以其物更，其外否。马及行，则以任齐其行。若有马讼，则听之。禁原蚕者。贾，音价。更，平声。驽，下也。物贾，以物色之美恶定价值之高下也。纲，谓縻索，马有罥驾破车而其才可用者，则以索纲维之，使驯服也。受马于有司，谓给公家之使而受挍人之马者。更犹偿也。旬之内死，则偿以齿毛与价，任之日浅，其养之恶也。旬之外死，则入马耳，以验其实，死偿以毛色而不以齿价，其任之过也。旬之外，又逾二十日而死，则不偿，乃马不堪用，非任者之罪也。戎事齐力尚强也。田事齐足尚疾也。故以任齐其行焉。原，再也。天文，辰为马，《蚕书》，蚕为龙精。月值大火，则浴其种，是蚕与马同气。物莫能两大，禁原蚕者，为伤马也。或曰原谓平原，牧马之处，禁蚕桑于野者，恐害马刍牧云。

量人，掌建国之法。以分国为九州，营国城郭。营后宫，量市朝道巷门渠。造都邑亦如之。营军之垒舍，量其市朝州涂军社之所里。邦国之地与天下之涂数，皆书而藏之。王氏曰："掌建国之法则以王国为主也。以分国为九州，则自王国以及诸侯之国，其地分为九州也。营国城郭，则周营王国之内城外郭也。营后宫，则周营后之六宫也。凡建国，王立朝，后立市；朝在前，市在后。道巷门渠有纵横，有广狭，皆量而为之制也。王国之制既立，然后都邑可量，故造都邑亦如之。"明齐王氏曰："师众所居，非可苟也。八陈之法，中军倍于四正，以为提挈张弛。四正倍于四隅，以为辅翼游军。别存三之一，以为应援，营中大道纵横各二，所谓涂也。其地分为九，所谓州也。前有朝，为天子诸侯大将临众之地。后有市，以为兵众贸易之所。左祖以听命而行赏，右社示有尊以行罚。略如国中之制，安营皆然。但军行多寡不同，则垒舍大小亦异。握机经云：先出游军定两端。孙子云：地生度，度生量，量生数，数生称，称生胜，皆谓是也。"愚谓：地有广狭，涂有远近，书而藏之，俾封国庆削，巡行征役，皆有所考也。凡祭祀飨宾，制其从献脯燔之数量。掌丧祭奠竁之俎实。凡宰祭，与郁人受斝历而皆饮之。从，去声。斝，音假。从献脯燔者，以所献牲牢为正，而以脯燔为从也。《仪礼》脯十脡，各长尺二寸，膰未闻。窾亦有俎实，谓所包遣奠也。宰祭，谓王主祭尸，酢主人以福酒。郁人、量人受而传之它器而皆饮之。皆饮犹言卒爵也。临川王氏曰："郁人于祭祀，达其气臭以始之，交神以德者也。量人于祭祀，制其数量以成之，事神以礼者也。二者，本末相成。"

小子，掌祭祀，羞羊肆、羊殽、肉豆。而掌珥于社稷，祈于五祀。凡沉辜侯禳，饰其牲。衅邦器及军器。凡师田，斩牲以左右徇陈。祭祀，赞羞受彻焉。刘氏曰："羞，进之也。羊肆，谓朝践献腥，四段其体，为豚解也。羊殽，谓馈食献尸，体骨节析而烂之，以酳尸也。肉豆，谓切肉而以豆羞者也。"愚谓：弭灾曰珥，求福曰祈。沉，谓沉牲于水。辜，谓磔之。侯，候福也。禳，却灾也。王氏曰："斩牲徇陈者，以小子掌衅社而军法不用命，则戮于社故也。羞，始祭所进。彻，祭毕而彻。小子皆赞之。以小子之职，皆事之小者故也。"

羊人，掌羊牲。凡祭祀，饰羔。祭祀，割羊牲，登其首。凡祈珥，共其羊牲。宾客，共其法羊。凡沉辜、侯禳、衅、积，共其羊牲。若牧人无牲，则受布于司马，使其贾买牲（以）〔而〕①共之。贾，音古。小羊曰羔。登，升也，升首于室，所以报阳也。法羊，多少有常法也。积，谓积柴燎牲，祀天神则用之。布，钱也。贾知物价，故使之买牲。

司爟，掌行火之政令。四时变国火，以救时疾。季春出火，民咸从之。季秋内火，民亦如之。时则施火令。凡祭祀，则祭爟。凡国失火，野焚莱，则有刑罚焉。内，音纳。行犹用也，变犹易也。火新则民不生疾。故春取榆柳，夏取枣杏，夏季②取桑柘，秋取柞楢，冬取槐檀，以救之也。季春火将旺，故出之；季秋火始墓，故内之。民之陶治焚烈，亦以是为准焉。时，谓出内之时。火令施于司爟，而火禁则修于司烜，舒敛之宜也。祭爟，以报始教燧者。失火者，疏于慎防。焚莱者，敢于擅纵。皆恐其害民物也，故以刑罚惩之。明斋王氏曰："按万物之所以得生者，阴阳二气而已。阳之盛为火之热，而物资之以畅茂条达。否则，萎而不荣。阴之极为冰之寒，而物资之以缩聚坚凝。否则，散而不收。然火有出入，当

①据十三经本改。
②夏季当为季夏。

出而太早，则过盛而为灾。当伏而不伏，则错行而伤阴。此春秋之所以出火内火也。冰有藏启，藏之以抑伏藏之火，俾之休息。启之以发沉伏之阴，俾得制火。此冬春所以藏冰开冰也。夫天地之灾，犹人身之疾。人之疾病，皆以气行太过则血行不及而百疾作。故治疾者，多以滋阴降火为主。天地之气，亦惟阳之妄行而阴不及从，于是乎有灾。是故夏旱则秋涝，冬雷则春阴。凡震雷冰雹，皆阳驱阴急疾所致也，故调元者，亦以宣阴助阳为贵。司爟、凌人皆此道也。周公设官，言火非一。司爟于夏，所以裁成火之道。司烜于秋，但取火之明以为用。馀则修火之禁而已。”

掌固，掌修城郭、沟池、树渠之固。颁其士庶子及其众庶之守。设其饰器，分其财用，均其稍食，任其万民，用其财器。掌固，守官之长。刘氏曰：“《易》曰：城复于隍，则是浚沟之土所以为城也。凿池之土，所以为郭也。沟池深于外则城郭固于内。用其深，以增共高也。渠又在其外，所以出水。因之设固，植木其上，守固之材出焉。”王氏曰：“士者，公卿大夫之适子而已命者也。庶子者，国子之倅而未命者也。众庶，则其地之人民递守者也。颁其守，则远近均焉，劳逸更焉，而守政成矣。夫公卿大夫，莅职于内，而子弟守固于外。内外一心，休戚一体，安得有他虞哉。”愚谓：饰器，甲兵之属，所以耸观瞻而备非常也。财用以给守者，稍食以养守者。万民以备凿筑之令，财器以防缓急之需，则无疏阙之虑矣。方氏曰：“财用曰分，视地守之剧易而有多寡也，稍食曰均，计功之多少以为差等也。公卿大夫之子，家有田禄。万民计口授田，俾各守其地之险固以自卫。而财用稍食，国犹颁焉。所以厚下安宅，而共效至于民忘其劳，民忘其死也。古者，民之衣食灾患，纤悉皆君为计处，而民以财器给国事如于其家，此国维所固，仁义之利，所以长也。”凡守者受法焉，以通守政。有移甲与其役财用，唯是得通。与国有司帅之，以赞其不足者。昼三巡之，夜亦如之。夜三鼜以号戒。明斋王氏曰：“各致其守，此各地有司之事也。如此，则呼吸不通，首尾不应，故凡守吏必受法于掌固，而通其守政。庶乎缓急相应援，声势相依辅，而四面远近皆通贯连络矣。至于荒僻或变故，兵甲不备，力役不共，财用不给，则又为通融之法，以有馀而赞其不足。国有司，掌甲兵财用人民之官也。”陈氏曰：“宋沈约《乐志》曰：鼜鼓，长丈二尺，盖役事上之所以役下，警守下之所以事上。役下必以仁，未尝不欲缓，故以鼛；事上必以义，未尝不欲蚤，故以鼜。”王氏曰：“号，呼守者之名也。戒，戒守者之事也。”若造都邑，则治其固，与其守法。凡国都之竟有沟树之固。郊亦如之。民皆有职焉。若有山川，则因之。造都邑，谓造三等采地境界也。职，谓守与任也。山川则因之者，随地力之便而以人力佐之也。

司险，掌九州之图，以周知其山林川泽之阻，而达其道路。设国之五沟五涂，而树之林，以为阻固。皆有守禁，而达其道路。达，通出。山林之阻则开凿之，川泽之阻则桥梁之也。五沟五涂，即遂人治野之法也。管子曰："凡兵主者，必先审知地图轘辕之险，滥车之水，名山通谷，经川陵陆，丘阜之所在，苴草林木蒲苇之所茂。道里之远近，城郭之大小，名邑废邑困殖之地，必尽知之。地形之出入相错者尽藏，然后可以行军袭邑，举错知先后不失地利。此地图之常也。"明斋王氏曰："王畿之内，畝亩之中，有无形之险，遂沟洫浍川非止于通水而已，即有沮洳之厄径。畛涂道路，非止于往来而已，即有曲折之艰涂。而树之林，非止固其土而已，即有蔽遮之阻。是故敌骑不得长驱，戎车不得并骤，所以为善。故尽东其亩，惟子戎车是利，此齐所以责晋也。"国有故，则藩塞阻路而止行者。以其属守之，唯有节者达之。有故，谓兵事。阻路，要害之路，以藩落闭塞之，备奸寇也。方氏曰："五沟五涂，遂人所治也。而于司险复曰设者。凡井田沟涂之设，一以尽地利，一以为阻固。故必使遂人与司险共议其形势之错连，水流之输委，道路之支凑。犹邦之六典，太宰建之，而太史与共建也。"

掌疆阙。易氏曰："千里王畿，畿之境，谓之疆。载师所言大都之田任疆地是已。而邦国都鄙亦有畿疆之制，大司徒所言制其畿疆而沟封之是已。此官虽逸，而以司险推之，则掌王国之疆以及邦国都鄙之疆也审矣。"明斋王氏曰："《记》曰城郭沟池以为固。《易》曰王公设险，以守其国。分而言之，在国曰固，在野曰险，故周礼设官掌固，掌国都至于郊。掌疆主王畿之境，司险者则自王圻之中以至于九州之内，无不有以守而达之。司马握军旅之重，而要害之地实攻守大计，三官所以并属于夏官也。固者，人功所为，致力为难，故自内而及外，以渐而杀。险者，地利所自然，守之为易，故先远而后近，以渐而密也。"

候人，各掌其方之道治，与其禁令，以设候人。若有方治，则帅而致于朝。及归，送之于竟。候人，巡官之长。道治，道路政事之当治者。设候人，盖以徒百二十人为之。方治，四方政事之求治者。帅所以导其入国，送所以护其出疆也。

环人，掌致师。察军慝，环四方之故。巡邦国，搏谍贼。讼敌国，扬军旅，降国邑。降，平声。犯敌以诱其出战谓之致师，怀诈而潜入我军谓之军慝，故谓戎兵循环而侦探之，所以折冲而御侮也。巡邦国，察意向也。搏谍贼，防反间也。讼敌国，辨兵端也。扬军旅，壮国威也。降国邑，安归附也。王氏曰："候人主好待诸侯，环人主恶摄诸侯，皆守境事。以掌固统环人者，先为不可胜以待敌之可胜也。"

挈壶氏，掌挈壶以令军井，挈辔以令舍，挈畚以令粮。凡军事，县壶以序聚檯。凡丧，县壶以代哭者。皆以水火守之，分以日夜。及冬，则以火爨鼎水而沸之，而沃之。畚，音本。县，音悬。檯，音柝。挈，提也。壶所以乘水，表而挈之，则知汲处矣。辔所以驾马，挩而挈之，则知止处矣。畚所以盛粮，置而挈之，则知取处矣。军中遇夜聚而击檯，以更漏次序之。丧未大敛，哭必达旦，以更漏代易之。以水守壶，为沃漏也。以火守壶，视刻数也。漏箭共划百刻，冬夜以渐而长，夏夜以渐而短，惟春秋分则适其平焉。壶水县于箭上，节而下之，水之所至，即刻之所在。冬则水冻而漏不下，故以火炊鼎水而沃之也。王氏曰："刻漏，古今法器。于天文为下垣渐台，故设官董其事。军事严，丧事遽，特举以见例。"薛氏曰："以火爨鼎，则使之不凝，以火守壶，则使之不差。施之于军事，所以严守警；施之于丧事，所以严凶哀。朝廷朝夕之礼，亦常以是为节焉。"

射人，掌国之三公、孤、卿、大夫之位。三公北面，孤东面，卿、大夫西面。其挚，三公执璧，孤执皮帛，卿执羔，大夫雁。诸侯在朝，则皆北面，诏相其法。若有国事，则掌其戒令，诏相其事，掌其治达。射人，射官之长。王氏曰："先王于祭祀宾燕之事，未尝不射。方其与诸侯行宾射之礼，则国之三公、孤、卿、大夫与焉。故射人掌其位也。三公北面答君也，孤东面佑王也，卿大夫西面佐王也。其挚三公执璧，则以其有君之体而不致其用也。三公之挚不序于宗伯，而独见于射人者。盖三公，师道也，射人以主宾射为先，亦以见宾之而弗敢臣之意也。射人之位不及士者，盖射人所掌宾射之礼，故不及之。"《记》曰："朝不与，燕不坐，谓之士是也。"愚谓：诸侯北面，从三公也。国事，谓助祭之事。戒令，告以齐与期也。治达，因射祭而有国事之治，受而达之于王也。以射法治射仪。王以六耦射三侯，三获三容，乐以《驺虞》，九节五正。诸侯以四耦射二侯，二获二容，乐以《貍首》，七节三正。孤卿大夫以三耦射一侯，一获一容，乐以《采蘋》，五节二正。士以三耦射豻侯，一获一容，乐以《采蘩》，五节二正。射，音石，下仿此。两人为耦。三侯，熊、虎、豹也。获，谓执获旌而告中者。容，谓设屏风以蔽待获者。九节，先以五节听而后以四节发乘矢也。五正，画五采云气以为的，中朱，次白，次苍，次黄，而玄居外也。二侯，熊、豹也。七节，先以三节听也。三正，朱、白、苍也。一侯，麋也。五节，但先以一节听而已。豻，胡犬名。若王大射，则〔以〕[①]貍步张三侯。王射，则令去侯，立于后，以矢行告，卒令取矢。祭侯，则为位。与大史数射中，佐司马治射正。中，去声。数，上声。貍，善搏，行则止而拟度焉。其发必获，是必量侯道法之。王氏曰："未射时，获者负侯而立。故射，则令去侯，而居于乏，以避矢也。射毕，令射鸟氏往取矢。"愚谓：侯必祭者，神之也。其位在侯西北三步，为服不氏受献之位也。射中，数射者中侯之算也。必与大史者，以大史凡射事，饰〔中〕舍算故也。治射正，治其失正鹄与否也。祭祀则赞射牲，相孤卿大夫之法仪。会同朝觐，作大夫介，凡有爵者。大师令有爵者，乘王之倅车。有大宾客，则作卿大夫从，戒大史，及大夫介。大丧，与仆人迁尸，作卿大夫掌事。比其庐，不敬者苛罚之。比，去声。祭祀、射牲，所以存古者。始佃之礼，且以致亲杀之意，示诚敬之至也。起而请之之谓作。凡有爵者，谓命士，为众介也。倅车，戎车之副，必乘之者，不敢□其位也。从者，选使从王见诸侯也。大史协礼事，大夫为介绍，故皆戒之。仆人，太仆也。仆人、射人，俱掌王之朝位，故小敛、大敛使之迁尸于室堂焉。比其庐，按次其亲疏贵贱之居也。苛罚，谓诘责之。按射人、仆人，皆出入将命之官。故《檀弓》云："扶君，仆人师扶右，射人扶左。君薨以是举。"亦以其为近臣耳。乃后世遂以仆射名宰相，岂敬大臣之意哉。

服不氏，掌养猛兽而教扰之。凡祭祀，共猛兽。宾客之事则抗皮。射则赞张侯。以旌居乏而待获。猛兽，狼、熊之属。扰，驯也。共，谓具其中膳羞者。抗之言举也。庭实陈虎豹之皮，则举而藏之也。凡射侯，共于司裘，张于射人，服不氏赞之。待获，待射中，则举旌以唱获也。

---

①据十三经本增"以"。

射鸟氏，掌射鸟。祭祀，以弓矢驱乌鸢。凡宾客、会同、军旅，亦如之。射则取矢，矢在侯高，则以并夹取之。所射之鸟，皆中膳羞者，凫、雁、鸨、鸮之属。乌鸢，声喧而便污。驱之，示肃且净也。在，犹著也。并夹，针箭具，手不能及，则以此取之。

罗氏，掌罗乌鸟。蜡，则作罗襦。中春，罗春鸟，献鸠以养国老，行羽物。襦，当作繻。中，去声。乌谓卑居，鹊之类。作犹用也。繻，罗之细密者。春，鸟方肥，鸠不噎，故取之以养老焉。行，颁赐也。

掌畜，掌养鸟而阜蕃教扰之。祭祀，共卵鸟。岁时贡鸟物，共膳（羞）〔献〕[①] 之鸟。养鸟，鹅鹜之属。阜蕃，所以遂其生。教扰，所以若其性。卵鸟，其卵可荐者。鸟物，鸮鹰之属以时而来者。膳羞之鸟，则鹑鴽之属也。王氏曰："先王设官，可以共祭祀，共膳献，备器用者，无弃物也。"

司士，掌群臣之版，以治其政令。岁登下其损益之数，辨其年岁，与其贵贱。周知邦国都家县鄙之数，卿大夫士庶子之数，以诏王治。以德诏爵，以功诏禄，以能诏事，以久奠食。唯赐无常。司士，吏官之长。王氏曰："群臣之版，谓书其名于版也。损益，谓黜陟有损有益，则有登有下，其数有多少也。辨其年，则知其齿之壮老；辨其岁，则知其任之久近。贵若大夫以上，贱若士以下。邦国谓诸侯，都谓大都小都。家，采邑也。县鄙，六遂也。言六遂以包六乡。卿大夫士，谓王臣及诸侯之臣与莅都邑者也。庶子者，卿大夫之庶子，未命者也。其适子已命者，则为士。"刘氏曰："大宰诏王废置，诏之于职事之终也。司士诏王治，诏之于论定之始也。"王氏曰："凡公侯伯子男，公卿大夫士，皆所谓爵也。自下士视上农夫以至君十，卿禄皆所谓禄也。事有大小，能大者治大，能小者治小，故以能诏事。事成于久，然后食可定，故以久奠食。以德诏爵，所以贵之。以功诏禄，所以富之。以能诏事，所以任之。以久定食，所以养之。"《杂说》：爵禄事，皆称诏。独其食不言诏者，则知爵禄事皆有去取进退，惟上之特命。而奠食乃其常俸，所当得之稍食，故不言诏也。言久者，计其岁月之久，所当食之俸。若《书》所称德懋懋官，功懋懋赏，位事惟能得此理矣。浚仪王氏曰："裴子野云：《周礼》始于

---

①十三经本为"献"。

学校，论之州里，告诸六事，而后贡于王庭。其在汉□州郡积其功能，然后为五府所辟，五府举□椽属而升于朝，三公参其得失，尚书奏之。天子一人之身，所阅者众，一贤之集，其课也详，故官得其才。魏晋易是，所失弘多，万品千群，俄析于一面。庶僚百位，专断于一司。吏曹按阀阅而选举，不遑采访于乡邑。”正朝仪之位，辨其贵贱之等。王南乡。三公北面东上。孤东面北上。卿大夫西面北上。王族故士、虎士在路门之右，南面东上。大仆、大右、大仆从者在路门之左，南面西上。司士摈，孤卿特揖，大夫以其等旅揖，士旁三揖。王还揖门左，揖门右。大仆前，王入内朝，皆退。乡，音向。从，才用反，下同。临川王氏曰：“所谓治朝也，若朝士之位与此不同者。彼外朝之法，听狱弊讼询众庶之朝也。乡明以听天下者王，故王南乡。乡王而答之者，三公，故三公北面。孤，佑王者也，故东面。卿大夫，佐王者也，故西面。王族故士、虎士、大仆大右、大仆从者，则从王者也，顺王所乡，故南面。三公东上则北面，以东为右也，自孤以下则皆以近尊为上。公以下皆言面，王独言乡，不斥，其体尊故也。”愚谓：王族，谓王之同宗。故士，谓王之同学，虽为士而必从王，以其亲旧也。大仆从者，谓小臣，祭仆、御仆、隶仆之类，亦从王者，以其切近也。摈者，相其揖之节也。王氏曰：“孤卿尊，故特揖之；大夫卑于孤卿，故中大夫、下大夫各以其等而众揖之；士又卑于大夫，故上士、中士、下士旁三揖焉。王还，揖门左，揖门右，则在门左右者，皆南面，故也。王视事于治朝，既毕而入内朝，则事官皆退也。内朝在路门内，亦谓之燕朝。”娄里王氏曰：“尊君卑臣，未有如今日者也。闻声之贵，始于嬴秦，至后代而递甚焉。夫君臣一体，公卿其心膂，大夫其手足。外心膂、堕手足，将以何者成其为吾体乎？岂弟君子遐不作人，人才之盛，皆人主志气精神所吹嘘而成者也。是故能师臣，则可师者至矣。能友臣，则可友者至矣。奴隶役之，俳优畜之，奴隶俳优至矣。树人犹树木也，卤莽而植枳棘于庭，欲收梗楠梓漆之用，势安可得乎？至材不中绳矣，不归而易种，谋所以灌艺之术。而惟横加斧斤，以快其诛锄，尤无益于理乱之数也。君骄臣谄，世殊时异，而三代以后，臣品因以日卑，职是故耳。诚得大有为之君，破锢习而隆下交，则帝王之佐，当必有弹冠响应者。不然，自外其心膂，自堕其手足，以成孤危之势，君亦何利而为此也。”掌国中之士治，凡其戒令。掌摈士者，膳其挚。士者，入官之统名。治，谓其进退损益也。摈士，初命为卿大夫士者，则摈相之，使得见也。膳其挚，入羔雁雉于膳夫，而共王之食也。及祭祀，掌士之戒令，诏相其法事及赐爵。呼昭穆而进之。帅其属而割牲，羞俎豆。凡会同作士从，宾客亦如之。作士适四方使，为介。使，去声。赐爵，谓旅酬之时所赐无算爵，欲神惠之下及也。同姓之亲则呼昭穆而进之。割牲，腥其俎，熟其殽，体其犬豕牛羊也。羞，进也。作士从，选其行艺而进之，以从王也。使者，奉王命而使也。上卿使，则大夫为之介；大夫使，则士为之介。大丧，作士掌事。作六军之士执披。凡士之有守者，令哭无去守。国有故，则致士而颁其守。事，谓奠敛之属。披，所以扶持棺行者，当棺束处，系纽以结之。无去守，官守不可空也。颁其守，各分其职事也。凡邦国，三岁则稽士任，而进退其爵禄。明斋王氏曰："诸侯岁贡士于天子，盖自邦君之子与民间之俊秀，皆在其中。贤者或留用于朝，或反其国。司士于三岁则稽考诸侯所贡之贤否，以行赏罚，记所谓进爵绌地也。但记专以习射言，似于太拘。此言稽士任，则以其职任而观之为得其贤否之实也。"

诸子，掌国子之倅，掌其戒令与其教治。辨其等，正其位。国有大事，则帅国子而致于太子，唯所用之。若有兵甲之事，则授之车甲，合其卒伍，置其有司，以军法治之。司马弗正。凡国正弗及。正，音征。国子之倅，谓副贰于其父之职业者也。辨其等，以父之爵为之等也。正其位，以已之齿为之位也。百人为卒，五人为伍，公司马，卒长之类。为有司，正谓兵赋之征。国正，谓一切乡遂之中，甸徒力役之等。王氏曰："公卿大夫士则听于王者也，其子则听于太子者也。休戚所以一体而无异虑也。"刘氏曰："大司马总六乡六遂都鄙之师，无虑数十万。足以制九州而御四夷。而此国有大事，则太子得以专将其子弟，司马弗正，国正弗及，则国之根本不可得而动摇矣。圣人防危保邦之意深哉。"大祭祀，正六牲之体。凡乐事，正舞位，授舞器。大丧，正群子之服位。会同、宾客，作群子从。牲体，谓腥熟之叙。舞器，谓干羽之具。服者，为王斩衰，为后齐衰也。位者，殡宫外内哭位也。国子又谓之群子，以居而众者名之，《记》言庶子亦此义也。凡国之政事，国子存游倅，使之修德学道。春合诸学，秋合诸射，以考其艺而进退之。学，明斋王氏曰：当作乐。政事，若宿卫固守之属。存者，使之在学而养之也。游倅，国子之未仕者。盖已仕者试之以职。而未仕者存之以待用，所以贮材也。德而修之，则日进；道而学之，则日明。春合诸乐以观其声容之发，秋合诸射以观其志体之形。考其艺，则可以知其才，而进退之矣。芸阁吕氏曰："倅者，贰也。必用国子之倅者。盖古之为国，其使君臣相信，非一日积也。太子，君之贰也；国子之倅，诸侯诸臣之贰也。以诸侯诸臣之贰，事其君之贰，学相同，则好相合矣。《王制》曰：春秋教以礼乐，冬夏教以诗书。王太子王子群后之太子，卿大夫元士之适子，皆造焉是也。事相同则情相信矣。国有大事则帅国子而致于太子，唯所用之是也。故太子虽未为君也，君臣之交际已尽，贤不肖之知已悉，可任使之才已备。则先王之虑后世者，不为不豫矣。"李氏曰："大哉王者之师，其备矣乎，非直兴于闾里，而又取诸世族。彼以父祖富贵，宜有报上之心，况学习德行道艺，孰不知忠孝之美。任之以金革，则与夫干赏蹈利佣徒鬻卖者，盖有间矣。且太子将为君，国子将为臣，君臣之分未定而恩义固已接，则今日之游倅，未必不为嗣王之将帅也。"

司右，掌群右之政令。凡军旅会同，合其车之卒伍，而比其乘，属其右。凡国之勇力之士能用五兵者属焉，掌其政令。比，毗至反。乘，去声。司右，主勇士为副车之右者。五兵，击、刺、钩、斧、刀也，或曰戈、殳、戟、酋矛、夷矛也。郑氏曰："凡御，居车前之中，使执策控御，尊者居左，勇士居右。王有戎右、齐右、道右，及五路倅车，皆有右以捍外卫尊。"郝氏曰："凡车，二三为小偏，三五为偏，五五为大偏。是一师二千五百人之车。二偏为卒又为广，是合二师之车。五偏为伍，凡一百二十五乘，是一军万二千五百人之车。此所谓车之卒伍也。"临川王氏曰："比其乘者，比其乘之马。使齐力。属其右者，属其右之人，使同心。先王既合万民之卒伍，以时习之，皆使知战矣。又属勇士能用五兵者，于司右而使掌其政令。则军旅之事，有选锋以待敌，齐民得免死焉。无事时，武夫皆制于官府，无所奋其私斗矣。"

虎贲氏，掌先后王而趋以卒伍。军旅、会同亦如之。舍则守王闲。王在国，则守王宫。国有大故，则守王门。大丧亦如之。及葬，从遣车而哭。适四方使，则从士大夫。若道路不通有征事，则奉书以使于四方。先后遣从使，并去声。虎贲，卫官之长。先以导之，后以随之，虽趋亦不离其卒伍，示众以严肃也。闲，梐枑也。遣车，魂魄所凭依者。士大夫使于四方，则以虎士从之，护王命也。不通，若寇盗泥水之类。奉书征师役，非勇猛有力者不能越险也。明斋王氏曰："虎贲一宿列位太微垣，而周公之戒成王，拳拳于缀衣。

虎贲与常伯、常任、准人等重者，岂非以其朝夕近至尊，而非得正人，不足养成君德也与。”

旅贲氏，掌执戈盾，夹王车而趋。左八人，右八人，车止则持轮。凡祭祀、会同、宾客，则服而趋。丧纪，则衰葛执戈盾。军旅，则介而趋。夹王车者，以下士为之。持轮，以为安也。服，朝服也。葛，葛绖也。介，被甲也。浚仪王氏曰：“帝王之居，外则饬周卫，内则禁重门。将行，则设兵而后出幄，称警而后践墀，弧张而后登舆，清道而后奉引，遮列而后转毂，静室而后息驾。所以显至尊、务戒谨、垂法戒也。”

节服氏，掌祭祀朝觐衮冕，六人，维王之大常。诸侯则四人，其服亦如之。郊祀裘冕二人，执戈，送逆尸从车。服衮冕者，从王服也。维者，王旌十二，斿两两以缕缀连，其旁各三人持之也。裘冕，大裘而冕，亦从尸服也。车，谓尸之车。张子曰：“天地山川之类，非人鬼者，不宜有尸。节服言郊祀有尸不害，后稷配天而有尸也。或疑以下士而服衮冕裘冕，疑于僭拟。然按书传大辂图，王在辂上，骖乘者一人，步行导前者一人，旁行六人，皆冕服。岂虑隐慝凌犯发于不虞，故以此眩之与。”

方相氏，掌蒙熊皮，黄金四目，玄衣朱裳，执戈扬盾，帅百隶而时难，以索室驱疫。大丧，先柩及墓。入圹，以戈击四隅，驱方良。难，音那。方、良，并上声。王氏曰：“蒙熊皮，取其以毅而致果也。黄，中色。金，则刚而明。刚中而明，足以察见隐慝也。执戈扬盾，致其威也。百隶，罪隶夷隶之属。时难，以时而难也。索室，以室者阴慝之所藏也。”愚按：《国语》云：水之怪龙罔象，土之怪夔罔两。方良即罔两，驱之，殆所以安遗体乎。刘氏曰：“凡阴阳之气，初则为利，功成者退，留则为灾。《月令》季春国门之傩曰：毕春气，恐寒气留也。仲秋天子之傩曰：达秋气，恐暑气伏也。季冬大傩，辟一岁邪慝之气。此于太虚间，不过气之宿留者而已。留而中于物则为灾、为疫。有鬼神焉，居声气之间，以主之。故傩以驱之，使荡而不留。”

大仆，掌正王之服位。出入王之大命。掌诸侯之复逆。王视朝，则前正位而退。入亦如之。太仆侍御官之长。服所当衣之制也，位所当立之处也。宣于外曰出，纳于内曰入，有所报于上曰复，有所达于上曰逆。视朝，视治朝也。前正位，以导王之立。退居路门之左，以待朝毕焉。建路鼓于大寝之门外，而掌其政。以待达穷者与遽令。闻鼓声，则速逆御仆与御庶子。大寝，路寝也。其门外则曰内朝。穷者，谓急切之冤。遽令，谓仓卒之令。御仆、御庶子，皆直事鼓所者，大仆闻鼓声则速迎此二官，而受其事，以闻于王也。方氏曰："凡治皆决于冢宰，而耳目喉舌则寄之夏官之属。且分职以径达于王，而其长亦不与焉，况可得而遏抑乎。又曰：肺石所以达穷民不能自直于乡里之吏，而朝士以达于司寇也。路鼓所以达穷者则不能自直于司寇，而太仆以达于王也。先王任人不疑，惟于刑狱，则惟恐有隐蔽，而多方以求连民隐如此。曰穷者，则庶官群吏皆在其中矣。"祭祀、宾客、丧纪，正王之服位。诏法仪，赞王牲事。王出入，则自左驭而前驱。凡军旅田役，赞王鼓。救日月亦如之。大丧，始崩，戒鼓传达于四方。窆亦如之。县丧首服之法于宫门。掌三公孤卿之吊劳。王燕饮，则相其法。县，音悬。劳，去声，下同。牲事，杀割匕载之属。前驱，犹导引也。居左自驭而不参乘，避王也，亦有车右焉。军旅田役，王亲鼓，所以作众庶。日食月食，王亲鼓，所以驱阴慝。大仆皆佐而击之。戒鼓，所以警众也。首服之法，谓免髽、笄总、广狭、长短之数。县其法于宫门，所以示四方也。吊劳，谓王使之往。燕饮之法，谓献酬交酢之类。王射，则赞弓矢。王视燕朝，则正位，掌摈相。王不视朝，则辞于三公及孤卿。赞谓授之，受之。燕朝，路寝之庭，王图宗人嘉事之所也。辞，谓以不视朝之意告之。陈氏曰："王燕朝之位，虽掌于大仆，然其位之所辨不可以考。"《文王世子》曰："公族朝于内朝，东面北上，臣有贵者以齿，则王之燕朝宜亦然也。"王氏曰："正王之服，则王之动容周旋无不中礼也。正王之位，则王之出入起居罔有不钦也。先正王之服位，而后出入王之大命。则能正位然后能凝命故也。"娄里王氏曰："大仆之正王位，与摈相其法仪何密也。夫人欲之恣，未尝不自起居燕闲萌也。萌而无以折之，则渐谓固然，而巨者靡不决而出矣。先王之防之也，豫而微，微故不劳。豫故不觉，而正朝廷以正百官，以正万民，无不毕举而坐享其成。是故三代以上，左右仆从，雍容谈笑而有馀。三代以下，法家拂士，征色发声而不足。《杂说》大仆掌传达章报而已，亦属于司马，何耶？尝观秦将军章邯使长史欣请事咸阳，留司马门，三日不得见，邯遂降楚。赵充国六月戊申上奏，七月甲寅玺书得报，自极边至京师往返才七日，汉果以成功。兵事贵速而忌壅蔽。有如大仆掌复逆，司马不能令之，缓急能无虞乎。"

小臣，掌王之小命，诏相王之小法仪。掌三公及孤卿之复逆，正王之燕服位。王之燕出入，则前驱。大祭祀、朝觐，沃王盥。小祭祀、宾客、飨食、宾射，掌事，如大仆之法。掌士大夫之吊劳，凡大事，佐大仆。小命，寻常传呼之类。小法仪，趋行拱揖之类。燕谓闲居，其服则玄端也，其出入则观苑也。小宾客，谓聘问之臣，亦有飨食宾射焉。

祭仆，掌受命于王以视祭祀，而警戒祭祀有司，纠百官之戒具。既祭，帅群有司而反命，以王命劳之，诛其不敬者。大丧，复于小庙。凡祭祀，王之所不与，则赐之禽，都家亦如之。凡祭祀致福者，展而受之。与，音预。刘氏曰："王之于祭祀也，冢宰正其纲，宗伯主其职，六官之属各祇其事。先期警戒，择贤职事、齐戒涤濯，可谓尽其诚敬、备乎礼文矣。然而具修之初，王不得以躬视之也。乃设祭仆之职，专主王命以视祭祀，而警戒有司纠百官之戒具，是代王视视其事也。圣人之于鬼神，尽心如此。故以祭则鬼享帝格而受福也。"愚谓：劳所以慰之，诛所以责之。小庙谓四亲庙，以别于太庙也。王所不与，谓同姓有服之亲。都家，则古帝王及名山大川之在其地者，皆王所当与祭，不与，则赐之禽，以将其敬也。致福，即归胙展而受之，以其自外至而用以膳王，不可不慎也。

御仆，掌群吏之逆，及庶民之复，与其吊劳。大祭祀，相盥而登。大丧，持翣。掌王之燕令，以序守路鼓。群吏，谓府史以下，相盥奉盘授巾也。登，升牲体于俎也。接翣，夹蜃车也。燕令，燕居时之令。序，更也，更守路鼓以待达穷民与遽令也。

隶仆，掌五寝之扫除粪洒之事。祭祀，修寝。王行，洗乘石。掌跸宫中之事。大丧，复于小寝、大寝。五寝，五庙之寝也。前曰庙，后曰寝，祭在庙，荐在寝。乘石，王所乘以上车之石。四代曰小寝，始祖曰大寝，皆必复者，神无不之也。易氏曰："成王时，七庙虽立而未备，以天子之礼致六享者五。后稷为太祖，太王为高祖，王季为曾祖，文王为祖，武王为祢。"方氏曰："王者之于祖祢，以人道事之，则有寝；以神道事之，则有庙。祭，神道也；荐，人道也。"

弁师，掌王之五冕。皆玄冕，朱里延纽。五采缫，十有二就，皆五采玉十有二，玉笄朱纮。诸侯之缫斿九就，瑉玉三采，其馀如王之事。缫斿皆就，玉瑱玉笄。缫，音藻。瑉，音民。斿与旒同。瑱，音殿。冕有六而止言五者，裘冕以事上帝，尊之而不敢列也。冕以版为之，广八寸，长尺六寸，覆之于冠前低一寸。玄冕，上以玄也。朱里，下以朱也。延，即版之上覆者。纽，小鼻在武上，笄所贯也。以五采丝为绳，垂于延之前，谓之缫。就，成也。十有二就，惟衮冕为然，其馀鷩冕则九就，毳冕则七就，希冕则五就，玄冕则三就而已。每缫皆贯玉十有二，相去一寸，以青赤黄白黑间之，五冕皆然，无所降杀焉。玉笄，以玉为笄，横贯于纽也。朱纮，以朱组为纮，属两端于武也。诸侯兼五等而言瑉石之似玉者，缫斿止用九就，瑉玉止用朱白苍三采相间，下天子也。然上公当用九就，侯伯当用七就，子男当用五就。特所贯之玉，疑皆以九为数耳。玉瑱用玄紞属于衡笄而垂之，以塞耳也。明斋王氏曰："'缫斿皆就'"四字，无意义，疑衍文。"王之皮弁，会五采玉璂，象邸玉笄。王之弁绖，弁而加环绖。会，古外反。璂与棋同。弁，如两手相合，拚持也。皮弁，以鹿皮为之。会，缝中也。皮弁缝中，贯结五采玉十二以为饰，谓之綦。以象骨饰弁，内顶上之本，谓之邸。弁绖，王吊所服也，其弁如爵弁而素，所谓素冠也。加环绖者，大如缌之麻绖，缠而不纠。诸侯及孤卿大夫之冕，韦弁、皮弁、弁绖，各以其等为之。而掌其禁令。诸侯、诸臣，冕之缫斿，弁之綦饰，各视其命数而等之。上公九，侯伯七，子男五，公之孤四，卿三，大夫二，士冕而无旒。弁无饰，弁绖之弁不辟积。禁令者，不得相逾越也。王氏曰："冕，吉服也。韦弁，戎服也。皮弁，朝服也。弁绖，吊服也。其为之各有等。"愚按：黄帝作冕，前俯后仰，象天文，南极卑而北极高也。亦以在位者失于骄矜，欲令位弥高而志弥下，故制此服焉。垂旒以示目不视邪也，充纩以示耳不听谗也。后儒乃谓后亦有旒，于义果何取所取乎。弁有三，以爵韦为之谓之爵弁，以鹿皮为之谓之皮弁，以韎韦为之谓之韦弁。《诗》言充耳琇莹，会弁如星，则是弁亦有瑱矣。《檀弓》言小祥用角。瑱，楚语言巴蒲之犀犛兕象，其可尽乎，则是角象亦可为瑱矣。孔子曰："服周之冕。"朱子曰："加之首，则体严而用约；详其制，则等辨而分明。此周冕所以虽文而不过也。乃后世皆踵如屋之帻，而用之亦独何与。"

司甲阙。司甲，军器官之长。王氏曰："《书》之《费誓》言：谷乃甲胄，敿乃干，无敢不吊，而后备乃弓矢，锻乃戈矛，砺乃锋刃，无敢不善。盖甲胄所以自保，弓矢与戈矛所以讨敌。戎事先自保而后讨敌，故周官之序，先司甲而后司兵也。"

司兵，掌五兵、五盾。各辨其物与其等，以待军事。郑氏曰："五兵，击、刺、钩、与、斩。兵二而五也。殳所以击一也，刺兵，一锋直出曰枪，有枝旁出曰戈，左右有枝曰戟，三隅戟曰戣，二也。斩兵，长者斧曰戚，钺曰扬，三也。短兵，刀剑，四也。钩兵，酋矛、夷矛，五也。五盾，祭朱干以舞，一诗龙盾，乘车所建；二蒙伐有苑，注称中干，贰车所建，三旅贲，虎士所执。四舍，设藩盾，五也。”刘氏曰：“辨其物者，常利其器，以待用也；与其等者，尝类其聚，以待授也。”及授兵，从司马之法以颁之。及其受兵输，亦如之。及其用兵，亦如之。祭祀，授舞者兵。大丧，廞五兵。军事，建车之五兵。会同亦如之。颁者，军行而分其器也。输者，师还而归其物也。用者，守卫而出给之也。舞兵，朱干玉戚之属。车之五兵，戈、殳、戟、酋矛、夷矛之等。吕氏曰：“古者藏兵于朝，大夫家不藏甲。凡用兵，必取之庙，归而饮，至以见不敢轻举之意。如用命赏于祖，不用命戮于社，亦此意。如郑庄公将伐许，授兵于大宫。鲁公治兵，楚武王授师孑之类。见于春秋之初，其制尚存。《杂说》甸出革车一乘，凡甲胄戈盾旗物鼓铎悉备焉。乡遂之官，简其兵器是也。调发则各以其具行，而官府不与知也。而司兵、司戈盾、司弓矢，掌授兵器。非授之民也，授之卿大夫，从军旅会同者也。故司兵曰及，其受兵亦如之，是卿大夫毕事而归之也。若民则自藏之民间耳。秦人销锋镝，欲兵不在民，不知揭竿之夫乃能亡秦。其与周人藏兵于民之意大异矣。”

司戈盾，掌戈盾之物而颁之。祭祀，授旅贲殳，故士戈盾，授舞者兵亦如之。军旅、会同，授贰车戈盾，建乘车之戈盾，授旅贲及虎士戈盾。及舍，设藩盾，行则敛之。乘，去声。戈之言过也，所刺捣则决过也。盾之言遁也，跪其后以隐遁也。故士尝为国子习舞，故亦授之。贰车，副车也。乘车，王所乘车也。藩盾，盾可以藩卫者。

司弓矢，掌六弓四弩八矢之法。辨其名物，而掌其守藏与其出入。中春献弓弩，中秋献矢箙。藏、中，并去声。弓之言穹也。张之则曲而隆也。弩之言怒也。发之则奋而迅也。箙，乘矢器，以似鱼之兽皮为之。弓弩，欲其和，故献于方温之时。矢箙，欲其坚，故献于方肃之时。明斋王氏曰：“稿人职于弓弩、矢箙总之。以春献素，秋献成，当以之为据。此云尔者，盖献素以弓弩为重，献成以矢箙为全，非有二义也。”及其颁之。王弓、弧弓以授射甲革、椹质者。夹弓庾弓以授射豻侯、鸟兽者。唐弓大弓以授学射者，使者、劳者。其矢箙皆从其弓。椹，张林反。射，并音石，惟学射之射，如字，后仿此。

劳，去声。往体寡，来体多，曰王、弧。往体多，来体寡，曰夹、庾。往体来体若一，曰唐、大。甲革，治革以为甲也。椹质，树椹以为正也。豻侯五十步，及射鸟兽，皆近射也。使者、劳者，出使勤事，皆有以赐之也。每弓一箙百矢，故曰从其弓。王氏曰："王弧利射甲质，以其强。夹、庾利射侯与弋，以其弱。唐大以授学射者，使者劳者以其得强弱之中也。"凡弩，夹、庾利攻守。唐、大利车战、野战。攻守迫近，非弱则不速。车战、野战隔远，非强则不及。王弧恒服弦往体少者，使矢不疾，故不用也。凡矢，枉矢、絜矢利火射，用诸守城、车战。杀矢、鍭矢用诸近射、田猎。矰矢、茀矢用诸弋射。恒矢、痺矢用诸散射。痺，方二反。枉矢，取流星名。絜，约也。二分在前，三分在后，其行则疾而利于火，故守战用之。杀矢，傅药而射。鍭之言候也。一分在前，二分在后，其中则深而不可远，故田猎用之。矰矢，结缴而射。茀之言制也。三分在前，四分在后，其行差高，故弋射用之。恒矢，言其安常也。痺矢，言其平等也。前后适均，其行不高不卑，故散射用之。枉杀矰恒，弓所用也。絜鍭茀痺，弩所用也。天子之弓，合九而成规。诸侯合七而成规。大夫合五而成规。士合三而成规。句者谓之弊弓。句，音钩。合九而圜者，其体微曲，王弓、弧弓也。合七而圜者，其体渐曲。夹弓、庾弓也。合三而圜者，其体最曲。不在四者之列也。句，曲也。弊，坏也。大曲则不可用而为坏弓矣。敬仲郑氏曰："刚健者，乾之德，君之道也；柔顺者，坤之德，臣之道也。合多而成规者，其弓刚；合少而成规者，其弓柔。"凡祭祀，共射牲之弓矢。泽共射椹质之弓矢。大射、燕射，共弓矢如数并夹。大丧，共明弓矢。凡师役、会同，颁弓弩各以其物，从授兵（甲）〔至〕① 之仪。田弋，充笼箙矢，共矰矢。凡亡矢者，弗用则更。从，去声。更，平声。射牲，示亲杀也。泽谓泽宫，将祭选士之处也。行射礼而射，曰大射；因燕饮而射，曰燕射。数，谓每人一弓四矢也。并夹，针箭之具。明，明器也。物，谓矢箙之属。笼，以竹为盛矢之器也。矰矢，别共者，为其相绕乱耳。王氏曰："田弋用矢为多，总贮于竹器以为备曰笼，分贮于皮器而佩之曰箙。充，实也。"郝氏曰："矢既舍再收用，若亡矢及收不可用，乃请更。更，易也。"明斋王氏曰："天之赋

①据十三经本改。

界不齐，奋其瓜牙诈力以吞噬虔刘，夺攘奸宄于其间，使无以自卫，及有以胜之，则善类不几于澌灭殆尽邪！故见于天象，若天钺所执，以威四方，伐无道。天棓前驱，以御难。至于奎宿，特为天之武库，所以除戎器械不虞者，至深切矣。圣人不忍于斯人之殄于不善之类，法秋杀之权，以西方之金制为兵器。然苟失于防闲则反婴其害，故虽用兵而常以自卫为主。是故司兵者上士，而司甲者则大夫。则先为不可胜之意也。五兵、五盾虽同掌于司兵，而戈主捍敌，盾主蔽体，特设司戈盾以专掌之。杀敌者，以不杀敌之为上也。弓矢同为兵器，其致用在百步之外，故掌之者为下大夫。周公之意以射疏及远，敌不能近之为贵。而非以两军相薄，短兵接之为尚也。观周公设官之轻重，而可以知用兵之方矣。”

缮人，掌王之用，弓、弩、矢、箙、矰、弋、抉、拾。掌诏王〔射〕，〔赞〕〔王〕① 弓矢之事。凡乘车，充其笼箙，载其弓弩。既射则敛之，无会计。以生丝击矢而射谓之弋。抉，以象骨为之，著于手大指，以钩弦也。拾以韦皮为之，著于左臂，以遂弦也。无会计，优至尊也。

稿人，掌受财于职金，以齐其工。弓六物为三等，弩四物亦如之。矢八物皆三等，箙亦如之。春献素，秋献成。齐，音咨，后同。职金，入金锡货于司兵，故受其财焉。弓弩矢箙百工造之，稿人以所受之财而为之。齐，以给其市材之宜也。三等者，上中下，各宜于人之身也。刘氏曰：“春素秋成，谓弓弩之胎素必备四时之气而后成也。弓人曰：凡弓，冬折干而春液角，夏治筋秋合三材寒奠体。体定则成，而弓弩可献矣。”书其等以飨工。乘其事，试其弓弩，以下上其食而诛赏。乃入功于司弓矢，及缮人。凡齐财与其出入，皆在稿人。以待会而考之，亡者阙之。上，时掌反。等有工拙，则飨有厚薄，皆书而辨之。乘犹计也。当大阅时，试其弓弩良否，善则上其禄，甚则赏之，不善则下其禄，甚则责之。入功于司弓矢以待颁也；入功于缮人，以共王用也。在，谓簿书所在。阙犹除也。弃亡者除之，计今之见在也。

戎右，掌戎车之兵革，使诏赞王鼓，传王命于陈中。会同，充革车。盟，则以玉敦辟盟，遂役之。赞牛耳、桃茢。使、陈，并去

①据十三经本补。

声。敦，音对。茢，音列。戎右，骖乘官之长。使谓役使，盖王令其有所诛斩也。两军相当，王自鼓之，王命欲众共闻，则大言以传之。会同乘金辂而从革车，以备非常也。敦，器名。辟，开也。将歃血者，先执贵器而开载书，遂持敦血以授当歃者也。盟必割牛耳，取血以示顺听之意。或曰牛听以鼻不以耳，欲其无听谗言也。桃所以驱阴示。茢，苕帚，所以扫不祥。歃血之时，盖持此以拂玉敦。

齐右，掌祭祀，会同、宾客，前齐车。王乘则持马。行则陪乘。凡有牲事，则前马。祭祀乘玉辂，会同、宾客乘金辂。前者，立于其前也。持者，控制之也。陪即骖也。牲以共祭祀，王见则拱而式之，居马前却行，亦以备惊奔也。王氏曰："王未乘，则前马；方乘，则持马；既乘，则行而陪乘。则齐右之严于事王，思患预防，无或须臾之离矣。与所谓既输尔载、将伯助予者，岂可同日语哉。"

道右，掌前道车。王出入则持马陪乘，如齐车之仪。自车上谕命于从车。诏王之车仪。王式则下，前马。王下则以盖从。从车之从，去声。从车，侍从之车。车仪，在车之仪。《记》曰：不广咳。《语》曰：不疾言。口之仪也。《记》曰：不妄指。《语》曰：不亲指。手之仪也。《记》曰：立视五巂，式视马尾。目之仪也。《记》曰：顾不过毂。《语》曰：不内顾。头之仪也。《语》曰：正立执绥，则身之仪也。下必以盖从，表尊也。娄里王氏曰："三右职大相同，戎右略于仪文，主武事也。齐右缺于传命，则礼法森严之地，王其肃穆无言也与。"

大驭，掌驭玉路以祀。及犯軷，王自左驭，驭下祝，登受辔，犯軷，遂驱之。及祭，酌仆，仆左执辔，右祭两轵，祭軓，乃饮。軷，音拔。祝，去声。軓，音犯。大驭，御官之长。軷，祭名。封土为山象，以菩刍棘柏为神主，既祭之，以车轹之而去，喻无险难也。王在车左，大驭执辔。车中祭，则大驭下车祝神，王自左执辔驻马。祝毕登车，受王辔乃犯軷而驱之。仆即大驭。轵，两轊也。軓，车前式也。将犯軷之时，当祭左右毂，末及轼，酌酒与仆，仆左手执辔，右手祭两轵，并祭軓，祭讫，乃饮，若祭末而饮福然。凡驭路，行以《肆夏》，趋以《采荠》。凡驭路仪，以鸾和为节。邓氏曰："通言五路，故以凡该之。"王氏曰："《尔雅》曰：堂上谓之步，门外谓之趋。盖行则欲其舒，歌《肆夏》，所以节其行；趋则欲其齐，歌《采荠》，所以节其趋。人与车之出入，其疾徐皆然。乐师则教乐工而歌其诗，大驭则驭车而应其节，二官所以皆言之也。鸾和皆金铃。鸾在衡，和在轼。盖车行则马动，马动则鸾鸣，鸾鸣则和应；太徐则不鸣，太疾则不续，此舒疾之法也。然则王之行趋，固有环珮之声，锵鸣于左右；车之行趋，又有鸾和之声相应于衡轼。所以养王聪明，而非僻之心无自入矣。”

戎仆，掌驭戎车。掌王倅车之政，正其服。犯軷，如玉路之仪。凡巡守及兵车之会，亦如之。掌凡戎车之仪。守，音狩。戎路，革路也。以韦饰其侧，及用，以为辎軿，则矢石不能侵，火攻不能燎，故用以即戎。其仪则以威为主，所谓介胄，则有不可犯之色也。

齐仆，掌驭金路以宾。朝觐、宗遇、飨食皆乘金路，其法仪各以其等，为车送逆之节。以宾，谓接待宾客。送逆之节，谓相去远近之数，若上公九十步，侯伯七十步，子男五十步是也。

道仆，掌驭象路，以朝夕燕出入，其法仪如齐车。掌贰车之政令。刘氏曰：“自内外朝乘之以还燕寝，故曰朝夕燕出入。”王氏曰：“道车之副谓之贰车，以其有故乃摄而代之。若《典命》言适子摄其君，则下其君之礼一等是也。”

田仆，掌驭田路，以田以鄙。掌佐车之政。设驱逆之车，令获者植旌，及献比禽。凡田，王提马而走，诸侯晋，大夫驰。比，毗至反。以鄙，谓巡行县鄙。佐车，亦副车也。植旌，所以告获。比禽，所以较功。临川王氏曰：“提，节之。晋，进之。驰，亟进之。尊者安舒，卑者速蹙。”

驭夫，掌驭贰车、从车、使车。分公马而驾治之。从、使，并去声。王氏曰：“贰车，五路之副贰也。从车，公卿大夫从王之车也。使车，听王役使之车。三者，皆公车，故分公马而驾治之。三等之车既众，故其员亦六十人。”刘氏曰：“驾治者，俾娴习齐一，安于五御，而去其惊奔也。”愚按：驭夫在诸仆之后，则司右亦宜在三右之后，其系于诸子虎贲之间，恐错简也。

校人，掌王马之政。辨六马之属：种马一物，戎马一物，齐马一物，道马一物，田马一物，驽马一物。种，上声，下同。齐，侧皆反。校人，马官之长。种马，谓良马，可为种者，以驾玉路。戎马驾戎路。齐马驾金路。道马驾象路。田马驾田路。驽马给宫中之役者。王氏曰：“物者，谓其毛、其足、其力，皆所谓物也。辨其物使之各以类相从，故皆曰一物也。”凡颁良马而养乘之。乘马一师四圉。三乘为皂，皂一趣马。三皂为系，系一驭夫。六系为厩，厩一仆夫。六厩成校，校有左右。驽马三良马之数。

丽马一圉，八丽一师，八师一趣马，八趣马一驭夫。良，善也。四匹为乘，养马为圉，皂则十二匹也。趣马以下士为之系，则三十六匹也。驭夫以中士为之厩，则二百一十六匹也。仆夫以上士为之挍，则千二百九十六匹也。分为左右，则二千五百九十二匹也。驽马三良马之数，盖良马五种，各得四百三十二匹，而驽马一种，则以三当一，当得一千二百九十六匹尔。二匹为丽，八丽十六匹，一圉师教之。八师一百二十八匹也，一趣马督之。八趣马一千二十四匹也，一驭夫领之。止于驭夫而不属于仆夫者，以驽马止克杂用，而不当王之五路也。吴氏曰："驽马与三良马数不相应，八皆宜为六字之误也。师十二匹，趣马七十二匹，则驭夫四百三十二匹矣。然后而三之，既三之无仆夫者，不驾于五路，卑之也。未知是否。"天子十有二闲，马六种。邦国六闲，马六种。家四闲，马二种。凡马，特居四之一。十有二闲，分左右挍也，六闲则半之，四闲则又降之四种，盖去种马而以道马兼齐马二种，但分良马与驽马而已。特，牡马也。三牝一特，欲其生之众也。林氏曰："成周以民牧者，如丘甸岁取马四匹之类。平时则官给刍秣，有警则民共召发。然而在天子之都，诸侯之国，士大夫之家，未尝不自畜马。盖所谓天子十有二闲，是长养之于官者。卫文公之騋牝三千，举官民通数言之，此成周官民通牧之制也。阡陌开，井田废，兵车不取之田赋，戎马各从其官给，于是，马政日废而外患生矣。"春祭马祖，执驹。夏祭先牧，颁马，攻特。秋祭马社，臧仆。冬祭马步，献马，讲驭夫。马祖，天驷星也。马二岁为驹，性未定，执之无令近牝也。先牧，始养马者。攻，治也。特，多蹄啮，治之使无伤孕也。马社，厩中之土示。臧仆，简练御者，令其皆善也。马步，害马之厉神。讲驭，夫讲习五驭之艺，令其皆工也。凡大祭祀、朝觐、会同，毛马而颁之。饰币马，执扑而从之。凡宾客，受其币马。大丧，饰遣车之马。及葬，埋之。田猎，则帅驱逆之车。凡将事于四海、山川，则饰黄驹。毛马，齐其色也。币马，谓与币帛并将之马。扑，鞭策也。遣车之马，谓束草以驾涂车之马。帅犹将也。事，巡守之事，杀驹而沉之，以告祭也。王氏曰："马行地无疆，而驹尤健。黄，地之色，故饰之以祭。"凡国之使者，共其币马。凡军事，物马而颁之。等驭夫之禄，宫中之稍食。使者币马用以私觌者，物马齐其力也，驭夫统趣马、仆夫而言宫中之稍食，则王马有乘养于内者故也。

趣马，掌赞正良马，而齐其饮食，简其六节。掌驾说之颁，辨四时之居治，以听驭夫。说，音税。明斋王氏曰："良马，驾五路者。趣马所治，止于三乘，知之为详，故掌赞而正其等，不使间杂不齐。六节，谓行止进退驰骤之节。"愚谓：驾以行，说以止，颁之所以依次第而均劳逸也。居，谓暑在牧而有庌，寒在厩而有闲之类。治，谓剪鬣凿蹄之类。听驭夫，惟驭夫之所役使也。

巫马，掌养疾马而乘治之，相医而药攻疾马[①]，受财于校人。马死，则使其贾粥之，入其布于校人。相，去声。贾，音古。粥，音鬻。王氏曰："乘治者，犹兽医观其所发而养之是也。相医而药者，盖其属有医四人，其治疾则亦以药攻焉。然医马疾大约以兽医为主，巫马之用药亦以相医而已。攻马疾，谓系而治之，盖其疾有药，不足以疗之者，乃用攻焉。犹疡医所谓以毒药攻之也。"

牧师，掌牧地，皆有厉禁而颁之。孟春焚牧，中春通淫，掌其政令。凡田事，赞焚莱。中，去声。厉禁者，不得使人辄牧牛马也。牧地，非一处，度其年岁水草之所宜与其马之众寡而颁之。焚牧，以除陈而生新也。通淫，以偶合而蕃类也。焚莱者，山泽之虞赞之，令不得毁其应牧之处也。

庾人，掌十有二闲之政。教以阜马佚特、教駣、攻驹、及祭马祖，祭闲之先牧。及执驹、散马耳，圉马。正校人员选。阜者，致其盛壮也。佚者，节其劳烦也。马三岁曰駣，教者，乘习之。二岁曰驹，攻者，制伏之。先牧，始制闲者。散马耳，以竹括押其耳项，无使善惊也。圉马，使就牢笼也。正校人员选，择校人之属员，使皆得人也。浚仪王氏曰："汧渭之间，未尝无牧，而非子独能蕃息于周。汧陇之间，未尝无牧，而张万岁独能蕃息于唐。此得人之效也。"马八尺以上为龙，七尺以上为騋，六尺以上为马。上，时掌反。王氏曰："八尺以上，天子以备五路者，《月令》所谓驾苍龙也。七尺以上，诸侯之上驷，《诗》所谓騋牝三千也。六尺以上，则常马焉耳。"

圉师，掌教圉人养马。春除蓐、衅厩、始牧，夏庌马，冬献马。射则充椹质，茨墙则剪阖。蓐，音辱。庌，音讶。刘氏曰："冬寒以草藉马曰蓐。春则除之，去其秽也。衅厩，辟去邪气也。"愚谓：庌，庑也，所以庇马凉也。

---

①"疾马"，据十三字经本当为"马疾"。

次草之谓茨，阖亦盖也。剪阖，剪其乱草，所以致马温也。明斋王氏曰："教养马之事非一，而温凉出入之失时，尤其大患，故特举之。"

圉人，掌养马刍牧之事，以役圉师。凡宾客、丧纪，牵马而入陈。廞马亦如之。役者，听其役也。刘氏曰："宾客陈之于馆，丧纪陈之于庙。"三山郑氏曰："此乃成王持盈守成之际，用以驾车路、锡诸侯，华国以为文，饰币以为礼而已。至宣王中兴，南征北伐，吉日庚午之诗，国马之盛，莫不有所自来。其后马政随废，秦并海内，六万骑之国尽得而有之。汉兴，天子不能具醇驷，而将相或乘牛车。厥后发易占之，谓神马当从西北来，及得乌孙马，名曰天马。而奉使者争言之大宛有善马在贰师城，遂拜李广利为贰师将军，期至贰师取善马。至发卒十八万与天下七科谪以征之，仅得善马数十匹，中马以下牝牡三千馀匹。更名乌孙马为西极马，以宛马为天马。以马之故，天下萧然耗矣。唐兴，得突厥马三千匹，又得隋马三千于赤岸，徙之陇右，遂立监牧之制。领以太仆，其属有牧监、副监，监有丞、有簿。凡辟置长一人，十五长置尉一人，有以上乘掌天子之御，左右六闲，总十二闲，为二厩，曰祥麟，曰凤苑。太仆张万岁领群牧。自贞观至麟德四十年，马七十万六十八坊。岐邠泾宁间，地广千里，田四千三百二千顷，募民耕之，以给刍秣。八坊之马为四十八监，马多地狭，又析八监列布河西荒旷之地。凡马五千为上监，三千为中监，馀为下监，皆有左右。当时天下以一缣易一马。自秦汉以来，唐马最盛，其后卒能弱西北落其所立之制，仿佛周家遗法，较于西汉过之远矣。"

职方氏，掌天下之图，以掌天下之地。辨其邦国、都鄙、四夷、八蛮、七闽、九貉、五戎、六狄之人民与其财用。九谷、六畜之数要，周知其利害。乃辨九州之国，使同贯利。职方氏，主邦国之长官也。东方曰夷，南方曰蛮，西方曰戎，北方曰狄。闽则蛮之类，貉则狄之类也。列而计之曰数，总而计之曰要。刘氏曰："辨九州之国，使同贯利者。四方人民好恶之不同，财用有无之不等，必周知其利害，贯而通之。使之有无之相易也，善恶之相济也。一天下之财用，养天下之人民，俾同享其利焉。或曰贯事也，亦通。"东南曰扬州，其山镇曰会稽。其泽薮曰具区，其川三江，其浸五湖。其利金锡竹箭，其民二男五女。其畜宜鸟兽，其谷宜稻。重而能安曰镇，潴而不流曰泽，涸而生物曰薮，流而不息曰川，积而成渊曰浸。会稽，山名，在越州，今绍兴府。具区，即太湖，在苏州府。三江，娄江、东江、淞江也。或曰大江、吴江、钱塘江也。五湖未详。正南曰荆州，其山镇曰衡山。其泽薮曰云瞢，其川江汉，其浸颍湛。其利丹银齿革，其民一男二女。其畜宜鸟兽，其谷宜稻。瞢，音梦。衡山，南岳也，在今衡州府。云在江北，瞢在江南。今江夏、安陆、华容、枝江，皆其地也。江出岷山，汉出嶓冢，合流于今汉阳府。颍出阳城，宜属豫州，在此非也。湛或作淮。丹，朱砂。齿，象齿。革，犀兕革。河南曰豫州，其山镇曰华山。其泽薮曰圃田，其川荥雒，其浸波溠。其利漆林丝枲，其民二男三女。其畜宜六扰，其谷宜五种。华山，西岳也，在今华阴县。荥，沇水，入河而溢者，在今荥阳县。雒，即洛，在今洛阳县。波溠，洛水之别出者。林，众木之所生也。六扰，马牛羊鸡犬豕。五种，黍稷菽麦稻，以其得土气正中，故物产备也。正东曰青州，其山镇曰沂山。其泽薮曰望诸，其川淮泗，其浸沂沭。其利蒲鱼，其民二男二女。其畜宜鸡狗，其谷宜稻麦。沭，音述。沂山，沂水所出，在盖县。望诸，即孟诸，在睢阳。淮出桐柏，泗出鲁国，沂出沂州，沭出东莞。蒲，水草也。河东曰兖州，其山镇曰岱山。其泽薮曰大野，其川河、泲，其浸庐、维。其利蒲、鱼，其民二男三女。其畜宜六扰，其谷宜四种。泲与济同。庐维当作雷雝。岱山，东岳也，在博县。大野，在巨鹿。河，即黄河。济，即沇水东流之名。雷，即雷夏，在城阳。雝，水名。四种，黍稷稻麦也。正西曰雍州，其山镇曰岳山。其泽薮曰弦蒲，其川泾汭，其浸渭洛。其利玉石，其民三男二女。其畜宜牛马，其谷宜黍稷。岳山，吴岳也，在汧，弦、蒲皆在汧阳。泾出泾阳，汭出汧源，渭出鸟鼠同穴，洛出怀德。弦或作汧，蒲或作浦。东北曰幽州，其山镇曰医无闾。其泽薮曰貕养，其川河泲，其浸菑时。其利鱼、盐，其民一男三女。其畜宜四扰，其谷宜三种。貕，音兮。医无闾在辽东，貕养在长广，一云莱阳县有貕养津。菑出莱芜，时出般阳。四扰，马牛羊豕。三种，黍稷稻也。河内曰冀州，其山镇曰霍山。其泽薮曰扬纡，其川漳，其浸汾潞。其利松柏，其民五男三女。其畜宜牛羊，其谷宜黍稷。霍山在彘，一云在霍州扬纡，未详。漳出长子，汾出汾阳，潞出归德。正北曰并州，其山镇曰恒山。其泽薮曰昭馀祁，其川虖池、呕夷，其浸涞、易。

其利布帛，其民二男三女。其畜宜五扰，其谷宜五种。虖，音呼。池，音沱。呕，乌候反。恒山，北岳也，在上曲阳。昭馀祁，在邬。虖池出卤城，呕夷出平舒，涞出广昌，易出故安。五扰不宜鸡也，五种不宜粱也。薛氏曰："凡九州之土高者宜黍稷，下者宜稻麦。山气多男，泽气多女。东南多丝纻，西北多织皮。先王之于民，因其东西南北之异方，山泽川浸之异宜，男女异数，玉石异产，黍稷稻粱之异种，丹漆丝枲之异利，广谷（异）异制，民生异俗，为之修其教而不易其俗，齐其政而不易其宜。山者不使居川，泽者不使居中原。骍刚之地，粪种不以羊；赤缇之地，粪种不以牛。然后五方之民，各安其性，乐其业而无偏弊之患矣。"明斋王氏曰："按九州分立，与《虞书·禹贡》异者。盖禹主于治水，幽并营皆北方广漠之地，罹水患少。故幽并统于冀，营统于青而止九州。舜时四裔来王，封域极广。肇十有二州，后有作者，不可及矣。周时大约与舜同，但淮与大野在禹贡为徐州之川泽。而职方青州之川淮泗，兖州之泽大野，是以徐而入青兖矣。华阳璆铁砮磬在《禹贡》为梁州之山与贡也。而职方豫州之山华，雍州之利玉石，是以梁而入雍豫矣。此为不同耳。然则无徐州者，盖洪水之患，惟河为大，禹于其下流施功为多，故建徐州。周时碣石沦于海，正东之地不及于虞，故有青兖，则虽革徐州而东方为无空。若无梁州，则西南舆地似于缺然何也。夫天地之化，开之有渐，始西北而次东北，次东南，次正南。故上古圣人皆出于北方。周家世居西土，文王之化延及江汉，正荆州之地。武王代纣而庸蜀羌髳景从，是乃梁州以及于徼外之地。然其中未归化者众，故周公以其施贡所及者，则分属于荆雍豫，而其不及以政者，亦不入于职方也。方今财赋文献多出南方，虽闽越南粤，自古所谓外裔者，今悉与中土无异。独西南之地，但为来王之国，而时背叛者，宜周公于此不置州属也。夫圣人之教，不先天以开人，亦不弃天以从人。西南之域开之有时，是故不能强之，以俟后圣也。乃若北方营州医无间，雍州河套之内等地，正职方氏所谓谷宜三种，畜宜四扰，而在九服之内。其外则为九貊六狄，亦皆内属而周知其民之数者。自周德之衰，而为它人之所窃据。秦人不知守在四裔之道，为长城以限之，遂使肥美之地与雍豫等者，悉沦于沙漠不毛之域，反为外裔侵入中国之巢穴。自汉以来，欲为控御外裔之策者已为大事。而不思生聚教训，以经略吾之五服。乃其分内事，是不免于弃天也。"乃辨九服之邦国，方千里曰王畿。其外方五百里曰侯服。又其外方五百里曰甸服。又其外方五百里曰男服。又其外方五百里曰采服。又其外方五百里曰卫服。又其外方五百里曰蛮服。又其外方五百里曰夷服。又其外方五百里曰镇服。又其外方五百里曰蕃服。渔仲郑氏曰："《禹贡》有五服，各服五百里。是禹之时，地方五千里。职方有九服，亦各五百里，并王畿千里，则周之时，地方万里矣。五服九服之制，虽若不同，详考制度，无不相合。禹之五服，各五百里，自其一面而数之。职方九服，各五百里，自其两面而数之也。周之王畿即禹之甸服，各方千里。《禹贡》之甸服五百里，据一面而数之，周畿千里，不在九服之内。王畿之外，定制为九服，各五百里，以两面相方而数之。大抵周之王畿即禹之甸服。周之侯甸即禹之侯服。周之男采即禹之绥服。周之卫蛮即禹之要服，周之镇夷即禹之荒服。大率二畿当一服，而周人镇服之外，又有五百里之蕃服，去王城二千五百里。乃九州之外地，增于禹贡五百里而已。故行人之职其言九州之外谓之蕃服，则九州之外又有五百里之蕃服明矣。且《禹贡》五服而止，周人必加以蕃服五百里，何也？求之《禹贡》亦莫不然。《禹贡》既叙五服，又曰东渐于海，西被于流沙，朔南暨声教讫于四海，是九州之外地也。又如益稷曰弼成五服，至于五千，州十有二师，外薄四海，咸建五长。谓四海之外，各建诸侯为之长，岂非周之蕃服乎。详考制度，无不相合，求之里数，未始不同。先儒有禹加弼万里，周公斥大封疆之说。后人又为图以实之，皆考古之未精耳。然《尚书》之《周官》，《周礼》之《行人》，又有六服承辟、六服一朝之文，何也？盖王巡守及于六服，六服之外夷服、镇服即禹之荒服。言六服则不及夷镇，言九州之内则不及蕃镇明矣。如此，不特见二畿当一服，蕃服当四海之外。今制而为图，则周之王畿有乡遂稍县鄙，即禹甸服总结秸铚粟米之地。周之侯服即禹米男之地。周之男服即禹揆文教之地，周之采服即禹奋武卫之地。周之卫服即禹二百里夷之地。周之要服即禹二百里蔡之地。周之夷服即禹三百里蛮之地。周之镇服即禹三百里流之地。周之蕃服即禹九州之外地也。"凡邦国，千里封公。以方五百里则四公。方四百里则六侯。方三百里则七伯。方二百里则二十五子。方百里则百男。以周知天下。七当作十一。千里之地以封六侯，犹馀四百里，以封十一伯，犹馀百里。且名山大川不以封，安得常如棋局之方而众建之哉。特计其大数则然耳。况公之地为方百里者二十有五，而侯之地为方百里者十有六，则是少三分之一而有馀。伯之地为方百里者九，则又分之一而有馀。伯之地为方百里者九，则又少二分之半而不足。子之地为方百里者四，则又少二分之半而有馀。男之地止方百里，则更少四分之三矣。然上公九命，而侯伯同于七命，子男同于五命，岂命相同而地之不伦若此乎。盖封国之法必五百里而后为大国。自三百里至四百里而皆为次国，自百里至二百里而皆为小国。且地形皆牙交绣错，不过约略其四至，未必截然正方也。

如此则天下可以周知矣。又尝总王畿八服计之方五千里，则为方千里者二十有五。以其一为王畿，而以二十有四为列国。以封公可得九十六公，以封侯可得百五十侯，以封伯可得二百六十六伯，以封子可得六百子，以封男可得二千四百男。然以春秋考之，称公者一一，称侯伯者不过数十，大抵子男之国居多也，抑周之两都，东都固居天中而西都实据上游。其为千里，亦必截长补短而计之，非必四面正方也。王畿且尔，列国可知，孰谓封建之拘方而不可行也哉。凡邦国，大小相维，王设其牧。制其职，各以其所能。制其贡，各以其所有。维犹系也。小国事大国，大国比小国，则相联系也。牧者，一州之长，以诸侯之贤者充之也。职各以其所能，不强其所难也。贡各以其所有，不责其所无也。《杂说》：三代牧守，更代诸侯，世袭权皆出于上。如周初时，荆州牧蔡叔，其后则申侯。豫州牧管叔，其后则虢公。周公君陈，毕公迭居东郊，宣王中兴，但理会牧伯而已。故韩侯在韩，召虎在淮，申伯在荆，方叔在齐。汉诸侯王自景武后，若寄君，然已不足言。至唐藩镇则是举五侯九伯汝实征之之事，而付之世袭之人，其弊有不可胜言者矣。王将巡守，则戒于四方。曰各修平乃守，考乃职事，无敢不敬戒，国有大刑。及王之所行，先道，帅其属而巡戒令。王殷国亦如之。王氏曰："王巡守，则诸侯各朝于方岳之下，故戒于四方也。修平乃守，则诸侯所守之土也。考乃职事，则诸侯所治之职也。将至而先戒之，使之豫备；既至而前巡之，考其不法。"愚谓：十二岁，王若不巡守于方岳之下，则诸侯尽朝而为坛，以行朝觐盟载之礼，谓之殷国。其戒令与巡守同也。陈氏曰："自古封建之法，天下至广，难以统一，故五载一巡守。于以一风俗，于以通民情。至周五载一巡守。既不能行，故置职方氏、撢人、训方氏之官，以通达上下，使无壅蔽。建汉或遣谒者巡行天下，是亦得周公之遗意也。自元封五年初置刺史，每以秋分行部以诏书六条，察郡国、举不法，而后天下民情利害其壅遏通达，皆系于刺史之手，而上或不得以闻之。宣元以后，稍还古意。天子则有郎官之出，宰相则有掾吏之行。上下相察，莫之或匿。如元帝诏条责于定国曰：郎有从东方来者，言民父子相弃，丞相按事之吏匿而不言邪，将从东方来加增之邪，何以错谬至是。定国皇恐，自劾，是丞相隐之，天子而不知，郎吏已得以上闻。如魏相敕掾吏案事，郡国辄白四方异闻。或有逆贼风雨灾异，郡不上达，相辄奏言之，是郡欲隐之宰相，而不知掾吏已得以上达。民情既通，上下不壅，则治可为也。"

土方氏，掌土圭之法，以致日景。以土地相宅，而建邦国都鄙。以辨土宜土化之法，而授任地者。王巡守，则树王宫。相，去声。土地度其封域也，相宅视其居止也。土宜谓树艺之宜，土化谓形气之化。授任地者，盖授之任地之官，而责其耕种，若载师之属也。树王宫，为之藩篱，佐掌舍设之。王氏曰："大司徒掌建邦国及土宜之法，土方氏皆辅佐之。但司徒土人所掌，止于王畿。而土方所掌，则及于四方，故名官以土方氏焉。"

怀方氏，掌来远方之民。致方贡，致远物，而送逆之，达之以节。治其委积、馆舍、饮食。远方之民，四方之宾旅也。方贡，各境之常贡。远物，他方之异物。达之以节，使往来无壅滞也。委积，所以备其用。馆舍，所以安其居。饮食，所以遂其嗜。所谓柔远人者也。

合方氏，掌达天下之道路。通其财利，同其数器，壹其度量。除其怨恶，同其好善。恶、好，并去声。达者，修理津梁。通者，贸迁有无。易氏曰："道路达，财用通，此合方之事也，未及夫政焉。同数器，而九仪之命皆有定守。一度量，而五则之制亦有定用，此合方之政也，未及夫教焉。至于除其怨恶，同其好善，则讲信修睦，无有异志，合方之为教也，大矣。"

训方氏，掌道四方之政事。与其上下之志，诵四方之传道。正岁则布而训四方，而观新物。道，言也。大者为政，小者为事。志者，心之所之者也。传道，谓传闻古昔先民之事。布而训四方，则四方之远，道德一而风俗同矣。新出之物，陈而观之，以知民志所好所恶，则劝惩因以施焉。

形方氏，掌制邦国之地域，而正其封疆，无有华离之地。使小国事大国，大国比小国。华，如花之有瓣；离，如物之相隔。临川王氏曰："析而不绝为华，绝而不属为离。正其封疆，使无有华离之地，则小国易以守，大国难以侵，人各有其土宇，而无复有交争之患矣。"

山师，掌山林之名。辨其物与其利害，而颁之于邦国。使致其珍异之物。物，若岱畎丝枲，峄阳孤桐之类。利，其中用者也。害，其伤物者也。

川师，掌川泽之名。辨其物与其利害，而颁之于邦国。使致其珍异之物。物，若泗滨浮磬，淮夷蠙珠之类。明斋王氏曰："《旅獒》之训曰：不贵异物民乃足，不宝远物则远人格。而此言致其珍异者，盖物性不同，自有非常之物，可以疗疾致用，适欲用之，不可必得。故有则致之，非以之供玩好，而为常贡也。”

遼师，掌四方之地名。辨其丘陵、坟衍、遼隰之名，物之可以封邑者。辨其名以知平陂燥湿，辨其物以知肥硗美恶。按《地官·虞衡》专司畿内之五土，而夏官山川原师遥领邦国之五土。此中外所以合为一家，而遐迩所以联为一体也。当是时，岂有擅山海之利，以自封殖而酿成僭乱之阶者哉。

匡人，掌达法则，匡邦国而观其慝。使无敢反侧，以听王命。法即八法，则即八则，邦国之官府都鄙亦用之匡正也。慝，恶之隐于心者也。倍常曰反，不正曰侧，二者皆无，而壹惟王命之听，则不陷于九伐矣。

撢人，掌诵王志，道国之政事。以巡天下之邦国而语之，使万民和说而正王面。说，音悦。面，犹向也。德意昭宣，纲纪明著，则天下之民皆和说而面向于王矣。训方氏道四方之志与政事于王，而撢人道王之志与政事于邦国，非泰交之盛，何以及此。

都司马，掌都之士庶子，及其众庶、车马、兵甲之戒令。以国法掌其政学，以听国司马。家司马亦如之。明斋王氏曰：“都之士庶子，谓孟仲两卿而下五大夫众上之适子庶子也。众庶，应起徒役之人也。车马、兵甲，备车发卒也。都司马平时纠戒之，无有违慢。率令之，使之兴事，则都家之君，虽有数百乘之富，而无不属之王朝者矣。然此但治其军赋之出而已，政若诸子之所掌，学谓司士、大司乐之所教，都司马教治其都之士庶子，一如王国教胄子之法，然后世禄之人无骄淫败礼者矣。及有军旅之事，征兵于都鄙，则都司马帅之以听于大司马。故朝大夫云治有不及在军旅，则诛其有司也。此周公驭都家之法，所以都鄙之君，无抗衡之患也与。”

周礼集传卷之五

秋官司寇第五

寇，害也，去其害斯可以驱之于善也。周子曰："天以春生万物，止之以秋。物之生也，既成矣，不止则过焉，故得秋以成。圣人之法天以政养万民，肃之以刑。民之盛也，欲动情胜，利害相攻不止，则贼灭无伦焉。故得刑以治，情伪微暧，其变千状，苟非中正明达果断者，不能治也。"《讼卦》曰："利见大人，以刚得中也。"《噬嗑》曰："利用狱以动而明也。"呜乎！天下之广，主刑者，民之司命也。任用可不慎乎。

惟王建国，辨方正位，体国经野，设官分职，以为民极。乃立秋官司寇，使帅其属而掌邦禁，以佐王刑邦国。《杂说》司寇掌刑，不言刑而言禁。盖治于已然，不若禁于未然；刑于已至，不若禁于未至。先王之立刑法，惟恐天下之人人其中而不能自出。故为之明示法禁，使知有如是之罪，必陷如是之刑；有如是之恶，必丽如是之辟。人有惧心，易避而难犯者，此司寇所以言掌邦禁也。王氏曰："禁之所以为仁也，刑之所以为义也。禁之不止，犹有犯焉，以义断仁也。"

刑官之属：大司寇，卿一人。小司寇，中大夫二人。士师，下大夫四人，乡士，上士八人，中士十有六人。旅下士三十有二人。府六人，史十有二人，胥十有二人，徒百有二十人。士，察也，主察狱讼之事也。乡士主国中以及六乡之狱讼，故用八人也。

遂士，中士十有二人。府六人，史十有二人，胥十有二人，徒百有二十人。遂士主六遂以及公邑之狱讼，故用十有二人也。

县士，中士三十有二人。府八人，史十有六人，胥十有六人，徒百有六十人。县士主诸县之狱讼，故用三十有二人也。

方士，中士十有六人。府八人，史十有六人，胥十有六人，徒百有六十人。方士主四方都家之狱讼，故用十六人。以都家有都士治之，此不过总其成也。

讶士，中士八人。府四人，史八人，胥八人，徒八十人。讶，迎也。主邦国之狱讼而兼迎其宾客也。

朝士，中士六人。府三人，史六人，胥六人，徒六十人。朝，音潮，后仿此。主外朝之法者。《杂说》：外朝，国大询之朝也，亦是听狱讼。古者，人君听朝必清心静虑，异于常朝，故其处与常朝不同，皇帝清问下民是已，宣帝斋居决事亦此意。

司民，中士六人。府三人，史六人，胥三人，徒三十人。王先生曰："司民不属地官而属秋官者，圣人不用刑本于好生耳。"

司刑，中士二人。府一人，史二人，胥二人，徒二十人。

司刺，下士二人。府一人，史二人，徒四人。王氏曰："刺者，探问廉察之意。主询察而行赦宥，故以名官，旧解为刺杀，非也。"

司约，下士二人。府一人，史二人，徒四人。约，以言相结也。

司盟，下士二人，府一人，史二人，徒四人。盟，以辞告神也。陈氏曰："先王之时，结民以忠信诚悫之心，维邦国以比小事大之礼。然盟诅之末，常不弛于天下，使民明则知好恶，幽则知信畏，然后有同德而无离心。则盟诅之辅于教也，其可忽哉。后世儒者，或以此疑《周官》，亦过矣。"

职金，上士二人，下士四人，府二人，史四人，胥八人，徒八十人。职，主也。主受金罚、货罚之类者也。

司厉，下士二人，史一人，徒十有二人。犯政为恶曰厉。

犬人，下士二人，府一人，史二人，贾四人，徒十六人。犬，金畜也。

司圜，中士六人，下士十有二人，府三人，史六人，胥十有六人，徒百有六十人。王氏曰："天文贯索，主贱者之牢，九星规圆，故以取象。又圜还也，收教者，期其往而能返也。"

掌囚，下士十有二人，府六人，史十有二人，徒百有二十人。囚，拘而系之也。

掌戮，下士二人，史一人，徒十有二人。戮，辱而杀之也。

司隶，中士二人，下士十有二人，府五人，史十人，胥二十人，徒二百人。隶，执劳辱之役者。汉始置司隶，亦使将徒治道路沟渠之役。后稍尊之，使主官府及近郡焉。

罪隶，百有二十人。古者身有大罪，身既从戮，男女缘坐，男子入于罪隶，女子入于舂稿，此中国之隶也。梁氏曰："诸隶皆言有有二十人，以设法之大概而言耳。或所得人数之太多不必使之他属，或所得不及数，亦不必以他人补之。凡六官所言府史胥徒，其人数多寡大概仿此，或权设，或借用，或兼职，未必拘也。"

蛮隶，百有二十人。

闽隶，百有二十人。

夷隶，百有二十人。

貉隶，百有二十人。明斋王氏曰："职方氏所掌有四夷、八蛮、七闽、九貉、五戎、六狄之人民。盖皆臣服于中国，而此止于蛮夷闽貉者。周人世居西土，其化先及西北，故以服东南为贵。旧说以为征夷所获，赦其死而役之，非也。详考四隶之职，惟有养鸟兽与守王宫二事，则非俘获可知，果为俘获，自当属之罪隶，若其所生子孙，乃可属此耳。"

布宪，中士二人，下士四人。府二人，史四人，胥四人，徒四十人。宪，县表其法也。刑贵于不犯，故独设此官焉。

禁杀戮，下士二人。史一人，徒十有二人。禁民不得相杀戮也。

禁暴氏，下士六人，史三人，胥六人，徒六十人。禁民不得相陵暴也。

野庐氏，下士六人。胥十有二人，徒百有二十人。庐，宾客行道之所舍也。

蜡氏，下士四人，徒四十人。蜡，骨肉腐臭，蝇虫所蜡也。娄里王氏曰："后世王政不修掩骼埋胔之事，读圣人之书者，谓迂腐纤屑而不肯为，而缁褐之徒或为之。此亦有不忍人之政之责者，所宜深耻也。"

雍氏，下士二人，徒八人。雍，谓堤防止水者也。

萍氏，下士二人，徒八人。王氏曰："神农之书，言萍能胜酒，其为物又不沉溺，故掌国之水，禁幾酒谨酒，禁川游者，名官曰萍氏。"

司寤氏，下士二人，徒八人。王氏曰："寐而觉曰寤，使掌夜时。非觉而不寐者，安能制其刻漏之早晚哉，所以谓之司寤也。"

司烜氏，下士六人，徒十有六人。烜，音煊。王氏曰："爟与烜皆火，司爟掌出入火，司烜共明水火，司寇所奉，故列司爟于夏官，而司烜则在秋官也。"

条狼氏，下士六人，胥六人，徒六十人。条当作涤。涤，除也。狼，犹言狼藉也。谓除不蠲之物也。

修闾氏，下士二人，史一人，徒十有二人。王氏曰："里有门，所以通往来，捍制内外。先王立官以修治其事，故名修闾氏。"

冥氏，下士二人，徒八人。王氏曰："先王仁民而爱物，然猛兽以害其人，则伤吾之仁，必设官以攻之。夫攻猛兽必有以使之冥然而不觉，然后可获，所以名官谓之冥氏。"王先生曰："先王以善政生养天下之民，其兴利也详，其除害也悉。观《周礼》所载道路，一草木，一鸟兽，一昆虫，小小利害，或兴或除，而秋官地官分矣。凡兴利则地官主之；凡除害则秋官主之。迹人禁麛卵者，与其毒矢射者。而冥氏掌攻猛兽，穴氏掌攻蛰兽矣。羽人掌以时征羽翮于山泽之农，而翨氏则攻猛鸟。硩蔟氏掌覆妖鸟之巢，庭氏掌射国中之妖鸟矣。掌蜃敛互物蜃物以其闉圹之蜃，而蝈氏则掌去鼃黾壶，涿氏掌攻水虫，剪氏掌蠹物，赤犮氏掌除貍虫矣。稻人以沟荡水以浍写水。而雍氏则掌沟浍浍池之害于稼者矣。山虞云凡窃木者有刑罚，而柞氏则掌攻草木矣。草人云土化之法，而薙氏则掌杀草矣。遗人云十里有庐，庐有饮食，而野庐氏则掌守涂地之人，聚柝有相翔者，诛之矣。"

庶氏，下士一人，徒四人。王氏曰："先王以善政养天下，既繁且庶，故设官以除毒虫之害，谓之庶氏也。"

穴氏，下士一人，徒四人。穴，蛰兽所藏者。

翨氏，下士二人，徒四人。翨，音翅。翨，鸟翮也。

柞氏，下士八人，徒二十人。柞，除木之名。

薙氏，下士二人，徒二十人。薙，他计反。薙犹鬀也，剪草之名。

蜇蔟氏，下士一人，徒二十人。蜇，音哲。蔟，音族。蜇，毁破也。蔟，谓鸟巢。

剪氏，下士一人，徒二人。剪，断灭之也。

赤犮氏，下士一人，徒二人。犮，音拔。赤犮，犹言捇拔也。

蝈氏，下士一人，徒二人。蝈，音国。蝈，蛙也。

壶涿氏，下士一人，徒二人。壶谓瓦鼓。涿，击之声也。

庭氏，下士一人，徒二人。庭言使国中清洁如庭也。

衔枚氏，下士二人，徒八人。衔枚，所以止言语嚣欢也。

伊耆氏，下士一人，徒二人。伊耆，古始为蜡祭，以息老物之君。故以名齿杖之官也。王氏曰："秋之德，物成而养之。伊耆，主优老有养意，且军旅授有爵者杖，亦警戒意，故属秋官。"

大行人，中大夫二人。小行人，下大夫四人。司仪，上士八人，中士十有六人。行夫，下士三十有二人，府四人，史八人，胥八人，徒八十人。行者，朝聘往来之义。仪，其相接之文也。按行人司上下之交际，不属之礼官而属之刑官，何也？古者君行师从，卿行旅从，其人多矣。非法令何以整齐之。且宾客在道，最忧盗贼之摽掠，惟司寇掌其禁焉，则皆悦而愿出于其涂矣。故曰敌国宾至行理，以节逆之。又曰行李之往来，共其匮乏。李即理也，古者士官之别名也，则行人不属之司寇而于谁属乎。

环人，中士四人，史四人，胥四人，徒四十人。王氏曰："夏官有环人，秋官复有环人。盖夏官环人。掌环四方之政，取周循往来，若环之无端也。秋官环人掌环宾客之任器，取周围保护，若环之无隙也。官名虽同而意则异。"

象胥，每翟上士一人，中士二人，下士八人，徒二十人。翟与狄同。通夷狄之言者曰象胥，其有才智者也。东方曰寄，南方曰象，西方曰狄鞮，北方曰译。总名曰象者，周之德先致南方也。

掌客，上士二人，下士四人，府一人，史二人，胥二人，徒二十人。方氏曰："宾客之事，掌以刑官之属者。《乡饮酒义》天地严凝之气，始于西南而盛于西北。宾者，以义接人者也。且天子之于诸侯，以宾主礼行之，过则虑其无辨，故以刑官掌之，示出于礼则入于刑也。"

掌讶，中士二人，府二人，史四人，胥四人，徒四十人。王氏曰："秋官有讶士，又有掌讶者。盖讶士，刑官也，兼掌狱讼；掌讶，惟以讶宾客为主。"

掌交，中士八人，府二人，史四人，徒三十有二人。通诸侯之好，故名官曰掌交。

掌察四方，中士八人，史四人，徒十有六人。言四方者，每方皆然。督诸侯之事曰察。

掌货贿，下士十有六人，史四人，徒三十有二人。货贿，凡邦国之所致者。

朝大夫，每国上士二人，下士四人，府一人，史二人，庶子八人，徒二十人。国指都家之国，言庶子，亦主采地之诸子，在府史之下，盖官长所自辟除也。

都则，中士一人，下士二人，府一人，史二人，庶子四人，徒八十人。此主都家之八则者也。

都士，中士二人，下士四人，府二人，史四人，胥四人，徒四十人，家士亦如之。此主都家吏民之狱讼，以告之于方士者也。

大司寇之职，掌建邦之三典。以佐王刑邦国，诘四方。一曰刑新国用轻典。二曰刑平国用中典。三曰刑乱国用重典。典，法也。诘，究治也。新国，新造之国。用轻典者，以其未习于教也。平国，承平之国。用中典者，以其已习于教也。乱国，叛乱之国。用重典者，以其不率于教也。林氏曰："轻典，柔克之义也。中典，正直之义也。重典，刚克之义也。"邓氏曰："时轻重，权制耳，而名典，何也？曰：时轻重，所以制中也。《汉志》昔周之法，建三典以刑邦国，五刑墨罪五百，劓罪五百，宫罪五百，刖罪五百，杀罪五百。所谓刑平国用中典者也。凡杀人者，踣诸市。墨者使守门，劓者使守关，宫者使守内，刖者使守囿，髡者使守积。其奴，男子入于罪隶，女子入于舂槁。凡有爵者，与七十者，与未髦者，皆不为奴。周道既衰，穆王耄荒，命甫侯度时作刑，以诘四方。墨罚之属千，劓罚之属千，髌罚之属五百，宫罚之属三百。大辟之罚，其属二百。五刑之属三千。盖多于平国中典五百章，所谓刑乱国用重典者也。”何氏曰：“三典以用刑，犹三德以为治。然人君抚世酬物，又不可执一焉。新国固宜轻典，然纵弛之后，人有慢心，可以水济水乎？必时出猛政，慑取人心，如诸葛亮之治蜀可也。乱国固宜重典，然残虐之馀，人无生意，可以火益热乎？除其烦苛，使人知有生之乐，如裴度之入蔡可也。平国固宜中典，然法度不修，姑息为治，则国势浸微矣。必修明制度，振举纪纲，使臣民有所警惧，子孙有所持守可也。总之，因时制宜，不失先王立法之意，可矣。”

以五刑纠万民：一曰野刑，上功纠力。二曰军刑，上命纠守。三曰乡刑，上德纠孝。四曰官刑，上能纠职。五曰国刑，上愿纠暴。暴当作恭。野刑，施之于遂鄙者。野以农功为上，而察其不致力者，则纠之。军刑，施于军旅者。军以用命为上，而察其不守律者，则纠之。乡刑，施于乡党者。乡以成德为上，而察其不尽孝者，则纠之。官刑，施于官府者。官以才能为上，而察其不称职者，则纠之。国刑，施于王国者。国以谨愿为上，而察其不致恭者，则纠之也。方氏曰：“曰野、曰乡、曰国、非以地别之，以事别之也。水土力役之政，野刑也，故上功纠力。不孝、不友、不姻、不睦、不任、不恤，乡刑也，故上德纠孝。吏之作奸、民之为暴、势家之灭义，国刑也，故上愿纠暴。虽国中野外之人所犯，乡刑也，则以乡刑弊之。所犯野刑、国刑也，则以野刑、国刑弊之。”以圜土聚教罢民。凡害人者，置之圜土而施职事焉。以明刑耻之。其能改者，反于中国，不齿三年。其不能改而出圜土者，杀。罢，音疲，后同。圜土之形圜，欲其从善如转圜也。或曰以两仪言之，则乾为圜，以五则言之，则规为圜。狱而谓之圜土，有仁而生之之道，非苟置也。罢民，谓民之不能自强于为善者。害人，因过失而害及于人也。施职事，谓因其所能而役使之，如后世城旦舂、鬼薪之类。明刑，书其罪恶于大方版而著于背也。能改而使之还于中国之故乡，犹于三年之内不得以年齿列于平民。欲其勉励以盖前愆也。不能改而逃出圜土，则不得已而杀之，恶其怙终而抗国法也。以两造禁民讼。入束矢于朝，然后听之。以两剂禁民狱。入钧金，三日，乃致于朝，然后听之。造，至也。讼，谓有以争相告者。百矢为一束，所以自明其直也，入之而后听其辞之曲直焉。剂，券也。狱，谓有以罪相告者。三十斤为钧。金，铜铁之属，所以自明其坚也。入之三日，俟其中悔不变，而后听其辞之诚伪焉。凡公署皆曰朝。何氏曰：“两辞俱至，必有一直；两剂券书，必有一实。不直不实则没入其金矢，亦禁止讼狱之一端也。”王氏曰：“方言于公者，讼也。因而守之者，狱也。盖争而不已，必至于讼。讼而不已，必至于狱。金矢如执贽。不直不实，没入之；直而实者，还之。"张氏曰："钧金束矢，非贫民所能办。必入而后听其辞，则民之不能达者多矣。虽然履肺石而号者，非穷民乎？挝路鼓而鸣者，非穷民乎？先王固不以钧金束矢，终困民矣。"以嘉石平罢民，凡万民之有罪过而未丽于法，而害于州里者。桎梏而坐诸嘉石，役诸司空。重罪旬有三日坐，期役。其次九日坐，九月役。其次七日坐，七月役。其次五日坐，五月役。其下罪三日坐，三月役。使州里任之，则宥而舍之。舍，音捨。嘉，善也。平，成也，平罢民之地而谓之嘉石者。犹刑而曰祥刑，囹圄而曰福堂也。丽，附也。为非曰罪，失理曰过。木在足谓之桎，在项谓之梏。坐犹今之跪也。役诸司空，坐日讫，使给百司之役也。任之，谓保任不复犯也。临川王氏曰："万民之有罪过而未丽于法而害于州里者，则司救所谓邪恶也。凡害人者，则司救所谓过失也。过失不谓之罪而得罪，反重于邪恶，为其已丽于法也。惟其过失，是以未入于刑，不亏其体，以圜土教之也。邪恶谓之罪而得罪，反轻于过失，为其未丽于法也。坐诸嘉石，使自反焉，且以耻之。役诸司空，则以强其罢故也。州里任之，则宥，而舍之则无任者，终不舍之焉，是乃使州里相安也。先王善是法，以为其刑人也，不亏体，其罚人也，不亏财。非特如此而已，司空之役不可废也，与其徭平民而苦之，孰若役此以安州里之为利也。"以肺石达穷民，凡远近惸独老幼之欲有复于上而其长弗达者，立于肺石，三日。士听其辞，以告于王，而罪其长。肺司言而色赤，故立石以象之。明辞无或壅，且推赤心以待之也。无兄弟曰惸，无子孙曰独。上，谓王与六卿。长，谓诸侯与乡遂之吏。罪之者，恶其遏抑下情也。刘氏曰：肺者，气之府而外达乎皮毛。惸独老幼，天民之穷无告者，其微弱也，犹国之皮毛焉。心之气，靡不通之也，不通，则疾病生焉。故用之达穷民，其有取于是乎。立于肺石三日者，审究考核得其情实，然后以其辞告于上，罪其长焉。临川王氏曰："以大仆观之，欲其速达，甚于遽令，然而立于肺石三日，然后听之。则又恶民之渎其上，则上溃眊而不渫，虽诚无告，反不暇治矣。"邓氏曰："此与击路鼓事异者，彼大冤抑，欲急闻，此小狱讼，故士师听辞，立三日乃听也。"正月之吉，始和布刑于邦国都鄙。乃县刑象之法于象魏。使万民观刑象，挟日而敛之。王氏曰："夫刑者，侀也。侀者，成也。宜无所加损焉。于正月之吉，始布行之者，盖先王虽原情以定罪，因事以制刑，亦当因时而为之变通矣。《噬嗑》之明罚敕法，《贲》之无敢折狱，

《丰》之折狱致刑，《中孚》之议狱缓死。大司徒以荒政而缓刑，穆王度作刑以诘四方，则刑虽有常刑，亦量时而有轻重。正月之吉始和布刑于邦国都鄙，为是故也。且民不可使觌刑也，必县刑象使民观之者。盖先王之法若江河，贵乎易避而难犯。苟匿为物而愚不识，及陷于罪，又从而刑之，不几于罔民乎？其使民观象者，亦使知所避而已。”凡邦之大盟约，莅其盟书，而登之于天府。大史、内史、司会及六官，皆受其贰而藏之。大盟约，谓王与诸侯因大会同而与盟，有所约誓之辞。临川王氏曰：“莅其盟书者，刑一成而不可变，盟要如之，其违焉则刑之所取，刑官之事也。登于天府，谨藏之也。大史、内史、司会及六官皆贰而藏之者，各以其事考焉，非特备失亡而已。”凡诸侯之狱讼，以邦典定之。凡卿大夫之狱讼，以邦法断之。凡庶民之狱讼，以邦成弊之。典即六典，法即八法，成即八成，三者皆在大宰，而定之、断之、弊之，则在司寇也。或曰典即建邦之三典，轻重之宜，非此不定焉。法即八辟之邦法，操纵之议，非此不断焉。成即士之八成，奸宄之党，非此不弊焉。大祭祀，奉犬牲。若禋祀五帝，则戒之日，莅誓百官，戒于百族。及纳亨，前王。祭之日，亦如之。奉其明水火。犬，金畜，故秋官进之。莅誓者，莅百官之听誓于大宰者也。百族，即百姓。记曰：献命库门之内，戒百官也。大庙之内，戒百姓也。前王，为王引导也。明水火，所取于日月者。明斋王氏曰：“按火属夏，故行火之政令，夏官司爟掌之。水属冬，故治水之政令，冬官掌之。而秋官又设司烜一职掌共明水火，司寇奉之，何也？盖五行之德，土冲气浊而不明，木气温昏而不清，火外影其光发越而散，水内影其光藏匿而暗。惟夫金之为德于行为秋，其气肃杀而清明。故日至此而燥烈，月至此而皎洁。万物之在宇内者，夷者夷，革者革，靡不濯然明洁。此秋之为用也。故水火各司其局者，六官之常也。天下之事，以司寇临之，而后严肃清明，秋官之专职也。故大祭祀之用明水火，先王所以自致其洁清齐明之至者，必奉于大司寇，而特设司烜一职以掌之。此《周礼》一书所以与造化周流而无碍也。”凡朝觐会同，前王。大丧亦如之。大军旅，莅戮于社。凡邦之大事，使其属跸。大丧所前者，或嗣王也。社，谓社主在军者，属士师以下也。刘氏曰：“使刑官之属跸之，则罔不肃矣。”

小司寇之职，掌外朝之政，以致万民而询焉。一曰询国危。二曰询国迁。三曰询立君。其位王南乡，三公及州长、百姓北面，群臣西面，群吏东面。小司寇摈以叙，进而问焉。以众辅志而弊谋。乡，去声。皋门之内，雉门之外，是曰外朝。王氏曰："询者，遍咨之谓，卿士庶人无不在也。询及于庶人，则其谋也遍矣，故以致万民为主也。国危则谋安，若周公之讨乱是也。国迁则谋居，若盘庚之迁都是也。立君则谋嗣，若文王之舍伯邑考而立武王是也。"愚谓：三公，乡老也。群臣，卿大夫士也。群吏，侯国使臣也。其三孤盖与卿同列焉。摈，谓揖之使前也。王氏曰："志在王也，议在下也。以众辅志，则以众谋而辅王之志也。弊谋，则以众谋为稽而弊之于王也。《书》曰：朕志先定，询谋佥同。亦若此而已矣。"方氏曰："司徒掌万民而使刑官致之者，三者皆国之变事。以刑官莅之，则进而陈其俭谋，退而动以浮言者，不禁而自戢矣。"以五刑听万民之狱讼。附于刑，用情讯之。至于旬，乃弊之。读书则用法。凡命夫命妇，不躬坐狱讼。凡王之同族有罪，不即市。五刑，墨、劓，刖、宫、杀也。附，犹著也。情，实也。讯，问也。用情实以讯之，反覆推求，至于十日之久，乃决而断之。盖求其所以出之者而不得，则受刑者与我两无憾也。读书，谓以罪断之书，读之于囚，使听而服焉。命，谓爵命。不身坐者，必使其属，若子弟代之也。同族，即甸师所谓同姓。不就市者，刑于甸师氏也。娄里王氏曰："附者，著于物而贴然之谓。刑之轻重与其罪铢锱相准，故曰附也。至旬乃弊，亦谓用情研讯罪状真确者，犹恐情理之外，尚有生路，务于旬日间反覆推求，以冀一隙。倘讯时有纤疑，则直谓之未用情耳。岂得姑附于法，而漫曰俟旬乃弊哉。"临川王氏曰："命夫命妇，不躬坐狱讼者，贵贵也。王之同姓有罪不即市者，亲亲也。贵贵亲亲，如此而已，岂以故挠明法哉。"以五声听狱讼，求民情。一曰辞听，二曰色听，三曰气听，四曰耳听，五曰目听。何氏曰："人之情伪有未易以知，其心则有不可掩者。心果无慝，则其辞直，其色定，其气舒，其视听不乱。心果有愧，则其辞诞，其色赧，其气喘，其耳目皆惑。以此听之，情伪可知矣。"临川王氏曰："听狱讼，求民情，以讯鞫作其言。因察其视听气色，以知其情伪，故皆谓之声焉。言而色动、气丧、视听失，则其伪可知也，然皆以辞为主，辞穷而情得矣，故五声以辞为先，色气耳目次之。"以八辟丽邦法，附刑罚：一曰议亲之辟。二曰议故之辟。三曰议贤之辟。四曰议能之辟。五曰议功之辟。六曰议贵之辟。七曰议勤之辟。八曰议宾之辟。辟，亦法也。谓之议者，刑诛赦宥犹未定也。亲，同宗之亲。故，同学之友。贤，有德者。能，有才者。功，有勋者。贵，有爵者。勤，劳于王事者。宾，来自四方者，或曰谓三恪二代之后所不臣者。刘氏曰："议亲者，所以教天下之爱其亲也。议故者，所以教天下厚其故也。议贤者，所以教天下慕其贤也。议能者，所以教天下作其能也。议功者，所以教天下懋其功也。议贵者，所以教天下忠其君也。议勤者，所以教天下劝其勤也。议宾者，所以教天下存亡继绝而不弃先王之德也。八者，天下之大教，非天子私亲故而挠其法也。人伦之美，莫斯为大。"以三刺断庶民狱讼之中：一曰讯群臣。二曰讯群吏。三曰讯万民。听民之所刺宥，以施上服下服之刑。刺，杀割也。刑当其罪，无过不及之谓中。王氏曰："群臣大夫以上也，群吏士以下也。讯群臣、群吏而后讯万民，则臣吏能循民志而达之故也。听民所刺宥，司刺所谓三刺三宥之法是也。刑者，上之所制，以服于下，而下有罪附于刑者，宜无不服也。上服，则服刑之重者也。下服，则服刑之轻者也。谓之上服、下服，犹《舜典》言五刑有服，《吕刑》言上刑适轻下服，下刑适重上服者，同也。《记》曰：刑人于市，与众弃之。此刺宥所以必听于民，凡与众共之而已。"李氏曰："凡有血气，莫不爱其生，君大夫之于牛羊豕，犹无故不杀，况于人乎？刑之大者伏斧钻，其次亦断支体、刻肌肤、终身不息，何其痛哉。故圣人求之以五听，丽之以八议，三宥以恤，其非意三赦，以冀其全人。犹恐总有所不闻，明有所不见，下情有所不达，议法有所不平。于是有外朝之法，以询于众焉。必群臣群吏万民之意同，然后刑杀，可不谓谨乎。此孟子所谓国人皆曰可杀而后杀之者也。"及大比，登民数。自生齿以上，登于天府。内史、司会、冢宰贰之，以制国用。大比，三年。大数，民之众寡也。男八月而生齿，女七月而生齿。制国用者，人数定而后九赋可知也。王氏曰："制国用必言于司寇者，盖民之轻犯法也，以其困于贫。而民之贫，以上赋敛之多。赋敛之多，以其用度奢侈，不知事为之制也。此内史、司会、冢宰所以贰之，以制国用，与国用以赋敛制之，赋敛之多寡以民数制之故也。《记》曰：冢宰制国用必于岁之杪。制国用者，冢宰之事，而兼内史、司会言之者。盖内史执国法及国令之贰，以逆会计。司会以法均节邦之财用故也。"小祭祀，奉犬牲。凡禋祀五帝，实镬水，纳亨亦如之。大宾客，前王而辟。后、世子之丧亦如之。小师莅戮。凡国之大事，使其属跸。实镬，所以涤牲也。纳亨，所以煮牲，亦以水实之。辟，除奸人也。小师，王不自出之师。孟冬祀司民，献民数于王，王拜受之，以图国用而进退之。司民，星名。图，犹谋也。进退，犹言损益也。民数多则敛丰而国用可益，民数少则敛约而国用可损也。王氏曰："民生自天，天实有司之者，先王必有报其生养之功。冬成物之时，故孟冬祀司民焉。方祀司民，则司寇献民数于王者。以民之多寡实天降也，刑之繁省，致天讨也。人之所为，凡以奉成天之所为而已，未尝私焉。王拜而受之，重国本也。图制国用必言于司寇者。以民之轻生而触法，冒死而犯刑者，以其贫而已。民之贫，以其不知图国用而制之故也。"岁终，则令群士计狱弊讼，登中于天府。正岁，帅其属而观刑象，令以木铎，曰"不用法者，国有常刑"。令群士。乃宣布于四方，宪刑禁。乃命其属入会，乃致事。中者，所计、所弊之要书。宣，遍也。宪刑禁，表县五刑五禁之法，使民不犯也。王氏曰："命其属，刑官之属。入会，则计其刑之多少而入其书于司寇也。馀官皆以岁终入其书，独司寇以正岁入之者，所以谨其始也。且春主仁，先王之刑亦以仁为主也。"

士师之职，掌国之五禁之法，以左右刑罚。一曰宫禁，二曰官禁，三曰国禁，四曰野禁，五曰军禁。皆以木铎徇之于朝，书而县于门闾。左右并去声。左右，皆言助也。古之禁书，今亡矣。如宫有簿籍，官府有无故擅入，城门有离载下帷，野有《田律》，军有欢喧夜行之禁，其大略也。王氏曰："先王用刑罚，常出于不得已，其心常期于不用，必辅之以禁，使民无犯焉。以木铎徇于朝，使之内有所闻也。书而县于门闾，使之外有所见也。"以五戒先后罚，毋使罪丽于民。一曰誓，用之于军旅。二曰诰，用之于会同。三曰禁，用诸田役。四曰纠，用诸国中。五曰宪，用诸都鄙。先后并去声。先后，亦皆言助也。王氏曰："禁止使勿为施于未然之前，戒敕其怠忽，儆于事为之际。以五戒先之，则引而导之，使民无进而丽于刑也。以五戒后之则闲而遏之，使民无退而丽于刑也。誓，若《汤誓》、《泰誓》之类。诰，若《康诰》、《洛诰》之类。禁，若遂人之田役掌其禁令。纠，若刑典之纠万民。宪，若布宪，掌宪邦之刑禁是也。然誓之所用，非特军旅而军旅为主。祭祀田役之类，皆有誓也。禁之所用，非特田役而田役为主。宫中官府皆有禁也。以此推之，则曰纠曰宪，亦若是而已。"掌乡合州党族闾比之联，与其人民之什伍。使之相安相受，以比追胥之事，以施刑罚庆赏。掌官中之政令，察狱讼之辞。以诏司寇断狱弊讼，致邦令。六乡之内，合其州党，又合其族闾比，所以联其居也。合其什，又合其伍，所以联其人也。平时，则居处相安，往来相受。有事，则可以比其追遂胥捕之事焉。废事者施刑罚，有功者施庆赏。官中，谓大司寇之官府中。狱讼辞，讼各有司存其有不决，致于士师，士师审察以告大司寇，于是从而断之、弊之。断讫，至于本官，谓之致邦令也。明斋王氏曰："地各有守，此州乡之事；人各有行列，此伍两之事夫。然则邻界不相通，邻伍不相救。于是有逐盗贼于邻境，壅水以病邻国者。族师五家为比，十家为联。四闾为族，八族为联。五人为伍，十人为联。其在于军，则总万二千五百人之车，合为一百五十乘之伍。大国之三军，天子之六军，并统于一大将。如是则不特五家为比，使之相保，二十五家为闾，使之相受。直合六乡为一家，六军为一人矣。武王曰：予有臣三千，惟一心。正谓此耳。夫士师刑官，而掌合联之事者，盖使人各有心，虽欲诘奸除盗，其可得乎？此《周礼》职掌所为，匪夷所思也。"何氏曰："狱讼所审合于邦令，则以法报于群士也。"掌士之八成。一曰邦汋，二曰邦贼，三曰邦谍，四曰犯邦令，五曰挢邦令，六曰为邦盗，七曰为邦朋，八曰为邦诬。汋，上灼反。挢，音矫。刑官曰士。汋，《说文》激水声。邦汋，谓因隙乘变激众倡乱者。邦贼，谓潜谋阴结将为悖逆者。邦谍，谓为敌行间觇伺虚实者。犯邦令，干犯法纪也。挢邦令，诈托王言也。窃宝藏以私利谓之盗，结党援以乱政谓之朋，造虚罔以惑众谓之诬。王氏曰："官府之八成，则其经治之成法也。士师之八成，则其正乱之成法也。"明斋王氏曰："按天地之道，必有所主，无主乃乱。故万姓戴君之心，生于其性。此王者立国必法禁周密，使不轨之徒不得而逞。然后能保其社稷，为斯民主。若八成之邦，汋、邦贼、邦谍阴怀二心、背其君者也。犯邦令、挢邦令，不从王法，抗其君者也。邦盗者，攘窃奸宄，盗其君者也。邦朋、邦诬，不利于国，欺其君者也。苟纵而不问，必至于乱亡相寻。司寇所诘之奸慝，莫此为甚。盖国家安则斯民乃安，孰谓周公非公天下之心也哉。"若邦国凶荒，则以荒辩之法治之。令移民、通财、纠守、缓刑。凡以财狱讼者，正之以傅别、约剂。荒辩，辩其凶荒之数。如廪人所掌四鬴、三鬴、二鬴之法。食不能人二鬴，则为大凶之年也。移民以就谷，通财以赈乏，纠守以备盗贼，缓刑以宥过失，皆荒政之大者。王氏曰："傅谓地傅，别谓判书，约谓书其期约，剂谓为之要书。以财狱讼者，必有傅别约剂，然后其实伪可正也。民知此，则无苟简于其始，而狱讼由之以省矣。《易》曰君子以作事谋始，此之谓也。"明斋王氏曰："按比闾卒伍，乃地官夏官之职。而秋官亦掌其追胥合联之事。荒政通财，乃天官计邦用，地官聚万民之职。而秋官亦治荒辩之法。盖为治必崇其本。未有不教训之，而可以相安者。未有不救其饥寒，而能止盗者。故秋官掌除盗贼而必兼乎保任荒辩之法，使之知义理、足衣食而自不至于为盗也。苟徒设刑罚以待有罪之至，不同于张罗网阱擭以取禽兽者哉。此《周礼》之司寇所以异于后世之刑官，而六联之相成，不可以一职拘也。”若祭胜国之社稷，则为之尸。王燕出入，则前驱而辟。祀五帝，则沃尸。及王盥，洎镬水。凡刉珥，则奉犬牲。胜国，所克之国，如周之克商也。以士师为尸，秋杀之象也。燕出入，谓宫寝苑囿之类。沃尸，尸尊不就洗以盘匜奉水而盥手也。洎，谓增其沃汁，盖小司寇入镬水，士师续而终之也。刉珥，割牲耳血及毛，祭以为衅礼也。诸侯为宾，则帅其属而跸于王宫。大丧亦如之。大师，帅其属而禁逆军旅者，与其犯师禁者而戮之。大司寇跸邦事，小司寇跸国事，士师跸王宫，尊卑之差也。然尊者使人，卑者则自帅之焉。逆军旅者，师行而不从令也。犯师禁者，临陈而不用命也。岁终，则令正要会。正岁，帅其属而宪禁令于国及郊野。王氏曰：“岁终则令正要会，谓小司寇正岁乃命其属入会故也。”明斋王氏曰：“夫天之有秋也，主于成物也。六官之有刑也，主于生民也。盖杀其杀人者，而后能生其不当死者。刑其伤人者，而后人能续其不当断者。此祀司民与献民数，及司民之官必属之秋官也。故为司寇者，匪徒明刑之云也。当以天地好生为心，至诚恳恻，早夜孜孜，思所以纳民于无过之地，然后可以称是职。此孔子所以使民无讼为贵，而曾子不以得情为喜也与。”

乡士，掌国中，各掌其乡之民数而纠戒之。听其狱讼，察其辞。辨其狱讼，异其死刑之罪而要之。旬而职听于朝。司寇听之，断其狱、弊其讼于朝。群士司刑皆在，各丽其法以议狱讼。狱讼成，士师受中。协日刑杀，肆之三日。若欲免之，则王会其期。要，平声，下同。六乡至国中，乡士分掌之。职主刑狱而必先掌其民数而纠戒之者，以生息为务。纠诘戒令，俾不抵于刑罚，所以生之也。察者，察其虚实也。辨者，别其曲直也。异者，殊其文书，欲壹意专志而听之，重民不再生也。要之，即书所谓要囚，犹今节略招情是也。旬日职听于朝，所谓旬乃弊之也。各丽其法，群士各以其所见合律议之，不敢持独见也。《记》曰：凡听五刑之讼，必原父子之亲，立君臣之义以权之。意论轻重之序，慎择浅深之量以别之。悉其聪明，致其忠爱以尽之。此议之之方与成者罪已定也。受中，谓受其文书之要。协日，谓合其干枝之宜。肆之，陈其尸以警众也。

免，犹赦也。期，谓议之之期。刘氏曰："不以司寇会王而王会其期者，刑人于市，与众弃之，非王可专也。《康诰》所谓：非汝封刑人杀人无或刑人杀人是也。以此知虽在八议之中，必反覆议成其罪而后免之，岂若后世之赐赦与赐铁券而预免其死罪者哉。"大祭祀、大丧纪、大军旅、大宾客，则各掌其乡之禁令，帅其属夹道而跸。三公若有邦事，则为之前驱而辟。其丧亦如之。凡国有大事，则戮其犯命者。大祭祀四者，王有事于六乡也。三公有邦事，三公以王事入乡也。大事，谓征伐田猎。戮其犯命者，严王命也。

遂士，掌四郊，各掌其遂之民数，而纠其戒令。听其狱讼，察其辞。辨其狱讼，异其死刑之罪而要之。二旬而职听于朝。司寇听之，断其狱、弊其讼于朝。群士司刑皆在，各丽其法以议狱讼。狱讼成，士师受中。协日就郊而刑杀，各于其遂，肆之三日。若欲免之，则王令三公会其期。六遂至四郊，遂士掌之。期以二旬，宽以远也。各于其遂，即其地以警众也。远不亲会，故令三公代之。若邦有大事，聚众庶，则各掌其遂之政令，帅其属而跸。六卿若有邦事，则为之前驱而辟。其丧亦如之。凡郊有大事，则戮其犯命者。大事，王所亲也。

县士，掌野，各掌其县之民数，纠其戒令。而听其狱讼，察其辞。辨其狱讼，异其死刑之罪而要之，三旬而职听于朝。司寇听之，断其狱、弊其讼于朝。群士司刑皆在，各丽其法以议狱讼。狱讼成，士师受中。协日刑杀，各就其县，肆之三日。若欲免之，则王命六卿会其期。诸县至野，县士掌之。期以三旬，弥宽其远也。各于其县亦即其地以警众也。弥远不亲会，故令六卿代之。若邦有大役，聚众庶，则各掌其县之政令。若大夫有邦事，则为之前驱而辟。其丧亦如之。凡野有大事，则戮其犯命者。大役，用民力之事。王氏曰："县师掌公邑，是公邑得谓之县。夫乡士掌乡狱，遂士掌遂狱，方士，掌采邑之狱，则知县士掌四方公邑之狱矣。惟六乡无公邑之田，自遂达畿，自二百里至五百里，而公邑之田在是矣。县士三十有二人，则是八人主一等公邑，是四分治公邑之狱明矣。大抵乡遂县方之狱，所居之地，以近王者为主。所会之期，以尊者为先。夫乡为郊，遂为野，今乡士云掌国中，遂士云掌四郊，县士云掌野。是乡之狱近于王城，遂之狱近于乡，县之狱近于遂，所居之地，以近者为主可知矣。士师为王先驱，乡士为三公先驱，遂士为六卿先驱，县士为大夫先驱。乡士以王会其期，遂士以三公会其期，县士以六卿会其期，此所会之期，以尊者为先可知矣。”

方士，掌都家。听其狱讼之辞，辨其死刑之罪而要之。三月而上狱讼于国。司寇听其成于朝，群士司刑皆在，各丽其法以议狱讼。狱讼成，士师受中，书其刑杀之成与其听狱讼者。方士掌三等采地而不言掌其民数者，民不纯属王也。三月为期，去王城愈远也。都家各有主君，方士不得自断，非若乡士遂士得以职听于朝，故上其狱讼于王国而已。听其成，谓都家听断之成。狱讼成，谓司寇群士司刑听断之成。听狱讼者，谓治狱之吏。姓名也，必书之者，其备反覆失职者与。凡都家之大事，聚众庶，则各掌其方之政令。以时修其县法，若岁终，则省之而诛赏焉。凡都家之士所上治，则主之。大事，以王事动众也。各掌其方，四人而主一方也。县法，谓县师之职掌邦国都鄙稍甸郊野之地域，而辨其夫家人民田莱之数，及其六畜车辇之稽。方士以四时修此法而岁终又省之，以行诛赏，亦若乡士遂士掌民数之意也。上治，犹言上计主之者。都家之狱自有都士家士听之。方士特为主之，以达于上耳。

讶士，掌四方之狱讼，谕罪刑于邦国。凡四方之有治于士者，造焉。四方有乱狱，则往而成之。何氏曰：“讶士，乃士官之迎宾客而治其狱讼者。四方诸侯之来，有行人以掌其礼，有讶士以掌其刑，礼与法不可偏废也。使介有犯，则论其人所坐之罪，与王朝行刑之意于邦国也。”愚谓：四方之有治于士者，谓诸侯所不能决之疑狱，而求治于士师。造与者，先诣讶士，然后通之于士师也。乱狱，谓篡贼烝淫之狱。往而成之，至其国以定其罪也。邦有宾客，则与行人送逆之。入于国，则为之前驱而辟。野亦如之。居馆，则帅其属而为之蹕，诛戮暴客者。客出入则道之。有治则赞之。刑官所在，人不敢犯，故为之辟且蹕焉。暴客者，为寇害于客者也。客为国之所礼，岂可不安其身，故诛戮之有治，则赞之，助其请于士师也。凡邦之大事，聚众庶，则读其誓禁。誓，誓命之辞。禁，五禁之法。读之者，所以申法纪、饬众志也。

朝士，掌建邦外朝之法。左九棘，孤卿大夫位焉，群士在其后。右九棘，公侯伯子男位焉，群吏在其后。面三槐，三公位焉，州长众庶在其后。左嘉石，平罢民〔焉〕①；右肺石，达穷民焉。帅其属而以鞭呼趋且辟。禁慢朝、错立、族谈者。棘，即枣也。群吏，诸侯之臣也。刘氏曰："外朝，在雉门之外，两观之间，其位则朝士所掌。九棘者，取其赤心事上无隐而能制御于外者也。孤卿大夫，诸侯之职焉。二槐者，取黄中通理畅于四支，臣德之至也，此三公之职焉。"王氏曰："孤卿大夫，臣道也，比诸侯为卑，故位于左。侯伯子男，君道也，比诸臣为尊，故位于右。三孤六卿其位凡九。诸侯列于郡国，其服亦九。故左右皆九棘，大师大傅大保谓之三公，其位止于三，故面三槐。槐棘之数，各称其位之多寡而已。"薛氏曰："嘉石所以平罢民之不能自强（以）以礼，然必在左者，卑之而示其辱故尔。肺石所以达穷民之不能自伸其情，然必在右者，佑之而欲其伸故尔。盖地道卑左，而尊右也。"愚谓：鞭以齐万民之序列，呼以趣百官之就位，尊卑之差也。既趋其行，且辟其道，则朝礼成焉。慢朝，谓处班行而不肃者。错立，谓违班行而妄立者。族谈，谓群偶语而喧哗者。朝廷主敬，故皆禁之。凡得获货贿、人民、六畜者，委于朝，告于士，旬而举之。大者公之，小者庶民私之。凡士之治有期日，国中一旬，郊二旬，野三旬，都三月，邦国期。期内之治听，期外不听。俘而取之曰获。货贿，遗失之财物。人民，逋逃之臣妾。六畜，放失之禽兽。委于朝，待其人而返之也。旬而举之，因其无主而取之也。大者入于公家，恐庶民之徼幸也。小者入于私家，恐有司之专利也。娄里王氏曰："期外不听者，谓乡士遂士等不能决，及弊而民不服。赴诉于士者，故以远近为期限，非乡遂士等所上之狱成也。上狱成，亦必有期。逾期，则宜诛责有司，而速听之。岂漫付之不听而已哉。"凡有责者，有判书以治则听。凡民同货财者，令以国法行之。犯令者，刑罚之。凡属责者，以其地傅而听其辞。凡盗贼军乡邑及家人，杀之无罪。凡报仇雠者，书于士，杀之无罪。同货财者，谓富人假贷于贫人，以国服之法行之。苟取利过赢，则为犯令而刑罚之，若今时加贵取息坐赃也。属责者，谓贷者死亡，亲属代偿其数。或相抵冒，必以其地相比近之人为证，乃听之。若今之中保也。盗贼，犯赃既明，在军若伍两之长，在乡

①据十三经本增。

邑若比间之长，在家若至亲。知而杀之，又如昏暮为盗而所在杀之，皆不纠罪，使盗无所容也。仇雠之报，出于至情，既言于官，则罪状昭著，然后杀之，不可以擅杀论也。

若邦凶荒札丧寇戎之故，则令邦国、都家县鄙虑刑贬。贬，省也。凶荒札丧之灾，寇戎摽掠之难，民困极矣。法不宽简，则民滋不安，此为士者所虑也。故令邦国都鄙议其刑之可减者，或降等，或从轻也。少蕴叶氏曰："周有三朝，一曰燕朝，在路门之内，王国宗人嘉事之朝也，大仆小臣掌焉。一曰治朝，在路门之外，王日听治之朝也，宰夫司士掌焉。一曰外朝，在库门之外，询万民听政之朝也，小司寇、朝士掌之。外朝之位，朝士所掌朝法，乡大夫以大询之时，帅六乡之众庶而致于朝。百姓众庶得与公卿侯伯群士群吏相后先于阶陛之间，其政诚为平易近民矣。治朝之位司士所正之朝仪，而宰夫掌其法，大仆掌建路鼓于大寝门外，以待穷达与遽令。宰夫掌庶民之逆得与宾客之治。诸臣之复同御于天子之前，则又未尝以禁严为限矣。燕朝之法虽在大仆。然诸侯复逆掌于大仆，三公孤卿复逆掌于小臣，群吏庶民之复逆又掌于御仆。是庶民之复得与诸侯公卿群吏达于燕寝之时，则亦未尝以邃深为隔矣。观三朝之法，则知成周盛时，户庭无壅，其疏通洞达，何如哉。然外朝虽掌于秋官之属，而三公孤卿在焉。则大宰与闻外朝之政。治朝虽曰司士正之，属于夏官。而宰夫掌其禁令，王视治朝，冢宰赞之，则大宰实闻治朝之事矣。燕朝亦夏官之属也，然群臣之复逆实与宰夫相关焉。况建鼓在路门外，王视治朝则大仆正位。王不视朝则辞于三公及孤卿。是燕朝之人实与治朝相通，则大宰亦与闻夫燕朝之政矣。以此见周人之治宫中府中，实为一体。而无内外之分矣。"愚按：王有五门三朝，自外入一曰皋门，二曰库门，三曰雉门，四曰应门，五曰路门。路门即《尚书·顾命》所谓毕门也。雉门次五门中有两观，左庙、右社在焉。刘氏以外朝在雉门之外，叶氏以外朝在库门之外，未知孰是，今并存之。

司民，掌登万民之数。自生齿以上，皆书于版。辨其国中，与其都鄙，及其郊野。异其男女，岁登下其死生。及三年大比，以万民之数诏司寇。司寇及孟冬祀司民之日献其数于王。王拜受之，登于天府。内史、司会、冢宰贰之。以赞王治。版，户籍。登，上也。生者上而载之，死者下而去之。赞王治，以民数多少黜陟主民之吏也。方氏曰："既书于版，则各有定数，复辨之、异之，何也？小司寇献民数于王，以制财用也。司民献民数于王，以考吏治也。以制财用，则知其大数足矣。以考吏治，则疆域攸分，殷耗各殊，辨之不可不悉也。"吕氏曰："按《周官》媒氏，男女自成名以上，绵书年月日名。成名，子生三月，父名之也。《内则》子生三月之末男角女羁以见于父，父名之。宰书曰某年月日生而藏之，宰告闾吏，闾吏书为二。其一藏诸州吏，州吏献诸州伯，州伯命藏诸州府，其制详密如此。战国以来，此制废坏久矣，不复重民之生也。秦始皇复令男子书年，其制及男而不及女。特恐民之避征役耳，岂有三代重民之意哉。"娄里王氏曰："司民之属于秋官也，仁哉！一狱成而民数于是阙焉矣。夫民，吾子也。失教而陷民于罪，戕民而成己之威，是一狱成而上有两罪也。司民之属于秋官也，仁哉。"

司刑，掌五刑之法，以丽万民之罪。墨罪五百，劓罪五百，宫罪五百，刖罪五百，杀罪五百。若司寇断狱弊讼，则以五刑之法诏刑罚，而以辨罪之轻重。墨，黥其面也。劓，截其鼻也。宫，丈夫去其势，女子闭于宫中也。刖，断其足也。杀，则死其身矣。书传曰：决关梁、逾城郭而略盗者，其刑膑。男女不以义交者，其刑宫。触易君命革舆服制度奸宄盗攘伤人者，其刑劓。非事而事之，出入不以道义而诵不祥之辞者，其刑墨。降叛寇贼劫略夺攘挢虔者，其刑死。此二千五百之目略也。王氏曰："以五刑之法诏刑罚，所谓惟法惟察其审克之也。而以辨罪之轻重，所谓上下比罪，上刑适轻下服，下刑适重上服也。"愚按：肉刑者，圣人所以仁天下之具也。人之有是官骸也，君子以之践形，小人以之轻命。先王恶其以践形之具为轻命之资，故典刑设焉。科条既设，使民得以凛然守其身，则迁善远罪而不自知矣。《易》之《噬嗑》言：灭鼻即劓也，灭趾即刖也，灭耳即刖也。盖虽残其肢体而实全其躯命。且绝其为乱之原，是乃仁之至而义之尽也。汉文因缇萦上书救父，遂除肉刑。有司之残酷者，籍笞杖以快其私。而民之顽顿无耻者，亦视笞杖为儿戏而莫之忌。至于徒流之法，则先王所以宥五刑之可矜、可疑者耳。如之何以为正法乎！然劓刵虽除而宫刑犹在，至魏大统之年而并去之。顾北朝虽除而南朝犹用，及隋开皇之年而尽去之矣。夫与其残平民以充宦寺之官，何如用宫刑以禁淫放之萌邪。魏之陈群，盖尝有志于复肉刑而卒不果，朱子亦深以其言为然。独惜古之刑书，今皆散逸，无以考三千之属之详。幸而传记之中犹存其略，如有用之者，因是而推广之。亦可谓竭心思而继之以不忍人之政者矣。

司刺，掌三刺、三宥、三赦之法，以赞司寇听狱讼。壹刺曰讯群臣，再刺曰讯群吏，三刺曰讯万民。壹宥曰不识，再宥曰过失，三宥曰遗忘。壹赦曰幼弱，再赦曰老旄，三赦曰惷愚。以此三法者求民情，断民中，而施上服下服之罪，然后刑杀。旄，音耄。

惷，音蠢。不识，若幼在他国而不识其所亲，昏夜相遇而不识其所尊者。过失，若举刃欲砍伐而误中人者。遗忘，若不记法禁之所而偶有所犯者。幼弱，八岁以下者，老旄，八十以上者。惷愚，生而痴呆无知者。求民情者，求其无伪也。断民中者，断而不偏也。管子曰："文有三情，武无一赦。赦者先易而后难，久而不胜其祸。法者，人之父母也。凡赦者，小利而大害者也。无赦者，小害而大利者也。夫盗贼不胜则良人危，法禁不立则奸邪烦，故赦者，奔马之委辔也。"康侯胡氏曰："周官司刺三赦三宥，止及于此，未闻肆大眚也。大眚皆赦，则废天讨亏国。纵有罪，虐无辜，恶人幸以免矣。后世姑息为政，数行赦宥，惠奸宄、贼良民而其弊益滋，盖流于此。诸葛孔明曰：治世以大德，不以小惠。其为政于蜀，军旅数典而赦不妄下。蜀人久而歌思，犹周人之思召公也，斯得之矣。《春秋》书肆大眚，讥失刑也。"明斋王氏曰："按《舜典》《周礼》《吕刑》《易大传》所称，祥刑参错不一，愚尝合而观之，罪状之辞，情真罪当，则当正之以五刑。有大辟、肉刑二者，通谓之刑。在虞书为象以典刑，怙终贼刑。《周礼》五刑之法，丽万民之罪。《吕刑》之五辞，感乎正于五刑。《易》之折狱致刑也，有所谓过者，则在所当宥。虞书宥过无大，又曰流宥五刑。《周礼》分为不识、过失、遗忘三者而为辟雠之法，大约与虞之流同。《吕刑》则曰五刑不简，正于五罚，使出财以偿之。五罚不服，正于五过，痛惩之以警众。又有眚灾者，则在所当赦。虞书眚灾肆赦，《周礼》分为老幼惷愚三者，亦在所赦，易则谓之赦过宥罪也。又有所谓疑者。皋陶称舜曰，与其杀不辜，宁失不经。谓参错讯鞠而终不得其情实者，宁失之以与民。《周礼》乡士等职所谓若欲免之。《吕刑》则曰五刑之疑有赦，五罚之疑有赦。《易》谓之缓死也。然虞书又有所谓罪疑惟轻者，苟有罪而轻之可也。若无罪虽得轻刑，亦无辜矣。盖此非犯有虚实之疑，乃法可上下之疑，故比之当从轻耳。二千年间，圣经所言无不吻合。但虞之金作赎刑，盖指鞭扑之轻者。而《吕刑》于五刑之不简者，俱正于五罚，此乃世变之不同。至若《易》之明罚敕法，此罚字亦指刑言，盖刑罚二字亦通用也。呜呼！后世之刑，则与古异矣！文帝以一时不忍之心而去肉刑，免肢体之伤残是矣。然以轻罪而率死于敲扑之下，是以大辟而易肉刑也。自开罚之端，凡欲科敛者，必假此为辞，是以赎罪为利纲也。《吕刑》有言罚惩非死，人极于病。今之稍居人上，得以杖罚人者，即能生杀人，岂臣无有作威之道哉。至于眚灾，则肆赦也。无故而大赦，纵有罪而虐无辜，将安居乎？避雠之法不得已而有瑞节之与也。铁券之赐，预免其身及其子孙死罪几名，不几于诱人犯法乎。且三千条律，虽有明宪，至议刑之时，则任意出人，是刑非惩恶也，反为殃民之具。宥非矜善也，只为长恶之媒。所谓天讨有罪者安在？长民者宁不念之哉。”

司约，掌邦国及万民之约剂。治神之约为上，治民之约次之，治地之约次之，治功之约次之，治器之约次之，治贽之约次之。约者，以言相结，剂其券书也。神约，谓郊社宗庙之法，若成王赐鲁以天子之重祭是也。民约，谓征税迁移之事。若怀宗九姓在晋，殷民六族七族在鲁卫是也。地约，谓经界田莱之比。若取于相土之东都，以会王蒐是也。功约，谓勋庸劳力之次，若虢仲虢叔勋在王室藏于盟府是也。器约，谓礼乐车服之用，若微子修其礼物作宾王家是也。贽约，谓玉帛禽鸟之等，若庄公大夫宗妇觌用币是也。凡大约剂，书于宗彝。小约剂，书于丹图。若有讼者，则珥而辟藏。其不信者服墨刑。若大乱，则六官辟藏，其不信者杀。宗彝，宗庙之彝器。丹图，丹书之图象。讼者，若宋乐仲幾与薛宰争受功之类。珥，谓衅之。辟，开也。大乱，若晋文请隧三家僭礼之类。王氏曰：“大者书于宗彝，盟诸鬼神，示无疑也。小者书于丹图，其色以丹，示无隐昧也。不信者服墨刑，以约书宜信而不信，则为墨而不明故也。”愚谓：六官各藏其约之贰，故皆辟之。不信者杀，正其罪也。方氏曰：“神、民、地，邦国之约也。治神之约，如山川为两国之望，而巡守柴望所供牺牲玉帛之赋不齐。治民之约，如两国接壤而相要，无受逋亡，毋掠边鄙，故达其约于王室也。治地之约，如春秋郑宋间有隙地，为成而虚之之类。功器，贽万民之约也。功，功役也。春秋传城成周宋幾仲不受功，如洫浍畛涂比邑供之而功役不齐。地所产器比邑皆上供，而为数不齐，故达其约于官府也。治贽之约，如昏姻既入币，以死丧迁徙易期，恐有后变而预闻于官。六者皆事之变，故书于宗彝丹图而有讼则辟藏也。若据注疏，乃典法则之常，何约剂之有乎？”按此说亦可参用，姑存之。

司盟，掌盟载之法。凡邦国有疑会同，则掌其盟约之载，及其礼仪，北面诏明神。既盟，则贰之。盟万民之犯命者，诅其不信者亦如之。凡民之有约剂者，其贰在司盟。有狱讼者，则使之盟诅。载，盟辞也。书其辞于策，杀牲取血，坎其牲，加书于上而埋之，有疑不协也。明神日月山川之神，加方明之木而设六玉。上圭、下璧、东方圭、南方璋、西方琥、北方璜，所以依之也。贰之，写其副，以授六官也。盟者恐负约而盟于神，期其久要也。犯命，谓犯君之命。诅者，已负约而诅于神，令其必祸也。不信，谓欺众。狱讼使之盟诅，质诸神以愓之。不信则不听，亦所以省事也。凡盟诅，各以〔其〕地[①]域之众庶共其牲而致焉。既盟，则为司盟共祈酒脯。盟处无常，但盟则遣其地之民出牲以盟，并出酒脯以祈明神也。明斋王氏曰："尝观《盘庚》之诰，称先后与其臣民之祖父转相告戒，崇降罪疾，谆谆然若生者之相告语。《金滕》之辞，周公亦若亲对其祖考而言者，盟载之法其亦此意邪。夫焄蒿凄怆，乃理之常，无足怪者。但天网恢恢，未必屑屑居民间，以司祸福耳。然人心所向，气必至焉，要其所中者，多矣。是故展禽有言，周公、太公股肱王室，成王劳而赐之，盟曰：世世子孙，无相害也。载在盟府，大史职之。晋为城，成周之役，薛宰不肯役于宋，云晋文公为践土之盟。曰：凡我同盟，各复其旧。士弥牟谓宋仲幾曰：子姑受功归，吾视诸故府。仲幾曰：纵子忘之，山川鬼神其忘之乎！夫盟约一定，数世赖之，可以辅政省刑，此周公所以不废也。至于德又下衰，民伪日滋，又昧鬼神之理，视盟诅为戏，神亦不灵，而人亦不信之。君子屡盟，诗人以为长乱。小国争盟，左氏知其必亡。鄢陵之盟，季文子曰：德之不竞，寻盟何为？武父之盟，君子曰：信之不继，盟无益也。盟诅之法于是废矣。叶氏有言，谷梁子曰：诰誓不及五帝，盟诅不及三王。五帝〔非〕无诰誓也，后之诰誓则不及五帝之时。三王非无盟诅也，后之盟诅则不及三王之时耳。今观《虞书》，帝命禹征有苗而作誓，《吕刑》称禹苗民以覆诅盟，则知叶氏之言为信也。"

职金，掌凡金玉、锡、石、丹青之戒令。受其入征者，辨其物之媺恶与其数量，楬而玺之。入其金锡于兵器之府。入其玉石丹青于守藏之府。入其要。掌受士之金罚、货罚，入于司兵。石，瑶琨之类。丹，丹砂也。青，空青也。楬而玺之，标其物而以印记之也。兵器之府，稿人也。守藏之府，玉府也。其要，书则入于大府焉。金罚，钧金及赎罪者。货罚，士师听狱财应入官者。入于司兵，不以罪累之物为经用也。旅于上帝，则共其金版。飨诸侯亦如之。凡国有大故而用金石，则掌其令。王氏曰："掌次言王大旅，则张毡案设皇邸。先儒以为邸后屏风也。所谓金版，则以金饰之。与飨诸侯，亦如之。承祭，如宾也。"愚谓：大故，寇乱也。用金石者，盖作枪雷椎椁之属，以为守城捍御之具与。

司厉，掌盗贼之任器货贿。辨其物，皆有数量。贾而楬之，

---

①据十三经本增。

入于司兵。贾，音价。窃贿为盗，强劫为贼。任器，所用之兵器也。货贿，所得之赃物也。入于司兵，没入之以充兵器之用也。明斋王氏曰："或谓盗贼之任器、货贿，即与所捕之人，则民争务于逐盗，岂非止盗之方，而事尤简易乎。是不然，此秦人尚功首虏之法，驱民以利者也。先王养民厚矣，其有盗贼为生民患，声大义率而伐之。民怀敌忾之心，进死者有厚赏，退生者有显戮。何假于盗贼货物以诱之。且既开此端，则惟利是赴，要功生事。或自相争夺，乱行干纪，无所不至，是岂经常之法哉。惟法制未备，盗贼窃发，则可以此诱民。使人自为战，不当计其赃物，以阻跅弛之士耳。"其奴，男子入于罪隶，女子入于舂稿。凡有爵者与七十者与未龀者，皆不为奴。奴，谓为盗贼，而罪未入于死，或从死而减论，或罪人家属为从而连坐者。王氏曰："有爵不奴，贵贵也；七十不奴，老老也；未龀不奴，慈幼也。"

犬人，掌犬牲。凡祭祀，共犬牲，用牷物。伏、瘗亦如之。凡几，珥、沉、辜，用駹可也。凡相犬、牵犬者属焉，掌其政治。相，去声。伏，祭行神而伏牲也。瘗，祭地祇而埋牲也。幾与祈同。祭川泽则沉之，祭方物则辜之。用駹，不若用牷之为善，故曰可也。犬有三种，田犬、吠犬、食犬，须相而辨之。王氏曰："相犬者，其属有贾四人也。牵犬者，其属有徒十六人也。掌其政令，则以犬人非特掌祭祀之犬而已。"

司圜，掌收教罢民。凡害人者，弗使冠饰而加明刑焉。任之以事而收教之。能改者，上罪三年而舍，中罪二年而舍，下罪一年而舍。其不能改而出圜土者，杀。虽出，三年不齿。司圜，狱官之长。弗使冠饰，著墨幪而不得侪于成人也。任之以事，用其力以共劳役之事也。收教，谓收入圜土使困苦而改悔，所以教之也。凡圜土之刑人也，不亏体。其罚人也，不亏财。王氏曰："圜土之刑，但加明刑而已，异于五刑之伤肌。圜上之罚，但役以事而已，异于五罚之出锾，此所以为收教与。"

掌囚，掌守盗贼，凡囚者。上罪梏拲而桎，中罪桎梏，下罪梏。王之同族拲。有爵者桎，以待弊罪。拲，音拱。凡囚者，言不止于盗贼也。刘氏曰："木其手曰拲，木其项曰梏，木其足曰桎。三木备者，重囚也。"及刑杀，告刑于王，奉而适朝。士加明梏，以适市而刑杀之。凡有爵者与王之同族，奉而适甸师氏，以待刑杀。告刑于王者，告以小辟、大辟之成也。士，谓士师及群士。明梏，书其姓名及其罪于梏而著之也。刑人于市，与众弃之，惟亲贵则往甸师氏，隐之也。

掌戮，掌斩杀贼谍而搏之。凡杀其亲者，焚之。杀王之亲者，辜之。凡杀人者，踣诸市，肆之三日。刑盗于市。凡罪之丽于法者，亦如之。唯王之同族与有爵者，杀之于甸师氏。凡军旅田役，斩杀刑戮亦如之。搏，当作膊。斩以斧钺。杀以刀刃。膊，去衣磔之也。亲，谓天属之亲。王之亲，谓天潢之派。踣，僵尸也。罪二千五百条，上附下附，刑五而已。于刑同科者，其刑杀之一也。王氏曰："杀其亲者，贼仁莫甚焉，故焚以火而不存其形。杀王之亲者，贼义莫甚焉，辜以磔之而不全其体。"愚按：焚尸之法，惟见于此，盖圣人深疾夫不孝不弟不贞之伦，而不忍使其血肉污我土宇，故于五刑之外特设此条也。自佛法入中国，乃以焚尸为荣矣，然安知非造物者恶其蔑君父、诬天地，而于身死之日，使之默正其典刑乎。流俗无知，乃至相效，则惑之甚者也。凡远宦远商而不能归者，可暂于其地瘗之。即改葬者，亦当全其骨而窆之。苟为焚尸，是以大逆不道待其亲也，而可忍乎哉！临川王氏曰："刑盗于市，非特与众弃之，亦以人之犯刑，皆以趋利为本，正以趋利犯刑，则惟盗而已，故特言之。"墨者使守门。劓者使守关。宫者使守内。刖者使守囿。髡者使守积。门关可以蔽身，故毁貌者守之。内者，嫔妇之所处，故绝人道者守之。囿者，禽兽之所育，故不能逐者守之。积者，财货之所隐，故不畜发者守之。髡，盖墨之减等也。刘氏曰："守门、守关、守内、守囿、守积，皆用刑人者。刑之以偿其罪，养之以全其生，先王之于刑民，犹其民也，无所喜怒而有不全其生者。彼其自取，非王刑之也。"

司隶，掌五隶之法。辨其物，而掌其政令。帅其民而搏盗贼。役国中之辱事。为百官积任器，凡囚执人之事。邦有祭祀、宾客、丧纪之事，则役其烦辱之事。司隶，群隶之长官。物，衣服、兵器之属。正之则有政，使之则有令。民，谓五隶之民。辱，污辱也。积，谓聚之。囚执人，勾摄罪人。烦，烦琐也。烦辱之事，若除骴涅厕之类。王氏曰："必设罪隶者，以其人偎下而多强力，且有罪戾，当服贱役也。"掌帅四翟之隶。使之皆服其邦之服，执其邦之兵，守王宫与野舍之禁令。王氏曰："古者，天子守在四夷，治教刑政之既明，则四夷之民莫不向风怀德。则内可以使之守王宫，外可以使之守厉禁，此司厉所以帅之也。必皆服其邦之服，执其邦之兵，则四夷各有利器宜服。齐其政不易其宜，修其教不易其俗也。"

罪隶，掌役百官府，与凡有守者，掌使令之小事。凡封国若家，牛助为牵徬。徬，步浪反。凡有守，谓凡有典守之事者，皆得役之也。封国若家，建诸侯立大夫也。牛助，以牛助转徙也。在前曰牵，在旁曰徬。其守王宫与其厉禁者，如蛮隶之事。明斋王氏曰："十四字宜属闽隶，误衍于此。按司隶职，止言掌帅四夷之隶，守王宫与野舍之禁令，未尝及于罪隶。盖罪隶乃免死之人，故不可使守禁密之地。且宫正宫伯所掌士庶子，虎贲氏之虎士，司隶四翟之隶，于王宫之守，故自已足。亦何假于罪隶。又以文势推之，岂有未言蛮隶而遽言如蛮隶之事乎，闽隶正脱此简，故愚直以为误衍于此者也。"

蛮隶，掌役校人养马。其在王宫者，执其国之兵以守王宫。在野外，则守厉禁。校人之徒，八十人不足以给其役，故使蛮隶兼役其事焉。

闽隶，掌役畜养鸟，而阜蕃教扰之。掌子则取隶焉。王氏曰："掌役畜养鸟，则役于掌畜而为之养鸟也。子，谓鸟所生也。司隶言帅四翟之隶，守王宫与野舍之厉禁，则闽隶之有守，固可知矣。"

夷隶，掌役牧人养牛马与鸟言。其守王宫者与其守厉禁者，如蛮隶之事。养牛马，受役于牧人也。与鸟言者，以共通于鸟音也。若公冶长知虎伤羊之事，容或有之矣。

貉隶，掌役服不氏，而养兽而教扰之。掌与兽言。其守王宫者与其守厉禁者，如蛮隶之事。兽不言阜蕃，猛兽不乳于圈槛也。与兽言者，以其通于兽音也。若介葛卢知牛生牺之事，是其明证矣。刘氏曰："罪隶者，中国之罪民而役于隶者，谓皆籍于司隶而奴之也。蛮、闽、夷、貉者，四夷之总名，盖非一种也。其扰于荒服，则执以为隶焉。俾服，其邦之服。执其邦之兵，以守王宫及野舍之厉禁，示德化之广远也。故用之搏盗贼、役烦辱、积任器、助牵徬，皆以其罪之所宜施为也。役官府，掌使令役校人养鸟兽、牧马、牛、审禽兽之言而与之答，皆以其俗之所素习也。彼其执也必死而复生，又从而衣之、食之，尽其所能而役使之。无非所以养其生而尽其性也。宜其无不致其忠与其力焉。故用之守王宫与其厉禁，而赖之以为腹心之卫也。圣人之于万物，莫不极其宜者，用五隶，以见之焉。"

布宪，掌宪邦之刑禁。正月之吉，执旌节以宣布于四方，而宪邦之刑禁。以诘四方邦国及其都鄙，达于四海。凡邦之大事合众庶，则以刑禁号令。布宪，禁官之长。刑，五刑也。禁，五禁也。旌节，道路所用者。王氏曰："夫刑以惩恶，禁以辅刑。刑以制之义也，禁以止之仁也。故有刑必有禁，刑禁之设，亦使民易避而难犯耳。"刘氏曰："以中士二人、下士四人、徒四十人而行四方、达四海。欲正月必闻其禁者，未之能达也。必书其刑禁之宪于民者，以达于州伯，州伯以达于卒正，卒正以达于连帅，连帅以达于属长，属长以达于诸侯，诸侯以达于都鄙，而要服以达于四海。布宪则执旌节以巡行四方，诘其违于禁令者，庶乎其可及也。"明斋王氏曰："《易》曰先王以明罚敕法。先王之制刑，岂视其民若禽兽，惟欲其不见而网罗之哉。尝贵于晓示之，使之知而不敢犯，乃为民父母之心也。大司寇县刑象于象魏，士师县于闾门。而复设此官，专董其事，执旌节以宣布于四方，俾各宪之于其所治，岂有所谓不教而杀焉者乎。"娄里王氏曰："职方务同享其利，布宪务同去其害。自畿辅以及邦国，自邦国以及蛮夷戎狄，苟有一利未兴，一害未除，圣人之心不敢或安。盖与天同覆，与地同载，此王道也。"

禁杀戮，掌司斩杀戮者。凡伤人见血而不以告者，攘狱者，遏讼者，以告而诛之。司犹专也，谓吏民之相斩、相杀、相戮者。伤人而见血，乃为实伤也，不以告，盖闾里匿之。攘狱，劫夺狱囚。遏讼，抑止冤诉。凡曰诛者，皆以言责之；附于刑者，归于士而后杀之。

禁暴氏，掌禁庶民之乱暴力正者，挢诬犯禁者，作言语而不信者，以告而诛之。刘氏曰："乱谓悖于人伦，暴谓敢作威怒。力正，谓胁众从已，以邪为正者。挢曲诬罔以触刑禁者，造作无□之语，以惑众者。皆禁暴氏之所纠，以告司寇者也。"凡国聚众庶，则戮其犯禁者以徇。凡奚隶聚而出入者，则司牧之，戮其犯禁者。奚，女奴。隶，男奴。司牧，谓管束之不得为非也。明斋王氏曰："周礼设官，王之宫寝六官必置其司。秋官若无与于王宫之事，而司隶掌四翟之隶，禁暴氏司奚隶之出入。先王于给事宫壸内外之人防御之严，所以为端本清源之道，而刑官亦有王宫之责。故虽有大奸雄，亦无敢恣行造乱也。"

野庐氏，掌达国道路，至于四畿。比国郊及野之道路、宿息、井树。若有宾客，则令守涂地之人聚榛之，有相翔者诛之。凡道之舟车擊互者，叙而行之。凡有节者及有爵者至，则为之辟。禁野之横行径逾者。欜，音柝。相，去声。蟿，音击。四畿去王城五百里，四面之畿也。宿息，庐室候馆之属。涂地之人，谓其旁居民聚欜相聚、击柝以待暴客也。相，窥视，翔，遨游，奸人之状也。蟿互，迫隘之处相值者，叙而行之，以止斗争也。辟有节者，尊王命也；辟有爵者，尊王官也。盖使其徒为之与。横行，妄行而暴禾稼也。径逾，捷出而越堤渠也。皆恐为奸，故禁之。凡国之大事，比修除道路者。掌凡道禁。邦之大师，则令扫道路，且以幾禁行作不时者、不物者。几，音讥，后同。治其坏谓之修，去其秽谓之除。道禁，若不许蒙布巾持兵仗之属。不时，谓行作失早晚之节。不物，谓操持非常用之器。恐为内贼及反间也，故讥而禁之。明斋王氏曰："野庐氏之职修，虽有迢递远行，而常如繇于堂阶间矣。单襄公使过陈，道茀不可行，司里不授，馆客无寄寓，而知陈之必亡。野庐氏之职，其可忽乎。"

蜡氏，掌除骴。凡国之大祭祀，令州里除不蠲，禁刑者，任人及凶服者。以及郊野大师大宾客亦如之。骴，音恣。骴骨之尚有腐肉者，除者，掩而埋之也。不蠲，不洁也。刑者，黥劓之类。任人，圜土任事之人。凶服，衰绖也。王氏曰"大祭祀，先王所以聚精神之至而交乎神明之德，不以哀乐欲恶贰其心，又去物之足以昏愦其志气者焉。不蠲刑人、任人，则在所恶也。凶服，则在所哀也。故蜡氏令州里除而禁之，大师以危事行，故在所慎。宾客则致其齐钦，如承神故也。"若有死于道路者，则令埋而置楬焉。书其日月焉，县其衣服任器，于有地之官，以待其人。掌凡国之骴禁。埋之所以敛其形，置楬而书之，所以待其亲属之物色也。有地之官，闾胥里宰之属。其人，谓其家之人。凡国之骴禁，掩骼埋胔以及禽兽之骨皆是也。圣人之仁如此。文王泽及枯骨，孔子殡及朋友，皆是心也。有位者倘能戒久攒而置义冢，亦学古人官之一端哉。

雍氏，掌沟渎浍池之禁，凡害于国稼者。春令为阱，擭沟渎之利于民者。秋令塞阱杜擭。禁山之为苑泽之沈者。水之所遵谓之沟，水之大窦谓之渎，水之所会谓之浍，水之陂障他出谓之池。害于国稼，谓水潦及禽兽也。穿地为坎以陷兽谓之阱。设机制兽，使足不及跃谓之擭。苑，囿也。沈，投毒药也。依山为苑，就泽为沈，则专利于已，肆害于物，故皆禁之，戒暴殄也。方氏曰："沟浍山泽并掌于地官，而复设此职以掌其禁令，何也？地官教民以兴其利。利之所在，或专或争，故使刑官之属董之。又所以靖民而去其害也。"明斋王氏曰："秋塞阱杜擭，固防其害人，畜时既收，刈亦所以疏禽兽之禁也。禽兽出而害苗，则杀之，民就禽兽之居而横虐，则禁之，故曰君子亲亲而仁民，仁民而爱物。”

萍氏，掌国之水禁。幾酒，谨酒，禁川游者。水禁，谓犯难而涉者与非其时而渔者，皆禁之也。王氏曰：“幾酒，则于饮酒微察其不节也。谨酒，则于用酒谨制其无度也。禁川游者，亦所以防沉溺也。”吕氏曰：“酒诰一篇是最初酒禁，恐人沉湎浸渍，伤德败性，不过导迪民彝，防闲私欲之意。及其再变，如汉文帝为酒酺，景帝以岁旱禁民酤酒。比之《酒诰》所谓非惟不敢，亦不暇，已无此意。然而犹有重本抑末之心。及至三变，至桑弘羊建榷酒之利，则不过私家不得擅为，公家自专其利耳。古者惟恐人饮酒，后来惟恐人不饮酒也。”苏氏曰：“自汉武至今，皆有酒禁。刑者至流赏或不赀，未尝少纵。至于私酿，终不能绝。周公独何以禁之，曰周公无所利于酒也，以正民德而已。甲乙皆笞其子，甲之子服而乙之子不服。甲笞其子而责其学，乙笞其子而夺之食，此周公所以能禁酒也。”

司寤氏，掌夜时。以星分夜。以诏夜士夜禁。御晨行者。禁宵行者、夜游者。刘氏曰：“此谓施于国中也。日出而作，不得不勤；日入而息，不得不止。所以顺天道育大众也。故以星见为夜时，星没为晓时，而诏守夜之士行夜禁。夜游者妨众息，故亦禁焉。”临川王氏曰：“御晨行者，则御使须明而行，禁宵行，则禁之使止也。”

司烜氏，掌以夫遂取明火于日。以鉴取明水于月。以共祭祀之明齍、明烛，明水。凡邦之大事共坟烛庭燎。中春，以木铎修火禁于国中。军旅，修火禁。邦若屋诛，则为明竁焉。夫，音扶。中，音仲。夫，发语声。遂，阳遂也，其状凸。鉴，方诸也，其状凹。皆以金为之。王氏曰：“言阳遂则知方诸之为阴，言方诸则知阳遂之为圜。阴阳者，其气也。方圜者，其体也。”薛氏曰：“离者，阳中之阴，于物为火。坎者，阴中之阳，于物为水。以金遂取火，则以阳召阴。以方诸取水，则以阴召阳。”愚谓：明齍，以明水滫瀡盛也，或曰以明火爇薪而熟之也。明烛，明火爇薪而熟之也。明烛，明火爇烛也。明水，玄酒也。坟，大也。树于门外曰坟，烛于门内曰庭。燎皆所以照众为明者。季春将出火，故中春修其禁焉。明斋王氏曰：“凡行刑必于朝市以警众，惟宫刑以下不可以风，故于屋中诛之。即胜国之社之屋也。蚕恶风，其室周密，因谓刑者为下蚕室，然幽暗，则行刑者无以为见，故为之明竁。竁，穿穴也。谓穿屋以雷光，若今明瓦然，故曰明竁也。”刘氏曰：“圣人于天地宗庙社稷也，散齐七日，致齐三日，然后奉其祭祀。敬洁之至，尽天下之物，不足以称其诚也。故取火于日、取水于月，明水火者，阴阳至精之气凝结而成者，以将其诚、致其洁也。”

条狼氏，掌执鞭以趋辟。王出入则八人夹道。公则六人，侯伯则四人，子男则二人。趋辟，趋而辟行人也。明斋王氏曰：“凡王出入，虎贲氏先后而趋，在王前后也。旅贲氏夹王车而趋，在王左右也。条狼氏八人夹道趋辟，则夹驰道而在前也。执鞭，所以为威。公则六人而下，其在国及至王国皆然，盖亦各有条狼氏，故并著于此。”凡誓，执鞭以趋于前，且命之。誓仆右曰杀，誓驭曰车轘，誓大夫曰敢不关，鞭五百。誓师曰三百，誓邦之大史曰杀，誓小史曰墨。王先生曰：“誓，谓皆誓之于军也。大师执同律以听军声而诏吉凶，是军有大师也。大史抱天时与大师同车，小史凡军事佐大史，是军有大史、小史也。刑不上大夫，而誓之严如此，军事以严终也。考之《甘誓》可知矣。”愚谓：车之安危，听命于驭，故其刑最重。车轘，谓车裂也。仆右所以卫王，大史所以顺天，故其刑次之。小史所以佐大史，故又次之。大夫所以充将帅，大师所以候军声，故其刑皆轻。不关，谓不请白于君也。

修闾氏，掌比国中宿互欜者，与其国粥，而比其追胥者而赏罚之。禁径逾者，与其兵革趋行者，与驰骋于国中者。邦有故，则令守其闾互，唯执节者不幾。比其之比，毗至反。粥，音育。宿，谓宿卫。互，行马也。粥，买物也。言宿而设互击柝者，与行而买物于国者，皆挍比之也。追胥，获多则赏以劝之，否则罚以惩之。以兵革，持兵被甲也。驰骋，跃马也。为其惑众，故禁之。刘氏曰：“寇戎丧灾之时，恐奸非乘之以生变，故令各守其闾而互之以断，出入惟有节者，不幾其行而已。”

冥氏，掌设弧张，为阱擭以攻猛兽，以灵鼓驱之。若得其兽，则献其皮、革、齿、须、备。弧，弓弩也。张，罦罿也。驱之，使惊而趋也。须，谓颐须。备，谓足搔也。

庶氏，掌除毒蛊，以攻说禬之，嘉草攻之。凡驱蛊，则令之比之。毒蛊，聚毒虫以为蛊，而能害人心腹者。刘氏曰：“以攻说禬之者，用巫医以祝禁之也。嘉草攻之者，草有善制其毒者也。凡能驱蛊者，随其方土所宜，各有能者，人有病焉，则令呼之也。及其用，则比其优劣焉。”

穴氏，掌攻蛰兽，各以其物火之。以时献其珍异皮革。蛰兽，冬藏如蛰者。各以其所畏之物，火而熏之，然后可得而出焉。

翨氏，掌攻猛鸟，各以其物为媒而掎之。以时献其羽翮。猛鸟，鹰隼之属。各以其所欲之物，媒而致之，然后可得焉。掎，谓系其足也。

柞氏，掌攻草木及林麓。夏日至，令刊阳木而火之。冬日至，令剥阴木而水之。若欲其化也，则春秋变其水火。凡攻木者，掌其政令。舒氏曰："草字衍文。刊，剥去其皮也。"明斋王氏曰："草木自有得阴阳之气，若梅李榆柳，萌于冬而成于夏，松柏橘柚，盛于夏而成于冬，可以见之矣。故欲杀之者，夏刊阳，冬剥阴，以摧其生长之性。欲用之者，冬斩阳，夏斩阴，以取其坚韧之时。若山南山北，惟林麓则可，平地则难，通合之乃备。"郝氏曰："化，谓化木为土。夏所焚者，冬用水浸。冬所渍者，春用火焚，则化为粪壤矣。"

薙氏，掌杀草。春始生而萌之，夏日至而夷之，秋绳而芟之，冬日至而耜之。若欲其化也，则以水火变之。掌凡杀草之政令。绳，以证反。萌之，反其芽也。夷之，斫其苗也。含实如孕，曰绳芟之，除其实也。耜之，划其根也。既焚复浸，则其土亦和美矣。公家之草木，官自为之。凡攻木杀草之政令，教民为之也。

硩蔟氏，掌覆夭鸟之巢。以方书十日之号，十有二辰之号，十有二月之号，十有二岁之号，二十有八星之号。县其巢上，则去之。夭鸟，鸮鹏鬼车之类。方，版也。刘氏曰："县诸其巢之上，则众神临之，正气之所萃也。是以天邪之物，无所自存。"邱氏曰："夭鸟避此五者，理亦有之。蝠忌庚申，燕避戊己，虎豹以冲破，鹊作巢，避太岁。以此观之，周公不虚言也。"

剪氏，掌除蠹物。以攻禜攻之，以莽草薰之，凡庶蛊之事。蠹物，穿食人器物者。莽草，暑莽之类。张氏曰："蛊，亦虫之类。闽粤所畜金蛇、金蚕之蛊，多藏于屋壁梁柱之间。是以既设庶氏掌之，又使剪氏兼治之也。"

赤犮氏，掌除墙屋。以蜃炭攻之，以灰洒毒之。凡隙屋，除其貍虫。墙屋之隙，所藏蝼蝎蜈蚣之属，皆能螫人。捣蜃炭坋之则走，沃灰洒之则死。貍虫，藏貍之虫。

蝈氏，掌去鼃黾。焚牡蘜，以灰洒之则死。以其烟被之，则凡水虫无声。去，上声。蘜，音菊。蝈黾，虾蟆也。牡蘜，谓蘜之不华者，其烟，牡蘜之烟，顺风而被之水上也。刘氏曰："谓宗庙之祭祀，宾客之燕飨，君臣之齐戒，朝廷之会同，凡礼乐未作而以肃静为敬之时，则蝈黾之喧鸣，不可以不禁也。故设下士一人，掌去之之法焉。"

壶涿氏，掌除水虫。以炮土之鼓驱之，以焚石投之。若欲杀其神，则以牡橭午贯象齿而沉之，则其神死，渊为陵。水虫，蛟蜮之类。炮土之鼓，瓦鼓也。焚石，烧石入水作声也。午，互也。王氏曰："牡橭，榆木也。以牡橭为干，从横以象齿贯之，所谓互贯也。沉之水中，则水神感其气而死。神既死，则渊反为陵矣。圣人所以变化驱除之术如此，夫孰得而测之。且夫琥珀拾芥，磁石引针，戎盐累卵，獭胆分杯。坏漆以蟹，浣锦以鱼，散血以藕皮，毁金以羊角，皆出于自然之理也。"张氏曰："金华宋景濂谓：许逊铸铁柱以镇蛟穴，即沉牡橭象齿之遗意是也。"

庭氏，掌射国中之夭鸟。若不见其鸟兽，则以救日之弓与救月之矢射之。若神也，则以大阴之弓与枉矢射之。射，音石。救日之弓、救月之矢，救日月食时所用之弓矢也。太阴之弓，即救月之弓。枉矢，飞行有光，即救月之矢。弓虽主于发，而矢则主于中鸟兽物也。故矢用救月者，有神冯之，则气也。故矢用救日者，盖其器之精气足以胜妖，故以此射之。张氏曰："猛兽之隐伏，毒虫之窃发，貍虫之潜听，水虫之巧佚，皆足以害人。其夭鸟之声，蝈黾之音，亦足以乱人心。一物不去，于治身养心为有缺，则是数官之设非得已而不已也。豕突乘舆，熊当御座，虽当时简忽所致，亦王制有不足耳。所谓方书，岁月日星之号以逐夭鸟，攻禜以去蠹物，蜃灰以攻貍虫，牡蘜以去蝈黾，炮土之鼓以去水虫，救月之矢以去夭鸟，非明于庶物，精义入神，不能知也。"明斋王氏曰："《周礼》六官皆有万物之责，而治教刑政于是分掌焉。故天官之兽人、𩞄人、鳖人曰时田、时𩞄、时籍，总执其佃渔之政，使不暴天物也。地官之虞衡掌山泽之政令厉禁，所以长蕃鸟兽草木也。春官之大司乐，乐六变而致羽蠃鳞毛介象之物，致中和以作动物也。夏官掌政而有服不氏以服猛兽，射鸟氏以驱鸢乌。则鸟兽之不服者，犹驯之以攻取之政，而况负固犯杀之国乎。秋官掌刑而有冥氏以下十二官，则凡猛鸷昆虫与夫托于神奸而为害者，并不能逃夫刑罚之威，而况于奸慝暴乱之人乎。分之则有覆载生杀之异，合之则均有曲成之责，非圣人孰能与于此哉。"

衔枚氏，掌司嚣。国之大祭祀，令禁无嚣。军旅、田役，令衔枚。禁嚣呼叹呜于国中者，行歌哭于国中之道者。嚣，音叫。呼，去声。

刘氏曰："声大而急曰嚣，声高而缓曰呼，声嗟而怨曰叹，声悲而伤曰呜。"愚谓：国中非嚣呼叹呜之所，行道非歌哭之时，故皆禁之，恶其惑人也。郝氏曰："秋政森严，至于庭氏，则鬼神无夜号者。至于衔枚氏，则朝市无喧哗者，太平之象于此睹矣。"

伊耆氏，掌国之大祭祀，共其杖咸。军旅，授有爵者杖。共王之齿杖。咸与函同。祭祀尚敬，与祭者虽老，亦去其杖而函之，事神之志也。军旅尚威，为将者不必老亦授之杖以尊之，御众之体也。齿杖，谓年七十、八十，当以王命授杖于国、于朝者。

大行人，掌大宾之礼及大客之仪，以亲诸侯。春朝诸侯而图天下之事。秋觐以比邦国之功。夏宗以陈天下之谟。冬遇以协诸侯之虑。时会以发四方之禁。殷同以施天下之政。时聘以结诸侯之好。殷俯以除邦国之慝。间问以谕诸侯之志，归脤以交诸侯之福。庆贺以赞诸侯之喜，致襘以补诸侯之灾。间，去声。大行人，掌宾客之长官也。大宾，谓诸侯。大客，谓诸侯之臣。礼仪对举，互文也。图事，商其事之可否。比功，次其功之高下。陈谟，列其谋之是非。协虑，合其志之异同。发禁，征其师旅以讨有罪也。施政，考其制度以同风俗也。六者，诸侯所以上交也。结好者，联其恩。除慝者，去其恶。间问，因事而问之，非若遍存、遍俯、遍省之有常也。谕志者，通其意。归脤，归胙于同姓之国也。交福，谓共享其福。贺庆，致物于异姓之国也。赞喜，谓相助其喜。致襘，会财于祸。灾，围败之国也。补灾，谓补救其灾。六者，天子之所以下交也。以九仪辨诸侯之命，等诸臣之爵。以同邦国之礼，而待其宾客。诸侯之命，公侯伯子男也。诸臣之爵，孤卿大夫士也。命爵对举，亦互文也。上公之礼，执桓圭九寸，缫藉九寸，冕服九章，建常九斿，樊缨九就，贰车九乘，介九人，礼九牢。其朝位，宾主之间九十步。立当车轵，摈者五人。庙中将币三享，王礼再裸而酢。飨礼九献，食礼九举。出入五积，三问三劳。乘、劳，并去声，下同。冕服九章，山龙华虫宗彝藻画之于衣，火粉米黼黻绣之于裳也。贰车，副车。介，相摈者也。三牲备曰牢。朝位者，大门内宾下车及王车出迎所立处也。毂末曰轵。摈，主国所使出接宾者，用命数之半焉。庙，谓太庙。将币，所送享王之币也。再裸而酢，王与后各以郁鬯饮宾，而宾一酢以报王也。献谓献爵，举谓举牲。馈以刍米曰积，询其无恙曰问，慰其苦倦曰劳，此九仪之一也。诸侯之礼，执信圭七寸，缫藉七寸，冕服七章，建常七斿，樊缨七就，贰车七乘，介七人，礼七牢。朝位宾主之间七十步。立当前疾，摈者四人。庙中将币三享，王礼壹祼而酢。飨礼七献，食礼七举。出入四积，再问再劳。诸伯执躬圭，其他皆如诸侯之礼。冕服七章，华虫宗彝藻画之于衣，火粉米黼黻绣之于裳也。前疾，谓车辕前胡下垂拄地者。壹祼而酢，王饮宾而宾报王，后不与也。此九仪之二之三也。诸子执谷璧五寸，缫藉五寸，冕服五章，建常五斿，樊缨五就，贰车、五乘，介五人，礼五牢。朝位宾主之间五十步。立当车衡，摈者三人。庙中将币三享，王礼壹祼不酢。飨礼五献，食礼五举，出入三积，壹问壹劳。诸男执蒲璧，其他皆如诸子之礼。冕服五章，藻火粉米画之于衣，黼黻绣之于裳也。车前横木曰衡。壹祼不酢，王饮宾而宾不敢报，卑不答礼也，此九仪之四之五也。凡大国之孤，执皮帛以继小国之君。出入三积，不问，壹劳。朝位当车前，不交摈。庙中无相，以酒礼之。其他皆视小国之君。孤尊，既聘享，更自以其挚见，束帛而饰以豹皮。次于子男之后也。不交摈，不使介传辞于王之摈，而亲自对摈也。庙中无相，介皆入门西向而立，不前相礼也。以酒礼之，不用郁鬯也，此九仪之六也。凡诸侯之卿，其礼各下其君二等以下。及其大夫士皆如之。所下其君，介与朝位、宾主之间，及牢礼飨食也。公之卿以七，其大夫以五，士以三。侯伯之卿以五，其大夫以三，士以一。子男之卿以三，大夫以一，其馀则自以其爵焉。或疑大国孤以五为节，而卿以七为节，何也？曰卿奉君命而孤尊，更自特见也，此九仪之七之八之九也。临川王氏曰："朝位、宾主之间，立当摈者。尊者舒而缛，卑者蹙而略故也。飨礼则主于饮，故以献为节。食礼则主于食，故以举为节。"明斋王氏曰："摈用命数之半，故介则以九七五，而摈则以五四三，谦己之意也。"薛氏曰："诸侯朝天子之礼，始至天子之竟，先谒关人。关人告王，王使小行人迎劳于畿，又使大夫致积及郊。王使大行人服皮弁用璧以劳之，诸侯亦用皮弁服受之。诸侯摈王，使者用束帛乘马。及国，天子赐馆使司空致舍，小行人为承摈。诸侯摈王使者亦用束帛乘马乃致飧。春夏之时，将朝之旦，诸侯则服鷩冕，释奠于祢。迁主各乘其所受，上辂下服。公之朝位，宾主之间，乃去门九十步则止。公下车当轵而立介九人，卿为上介，大夫为次介，士为众介。

侯伯则介七人，朝位七十步，立当前疾。子男则介五人，朝位相去五十步，立当车衡。若秋冬之时，将朝之旦，诸侯皆乘墨车而次于大门之外。衣服朝位远近之数，陈介及摈如朝礼。但王不迎，直陈摈介，上摈自与诸侯相接，传命更至庙门之舍。盖诸侯前期皆受舍于庙门之外也。天子迎公，摈者五人，宗伯为上摈，小行人为承摈，啬夫为末摈，其馀二人，是士以逆之。王与公相对相去三丈六尺。法门之广，旁及一步之数。王时服兖冕、乘金辂、建大旂，在于门内，至摈受命请事，传承摈。自摈而传至介，自介而传至公，更报而下传。命既讫，王乃乘车出门，下车而揖之。公则前至门外，相揖而入，三摈三介为之三相。初出皋门之时，三相俱入，及库门止一相。及庙门外之舍，诸公入于舍，王则更迎侯伯。王迎侯伯，摈者四人。初至门，下车陈介东西。传命之仪，摈介荐行。相揖而入，每入门止，相及次入舍，如上公之礼。王则更迎子男。王迎子男，摈者三人，其他如侯伯之礼。公立当车轵，侯伯立当前疾，子男立当车衡。则王出门下车时，当车轸而立与。王既迎讫，则服皮弁服于路门外，正朝当宁而立。诸侯即服于舍服、皮弁，各执瑞玉。至于朝，诸公皆东面，诸侯皆西面，伯子男从侯，而朝序进授玉。先尽同姓，次及异姓也。将受贽之时皆进，当王前面东北面奠玉。再拜稽首，王命亲授，诸侯乃执玉而进。王以冒玉合圭，然后受之。诸侯退，再拜稽首。授贽既讫，各还其舍。王既受贽，则更服兖冕，至于庙中，当扆而立。诸侯各服裨冕，一相而入，以行享礼。随国所有，分为三享。王者之后三享，皆以圭璋致之。五等诸侯三享，皆以璧琮致之。致享之礼，王但抚之，诸侯自受于宰。朝礼之法，先行王礼，然后乃行后礼。此据春夏朝宗之礼。若秋冬觐遇之礼。王则服兖，当扆而立，受朝享之礼。诸侯入门右，皆奠玉，再拜，王命时受之。诸侯更取玉，升堂致命，王亲受诸侯。降堂又再拜稽首，王迎升，然后行三享之礼。王皆抚之，诸侯降堂自受玉，率如朝宗之法。惟乘墨车以示有降以肃杀之时，故车服不敢尽同天子。觐礼云偏驾不入王门是也。天子不迎之；以放肃杀之气。觐遇之时，天子不下堂。故朝享并受于庙，所以异于朝宗也。朝宗觐遇诸侯，朝享既讫，王使宗伯以圭瓒酌郁鬯祼宾，王拜送之。公无酌酢之礼，次后亦使以璋瓒亚祼宾，王拜送之。公则酢王，所谓王礼再祼而酢，不酢后也。侯伯则王使宗伯一祼，侯伯则酢王，后不祼也。子男则一祼不酢。必使宗伯摄祼者，君不酌臣故也。宗伯摄祼，王与后皆拜送之者，恭敬之事，不可使人代也。礼毕，还馆，诸公卿皆就馆见之。若有功者，天子赐之车服。同姓则金辂，异姓则象辂，庶姓则革辂。服则衮冕、毳冕，皆使公卿箧服加书就馆。致之诸侯摈使者，亦以束帛乘马致饔饩于馆。公则九牢，侯伯则七牢，子男则五牢，皆就馆致之。诸侯亦以束帛乘马摈使者。夕则后致饔饩之礼，后日王速宾来就庙中行飨。飨者，烹太牢以饮宾。几设而不倚，爵盈而不饮，以训恭俭也。食者，亦烹太牢以食宾，无酒，行食礼之时也。燕则异于飨时之礼，示以慈惠，以毛为尚，其乐无算也，取其欢而已。其爵无算也，取其醉而已。取脯以降，奏陔而出。则王所以致爱于诸侯者至矣。公则三飨三食三燕，侯伯则再飨再食再燕，子男则一飨一食一燕。亦降杀之节也。飨食燕既讫，乃还玉致赠，郊送如劳之礼。公则出入五积，三问三劳。侯伯则出入四积，再问再劳。子男则出入三积，一问一劳。送皆至竟。凡诸侯当朝之岁，有故而不得朝者，皆遣世子来朝。若已誓于天子者，则礼下其君一等。公之子则从侯伯礼，侯伯之子则从子男礼。未誓者以皮帛继子男也。若皆不得朝，又无世子，则使孤。孤之礼，以五介朝位，宾主之间五十步，贰车五乘，与子男同。所异者，立当车前，不交摈庙中，无相以酒礼而已。无孤者，则使卿如聘礼也。按世子下君一等之说，王氏得之见《春官》典命。薛氏又曰："诸侯聘天子之礼，凡聘皆使卿为主，大夫为介，士为众介。公使介七人，侯伯则五人，子男则三人。故经云诸侯之使介各下其君二等。将行之，旦朝服释币于祢，告君然后释币于（行）行在庙门外。上介及众介皆从众受命于朝。聘主授享束帛加璧。二王之后，公使则享用圭，次及夫人聘璋，享用玄纁，束帛回璧。王者之后，皆用圭璋者，尊于五等诸侯故也。公聘天子用圭，后用璋者，取其半圭也。享王用璧，后用琮者，取天地配合之象。既受圭璋璧琮，遂行张旜出国舍于郊。明日敛旜，行至王畿，更张旜，示有事于此。先谒关人，关人报入王，使请事□导以入。若公之孤，则三积，不问一劳至□郊张旜而行。王使大夫授馆，致馆，王则〔遣〕人致餐。将行聘之前，皆遣人授舍于先王〔庙〕门之外。行聘之旦，朝服释币于祢，服冕□乘车建旜，至于大门之外。公使则七十步，侯伯使则五十步，子男使则三十步。下车孤北面立，卿则车前五步，介皆陈于西北。东面王待之摈数，皆如其君也。春夏之时，王乘车而迎至大门内。上摈立于门外西面，承摈以下继而立，皆西向。末摈末介相去三丈六尺。交摈不传辞，上摈揖俱前。传辞讫，王则不出门，宾入大门之内见王。初入门之时，宾之上介拂西枨，士介拂闑，乃从王。入库门则止一相，士介从上介而上至次。若秋冬时，王不至大门之内迎宾。其朝享并受之于庙。其介及摈陈设之仪，如王迎之仪。但上摈帅之而入也。宾既入次，王则服皮弁，受聘于朝。时宾亦服皮弁，受玉讫。然后更服冕服，入庙当扆而立。宾入次，改服裨冕而入。士介皆从宾而入，享于庙，升堂进玉于王前。王抚之，亦行三享。王礼之，出庙门，更自以其贽束帛豹皮表之为饰，继小国之君后而入见，遂行私觌之礼见。王出至大门之内，使问其君及劳宾也。聘讫，还馆，主人致享饩。明日发币，于公卿后以致饩。公卿得币，皆有礼于宾也。然后受飧受食受燕而还。王亦使行人送至馆，其还玉之仪与诸侯相聘还玉之礼同。”邦畿方千里，其外方五百里谓之侯服。岁壹见，其贡祀物。又其外方五百里谓之甸服。二岁壹见，其贡嫔物。又其外方五百里谓之男服。三岁壹见，其贡器物。又其外方五百里谓之采服。四岁壹见，其贡服物。又其外方五百里谓之卫服。五岁壹见，其贡材物。又其外方五百里谓之要服。六岁壹见，其贡货物。九州之外谓之蕃国。世壹见，各以其所贵宝为挚。见，音现，下同。王氏曰：“自侯服岁一见至于要服六岁一见，以远近为之疏数之节也。自要服以上所贡有常物，而蕃国则各以其所贵宝为挚者，详于治内而略于治外也。《郊特牲》曰：旅币无方，所以别土地之宜而节远迩之期也。土地之宜在物，而远迩之期在人。然则六服之法共见有六岁之差，所谓节远迩之期也。其贡有六物之异，所谓别土地之宜也。”唐氏曰：“郑氏谓夷镇皆在九州之外，非也。惟蕃国在九州之外，即所谓东渐、西被、朔南暨声教者也。夷服、镇服，尚在五服之内。行人不言者，见挚与蕃国同也。然蕃服虽以面二百五十里为率，通曰九州之外，亦无道里之限矣。”《杂说》禹贡九州，贡物各以其所有，东西南北异处，产物不同。而大行人言土贡四面如一。先儒不能明也而信之。是不知六服诸侯贡物，凡有九贡，大行人姑整齐言之。不复言某国贡某物也。王之所以抚邦国诸侯者：岁遍存。三岁遍俯。五岁遍省。七岁属象胥，谕言语，协辞命。九岁属瞽史，谕书名，听声音。十有一岁达瑞节，同度量，成牢礼，同数器，修法则。十有二岁，王巡守殷国。省，悉井反。抚，临而安之也。存，问其安否也。俯，视其治效也。省，察其风俗也。象胥，译官。谕，五方之言语。协，九等之辞命，皆使之为之。瞽史，乐官谕六书之名。听五声八音之节，皆使之为之。瑞，六瑞。节，六节。度，五度。量，五量。牢礼，以待诸侯诸臣者。数器，以修五礼者。法，八法。则，八则。达之、同之、成之、修之，皆所以齐之也。王巡守，则诸侯各朝于方岳，王不巡守，则会诸侯而殷见，其出而巡焉一也。子思子曰：“非天子不议礼，不制度，不考文。今天下车同轨，书同文，行同伦。孟子曰：天子适诸〔侯〕① 曰巡狩，巡狩者，巡所守也。诸侯朝于天

①据《孟子》原文增。

子曰述职，述职者，述所职也。”吕氏曰：“巡守之礼，此乃维持治具、提摄人心，圣人运天下妙处。大抵人心久必易散，政事久必有缺。一次巡守，又提摄整齐一次。此所以新新不已之意。然唐虞五载一巡守，周则十二年，何故？盖周时文治渐成，礼文渐备，所以十二年方举巡守之事。此是成王知时变识会通处。”凡诸侯之王事。辨其位，正其等，协其礼，宾而见之。若有大丧，则诏相诸侯之礼。若有四方之大事，则受其币，听其辞。王事，即朝王之事。位，宾主之位也。等，上下之等也。礼，饔饩飧食之礼也。大丧之礼，齐斩之服，擗踊之节也。大事，谓兵寇之事。辞者，告急之辞也。聘礼曰如有言，则以束帛如享礼。凡诸侯之邦交，岁相问也，殷相聘也，世相朝也。殷，中年也。世，嗣君继位也。必于同盟有道之国而就朝之。王先生曰：“春秋之时，晋叔向以盟主之制间朝以讲礼，是三年一朝也。郑子大叔又以为五岁一朝。然此之世相朝，则一世一朝而已。然则秦火未作，而周之典籍诸侯皆以不便于已而去之。叔向为晋地，则欲诸侯朝数之数，故以三岁为言。子大叔为郑地，则欲诸侯朝数之疏，故以五岁为言，其去周礼远矣。”

小行人，掌邦国宾客之礼籍，以待四方之使者。令诸侯春入贡，秋献功，王亲受之。各以其国之籍礼之。礼籍，名位尊卑礼节隆杀之书。刘氏曰：“贡，天子所食列国之贡。冬成而收之，春而入焉。功曰献者，图于春而比于秋也。”临川王氏曰：“各以其国之籍礼之，则尝以所礼之国各籍焉，以为故常。左传曰：非礼也，勿籍。”凡诸侯入王，则逆劳于畿。及郊劳、视馆、将币、为承而摈。凡四方之使者，大客则摈，小客则受其币而听其辞。使适四方，协九仪。宾客之礼。朝、觐、宗、遇、会、同，君之礼也。存、俯、省、聘、问，臣之礼也。入王，谓入朝于王。未至，则迎而劳之。将至，则劳之于郊。已至，则授之以馆。承，继也。适，往也。君之礼，诸侯所以事天子也。臣之礼，王臣所以交邦国及诸侯之臣，所以尊京师也。达天下之六节：山国用虎节。土国用人节。泽国用龙节。皆以金为之。道路用旌节。门关用符节。都鄙用管节。皆以竹为之。明斋王氏曰：“此与地官掌节有异同者。天子使于诸侯，诸侯使于天子，其为节异则不合。及夫天子诸侯之门关道路节异则不通。故虎人龙旌符五者，所以同也。天子之都鄙，守之者诸侯，故以角。诸侯之都鄙，守之者卿大夫，故以管。天子之监邦国者有玉节。诸侯无所用之。玺节以达货贿，亦与行人无与，此其所以异也。”成六瑞：王用瑱圭，公用桓圭，侯用信圭，伯用躬圭，子用谷璧，男用蒲璧。瑱与镇同。宗伯言执，谓执之以行礼。此言用者，谓用之以合符也。合六币：圭以马，璋以皮，璧以帛，琮以锦，琥以绣，璜以黼。此六物者，以和诸侯之好故。好，去声。合，同也。六币皆所以享者，圭璋，二王之后用之。璧琮，侯伯用之。琥璜，子男用之。薛氏曰：“言合者，两两相配，有配合之义也。圭，东方也，以象阳之生物。马，阳类，乾之所为，故合圭以马。璋，章也。文明之方，所用皮有文焉，故合璋以皮璧象天。天事质，故合璧以帛琮象地。地事文，故合琮以锦琥为虎形。西方也，万宝所成绣，则五采之全，故合以绣。半璧曰璜，北方所用也，阴阳之辨，莫断于此，故合以黼。以白与黑谓之黼，故也。”王氏曰：“以其通情而来，则谓之好。以其因事而来，则谓之故。行人则为之合六币焉，所以和其好，故不使之乖而已矣。”若国札丧，则令赙补之。若国凶荒，则令赒委之。若国师役，则令槁裇之。若国有福事，则令庆贺之。若国有祸灾，则令哀吊之。凡此五物者，治其事故。犒，当作槁。郝氏曰：“助丧曰赙。助贫曰补。济饥曰赒。送遗曰委。赏劳曰犒。合助曰裇。称助曰庆。加物曰贺。哭死曰哀。悲生曰吊。”王氏曰：“先王之于诸侯，分土以与之守，则尺地莫非吾土也。分民而与之治，则一民莫非吾民也。使之守其土，则必与之同保其土，使之治吾民，则必与之同安其民。故治虽有内外，势虽有远近，而利害休戚实若一家。此赙补赒委犒裇庆贺哀吊之礼，所以掌于小行人也。”及其万民之利害为一书。其礼俗政事教治刑禁之逆顺为一书。其悖逆暴乱作慝犹犯令者为一书。其札丧凶荒厄贫为一书。其康乐和亲安平为一书。凡此五物者，每国辨异之，以反命于王，以周知天下之故。乐，音洛。犹，图也。悖逆暴乱，恶之显者。作慝图犯令，恶之隐者。康乐宜民也，和亲交邻也，安平治国也。王氏曰：“圣人以天下为度而休戚与之同，以百姓为心而忧乐与之共，则天下之故，其可以不周知乎。然四方之远，事物之变无穷，而王之耳。目所不及，听采所难明。非行人之官巡行而辨异之，有不能遍究而悉举。故为之书，以述其事。而五物皆异书也。盖先王以天下为一家，中国为一人。则小行人以此五物者巡行天下，每国辨异之各为一书。以反命于王，以周知天下之故。则先王之所以同四海于一堂之上者，可谓知要矣。”

司仪，掌九仪之宾客摈相之礼。以诏仪容、辞令、揖让之节。将合诸侯，则令为坛三成，宫旁一门。诏王仪，南乡见诸侯，土揖庶姓，时揖异姓，天揖同姓。及其摈之，各以其礼。公于上等，侯伯于中等，子男于下等。其将币亦如之。其礼亦如之。王燕，则诸侯毛。乡，去声。出接宾曰摈，入赞礼曰相。合诸侯，谓有事而会也。壝土为坛。三成，三重也。加墙为宫，方三百步，每旁一门，则四门也。王既祀方明，诸侯上介皆奉其君之旂，置于宫乃诏王升坛。诸侯皆就其旂而立诸公中，阶之前，北面东上。诸侯东阶之东，西面北上。诸伯西阶之西，东面北上。诸子门东，北面东上。诸男门西，北面东上。王揖之，以定其位焉。土揖，下手揖之。庶姓，非王之亲也。时揖，平手揖之。异姓，王之外亲也。天揖，举手揖之。同姓王之宗室也。各以其礼，谓摈公五人，侯伯四人，子男三人也。坛三成，深四尺，一等一尺。诸侯各于其等奠玉。降拜，升成拜，明臣礼也。礼者，以郁鬯祼之也。毛者，以须发之白黑为坐次也。刘氏曰："圣人身为天地之主，尊为诸侯之君。虽能役使之，四时来朝，然而不敢当其独尊于己也。故其朝于国中，则帅之以奉宗庙祭祀也。其会于郊外，则帅之以拜日月山川也。皆有所尊，不敢当之以己焉。"黄氏曰："先王当诸侯之入王为之朝礼，而贵贵之教寓焉。为之燕礼，而老老之教寓焉。其朝也，公于上等，侯伯于中等，子男于下等，各以其礼摈之贵贵也。其燕也，公三燕，侯伯再燕，子男一燕，各以其齿坐之，老老也。贵贵者，礼也。老老者，仁也。贤贤者，义也。爵也，齿也，德也，同为天下之达尊。而仁之于天下也，尤不可以食顷而废焉。故四代之燕，或贵爵、或贵德、或贵富、或贵亲，各从其所贵而加之，然而不以爵之尊卑，德之小大为之序焉。序齿而已，齿之长者先乎少，齿之老者先乎长。尚齿，仁也，老老，又其仁之至也。"凡诸公相为宾。主国五积，三问，皆三辞拜受，皆旅摈。再劳，三辞，三揖，登，拜受，拜送。主君郊劳，交摈，三辞，车逆拜辱，三揖三辞，拜受车送，三还再拜。致馆亦如之。致飧如致积之礼。积，去声。积者，共其止宿也。问者，候其间关也。旅摈，陈之而已，无所事于交摈也。三揖，入门及当曲、当碑也。登，谓升堂。拜送，敬其使者也。及郊，则主君自劳之，谓之郊劳。交摈，各陈九介，使传辞也。车逆拜辱，乘车出舍门，迎之拜谢，其自屈辱而来也。车送，出车若欲远送然，还者，旅而辞其送也。宾既至国，使大夫授之以室，谓之授馆，又使大夫馈之以食焉，谓之授飧也。及将币，交摈，三辞，车逆，拜辱，宾车进答拜。三揖三让，每门止一相。及庙，唯上相入。宾三揖三让，登，再拜，授币。宾拜送币。每事如初，宾亦如之。及出，车送，三请三进，再拜。宾三还三辞，告辟。宾亦之宾，当作摈。辟，音避。进，前也。相，谓摈介，每门留止一人，弥相亲也。授币，以币享主君也。既授复再拜而送之，尽其敬也。摈，谓以郁鬯礼宾也。请者，请宾就车。进者，主车前进欲远送之也。告辟，宾告避去也。致饔饩、还圭、飧食、致赠、郊送，皆如将币之仪。宾之拜礼：拜饔饩，拜飧食。宾继主君，皆如主国之礼。熟食曰饔，生物曰饩。聘以圭璋礼也，享以琮璧财也。已聘而还圭璋，轻财而重礼也。致赠者，以财赠之。郊送者，亲至郊而送之，拜谢之于朝也。继主君者，傧主君也。盖主君郊劳致馆、致饔饩，还圭赠，郊送之时，则宾为主而主为宾矣。故摈之之礼与主国同焉。诸侯、诸伯、诸子、诸男之相为宾也，各以其礼。相待也如诸公之仪。宾主相待之仪虽同，而饔饩飧食之礼则杀也。薛氏曰："诸侯相朝，礼始至以所朝之意。谒关人，关人报其君主，君使士劳问于竟，导以入，凡入竟主国，皆有委积，以共宾，宾公也，则五积三问三劳，侯伯则四积再间再劳，子男则三积一问一劳。三劳者，一劳使士，再劳使大夫，郊劳主君自亲之。再劳者，一劳使大夫，郊劳亦主君自亲之。一劳者，但主君亲郊劳而已。积问，则拜受于庭，以轻故也。劳则拜受于堂，以重故也。使卿大夫致者，陈摈而不使传辞，皆上介，上摈亲对而言也。君郊劳乃交摈传辞，亲而后受之也。及国，使大夫授积备馆，君又以礼致之又使大夫致飧。将朝之前一日，宾使人受次于主人太祖庙门外。明旦冕服释币于行至。然后服弁以至于主君之大门。相去之数若公则九十步，侯伯则七十步，子男则五十步。下车公则当车轵，侯伯当前疾，子男当车衡。公则陈九介，侯伯则陈七介，子男则陈五介。皆卿为上介，大夫为次介，士为众介。主君出而迎宾，各乘其车，建之旂车。至大门内，卿为上，摈大夫为承摈，士为绍摈。主君若公则摈者五人，侯伯则四人，子男则三人。摈之数不计宾之尊卑者，异于天子也。然则主君公也，传子男则用五人。主君子男也，传上公则用三人。然天子传诸侯之摈，则依诸侯命数者。命数是诸侯之尊卑，非王者之阶级，宜约依之而为主宾之数。诸侯之命，既有三等，故王立摈均三等以待之。是以有五人、四人、三人之法也。诸侯相传之摈不得逾于天子。故亦不逾五人。但以自己之爵而为摈之人数耳。主君车止门内，摈者出门外。上摈北面，受命而请宾所来之意。君虽知其来朝，犹为不必固请之说。受命南面，传辞递相传之。传讫而后，主君进迎车，出门遥见则下车。其立之所当亦依其爵，如宾所当车之处。拜宾之辱，宾进答拜，三揖三让。陈摈介为相而入，主君及宾，皆由枨阒之中。摈介皆雁行于后，主君先入，君入大门之仪也。至中门则止一相者，谓绝行在后耳。不遂留之，但并行也。令末介升于次介之行，绍摈升于承摈之行。及至庙门，又止一相。次介升于上介之行，承摈升于上摈之行。故云及庙唯上相入。升堂授玉，既享则行。夫人之礼，享玉之法，五等诸侯，侯伯以上用璧琮，子男用琥璜。皆以束帛，然后加玉于上，而致庭实。随国所有，分为三享。既受享主人以郁鬯礼宾，然后还馆。宾既还馆，主人致饔饩各依其命数。公则九牢，侯伯则七牢，子男则五牢。夫人亦致牢礼。然后主君设飨，公则三飨三食三燕，侯伯则再飨再食再燕，子男则一飨一食一燕，皆君亲速宾而行之。飨则有酬币，食则有侑币，而将其厚意。主君若不亲飨食，则使各以其币致之飨食，则宾不傧主君之使，以其意徒食之故也。还主致赠郊送等，皆君亲致于馆，时主君为宾，宾为主人。其陈介传命之仪，皆如受币之时，宾所拜谢者，拜饔饩，拜飨食，皆阶谢之。宾还馆，主君致赠郊送，皆亲之，使大夫送出于竟。”诸公之臣相为国客，则三积，皆三辞拜受。及大夫郊劳，旅摈，三辞，拜辱，三让，登。听命，下拜，登受。宾使者如初之仪。及退，拜送。致馆如初之仪。宾，当作摈。受者，受之于庭也。侯伯之臣不致积。登，升堂也。劳用束帛，摈用束锦。侯伯之臣，受劳于庭，言致馆而不言致飧者，聘礼稍杀也。王先生曰：“侯伯之臣不致积，然岂无米禾刍薪，但不以束帛致之耳。此言积而不言问者，非不问也，主君于将币之后而问聘者之君及摈者耳。又曰聘礼宰夫朝服致飧但设之而不以束帛致之，宾亦不拜也。”及将币，旅摈，三辞，拜逆。客辟，三揖，每门止一相。及庙，唯君相入。三让，客登，拜，客三辟，授币，下出。每事如初之仪。及礼私面私献，皆再拜稽首，君答拜。唯君相入，臣相不入也。礼，以醴礼客也。私面，私觌也。王氏曰：“及将币，拜逆，客辟，谓主君拜逆，客辟而不答拜也。客辟而不答拜，非特以其不敢当焉，以主君拜逆之意，不止客也。三让客登拜，谓主君让客，客登堂而主君拜客，至也。三辟授币，谓三辟主君之拜，然后以君命授币于主君也。授币既毕，则下堂而出也。又曰楚公子弃疾见郑伯，以其良马八匹私面。晋宣子私觌于子产以玉与马，则私觌有献，可知矣。然使而私觌礼也，朝聘而私觌非礼也。故礼言朝觐大夫之私觌，非礼也。皆再拜稽首，所以致钦于所尊也。君答拜则不稽首矣，以主君而客臣故也。”出，及中门之外，问君，客再拜对。君拜，客辟而对。君问大夫，客对。君劳客，客再拜稽首。君答拜，客趋辟。明斋王氏曰："客出而后问劳者，庙中将币，礼钦不可及其馀也。问大夫则客对而不拜者，已之同列，异于君尊卑之序也。劳客则再拜稽首以尊劳卑，故致其敬也。君拜客皆辟，不敢与君敌也。"致饔饩如劳（劳）① 之礼。飨食还圭，如将币之仪。君馆客，客辟，介受命，遂送，客从拜辱于朝。明日，客拜礼赐。遂行如之入积。君馆客者，以客将去，故就馆省之而尽殷勤也。客辟、介受命，谓客不敢当主君之命，而辟之。而介，则前而受命也。拜辱于朝，客从主君，往拜谢于朝也。礼赐，谓乘禽君之加惠也。如入之积，则从来至去，皆三积矣。凡侯伯子男之臣，以其国之爵相为客而相礼。其仪亦如之。王氏曰："谓卿大夫士各以其爵之尊卑，而为礼之隆杀。以其辞受拜揖之仪亦然。"薛氏曰："诸侯相聘之礼，卿既受命，将行之，旦释奠于祢，告为君使，乃受命于朝，介及众介皆从之，受聘圭，受享束帛加璧，受夫人聘璋享琮，遂行。君言既受，不宿于家，始至所聘之竟，张旜示有事于此国。主君使士请事遂入敛旜。至近郊张旜，君使下大夫请行，反君使乡朝服。用束帛劳夫人，使下大夫用枣栗劳及国主人。请受示不敢留宾，宾请间示不迫。主人卿致馆使，若上卿则馆于下卿之庙。上大夫馆于下大夫之庙。介馆于士庙，宰夫朝服致飧。明日，宾皮弁服至于大门外西次，皮弁服者，与君相朝同也。主君迎宾于大门内，卿为主摈，大夫为承摈，士为绍摈。主君公也，则摈者五人。侯伯也，则摈者四人。子男则摈者三人。时主君在大门内，上摈在阑东门外，西面北上。承摈次南，绍摈又次南，皆西面。宾出次当阑西北面，上介次北，众介亦继而北陈其位。相去之数，公之使七十步，侯伯之使五十步，子男之使三十步。公使则七人，侯伯之使则五人，子男之使则三人。君朝则使传命聘使陈而已，不传命其上摈之请事，揖宾俱前各至其末摈末介相对言也。时公在大门内，亦皮弁服请事讫，宾入大门内。公再拜，公揖入，遂入。宾既入，上介不袭执圭，屈缫授宾。不袭者，盛礼不在已也。宾袭而执圭行盛礼。若尽饰为其相蔽敬也，遂与主君揖让升授。主君袭受时，介皆入，在门内。宾裼奉束帛加璧享，皆裼受庭中所陈。或皮马随国所有。次有行夫人聘享亦如之。皆君为之受。既受享，然后主君礼宾以醴酒，荐脯醢礼以束帛乘马。宾即行私觌，奉束锦乘马以觌。既觌而出，君送至大门内。问君问夫人，宾对遂还馆。宾既还馆，主国卿皆就馆劳，皆用

①据十三经本删。

雁。主君使卿韦皮弁服归饔，宾亦以皮弁服受之。使大夫奉束帛以致宾，亦以束帛乘马而摈使者。夕夫人使下大夫韦弁归礼，大夫以束帛致之宾，受如受君饔饩之礼。傧之以乘马束锦于宾，一食再飨燕无数者，或有或无。上介一食一飨，宾皆再拜于朝。若不亲食，则大夫各以其爵朝服致之以侑币。如致飨无傧，致飨以酬币亦如之。君使卿皮弁还圭璋，宾亦皮弁袭而受于公馆。宾遂行，舍于近郊，公使乡赠如受牢礼。无傧还竟而请反命，乃先入至朝反命，然后还家荐于庙。”凡四方之宾客、礼仪、辞命、饩牢、赐献，以二等从其爵而上下之。凡宾客，送逆同礼。从，如字。二等，谓君臣也。上下，谓君分为公侯伯子男，臣分为孤卿大夫士也。王氏曰：“来则逆之，有问劳之礼，去则送之，有赠送之礼。非勤于始而怠于终，非乐于暂而厌于卒，如一而已。”凡诸侯之交，各称其邦而为之币，以其币为之礼。称，去声。币，享币也。明斋王氏曰：“大国宜丰而答礼厚，则施者不至于病。小国宜杀而答礼轻，则施者不至于抗。所以为大中之道也。”凡行人之仪，不朝不夕，不正其主面，亦不背客。日出为朝，谓东向也。日入为夕，谓西向也。正主面则向南，背客则向北。行人皆不然，但居宾主之间而已。浚仪王氏曰：“先王之制，莫急于仪。惟周文质兼隆。朝有朝仪，射有射仪，车有车仪，乐有乐仪。而玉帛弁冕服舄之容，蔼如也。鸾和瑀琚之声，锵如也。升降出入之际，翼如也。而宾仪之际，犹为纤悉。盖朝觐宗遇，岁有常礼，弁冕绅镱，四方朝贡，鳞次辐集，交际酬酢，爵列少紊，则礼容乖错，而位著不恪，其系于观瞻，岂细哉。抑尝细绎《周官》辨仪之深意，还观九仪，布在六典，驭贵富以爵禄，诏于太宰。听禄位以礼命，叙于小宰。以仪辨等见于大司徒。正仪辨位，见于大司马。至其命秩，则掌于春官，意者出爵赐命，蔼然如春，所以昭示上仁。其仪章则掌于秋官，意者序爵秩礼，肃然如秋，所以森严宪典。摈相谨于司仪，礼籍具于小行人，掌讶辨其拜国之等，掌交谕其九礼之亲。康成传经皆以九仪释之。然仪之别虽至于九，仪之总不过乎五。又约而言之，则三而已。故典命之叙诸侯曰五仪，诸臣曰五命。而轲书《王制》之序爵，皆五等也。《武成》之列爵惟五，于是可考矣。司服有公之服，侯伯之服，子男之服。掌客有公之礼，侯伯之礼，子男之礼。行人叙诸伯，则曰如诸侯。男则曰如诸子。而司仪赞见，亦为坛三成，序揖皆三等也。《武成》之分土，惟三，于是可验矣。王朝内臣外视侯邦之秩。上公之孤旁视小国之君。由卿三命下而至士至于一命，则侯伯所同。由卿再命下而至士微或不命，则子男所独。大概亦不越乎三耳。仪以九为数，故详而难紊，仪以三为等，故简而易明。至其品秩隆杀之间，尤截然可考。三公在朝，止于八命。及其出封，惟加一等。故典命之论礼仪，必以九为节，而《王制》之论加赐，不过九命。有如王者衮冕盛于九章，上公之服则无升龙。别嫌明微，其分辨严矣。然至于合诸侯，则具十有二献，盖礼不可以力逾，礼不厌其从厚，是故先王开阖之大用。王纲不振，旧章湮汩，玉穀同赐，而等列无所辨。繁缨假人，而名器无所司。金奏施于陪臣，雍彻僭夫天子。滕薛争长，蔡卫争先。宋不受功，郑不承赋。甚至班爵去籍，而益荡然矣。汉氏草创百官之制，绵蕞一代之礼。长乐朝仪设九宾之胪传，德阳朝贺作九宾之彻乐。韦昭注史谓九宾犹古之九仪，若位置之有法。然列爵二十等，杂用秦制。武功十七级，特优战士。至于中朝加官之设，特进赐位之殊，更立纷纷，非甚有纪。唐之正至受朝太极，百官文武之班，诸郡朝集之使，与先圣之裔，先代之后，文缨武裼，济济诸蕃，宗室莫不咸在。当时文士之赋，亦有天子端朝明庭九宾之语，讯其唐之官制，视汉已愧。九品序爵阶，区区沿袭隋陋，仰企成周，不亦大有径庭乎。噫！大经大法，存乎礼。度数纤悉，具于仪。鲁昭习仪，君子不谓知礼。赵简子问仪，子大叔力辨其非礼，其有以也。先王盛时，九畿有籍，外列蛮夷。郑氏之注以为礼差之书，大宗伯九仪之命，非但行乎六服之内，必有大者以维持乎是。故曰礼仪三百，威仪三千，待其人而后行。”

行夫，掌邦国传遽之小事媺恶而无礼者。凡其使也，必以旌节。虽有道难而不时，必达。居于其国，则掌行人之劳辱事焉，使则介之。传使难，并去声。传，邮递也。遽，急令也。媺，福庆也。恶，丧荒也。无摈介而单行谓之无礼。道有难，在道而有疾，寇不以时至，然王命不可废，故必达之。劳辱之事，盖亦征役于司隶也。

环人，掌送逆邦国之通宾客，以路节达诸四方。舍则授馆，令聚欜。有任器，则令环之。凡门关无幾，送逆及疆。通宾客，以常事往来者也。路节，旌节也。馆，即候馆。任器，乃宾客任用之（路）〔器〕。疆者，王畿四方之界也。

象胥，掌蛮、夷、闽、貉、戎、狄之国使，掌传王之言而谕说焉，以和亲之。若以时入宾，则协其礼，与其辞，言传之。凡其出入送逆之礼节弊帛辞令，而宾相之。宾，当作摈。国使，谓蕃国之臣来俯聘者。谕，开谕也。说，解说也。不谓之入王，而谓之入宾，非王政所及，故不臣之也。其拜揖进退之礼与言语辞命之节，皆不同于中国。必协之，然后能行，传之，然后能达焉。摈相之者，不以其陋而简之也。凡国之大丧，诏相国客之礼仪而正其位。凡军旅会同，受国客币而宾礼之。刘氏曰："国客，谓入宾而遇大丧、军旅、会同，皆指蕃国而言也。"凡作事，王之大事诸侯，次事卿，次事大夫，次事上士，下事庶子。作，使也。事，谓征伐之务，威让之令，文告之辞，各随大小而任之焉。明斋王氏曰："内附之夷有强大凭陵之患，苟王国不为之声援，其祸或延及于腹心。是故大禹有三苗之征，周宣有蛮荆之威。《诗》云岂不怀归，畏此简书。实与御戎之道，并行而不悖也。又按大行人云：九岁属象胥，谕音声。则凡列国之书字言语，皆当正之于象胥，而此不言者，于大行人互见也。"

掌客，掌四方宾客之牢礼、饩献、饮食之等数与其政治。王氏曰："传曰名位不同，礼亦异数。四方宾客，牢礼、饩献、饮食之等数，各以名位而差之也。政以正之，治以理之。"王合诸侯而飨礼，则具十有二牢。庶具百物备。诸侯长，十有再献。具十有二牢，以诸侯长为正宾也。庶具，庶羞皆具也。百物备，百品咸备也。诸侯长，谓九命作伯者。飨与祭同其节。祀四望山川用五献，故飨子男亦然。享先公用七献，故飨侯伯亦然。享先王用九献，故飨诸侯亦然。祀昊天上帝用十二献，故飨诸侯长亦然。《易》曰：圣人烹以享上帝，而大烹以养圣贤，此之谓也。然则诸侯之长，非周召之徒，其孰能当之。官不必备，惟其人，信哉。王巡守殷国，则国君膳以牲犊。令百官百牲皆具。从者，三公视上公之礼。卿视侯伯之礼。大夫视子男之礼。士视诸侯之卿礼。庶子壹视其大夫之礼。牲犊，茧栗之犊也。公卿大夫皆用加一等之礼，尊王臣也。士，指上士。庶子，兼中士、下士而言之。王氏曰："诸侯之膳天子，上同于帝，尊贵之也。诸侯之待王臣，合百牲皆具，乐美之也。盖谓待王以多则为亵，待百官以少则为简。以少为贵者内心也，以多为贵者外心也。故《礼器》曰：先王之制礼，不可寡也，不可多也，惟其称焉。"凡诸侯之礼：上公五积，皆视飧牵，三问皆修。群介、行人、宰史，皆有牢。飧五牢，食四十。簠十，豆四十，铏四十有二，壶四十，鼎簋十有二，牲三十有六，皆陈。饔饩九牢，其死牢如飧之陈。牵四牢，米百有二十筥，醯醢百有二十瓮，车皆陈。车米视生牢，牢十车。车秉有五籔，车禾视死牢，牢十车。车三秅，刍薪倍禾，皆陈。乘禽日九十双，殷膳大牢。以及归，三飨、三食、三燕，若弗酌则以币致之。凡介、行人、宰、史皆有飧饔饩。以其爵等为之牢礼之陈数。唯上介有禽（兽）〔饩〕①。夫人致礼，八壶、八豆、八筵。膳大牢，致饔大牢，食大牢。卿皆见，以羔，膳大牢。籔，素口反。秅，丁故反。乘，去声，下同。诸侯之礼，谓诸侯相朝主国待宾之礼也。其天子待诸侯之礼，亦仿此焉。视飧牵，谓所共如飧之数而牵牲以往也。问礼随至，则以脩脯加之。群介为相，行人主礼，宰主具，史主书，皆从宾者也。飧者，始至之小礼，盖饪其一而腥其馀也。食者，可食之庶羞。簠，盛稻梁者。豆，盛菹醢者。铏，盛羹湆者。壶，盛酒醴者。鼎，盛牲肉者。簋，盛黍稷者。牲，天产以养精。黍、稷，地产以养形。故簋鼎并言之。且无加损，以其为食之主也。牲当作腥，谓已割之牲，其体肤肠胃并鲜鱼、鲜腊，每牢以九为列，腥三十有六，则四牢也。饔饩者，既见之大礼，牵未杀之牲也。半斛为筥。罋，瓦器名。车字衍文。筥米，陈于中庭，贵者之食也。车米，陈于门外，贱者之食也。十六斗为籔，十籔为秉，每车秉有五籔，则二十四斛也。禾，稿实并刈者。四百把为秅，每车三秅，则千有二百把也。车米视生牢，牢十车，牵四牢，则车米凡四十车也。车禾视死牢，牢十车，死牢如飧之陈，则车禾凡五十车也。刍薪倍禾，则凡百车也。乘禽，乘行群处之禽，若雁鹜之属。殷膳，中又致膳，示念宾也。弗酌，谓君有故不亲飨食燕也。爵等为之陈数，卿则飧二牢。饔饩五牢。大夫则飧大牢、饔饩三牢。士则飧少牢、饔饩大牢。降小礼而丰大礼也。上介有禽兽，特优异之。夫人致礼助君，养宾也。卿既见宾而又膳之，亦所以助君养宾也。按郑氏谓铏四十有二，当作三十有八，未详是否。侯伯四积，皆视飧牵，再问皆脩。飧四牢，食三十有二。簠八，豆三十有二，铏二十有八，壶三十有二，鼎簋十有二，腥二十有七，皆陈。饔饩七牢，其死牢如飧之陈。牵三牢，米百筥，醯醢百罋，皆陈。米三十车，禾四十车，刍薪倍禾，皆陈。乘禽日七十双，殷膳大牢，三飨，再食再燕。凡介、行人、宰、史皆有飧饔饩。以其爵等为之礼。唯上介有禽献。夫人致礼，八壶、八豆、八筵、膳大牢，致飨大牢。卿皆见，以羔，膳特牛。侯伯子男皆无群介行人宰史之劳，礼之杀也。腥二十有七，则三牢也。三飨当作再飨。夫人致礼不减者，国君之

①据十三经本改。

礼以三等，夫人之礼以二等，阳奇阴偶之象也。夫人有膳飧而无食，卿有特牛而无羊豕，皆杀也。子男三积，皆视飧牵，壹问以脩。飧三牢，食二十有四。簠六，豆二十有四，铏十有八，壶二十有四，鼎簋十有二，牲十有八，皆陈。饔饩五牢，其死牢如飧之陈。牵二牢，米八十筥，醯醢八十瓮，皆陈。米二十车，禾三十车，刍薪倍禾，皆陈。乘禽日五十双，壹飧、壹食、壹燕。凡介、行人、宰、史皆有飧饔饩，以其爵等为之礼。唯上介有禽献。夫人致礼，六壶，六豆，六笾，膳视致飧。亲见卿皆膳特牛。牲亦当作腥，十有八，则二牢也。膳视致飧者，夫人致膳于小国之君，视飧礼之用大牢，不更飧之也。亲见卿者，大国之卿如小国之君，有不造馆见者，见之乃致膳耳。王氏曰："先王之于祭祀，致爱与钦，其于承宾也亦如之。方其祭祀也，王耕以共粢盛，后蚕以为祭服，王祼而后亚祼，王献而后亚献，而终之以诸臣之所胙也。及其承宾也，亦王祼献而后亚之，王致酒后夫人致饮，而终之以卿，皆见而膳之也。夫推其所以承神者而承宾，则致爱与钦，可谓至矣，诸侯安得不一德一心以亲其上哉。"凡诸侯之卿、大夫、士为国客，则如其介之礼以待之。言其特来聘问，待之礼如其为介时也。薛氏曰："天子待五等诸侯礼数，诸侯初入竟，上公则五积，侯伯则四积，子男则三积，皆有牢，出入同等。上公三问，侯伯再问，子男一问，皆用脯脩。至国则致飧者，客始至，致小礼也。飧有牢，上公五，侯伯四，子男三也。有食，庶羞可食之物。公四十，侯伯三十二，子男二十四。有簠，公十，侯伯八，子男六，皆实稻粱也。有豆，公四十，侯伯三十二，子男二十四，皆实菹醢也。有铏羹，公三十八，侯伯二十八，子男十八也。有壶酒，公四十，侯伯三十二，子男二十四。有簋，黍稷器也。公侯伯子男各十二也。朝讫致饔饩，有牢，公九，侯伯七，子男五也。有米，公百二十筥，侯伯百筥，子男八十筥也。有醯醢，公百二十瓮，侯伯百瓮，子男八十瓮也。有车米，视生牢，牢十车。公则四十车，侯伯三十车，子男二十车也。有车禾，视死牢，牢十车。公五十车，侯伯四十车，子男三十车也。有刍薪，其数倍禾也。乘禽，公日九十双，侯伯七十双，子男五十双也。殷膳，大牢中又致膳谓之殷膳也。公则三飧三食三燕，侯伯则再飧再食再燕，子男则一飧一食一燕。若有故，不亲飧燕食，则以币致之，此王待诸侯之礼然也。天子待孤卿以下，礼数若大国之孤，天子待之，出入三积，不问一劳，其牢礼飧礼及陈设之仪，一如子男之礼。自卿以下，天子待之，皆以其爵等为之牢礼之数。如爵卿也，则飧二牢，饔饩五牢；大夫也，则飧大牢，饗饩三牢；士也，则飧少牢，饗饩大牢。至陈设之仪，皆如朝聘之礼。然则天子待卿以下积，则卿出入二积，大夫出入一积。所以如其如此者，诸侯之积视飧牵，故乡大夫之积亦视飧牵。以上皆据从君为介之礼，若不从君而特来聘问之卿大夫士，天子待之亦与从君为介之礼仪同其等也。”凡礼宾客，国新杀礼，凶荒杀礼，札丧杀礼，祸灾杀礼，在野外杀礼。杀，色界反。国新，初建国也。在野，谓行礼于郊野。在外，谓两君相遇于途。若此者，皆不能备物，故杀礼以节用也。凡宾客死，致礼以丧用。宾客有丧，唯刍稍之受。遭主国之丧，不受飨食，受牲礼。致礼，具敛殡之礼。丧用，共馈奠之用。有丧，谓君夫人及父母之丧。刍稍，所以给人马，则受之。若飨食饗饩之类，则己方哀素，而不忍受也。遭丧，谓主君夫人之丧。飨食待煎烹而成，则不敢受；牲礼乃牵牢所致，则受之，以待用也。黄氏曰：“先王之待诸侯，何其至也。未至也，致积；始至也，致飧；及其朝享之后，又致饗饩之大礼。食之而弗爱，豕交之也。则有问劳送逆之示其勤。爱之而弗敬，是以兽养之也。则有辞受拜揖之示其恭。然恭而无其实者，君子不可以虚拘也，又况其受之乎。拜揖辞受恭之之文也。有飨焉，则尽其恭之之实。问劳送逆爱之之文也。有燕焉，则尽其爱之之实。其乐无算取其欢而已，其爵无算取其醉而已。取脯以降，奏陔而出，诸侯心平而气和，相与一德，以尊其上。大者比于小，小者事其大。相朝之君相问之，使旌节继道。何以致之？先王为之朝礼而贵贵之道寓焉，为之燕礼而老老之教寓焉。为之飨礼几设而不倚，所以训其恭；爵盈而不饮，所以训其俭；是其所以致之之道也。”

掌讶，掌邦国之等籍，以待宾客。若将有国宾客至，则戒官修委积，与士逆宾于疆，为前驱而入。及宿，则令聚欜。及委，则致积。至于国，宾入馆，次于舍门外，待事于客。及将币，为前驱。至于朝，诏其位，入复。及退亦如之。等籍，差等之典籍。官，谓牛人、羊人、舍人、委人之属。士，谓讶士。令者，令野庐氏也。致者，以王命至于宾也。待事于客，通其所求也。诏其位，告以朝列也。入复，入告王以客至也。及退，亦复于王。若孔子所谓宾不顾矣是也。凡宾客之治令讶，讶治之。凡从者出，则使人道之。及归，送亦如之。道，音导。治，谓国事之待理者。令讶，以告于讶也。讶治之，与讶士理之。从者，谓凡介以下使人令胥徒之属。道之者，引导而营护之也。送至于竟，亦与逆时相同。凡宾客，诸侯有卿讶。卿有大夫讶。大夫有士讶。士皆有讶。凡讶者，宾客至而往，诏相其事，而掌其治令。讶必降宾客一等者，以卑迎尊也。上士之讶，亦必以中士为之，中士之讶，亦必以下士为之。治者，理其事也。令者，共其使也。明斋王氏曰："掌讶，卑官，若其给使令者。然讶士，刑官，若为之拥卫者。然高爵之人至于其国，苟无尊官可与为礼，才敏可与有言者而迎之，若无以尽主君之情者。是故，诸侯则以卿，卿以大夫，大夫以士，士皆有讶，此所以曲尽也。"

掌交，掌以节与币巡邦国之诸侯，及其万民之所聚者。道王之德意志虑，使咸知王之好恶，辟行之。使和诸侯之好，达万民之说。好、恶、辟，皆去声。节所以为信，币所以为礼。王之所好者，遵而行之。王之所恶者，辟而不为。则诸侯万民皆一德而一心矣。其修好者，则和之，所谓同其好恶也。其喜说者，则达之，所欲与之聚之，所恶勿施尔也。掌邦国之通事而结其交好。以谕九税之利，九礼之亲，九牧之维，九禁之难，九戎之威。好、难，并去声。通事，谓朝聘之事。谕，告晓也。九税，九职之税。九礼，九仪之礼。九牧，九州之牧。九禁，九法之禁。九戎，九狄之戎。数者，皆谕之，所以使之考礼、正刑，以尊天子也。娄里王氏曰："观掌交职，使咸知王之好恶，辟行之，而知王之好恶不可以不慎也。王之好恶，在深宫、曲房、颦笑、寝兴之际。而诸侯之贞邪、生民之休戚、风俗之污隆，全于此矣。好声色，则声色进。好土木，则土木进。好神仙，则神仙进。好财贿，则财贿进。噫！好恶亦可危矣。后世变为名法之说，则又隐其好恶，与天下相蒙于不测。而闻声之习日亢，几鬼而不人；共辰之诣日虚，匿心而徒貌。上下相遁，而三代之治，终不可追矣。"临川王氏曰："谕九税之利，使知树艺；谕九礼之亲，使知分守；谕九牧之维，使知听令；谕九禁之难，使知辟禁；谕九戎之威，使知免兵。于无事之时使人焉，好邦国而谕之，折冲消萌多矣。不知出此，而恃威让文告征伐之施焉，则非所谓图大于其细，图难于其易也。"

掌察阙。

掌货贿阙。

朝大夫，掌都家之国治。日朝以听国事故，以告其君长。王氏曰："公卿王子弟之都大夫之家，凡有治于国，则朝大夫掌之。"郎氏曰："所作，谓之事。所遭，谓之故。日朝，朝大夫每日至朝听之也。"国有政令，则令其朝大夫。凡都家之治于国者，必因其朝大夫，然后听之。唯大事弗因。郝氏曰："王国有政令施于都家。令其朝大夫，使转令都家之吏民。都家有所治，事上王国，必因朝大夫为之通，然后受而听之。惟大事非朝大夫所能主者，如军旅之类，则直达。"凡都家之治有不及者，则诛其朝大夫。在军旅，则诛其有司。王氏曰："都家之治有不及，以朝大夫弗达之故，则罪所诛也。在军旅，则朝大夫弗与焉，都家司马弗达之故也，故诛其有司。先王制朝大夫之官，使都家之治因之以达于国，使国之事故因之以告于都家。则下之事无不上闻，上之政无不下达。则自国中至数百里之远，又安有壅蔽遏塞之患哉。"

都则阙。

都士阙。

家士阙。明斋王氏曰："职掌无考，旧以为狱官，非也。盖方士专掌都家之狱讼矣，不应复设都士、家士以掌之。按方士云凡都家之士，所上治则主之。都家之士正指都士、家士也。云所上治，则其为职掌明矣。所上治即县师所辨人民田莱之数，六畜车辇之稽与。凡赋贡此都士、家士司之，方士修而省之。及大比，则都士、家士治中，而方士复主之也。又按《春官》有都宗人，《夏官》有都司马，《秋官》有方士朝大夫。都则都士，每都设官，凡六家亦如之。盖王畿千里之地，公邑之外为家邑，家邑之外为小都，小都之外为大都。天子不能自治之也，故封其子弟与夫公卿大夫，错居而统领之，盖为王治之，非若诸侯之世国与其地也。夫挈百里之人民土地以付之，使操纵予夺之权尽归之，而不由于己，万一不得其人，宁免倒持太阿之患邪。此都宗人等官之所由设也。祭祀名器，礼之大经也，于是有都宗人、家宗人。庶子兵马，国之大柄也，于是有都司马、家司马。法则者，驭官之大权也，于是有都则。司刑者，民命之所关也，于是有方士。治中者，考治之枢要也，于是有都士、家士。至于王朝有令于都家，都家有治于王国，不可以无统率也，于是有朝大夫。此六官者，皆列王朝之爵，而任都家之事，其治法亦听于王官，非若小事而其君长得以擅为，此政教所以齐一。其废置皆由于家宰，非若小吏而其君长得以专易，此血脉所以流通也。六官惟朝大夫则取都家之士，而专居王朝。其馀，则以王国之士而各居其国，使其臣正于宗伯、司马、司寇者也。至于水土之治令，则掌于冬官云。"

周礼集传卷之六

冬官司空第六

空谓空土也，天下之有皆生于无也。此篇本阙，今摭传记所存之官名以志其概云。方氏曰：“司空名冬官者，四时之有冬，积于空虚不用之地。而度地居民，立城邑，治沟洫川梁，于农事既毕为宜。司空者，盖主于空虚不用之时，而使民有兴事任力之实用也。冬日之闭冻不固，则春夏之草木不茂，此天道之以虚为实也。事典不行，则三时之利不能尽，四民之业无所基，此圣人之以虚为实也。故官以司空名，而其职则曰：以富邦国，以养万民，以生百物。”

大司空。

小司空按虞廷九官平水土者，命曰司空，则《禹贡》一篇，司空之大要举矣。田赋之有差等也，山川之有经络也，五服四海之有畛域也，皆于是乎职之。其在《周官》曰司空，掌邦土，居四民，时地利。则处士就燕闲，处工就官府，处商就市井，处农就田野，兹非其遗制乎。其在《家语》曰：度量不审，举事失理；都鄙不修，财物失所。曰贫。贫则饬司空，则同度量，钧衡石、角斗甬、正权概，兹非其成法乎。其在《月令》曰：季春之月命司空，曰：“时雨将降，下水上腾。循行国邑，周视原野。修利堤防，道达沟渎。开通道路，毋有障塞。”则所谓事典者，可得而推矣。《经》言役诸司空，是力役之用，莫非其所司也。《传》言司空视途，是道路之达，莫非其所掌也。《语》言司空除坛，是坛壝之建，莫非其所为也。宋改司空名为司城，是城池之固，莫非其所主也。至若共工之职，亦其所兼。盖若司乐之属于宗伯，行人之属于司寇云尔。后人因汉儒以《考工记》补冬官之阙而遂以工部名之，则偏而不该矣。夫四时之序，冬主闭藏，四方之宿，虚主玄枵。故曰天下之有皆生于无，此成周命官之深意与。

畜夫此主币帛之官。啬者，收藏之义也。按周礼以夫名官者，有宰夫，有行夫。宰夫，下大夫也。行夫，下士也。《书》称救日而曰瞽奏鼓，啬夫驰，庶人走。盖救日用币，而与瞽与庶人并列，疑其为至卑之职，然朝聘，宗伯为上摈，行人为次摈，啬夫为末摈，盖展收庭实而与宗伯、行人相参，则恐非次尊之职，不足以当之也，识者辨之。

豕人地官有牛人，春官有鸡人，夏官有羊人，秋官有犬人，则冬官之有豕人，必矣。

水师《国语》言火师监燎，则夏官司爟是已，水师监濯，必属冬官，特未知其职称何如耳。

权人权量并设，不可阙一。量人既属夏官，则权人之当属冬官，明矣。

尉氏按栾盈对王云："请归死于尉氏。"而汉亦有廷尉，盖掌牢狱之官也。附于刑者，则归于司寇而刑之矣。

舟牧《月令》季春王乘舟荐鲔，此官掌之车马，属于夏官，而舟楫属于冬官，亦事之宜也。

涉人《国语》云：陨于深渊，非涉人之过，此必为津梁之官。

遒人夏书云：遒人以木铎徇于道路，而鲁又有司铎之官，意者皆掌道路之职乎。

馆人此授馆守舍之官，见《左氏传》；又见《丧大记》作管人。

司里按《左氏传》云：司里授馆，又云命宅于司里。《国语》云：土功其始，期于司里。传称宋灾使司里御之。则其为徒役之官，可知。

隧正传称宋灾令隧正纳郊保奔火所，盖司里之属也。

圬人《左氏》云：圬人填馆宫室，盖涂饰之，以安宾也。

司商此掌族姓之官。《国语》云：司民协孤终，司商协名姓。司民入秋官，则司商当在此也。居四民而各辨其姓名，则有条而不紊矣。商之为言章也。

勤人。

正长《逸周书》大聚篇云：立勤人以职孤，立正长以顺幼，立职丧以恤死，立大葬以正同。按职丧属春官。大，音泰，即墓大夫之职，亦属春官。则勤人、正长应属冬官，而民之养生送死无憾矣。

司载《国语》天子少采夕月与太史司载纠虔天刑。夫太史总天文之属，则司载当为时地利之官。纠虔天文，盖与祖识地德，互文耳。

缀衣此官见于立政。盖古者上衣下裳，衣用缋画，裳用刺绣，此必刺绣之职。缀者，点缀之义也。

狄人《顾命》云：狄设黼扆缀衣。《丧大记》云：狄人设阶。盖典张设之事者也。

大酋见《月令》，造酒之官也。天官、酒正则用酒之官耳。

后稷。

农正。

农师《国语》称稷为大官，其徇藉田之礼。农师〔始〕之，农正再之，后稷三之，司空四之，司徒五之，大保六之，大师七之，大史八之，宗伯九之，王则大徇耨穫亦如之。盖先卑而后尊也。大史宗伯在公卿之后者，岂以其为事神之职而尊之与。

田畯《诗》云田畯至喜。盖乡遂都鄙，劝农之官也。

保介《诗》云嗟嗟保介。按保介见《月令》《吕览》，其说不同，然皆为藉田而言，盖农官之副也。

工正传言工正书服，又言工人展车。夫大夫之赐路而必书之，宾客之乘车而必展之，盖工官之长也。

工师《月令》季春之月，令工师审五库之良，金铁、皮革、筋角、齿羽、箭干、脂胶、丹漆，毋或不良。孟冬之月，命工师效功，陈祭器，案度程。毋或作为淫巧，以荡上心，必工致为上。则此官者，百工之总也。

陶正此瓦器官之长。虞阏父为周陶正，即此官也。

匠师此木器之长官。乡师及葬，执纛以与。匠师御柩而治役，及窆，执斧以莅，匠师是也。又按《曲礼》云：天子之六府曰：司土、司木、司水、司草、司器、司货，典司六职。天子之六工曰：土工、金工、石工、木工、兽工、草工，典制六材。虽未必为成周之制，然亦可以参考云。

涓人见楚语。秦汉之间，谓之中涓。涓者，洁也。盖典谒之官，贵于修洁也。杨升庵云："工官、盐官、铁官、铜官、锦官、服官、羞官、尊官、渴官、林官、畤官、湖官、陂官、楼船官、发弩官、均轮官、橘官、苑官、洭浦官，皆秦官名，而汉因之，杂见于诸传百官表，不悉载者，微乎微者也。”

司宫。

巷伯传称宋大夫令二官儆宫，而诗称寺人。孟子盖以奄为之。《月令》所谓命奄尹申宫令，审门闾，谨房屋必重闭，即此是也。天官之寺竖以备趋走，春官之守祧以严宗庙，冬官之尹伯以固守扃。圣人之用刑人，亦各于其类也。

都司空。

家司空《春官》有都宗人、有宗人，《夏官》有都司马、家司马，《秋官》有都士、家士，则《冬官》之有都司空、家司空可知。惟天地二官无之，治教出于其居也。①

考工记

娄里王氏曰：“后儒谓禹作司空，其职主于地平天成，岂区区百工之任邪。其说盖亦伟矣，然《周礼》出于煨烬之馀，冬官既亡，购千金不得，河间献王姑用《考工记》续之，以存事典之形似，名之曰记。固不敢跻而埒于五官，盖不得已之极思也。而林氏辈乃以乱先王之典罪之，不已苛与。至寿翁俞氏谓《冬官》未亡，不过杂出于五官之中，遂裒多益寡，别立一官。至谓不啻宝玉大弓之得，而郓欢龟阴之归也。据其说，亦有近理者，然古人不敢缀补于屋壁初出之时，而后人乃欲割裂于千载之后，又谁信之。至梁氏又谓司空之大要已列于大宰之篇首。而为司空之属者，止称百工，无位序、无兼职、无联事、无府史胥徒。故名其篇曰《考工记》，则又似以此记，果足以备冬官之一职者，而不知其说之皆非也。子故尽黜之，一存汉人之旧观云尔。”方氏曰：“司空之职，居四民、时地利，工事其末耳。今其大经大法无一存者，而所记惟工事，何也？盖诸侯恶其害已而皆去其

①《冬官》官职今又失传，上述名是李文炤从古籍集佚而来。

籍。惟工事则生民所习用，百工世守之，故犹可传述耳。匠人营国为沟洫，仅具高阔广袤之度。而所以建立城邑，分处四民，因山川形势以辨井牧，别疆潦规偃潴町原防者，无一及焉。盖记者仅得工师之传述，而未见故府之典籍故也。”

轮人为轮，为盖。

舆人为车。

辀人为辀。

弓人为弓。

庐人为庐器。

匠人建国、营国为沟洫。按为沟洫者，当别立土工。

车人为车、为耒。按舆人之车，兵车乘车；车人之车，任载之车。

梓人为侯、为笋虡、为饮器。以上攻木之工七，序篇不数辀人者，统于车舆也。

筑氏为削。

治氏为戈戟。

陶氏为剑。

凫氏为钟。

栗人为量。

段氏阙。以上攻金之工六。

函人为甲。

鲍人为革。

韗人为皋陶。

韦氏阙。

裘氏阙。以上攻皮之工五。

画缋。

钟氏染羽。

筐人阙。

㡛氏湅丝。以上设色之工五。盖画缋分为二职也。

玉人为瑞器。

楖人阙。

雕人阙。

磬氏为磬。

矢人为矢。以上刮摩之工五。

陶人为甗。

旊人为簋。以上抟埴之工二。右考工之官属三十。今失其六，所存者二十有四，大抵皆工正、工师之所治也。其各属则皆有长官，如陶正、匠师之类，但无以考其详耳。

国有六职，百工与居一焉。或坐而论道，或作而行之。或审曲面执，以饬五材，以辨民器。或通四方之珍异以资之。或饬力以长地财。或治丝麻以成之。与，音预。长，上声。职犹事也。六职通君臣工商农女而言。见国之人有此六等，即各有其事。犹孟子所谓有大人之事，有小人之事也。百工居六职之一，见工亦国之所不可少也。论者，究其理之所以然。行者，为其事之所当然。审曲，谓审其委曲。面执，谓观其形执。五材，金玉皮木土也。辨犹具也。资犹取也。饬，修治也。长，阜蕃也。成，谓成布帛。坐而论道，谓之王公。作而行之，谓之士大夫。审曲面执，以饬五材，以辨民器，谓之百工。通四方之珍异以资之，谓之商旅。饬力以长地财，谓之农夫。治丝麻以成之，谓之妇功。《杂说》王公当为三公，不然，则为王者之公耳。知者创物，巧者述之，守之世，谓之工。百工之事，皆圣人之作也。烁金以为刃，凝土以为器，作车以行陆，作舟以行水，此皆圣人之所作也。知，去声。知者达其理，故能创物而开所未有。巧者习其事，故能述之，而效所已成。守之世，言父子相传，不失其业也。以火锻之之谓烁，以水和之之谓凝。烁金为刃，而攻金之工起。凝土为器，而抟埴之工兴。揉木作舟车，而攻木之工兴。凡此之类，非圣人何能作，非巧者又何能述也哉。天有时，地有气，材有美，工有巧，合此四者，然后可以为良。材美工巧，然而不良，则不时、不得地气也。天时有寒温之殊，地气有刚柔之别。均之为材而美恶分，均之为工而巧拙异。合之则良，不合则不良。考工者，举此以推五行造化之理，以明圣人器用之制，使天下因物以穷理也。天有时以生，有时以杀。草木有时以生，有时以死。石有时以泐，水有时以凝，有时以泽，此天时也。泐，音勒。泽，音释。泐，盛暑而散解也。凝，盛寒而冰冻也。物以时成，故轮人之斩三材必以其时。弓人之相角秋𦕈者，厚也。器以时制，若韗人之冒鼓以启蛰之日。弓人之为弓，尽一年之事也。橘逾淮而北为枳。鸜鹆不逾济。貉逾汶则死。此地气然也。橘，树名，其实甚甘。楚辞称生南国，纪常也。鸜鹆，鸟名，飞辄成群。《春秋》书于鲁来巢，纪异也。貉，兽名，或为猿。郑之刀，宋之斤，鲁之削，吴粤之剑，迁乎其地，而弗能为良。地气然也。削，书刀也。承上言，地气各有所宜，故虽五国之巧工，迁于他国，而为是器，弗能良也。燕之角，荆之干，妢胡之笴，吴粤之金锡，此材之美者也。荆，荆州。干，柘，可以为弓弩之干也。妢胡，胡子之国，在楚旁。其地多竹，可为箭笴也。吴粤在东而多石山，金、锡产焉。此材之禀天时、得地气，自然而美者。苟有巧工顺时而制是材，有弗能为良者乎。粤无镈，燕无函，秦无庐，胡无弓、车。粤之无镈也，非无镈也，夫人而能为镈也。燕之无函也，非无函也，夫人而能为函也。秦之无庐也，非无庐也，夫人而能为庐也。胡之无弓车也，非无弓车也，夫人而能为弓车也。镈，田器。函，甲也。庐，矛戟柄也。粤出金锡，燕习甲胄，秦多细木，胡喜射猎而常迁徙。故数者，人皆习而为之，熟则生巧也。唐宗舜曰："自章首至此，统论百工之所由立，与制器之所以良也。旧本文意多不属，今更订之。"凡攻木之工七，攻金之工六，攻皮之工五，设色之工五，刮摩之工五，抟埴之工二。抟，音团。埴，时职反。攻，专治而精之之谓。刮以成质，摩以致精，谓玉工也。抟之言拍也。埴，黏土也。攻木之工，轮、舆、弓、庐、匠、车、梓。攻金之工，筑、冶、凫、㮚、段、桃。攻皮之工，函、鲍、韗、韦、裘。设色之工，画、缋、钟、筐、㡛。刮摩之工，玉、楖、雕、矢、磬。抟埴之工，陶、旊。㮚，古栗字。鲍，音薄。韗，音运。㡛，音芒。楖，音栉。旊，音放。庐，戈戟矜柲也。匠，为宫室沟洫之类者。车，为耒为车者。梓，为笋虡饮器射侯者。筑，削也。冶，戈戟也。凫，钟也。栗，量也。段，镈也。桃，剑也。鲍，治皮也。韗，鼓也。摹仿物体曰画，分布彩色曰缋，二者相须也。钟，染羽也。㡛，冻丝也。玉，圭璧也。陶，瓦也。旊，簋也。韦裘筐楖雕皆阙。唐宗舜曰："考工记三十二兹其目也。以其能名则称某人。世习其业则称某氏。惟木之工七且以居首，以其为用甚多，而且急也。其序则当以匠人为首，而车人、轮舆次之，〔弓〕庐〔梓〕〔人〕又次之。盖匠人建国测景，则辨方正位之事。营国制宫室为沟洫，则礼国经野之事。车人为耒耜，则民生日用之需。由是为车以辨等威，为梓器以兴礼乐。而攻金攻皮设色刮摩之事各以类兴，而文武之器械备具矣。今以轮人舆人为先者，重本朝之所尚也。弓者人所佩，庐者车所建，故次之，车人仍属人之下者不易其序也。而终之以抟埴之工，作记者，殆有返古之思乎。但旧本工之前后，淆乱甚多，今依其目，悉为厘正焉。"

有虞氏上陶。夏后氏上匠。殷人上梓。周人上舆。故一器而工聚焉者，车为多。陶土为器，太古之俗也。有虞氏尚陶，泰尊瓦棺是已。夫子称禹卑宫室而尽力乎沟洫，则夏后氏尚匠，古今之通制也。殷人尚梓，则备物矣。周人尚舆，则致文矣。将言车舆之制，故以四代之所尚发之，周人惟上舆也，故车虽一器而用工为最多。如轮人、舆人、辀人之类。唐宗舜曰："按数语虽为车舆引起，而实则总其始终，为一篇之要领也。"车有六等之数：车轸四尺，谓之一等。戈柲六尺有六寸，既建而迆，崇于轸四尺，谓之二等。人长八尺，崇于戈四尺，谓之三等。殳长寻有四尺，崇于人四尺，谓之四等。车戟常，崇于殳四尺，谓之五等。酋矛常有四尺，崇于戟四尺，谓之六等。车谓之六等之数。迆，音以。有，音又，后仿此。车谓之车，当作是。轸，舆后横木。柲，柄也。迆，邪倚也。崇，高也。八尺曰寻，倍寻曰常。酋之言遒也，谓近也，或曰酋长貌。王氏图说云："车有六等。戈崇于轸，人崇于戈，殳崇于人，戟崇于殳，矛崇于戟，此六数也。车之六建，夷矛建于酋矛之前，酋矛建于戟之前，戟建于殳之前，殳建于戈与人之前，此六建也。而轸前则不与焉。凡兵无过三，其身过而无已，则不能用，且害人也。戈建为迆，取止戈为武之义。人必后其刃，不以刃向国焉。不及弓矢者，以人佩故也。"唐宗舜曰："按车有天地之象，人在其中，庐器建于车，弓矢佩于人，而法象立、仪度昭矣。此一节盖为轮舆弓庐之纲。"凡察车之道，必自载于地者始也。是故察车自轮始。凡察车之道，欲其朴属而微至。不属朴，无以为完久也。不微至，无以为戚速也。轮已崇，则人不能登也。轮已庳，则于马终古登阤也。戚，音促。庳，音婢。载于地者，轮也。朴属，犹附著坚固貌。微至，谓至地者少，以其圆甚著地者微，而易转也。戚速，言其疾也。阤，阪也。王氏曰："轮之行，以完久为固，以戚速为利。轮过六尺有六寸为太高，人斯病于难登；不及六尺六寸为太卑，马斯病于难引。其引之也，常若登阪然。"故兵车之轮六尺有六寸。田车之轮六尺有三寸。乘车之轮六尺有六寸。六尺六寸之轮，轵崇三尺有三寸也，加轸与轐焉四尺也。人长八尺，登下以为节。轐，音卜。兵车，革路也。田车，木路也。乘车，玉路、金路、象路也。兵车、乘车驾国马，田车驾田马。王氏曰："轮之心为毂。毂中横截者谓之轴。毂末谓之轵。舆后一横木谓之轸。轸上伏兔谓之轐。轵与轐轸之长四尺，得人长之半，升降以此为节焉。"按《说文》周制寸尺咫筑常仞诸度量，皆以人之体为法。郝氏曰："人身八尺，以人身半为等，则升降适中。故四尺为车节，此定法也。即一车而众器可知，即车工而百工可知矣。"

轮人为轮，斩三材必以其时。三材既具，巧者和之。毂也者，以为利转也。辐也者，以为直指也。牙也者，以为固抱也。轮敝，三材不失职，谓之完。斩之以时，若仲冬斩阳木，仲夏斩阴木是也。和之，谓调其入毂、入牙之孔而合之。毂者，轮之心，以无为用，故有取于利转。辐者，轮之橑，实轮而凑毂，故有取于直。指牙则周围毂辐，为外鍒，所以运行，故有取于固抱。不失职，不动也。此总论为轮之大意，言顺时取材而材美，工巧然后可以为良也。望而视其轮，欲其幎尔而下迤也。进而视之，欲其微至也。无所取之，取诸圜也。望其辐，欲其掣尔而纤也。进而视之，欲其肉称也。无所取之，取诸易直也。望其毂，欲其眼也。进而视之，欲其帱之廉也。无所取之，取诸急也。视其绠，欲其蚤之正也。察其菑蚤不齵，则轮虽敝不匡。掣，音觅。掣，音消。称，去声。绠，音并。齵，五禑反。幎，如巾之覆物，言均致也。下迤，谓轮势下亲于上而无所碍也。掣尔，渐杀貌。纤，小也，以其向牙处言之也。肉称，谓弘杀相称。无节目曰易，无挠曲曰直。眼如人之目，以其显于外者言之。帱，幔毂之革也。廉，如堂之隅，以其隐于内者言之。绠，轮箄也。轮外两边有一重护牙者，谓之箄。蚤，当作爪，谓辐入牙中者。正者，凿孔直也。凡植物于地上，谓之菑，辐入毂中似之。人之齿参差曰齵。菑爪不齵，谓辐入毂、蚤入牙，均齐缜密无罅缝也。匡，方也。物圜则运而转，方则碍而止。不匡，则犹能行也。凡斩毂之道，必矩其阴阳。阳也者，稹理而坚。阴也者，疏理而柔。是故以火养其阴，而齐诸其阳，则毂虽敝不蔽。蔽，呼报反。矩，谓刻识之也。背日为阴，向日为阳。稹，致也。疏，粗也。以火灸而坚之，则阴者可齐乎阳矣。不蔽，言阴柔不致挠减，使帱革暴起也。毂小而长则柞，大而短则挚。是故六分其轮崇，以其一为之牙围。参分其牙围而漆其二。椁其漆内而中诎之，以为之毂长。以其长为之围。以其围之防捎其薮。五分其毂之长，去一以为贤，去三以为轵。防，音勒。捎，音宵。柞，窄通微弱貌。挚，桊通捏扤貌。六尺六寸之轮，牙围尺一寸，漆其二。漆其两面，不践地者。牙厚一寸三分之二。则内外面不漆者各一寸也。椁者度两漆之内相去之尺寸也。伸而量之曰长，圜而量之曰围。漆内六尺四寸，就其中诎而为二，各得三尺二寸，以为毂长也，围亦三尺二寸，则其径当为一尺三分寸之二矣。三分之一谓之防。捎，除也。薮，孔也。如地之有卑湿处，为众流之所趋也。围径三分除一，则孔径当为三寸九分寸之五矣。去一，郑氏作去二。贤，大穿也。轵，小穿也。凡穿皆谓金也。去二则得六寸五分寸之二。去三则得四寸五分寸之四。金厚一寸，则其孔内又各减二寸，乃与薮相称也。容毂必直。陈篆必正。施胶必厚。施筋必数，帱必负干。既摩，革色青白，谓之毂之善。数，入声。篆，毂约也。帱，以皮挽之也。摩，谓凡漆之干而以石摩平之也。王氏曰："凡治毂为之形容，欲其直而不曲。陈以夏篆之文，则欲其正而不邪。施胶薄则不固，施筋疏则不强。帱，以挽毂，欲廉之外见，故贵其负干。革急而不缓，则帱与毂相应而无赢不足之患矣。青阳中之色，白阴中之色，阴阳中则和无刚柔相胜之弊，毂之运转，以和为贵故也。"参分其毂长，二在外，一在内，以置其辐。三分其毂长者，取其伸数言也。二分在外，一分在内，以置其辐，是自薮孔言也。凡辐，量其凿深以为辐广。辐广而凿浅，则是以大扤，虽有良工，莫之能固。凿深而辐小，则是固有馀而强不足也。量凿深以为辐广，量毂凿之深足以受辐之入，辐之广足以称毂之所受也。扤，摇动貌。强，不足，言辐弱不胜毂之所任也。故竑其辐广以为之弱，则虽有重任，毂不折。参分其辐之长而杀其一，参分其股围，去一以为骹围。则虽深泥，亦弗之溓也。竑，获耕反。杀，色界反。骹，胡保反。溓，读为黏。竑，量度也。弱，谓菑也。今人谓蒲在水中者为弱，是其类也。度其辐广，以为之菑，则虽有重载，毂不折也。参分辐长，杀一以向牙，谓骹围也。骹，胫也。股，近毂。骹，近牙。人身股大而胫小，故以象之。辐广三寸半而股围稍窄，所谓弱也。其胫围较之股围尤窄三分之一，所谓三分去一，以为骹围也。溓，粘滞也。揉辐必齐，平沉必均，直以指牙。牙得则无槷而固，不得则有槷，必足见也。槷，鱼列反。涅物于孔中曰槷。王氏曰："夫火刚而善变，凡物之曲直，资其用以正焉。水平而不偏，凡物之轻重，资其体以定焉。揉辐必齐，取诸易直故也。平沉必均，欲其肉称故也。辐资于牙，以指牙资于辐，以抱两者相得，则无用于槷而自固。不得，则虽用槷以行而摇动，则槷出而见矣。"

凡揉牙，外不廉而内不挫，旁不肿，谓之用火之善。车轮外围曰牙，所以固抱也。外不廉，无芒刺也。内不挫，无折折也。旁不肿，无拥瘇也。用火之善，谓熨揉之善也。唐宗舜曰："此及下节，言治牙之法，以终上三才之意。自毂小而长节至此，校旧本颇有更张，使文意相属云。"六尺有六寸之轮，绠三分寸之二。谓之轮之固。绠，所以护牙者也。牙加以绠则愈固矣。三分寸之二者，郝氏曰："轮高六尺六寸，其牙之厚以六寸分为三，去其一分，用其二分，为侧厚，是牙厚四寸也。"凡为轮，行泽者欲杼，行山者欲侔。杼以行泽，则是刀以割涂也，是故涂不附。侔以行山，则是抟以行石也。是故轮虽敝，不甐于凿。杼，直吕反。抟，音团。甐，音吝。杼，削薄其践土者也。侔，上下等也。附，著也。抟，围厚也。甐，敝也。凿，谓辐入处，言石，虽啮之不能敝其凿，旁使之动也。林氏曰："行泽则其地多涂而湿，故欲杼。行山则其地多石而刚，故欲侔。"王氏曰："行泽以薄为利，行山以厚为利。"是故规之以视其圜也。萬之以视其匡也。县之以视其辐之直也。水之以视其平沉之均也。量其薮以黍，以视其同也。权之以视其轻重之侔也。故可规、可萬、可水、可县、可量、可权也，谓之国工。萬，与矩同。县，音悬，后同。规，所以为圜者。萬，所以为方者。轮中规则圜矣。又用萬以取其方，而四围之端，始正也。县，谓以绳悬之。中绳则凿深而辐正也。水，谓以水渐之。平渐其轮无轻重，则斫材均也。黍，滑而齐，以之量其孔而同，则所受无亏盈也。权，称锤也，称两轮而等，则引之无难易也。唐宗舜曰："此总结上文之意，言能如是，则国无以过其巧矣。记中如此文意甚多，似皆考工者省视之法。"

轮人为盖，达常围三寸。桯围倍之，六寸。信其桯围以为部广，部广六寸。部长二尺，桯长倍之，四尺者二。十分寸之一谓之枚，部尊一枚。弓凿广四枚，凿上二枚，凿下四枚。凿深二寸有半，下直二枚，凿端一枚。桯，音盈。信，音伸。盖，车上覆也。达常，盖斗柄下入杠中者。桯，盖杠也。围六寸则径二寸，足以含达常也。部，盖斗也。广，谓径也。径六寸则围尺有八寸也。部长二尺，即达常也。以此达常，上入部中，遂亦名之为部。桯自达常以下，长四尺者二，则八尺也。加达常二尺，则盖高一丈。立乘也，尊高也，言盖斗上隆高一分也，弓伞骨也。凿孔大四分，孔上二分，孔下四分，总厚一寸也。凿深对为五寸，以不伤达常也。下直二枚，凿孔上正而下低二分也。凿端一枚，内端又削，使狭止一枚也。王氏曰："轮辐三十，以象日月也。盖弓二十有八，以象星也。其形圜，其数偶，此轮人之所以为盖也。盖之制，上为部，中为达常，下为桯，旁为弓。达常小于桯，桯小于部，故非部无以纳弓于旁，非达常无以接部，非桯无以含达常。斗柄谓之达常者，上通乎部，下通乎桯，以达于上下者也。"弓长六尺，谓之庇轵。五尺谓之庇轮。四尺谓之庇轸。庇，覆也。轵，毂末也。舆广六尺六寸，两毂并六尺四寸，旁减轵内七寸，则两轵之广凡丈一尺六寸也。六尺之弓倍之，加部广，凡一丈二尺六寸。有宇曲之减，可覆轵，不及干也。王氏曰："车有小大，故盖弓有长短。弓有长短故所覆有广狭。轮之广小于轵，轸之广小于轮。而弓之隆杀亦以一尺为差。"参分弓长而揉其一。参分其股围，去一以为蚤围。参分弓长，以其一为之尊。上欲尊而宇欲卑。上尊而宇卑，则吐水疾而霤远。参分六尺之弓，长近部二尺，揉之使平，向下四尺，则为宇曲，以吐水也。王氏曰："弓近部平谓之股，犹辐入毂之为股，宇曲之末谓之蚤，犹辐八牙之为蚤也。股欲粗，蚤欲细，弓凿广四枚方围之，而为股围四面十六则一寸六分也。去股围三分之一而为蚤围，则一寸十五分寸之一矣。六尺之弓三分之，则近部二尺为高矣。上谓近部而平者，宇谓隤下者，盖主为雨设，吐水疾而霤远，则足以备雨，所谓潦车也。"盖已崇则难为门也。盖已卑是蔽目也。是故盖崇十尺。良盖弗冒弗纮。殷亩而驰，不队，谓之国工。太高则门难容，太卑则遮前不见。崇十尺者，部并达常二尺，桯长八尺，共十尺也。以人为法，人长八尺而宇曲二尺也。王氏曰："弗冒者，弗以衣覆之。弗纮者，弗以丝系之。中亩而横驰，而弓不落者，然后可以为良工也。"

舆人为车，轮崇、车广、衡长，参如一，谓之参称。参分车广，去一以为隧。参分其隧，一在前，二在后，以揉其式。以其广之半为之式崇。以其隧之半为之较崇。称，去声。去，上声。较，古学反。林氏曰："名为车，以舆人作车始于舆故也。"王氏曰："当车中以受载者，舆也。挟车旁以践地者，轮也。横车前以扼马者，衡也。轮崇车广衡长俱六尺有六寸，三者相称矣。"愚谓：队车之深也，车衡六尺六寸。以其横三分之去其一，则隧四尺四寸也。三分其深，一分在前，二分在后，人立其中，式必近前，方可也。揉，谓揉其木使平直也。以广半为式崇，式在较下，其高三尺三寸得广之半也。较两輢上出式者，以隧半为较崇，较在车箱之前，又高于式二尺一寸，是得隧之半也。

六分其广，以一为之轸围。参分轸围，去一以为式围。参分式围，去一以为较围。参分较围，去一以为轵围。参分轵围，去一以为轛围。轛，音对。轸，舆后横者也。其围尺一寸，式围七寸三分寸之一，较围四寸九分寸之八。轵輢之植者，衡者也。与毂末同名，其围三寸二十七分寸之七。轛式之植者，衡者也。以其向人为名，其围二寸八十一分寸之十四。圜者中规，方者中萬，立者中县，衡者中水。直者如生焉。继者如附焉。中，去声。如生，如木之生于地也。如附，如枝之附于干也。凡居材，大与小无并。大倚小则摧，引之则绝。陈氏曰："凡居材者，谓随其材之大小而处之，得其宜也。大小各得其所，则无并矣。材之大者其势强，小者其势弱，用大倚小，则小者其势弱而不胜其所倚，则摧矣，故引之则绝。"栈车欲弇，饰车欲侈。栈车，士所乘者，无革挽则恐其易坏。弇言敛内向也。饰车，大夫以上所乘者，有革挽则不患其不坚。侈言纵向外也。

辀人为辀。辀有三度，轴有三理。国马之辀深四尺有七寸。田马之辀深四尺，驽马之辀深三尺有三寸。轴有三理：一者以为媺也，二者以为久也，三者以为利也。轨前十尺，而策半之。辀，车辕也。辀之形自从轨前稍曲，而上至衡下，其颈以持衡，其曲如屋之梁焉。轴，两毂中横截之木也。国马高八尺，兵车乘车轵崇三尺有三寸，加轸与轐七寸又并此辀深，则衡高八尺七寸也。驽马六尺，其车轵崇三尺，加轸与轐四寸又并此辀深则衡高六尺七寸也。孅，平直也。久，坚韧也。利，滑密也。轨，谓式前。王氏曰："辀，轨以前，其长十尺。策半之则五尺。五尺之策，御者执之，适可以及马，而无过与不及焉。"凡任木：任正者，十分其辀之长，以其一为之围。衡任者，五分其长，以其一为之围。小于度，谓之无任。任木，以木任物也。任正者，舆下三面之木也。辀长十尺与隧四尺四寸，以十分之得一尺四寸五分寸之二，以为任正也。衡在两轭之间，长六尺六寸，以五分之，得一尺三寸五分之一，以为衡任之围也。无任者小于其度，则木不胜其任也。娄里王氏曰："任正之材，以从其为力减，故以其长之十一为围。衡任之材，以横其力全，故以其长之五分为围。"五分其轸间，以其一为之轴围。十分其辀之长，以其一为之当兔之围。参分其兔围，去一以为颈围。五分其颈围，去一以为踵围。轴围与衡任相应。当兔，辀当伏兔者，其围与任正相应也。颈前持衡者，其围九寸五分寸之九。踵后承轸者，其围七寸七十五分寸之五十。凡揉辀，欲其孙而无弧深。孙，去声。孙，顺理也。弧，木弓也。揉木为辀，其揉曲之势，孙顺自然，若如弧弓，而深则太曲而易折矣。今夫大车之辕挚，其登又难。既克其登，其覆车也必易。此无故，唯辕直且无桡也。是故大车平地既节轩挚之任，及其登阤，不伏其辕，必缢其牛。此无故，唯辕直且无挠也。故登阤者，倍任者也，犹能以登。及其下阤也，不援其邸，必緧其牛后。此无故，唯辕直且无桡也。夫，音扶。挚与轾同。易，以鼓反。緧，音秋。大车，牛车。登，上阪也。克，能也。桡，木曲也。缢者，束缚之意。援者，执引之意。王氏曰：辀虽不可过于深，又不可失之直。直则其势下至，非特登阪为难，既能登之，倾覆尤易。其故非他，以其辕之不曲而深也。轩言其高而上亢，挚言其轻而不至。《诗》曰：戎车既安，如轾如轩。以其轩轻适中，此所以安也。夫大车于平地既已节其轩轾之任。若其登阤，牛不退而逼伏其辕，则辕必重而缢系其牛颈，此亦辕直无桡之过也。凡登阤者，自下而上，其用力为多，故云倍任。夫登阤虽倍任，然力之强者，犹能以登。及其下阤，不援摩其车之邸，则车必速下，而緧就牛之后，此亦以辕直而无桡之故也。由是观之，辕不可以过曲，亦不可以不曲，此辀之三度，所以其深，皆有常数也。是故輈欲颀典。輈深则折，浅则负。輈注则利准，利准则久，和则安。王氏曰："《诗》云硕人颀颀，又曰：颀而长兮。颀，长也。典读六典之典，言常也。盖輈长丈有四尺四寸，过此则其长为有馀而赘。不及此则其长为不足而亏。皆非法度之常也。輈深则折者，即所谓弧深也。浅则负者，则所谓直无桡也。輈注则利准者，輈所以驾马引之而进，若水之注，然其势顺矣，故其行则便利而不滞。准平而无碍利准，则无倾覆之败，所以能久也。夫无深折浅召之病，而有利准之效，此惟輈之和也。和则人乘之而安。荀卿曰："马骇舆则君子不安舆，此不和之效也。"輈欲弧而无折，经而无绝。进则与马谋，退则与人谋。终日驰骋，左不楗。行数千里，马不契需。终岁御，衣衽不敝。此惟輈之和也。劝登马力，马力既竭，輈犹能一取焉。楗，或作券，今倦字也。契，若结反。林氏曰："弧而无折者，有弧之势而无弧之深也。"王氏曰："木之直理为经，輈欲顺木理而为之，逆理而不经，斯绝矣。"愚谓谋谓意合也。马以驾车，人以驭马。与輈相得，故相应也。凡乘车，尊者在左。不楗，言不疲倦也。马伤蹄，如刃刻之，曰契。马缓步，如有待焉，曰需。衽，裳也。车行而无摇动之劳，则御者衣衽，亦无伤敝之患也。劝，助也。登，上也。马止，而輈尚能一取前道，势顺而易行也。良輈环灂，自伏兔不至（轨）〔轵〕七寸。（轨）〔轵〕中①有灂，谓之国輈。王氏曰："《诗》云：五楘梁輈。盖輈之上为之缠，固其楘有五，被之以筋胶，而环饰之以漆，故谓之环灂也。自伏兔至轵，盖如式深，凡尺有四寸三分寸之二也。自伏兔不至轵七寸，则是半有灂也。以輈之长丈有四尺四寸，灂之所至丈有三尺三寸，其不至者惟七寸而已。则輈无伤啮之敝，而其文饰常新，非国工之巧，其能及此乎。指其人之巧言之，则谓之国工，指其器之良言之，则谓之国輈也。"轸之方也，以象地也。盖之圜也，以象天也。轮辐三十，以象日月也。盖弓二十有八，以象星也。龙旂九斿，以象大火也。鸟旟七斿，以象鹑火也。熊旗六斿，以象伐也。龟蛇四斿，以象营室也。弧旌枉矢，以象弧也。地方而职载。天圆而职覆。日月三十日而合宿，经星二十八位而周天。龙旂，交龙之旂。大火，苍龙之心，其属有尾，凡九星也。鸟旟，鸟隼之旟。鹑火，朱鸟，宿之

①据十三经本改。

柳，其属有星凡七星也。熊旗，熊虎之旗。伐属白虎，宿与参体连而六星也。龟蛇，画于旐者，营室，玄武之宿，与东壁连体而四星也。弧者，旌旗之属。枉矢，妖星名。凡旌旗皆有弧以张之，而又画弧矢于其上，以象弧星之有矢飞行也。敬仲郑氏曰："圣人与天地合其德，与日月合其明，其寓于盖轸轮辐之间者，岂徒为观美哉，凡以载道而与之俱也。"夹漈郑氏曰："圣人作车，圜而为轮，方而为舆，曲而为辀，皆有制度，运而无穷。无作则止者，轮也。掬之乎上，拱之乎下者，舆也。载欲准，行欲利。以需为病，以覆为戒者，辀也。轮以运，舆以载，辀以服，三者备，然后行。故兵车、乘车之轮各六尺有六寸，田车之轮六尺有三寸。毂以利，转辐以直，指牙以固。抱毂之材，中以虚受轴。大穿为贤，小穿为轵。外以实受辐，故二分在外，一分在内。毂之末，则轵是也。毂之约，则篆是也。辐之近毂，则谓之股。近牙，则谓之骹。股入毂中，谓之菑。骹入牙中，谓之爪。夫牙之材，或谓之渠，其大足以抱辐故也，或谓之揉，揉木以为之故也。毂又有革以挽之，辐又有绠以固之，牙又有漆以饰之，此轮之制也。即舆以考之，两輢上出轼者，较也。较下横一木者，式也。轵则輢之植者，对人而言，故曰轛。舆后横一木则曰轸，式前横一木则曰轨，此舆之制也。即辀以考之，国马之辀深四尺有七寸，田马之辀深四尺，驽马之辀深三尺有三寸。适当伏兔围，在前持衡则为颈围，在后承轸则为踵围，此辀之制也。且轮之中有轴，所谓轴有三理也，舆之下有轐，所谓加轸与轐是也。辀之前有衡，所谓衡任是也。轴末则有軎，助辐则曰辅，舆后横木则曰轸，系木乘舆则曰輹，大车辀端则曰輗，小车辀端则曰軏。其制虽《考工记》无所见，要其材，皆相资以致用，阙一不可。故轸可以名舆，可以名车。达常可以名部。轸前横木可以名辂，此又因一材而通名之也。其为车也，有长毂者，有短毂者。有杼轮者，有侔轮者。有反揉者，有仄揉者。有两轮者，有四轮者。有有辐者，有无辐者。有曲辕者，有直辕者。有一辕者，有两辕者。有直舆者，有曲舆者。有广箱者，有方箱者。有重较者，有单较者。或驾以马，或驾以牛，或挽以人。或饰以物，或饰以漆，或朴以素。皆因宜以为制，称事以为之文也。"

弓人①为弓，取六材必以其时。六材既聚，巧者和之。干也者，以为远也。角也者，以为疾也。筋也者，以为深也。胶也者，以为和也。丝也者，以为固也。漆也者，以为受霜露也。取干以冬，

①自"弓人"以下，与十三经本改次序有很大不同。

取角以秋，丝漆以夏。筋胶未闻，和之谓调，适而用之也。远者其至远，疾者其行疾，深者其中深，和者其合不解也，固者其缠固。受霜露者，其所经历不液也。凡取干之道七，柘为上，檍次之，檿桑次之，橘次之，木瓜次之，荆次之，竹为下。凡相干，欲赤黑而阳声。赤黑则乡心，阳声则远根。凡析干，射远者用执，射深者用直。居干之道，菑栗之也，则弓不发。相、乡，去声。射，婢亦反，下同。檍，杻檍也。檿桑，山桑也。阳声，清越之声。乡心则皮去，远根则干直。执，即审曲面执之执。用执者，反其曲以用之也。用直者，顺其理以用之也。以锯副析干，谓之菑栗。迆邪行，绝理也。王氏曰："既相之而得其材之美，然后可以居之。析干所以分其材，居干所以处其材。菑如菑畲之菑，谓加功以治栗，如榛栗之栗，谓紧密也。"凡相角，秋緵者厚，春緵者薄。稚牛之角直而泽，老牛之角紾而昔。疢疾险中，瘠牛之角无泽。角欲青白而丰末。夫角之（本）〔末〕，蹙于𦜕而休于气，是故柔。柔故欲其执也。白也者，执之征也。夫角之中，恒当弓之畏。畏也者必桡，桡故欲其坚也。青也者，坚之征也。夫角之末，远于𦜕而不休于气，是故脆。脆故欲其柔也。丰末也者，柔之征也。角长二尺有五寸，三色不失理，谓之牛戴牛。夫，音扶。緵，音杀。昔，读为错。𦜕，音脑。休，音咻。畏，音隈。泽，润也。紾，绞也。错，杂也。险中，伤其中也。咻，和煦也。畏，隈曲也。脆，薄弱也。牛戴牛，言全牛之精气完聚于角，是头所戴者，又当一牛也。王氏曰："秋，万物揫敛而坚成之时，故其角厚。春，万物发生而未就之时，故其角薄。白，西方之阴也。惨而不舒，则多曲而不直，故白所以为势之验。青，东方之阳也。直而刚强，则多坚而不脆，故青所以为坚之险。角之势有三：曰角本，曰角中，曰角末。角之本，蹙于𦜕而煦于肉之气，故柔，柔则无力，故欲其势曲。角之中，常当弓之隈，隈曲必桡，桡则发伤，故欲其坚韧。角之末，远于𦜕而不煦于肉之气，故脆，脆则易折，故欲其温柔。角长二尺有五寸，可谓长矣，而又具此三色，则材莫善于此矣。"凡相胶，欲朱色而昔。昔也者，深瑕而泽，紾而抟廉。鹿胶青白，马胶赤白，牛胶火赤，鼠胶黑，鱼胶饵，犀胶黄。凡昵之类不能方。昔，读作错。郝氏曰："凡相胶，色欲其朱，文欲其错。其文瑕深透光泽，其质紾密团结，廉隅坚利，此胶之善也。"愚谓：饵，淡白如饵也。物相亲厚曰昵，言不可解离也。王氏曰：“自鹿胶以下凡六等。或用皮，或用角，或用鳔以煮而成之。如鹿胶所谓用其角也。鱼胶所谓用其鳔也。马牛犀鼠，所谓用其皮也。凡昵之类，虽或可以用黏，然不可久，安能比方六胶之用也哉。”凡相筋，欲小简而长，大结而泽。小简而长，大结而泽，则其为兽必剽。以为弓，则岂异于其兽。小者欲其成条，而长大者欲其成束而泽。剽，疾也。筋欲敝之敝，漆欲测，丝欲沉。王氏曰：“筋生则硬，熟则软。以物击当嚼啮之，欲其劳敝而熟，然后可用。”愚谓：测谓清澈可测，沉谓澄凝如冻时。得此六材之全，然后可以为良。此总结上数节之意。言必顺时取材得美材，然后可以为良弓也。凡为弓，冬析干而春液角，夏治筋，秋合三材。寒奠体，冰析灂。冬析干则易，春液角相合，夏治筋则不烦，秋合三材则合。寒奠体则张不流，冰析灂则审环，春被弦则一年之事。易，以豉反。干欲坚而正，故于冬析之。角欲和而温，故于春液之。筋欲散而解，故于夏治之。三材，胶漆丝也。奠体，纳之檠中，以定往来之体也。析灂，下于檠中，而复纳之，使漆迟干而愈老也。易，滑致也。合，浃洽也。不烦，文理不乱也。张不流，谓张之而不移易也。审环，漆其四边，审定回环，不复有所变动也。一年之事，被弦于春至冬而后用之也。唐宗舜曰：“此承上文言，虽有美材必顺时而为之之意。”析干必伦。析角无邪。斫目必荼。斫目不荼，则及其大修也，筋代之受病。夫目也者必强，强者在内而摩其筋。夫筋之所由幨也，恒〔由〕[①] 此作。恒下当有由。伦，顺其理也。无邪，欲其适正也。目，谓干之节目。荼，舒徐也。大修，太久也。幨，绝起而廉幨然也。王氏曰：“斫目不徐，则其功粗而不精。筋虽与干为力，反为节目所摩啮而筋受其病，夫节目坚强而筋柔弱，以刚强而摩柔弱，则经有幨绝之患，作于此矣。”夫角三液而干再液。厚其帤则木坚，薄其帤则需。是故厚其液而节其帤。约之不皆约，疏数必侔。斫挚必中，胶之必均。斫挚不中，胶之不均，则及其大修也，角代之受病。夫怀胶于内而摩其角。夫角之所由挫，恒由此作。帤，女居反。数，入

---

①据十三经本增“由”。

声。干内以木副之，曰帑。不皆约，谓缠之缴不相次也。侔，犹均也。言约之，疏密适均也。挚之言致也。挫，蹴折也。王氏曰："液谓以火治之，使其液作而软，角则以火炙而治之，欲其和也。干则以火揉而治之，欲其坚也。裨厚则过乎刚，故其木坚；裨薄则过乎柔，故其木需。厚其液，治之为多也。节其帑，厚薄适均也。上下如一，谓之中。厚薄适均，谓之均。斫致其干，欲上下如一，此言斫干之善。施胶欲厚适于均，此言施胶之善。"凡居角，长者以次需。恒角而短，是谓逆桡，引之则纵，释之则不校。恒角而达，辟于终绁，非弓之利也。恒，古邓反。校，音搅。辟，音譬。需者，宽缓之意。恒，竟也。校，疾也。达，谓通长。绁，弓柲也。王氏曰："弓限谓之需，弓弰谓之箫。角长者居限，则角之短者居箫矣。角不可失之长，亦不可失之短。短不及两端，是谓逆桡，言力不足而反桡也。故引其弦而角不用力，纵舍其弦而矢去不疾，故不校也。长者过于两端，而失之达则过于箫头，而送矢太速，若见绁于弓柲然也。"今夫茭解中有变焉，故校。于挺臂中有柎焉，故剽。恒角而达，引如终绁，非弓之利。茭，读为激。茭解，谓弓限与弓箫用骨接处也。变，用力异常也。引之则臂中用力，放则箫用力，矢去所以疾也。挺，直也。柎，侧骨也。臂既中正，而于把处两畔有侧骨助弓为力，矢去所以亦疾也。开弓曰引。挢干欲孰于火而无赢。挢角欲孰于火而无燂。引筋欲尽而无伤其力。鬻胶欲孰而水火相得。然则居旱亦不动，居湿亦不动。挢，与矫同。孰，与熟同。燂，音寻。鬻，音煮。挢，揉也。赢，过熟也。燂，炙烂也。王氏曰："干以坚为贵，角以和为贵，故皆欲熟于火。而干不可过熟而失之脆，角不可过熟而失之烂也。所谓角三液而干再液者，凡以此故也。筋以缓治之，则力无损。故引之欲尽而不伤其力。胶以和济之，则气必相入，故煮之欲熟而水火相得。四者之材，不失之过刚，则阳不能胜，故居旱亦不动。不失之过柔，则阴不能胜，故居湿亦不动。"苟有贱工，必因角干之湿以为之柔。善者在外，动者在内。虽善于外，必动于内。虽善，亦弗可以为良矣。因角干之湿，用火不熟也。唐宗舜曰："自析干必伦节，至此皆详言治角干胶筋之法。"凡为弓，方其峻而高其柎。长其畏而薄其敝。宛之无已应。下柎之弓，末应将兴。为柎而发，必动于䋭。弓而羽䋭，末应将发。敝当作蔽。峻，谓箫也。柎，侧骨也。蔽，谓握持处。箫宜方为之，柎宜高为之，限宜长为之，蔽宜薄为之。宛，引之也。有此四善，故引之无休止而常应弦也。郝氏曰："言下柎之弓，柎薄无力。

峭末应弦，柎必因之发伤。柎既发则两限背杀，薄处失势而软，动如鸟羽摇曳。弓至羽翮不定，则末峭岂能终固，将应弦发伤，焉得无已之应乎。”唐宗舜曰：“自此以下，皆言为弓之善否，以明工有巧拙也。”弓有六材焉，维干强之，张如流水。维体防之，引之中参。维角堂之，欲宛而无负弦。引之如环，释之无失体如环。堂，音撑。维干强之，以干为挽强之本也。张之如水之顺流，纳之檠中，而防其体之变动。及其引之皆合乎三尺，以其矢长三尺，须满故也。维角堂之，以角为拄干之具也。欲其宛顺而不辟戾，则无负弦之患。故引而张之，释而弛之，其体之难易，有似乎环之周运，而无张弛之患也。王氏曰：“弓有六材而干以为远，角以为疾，独处于六材之先。盖已以干为质，角负干以为安，二者之材，尤宜谨择也。上文独言角干之湿以为之柔，亦以是哉。”材美，工巧，为之时，谓之参均。角不胜干，干不胜筋，谓之参均。量其力有三均。均者三，谓之九和。胜，音升。有，音又。王氏曰：“材美工巧为之时，三者皆得平之至也。干以为远，角以为疾，筋以为深，三者无负，平之至也。量其力有三均，是谓九和。”郝氏曰：“量人之力有强弱，半各适其用，亦谓三均。”九和之弓，角与干权。筋三侔，胶三锊，丝三邸，漆三㪺。上工以有馀，下工以不足。㪺与庾同。郝氏曰：“锊、埒通，等也。邸、抵通，相当也。㪺、臾通，相从臾也。皆均和之义。是书辞义变幻，皆此类。郑氏泥数解，则一弓用胶三锊，六两曰锊，是用胶十八两也。陶人二斗四升为㪺，是用漆七斗二升，无是理矣。上工因材常若有馀，下工用材常若不足。”愚谓：角、干，筋也。胶、丝，漆也。材美工巧为之时，九者相得亦九和之义也。为天子之弓，合九而成规。为诸侯之弓，合七而成规。大夫之弓，合五而成规。士之弓，合三而成规。弓长六尺有六寸，谓之上制，上士服之。弓长六尺有三寸，谓之中制，中士服之。弓长六尺，谓之下制，下士服之。郎氏曰：“天子、诸侯、大夫、士之弓，分为四等，以弓之美恶而别。上士、中士、下士之弓，分为三等，以弓之长短而言。”凡为弓，各因其君之躬志虑血气。丰肉而短，宽缓以荼，若是者为之危弓。危弓为之安矢。骨直以立，忿执以奔，若是者为之安弓。安弓为之危矢。其人安，其弓安，其矢安，则莫能以速，中且不深。其人危，其弓危，其矢危，则莫能以愿中。中，去声。丰肉以短，血气之弱也。宽缓以荼，志虑之缓也。骨直以立，血气之急也。忿执以奔，志虑之急也。缓则不速，弱则不深。愿，悫也。太强急则不能悫矣。往体多，来体寡，谓之夹、臾之属，利射侯与弋。往体寡，来体多，谓之王弓之属，利射革与质。往体来体若一，谓之唐弓之属，利射深。弛之曰往，张之曰来。以丝系矢曰弋。质，椹也。夹瘐之属，合五而成规，所谓危弓也。王弓合九而成规，所谓安弓也。唐弓合七而成规，大弓亦然。其皆云之属者，言唐弓以统大弓，王弓以统弧弓也。夹庾并言，亦云之属者，以其类非一也。大和无灂。其次筋角皆有灂而深。其次有灂而疏。其次角无灂。合灂若背手文。角环灂，牛筋蕡灂，麋筋斥蠖灂。和弓毄摩。大和之弓，六材俱善，故无漆灂也。其次筋在背，角在隈，皆有灂，但深在中央，两边无也。其次两边皆有，但疏之。其次角无灂，谓隈里无灂，箫头及背皆有之。其表里合灂处，若人合手背文相应也。蕡，枲实。斥蠖，倮虫。皆灂文之似也。毄摩，拂拭其尘者也。覆之而角至，谓之句弓。覆之而干至，谓之侯弓。覆之而筋至，谓之深弓。王氏曰："详察之谓覆，极善之谓至。覆之而角至，则角独善而已，筋干有未善也。夫角所以为疾，干不善，则不能远，筋不善，则不能深，其质柔弱而不刚直，故谓之句弓。司弓矢曰句者，谓之敝弓是也。覆之而干至，则干又善而筋未善也。角与干善则矢疾而远，可以射侯，故谓之侯弓。覆之而筋至，则非独角与干善，筋又善也，则疾而远又深中焉，故谓之深弓。句弓言其体之曲，不若侯弓之能远。侯弓言其射之远，而不若深弓之为善，故其序如此。弓有六材而独言角干筋者，盖六材以此为主。而胶丝漆则为之辅而已。古人所以冬折干，春液角，夏治筋，至于合三材则一于秋者，意亦以是哉。"

庐人为庐器。戈柲六尺有六寸。殳长寻有四尺。车戟常，酋矛常有四尺，夷矛三寻。郝氏曰："庐芦通攒竹为兵柄也。"陈氏曰："戈、戟，皆刺兵也。戈二刃，戟三刃。殳，击兵也，如杖而无刃。矛，钩兵也，上锐而旁钩。酋矛、夷矛，特因长短而取名耳。矛用以钩则宜长于戟，然后有及故。酋矛长二丈，夷矛长二丈四尺。酋，言就也。近而就之也，夷言伤也。以夷矛极长，钩则有及而伤物为易，故曰夷矛。此矛之辨也。"凡兵无过三其身。过三其身，弗能用也，而无已，又能害人。故攻国之兵欲短，守国之兵欲长。攻国之人众，行地远，食欲饥，且涉山林之阻，是故兵欲短。守国之人寡，食饮饱，行地不远，且不涉山林之阻，是故兵欲长。人长八尺，三其身则二丈四尺，用力已极，过此弗能用也。且不止于不能用，又足以为人之害耳。短兵戈殳也。长兵，戟、矛也。凡兵，句兵欲无弹，刺兵欲无蜎。是故句兵椑，刺兵抟。毄兵同强，举围欲细，细则校。刺兵同强，举围欲重，重则傅人。傅人则密，是故侵之。蜎，于全反。椑，音皮。抟，音团。毄与击同。王氏曰："矛以句，则引之而使来，故其柲欲无弹。弹，谓如弹丸，失之太圜也。戈戟以刺，则中之使深，故其柲欲无蜎。蜎，谓如蜎虫，体弱而桡也。"愚按：隋圜谓之椑。毄兵，殳也，所以击人者也。同强，上下皆强也。组足，谓之校，言其使执也。傅人，谓傅著于人。密，审也，正也。侵之，迫近而伤害之也。凡为殳，五分其长，以其一为之被而围之。参分其围，去一以为晋围。五分其晋围，去一以为首围。凡为酋矛，参分其长，二在前、一在后而围之。五分其围，去一以为晋围。参分其晋围，去一以为刺围。被，把中也。围之，圜之也。凡柄皆八觚，惟把手处则圜。晋，柄下铜镈。首，殳上镈也。必细其上者，以殳之上，人所举而提之，所谓举围欲细也。刺围其上，接刃处也。凡试庐事，置而摇之，以视其蜎也。灸诸墙，以视其桡之均也。横而摇之，以视其劲也。六建既备，车不反覆，谓之国工。置，犹树也。蜎，如蜎之动而均也。灸，谓两端著墙，犹艾之著肤也。桡之均，桡之曲处，其强弱均也。横，谓横置诸膝也。劲，坚强也。俞氏曰："车之六建，夷矛建于酋矛之前，酋矛建于戟之前，戟建于殳之前，殳建于戈与人之前。"王氏曰："五兵与人既备，建于车不反覆，则五兵轻重趣于均也。非国工乌能及此。"

匠人建国，水地以县，置槷以县，视以景。为规，识日出之景与日入之景。昼参诸日中之景。夜考之极星。以正朝夕。槷，古文作臬。水地以县，谓于四角立四柱，于四柱畔县绳以正柱，以水望其高下，既定，然后平之也。槷，谓于所平之地，中央树八尺之槷，县绳以正之。然后视柱之景以正四方也。易氏曰："夏至日，在南陆缠东井，去极六十六度有奇，而景尺有五寸。冬至日，在北陆躔牵牛，去极一百六十度有奇，而景长丈有三尺。春分日，在西陆躔于娄。秋分日，在东陆躔于角。去极九十度有奇，而其景均焉。日出于东，景在西，则识出景之端。日久于西，景在东，则识入景之端。两端既定，中屈其所量之绳，而两者相合，则地之中可验。又虑所窥不至，复以出入之景与日中之景三者相参，故曰参。虑其所参或偏复，以日中之景与极星之度两者相考，故曰考。”王氏曰：“昼参诸日中之景，所以正其朝；夜考极之星，所以正其夕也。”

匠人营国，方九里，旁三门。国中九经九纬，经涂九轨。左祖右社，面朝后市，市朝一夫。朝，音潮，后同。九里，盖上公之制。天子则十二里也。旁三门，谓一方。三门四方，总十二门，以通十二辰也。南北之道为经，东西之道为纬。轨谓辙广，乘车六尺六寸，旁加七寸，凡八尺。九轨积七十二尺，则此涂十一步也。言经涂则纬涂可知。左右前后，据王宫在中而分之。王氏曰：“匠人既曰建国，又曰营国。诗序言卫文公始建城市而营宫室。盖作而立之谓之建，言其始也。周围而治之，以丈尺度其小大谓之营，言其终也。左人道之所尚，右地道之所尊。言祖则宗可知，言社则稷可知。朝市，义利之分。于朝言面，则知市之在所背。于市言后，则知朝之在所先。朝者官吏之所会。市者商贾之所聚。必一夫百亩之地，然后足以容之。”

夏后氏世室。堂修二七，广四修一。五室，三四步，四三尺。九阶，四旁两夹窗。白盛。门堂三之二，室，三之一。盛，平声。世室，谓宗庙。修二七，堂上之深，十四步也。益以四分修之一，其广十七步半也。堂上有五室，以象五行，东北木室，东南火室，西南金室，西北水室，其深皆三步，其广皆益以四尺也。中央土室，其深四步，其广益以三尺也。九阶，一堂四面，皆有阶，南面三阶，东西北面各二阶，共为九也。四旁两夹窗，四旁各有户，每户夹以两窗，共为八也。白盛，以蜃灰垩墙而饰成之也。门堂，门侧之堂，用正堂三分之二，则南北九步二尺，东西十一步四尺也。室用正堂三分之一，则南北共深二丈，东西共广二丈三尺三分尺之一也。**殷人重屋。堂修七寻，堂崇三尺，四阿重屋。**重屋者，王宫正堂，若大寝也。其修七寻五丈六尺，放夏周，则其广九寻七丈二尺也。五室各二寻。崇三尺，陛高三尺也。四阿，若今四柱。屋四面加重檐故也。**周人明堂。度九尺之筵。东西九筵，南北七筵，堂崇一筵。五室，凡室二筵。**度，入声，下同。明堂，明政教之堂。每筵长九寸，则东西之广八丈一尺，南北之深六丈三尺也。五室亦象五行。王氏曰：“夏后氏承尧舜之后，始继世而有天下，此宗庙所以谓之世室也。君子将营宫室，宗庙为先，故夏后氏以世室为始，以事神为尚也。孔子言禹菲饮食而致孝乎鬼神，恶衣服而致美乎黻冕是已。王之制始于夏而未备，故以事神为尚。而所以自安其身者为略焉。故言世室而已，至商则制稍备，非特事神而已，所以自安其身者，亦备其制焉。至周法度其盛，不可复加焉。故其布政教之堂，谓之明堂，《月令》言夏天子之居明堂。以夏为万物相见之时，而王者向明而治，俯以接人者于是乎。在三代之所尚不同，此其文质之辨也。修广高下之数虽异，而其大概未始有殊。故各举其一以互明，三者之制本同也。”杨氏曰：“愚按明堂者，王者之堂也。谓王者所居，以出政教之堂也。夫王者所居，非谓王者之常居也。疏家云明堂在国之南丙巳之地，三里之外，七里之内。此言虽未可以为〔据〕，然其制必凛然森严，肃然清静。王者朝诸侯出政教之时，而后居之焉。而亦可以祀天地交神明于此地而无愧焉。周人祀上帝于明堂，而以文王配之者，此也。记者乃以明堂为宗庙，又为大寝，又为太学，则不待辨说而知其谬矣。惟《考工记》谓明堂五室，《大戴礼》谓明堂九室，二说不同。前代欲建明堂者，或云五室，或云九室，往往惑于二说，莫知所决而遂止。”愚谓五室取五方之义也，九室则五方之外而必备四隅也。九室之制视五室为尤备。然王者居明堂必顺时令，信如《月令》之说，则为十二室可乎，此又不通之论也。惟朱子明堂图谓青阳之右个乃明堂之左个，东之南即南之东，明堂之右个乃总章之左个，南之西即西之南，总章之右个乃玄堂之左个，西之北即北之西；玄堂之右个乃青阳之左个，北之东即东之北。但随其时之方位开门耳。太庙太室则每时十八日居焉。古之制事多用井田遗意，此恐然也。朱子所谓明堂，想只是一个三间九架屋子者，指五方四隅，凡有九室之大略而言也。然则朱子之说其亦有据乎？曰汉承秦后，礼经无全书，姑以《考工记》观之，亦粗可见。《考工记》曰周人明堂度九尺之筵，东西九筵为八丈一尺，言明堂之广也。南北七筵为六丈三尺，言明堂之修也。五室象五行之方位，有五方则有四隅，不言可知也。夫有五方四隅，则一堂之地裂而为九室矣。又安得通而为一，复有九筵之广七筵之修乎？盖明堂云者，通明之堂也，所以朝诸侯行王政者在是，所以享上帝配祖考者在是，非七筵九筵之修广不能行也。五方四隅亦惟辨其方，正其位。随王者所居之月，掌次以帷幕幄帟为之。以诏王居，以顺月令，以奉天道耳。亦如所谓随其时之方位开门是也，此其大略者也。室中度以几。堂上度以筵。宫中度以寻。野度以步。涂度以轨。五尺曰几，六尺曰步。王氏曰：“隐几而坐者，宜于室，故室中、度以几。肆筵为礼者，宜于堂，故堂上度以筵。伸屈于此者，宫也。伸臂而度之为宜，故于宫中度以寻。外而起亩于步者，野也，故野度以步。涂车，田中以行，故涂度以轨。寻也，步也，取诸身而度之者也。几也、筵也、轨也，取诸物而度之者也。”庙门容大扃七个。闱门容小扃参个。路门不容乘车之五个。应门二彻参个。彻与辙通，后同。大扃，牛鼎之扃，长三尺，七个则二丈一尺也。庙中之门曰闱。小扃，牖鼎之扃，长二尺，参个则六尺也。大寝之门曰路门。乘车广六尺六寸，五个则三丈三尺。言不容者，必两门乃容之。正朝之门曰应门，二辙之内八尺，参个则二丈四尺也。

内有九室，九嫔居之。外有九室，九卿朝焉。九分其国以为九分，九卿治之。内，路寝之里也；外，路寝之表也。九分其国，分其国之职也。王氏曰："九嫔上佐夫人以赞后，而下则帅世妇女御。九卿上佐三公以佐天子，而下则帅大夫元士。又曰书云三孤贰公弘化寅亮天地，又曰六卿各帅其属以倡九牧，阜成兆民。盖分而言之曰三孤六卿，合而言之同谓之九卿而已。孤而谓之卿者。以典命考之，王之三公八命，其卿六命，则孤盖与卿同为六命矣。故外朝之法则，孤卿之位同于九棘。司士之摈则同于特揖。孤与卿名虽异，而实则同。合而言之，谓之卿。奚不可哉。"王宫门阿之制五雉。宫隅之制七雉。城隅之制九雉。经涂九轨。环涂七轨。野涂五轨。阿，栋也。隅，角也。雉飞长三尺，高一丈，度广径者，以此准之。环涂，环城之道也。王氏曰："门阿长十五丈，高五丈。宫隅长二十一丈，高七丈。城隅，长二十七丈，高九丈矣。城隅高于宫隅，宫隅高于门阿，内外高下之异制也。国中所由者众，故九轨。绕城所由差少，故七轨。野涂所由尤少，故五轨。彻广曰轨，轨广八尺。"门阿之制以为都城之制。宫隅之制以为诸侯之城制。环涂以为诸侯经涂。野涂以为都经涂。王氏曰："都城之制，以王宫门阿为之，则无过五雉，比诸侯为杀也。诸侯之城制以宫隅为之，则无过七雉，比天子为杀也。邦之经涂以七轨为度，都之经涂以五轨为度。夫降杀以两礼之节也，故诸侯之制下于天子，都城之制，下于诸侯。然诸侯之有功德者，乃入为卿士，而其礼反下于诸侯，何也？大抵近君则其势屈，远君则其势伸。都于王宫为近，安得不屈礼以下于诸侯乎？观其采地，不谓之国而谓之都。其君不谓之监而谓之长。其命也以偶不以奇，其治也以则不以典。其传也以禄不以嗣。则其于城涂之制，可知矣。"

匠人为沟洫。耜广五寸，二耜为耦。一耦之伐，广尺，深尺，谓之甽。田首倍之，广二尺，深二尺，谓之遂。甽与畎同。沟洫，遂所以通田间之水道也。耜，即今之耡。耦，两人相并也。伐，发土也。甽，通水之小圳也。田首，一夫百亩之大界也。遂者，□遂之义。九夫为井。井间广四尺，深四尺，谓之沟。方十里为成。成间广八尺，深八尺，谓之洫。方百里为同。同间广二寻，深二仞，谓之浍。专达于川，各载其名。

井间有沟，言四面皆沟也。成间有洫，言其间值数洫也。同间有浍，言其间值数浍也。川则不可以远近限矣。薛氏曰："小司徒九夫为井，匠人亦九夫为井。井间有沟，自井地言之也，遂人十夫有沟，兼沟涂言之也。然遂人百夫有洫，而匠人十里为成。成间有洫，则九百夫之地。遂人千夫有浍，而匠人百里为同。同间有浍，则九千夫之地。其不同何邪？成间有洫，非一成之地，包以一洫而已，谓其间有洫也。同间有浍，非一同之地，包以一浍而已，谓其间有浍也。成与同地之广者也，洫与浍沟之大者也。于同举浍，于成举洫，亦其大略云尔。遂人沟，沟入洫，洫入浍，浍入川。周室井田之法，实公行于天下。内外远近之沟洫，实无异制。则遂人、匠人之所掌，其制一也。又曰井田沟洫之制同矣。《周官》小司徒经土地而井牧其田野。自井至都以任地事。遂人治野，自遂至路以达于畿。匠人为沟洫，自𤰝至浍以达于川。郑康成以小司徒有邑甸县都之别，而其名与采邑同。匠人有𤰝沟洫浍之别，而多寡与遂人异。故言乡遂公邑制沟洫，采邑制井田，畿内用贡，邦国用助。贾公彦之徒，遂以载师自国中园廛以至稍甸县都，皆无过十二，是乡遂及四等公邑，皆用贡而无助。以明乡遂为沟洫而已。然先王之为井田也，使所饮同井，所食同田，所居同廛，所服同事，出入相友，守望相望，疾病相扶持，乡遂六军之所寓，岂可授之田而不为井法乎。《大田》之诗言曾孙来止，而歌雨我公田，遂及我私。《噫嘻》之诗言春夏祈谷于上帝，而歌骏发尔私，终三十里，亦服尔耕，十千维耦。周官遂人言兴耡，旅师有锄粟，此乡遂井田之事。郑氏以乡遂无井田，而又以遂人之法释诗，以一井之法释旅师，是自戾也。孟子曰：乡田同井请野九一而助，则乡遂之为井田可知矣。"**凡天下之地执，两山之间必有川焉，大川之上必有涂焉**。王氏曰："此川因地执之自然，而非人之为也。盖有山斯有川，有川斯有涂。川积两山之水。途通往来而依川为之也。"**凡沟逆地防，谓之不行。水属不理孙，谓之不行。梢沟三十里而广倍。凡行奠水，磬折以参伍。欲为渊，则句于矩**。孙，去声。沟兼洫浍而言防，谓地脉之络。属，犹泾属，渭汭之属连也。理，谓水之条理。孙，顺也。造沟而不因其执，则不行。会众水而不循其道，则亦不行。梢沟，沟末也。自沟末言之谓之梢，沟自田端言之谓之田首。水路长而广，倍于初，则足以容之。奠，定而安之也。磬折，委曲之状。三折之曰参，五折之曰伍。句于矩，使水执倒向上。句曲尺，则为洄漩而成渊也。**凡沟必因水执，防必因地执。善沟者水漱之，善防者水淫之**。王氏曰："沟所以导水，不因水执，则其流易壅。防所以止水，不因地执，则其土易坏。故善为沟者水必漱啮之而无所壅，以其因水执故也。善为防者水必淫液之而无所决，以其因地执故也。”

凡为防，广与崇方，其閷参分去一。大防外閷。閷者，薄其上也。小防但薄其面内之上，而大防并薄其面外之上，然后可固也。凡沟防，必一日先深之以为式。里为式，然后可以傅众力。式，法也。以一日之工为式，则可推之于馀日。以方里之井为式，则可推之于馀里。傅，附也。谓众力相附，傅者而成之也。凡任，索约大汲其版，谓之无任。葺屋参分，瓦屋四分。囷、窌、仓、城，逆墙六分。堂涂十有二分。窦其崇三尺。墙厚三尺，崇三之。约，缩也。汲，引也。筑防与墙者，以绳约版而大引之，则版曲而土不坚故不胜其任也。以茆覆屋曰葺。三分四分，谓各分其修以其一为之竣。盖脊高而檐低，则溜水易泻也。圜仓曰囷，地窖曰窌。逆，犹却也。四者之墙皆六分，其高却一分，以为上閷也。堂涂之阶以甓甃之十分之中二分，稍高则水泻其两旁也。宫中水道曰窦。崇三尺，防壅蔽也。凡墙厚三尺，则可久；高九尺，则可固。前言宫室之制，未及乎版筑也，故上因上言防而并详之。马氏曰：“三代之时，捐膏腴之地以为沟洫浍川，故能时其畜泻以备水旱。所以水利之说，三代无有。自秦人开阡陌、废井田，任民所耕，不计多少，而沟洫之制大坏。后之智者，因川泽之执，因水以溉田，而水利之说兴焉。魏起、郑伯之徒，以此为功。然水就下者也，陂而遏之，利旱岁不害。霪潦则其害有不可胜言者矣。此翟子威、杜元凯所以决坏堤防，以纾其水患者也。”

车人之事，半矩谓之宣。一宣有半谓之欘。一欘有半谓之柯。一柯有半谓之磬折。欘，张玉反。矩，法也。所法者一人也。人长八尺，而大节三头也，腹也，胫也，以三通率之，则矩二尺六寸三分寸之二。头发皓落曰宣。半矩尺三寸三分寸之一，人头之长也。欘，斫木柄，长二尺。柯，伐木器，其柄长三尺。磬折，人带以下四尺五寸。磬折立，则上俯也。郝氏曰：“序云车之登下，以人为节，故矩由人身，非强设者也。”

车人为耒，庛长尺有一寸。中直者三尺有三寸。上句者二尺有二寸。自其庛，缘其外，以至于首，以弦其内，六尺有六寸。与步相中也。庛，音刺。中，去声。耒，耕器。疵者，耒之面，所以受耜者也。耜以金为之。中直，谓中间之柄，其形直也。上句，谓手执之处，其形句也。缘，循也。弦，径也。丝外则六尺六寸，弦内则六尺应一步之数也。坚地欲直疵，柔地欲句疵。直疵则利推，句疵则利发。倨句磬折，谓之中地。直疵，所入者深，故利推。句疵，所起者顺，故利发。中地之（来）〔耒〕，其疵与直者如磬折，则调矣。王氏曰："车人为车而亦为耒者。《易》曰揉木为耒。盖耒之为物，其体曲其用利。而车之为物，或揉曲木以为体，或资利转以为用。器殊而事类，此车人所以为耒也。"唐宗舜曰："按匠人营城郭宫室兼为沟洫，皆井地之法。车人为耒，任牛以耕地；为车，任马以行地。皆揉木以为之，其事固相类而法亦相因而立也。所谓惟王建国，体国经野，以为民极。圣人备物致用，立成器以为天下利者，莫大于此。故曰智者创物，巧者述之，守之世谓之工。"

车人为车，柯长三尺，博三寸，厚一寸有半，五分其长，以其一为之首。毂长半柯，其围一柯有半。辐长一柯有半，其博三寸，厚三之一。渠三柯者三。六分其轮崇，以其一为之牙围。毂上疑脱大车二字。六分句当属之此。柯，斧柄也。造车必以斧，因以量物焉。王氏曰："柯长三尺，博三寸，厚一寸有半，以斧柄言之也。五分其长，以其一为之首，以斧刃言之也。渠，车辋，郎牙也。揉木之直以为曲，其执圜而包毂。辐之众，有如渠之一曲一直受众小木，故名之也。轮崇，谓轮径也。高九尺六分而取一，则牙围尺有五寸矣。"柏车毂长一柯。其围二柯。其辐一柯。其渠二柯者三。五分其轮崇，以其一为之牙围。柏与迫通，言迫近也。轮崇六尺，牙围尺有二寸。行泽者欲短毂，行山者欲长毂。短毂则利，长毂则安。行泽者反輮，行山者仄輮。反輮则易，仄輮则完。下凝滞曰利，不揑扤曰安。輮，輮牙以抱轮也。泽多泥滑，反輮其木，使滑者在外，则泥不能粘，其行易矣。山多砂石，仄輮其木，使表里相应，则摩不能甐，其车完矣。唐宗舜曰："此节旧本在首节渠三柯者三句下，似专指大车而言。然大车有行山行泽之分，岂柏车独不然乎。旧注因毂长半柯一柯之文，遂以行泽为大车，行山为柏车，亦恐太泥。今以轮人凡为轮行泽者，欲抒行山者欲侔例之，似通大车、柏车而言。故移置于此。"大车崇三柯，绠寸。牝服二柯，有参分柯之二，羊车二柯有参分柯之一。柏车二柯。此因上文言轮崇而明之。大车平地任载之车。绠，轮箄也。其阔一寸，盖轮之外四面一寸，则安也。凡器虚而能受者曰牝。服，车箱也。有郎又也。羊，善也。羊车，宫中之车。或曰大车驾牛，柏车驾马，羊车驾羊。晋武乘羊车恣其所之，宫人竞以竹叶插户、盐汁洒地，是其证也。

凡为辕，三其轮崇，参分其长，二在前，一在后，以凿其钩。彻广六尺，鬲长六尺。凡为辕，并大车、柏车、羊车之辕而言。钩，谓辕之钩心，就中而凿之，以钩车箱也。彻，车轨也。一牛所驾，故广仅六尺也。鬲，辕端压牛领者。二句专指大车而言。陈氏曰："彻广六尺则与四马。八尺之辙不同。鬲长六尺，则与六尺六寸之衡不同。是两辕之车，一牛在辕内，故鬲短而辙狭。一辕之车，两服在辕外，故衡长而辙广也。舆人之较，车人谓之牝服；舆人之衡，车人谓之鬲。舆人之为车，起度于舆广；车人之为车，起度于柯长。舆人之车，其箱广而不方。车人之车，其箱方而不广。则其制之异，可知矣。"唐宗舜曰："按车有大车、田车、兵车、乘车之不同，前此轮舆辀辕各有专工。而此仅概之以车人，岂彼特为乘舆以共王用，故一器而工聚。而此或兼为之，以通上下之需与。"

梓人为笋虡。天下之大兽五：脂者，膏者，臝者，羽者，鳞者。宗庙之（中）〔事〕①，脂者、膏者以为牲；臝者、羽者、鳞者以为笋虡。笋，息允反。虡，音巨。臝，音裸。笋虡，钟磬之架也。横者曰笋，植者曰虡。脂，牛羊属。膏，犬豕属。臝，浅毛者，虎豹属。羽，鸟雀属。鳞，鱼龙属。用脂膏以为牲，致畜味也。用臝羽鳞以为笋虡，贵野声也。外骨、内骨、却行、仄行、连行、纡行；以脰鸣者，以注鸣者，以旁鸣者，以翼鸣者，以股鸣者，以胸鸣者。谓之小虫之属，以为雕琢。脰，音豆。注，都豆反。外骨龟属，内骨鳖属。却行蚓属，仄行蟹属，连行蚁属，纡行蛇属。脰，项也，项鸣鼃黾属。注，喙也，喙鸣蟋蟀属。旁鸣，蜩蜺属。翼鸣，发皇属。股鸣，螽斯属。胸鸣，荣原属。雕琢者，刻其形于祭器之上以博庶物也。厚脣弇口，出目短耳，大胸耀后，大体短脰。若是者谓之臝属。恒有力而不能走，其声大而宏。有力而不能走，则于任重宜；声大而宏，则于钟宜。若是者以为钟虡，是故击其所县，而由其虡鸣。出，突出也。耀，倾小貌，由若也。锐喙决吻，数目顅脰，小体骞腹，若是者谓之羽属。恒无力而轻，其声清扬而远闻。无力而轻，则于任（重）〔轻〕②

①据十三经本改。

②据十三经本改。

宜；其声清扬而远闻，则于磬宜。若是者以为磬虡，故击其所县，而由其虡鸣。数，音促。颀，音铿。闻，去声。喙，口啄也。吻，口腃也。颀脰，短貌。骞，轻举之貌。小首而长，抟身而鸿，若是者谓之鳞属，以为笋。抟，圜也。鸿，佣也。王氏曰："先王之德足以作，动物虽庶物之微，皆取之以为雕琢之文。则乐之一作，盖万物无不均被之矣。且古之为乐器者，笙管之属，其音象鸟，鼓镛之属，其声象兽。非特其声也，其形制亦然。敔为伏虎，亦是意也。又况笋虡所以垂钟磬者哉。则挚其钟与磬而顾其形焉，有不由其虡鸣尔乎。"凡攫杀援箸之类，必深其爪，出其目，作其鳞之而。深其爪，出其目，作其鳞之而，则于视必拨尔而怒。苟拨尔而怒，则于任重宜。且匪色，必似鸣矣。爪不深，目不出，鳞之而不作，则必颓尔如委矣。苟颓尔如委，则加任焉，则必〔如〕①将废措，其匪色必似不鸣矣。箸与噬同，匪与斐同，颓与颓同。攫，谓爪之决裂。㧈，谓牙之纤利。援，谓力之攀取。噬，谓吻之啮食。作，起也。鳞之而，颊之有鬐鬣处也。斐，犹言光景。颓尔，犹言委顿。废措，废其所加之器也。

梓人为饮器。勺一升，爵一升，觚三升。献以爵而酬以觚。一献而三酬，则一豆矣。豆当作斗。勺，尊升也。王氏曰："饮酒之礼，主有献宾酢，而主又酬之，酬所以致主人之厚意也。献以爵则一升矣，酬以觚则三升矣。一献而三酬，则十升矣。故为一斗为礼，而至于酬礼极而不可以有加，则不可以不节用。觚者，言交物而无节，而其穷为觚所以戒也。"薛氏曰："爵刻木为之漆，其中形如王爵焉。二升曰觚，三升曰觯。康成加觚为觯，理或然也。"陈氏曰："乡饮、乡射言献以爵而酬以觯，《曲礼》亦云。"食一豆肉，饮一豆酒，中人之食也。凡试梓，饮器乡衡而实不尽，梓师罪之。乡，音向。王氏曰："先王于饮食，虽所以养气充体，然亦欲其有节而不可过。故以中人为制，而已试梓者，试以为器之效也。"娄里王氏曰："眉间曰衡，向衡而酒不尽，是饮器太深也。"王氏曰："梓人为笋虡、为乐器也，为饮器，为礼器也。"

梓人为侯。广与崇方，参分其广而鹄居一焉。上两个与其身

①据十三经本增。

三，下两个半之。上纲与下纲出舌寻，縜寸焉。方，犹等也。广与高等，谓侯中。鹄居三分之一，而中之左右居三分之二，上下亦居三分之二。鹄之为物，远举而难中，故以名栖侯之的焉。中之上下横布二副为上下，左右皆出长舌，其广倍身。是与其身为三也。身之下又以横布二副为下个，左右皆出其短舌。内广同身，外得身之半，是半之也。纲所以系侯于植者，上下皆出舌一寻，乃可系也。连侯之绳曰縜，其围一寸。张皮侯而栖鹄，则春以功。张五采之侯，则远国属。张兽侯，则王以息燕。祭侯之礼，以酒脯醢。其辞曰："惟若宁侯，毋或若女不宁侯，不属于王所，故抗而射女。强饮强食，诒女曾孙诸侯百福。"女，音汝。强，上声。皮侯，以皮饰侯，大射之侯也。五采之侯，内朱而白次之，苍次之，黄次之，黑次之。其侯之节，又以五采画云气焉，宾射之侯也。兽侯以白为质，画熊于中，燕射之侯也。王氏曰："射之制有三，有大射，宾射，燕射。方其大射，张皮侯而择士以祭，取其有中的之功而用之。盖诸侯以春而贡，士射中多则与于祭。其君为有功而益以地，射中少则不得与于祭。其君为有罚而削以地。诗云大侯既抗，弓矢斯张，射夫既同，献尔发功是也。五采侯则缋以五采，用之以宾射。所以待诸侯之朝觐。五采所以象文德也。夫远人不服，修文德以来之，所以言远国属也。兽侯用以燕射，天子熊侯，诸侯麋侯，大夫布侯，画以虎豹，士画以鹿豕。必画此为象者，言能为民除害。天子之害既去，然后可以休息而安燕，故王以燕息也。侯而祭之，神无乎不在，而圣人无所不用其至也。然祭以诚为主，以少为贵，故以酒脯醢而已，无牲焉。夫侯受内捍外，有诸侯之象。故祭侯之辞曰：惟若宁侯，而以使之为诸侯皆安也。乃若不安其为诸侯，不属于王所，则必抗而射女。司马九伐以正邦国是已。"

右攻木之工七。唐宗舜曰："内弓庐匠梓车，旧本悉置篇末，今依前目并次辀人之后云。"

攻金之工，筑氏执下齐。治氏执上齐。凫氏为声。栗氏为量。段氏为镈器。桃氏为刃。齐，音剂，下同。金，谓铜铁也。多锡为下齐，少锡为上齐。声，钟镈之属。量，豆区之属。镈器，钱镈之属。刃，刀剑之属。将分言其事，乃总举其要，于此以识其概也。金有六齐：六分其金而锡居一，谓之钟鼎之齐。五分其金而锡居一，谓之斧斤之齐。四分其金而锡居一，谓之戈戟之齐。参分其金而锡居一，谓之大刃之齐。五分其金而锡居二，谓之削杀矢之齐。金锡半，谓之鉴燧之齐。王氏曰："凡以金为器，必济之以锡。盖金性坚刚而锡则柔软，金或赤黑而锡则青白。以柔软而济坚刚，则其为器也不折。以青白而济赤黑，则其为色也明晢。然所用之锡，各随其器多寡之有不同，此所以有六齐也。钟以击，鼎以烹，则用锡为最少，故六分其金而锡居一。斧以伐，斤以斫，则用锡宜差多，故五分其金而锡居一。戈戟皆用之以刺，防其或摧折，用锡宜多于斧斤，故四分其金而锡居一。凡此皆上齐也。大刃则戚扬之属，其刃为加大，施之斩斫，则防其易亏缺，故三分其金而锡居一。削，书刀；杀矢，用诸近射田猎也。削以治书，杀矢中之则死，皆欲其坚刃不脆，其用锡又宜多于大刃，故五分其金而锡居二。鉴燧以取水火于日月，或以之照以明白为上，故用锡为最多而金锡相半焉。凡此所谓下齐者也。"干宝曰："以五月丙午日中铸为阳燧，以十二月壬子夜半铸为阴燧。"

筑氏为削，长尺博寸，合六而成规。欲新而无穷，敝尽而无恶。削，书刀也。古人用竹简先以火灼其简，后用刀刻而为书。博，阔也。合六而成规，其形微曲也。新而无穷，言其利也。敝尽而无恶，言其均也。杀矢，刃长寸，围寸，铤十之，重三垸。垸，音丸。杀矢，田猎之箭。铤，箭足入笴者也。垸，量名。唐宗舜曰："前文云筑氏执下齐，冶氏执上齐。斧斤戈戟，此上齐也，冶氏当兼为之矣。大刃削杀矢及鉴燧，此下齐也，筑氏当兼为之矣。今冶氏不言斧斤，筑氏不言大刃鉴燧，文不具也，而以杀矢属之冶氏恐误，姑为移置于此，以俟知者。"

冶氏为戈，广二寸，内倍之，胡三之，援四之。已倨则不入，已句则不决。长内则折前，短内则不疾。是故倨句外博。重三锊。戟广寸有半寸，内三之，胡四之，援五之。倨句中矩，与刺重三锊。句，音钩。中，去声。内，谓胡以内接柲者也。胡，锋旁出而下曲者，即钩也。援，刃直向上者。已犹甚也。已倨，谓太直以之钩人则不入也。已句，谓太曲以之刺人则不决也。长内，谓胡以内过长，则援短而引之并钩，故前折也。短内，谓胡以内过短，则援长而引之难及，故不速也。博，广也。倨之外，胡之里也。句之外，胡之表也。戈之制，其广二寸，而胡之表里则皆丰于二寸，以其所用以钩者主于胡故也。锊，亦量名，锾也。三锊，谓一斤四两。戟，今三锋戟也。倨句中矩，指其胡而言之，其形磬折中矩之方也。刺，谓援也。薛氏曰："戟柲长一丈四尺八寸，合援之七寸半，内之四寸半，共长一丈六尺，车戟常是也。"

桃氏为剑，腊广二寸有半寸。两从半之。以其腊广为之茎围，长倍之。中其茎，设其后。参分其腊广，去一以为首广，而围之。腊，力阖反。去，起吕反。腊谓两刃。两从谓剑脊，两面杀而趋锷者也。茎谓剑夹，人所握处，自镡以上也。中其茎设其后，谓从中以却稍中分之，而设为稍大之后，则于把易制矣。首，谓剑把接刃处，其围一寸三分寸之二。身长五其茎长，重九锊，谓之上制，上士服之。身长四其茎长，重七锊，谓之中制，中士服之。身长三其茎长，重五锊，谓之下制，下士服之。身去柄而言之茎，长五寸，五之则二尺五寸，四之则二尺，三之则一尺五寸。九锊三斤十二两也。七锊二斤十四两也。五锊二斤一两三分两之一也。士，谓勇力之士，各以其形貌大小带之，则人与器相称矣。敬仲郑氏曰："剑所以御暴除恶，以桃氏为之桃能辟除不祥故也。"

凫氏为钟。两栾谓之铣，铣间谓之于，于上谓之鼓，鼓上谓之钲，钲上谓之舞。舞上谓之甬，甬上谓之衡。甬，音勇。两栾，钟两角也。古应律之钟，状如今之铃，不圜，故有两角也。钟之所先，故名铣。于，谓钟唇之上祛也。气之上达，故名于。鼓者，所击之处，声所自由也。钲者，钟腰之上，居钟体之正也。舞者，音之所发，动如舞蹈之有节也。五者，钟之体也。甬者，进而有继之意。衡者，平而不陂之意。二者，钟之柄也。钟县谓之旋，旋虫谓之干。钟带谓之篆，篆间谓之枚，枚谓之景。于上之攠谓之隧。攠，音靡。旋，即镮也。所以属柄而县之，旋言其文之回旋也。钟之旋以虫为饰，若今之蹲熊盘龙辟邪之类。干，言其力之强固也。带有四，所以介鼓钲舞甬衡之名。篆，言其文如篆籀也。枚，乃钟乳，夹鼓与舞，每处有九面三十六枚。三十六枚言其数可计算也。大星曰景，言其形如大星也。攠，所击之处。隧，言其突而生光，有似于阳燧也。十分其铣，去二以为钲。以其钲为之铣间，去二分以为之鼓间。以其鼓间为之舞修，去二分以为舞广。以其钲之长为之甬长。以其甬长为之围。参分其围，去一以为衡围。参分其甬长，二在上，一在下，以设其旋。王氏曰："凡钟之制，皆下侈而上敛，故钲之径得铣径十分之八，而铣间则与钲同也。鼓间又去二分，则居铣径十分之六也。舞修，舞之长也，与鼓间等。舞广，舞之径也，又去二分，则居铣径十分之四。以此推之，则铣间与钲之径相应，鼓间与舞相应也。然舞上下既促，是当以横为修，纵为广，则上不失于太敛，下不失于太侈矣。”愚谓：甬长，并衡数而言也，衡居甬上，又小于甬三分之一。旋形如璧羡，当甬之中，二在上，一在下，以设之者上长下短，欲其坚也。厚薄之所震动，清浊之所由出，侈弇之所由兴，有说。钟已厚则石，已薄则播，侈则柞，弇则郁，长甬则震。有说，犹言有故。石，不发也。播，太散也。柞，迫也。郁，塞也。震，不定也。是故大钟十分其鼓间，以其一为之厚。小钟十分其钲间，以其一为之厚。钟大而短，则其声疾而短闻。钟小而长，则其声舒而远闻。为遂，六分其厚，其一为之深而圜之。钲间、鼓间，各居其铣十分之六，取其十之一为厚，则无石播之病也。疾，急也。钟大宜长，失于短则太急而易竭矣。舒，缓也。钟小宜短，失于长则太缓而难息矣。郝氏曰：“遂燧通，如镜取火日中者。钟受击处，为圜形，微起，光明似镜。深，高也，犹觐礼为坛深四尺之深，郑谓窐误。”敬仲郑氏曰：“凫之为物，入水而不溺，胜水而不淫。先王作乐亦取其无淫溺之患。”陈氏曰：“《典同》凡为乐器，以十有二律为之数度。若黄钟之律九寸十六之，而铣取其十以为度，则铣当径五寸有奇。馀律各随其数起之。”愚按：凡钟口十者，其长十六云。

栗氏为量，改煎金锡则不耗。不耗然后权之，权之然后准之，准之然后量之。量之以为鬴，深尺，内方尺而圜其外，其实一鬴。其臀一寸，其实一豆。其耳三寸，其实一升。王氏曰：“栗之为义缩而栗者，有坚果难渝之义。先王之为量，使四方观之以为则，万世守之以为法，以立天下之信而无敢渝焉。所以名工谓之栗氏。夫六分其金而锡居一，谓之钟鼎之齐。量之用金锡与钟鼎同。金锡之为物，必炼之使精，不复减耗，然后可久焉。故始于权之以视其轻重之齐，次于准之以视其高下之平，终于量之以视其多寡之均。然后以之为鬴焉。晏子曰六十四升为鬴。管子曰百升而成鬴。以栗氏考之，则鬴为百升，而所为鬴则斛也。夫五量之法，其数本起于黄钟之籥。合籥为合，十合为升，十升为斗，十斗为斛。律历志曰：其法用铜方尺，而圆外旁有庣焉。其腹为斛，其臀为斗，左耳为升，右耳为合。梓人曰：爵一升而觚三升，献以爵而酬以觚，一献而三酬，则一豆矣。所谓豆则斟也。然则深尺内方尺而圜其外，其实一鬴，则仰其上而为鬴矣。其臀一寸，其实一豆，则覆其下而为斗矣。其耳三寸，其实一升，则言其左耳矣。至于右耳，则其实一合而已。内方而外圜，则天地之象也，其臀一寸，其耳三寸，则阴阳奇耦之象也。”重一钧。其声中黄钟之宫。概而不税。中，去声。钧，三十斤。概，以竹木为之，所以取平也。《杂说》黄钟是一阳初生，其时以冬至，其数也以九，其声也以中。量本属数，何与声事，惟其得器之精微，天地阴阳之正气，默与之合，致天下皆于是取平。但欲其平而已，非有取之之意。说者以不税为租税，非也。后世有陈氏者，乃以公量收私量贷以窃民誉。敢于败坏先王之制度，悖天地阴阳之正气，圣人所以深恶之者也。其铭曰：时文思索，允臻其极。嘉量既成，以观四国。永启厥后，兹器为则。观，去声。刻辞曰铭。时，是也。允，信也。臻，至也。极者，至极之义。立准而物莫不取正也。嘉，美也。观，示也。启，开也。则，法也。观示乎四国，所谓谨权量、审法度，而四方之政行也。法则乎后，人所谓有典有则，贻厥子孙。关石和钧王府则有者也。凡铸金之状，金与锡，黑浊之气竭，黄白次之；黄白之气竭，青白次之；青白之气竭，青气次之。然后可铸也。王氏曰："凡用金为器者，皆和之以锡，其用金锡必镕炼之使精，然后以金汁入模而铸焉。方其改煎金锡有气之可观。青阳也，其气纯而不杂。黄白阴也，其气杂而不纯。故始而镕之，则阴杂之气多而为黑浊。黑浊之气既竭，然后黄白之气次之。黄白之气既竭，然后青气独见焉。阴杂之气消尽无馀，所存者，纯阳不杂之气而已，则其炼之至精然后可用以铸焉。则其器用而不敝，久而独存，可以垂无穷而施罔极矣。"

段氏段，音锻。阙。

右攻金之工六。唐宗舜曰："自此至终篇，篇次悉皆如旧。"

函人为甲，犀甲七属，兕甲六属，合甲五属。犀甲寿百年。兕甲寿二百年。合甲寿三百年。函，包也容也。属者，札叶相属也。犀、兕，皆野兽名。陈氏曰："革坚者札长，故其属少；次者札短，故其属多。"凡为甲，必先为容，然后制革。权其上旅与其下旅，而重若一。以其长为之围。凡甲，锻不挚则不坚，已敝则桡。容，服者之像式也。札叶众多，故谓之旅。上旅，谓衣。下旅，谓裳也。挚之言致也。桡，曲也。王氏曰："人身有小大长短之不齐，过之则有馀，不及则不足，必其甲之足以容其身而后可。惟因其人之身而为容，然后以之制革，则无赘亏之患。故曰然后制革，权以知其轻重，使上下等而若一，则无偏重之患。以其长为之围，从横欲周其身而已。凡甲必锻革为之，不熟则不坚，太熟则软而易曲。"凡察革之道，视其钻空，欲其窓也；视其里，欲其易也。视其眹，欲其直也。櫜之，欲其约也。举而视之，欲其丰也。衣之，欲其无齘也。空，音孔。窓，音远。易、衣，并去声。齘，户界反。钻，穿也。窓，小孔貌。易，治也，谓修治精洁也。眹，缝也。櫜，韬也。约，密致而不粗坌也。丰，充丽而不削馁也。齘，人齿参差貌。无齘，谓札叶附合，不相撑支也。视其钻空而窓，则革坚也。视其里而易，则材更也。视其眹而直，则制善也。櫜之而约，则周也。举之而丰，则明也。衣之无齘，则变也。更，平声。更，变革也。周，宛匝也。明，光耀也。变，便利也。

鲍人之事，望而视之，欲其荼白也。进而握之，欲其柔而滑也，引而伸之，欲其直也。卷而抟之，欲其无迆也。视其著，欲其浅也。察其线，欲其藏也。鲍，一作鞄，匹学反。信，音伸。卷，上声。著，直略反。鲍，柔革工也。荼，茅莠也。握，谓以手烦搁也。信，无缩缓也。抟，谓以手约束之也。迆，放纵自去貌。著，谓铺著之浅，虽厚如薄也。线，谓缝革之缕藏隐而不露也。引而信之，欲其直也。本在下文，今移于此。革欲其荼白而疾浣之则坚，欲其柔滑而腥脂之则需。信之而直，则取材正也。信之而枉，则是一方缓、一方急也。若苟一方缓、一方急，则及共用之也，必自其急者先裂也。若苟自其急者先裂，则是以博为帴也。卷而抟之而不迆，则厚薄序也。视其著而浅，则革信也。察其线而藏，则虽敝不甐。帴，音践。甐，音吝。疾浣，不使久居水中也。腥脂，厚以脂柔之也。博，广也。帴，狭小貌。序，均也。甐，磨伤其缕也。

韗人为皋陶。长六尺有六寸，左右端广六寸，中尺，厚三寸，穹者三之一，上三正。韗，音运。郝氏曰："皋与高通。鼓长者曰皋。古者为土鼓瓦匡，故名陶。后世以木板合而规之。"愚谓：左右端谓广头也，两头广六尺，而中央广一尺，则其腹穹然高起，居鼓面三分之一也。凡鼓树而植之，则腹在下而端在上，上三正者，言上则以三分为正，不如腹之加一分也。鼓长八尺，鼓四尺，中围加参之一，谓之鼖鼓。为皋鼓，长寻有四尺，鼓四尺，倨句，磬折。鼓面四尺，其围十二尺，中围加三之一，则十六尺也。大鼓谓之鼖，所以鼓军事者，长寻有四尺，乃丈二尺也。倨，直也。句，曲也。磬折，谓中高而两头下如磬之折也，此所以鼓役事者。凡冒鼓，必以启蛰之日。良鼓瑕如积环。鼓大而短，则其声疾而短闻；鼓小而长，则其声舒而远闻。冒，蒙也。启蛰之日，雷震蛰房，万物异作，故蒙鼓者，必顺其时也。瑕，谓漆之文理，良鼓共革调急，而瑕随其皋陶，周围若环之积于内而见于外也。

韦氏阙。

裘氏阙。

右攻皮之工五。阙二。

画缋之事，杂五色。东方谓之青，南方谓之赤，西方谓之白，北方谓之黑。天谓之玄，地谓之黄。青与白相次也。赤与黑相次也。玄与黄相次也。摹成物体谓之画，绘聚采色谓之缋，所以为衣也。青与赤谓之文。赤与白谓之章。白与黑谓之黼。黑与青谓之黻。五采备谓之绣。天地之气，至东南而华丽，故为文。至西南而明盛，故为章。至西北而严凝，故为斧之断。至东北而分辨，故为黻之别。绣者，刺而成之，所以为裳也。土以黄，其象方，天时变。火以圜，山以章。水以龙，鸟兽蛇。杂四时五色之位以章之，谓之巧。凡画缋之事，后素工。黄者，上之色。方者，地之形。时变，谓日月星辰所以察四时之变者也。圜者，火之形。章，谓草木，所以章明山之体者也。龙，水物之最灵者。鸟，华虫为裳，鸟隼为旟也。兽，熊虎为旗。蛇，龟蛇为旐也。素，白也。言先以素为质而后施画缋之功也。林氏曰："绣为阴，所以象阴之效法；画缋为阳，所以象阳之成象。然六色以木金火水土为次者，盖以五行相胜而相用。五采以木火土金水为序者，盖以五行相生而相继也。何则？六色缋于衣，衣为阳，阳主生始而与阴为用，故设色之次，以其相用者象之。五采，绣于裳，裳为阴，阴主顺成而与阳为继，故布采之序以其相继者象之。土之色黄，火之色赤，土之象方，火之象圜，所谓天时变者，天道无常，所主者变。圣人观象，所因者时，四时之天各有色矣，乌得不从其变哉。若夫天以星辰为章，地以草木为章，则山以章者象其文而已。龙不穷于泽，则水以龙者象其物而已。凡此皆画之于衣者也。龟蛇为旐取其完且果也。鸟隼为旟取其鸷且速也。熊虎为旗取其猛且毅也。凡此皆画之于旗者也。然九章之服而独言火、山、龙，九旗之物而独言鸟、兽、蛇者，岂画缋组绣之功，于此为甚与。"王氏曰："天下之事，无本不立，无文不行。故内有可贵之质，然后外饰之以备成之文。

素功者质也，画缋者文也，惟白能受采，故素功先于画缋也。"

钟氏染羽，以朱湛丹秫，三月而炽之，淳而渍之。三入为纁，五入为緅，七入为缁。湛，音沉。淳，章均反。渍，去声。钟，重也，染色欲其深重也。王氏曰："朱，谓采砂以为朱也。以朱湛渍丹秫以染羽，至于天时之一变，而后炊炽之，以羽之入色为难也。始以朱秫湛炽之，其色为未深，又从而淳熟以渍之。《尔雅》曰：一染谓之縓，再染谓之赪，三染谓之纁。染纁者，三入而成。又再染以黑，则成緅。又复再染以黑，则成缁矣。"林氏曰："羽之为物虽轻而用众，先王用之为车饰，则若重翟厌翟翟车之类。用之以为旗饰，则若全羽为旞，析羽为旌之类也。"

筐人阙。

㡃氏湅丝，以涚水沤其丝七日，去地尺暴之。昼暴诸日，夜宿诸井，七日七夜，是谓水湅。㡃音芒。湅音练。暴，步卜反。涚水以灰所泲水也。沤，渐也。湅帛，以栏为灰，渥淳其帛。实诸泽器，淫之以蜃。清其灰而盝之，而挥之，而沃之，而盝之，而涂之，而宿之。明日，沃而盝之。昼暴诸日，夜宿诸井，七日七夜，是谓水湅。栏，音练。栏，木名。淫，浸渍也。蜃，蛤壳灰也。清，澄也。王氏曰："治丝帛而熟之，谓之㡃。涚水，灰水也。湅丝必以灰，以水和解其灰，而浸渍七日，则取其丝而出之，去地一尺而暴之。昼暴诸日，以阳气温之也。夜宿诸井，以阴气寒之也。阴阳之气和，则丝帛之用久。湅帛，烧栏木为灰，煮而熟之，使洎厚故曰渥淳，既渥淳之，又承之以清滑之器，从而浸淫之以蜃灰，而渥之以水。又盝出之，又从以蜃灰涂之，使经宿焉。明日又沃以水而盝出之。始以暴诸日而温之以阳气，宿诸井而寒之以阴气，此湅丝帛之法也。"

右设色之工五。阙一。唐宗舜曰："画缋之内，有刺绣之工，不言刺绣者，阴统于阳也。"

玉人之事，镇圭尺有二寸，天子守之。命圭九寸，谓之桓圭，公守之。命圭七寸，谓之信圭，侯守之。命圭七寸，谓之躬圭，伯守之。命，言王所命也。尺有二寸，则天数也。九寸、七寸，依命数也。不言子之谷璧，男之蒲璧，阙文也。天子执冒四寸，以朝诸侯继[①]子男执皮帛。此谓天子诸侯所执以朝者也。名玉曰冒，言德能覆冒天下也。此句下有阙文，然诸侯所执，仍不外躬桓蒲谷之属。执皮帛，谓王之孤，公之孤，诸侯之适子未誓者。浚仪王氏曰："冒圭以齐瑞信，犹今之合符。以一冒冒天下之圭，则公侯伯之圭阔狭等也。此冒惟冒圭，不冒璧。"敬仲郑氏曰："古者天子颁瑞于诸侯，而使守之以为宝。来朝也，必辑而合之以为验。故天子之冒圭，则邪刻其下；诸侯瑞圭，则邪锐其上。上下相合，所以立天下之信也。"娄里王氏曰："继子男执皮帛，无与乎玉人事，疑有脱误焉。"天子圭中必[②]大圭长二尺[③]，杼上，终葵首，天子服之。土圭尺有五寸，以致日，以土地。必绊通。绊以组约其中，防失坠也。杼，杀也。终葵，椎也，为椎于其杼上，明无所屈也。服之，搢之也。土圭，测景之圭。致日，度二至日景之长短也。土地，度四方地域之远近也。此谓天子所服用之圭也。王氏曰："夫天子平旦而栉冠，日出而视朝，一物不应，乱之端也。宜兢兢业业，以致其谨焉，故执此以为戒也。大圭长三尺，备三才之义也。"四圭尺有二寸，以祀天。两圭五寸，有邸，以祀地，以旅四望。圭璧〔五〕〔寸〕以祀日月星辰。祼圭尺有二寸，有瓒，以祀庙。天子用全，上公用龙，侯用瓒，伯用将。此言所用以祀之圭也。四圭，四邸之圭，取天有四时之意。两圭者，取地数二也。有邸，一玉俱成而两足相对也。邸，本也，犹托宿之邸也。祀天、祀地，圜丘方泽之祭也。宗伯职曰国有大故则旅上帝及四望。上帝，五帝。四望，岳渎名山大川之在四方，以望而祀之者。圭璧，圭其邸为璧，取杀于上帝也。祼圭有瓒，瓒如槃大五升，口径二寸，盖祼圭以龙为首，其酌处曰瓒，其持处曰将。天子全以玉为之，上公用龙玉其首也，侯伯用赞玉其中也，子男用将玉其柄也。谷圭七寸，天子以聘女。琬圭九寸而缫，以象德。琰圭九寸，判规，以除慝，以易行[④]。行，去声。榖圭，篆如榖文也。琬圭，上下皆圜也。缫，所以藉者也。琰圭，上锐而下稍圜也。判规，剡半以上，半其圜而剡之，二者皆王使之瑞节也。王氏曰："榖不失性，生

①"朝诸侯"以下，十三经本有"天子用全，上公用龙，侯用瓒伯用……子男执皮帛"。
②"圭中必"以下与十三经本语句次序有很大不同。
③"二尺"十三经本为"三尺"。
④"玉人"一章，语句次序都与十三经本不同。作者似有所本。

生而不穷。故以聘女琬圭，以象德文事也。故言缫除慝易，行武事也。故言判规，其长皆九寸，以九者阳数之极而能变也。以象德则欲其变，而日新以除慝易行，则欲其变而后新也。”大璋、中璋九寸。边璋七寸。射四寸，厚寸。黄金勺，青金外，朱中，鼻寸，衡四寸，有缫。天子以巡守，宗祝以前马。大璋亦如之，诸侯以聘女。牙璋、中璋七寸，射二寸，厚寸。以起军旅，以治兵守。射，辟亦反，下同。备文饰曰大璋，杀文饰曰中璋，但饰其边曰边璋。射，琰出者也。勺，乘酒之处，以黄金为之，取其德之中也。外以青金饰之，取其德之清明也。中以朱饰之，取其德之明盛也。鼻谓龙头，其高一寸。衡者，勺之径，其广四寸。宗，主礼者。祝，通神者。马，即黄驹，祭山川之牲也。天子巡守，因山川之大小，而用三等之璋以祼之。宗祝以之居黄驹之前焉。大璋亦如之，上公亦如其九寸，侯伯亦如其七寸，而射皆四寸也。牙璋，刻为牙象者。中璋稍杀焉，军事用之，取其威断也。璧羡度尺，好三寸，以为度。驵琮七寸，鼻寸有半寸，天子以为权。驵琮五寸，宗后以为权。大琮尺[1]有二寸，射四寸，厚寸，是谓内镇，宗后守之。羡犹延也。璧孔曰好，肉倍好为璧，其圜径皆当九寸，减广一寸，以盖上下之邪一寸，故云度尺也。王氏曰："自尺积之，则为仞、为寻、为常，皆自此生焉，其数可至于无穷矣。夫度在礼则起于璧羡，在乐则起于黄钟之长。先王以为度之不存，则礼乐之文熄，故作此使天下有考焉。圜曰璧，方曰琮。组，以组系之也。权，称锤也。鼻，所以悬者。天子宗后之权皆有之。宗后，言后为天下之所宗也。射，其外有组牙也。内镇者，若天子之有镇圭也。"浚仪王氏曰："《汉志》衡所以任权均物平轻重也。其在天，佐助璇玑，斟酌指建，以齐七政，故名玉衡。权者，铢、两、斤、钧、石也，所以称物平施知轻重也。本起于黄钟之重，一龠容一千二百黍，重十二铢，两之为两，二十四铢为两，十六两为斤，三十斤为钧，四钧为石。五权之制，以义立之，以物均之，始于铢，两于两，明于斤，均于均，终于石，五权欢矣。权与物均而生衡，衡运生规，规圆生矩，矩方生绳，绳直生准，准正则平衡而均权矣。是谓五则，百工繇焉，以定法式。辅弼执玉，以翼天子。《诗》曰秉国之钧，咸有五象，其义一也。以阴阳言之，冬权、夏衡、秋矩、春规、中央为绳。五则揆物有轻重，圜平方直，阴阳之义，四方四时之体，五常五行之象，厥法有品，各顺其方

---

①“尺”十三经本作“十”。

而应其行。”璧琮九寸，诸侯以享天子。瑑琮八寸，诸侯以享夫人。案十有二寸，枣栗十有二列。诸侯纯九，大夫纯五，夫人以劳诸侯。璧圆而琮八方，享天子与后，分用之。上公则九寸，侯伯则七寸，子男则五寸也。王氏曰：“璧，礼天之玉，故以享天子。琮，礼地之玉，故以享后。享天子而不言享后者，省文也。夫人，所朝聘之君夫人也。或以为天子之三夫人，与下文夫人一例也。案以玉为之十有二列，惟二王之后及分陕之公用之。纯犹皆也。五等之侯皆用九，四等之臣皆用五也。诸侯朝聘王后，使三夫人用玉案盛枣栗以劳之，礼无不答也。”王氏曰：“祀地以琮，故享夫人用之。瑑之者，所以别于礼神之玉也。夫人劳诸侯，佐后以致内治也。”

瑑圭璋八寸，璧琮八寸，以俯聘。璋邸射素功，以祀山川，以致稍饩。瑑，文饰也。诸臣俯聘不得执君之圭璧，但瑑为桓信，躬穀蒲之文其璧琮则不瑑也。邸射，剡而出也。素功，无瑑饰也。稍饩，所以待宾客者。唐宗舜曰：“按玉人一章，文法颠倒，不与全文相类。今观本章大势，以圭璋璧琮为序，更参之典瑞，亦各因其事为类焉，庶使读者得以观其聚而识其义云尔。”①

榔人阙。

雕人阙。

磬氏为磬，倨句一矩有半。其博为一，股为二，鼓为三。参分其股博，去一以为鼓博。参分其鼓博，以其一为之厚。去，上声。俞氏曰：“古者制磬形垂下，以象天倾西北，屈而下覆之意。倨句一矩，有半上曲者为句，下直者为倨。句即股也。倨即鼓也。股在上广而短，鼓在下狭而长。以长掩短，则鼓长于股者半矩，是倨得一矩有半也。以广掩狭则股广于鼓者亦半矩，是句亦得一矩有半也。”窦氏曰：“黄钟磬前长三律二尺七寸，后长二律一尺八寸。其博为一，股广一律也。广九寸。股为二，股长二律也。长一尺八寸，谓磬之上大而短者。鼓为三，其所当击之处，长三律也。二尺七寸谓磬之下小而长者。三分其股，博去一，以为鼓博，以其一为之厚。鼓博六寸，三分得一，则股与鼓同厚二寸矣。”愚按：十一律之磬，皆仿此而推之。已上则摩其旁，已下则摩其耑。耑与端同。摩，鑢也。形广则薄

---

①此段即整理“玉人”一章的缘起。

而声浊，形短则厚而声清。故已上而太清者，则摩其旁使之广而薄。已下而太浊者，则摩其耑使之短而厚也。

矢人为矢，鍭矢参分，茀矢参分。一在前，二在后。兵矢、田矢五分，二在前，三在后。杀矢七分，三在前，四在后。参分其长而杀其一，五分其长而羽其一。以其笴厚为之羽深，茀当为杀，杀当为茀。杀，色界反。此以物称笴，订平矢物，前重后轻，各有分数也。杀其一者，令趣鏃也。羽其一者，矢笴三尺而羽居六分也。笴，即矢干，以笴之厚为羽之深，所以量其力之所受也。水之以辨其阴阳，夹其阴阳以设其比。夹其比以设其羽，参分其羽以设其刃。则虽有疾风，亦弗之能惮矣。刃长寸，围寸，铤十之，重三垸。比，毗至反。辨其阴阳，阴沉而阳浮也。比，谓括也。设其比，夹其左右抵弦处，使轻重均也。设其羽，置羽于四角也。设其刃，刃以二寸为率也。惮，惊动也。长下脱二字。唐宗舜曰："按此前篇，杀矢之制，盖筑氏为刃，矢人为笴，犹之乎，冶氏为戈戟，庐人为柲，皆一器而工聚焉者也。"前弱则俯，后弱则翔，中弱则纡。中强则扬，羽丰则迟，羽杀则趮。杀，色界反，下同。趮，音躁。俯，低垂也。翔，回顾也。纡，曲也。扬，飞也。此笴不适中之病。迟，纡缓也。趮，旁掉也。此羽不适中之病。是故夹而摇之，以视其丰杀之节也。桡之，以视其鸿杀之称也。凡相笴，欲生而抟，同抟欲重，同重节欲疏，同疏欲栗。称、相，并去声。王氏曰："欲视其丰杀之节，宜以指夹矢而摇之，以视其轻重。欲视其鸿杀之称，宜以指挠其干而曲之，以审其强弱。鸿即上文强也。凡相笴者，为矢虽出于工之巧，而材苟不美，虽工亦不易制而为良。所谓妢胡之笴者，亦以其材美故也。以视而审之，欲生而抟者，视其体之圜也。同抟，则又欲其材之实。故欲重、同重，则又欲其节之疏。以节密则轻重不等也。同疏，则又欲其缜栗而坚。"

右刮摩之工五。阙二。

陶人为甗，实二鬴，厚半寸，唇寸。盆实二鬴，厚半寸，唇寸。甑实二鬴，厚半寸，唇寸，七穿。鬲实五觳，厚半寸，唇寸。庾，实二觳，厚半寸，唇寸。甗，鱼辇反。鬲，音历。觳，音斛。六斗四升曰鬴，斗二升曰觳。王氏曰："甗、盆、鬲、庾，皆烧土为之。上古之时，世质民淳，所用者瓦器而已。后世虽易之以金木，而其文大备于周，先王不忘其本，故有陶人甄土以为器焉。甗甑，用之以烝者也。甗，无底甑也。甑，有底而七穿，所以通火气而熟物。七者，火之成数也。盆，用以盛者也。鬲，用以烹者也。所以通水火之气也。十六斗曰庾，所以量者也。”

旊人为簋，实一觳，崇尺，厚半寸，唇寸。豆实三而成觳，崇尺。旊，方往反。簋，盛黍稷器也。崇，高也。豆实四升。万氏曰：《尔雅》云：木豆谓之豆，竹豆谓之笾，瓦豆谓之登。礼云器用陶匏，象天地之性也。凡陶旊之事，髻垦薜暴不入市。器中膊，豆中县。膊崇四尺，方四寸。髻，音刮。暴，蒲到反。中，去声。膊，市专反。髻，如髻发之歒也。垦，如锄垦之伤也。薜，破裂也。暴，坟起也。膊，犹今陶者之旋盘，凡为器者，抟埴而旋转之。县者，县绳以正其柄也。王氏曰：“髻垦薜暴，皆刚柔失节而不和者也。《王制》曰：用器不中度，不粥于市，此之谓与。崇四尺，以正其高，使不过此也；方四寸，以正其厚，使不过此也。”

右抟埴之工二。唐宗舜曰：“考工之属三十，非官也，特工人之号耳。工人各以所治而属号，举其号而所治之艺随之。阙其六者，岁久而亡也。不尽亡者，刘氏之力也。”又曰：“考工之属三十，今失其六，所存者，二十有四。大抵皆工正、工师之所治也，其各属则皆有长官，如陶正、匠师、梓师之类，但无以考其详尔。”

家礼拾遗

家礼序

昔在成周，哲王恭己，家相迓衡，监二代而损益之。大经三百，小曲三千，郁郁乎自天子以至庶人，由朝庙以暨日用，无不辩之仪等，有一成之矩矱。猗欤休哉！所以定民志而节民性者，不可尚已。自祖龙肆焰以来，掇拾灰烬之馀者，什仅一存。两汉诸儒又各以己见互为增删，甚者引纬书以杂之，而礼制于是乎大坏。延及后世，俗尚不同，泯棼胥渐，或以礼为强世而土苴弃之，或援礼以附邪而胠箧行之。先王之道，呜呼微矣。紫阳夫子有隐忧焉。而身不操制作之权，不获仰追美备之烈。爰取古礼之犹存者，及先贤之论述者，订为《家礼》一书，以为有家者之准绳。夫冠昏丧祭，自天子达生民之大节，风俗所由郅隆者也。所关岂渺哉？然末世浇漓，异端昌炽。纷华靡丽之观日侈，轮回超度之惑滋甚。匪惟不克遵行之也，即取是书而讲明之者亦罕矣。余自总角时侍先大人侧，每见其言及于礼，辄吁嗟久之。少长，先大人授以三礼，曰："苟能是，居则为守礼之士，出则为秉礼之臣。革薄还淳，挽邪归正，将于是乎。"在余佩服之毋敢刻忘。岁乙未，谬叨简命，来守长沙。方期与湘中贤士参乎古制，酌乎风俗，取《家礼》而增订之，以风砺此邦，俾人喻而家行之。求无负先训以仰答朝廷简拔之意，而有志未逮也。公馀善邑李生元朗，投《家礼拾遗》一册，求余较正，将以问世。余展阅之，见其命意幽深，立论醇正。仿乎古不戾于今，酌乎宜不诡于正。阐儒先之微旨，协经曲之权衡，洵不愧修明才也。李生勉之。他日本此下迪乃民，则醇风可见于近今。上赞庙谟，则制作可光于隆古。嗟夫！污樽之陋，变而罍爵，草衣之朴，变而冠裳。古帝王亦因运会而为之节耳。由今言之，舍椅桌之安而返诸席地，弃木棉之利而尚夫缟纻，于人情便乎？吾知圣人有作，必不强民从古也。不过因时俗以裁成之而已。余嘉李生得圣人制礼之意，且与余素志有合也，故不辞而为之序。

时康熙丙戌仲冬，平山崔岱齐撰。

家礼序

凡礼，有本有文。自其施于家者言之，则名分之守、爱敬之实，其本也。冠婚丧祭，仪章度数者，其文也。其本者，有家日用之常体，固不可以一日而不修。其文，又皆所以纪纲人道之始终。虽其行之有时，施之有所，然非讲之素明，习之素熟，则其临事之际，亦无以合宜而应节，是亦不可以一日而不讲，且习焉者也。三代之际，礼经备矣。然其存于今者，宫庐器服之制，出入起居之节，皆已不宜于世。世之君子，虽或酌以古今之变，更为一时之法。然亦或详或略，无所折衷，至或遗其本而务其末，缓于实而急于文。自有志好礼之士，犹或不能举其要，而困于贫窭者，尤患其终不能有以及于礼也。熹之愚，盖两病焉。是以尝独究观古今之籍，因其大体之不可变者，而少加损益于其间，以为一家之书，大抵谨名分、崇爱敬以为之本。至其施行之际，则又略浮文、务本实，以窃自附于孔子从先进之遗意。诚愿得与同志之士熟讲而勉行之，庶几古人所以修身齐家之道、谨终追远之心，犹可以复见。而于国家所以崇化导民之意，亦或有小补云。

愚按：先正朱文公宅祝太夫人忧，著《家礼》一书，藏之匣中，为一仆童所窃，逮易箦后乃行于世。当著书时，年方强仕耳，故与晚年之论不无小异。然其规模之宏大，条理之精密，固无愧于制作之能事也。炤自连遭大故以来，取是书而诵习之，已而参之于《仪礼》、《周官》，复衷之于《语类》、《文集》，为辨论数十则。上推先生之遗意，下辑群儒之公论，名曰《家礼拾遗》。会郡侯崔公青峙闻而嘉之，锡以弁言，然未敢出以示人也。比年以来，三礼解成，恐学者未免有万牛回首之叹。乃复取故编而订正之，以为有家者诚能守此而谨行焉，亦足以正其本矣。至若蓝田乡约，则乡礼之准绳也。白鹿揭示、沧洲释菜仪，则学礼之权舆也。辄取以附其后，以为三代之文物虽不能遽复，而因俗以宜民，道莫近乎此也。抑文中子有言曰："冠礼废，天下无成人矣；昏礼废，天下无家道矣；丧礼废，天下遗其亲矣；祭礼废，天下忘其祖矣。"呜呼！吾未如之何也。已然，则观是书者，其毋以言近而忽之，倘亦寡过远罪之一资乎。

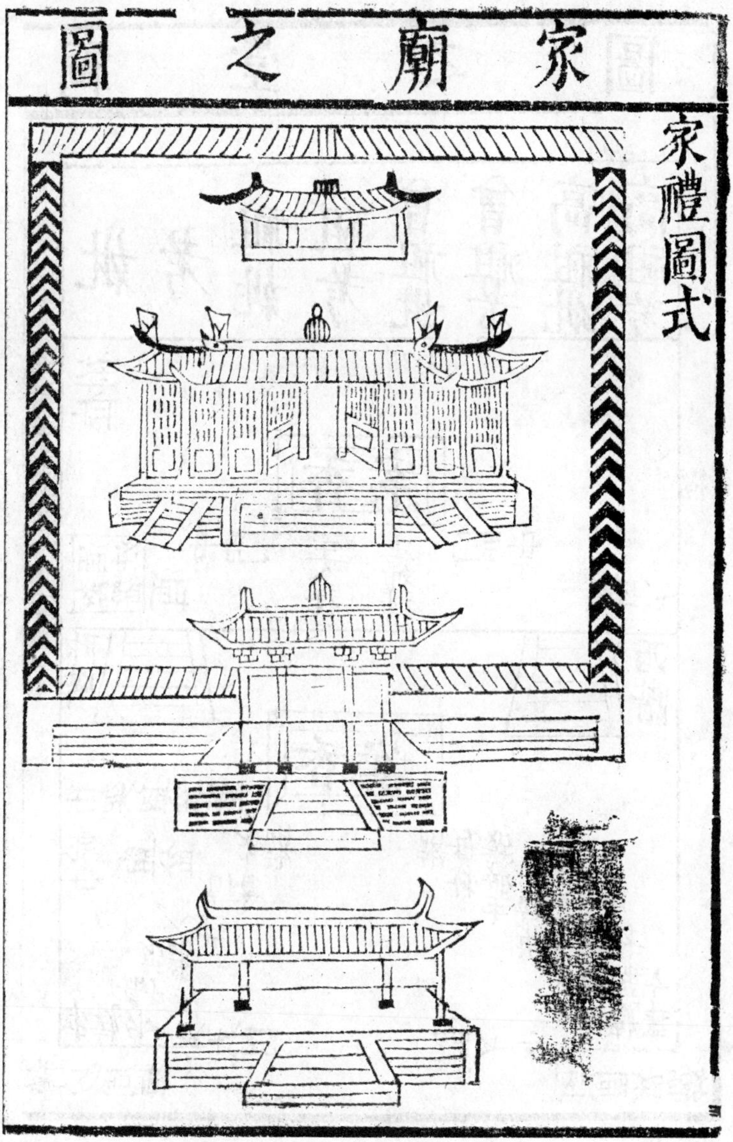

家庙之图

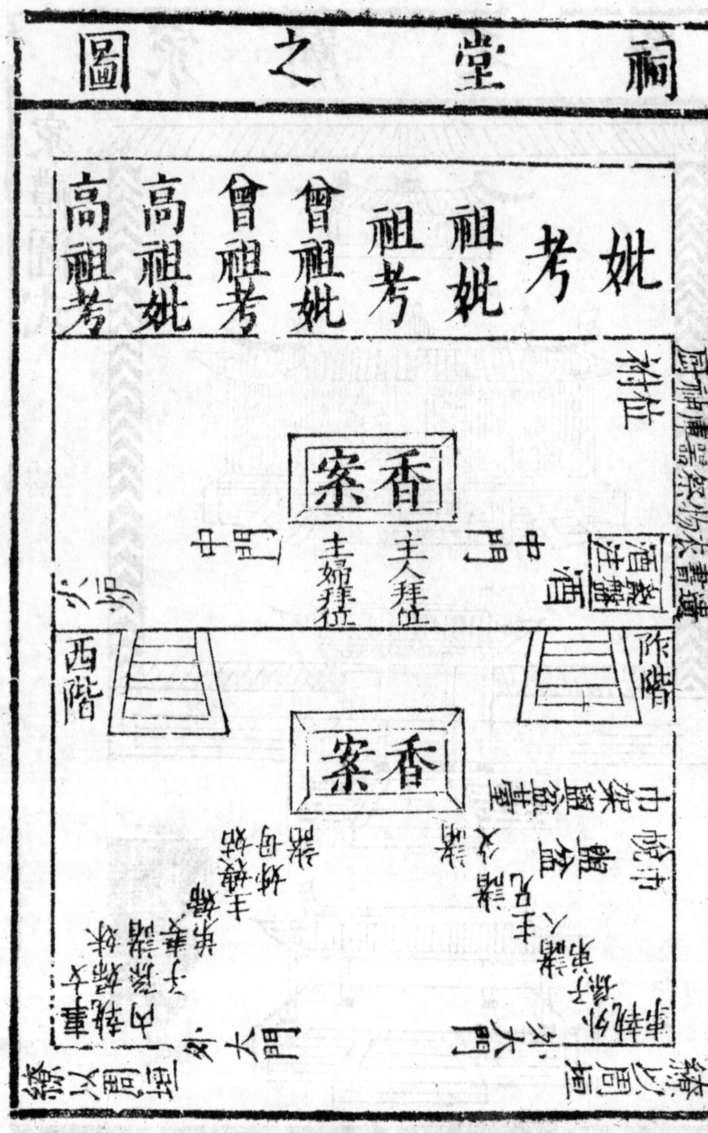

祠堂之图

问庙有昭穆之分。卒哭后，行祔祭礼，谓祖孙同昭穆。故以新主入庙，特请配享祖考，而告以新主将来。入祖庙为考，必迁祖于高祖庙而为曾祖也。今神主既以西为上，而考、祖、曾、高列序则高祖祧去。曾祖考三庙递迁。而独告祖庙，似图与礼不合，何如？先生曰：以西为上，是宋时陋见，故列序于祔祭不合。朱子亦尝疑之，以其出于朝制，不敢更也。曰璘尝质之唐师宗舜，以为当以高曾居中，祖考分居两旁，略分昭穆。高、曾、祖、考若行祔祭礼，仍是祔祖庙之意。将来新主入祖庙而为考，则迁祖于高祖庙而为曾祖。高、曾、祖、考何如？曰：某亦尝有此意，然未敢擅改也。今特附其说于此，以俟议礼之君子择焉。门人易孔璘附记。

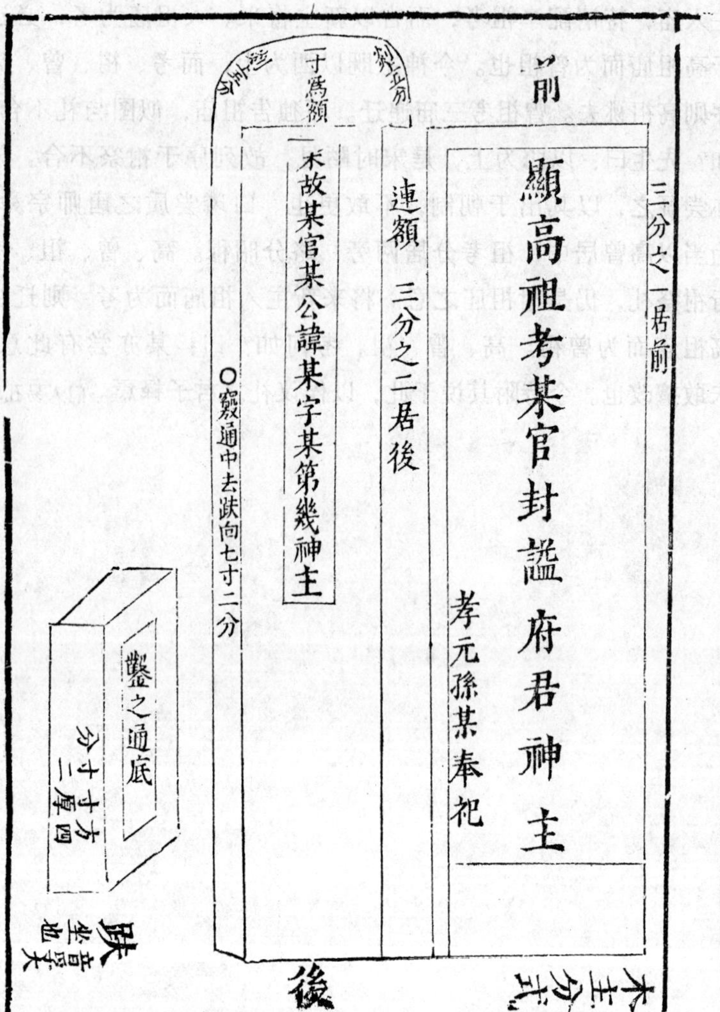
前
顯高祖考某官封謚府君神主
三分之一居前
孝元孫某奉祀
連額 三分之二居後
一寸為額
故某官某公諱某字某第幾神主
〇竅通中去趺向七寸二分
鑿之通底
方四寸厚寸二分
趺音夫坐也
後
木主分式

木主分式

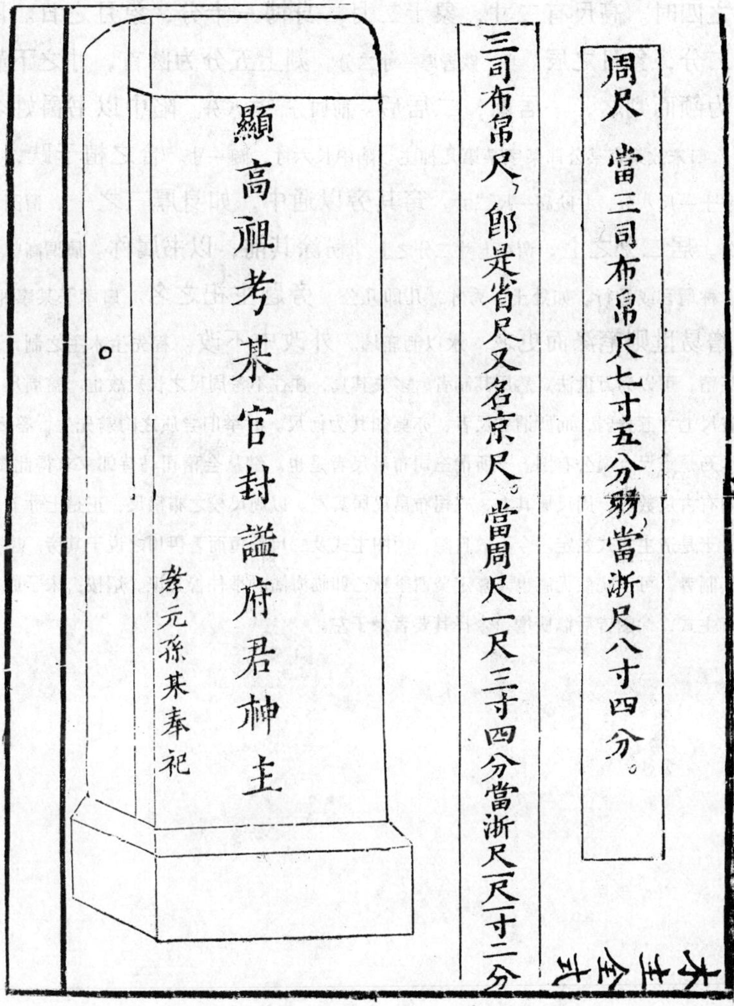
木主全式
周尺 當三司布帛尺七寸五分弱，當浙尺八寸四分。
三司布帛尺，即是省尺，又名京尺。當周尺一尺三寸四分，當浙尺一尺一寸二分
顯高祖考某官封謚府君神主
孝元孫某奉祀

木主全式

伊川程先生云：作主用栗，取法于时月日辰。趺方四寸，象岁之四时。高尺有二寸，象十二月。身博三十分，象月之日。厚十二分，象日之辰。身、趺皆厚一寸二分。剡上五分为圆首，寸之下勒前为颔而判之，一居前，二居后。前四分，后八分。陷中以书爵姓名行，曰宋故某官某公讳某字某第几神主。陷中长六寸，阔一寸。合之植于趺，身出趺上一尺八分，并趺高一尺二寸。窍其旁以通中，如身厚三之一，谓圆径四分。居二分之上，谓在七寸二分之上。粉涂其前，以书属称。属谓高曾祖考，称谓官或号行。如处士、秀才，几即几公。旁题主祀之名。曰孝子某奉祀。加赠易世则笔涤而更之。水以洒庙墙。外改中不改。程先生木主之制，取象甚精，可以为万世法。然用其制者，多失其真，往往不考周尺之长短故也。盖周尺当今省尺七寸五分弱，而所谓省尺者，亦莫知其为何尺。时举旧尝质之晦翁先生，答云：省尺乃是京尺，温公有图。子所谓三司布帛尺者是也。继从会稽司马侍郎家求得此图，其间有古尺数等，周尺居其右，三司布帛尺居其左。以周尺校之布帛尺，正是七寸五分弱，于是造主之式始定。今不敢自隐，因图主式及二尺长短而著伊川之说于其旁。庶几用其制者，可以晓然无惑也。嘉定癸酉季秋乙卯临海潘时举仲善父识。炤按：朱子原本止有主式，馀图皆后儒所增，今择其要者录于左。

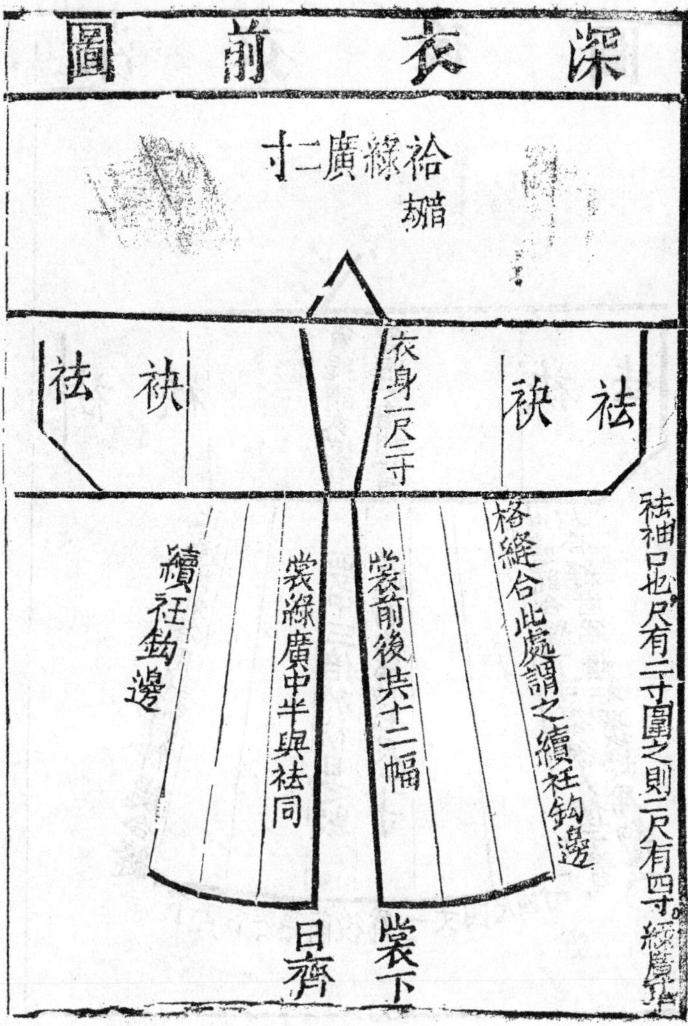
深衣前圖
袷緣廣二寸
劫音
袪
袂
衣身二尺二寸
袂
袪
袪袖口也尺有二寸圍之則二尺有四寸緣廣半
續衽鈎邊
裳緣廣中半與袪同
裳前後共十二幅
格縫合此處謂之續衽鈎邊
裳下
曰齊

深衣前图

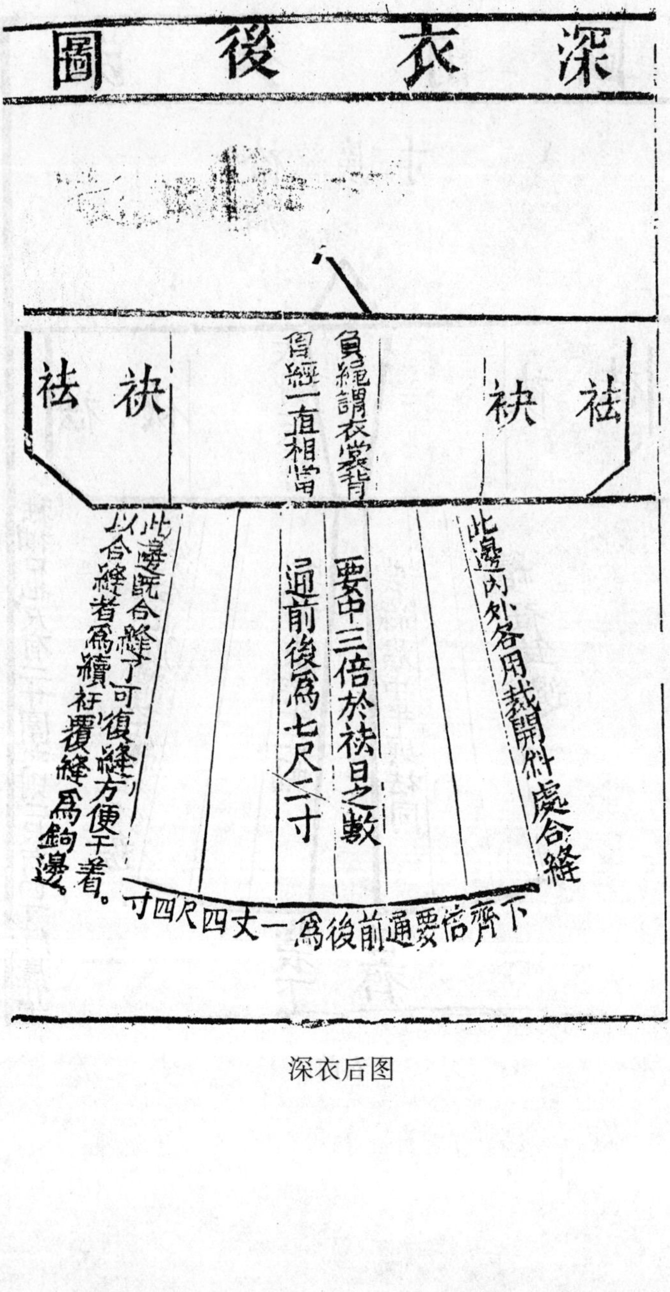
深衣後圖
袪
袂
負繩謂衣裳背
縫一直相當
袂
袪
此邊既合縫了可復縫方便于着。
以合縫者爲續衽覆縫爲鉤邊。
通前後爲七尺二寸
要中三倍於袪日之數
此邊內外各用裁開斜處合縫
下齊倍要通前後爲一丈四尺四寸

深衣后图

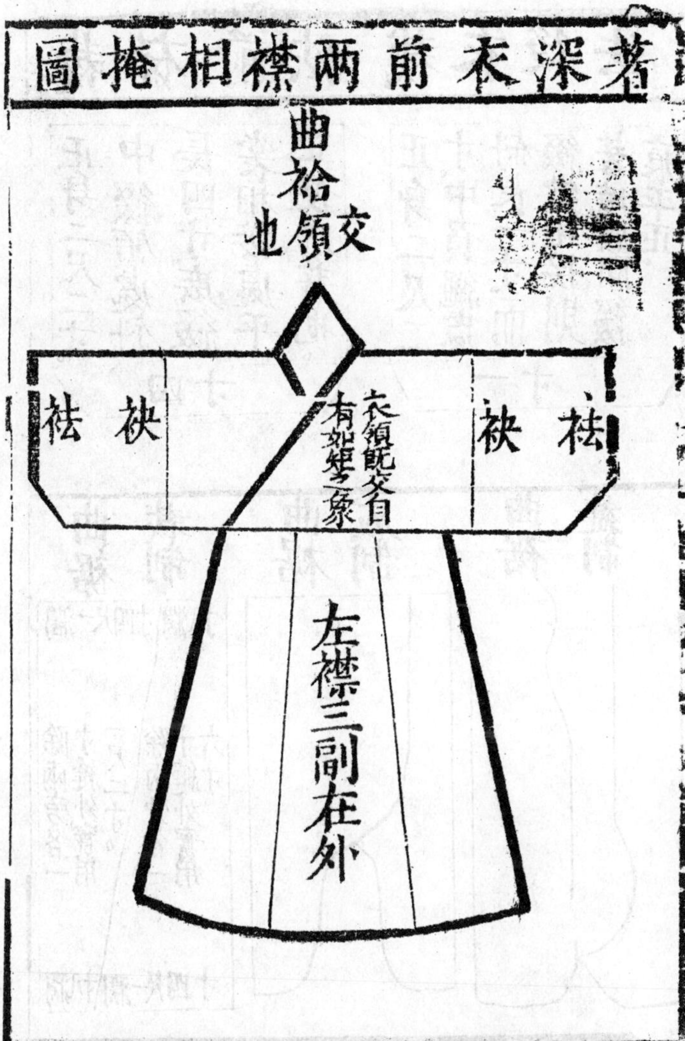

著深衣前两襟相掩图

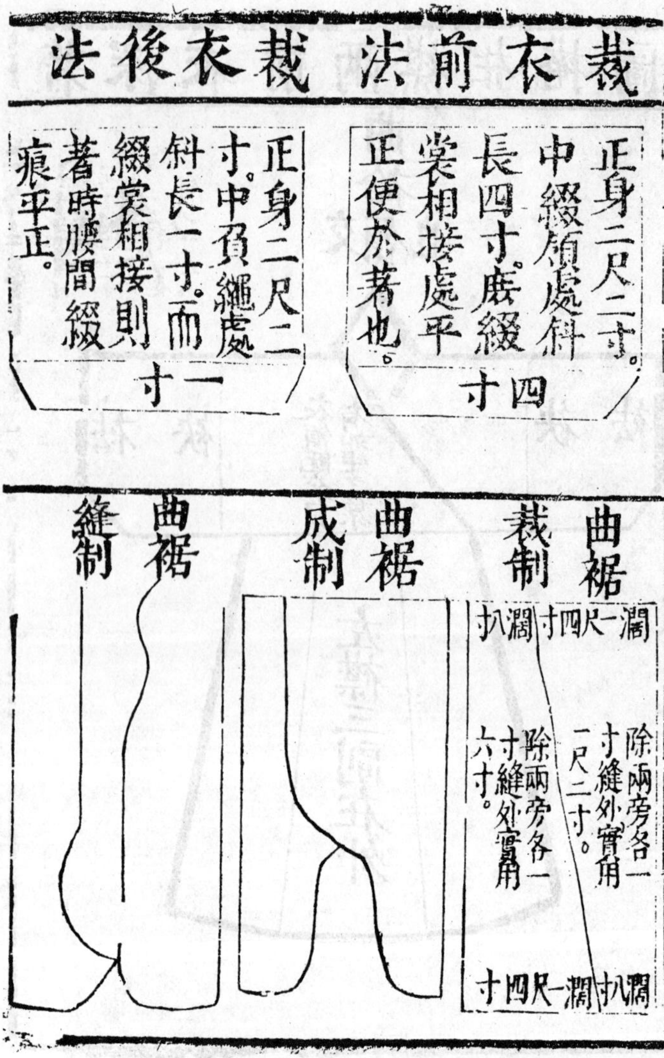
裁衣前法
裁衣後法
正身二尺二寸。中綴領處斜長四寸。底綴裳相接處平正便於著也。
四寸
正身二尺二寸。中負繩處斜長一寸。而綴裳相接則著時腰間綴痕平正。
一寸
曲裾裁制
曲裾成制
曲裾縫制
濶一尺四寸
濶八寸
除兩旁各一寸縫外實用二尺二寸。
除兩旁各一寸縫外實用六寸。
濶八寸
濶一尺四寸

裁衣前法、裁衣后法

深衣冠

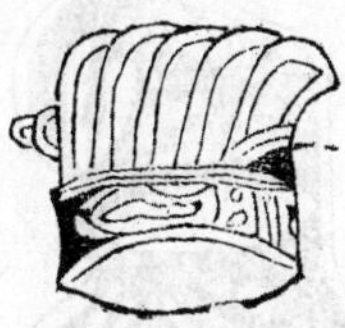

玉藻云天子素帶朱裏終辟諸侯素帶終辟大夫素帶辟垂註云大夫辟其紐及末士辟其末而已。按終充也辟緣也充辟謂盡緣之也紐兩耳也天子以素為帶以朱為裏從腰後至紳皆緣之也諸侯亦然但不朱裏耳大夫緣其兩耳及紳腰後則不緣也士惟緣其紳腰及兩耳皆不緣也。

糊紙為之武高寸許廣三寸袤四寸為五梁廣如武之袤而長八寸跨項前後下著於武屈其兩端各半寸之自外向內而黑漆之武之兩旁半寸之上竅以受笄笄用齒骨凡白物。王普制度云緇布冠用烏紗漆為之不如紙尤堅硬。

深衣冠履之图一

履之圖

用黑繒六尺許，中屈之，右邊就屈處爲横幅，左邊反屈之，自幅左四五寸間斜縫向左，兩圓曲。而下遂循左邊至於裏，末復反所縫餘繒使之向裏，以幅當額前裹之，至兩耳旁，各綴一帶，廣二寸，長二尺，自巾外過頂後相結而垂之。

深衣用白履，狀如今之履，絇，音劬。繶音益。純音準。綦，音忌。四者以緇絇者，謂履頭屈修或繒爲鼻。繶者，縫中紃音旬也。純謂履口緣也。綦所以繫履也。或用黑履白純，禮亦宜然。

深衣冠履之图二

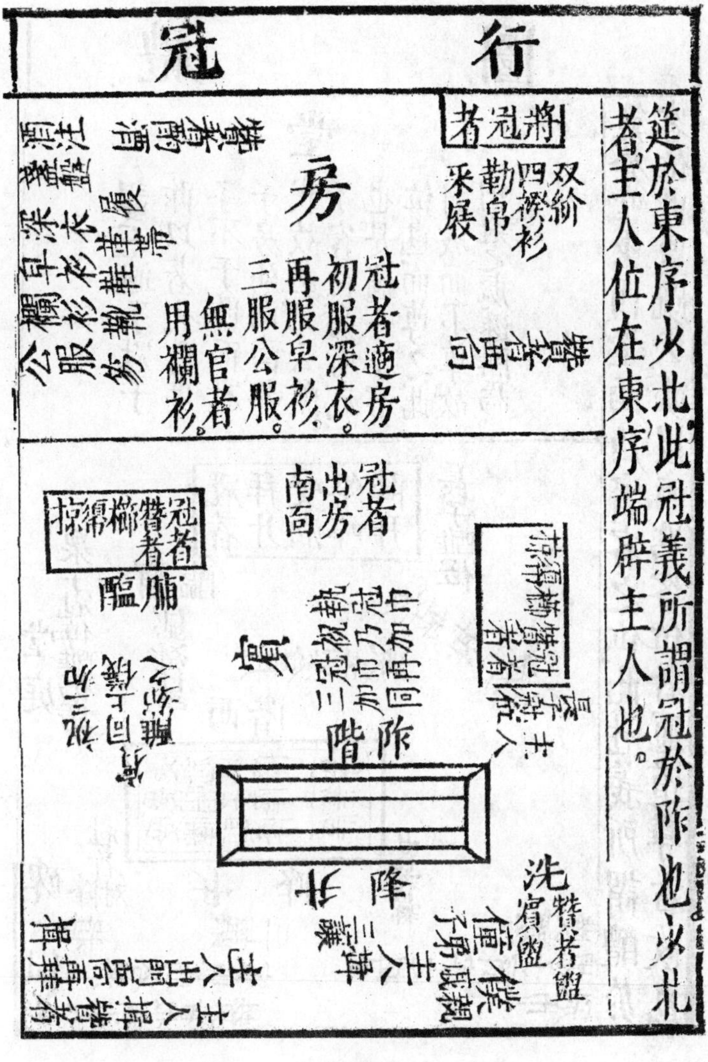

行冠礼图一

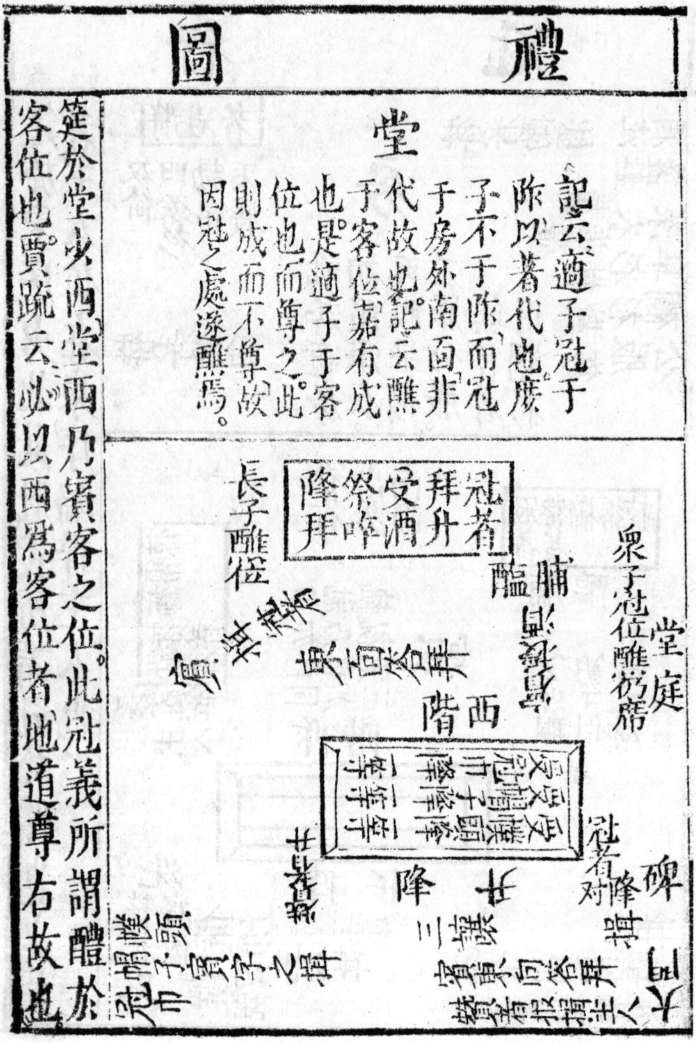
禮圖
堂
記云適子冠于阼以著代也庶子不于阼而冠于房外南面非代故也記云醮于客位嘉有成也是適子于客位也而尊之此則成而不尊故因冠之處遂醮焉。
筵於堂必西堂西乃賓客之位此冠義所謂醮於客位也賈疏云必以西爲客位者地道尊右故也
冠者拜升受酒祭啐降拜
長子醮從
衆子冠位醮於房
堂
庭
西階

行冠礼图二

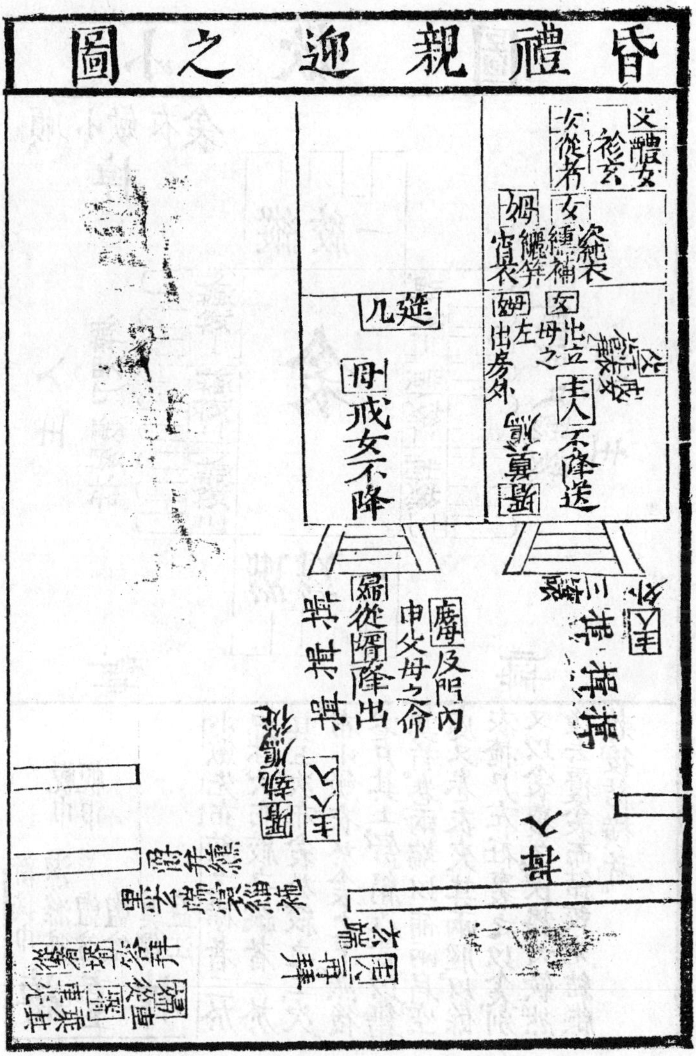

昏礼亲迎之图

小斂圖

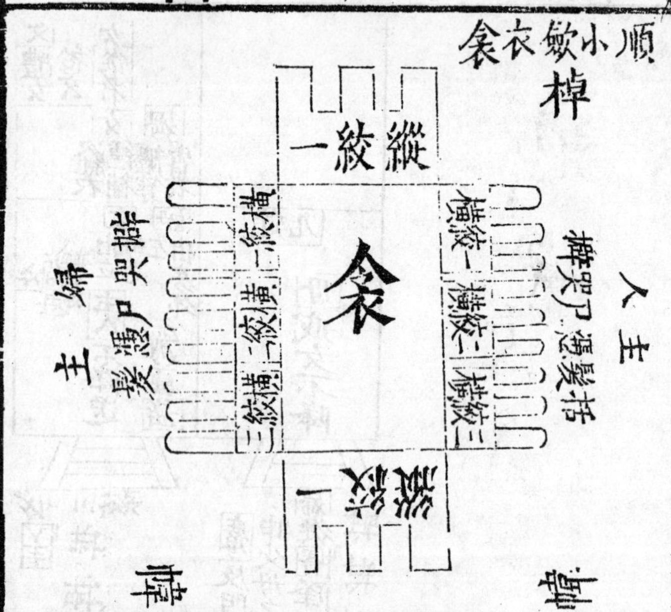

帨巾　帨巾

新拭巾　潔滌盆　桌

盥盆　盥盆　臺

奠饌　盃注　桌

小斂先布絞之橫者三於尸牀次布絞之縱者一於其上次布衾於絞之上次布小斂衣於衾之上然後遷尸其上舒絹疊衣以藉其首卷兩端以補兩肩空處又卷衣夾其兩脛以餘衣掩尸左衽裏之以衾別又以衾覆之俟將大斂然後去覆衾而結絞先結縱者後結橫者。

小斂图

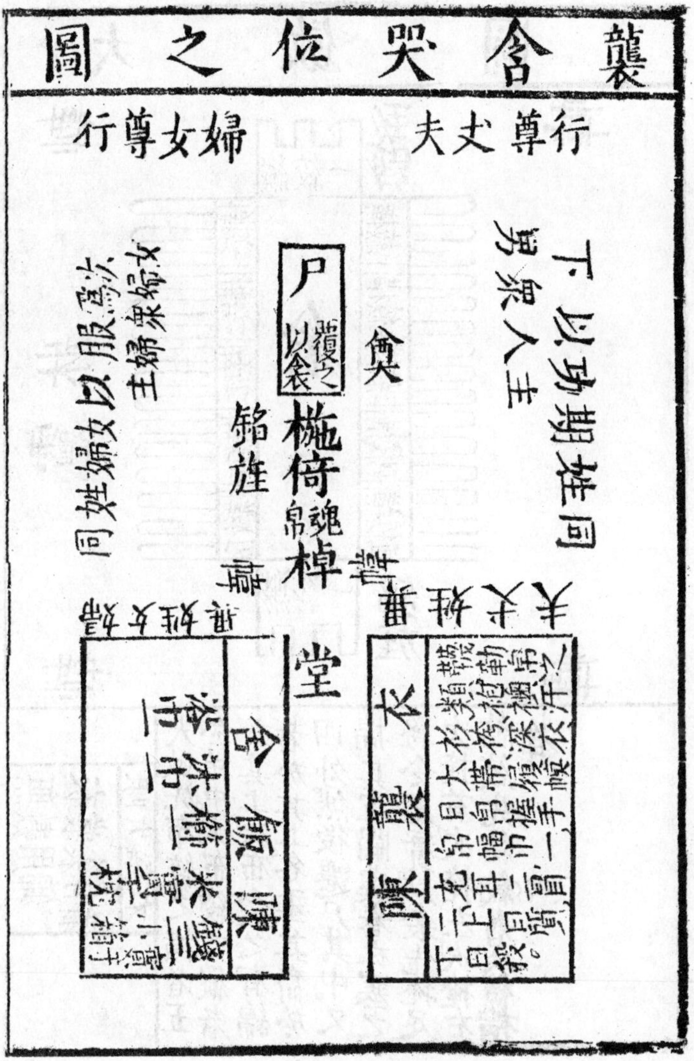

袭含哭位之图

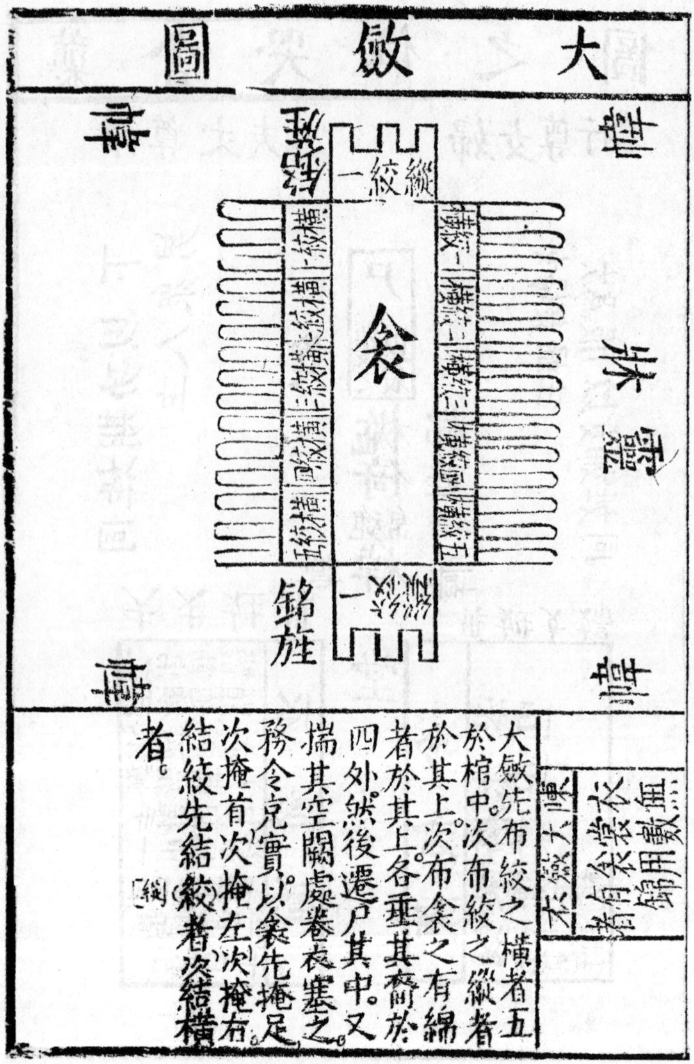
大斂圖
帷
靈牀
縱絞一
横絞一
横絞二
横絞三
横絞四
横絞五
衾
横絞一
横絞二
横絞三
横絞四
横絞五
縱絞一
銘旌
帷
帷
帷
陳大斂衣
衣無常數衾用有綿者
大斂先布絞之横者五於棺中。次布絞之縱者於其上。次布衾衣之有綿者於其上。各垂其裔於四外。然後遷尸其中。又揣其空闕處卷衣塞之。務令充實。以衾先掩足。次掩首次掩左次掩右。結絞先結縱者次結横者。

大斂图

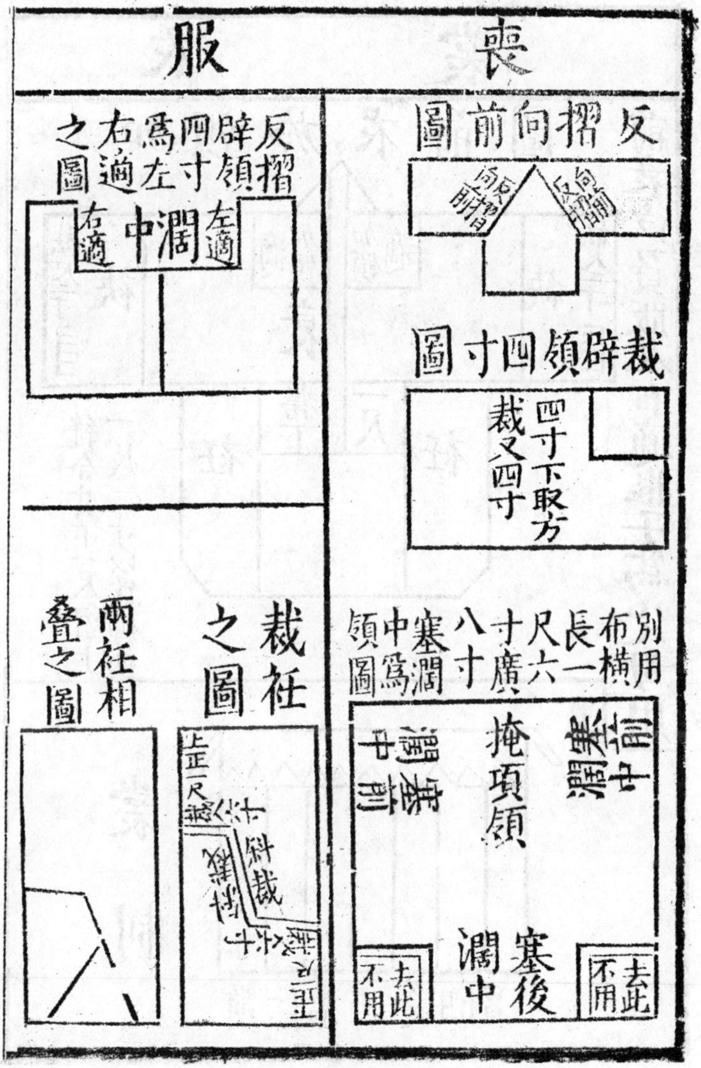
喪服
反摺向前圖
裁辟領四寸圖
裁又四寸
四寸下取方
別用布長一尺六寸廣八寸塞中濶爲領圖
前塞中濶
掩項領
濶中塞前
後塞中濶
去此不用
去此不用
反摺辟領四寸爲左右適之圖
左適
中濶
右適
裁衽之圖
兩衽相疊之圖
斜裁

丧服衣裳图式一

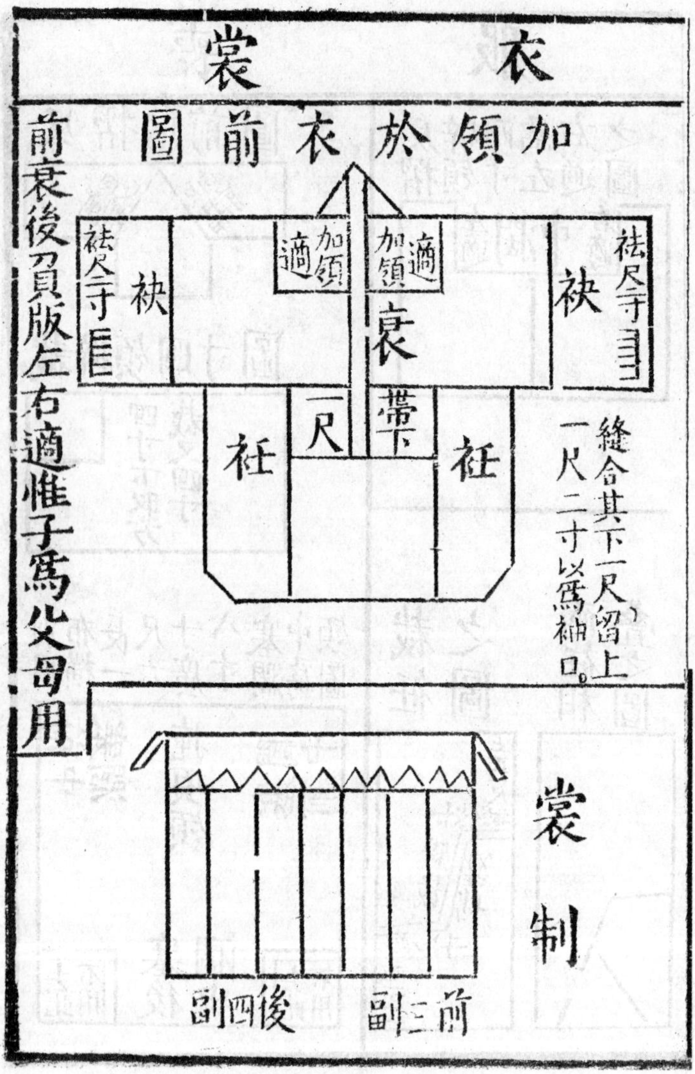
衣裳
加領於衣前圖
前衰後負版左右適惟子爲父母用
袪尺二寸
袂
適
加領
加領
適
袂
袪尺二寸
衰
一尺
帶下
衽
衽
縫合其下一尺留上一尺二寸以爲袖口。
裳制
前三幅
後四幅

丧服衣裳图式二

圖式

加領於衣後圖

之其餘不用者不裁濶中當如常式

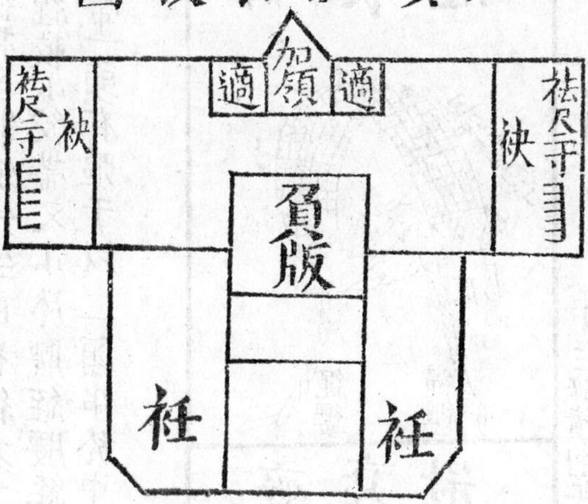

丧服衣裳图式三

冠

〈士喪禮疏曰：麻在首在腰皆曰絰。分而言之，首曰絰，腰曰帶。〉〈問絰帶之制，朱先生曰：首絰大一搤，只是拇指與第二指一圍。腰絰較小，絞帶又小於腰絰。腰絰象大帶，兩頭長垂下；絞帶象革帶，一頭有彄子，以二頭串於中而束之。〉

斬衰冠

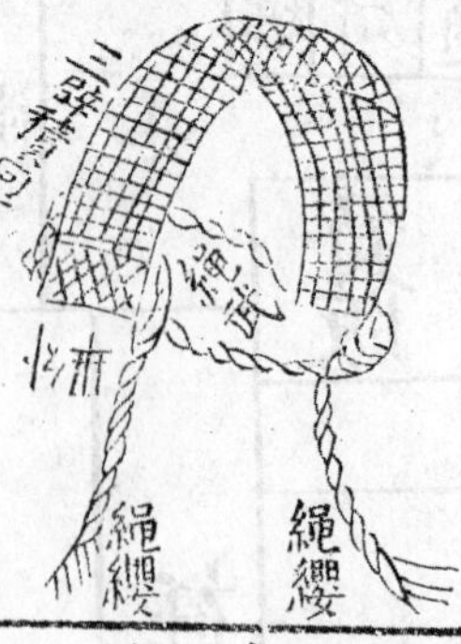

齊衰冠

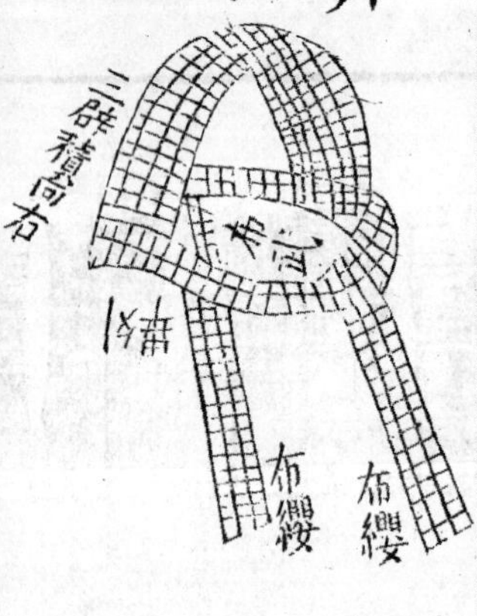

大功冠 並同齊衰。

小功冠 三辟積向左，餘與齊衰同。

緦麻冠 澡纓辟積向小功，餘與齊衰同。

冠绖绞带图式一

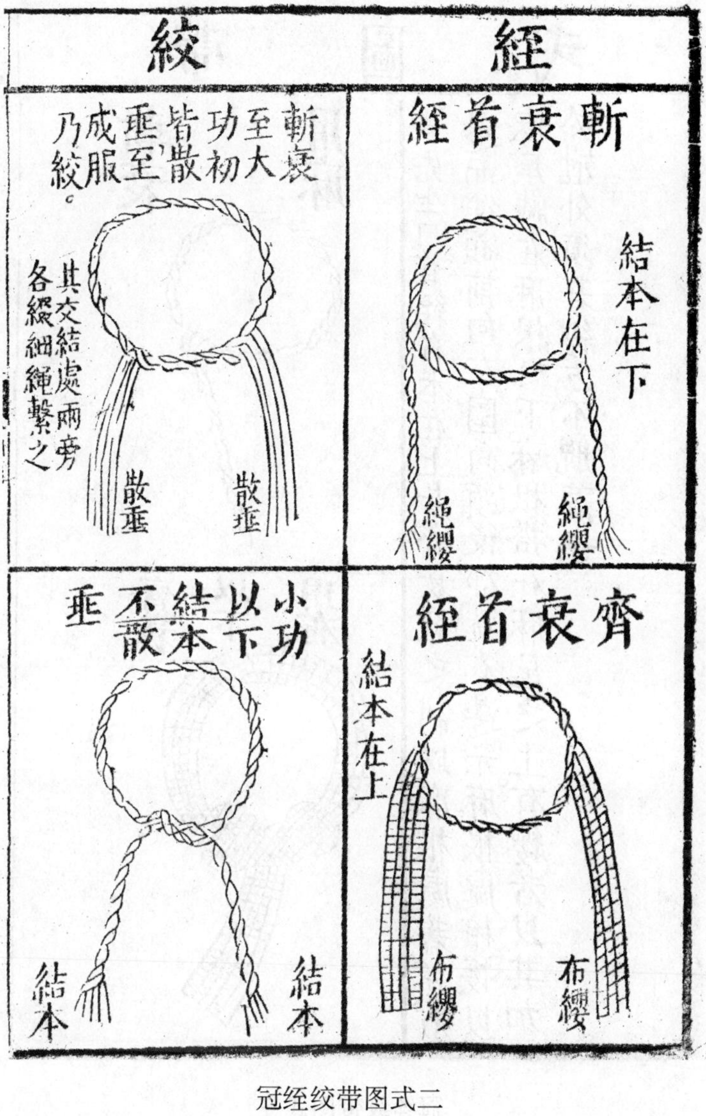
絰
絞
斬衰首絰
結本在下
繩纓
繩纓
斬衰至大功初皆散垂至成服乃絞。
其交結處兩旁各綴細繩繫之
散垂
散垂
齊衰首絰
結本在上
布纓
布纓
小功以下結本不散垂
結本
結本

冠绖绞带图式二

帶圖式

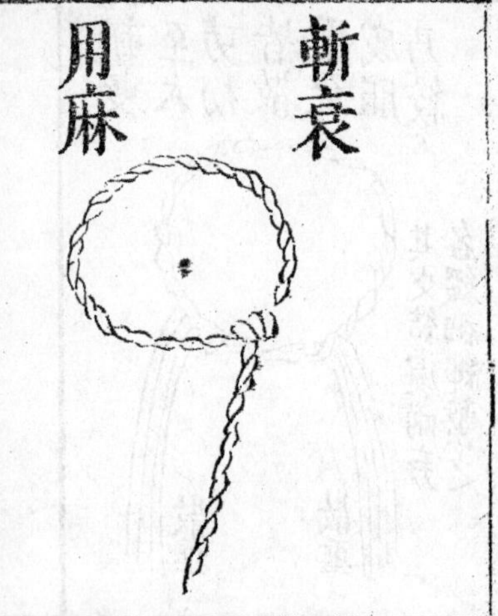

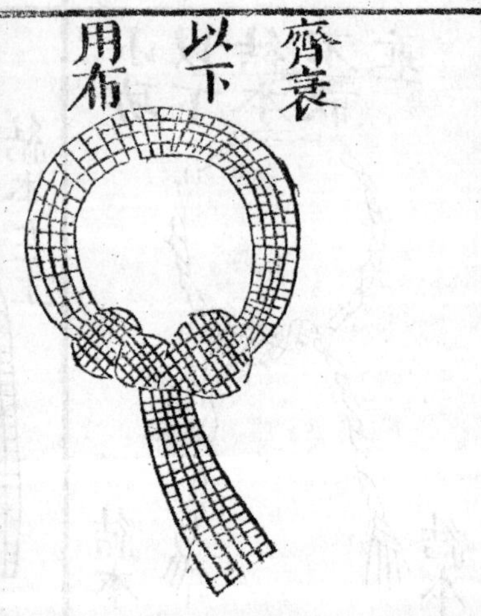

朱先生曰首絰右本在上者齊衰絰之制以麻根處著頭右邊而從額前向左圍向頭後却就右邊元麻根處相接以麻尾藏在麻根之下麻根搭在麻尾之上有纓者以其加於冠外須著纓方不脫落也。

冠绖绞带图式三

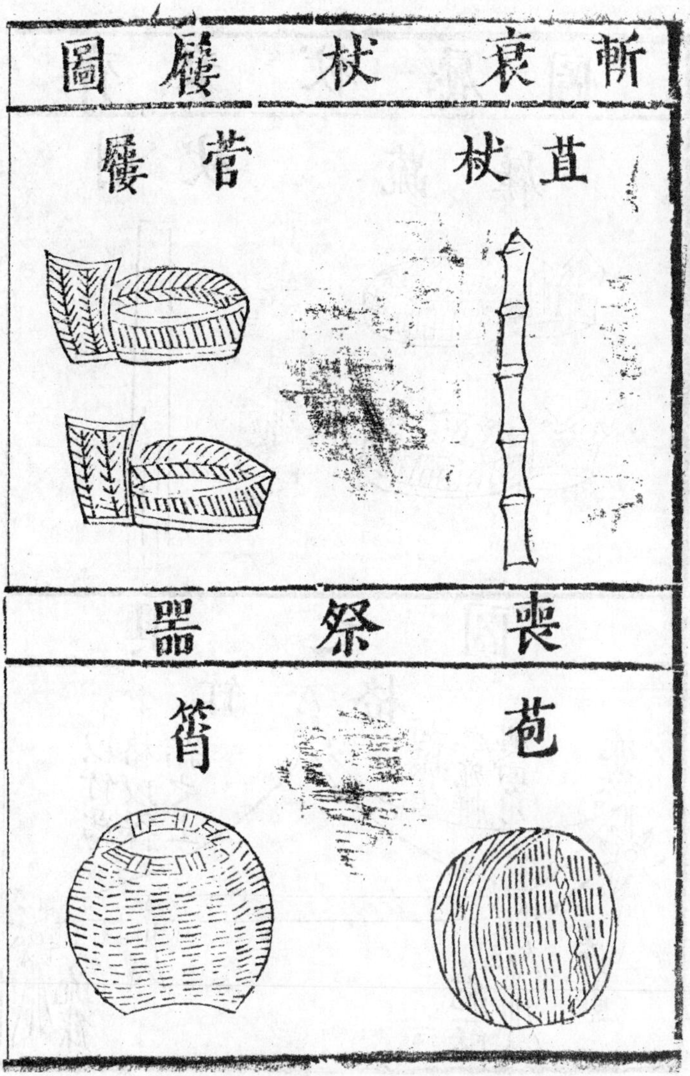

斩衰杖屦图、丧祭器具之图一

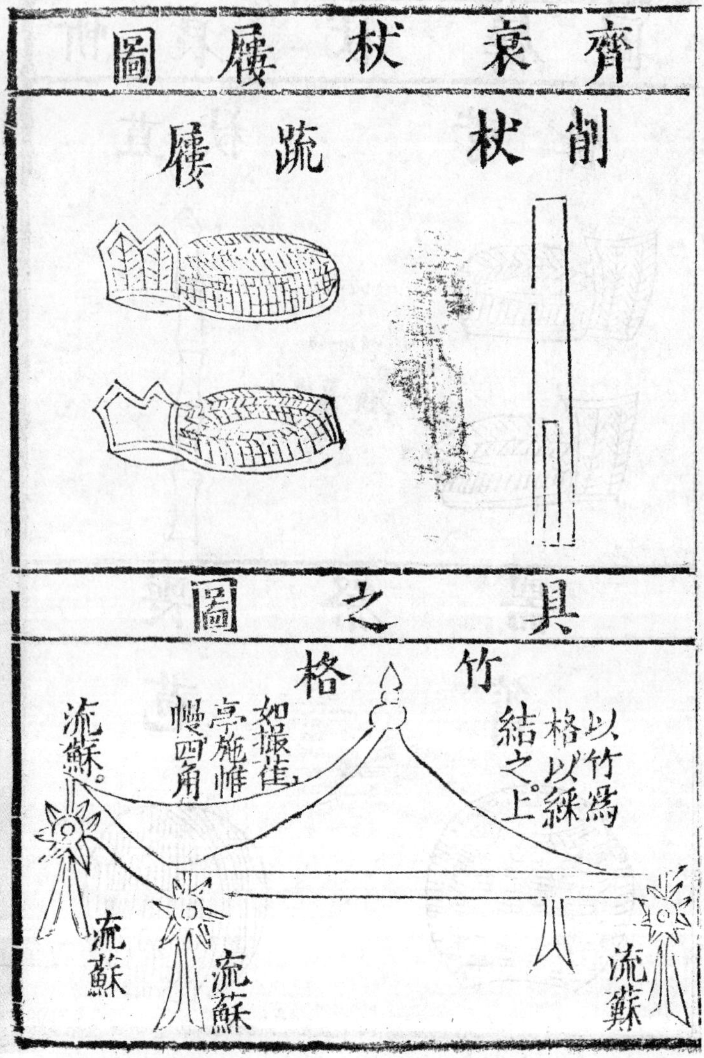

齐衰杖屦图、丧祭器具之图二

喪轝

翣

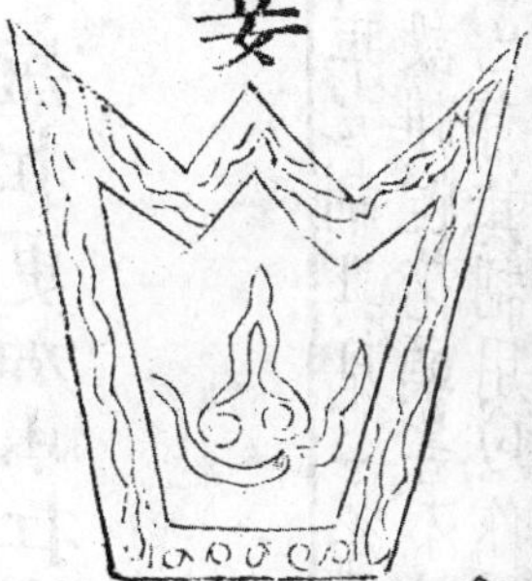

⊘喪大記。君飾棺。黼翣二。畫翣二。皆戴圭。大夫士戴綏。車行持之。以障車。既窆。樹於壙中障柩。尺度畫制。載本章註。

兩長杠上加伏兔附杠處爲員鑿。別作小方牀載柩旁立兩柱。柱外施員枘入鑿中。長出其

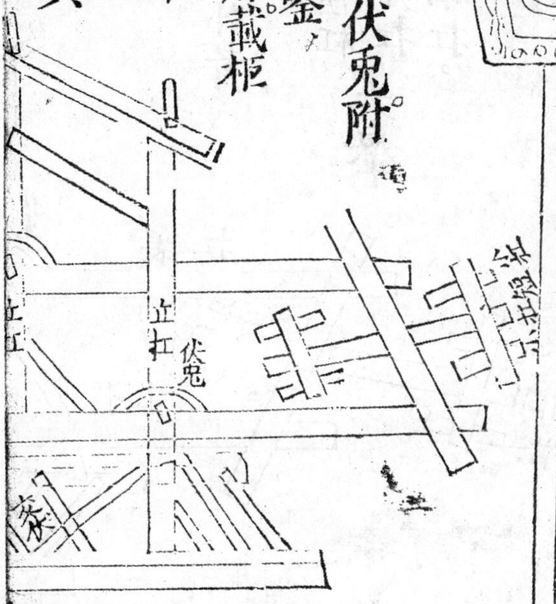

丧舆之图一

之圖

外。兩柱近上更爲方柄，加横扃。扃兩頭出柱外者更加小扃。扛兩頭施横杠，横扛上施短扛，大轝短扛更加小扛。

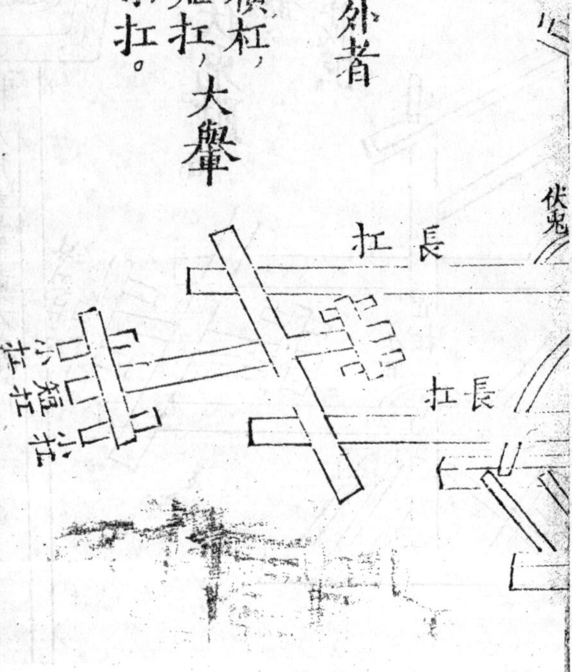

柳車之制，具見二家禮圖及書儀註中。然書儀云：今既難備，略設帷幌花頭等，不以繁華高大。今家禮從俗爲轝，且爲竹格，已有其制，用以作圖，易柳車云。

丧舆之图二

家礼附录第一

乡礼

增损蓝田吕氏乡约

凡乡之约四：一曰德业相劝。二曰过失相规。三曰礼俗相交。四曰患难相恤。众推有齿德者一人为都约正，有学行者二人副之。约中月轮一人为直月。都副正不与。置三籍，凡愿入约者书于一籍。德业可劝者书于一籍。过失可规者书于一籍。直月掌之，月终则以告于约正而授于其次。

德业相劝

德谓见善必行，闻过必改。能治其身，能治其家，能事父兄，能教子弟，能御僮仆，能肃政教。能事长上，能睦亲故，能择交游，能守廉介，能广施惠，能受寄托，能救患难。能导人为善，能规人过失，能为人谋事，能为众集事。能改斗争，能决是非，能兴利除害，能居官举职业。谓居家则事父兄，教子弟，待妻妾。在外则事长上，接朋友，教后生，御僮仆。至于读书治田，营家济物，畏法令、谨租赋，好礼乐射御书数之类，皆可为之。非此之类，皆为无益。

右件德业，同约之人，各自进修，互相劝勉。会集之日，相与推举其能者书于籍，以警其不能者。

过失相规[1]

过失谓犯义之过六。犯约之过四。不修之过五。

犯义之过：一曰酗博斗讼。酗谓纵酒喧竞，博谓赌博财物，斗谓斗殴骂詈，讼谓告人罪恶，意在害人。诬赖争诉，得已不已者。若事干负累及为人侵损而诉之者，非。二曰行止逾违。逾礼违法，众恶皆是。三曰行不恭逊。侮慢齿德者，持人短长者，恃强凌人者，知过不改，闻谏愈甚者。四曰言不忠信。或为人谋事，陷人于恶。或与人要约，退即倍之。或妄说事端，荧惑众听者。五曰造言诬毁。诬人过恶，以无为有，以小为大，面是背非。或作嘲咏逆名文书，及发扬人之私隐，无状可求，及喜谈人之旧过者。六曰营私太甚。与人交易伤于掊克者。专务进取不恤馀事者。无故而好干求假借者。受人寄托而有所欺者。

犯约之过：一曰德业不相劝。二曰过失不相规。三曰礼俗不相成。四曰患难不相恤。

不修之过：一曰交非其人。所交不陷士庶，但凶恶及游惰无行、众所不齿者而已。朝夕与之游处，则为交非其人。若不得已而暂往还者，非。二曰游戏怠惰。游谓无故出入及谒见人止务闲适者。戏谓戏笑无度及意在侵侮，或驰马击物而不赌财物者。怠惰谓不修事业，及家事不治、门庭不洁者。三曰动作无仪。谓进退太疏野及不恭者。不当言而言及当言而不言者。衣冠太华饰及全不完整者。不衣冠而入街市者。四曰临事不恪。主事废忘，期会后时，临事怠慢者。五曰用度不节。谓不计有无，过为多费者。不能安贫，非道营求者。

右件过失，同约之人，各自省察，互相规戒。小则密规之，大则众戒之。不听，则会集之日，直月以告于约正。约正以义理诲谕之。谢过请改，则书于籍以俟。其争辩不服与终不能改者，皆听其出约。

---

①标题原缺，据前后文义补。

礼俗相交

礼俗之交：一曰尊幼辈行。二曰造请拜谒。三曰请召送迎。四曰庆吊赠遗。

尊幼辈行凡五等：曰尊者，谓长于已二十岁以上，在父行者。曰长者，谓长于已十岁以上，在兄行者。曰敌者，谓年上下不满十岁者。曰少者，谓少于已十岁以下者。曰幼者。谓少于已二十岁以下者。

造请拜揖凡三条：曰凡少者、幼者于尊者、长者。岁首、冬至、四孟月朔辞见贺谢，皆为礼见。皆具门状，用幞头公服腰带靴笏。无官具名纸，用幞头襕衫腰带系鞋，四孟通用帽子皂衫腰带。凡当行礼而有恙，故皆先使人白之，或遇雨雪，则尊长先使人谕止来者。此外候问起居，质疑白事及赴请召，皆为燕见。深衣、凉衫皆可，尊长令免，即去之。尊者受谒，不报。岁首、冬至具已名榜子，令子弟报之，如其服。

长者岁首、冬至具榜子报之，如其服。馀令子弟以已名榜子代行。凡敌者，岁首、冬至辞见贺谢相往还。门状、名纸同上，唯止服帽子。凡尊者、长者无事而至少者、幼者之家，唯所服。深衣、凉衫、道服、背子可也。敌者燕见亦然。曰凡见尊者、长者，门外下马，俟于外次，乃通名。凡往见人，入门必问主人食否，有他客否，有他干否。度无所妨，则命展刺，有妨则少俟或且退。后皆放此。主人使将命者先出迎客，客趋入，至庑门，主人出，降阶。客趋进，主人揖之，升堂。礼见，四拜而后坐。燕见不拜。旅见则旅拜。少者、幼者自为一列，幼者拜则跪而扶之，少者拜则跪扶而答其半。若尊者、长者齿德殊绝，则少者、幼者坚纳拜，请尊者许则立而受之，长者许则跪而扶之。拜讫，则揖而退。主人命之坐，则致谢讫，揖而坐。退，凡相见，主人语终，不更端，则告退。或主人有倦色，或方干事而有所俟者，皆告退可也。后皆放此。则主人送于庑下，若命之上马，则三辞，许则揖而退。出大门，乃上马。不许则从其命。凡见敌者，门外下马，使人通名，俟于庑下或厅侧，视见则再拜。稍少者先拜，旅见则特拜。退，则主人请就阶上马。徒行，则主人送于门外。凡少者以下，则先遣人通名，主人具衣冠以俟。客入门下马，则趋出迎，揖，升堂。来报礼，则再拜谢。客止之则止。退，则就阶上马。客徒行，则迎于大门之外，送亦如之。仍随其行数步，揖之则止，望其行远，乃入。曰凡遇尊长于道，皆徒行，则趋进，揖。尊长与之言，则对，否则立于道侧，以俟尊长，已过乃揖而行。或皆乘马，于尊者则回避之。于长者则立马道侧，揖之，俟过乃揖而行。若己徒行而尊长乘马，则回避之。凡徒行遇所识乘马者，放此。若已乘马而尊长徒行，望见则下马，前揖。已避亦然。过既远，乃上马。若尊长令上马，则固辞。遇敌者，皆乘马，则分道相揖而过。彼徒行而不及避，则下马揖之，过则上马。遇少者以下，皆乘马，彼不及避，则揖之而过。彼徒行不及避，则下马揖之。于幼者，则不必下可也。

请召迎送凡四条：凡请尊长饮食，亲往投书。礼薄，则不必书。专召他客，则不可兼召尊长。既来赴，明日亲往谢之。召敌者，以书简，明日交使相谢。召少年用客目，明日客亲往谢。曰凡聚会，皆乡人，则亦以齿。非士类则不。若有亲则必叙，若有他客有爵者，则坐以爵。不相妨者，坐以齿。若有异爵者，虽乡人，亦不以齿。异爵谓命士大夫以上，今升朝官是。若特请召，或迎劳出饯，皆以专召者为上客。如婚礼则姻家为上客，皆不以齿爵为序。曰凡燕集，初坐，别设卓子于两楹间，置大杯于其上。主人降席，立于卓东，西向。上客亦降席，立于卓西，东向。主人取杯，亲洗，上客辞，主人置杯卓子上，亲执酒斟之。以器授执事者，遂执杯以献上客，上客受之，复置卓子上。主人西向，再拜。上客东向，再拜。兴，取酒，东向跪祭，遂饮。以杯授赞者，遂拜，主人答拜。若少者以下为客，饮毕而拜，则在人跪受如常。上客酢主人，如前仪，唯献酒不拜。若众宾中有齿德者，则特献如上客之仪，不酢。若婚姻家为上客，则虽少者，亦答其拜。曰凡有远出远归者，则迎送之。少者、幼者不过五里，敌者不过三里。各期会于一处，拜揖如礼。有饮食，则就饮食之。少者以下，俟其既归，又至其家省之。

庆吊赠遗凡四条：曰凡同约有吉事，则庆之。冠子、生子、预荐、登科、进官之属，皆可贺。婚礼虽曰不贺，然礼亦曰贺娶妻者，盖但以礼助其宾客之费而已。有凶事，则吊之。丧葬水火之类。每家只家长一人与同约者俱往，其书问亦如之。若家长有故，或与所庆吊者不相接，则其次者当之。曰凡庆礼，如常仪，有赠物。用币帛酒食果实之属，众议量力定数，多不过三五千，少至一二百。如情分厚薄不同，则从其厚薄。或其家力有不足，则同约为之借助器用及为营干。凡吊礼，闻其初丧，闻丧同。未易服，则率同约者深衣而往哭吊之。凡吊尊者，则为首者致辞而旅拜。敌以下，则不拜。主人拜，则答之。少者以下，则扶之。不识生者则不吊，不识死者则不哭。且助其凡百经营之事。主人既成服，则相率素幞头素襕衫素带，皆以白生纱绢为之。具酒果食物而复奠之。死者是敌以上，则拜而奠；以下，则奠而不拜。主人不易服，则亦不易服。主人不哭，则亦不哭。情重，则虽主人不变不哭，亦变而哭之。赙礼用钱帛，众议其数，如庆礼。及葬，又相率致赙。俟发引，则素服而送之。赗如赙礼。或以酒食犒其役夫，及为之干事。及卒哭，及小祥，及大祥，皆常服吊之。曰凡丧家，不可具酒食衣服以待吊客，吊客亦不可受。曰凡闻所知之丧，或远不能往，则遣使致奠。就外次，衣吊服，再拜哭而送之。唯至亲笃友为然。过期年，则不哭。情至，则哭其墓。

右礼俗相交之事。直月主之。有期日者，为之期日。当纠集者，督其违慢。凡不如约者，以告于约正而（告）〔诘〕之，且书于籍。

患难相恤

患难之事七：一曰水火。小则遣人救之，甚则亲往，多率人救且吊之。二曰盗贼。近者同力追捕，有力者为告之官司。其家贫，则为之助出募赏。三曰疾病。小则遣人问之，甚则为访医药，贫则助其养疾之费。四曰死丧。阙人则助其干办，乏财则赙赗借贷。五曰孤弱。孤遗无依者，若能自赡，则为之区处，稽其出纳。或闻于官司，或择人教之，及为求婚姻。贫者协力济之，无令失所。若有侵欺之者，众人力为之办理。若稍长而放逸不检，亦妨察约束之，无令陷于不义。六曰诬罔。有为人诬罔过恶不能自伸者，势可以闻于官府，则为言之。有方略可以救解，则为解之。或其家因而失所者，众共以财济之。七曰贫乏。有安贫守分而生计大不足者，众以财济之，或为之假贷置产，以岁月偿之。

右患难相恤之事。凡有当救恤者，其家告于约正。急则同约之近者为之告。约正命直月遍告之，且为之纠集而程督之。凡同约者，财物器用、车马人仆，皆有无相假。若不急之用及有所妨者，则不必借。可借而不借，及逾期不还，及损坏借物者，论如犯约之过，书于籍。乡邻或有缓急，虽非同约而先闻知者，亦当救助。或不能救助，则为之告于同约而谋之。有能如此者，则亦书其善于籍，以告乡人。

以上乡约四条，本出蓝田吕氏。今取其他书及附己意，稍增损之以通于今。而又为月旦集会读约之礼如左方。曰凡预约者，月朔皆会。朔日有故，则前期三日别定一日。直月报会者，所居远者，惟赴孟朔又远者，岁一再至可也。直月率钱具食。每人不过一二百。孟月具酒果三行，面饭一会。馀月则去酒果，或直设饭可也。会日，夙兴，约正、副正、直月本家行礼。若会族罢，皆深衣，俟于乡校。设先圣先师之象于北壁下，无乡校则择一宽间处。先以少长叙拜于东序。凡拜尊者，跪而扶之。长者，跪而答其半。稍长者，俟其俯伏而答之。同约者，如其服而至。有故，则先一日使人告于直月。同约之家子弟，虽未能入籍，亦许随众序拜。未能序拜，亦许侍立观礼。但不与饮食之会，或别率钱略设典心于他处。俟于外次，既集以齿为序，立于门外，东向北上。约正以下，出门西向南上。约正与齿最尊者正相向。揖迎入门，至庭中，北面，皆再拜。约正升堂上香。降与在位者，皆再拜。约正升降，皆自阼阶。揖分东西向立，如门外之位。约正三揖，客三让。约正先升，客从之。约正以下升自阼阶，馀人升自西阶。皆北面立。约正以下西上，馀人东上。约正少进，西向立。副正、直月次其右，少退。直月引尊者东向南上，长者西向南上。皆以约正之年推之，后放此。西向者，其位在约正之右少进，馀人如故。约正再拜，凡在位者，皆再拜。此拜尊者。尊者受礼如仪。惟以约正之年为受礼之节。退北壁下，南向东上立。直月引长者东面，如初礼。退则立于尊者之西，东上。此拜长者，拜时，惟尊者不拜。直月又引稍长者东向南上，约正与在位者，皆再拜，稍长者答拜。退立于西序，东面北上。此拜稍长者，拜时，尊者、长者不拜。直月又引稍少者东面北上，拜约正，约正答之。稍少者，退立于稍长者之南。直月以次引少者东北向西北上，拜约正，约正受礼如仪。拜者复位，又引幼者，亦如之。既毕，揖，各就次。同列未讲礼者，拜于西序，如初。顷之，约正揖就坐。约正坐堂东南向，约中年最尊者坐堂西南向。副正、直月次约正之东南向西上。馀人以齿为序，东西相向，以北为上。若有异爵者，则坐于尊者之西南向东上。直月抗声读约一过，副正推说其意。未达者，许其质问。于是有善者，众推之；有过者，直月纠之。约正询其实状于众，无异辞，乃命直月书之。直月遂读记善籍一过，命执事以记过籍遍呈在坐，各默观一过。既毕，乃食。食毕，少休。复会于堂，或说书，或习射，讲论从容。讲论须有益之事，不得陈道神怪邪僻悖乱之言，及私议朝廷州县政事得失，及扬人过恶。违者，直月书而纠之。至晡乃退。愚按：孔子曰：吾观于乡，而知王道之易易也。故成周之法，治乡为详。有读法之令焉，有相见之仪焉，有饮射投壶之节焉，宜乎化行于上而俗美于下也。后世不讲，一切废弃。闾阎之间，其悍然自立者乎，则武断肆行而已矣。其恬然自守者乎，则庸陋苟安而已矣。古昔先民尝言，今人所深愿而不可必得者，饱食暖衣逸居而无教耳。不亦可悲之甚哉！古礼既难猝复，莫若且遵此约而行之。况其中之节文，既出于进伯、微仲、和叔、与叔诸贤之讲究，又加之以朱子之折衷，恐圣人复起而有所不能易也。吾友唐宗舜曰：德业相劝，则德行道艺之事皆在其中矣；过失相规，则刑禁纠戒之事皆寓其中矣。其礼俗相成，而有所为造请拜谒者，则士相见之遗意也。有所为请召迎送者，则乡饮酒之遗法也。其月旦集会读约之礼，则宛然州长以下读法之遗规也。德业可劝者书于一籍，过失可规者书于一籍，则乡大夫废兴之事，又何难于举行也哉？但以其时不能如古，故其节文不得不疏。道未得大行，故其制度不能皆备。然其所以整齐斯人，以使之入于范围之中者，其为道则一也。孟子曰："有王者起，必来取法，是为王者师也。"吾于此约亦然。

家礼附录第二

学礼

白鹿洞书院揭示

父子有亲。君臣有义。夫妇有别。长幼有序。朋友有信。

右五教之目。尧舜使契为司徒，敬敷五教，即此是也。学者学此而已。而其所以学之之序，亦有五焉，其别如左：

博学之，审问之，慎思之，明辨之，笃行之。

右为学之序。学问思辨四者，所以穷理也。若夫笃行之事，则自修身以至于处事接物，亦各有要，其别如左：

言忠信，行笃敬，惩忿窒欲，迁善改过。

右修身之要。

正其义，不谋其利；明其道，不计其功。

右处事之要。

己所不欲，勿施于人。行有不得，反求诸己。

右接物之要。

熹窃观古昔圣贤所以教人为学之意，莫非使之讲明义理，以修其身，然后推以及人。非徒欲其务记览、为词章，以钓声名、取利禄而已也。今人之学者，既反是矣。然圣贤所以教人之法，具存于经，有志之士固当熟读深思而问辨之。苟知其理之当然，而责其身以必然，则夫规矩禁防之具，岂待他人设之而后有所持循哉！近世于学有规，其待学者为已浅矣。而其为法，又未必古人之意也。故今不复以施于此堂，而特取凡圣贤所以教人为学之大端，条列如右，而揭之楣间。诸君其相与讲明遵守，而责之于身焉。则夫思虑云为之际，其所以戒谨而恐惧者，必有严于彼者矣。其有不然，而或出于此言之所弃，则彼所谓规者，必将取之，固不得而略也，诸君其亦念之哉。愚按：古者小学大学之教，其制最详。然一言以蔽之，亦曰明人伦而已矣。丧祭之礼，所以明父子之亲也；朝聘之礼，所以明君臣之义也；冠婚之礼，所以明夫妇之别也；饮射之礼，所以明长幼之序也；相见之礼，所以明朋友之交也。三千三百，各有其条，莫不于学乎讲之。后世虽失其法，犹存其文，苟能学问思辩而力行之，则先王之道，岂远乎哉！言忠信则言有物，行笃敬则行有恒，所为诚之于身也。惩忿窒欲则欲日损，迁善改过则理日益，所为诚之于心也。正义明道则无不当，不谋利、不计功则无不公，而处事有失其理者乎？已所不欲勿施于人，则无不恕；行有不得反求诸己，则无不忠。而接物有违其则者乎？小学大学之教，皆在其中矣。敬轩薛先生尝以是示学者，诚有以识其言之要与。

沧洲精舍释菜仪

前期，献官以下皆盛服。今用深衣、凉衫。掌仪设神座，用席。先圣南向，配位西向，从祀位东，西向。设祝版于先圣位之右，设香炉、香案、香合于堂中，设祭器于神座前，每位各左一边、今用漆盘，实以脯、栗。右一豆。今用漆盘，实以笋、菜。设牺尊一于堂上东南隅，今以瓦尊代。加勺幂。设烛于四于堂中，二于东西从祀位之前。设洗二于东阶之东。盥洗在东，爵洗在西。卓一于洗东，卓上箱二。巾东，爵西。设献官位于堂下北面，分奠者二人次之，诸生又次之，皆北面西上。及期，献官以下序立于东廊下，掌仪帅执事者升堂实酒馔。赞者一人引献官升堂点阅，降就堂下位。分奠官及诸生各就位。赞者一人离（立）〔位〕少前，再拜讫，进立于主人之右。西向曰“再拜”，在位者皆再拜。掌仪、祝、司尊者皆升。掌仪立于东序西向，祝立于阼阶上西向，司尊者立于尊南北向。赞引献官诣盥洗之南，北向立，盥手，帨手，升，焚香，再拜，降。再诣盥帨如初。诣爵洗南，北向立，爵以授赞，升，诣尊所，西向立。赞以爵授献官，司尊举幂酌酒，献官以爵授赞，俱诣先圣前。献官北向跪，赞跪受爵，献官执爵三祭，奠爵于笾豆之间，俯伏，兴，少立。祝诣献官之左，东向跪读祝。愚按：朱子《告先圣文》曰：“恭惟道统，远自羲轩，集厥大成，允属元圣。述古垂训，万世作程。三千之徒，化若时雨，维颜曾氏，传得其宗，逮思及舆，益以光大。自时厥后，口耳失真。千有馀年，乃曰有继，周程授受，万理一原。曰邵曰张，爰及司马，学虽殊辙，道则同归。俾我后人，如夜复旦。熹以凡陋，少蒙义方，中靡常师，晚逢有道。载钻载研。虽未有闻，赖天之灵，幸无失坠。逮兹退老，同好鼎来，落此一丘。群居伊始，探原推本，敢昧厥初。奠以告虔，尚其昭格，陟降庭止。惠我光明，传之方来，永永无斁。今以吉日，谨率诸生，恭修释奠之礼。以先师兖国公颜氏，郕侯、曾氏、沂水侯、孔氏邹国公、孟氏配濂溪周先生、明道程先生、伊川程先生、康节邵先生、横渠张先生、温国司马文正公、延平李先生从祀，尚飨。”讫，兴，复位。献官再拜。次诣盥洗爵如初。洗诸配位爵，讫，赞者以盘兼捧升，酌，诣配位如初仪。但不读祝。献官复位。当献官（献）〔谒〕配位酌献时，赞者二人各引分奠官分行东西从祀礼，盥洗以下并如配位之仪。东先西后。分奠讫，复位。在位者皆再拜，退。愚按：古者有道有德，则祭于瞽宗。而始立学者，盖必释菜于先圣先师。则学校之祭，其来久矣。以《夏小正》考之，日用丁亥。以《周官》考之，时以春秋。其仪则一献而已。盖古人见师以菜为贽，故学宫之内即用此以奠之。德之盛者，无物可报，则礼反从其质焉。享帝用犊而器用陶匏。祀师用菜而服尚皮弁，其义一也。顾成周立四代之学意，所祀者不一其人，而孔子既作，祖述宪章，则道术之所归矣，此后世之学宫，所以独尊之乎。然府县之学，从祀过繁，非家塾之所能备。朱子定为十有一人，所以致其诚壹也。但窃尝论之，周程之德，不下颜曾；横渠之功，同符孟氏，此固无可疑者。独邵子之略于下学，司马公之艰于上达，或非群贤之比。朱子特以易学资于经世，礼学资于书仪，史学资于通鉴也而报之。而延平先生则又尝北面师尊，不敢忘所自来耳。然则居今日而专守其制，岂所以为定议乎？先圣南面，群贤分列于两旁，颜曾最上，思孟次之，周张继处，二程次之。张之学虽不逮程，而实为表叔，故不得不先之也。朱子又次之，或当代贤而有道者，幸而亲炙焉，闻风焉，亦放延平之列而次于其下，庶乎其不遗而不漏耳。至若神位之设，宜用古者席地之制，而笾豆尊爵，亦未可概以今人之亵器代之。且推束脩之义，则肉食固无妨于兼用也。但举之必以鼎，陈之必以俎，不然而何以别于私亵之荐乎？夫人之生也，精气本于祖考，德业本于师儒，苟非不肖，岂敢忘之。彼佛老之徒，未尝不尊其立教之人，而儒者或忽焉，几何而不流于凉德也。

献者赞者　分奠二人赞者二人　祝

掌仪者　司尊

家礼拾遗卷之一

通礼此篇所著，皆所谓有家日用之常体，不可一日而不修者。

祠堂此章本合在祭礼篇。今以报本反始之心，尊祖敬宗之意，实有家名分之守，所以开业传世之本也。故特著此，冠于篇端，使览者知所以先立乎其大者，而凡后篇所以周旋升降出入向背之曲折，亦有所据以考焉。然古之庙制，不见于经，且今士庶人之贱，亦有所不得为者，故特以祠堂名之，而其制度亦多用俗礼云。

君子将营宫室，先立祠堂于正寝之东。祠堂之制，三间外为中门，中门外为两阶，皆三级。东曰阼阶，西曰西阶。阶下随地广狭以屋覆之，令可容家众叙立。又为遗书、衣物、祭器库及神厨于其东。缭以周垣，别为外门，常加扃闭。若家贫地狭，则止为一间，不立厨库。而东西壁下置立两柜，西藏遗书、衣物，东藏祭器亦可。正寝谓前堂也，地狭则于厅事之东亦可。凡祠堂所在之宅，宗子世守之，不得分析。凡屋之制，不问何向背，但以前为南、后为北、左为东、右为西。后皆仿此。为四龛以奉先世神主。祠堂之内，以近北一架为四龛，每龛内置一卓，大宗及继高祖之小宗，则高祖居西，曾祖次之，祖次之，父次之。继曾祖之小宗，则不敢祭高祖，而虚其西龛一。继祖之小宗，则不敢祭曾祖，而虚其西龛二。继祢之小宗，则不敢祭祖，而虚其西龛三。若大宗世数未满，则亦虚其西龛如小宗之制。神主皆藏于椟中，置于卓上，南向。龛外各垂小帘，帘外设香卓于堂中，置香炉，香合于其上。两阶之间又设香卓，亦如之。非嫡长子则不敢祭其父。若与嫡长同居，则死而后其子孙为立祠堂于私室，且随所继世数为龛。俟其出而异居，乃备其制若生。而异居则预于其地立斋以居，如祠堂之制，死则因以为祠堂。主式见丧礼治葬章。愚按：祠堂之制，仿古家庙之遗意也。然古者天子七庙，其一为太祖，其二为世室。诸侯五庙，其一为太祖，馀则高曾祖考以次而列之。若大夫三庙，则自太祖以外，止及祖考而已。适士二庙，则祖考分居之。官师一庙，则祖考共居之。而今之祠堂概及四代，何以辨流泽之远近乎？曰此后贤义起之礼也。高曾祖考之服制，自天子达于庶人，无不同者，则祭法亦当以是为准矣。故《记》亦有之，大夫士有事省于其君，干祫及其高祖，是则未必专以庙制为限也。然则设四龛而祭四代，倘亦孝子慈孙之公情所不容已者乎。但以西为上，则宋代草率之规，而神主并列，亦后贤权宜之法，皆未可以通行之于百世耳。窃意居今而有议礼更制者，则公卿之家当左昭而右穆。士庶之家，则同堂而异室。祭必高居上，而曾祖考居左右，庶几藏主则各成其尊，合食则各就其班，可以宜于今而不戾于古矣。若以浦江郑氏男左女右为法，则与铺筵设同几之义，似不相合，此变礼所以难言也。或曰今之官长诰封及于三代，是则自太祖而外，较之五庙则少其一，较之三庙则增其一，何以宜于今而不戾于古耶？曰始议斯礼者，盖法周人之追王也。然武成称王，乃史臣之追述，而周公制作之时，实当成王之世，故合太季文武而为四亲庙。后人不察，而以为当武王之世，遂以为追王止及三代而效之云尔。然封建虽废，而官品仍分折其衷者，大夫则封其四代，郎官则封其二代，庶几孝敬伸而品节辨，可以即人心之安乎。又按宗子之法，古人开国承家之大纲也。然其废既久，非可以一日而复，而佛老之学盛行，一族之中能遵先王之典者，百不得一焉。其或有志于遵之者，又以身非宗子自诿，则是任其先人为若敖之鬼，而曰已无与也而可乎？然则居今日而思报本追远者，固当自度其力焉，而不可视宗法以为行止也。寒微而崛起者，有夺宗之法。贵盛而并起者，有助祭之典。宗子而同志乎，则力赞之。宗子而力不足乎，则厚资之。宗子而爵卑乎，则用支□之命数以祀之。宗子而相去甚远乎，则以□标榜记逐位而祭毕焚之。倘宗子而不能明祭祀之义，不能致齐戒之严，强之使行，神或吐诸。则甚不得已，而支子自为之主，或亦幽明之所共谅也。又况封建既废之后，朝无世臣，野鲜世族。或游宦于数千里之外，或迁居于数十年之久。本族祠堂望空悬慕，而终身遂不一致其诚敬于先人也，于心安乎？古人越在他国，则不敢祭者，盖以不能守其宗庙为慊耳，岂所论于当出当徙者耶？聘礼大夫出疆，必以币依神。主人致饔饩，则筵尸摄祝，既荐而后食之。孝子慈孙之用心，固如此矣。

旁亲之无后者以其班祔。伯叔祖父母祔于高祖。伯叔父母祔于曾祖。妻若兄弟，若兄弟之妻，祔于祖。子侄祔于父。皆西向，主椟并如正位。侄之父自立祠堂，则迁而从之。程子曰：无服之殇不祭，下殇之祭，终父母之身。中殇之祭，终兄弟之身。长殇之祭，终兄弟之子之身。成人而无后者，其祭终兄弟之孙之身，此皆以义起者也。置

祭田，初立祠堂，则计见田。每龛取其二十之一以为祭田。亲尽则以为墓田。后凡正位、祔者皆仿此。宗子主之，以给祭用。上世初未置田，则合墓下子孙之田，计数而割之。皆立约闻官，不得典卖。愚按：祭田、墓田，固当计子孙之见田而割之。然家计之贫富不等，人情之厚薄不同，亦难以预定而取必也。苟力有馀者或多置焉，或独任焉。与其多留以为裘马轻肥之费，及不肖子孙酒色之资，何如以奉其先人之为当乎？至若不幸而无后者，当以卑幼一人主其祀。倘分争不决，则其资产亦付于宗子而以为祭田。亲未尽则祔主而祀之，亲已尽则就墓而祀之。庶乎其有所归矣。且古者天子为藉千亩，诸侯为藉百亩，皆躬秉耒以为粢盛。然则士大夫之家，亦当以十亩内外为之。其力能耕乎，则自耕之。其力不能耕乎，则立春之日秉耒，而后令人代之。所用之粪，不可以污秽之物杂乎其间也。胡麻之滓，桐棉之实，合草根木叶之烬而播之，亦可以荐其馨香矣。圭田世禄之法，上之人既未克行礼，虽先王之未有，亦或可以义起也。**具祭器**。床席倚卓盥盆火炉酒食之器，随其合用之数，皆具贮于库中而封锁之，不得它用。无库则贮于柜中。不可贮者，列于外门之内。愚按：服食器用之变，非独人心之厌常，亦风会之迁流也。然祭祀乃礼之大经，苟一以今人之所用者为之，又岂崇太羹而尚玄酒之意耶？将欲酌其宜，则如之何？曰用乎古而戾乎今者，舍之。制乎古而通乎今矣。席地之劳而椅卓之安也，俎肉之繁而盂碗之便也，手饭之亵而匕箸之适也，庭燎之艰而灯烛之易也，是即圣人有作，亦必不可得而易焉者。其可得而易者，亦有之矣。野味陈于椀，焰体烹于鼎，干腊则以笾载之，醢酱则以豆盛之，先王之法物，何遂皆可废弃乎？惟是羹馔之登铏，酒酱之尊爵，黍稷稻粱之簠簋，古今之器若可通行，择而用之其可也。抑此皆其仪耳。报本追远之道，若不系乎此者，然概以亵器为之，则或不免移之以他用，岂所以致其洁清乎？与其严为封锁，而使人不敢用，固不若此法之不严，而自足启人之钦也。好古者亦将有取于斯言夫。**主人晨谒于大门之内**。主人谓宗子，主此堂之祭者。晨谒，深衣焚香再拜。**出入必告**。主人主妇近出，则入大门瞻礼而行，归亦如之。经宿而归，则焚香再拜。远出经旬以上，则再拜焚香，告云："某将适某所，敢告。"又再拜而行，归亦如之，但告云："某今日归自某所，敢见。"经月而归，则开中门，立于阶下，再拜，升自阼阶，焚香告毕，再拜，降复位，再拜。馀人亦然，但不开中门。凡主妇，谓主人之妻。凡升降，惟主人由阼阶，主妇及馀人虽尊长亦由西阶。凡拜，男子再拜，则妇人四拜，谓之侠拜。其男女相答拜亦然。**正、至、朔、望则参**。正、至、朔、望前一日，洒扫斋宿。厥明，夙兴，开门，轴帘。每龛设新果一大盘于卓上，每位茶盏托、酒盏盘各一于神主椟前。设束茅聚沙于香卓前。别设一卓于阼阶上，置酒注盏盘一于其上，酒一瓶于其西。盥盆帨巾各二于阼阶下东南，有台架者在西，为主人亲属所盥。无者在东，为执事者所盥，巾皆在北。主人以下盛服入门就位。主人北面于阼阶下，主妇北面于西阶下。主人有母，则特位于主妇之前。主人有诸父诸兄，则特位于主人之右少前，重行西上。有诸母姑嫂姊，则特位于主妇之左少前，重行东上。诸弟在主人之右少退，子孙外执事者在主人之后，重行西上。主人弟之妻及诸妹在主妇之左少退。子孙妇女内执事者在主妇之后，重行东上。立定，主人盥，帨，升，启椟，奉诸考神主置于椟前。主妇盥，帨，升，奉诸妣神主置于考东。次出祔主亦如之。命长子、长妇或长女盥，帨，升，分出诸祔主之卑者，亦如之。皆毕，主妇以下先降，复位。主人诣香卓前，降神，焚香再拜。执事者盥，帨，升，开瓶实酒于注。一人奉注，诣主人之右，一人执盏盘诣主人之左。主人跪，执事者皆跪。主人受注，斟酒，反注，取盏盘奉之。左执盘，右执盏，酹于茅上，俯伏，兴，少退，再拜，降，复位。与在位者皆再拜参神。主人升，执注斟酒，先正位，次祔位，次命长子斟诸祔位之卑者。主妇升，执茶筅，执事者执汤瓶，随之点茶如前，命长妇或长女亦如之。子妇执事者先降，复位。主人主妇分立于香卓之前东西，再拜，降，复位，与在位者皆再拜，辞神而退。冬至则祭始祖毕，行礼如上仪。望日不设酒不出主。主人点茶，长子佐之，先降，主人立于香卓之南，再拜乃降，馀如上仪。准礼，舅没，则姑老不预于祭。又曰，支子不祭，故今专以世嫡宗子夫妇为主人主妇。其有毋及诸父母兄嫂者，则设特位于前如此。凡言盛服者，有官则幞头、公服、带靴、笏。进士则幞头、襕衫、带。处士则幞头、皂衫、带。无官者通用帽子、衫、带。又不能具，则或深衣或凉衫。有官者亦通服帽子以下，但不为盛服。妇人则假髻、大衣、长裙。女在室者，冠子、背子。众妾假髻、背子。愚按：宗庙之严，固一家之所共事，然妇女童幼，筋力既弱，而诚敬之心又未必其能纯至也，叙立既久，而或有怍色惰容，则其为亵也甚矣。故莫若主人率众丈夫位于阶前，参神降神，始终不懈。而主妇但率众妇女进果品点茶汤，礼毕而遂退。其童幼之甚者，则于启椟之时，令之再拜而已。至于四时之祭，主妇亦当再献而退，至彻酒而复出。礼所谓君在阼夫人在房者，固亦未尝分左右而并列也。夫跛踦临祭，君子所非。祁祁僮僮之化，二南以后，不概见焉。与其缓而邻于慢，何若速而全其敬乎？况男子尊无不统，而妇人之教令不出闺门，于叙立之际，而此意寓焉，则又不独人情之便已。俗节则献以时食。节如清明、寒食、重午、中元、重阳之类。凡乡俗所尚者，食如角黍。凡其节之所尚者，荐以大盘，间以蔬果，礼如正至朔日之仪。愚按：俗节之奠，虽南轩亦疑之，而朱子答以书曰："今之俗节，古所无有，故古人虽不祭，情亦自安。今人既以为重，至于是日不能不思其祖考，而复以其物享之。虽非礼之正，然亦人情之不能自已者。且古人不祭，则不敢以燕。况今此俗节，既已据经而废祭，而生者则饮食燕乐随俗自如，非事死如事生，事亡如事存之意也。"愚意时祭之外，各因乡俗之旧，以其所尚之时，所用之物，奉以大盘，陈于庙中，而以告朔之礼奠焉。则庶几合乎隆杀之节，而尽乎委曲之情，可行于久远而无疑矣。至哉！言乎百世之法也。但俗节之由来，亦当察其当否而后行之。清明礼当扫墓，寒食义取改火，似奠焉而可不必。重午取一岁之中，重九取孤阳之极，则奠焉而亦无妨。至若中元之节，则有沉冥鬼狱之邪说，纸钱虚伪之陋习，是乃惑世诬民之尤者，将欲一道德、同风俗而不先废乎此，则何以拔本而塞〔源〕耶？然则七月中旬，但行望奠而不存中元之名，可也。徇俗习，非岂得为礼哉？有事则告。如正至朔日之仪，但献茶酒再拜讫，主妇先降，复位。主人立于香卓之南，祝执版立于主人之左，跪读之，毕，兴。主人再拜，降，复位。馀并同。告授官，祝版云："维年岁月朔日，子孝某某，官某，敢昭告于皇某亲某官封谥府君，皇某亲某封某氏某，以某月某日蒙恩授某官，奉承先训，获沾禄位，馀庆所及，不胜感慕，谨以酒果，用伸虔告。"谨告贬降，则言"贬某官，荒坠先训，皇恐无地，谨以"后同。若弟子，则言某之某某，馀同。告追赠，则止告所赠之龛。别设香卓于龛前，又设一卓于其东，置净水、粉盏、刷子、砚墨、笔于其上，馀并同。但祝版云"奉某月某日制书，赠皇某亲某官，皇某亲某封某，奉承先训，窃位于朝，祗奉恩庆，有此褒赠，禄不及养，摧咽难胜，谨以"后同。若因事特赠，则别为文以叙其意。告毕，再拜，主人进，奉主置卓上。执事者洗去旧字，别涂以粉。俟干，命善书者改题所赠官封，陷中不改。洗水以洒祠堂之四壁。主人奉主置故处，乃降，复位。后同。主人生嫡长子，则满月而见，如上仪，但不用祝。主人立于香卓之前，告曰："某之妇某氏以某月某日生子名某，敢见。"告毕，立于香卓东南，西向。主妇抱子进立于两阶之间，再拜。主有乃降，复位。后同。冠昏别见本篇。凡言祝版者，用版长一尺高五寸，以纸书文，黏于其上，毕则揭而焚之。其首尾皆如前，但于皇高祖考、皇高祖妣，自称孝玄孙，于皇曾祖考、皇曾祖妣，自称孝曾孙，于皇祖考、皇祖妣，自称孝孙，于皇考、皇妣，自称孝子。有官封谥，则皆称之，无则以生时行第称号加于府君之上。妣曰某氏夫人。凡自称，非宗子不言孝。告事之祝，四龛共为一版。自称以其最尊者为主，止告正位，不告祔位，茶酒则并设之。或有水火盗贼，则先救祠堂。迁神主、遗书，次及祭器，然后及家财。易世，则改题神主而递迁之。改题递迁礼，见丧礼大祥章。大宗之家，始祖亲尽则藏其主于墓所。而大宗犹主其墓田，以奉其墓祭，岁率宗人一祭之，百世不改。其第二世以下祖亲尽，及小宗之家高祖亲尽，则迁其主而埋之。其墓田则诸位迭掌，而岁率其子孙一祭之，亦百世不改也。愚按：亲尽而主祧，礼也。士大夫之家既无太庙，则不得不出于埋。然今之府道，即古之诸侯，今之院司，即古之牧伯；今之阁部，即古之公卿。虽仿古者公侯太庙之制，而设一族之公祠堂，亦似不为过者。且先王建侯设官，本以三德。大德而差之，今圣哲之苗裔，若孔颜曾孟周程张朱辈，朝廷亦尝赐之爵而俾奉其祀矣。然则一族之内，而或有名臣修士，令其族人百世祀之。而子孙之贤者，以次祔焉。以示崇德象贤之意，于以化民成俗，不亦较然乎！其或行无足纪，名无足称，则虽贵极三公，才冠四海，亦不得违公议而滥收矣。呜呼！七世之庙，可以观德，岂独人君也哉！

深衣制度

此章本在冠礼之后，今以前章已有其文，又平日之常服，故次前章。

裁用白细布，度用指尺。中指中节为寸。**衣全四幅，其长过胁下，属于裳。**用布二幅，中屈，下垂。前后共为四幅，如今之直领衫，但不裁破。腋下其下过胁而属于裳处，约围七尺二寸，每幅属裳三幅。**裳交解十二幅，上属于衣，其长及踝。**用布六幅，每幅裁为二幅。一头广，一头狭，狭头当广头之半。以狭头向上而联其缝以属于衣，其属衣处约围七尺二寸。每三幅属衣一幅，其下边及踝处约围丈四尺四寸。**圆袂，**用布二幅，各中屈之，如衣之长，属于衣之左右，而缝合其下以为袂。其本之广如衣之长，而渐圆杀之以至袂口，则其径一尺二寸。**方领，**两襟相掩，衽在腋下，则两领之会自方。**曲裾，**用布一幅如裳之长，交解裁之，如裳之制，但以广头向上，布边向外，左掩其右，交映垂之，如燕尾状。又稍裁其内旁太半之下，令渐如鱼腹而末为鸟喙，内向缀于裳之右旁。**黑缘，**缘用黑缯，领表里各二寸，袂口裳边表里各一寸，袂口布外别此缘之广。愚按：蔡氏曰："深衣，方领与属衽钩边之制。"先生谓："方领者，只是衣领既交，则自有如矩之象。谓属衽钩边者，只是连裳属旁，无前后幅之缝。左右交钩即为钩边，非有别布一幅，裁之如钩，而缀于裳旁也。"方领之说，先生已修之家礼矣，而属衽钩边则未及修焉。**大带，**带用白缯，广四寸，夹缝之。其长围腰而结于前，再缭之为两耳，乃垂其馀为绅，下与裳齐。以黑缯饰其绅，复以五采絛，广三分，约其相结之处，长与绅齐。缁冠，糊纸为之。武高寸许，广三寸，袤四寸，上为五梁，广如武之袤而长八寸，跨顶前后，下著于武。屈其两端各半寸，自外向内而黑漆之。武之两旁，半寸之上，窍以受笄，笄用齿骨，凡白物。幅巾，用黑缯六尺许，中屈之，右边就屈处为横㡇。左边反屈之自㡇左四五寸间斜缝，向左圆曲而下，遂循左边至于两末。复反所缝馀缯，使之向里以㡇当额前，里之至两鬓旁，各缀一带，广二寸，长二尺，自巾外过顶后，相结而垂之。黑履。白絇、繶、纯、綦。

司马氏居家杂仪

此章本在昏礼之后。今按此乃家居平日之事，所以正伦理、笃恩爱者，其本皆在于此。必能行此，然后其仪章度数有可观焉。不然，则节文虽具，而本实无取，君子所不贵也。故亦列于首篇，使览者知所先焉。

凡为家长，必谨守礼法，以御群子弟及家众。分之以职，谓使之掌仓廪、厩库、庖厨、舍业、田园之类。授之以事，谓朝夕所干，及所掌之事。而责其成功。制财用之节，量入以为出。称家之有无，以给上下之衣食及吉凶之费。皆有品节，而莫不均壹。裁省冗费，禁止奢华，常须稍存赢馀，以备不虞。

凡诸卑幼，事无大小，毋得专行，必咨禀于家长。《易》曰："家人有严君焉，父母之谓也。"安有严君在上，而其下敢直行自恣不顾者乎？虽非父母，当时为家长者，亦当咨禀而行之，则号令出于一人，家政始可得而治矣。愚按：天无二日，民无二王，家无二长，此古今之常理也。故凡有家者，祖在则祖主之，父在则父主之。祖父或老或没，则当以长兄主之，而后令出于一而百为皆有所统。况人之才不齐也。一家之务，巨细杂陈。以一人而兼营之，则能者亦有时而绌。以众人而分理之，则不能者亦得以效其长。然则父兄出，令子弟分职，一心一德，不亦名正而言顺乎。无如世风败坏，人各营私，家无贫富，例以分析为常。甚则养生送死之大节，亦皆互相推诿。欲其均平和睦而传之久远也，岂不难哉！古昔先民临卒而作诗曰："五百年来郑浦江，外王内圣一家藏。予生不获与三代，此事犹堪式万方。”为人上者，于彼取法焉。而比户可封之化，其庶几夫。

凡为子弟妇者，毋得蓄私财。俸禄及田宅所入尽归之父母舅姑。当用则请而用之，不敢私假，不敢私与。《内则》曰：“子妇无私货，无私畜，无私器，不敢私假，不敢私与。妇或赐之饮食、衣服、布帛、佩帨、茝兰，则受而献诸舅姑。舅姑受之则喜，如新受赐。若反赐之则辞，不得命，如更受赐，藏之以待乏。”郑康成曰：“待舅姑之乏也，不得命者，不见许也。”又曰：“妇若有私亲兄弟将与之，则必复请其故，赐而后与之。”夫人子之身，父母之身也，身且不敢自有，况敢有私财乎？若父子异财，互相假借，则是有子富而父母贫者，父母饥而子饱者。贾谊所谓：“借父耰锄，虑有德色；母取箕箒，立而谇语。”不孝不义，孰甚于此！茝，昌改切。耰，音忧。谇，音碎。

凡子事父母，孙事祖父母同。妇事舅姑。孙妇亦同。天欲明，咸起盥、音管，洗手也。漱、栉、阻瑟切，梳头也。总、所以束发今之头䙌。具冠带。丈夫帽子衫带，妇人冠子背子。昧爽，谓天明暗相交之际。适父母舅姑之所省问。丈夫唱喏，妇人道万福，仍问侍者：“夜来安否？何如？”侍者曰：“安”，乃退。其或不安节，则侍者以告。此即礼之晨省也。父母舅姑起，子供药物，药物乃关身之切务，人子当亲自检数调煮，供进不可但委婢仆。脱若有误，即其祸不测。妇具晨羞。俗谓点心。《易》曰：“在中馈。”《诗》云：“惟酒食是议。”凡烹调饮膳，妇人之职也。近年妇女骄倨，皆不肯人庖厨，今纵不亲执刀匕，亦当检校监视，务令精洁。供具毕，乃退，各从其事。将食，妇请所欲于家长，谓父母舅姑，或当时家长也，卑幼各不得恣所欲。退具而供之。尊长举箸，子妇乃各退就食。丈夫妇人各设食于他所，依长幼而坐，其饮食必均壹。幼子又食于他所，亦依长幼席地而坐，男坐于左，女坐于右。及夕，食亦如之。愚按：酒食之设，所以养老，其或赐之馂馀，则长者之惠也。至于童幼之伦，必当闲其嗜欲，训其节俭，以为他日立身之基。故老少异食，乃事体之宜，而或上减甘旨之供，下启饕餮之习，则不免于两失矣。今人于此类多概施，甚则父母坐馔于堂上，男妇分馔于室中。独不思古人侍食。其于寒暖之节，鲜陈之分，莫不精察而躬奉之。却岂无左右之使□，以代其劳乎，诚恐此心有毫发之不尽耳。既或困于贫乏，而菽水亦可以承欢，何者？力虽有限，而心固未尝不慊也。为人子者，无以为小节而忽诸。既夜，父母舅姑将寝，则安置而退。丈夫唱喏，妇交道安置，此即礼之昏定也。居闲无事，则侍于父母舅姑之所。容貌必恭，执事必谨，言语应对必下气怡声。出入起居必谨扶卫之，不敢涕唾喧呼于父母舅姑之侧。父母舅姑不命之坐，不敢坐；不命之退，不敢退。

凡子受父母之命，必籍记而佩之，时省而速行之。事毕，则反命焉。或所命有不可行者，则和色柔声，具是非利害而白之，待父母之许，然后改之。若不许，苟于事无大害者，亦当曲从。若以父母之命为非而直行已志，虽所执皆是，犹为不顺之子，况未必是乎。

凡父母有过，下气怡色柔声以谏。谏若不入，起敬起孝。悦则复谏，不悦，与其得罪于乡党州闾，宁熟谏。父母怒，不悦而挞之，流血不敢疾怨，起敬起孝。愚按：父母有争子，则身不离于令名固已。而《内则》所陈幾谏之方，则委曲而恳到矣。然其言之取信与否，亦视乎平日之积，诚何如耳。且人必有所蔽也，而后过生焉。平居暇日，苟能因其所明者而通之，则临事自可以寡过矣。争于昭昭者难为力，救于冥冥者易为功，不独事亲为然也。但所谓过者，亦谓大义之不可者耳。若乃小过乎中者，亦宜曲从。臆先意承志，谕亲于□□□尤难言之，然不敢不尽其心焉。此夜行烛之所以不得已而有作与。

凡为人子弟者，不敢以富贵加于父兄宗族。加，谓恃其富贵，不率卑幼之礼。

凡为人子者，出必告，反必面。有宾客，不敢坐于正厅。有宾客，坐于书院。无书院，则坐于厅之旁侧。升降不敢由东阶，上下马不敢当厅。凡事不敢自拟于其父。愚按：杨氏曰："为人亲者，无一念而忘其子，故有倚门倚闾之望。为人子者，无一念而忘其亲，故有出告反面之礼。生则出告反面，没则告行饮至，事亡如事存也。"

凡父母舅姑有疾，子妇无故不离侧，亲调尝药饵而供之。父母有疾，子色不满容。不戏笑，不宴游，舍置馀事，专以迎医检方合药为务。疾已，复初。《颜氏家训》曰：“父母有疾，子拜医以求药。盖以医者，亲之存亡所系，岂可傲忽也。”愚按：死生，万物之常理，然疾病乘之，或不能尽其天年。故圣人为之药饵以救之。先民有言曰：父母有疾，虽甚不可为，无不用药之理。盖求其所以生之者而不得，则归之于命可也。然则求医合方，岂以老幼而有所间乎？每见世之人，儿女羸恙，则必求其愈。而父母老病，恒以为固然，甚或见其不可为，则以为此无益之费耳。夫尽诚事亲，岂论其有益与否，少延一日，亦得以伸人子一日之情矣。诸葛武侯言于其君曰：“臣鞠躬尽力，死而后已。至于成败利（锐）〔钝〕，非臣之明所能逆睹也。”呜呼！此其所以为圣贤之心与。至于久病之人，则其心多郁，而侍者亦易于生懈。惟人子躬亲焉，则或可以得其欢心，而仆婢之伦，亦皆有所督率也。冠带衣袜，皆不可脱；寒暑昼夜，皆不可间。诚恐一有所疏，则为终天之憾，可不慎耶。

凡子事父母，父母所爱亦当爱之，所敬亦当敬之，至于犬马尽然，而况于人乎。愚按：杨氏曰：“孝子爱敬之心，无所不至。故父母之所爱敬者，虽犬马之贱，亦爱敬之，况人乎哉。故举其尤者言之，若兄若弟，吾父母之所爱也，吾其可以不爱乎？若薄之，是薄吾父母也。若亲若贤，吾父母之所敬也，吾其可以不敬乎？若嫚之，是嫚吾父母也。推类而长，莫不皆然。若晋武帝惑冯纨之谗，不思太后之言而疏齐王攸。唐高宗溺武氏之宠，不念太宗顾命之言而杀长孙无忌，皆礼经之罪人也。”

凡子事父母，乐其心不违其志。乐其耳目，安其寝处，以其饮食忠养之。幼事长，贱事贵，皆仿此。愚按：刘氏曰：“乐其心者，谓左右侍养也，晨昏定省也，出入从游起居奉侍也。必当赜讨其心之所好所恶者何在，苟非悖乎大义，则蔑不可从。所以安固老者之心，以适其气也。乐其耳目者，非声色之末也。善言常入于亲耳，善行常悦于亲目，皆所以乐之也。安其寝处者，谓堂室，庭除必完洁，簟席、毡褥、衾枕、帐幄必修治之类。”

凡子妇未敬未孝，不可遽有憎疾。姑教之，若不可教，然后怒之。若不可怒，然后笞之。屡笞而终不改，子放妇出，然亦不明言其犯礼也。子甚宜其妻，父母不悦，出。子不宜其妻，父母曰是，善事我子，行夫妇之礼焉，没身不衰。

凡为宫室，必辨内外。深宫固门，内外不共井，不共浴室，不共厕。男治外事，女治内事。男子（画）〔昼〕无故不处私室，妇人无故不窥中门。男子夜行以烛，妇人有故出中门必拥蔽其面。如盖头、面帽之类。男仆非有缮修及有大故，谓水火盗贼之类。不入中门。入中门，妇人必避之。不可避，亦谓如水火盗贼之类。亦必以袖遮其面。女仆无故不出中门，有故出中门，亦必拥蔽其面。虽小婢亦然。铃下苍头，但主通内外之言，传致内外之物，毋得辄升堂室入庖厨。凡卑幼于尊长，晨亦省问，夜亦安置。丈夫唱喏，妇人道万福、安置。坐而尊长过之，则起。出遇尊长于涂，则下马。不见尊长经再宿以上，则再拜，五宿以上，则四拜。贺冬至、正旦六拜，朔望四拜。凡拜数，或尊长临时减而止之，则从尊长之命。吾家同居宗族众多，冬正朔望于堂上，此假设南面之堂，若宅舍异制，临时从宜。丈夫处左西上，妇人处右东上，左右，谓家长之左右。皆北向，共为一列，各以长幼为序。妇以夫之长幼为序，不以身之长幼为序。共拜家长毕，长兄立于门之左，长姊立于门之右，皆南向。诸弟妹以次拜讫，各就列。丈夫西上，妇人东上，共受卑幼拜，以宗族多，若人人致拜，则不胜烦劳，故同列共受之。受拜讫，先退。后辈立，受拜于门东西如前辈之仪。若卑幼自远方至，见尊长，遇尊长三人以上同处者，先共再拜，叙寒暄，问起居讫，又三再拜而止。晨夜唱喏、万福、安置。若尊长三人以上同处，亦三而止，皆所以避烦也。

凡受女婿及外甥拜，立而扶之。扶挡谓外孙则立而受之可也。

凡节序及非时家宴，上寿于家长，卑幼盛服序立如朔望之仪，先再拜。子弟之最长者一人进立于家长之前，幼者一人搢笏执酒盏立于其左，一人搢笏执酒注立于其右。长者搢笏，跪，斟酒，祝曰："伏愿某官，备膺五福，保族宜家。"尊长饮毕，授幼者盏注，反其故处。长者出笏，俯伏，兴，退，与卑幼皆再拜。家长命诸卑幼坐，皆再拜而坐。家长命侍者遍酢诸卑幼。诸卑幼皆起，序立如前，俱再拜就坐。饮讫，家长命易服，皆退易便服，还复就坐。

凡子始生，若为之求乳母，必择良家妇人稍温谨者。乳母不良，非惟败乱家法，兼令所饲之子性行亦类之。子能食，饲之，教以右手。子能言，教之自名及唱喏万福安置。稍有知，则教之以恭敬尊长。有不识尊卑长幼者，则严诃禁之。古有胎教，况于已生子。始生未有知，固举以礼，况于已有知。孔子曰："幼成若天性，习惯如自然。"《颜氏家训》曰："教妇初来，教子婴孩。"故于其始有知，不可不使之知尊卑长幼之礼。若侮詈父母、殴击兄姊，父母不加诃禁，反笑而奖之，彼既未辨好恶，谓礼当然，及其既长，习已成性，乃怒而禁之，不可复制。于是父疾其子，子怨其父，残忍悖逆无所不至。盖父母无深识远虑不能防微杜渐，溺于小慈养成其恶故也。六岁教之数，谓一、十、百、千、万。与方名。谓东西南北。

男子始习书字，女子始习女工之小者。七岁男女不同席，不共食，始诵《孝经》、《论语》，虽女子亦宜诵之。自七岁以下谓之孺子，早寝晏起，食无时。八岁出入门户及即席饮食，必后长者。始教之以廉让。男子诵《尚书》，女子不出中门。九岁，男子诵《春秋》及诸史，始为之讲解，使晓义理。女子亦为之讲解《论语》、《孝经》及《列女传》、《女戒》之类，略晓大意。古之贤女，无不观图史以自鉴，如曹大家之徒，皆精通经术，议论明正。今人或教女子以作歌诗，执俗乐，殊非所宜也。十岁，男子出就外传，居宿于外。愚按：卜家道之盛衰者，视其子弟而已。卜子弟之贤否者，视其师傅而已。于此而不慎择端人，其能无比匪之。伤乎师道之不立，已非一日，凡据西席者，率皆以工匠视之。颐指气使而不敢校，则叹其谦顺。粝食草蔬而不敢厌，则叹其俭朴。博奕嬉游而不以为非，则叹其通和。故其所得，率皆卑污苟贱之人。即或学富五车，文追八家，亦不过发冢之豪耳。古昔先生尝深慨乎此，而但以文体之日卑为言，抑末矣，然则爱其子弟者，诚不可不鉴乎此也。蒙童之日，不过需句读之师，然亦必笃实而有行检者，乃可以充之。至弱冠之年，则生平德业之基也。苟得文行兼优之士，隆礼以待之，虚心以任之，记言记动以尊之。子弟之观感，必有不言而喻者。倘有明体达用之大儒出乎其间，则虽千里相从，亦不可惮劳焉。若程太中之于濂溪，可谓具高世之识者矣。噫！经师易逢，人师难得，而世乃徒以文艺为言，何其陋耶。读诗礼传，为之讲解，使知仁义礼知信。自是以往，可以读孟、荀、扬子，博观群书。凡所读书必择其精要者而读之。如《礼记·学记》《大学》《中庸》《乐记》之类，它书仿此。其异端非圣贤之书传，宜禁之，勿使妄观，以惑乱其志。观书皆通，始可学文辞。愚按：温公训男子之法，七岁而诵《孝经》、《论语》，八岁而诵《尚书》、《春秋》诸史，十岁而读《诗》、《礼》及孟、荀、扬子之类，此疑未得为至当之论也。盖凡读书之法，必自易而难，自简而繁，由卑迩以及于高远，而后可驯习以渐几于成。今于训蒙之日，即以《尚书》之艰奥，《春秋》之隐赜示之，则何以开发其聪明，而兴起其志气乎。史书多杂，必明于经而后可以判其是非，而荀扬曲学，亦恐不得与孟氏同科也。今人既生乎朱子之后，群书大备，则其序有不可不循者。必也本之小学，以立其基；进之《大学》、《西铭》，以大其规；参之《语》、《孟》、《近思录》，以致其详；极之《中庸》、《太极通书》，以要其止。而后六经诸史以次而及焉。若《孝经》，则多肤浅之说，朱子尝刊其误而择其精者以入于小学，《仪礼》之篇，其去取之意显然矣。礼书亦惟朱子所厘经传为当，而荀专取《学记》诸篇，则所遗者不已多耶。抑尝谓孔孟之经书，程朱之传注，其体虽殊，其理则一，必合而读之，庶乎浃洽而贯通。今蒙师俗士，或有所屏弃，或妄加删改，多见其不知量也。至于制义之类，虽功令之所需，然亦必俟之成童之后。若求速化之术，则终身枵腹而已矣。是即掇巍科跻朊仕，亦不过无识之庸人耳。何忍薄待其子弟至此乎。又《女戒》之书，朱子尝病其言之未备，且有鄙浅之处。而欲别集古语，如小学之状为数篇，其目曰正静，曰卑弱，曰孝爱，曰和睦，曰勤谨，曰俭质，曰宽惠，曰讲学。班氏书可取者亦删取之，有能仿其意而成书者，岂非千古之快事哉。女子则教以婉娩娩，音晚。婉娩，柔顺貌。听从，及女工之大者。女工谓蚕桑、织绩、裁缝，及为饮膳。不惟正是妇人之职，兼欲使之知衣食所来之艰难，不敢恣为奢丽。至于纂组华巧之物，亦不必习也。未冠笄者，质明而起，总角靧靧，音悔，洗面也。面，以见尊长。佐长者供养祭祀，则佐执酒食。若既冠笄，则皆责以成人之礼，不得复言童幼矣。

凡内外仆妾，鸡初鸣，咸起栉总盥漱、衣服。男仆洒扫厅事及庭，铃下苍头洒扫中庭，女仆洒扫堂室。设倚卓，陈盥漱栉靧之具，主父主母既起，则拂床襞襞，音壁，叠衣也。衾，侍立左右，以备使令。退而具饮食，得间则浣濯纫缝，先公后私。及夜则复拂床展衾。当昼，内外仆妾惟主人之命，各从其事，以供百役。

凡女仆，同辈，谓兄弟所使。谓长者为姊。后辈，谓诸子舍所使。谓前辈为姨。《内则》云："虽婢妾，衣服饮必后长者。"郑康成曰："人贵贱不可以无〔礼〕，故使之序长幼。"务相雍睦。其有斗争者，主父主母闻之即诃。禁之不止，即杖之。理曲者杖多，一止一不止，独杖不止者。

凡男仆，有忠信可任者，重其禄。能干家事次之。其专务欺诈，背公徇私，屡为盗窃，弄权犯上者，逐之。

凡女仆，年满不愿留者，纵之。勤谨少过者，资而嫁之。其两面二舌，饰虚造谗，离间骨肉者，逐之。屡为盗窃者，逐之。放荡不谨者，逐之。有离叛之志者，逐之。愚按：仆婢所以供使令，固有家者之所不能无。然其数过多，则衣食未免于难均，约束未免于难壹，而于上下之品节，亦未免于逾。故董子常有限僮仆之议，其识深矣。今或席丰履势之家，千百为群，不已泰乎。且报功之典，不可以不厚。其祖父之有成劳者，宜使之出籍。而世类非所以限人，其子孙之才行超出者，亦当优而奖之，俾得齐于编户之列。庶乎上下一体，而不贻寡恩之讥也。至若男女以正，婚姻以时，先王之政，莫大于此。世之待其男仆者，多终身鳏居，老死无托；而待其女仆者，或勒索重价，过时不售。积怨启欲，皆由于此。岂所谓父母之心乎？夫一物失□□，足伤天地之和。有家者，顾可忽乎哉！

家礼拾遗卷之二

冠礼

冠

男子年十五至二十皆可冠。司马公曰："古者二十而冠，所以责成人之礼。盖将责为人子、为人弟、为人臣、为人少者之行于其人，故其礼不可以不重也。近世以来，人情轻薄，过十岁而总角者少矣。彼责以四者之行，岂知之哉！往往自幼至长，愚呆若一，由不知成人之道故也。今虽未能遽革，且自十五以上，俟其能通《孝经》、《论语》，粗知礼义，然后冠之，其亦可也。"必父母无期以上丧始可行之。大功未葬亦不可行。前期三日，主人告于祠堂。古礼筮日，今不能然，但正月内择一日可也。主人谓冠者之祖父，自为继高祖之宗子者。若非宗子，则必继高祖之宗子主之。有故，则命其次宗子。若其父自主之，告礼见祠堂章。祝版前同，但云"某之子某，若某之某亲之子某，年渐长成，将以某月某日加冠于其首，谨以"后同。若族人以宗子之命自冠其子，其祝版亦以宗族子为主。曰："使介子某。"若宗子已孤而自冠，则亦自为主人，祝版前同。但云"某将以某月某日加冠于首，谨以"后同。戒宾古礼筮宾，今不能然，但择朋友贤而有礼者一人可也。是日，主人深衣诣其门，所戒者出见如常仪。啜茶毕，戒者起，言曰："某有子某，若某之某亲有子某，将加冠于其首，愿吾子之教之也。"对曰："某不敏，恐不能供事，以病吾子，敢辞。"戒者曰："愿吾子之终教之也。"对曰："吾子重有命，某敢不从。"地远则书初请之辞为书，遣子弟致之所。戒者辞，使者固请，乃许。而复书曰："吾子有命，某敢不从。"若宗子自冠，则戒辞但曰："某将加冠于首。"后同。愚按：《仪礼》将冠子者既筮，其宾复筮其日，而家礼皆不用，此质文损益之中也。凡筮之道，用以决疑。故《洪范》之□，必有大疑而后谋及于卜筮。今冠礼乃日用之常耳，其宾之贤否与日之迟速，内断于心而足矣，奚必求之冥冥之间哉！舜将禅禹，而禹让曰："枚卜功臣，惟吉之从。"舜则谕以朕志先定，卜不习吉。夫以天下与人而犹不假于卜筮，何况于冠子之宾耶？族姻师友之内，择其齿德俱优者而冠之、而字之，安在不足成礼让而示仪型耶？至若时日之类，尤为可缓。孟氏言兵，尚以为"天时不如地利，地利不如人和"，则其他可知矣。倘犹不足以塞讳忌者之口，或但于历书内取成定之日而不犯年命之冲者用之，亦从俗从宜之一节也。朱子尝言祈祷卜筮之属，皆圣人之所作，至于夫子，而后教人一决诸理，而不屑屑于冥漠不可知之间。其所以建立人极之功于是，而备观诸《易》之十翼，亦可见矣。然则冠礼之废筮，乃孔氏传心之要典也，岂独以太卜、筮人之法之失传也哉。前一日宿宾遣子弟以书致辞曰："来日某将加冠于子某，若某亲某子某之首。吾子将莅之，敢宿。某上某人。"答书曰："某敢不夙兴，某上某人。"若宗子自冠，则辞之所改如其戒宾。陈设。设盥帨于厅事如祠堂之仪，以帟幕为房于厅事之东北。或厅前无两阶，则以垩画而分之，后放此。厥明，宿兴陈冠服。有官者公服、带、靴、笏。无官者襕衫、带、靴，通用皂衫，深衣、大带履、栉纚、掠，皆以卓子陈于房中东领，北上。酒注、盏盘亦以卓子陈于服北。幞头、帽子、冠并巾，各以一盘盛之，蒙以帕，以卓子陈于西阶下。执事者一人守之。长子则布席于阼阶上之东少北，西向。众子则少西，南向。宗子自冠则如长子之席，少南。主人以下序立。主人以下，盛服就位。主人阼阶下，少东，西向。子弟亲戚童仆在其后，重行西向北上。择子弟亲戚习礼者一人为傧，立于门外西向。将冠者双紒，四䙆衫、勒帛、采履，在房中，南向。若非宗子之子，则其父于主人之右。尊则少进，卑则少退。宗子自冠，则服如将冠者，而就主人之位。宾至，主人迎入升堂。宾自择其子弟亲戚习礼者为赞。冠者俱盛服至门外，东向立。赞者在右，少退。傧者入告主人，主人出门左，西向再拜，宾答拜。主人揖赞者，赞者报揖主人，遂揖而行。宾赞从之入门，分庭而行，揖让而至阶，又揖让而升。主人由阼阶，先升，少东，西向。宾由西阶继升，少西，东向。赞者盥、帨，由西阶升，立于房中，西向。摈者筵于东序，少北，西向。将冠者出房，南向。若非宗子之子，则其父从出。迎宾入，从主人，后宾而升，立于主人之右，如前。宾揖，将冠者就席，为加冠巾。冠者适房，服深衣纳履出。宾揖，将冠者出房立于席右，向席。赞者取栉纚掠置于席左，兴，立于将冠者之左。宾揖将冠者，即席西向跪。赞者即席如其向跪，进为之栉，合紒，施掠。宾降，主人亦降，宾盥毕，主人揖，升复位。执事者以冠巾盘进，宾降一等受冠笄，执之正容，徐诣将冠者前，向之祝曰："吉月令日，始加元服，弃尔幼志，顺尔成德，寿考维祺，以介景福。"乃跪加之。赞者以巾跪进，宾受，加之，兴，复位，揖。冠者适房，释四褛衫，服深衣，加大带，纳履出房，正容南向，立良久。若宗子自冠，则宾揖之就席，宾降盥毕，主人不降，馀并同。**再加帽子，服皂衫革带，系鞋。**宾揖，冠者即席，跪。执事者以帽子盘进，宾降二等受之。执以诣冠者前，祝之曰："吉月令辰，乃申尔服，谨尔威仪，淑慎尔德，眉寿万年，享受胡福。"乃跪加之，兴，复位，揖。冠者适房，释深衣，服皂衫革带，系鞋，出房立。**三加幞头，公服革带，纳靴执笏。若襕衫，纳靴。**礼如再加，惟执事者以幞头盘进，宾降没阶受之。祝辞曰："以岁之正，以月之令，咸加尔服，兄弟具在，以成厥德，黄耇无疆，受天之庆。"赞者彻帽，宾乃加幞头。执事者受帽，彻栉入于房，馀并同。愚按：三加之法，古以缁布、皮弁、爵弁为饰。而家礼概用时制，所谓虽有其德，苟无其位，亦不敢作礼乐也。近世乃以衣冠之不合并与其礼而废之，毋乃因噎而废食与。夫立身行道，父母虽不敢必之于子，而未尝不深望焉，此人之至情也。故圣人于成童之日，肃之以重礼，示之以嘉宾。自此以往，苟非至不肖者，岂遂率然而肆其童心耶。今之衣冠诚异于昔矣，然寒暑各有其饰，何遂不可以仿三加之法而行之。惟是缁布之冠，乃生民之本，决不可忘传。既明言已冠而敝之，则所用不过俄顷间耳。然则始加之际，必制此冠而冠之，庶于爱羊存礼之意或仿佛焉。醴盏之旨而明水之尚也。醢酱之美而太羹之先也。黼黻之革而疏布之尚也。管簟之安而越席之贵也。呜呼！此古人之所以为厚也。**乃醮。**长子，则傧者改席于堂中间，少西，南向。众子，则仍故席。赞者酌酒于房中，出房立于冠者之左。宾揖，冠者就席右，南向。乃取酒诣席前，北向，祝之曰："旨酒既清，嘉荐令芳，拜受祭之，以定尔祥。承天之休，寿考不忘。"冠者再拜，升席，南向，受盏。宾复位，东向答拜。冠者进席前，跪祭酒，兴，就席末，跪，啐酒，兴，降席，授赞者盏，南向再拜，宾东向答拜。冠者遂拜赞者，赞者宾左，东向，少退答拜。**宾字冠者。**宾降阶东向，主人降阶西向。冠者降自西阶，少东，南向。宾字之曰："礼仪既备，令月吉日，昭告尔字，爰字孔嘉，髦士攸宜，宜之于嘏，永受保之。"曰伯某父，仲叔季唯所当。冠者对曰："某虽不敏，敢不夙夜祗奉。"宾或别作辞，命以字之之意亦可。愚按：冠而字之者何？所以便于称谓也。然父兄师长之伦，仍当以名呼之。顾世俗之情，务为尊大。长幼尊卑，例皆以字，甚则有父称子号，如严嵩之所谓东楼者，良可笑也。又有异焉者，周人尚文，既死而神之，于是乎有讳。然且诗书不讳，临文不讳，非施于生者也。今人相见之际，性之疏者或偶触其讳，恒艴然而不平，则是以鬼神自处矣。至若字以美其称，初无相讳之礼。子思之于仲尼，祖也。二程之于茂叔，师也。正叔之于伯淳，兄也。皆尝举其字而其言且世为天下法矣。然则果何嫌而并讳之乎？《仪礼》《特牲》、《少牢》之篇，皆云皇祖某子，是死而犹未尝以字为讳也。今或藐尔少年，一呼其字，遂以为轻已，是其自处又在鬼神之上矣。夫谦谦君子，大易所尚，至于德业崇广，闻望昭著，每不求尊而人自尊之，奚必广已而造大也哉！世之爱其子弟者，幸尝以此训之，亦持身接物之一道也。出就次。宾请退，主人请礼宾，宾出就次。主人以冠者见于祠堂。如祠堂章内生子而见之仪。但改告辞曰："某之子某，若某亲某之子某，今日冠毕，敢见。"冠者进立于两阶间，再拜，馀并同。若宗子自冠，则改辞曰："某今日冠毕，敢见。"遂再拜降复位，馀并同。若冠者私室有曾祖、祖以下祠堂，则各因其宗子而见，自为继曾祖以下之宗则自见。冠者见于尊长。父母堂中南面坐，诸叔父兄在东序，诸叔父南向，诸兄西向。诸妇女在西序，诸叔母姑南向，诸姊嫂东向。冠者北向拜父母，父母为之起。同居有尊长，则父母以冠者诣其室拜之，尊长为之起。还就东西序，每列再拜应答，拜者答拜。若非宗子之子，则先见宗子及诸尊于父者于堂，乃就私室见于父母及馀亲。若宗子自冠，有毋则见于母如仪。族人宗人者皆来见于堂上。宗子西向拜其尊长，每列再拜，受卑幼者拜。愚按：《仪礼》冠者见母，有答拜之文，而温公以为难行，但于拜时母为之起立可也，此固酌乎人情之便，而于先王制礼之本意则不无少违者。盖一家之内，尊无二上，故母没而父在，则服以期，断恩绌于义也。夫死从子，达乎上下，夫岂薄于母也哉？又况冢子有主器之任，暂绌其母一时之尊，而尊祖敬宗之义于是乎伸，此圣人之所为察于人伦也。此义不明，而后有吕氏之专制矣。渐而积焉，而后有冯氏之肆忍矣。推而极焉，而后有武氏之穷离矣。《纲目》于彼，则一一断其罪，而家礼独于此略其文，吾故疑其为未定之书也。乃礼宾。主人以酒馔延宾，及傧赞者，酬之以币而拜谢之。币多少随宜，宾赞有差。冠者遂出见于乡先生及父之执友。冠者拜，先生执友皆答拜。若有诲之，则对如对宾之辞，且拜之，先生执友不答拜。

笄

女子许嫁笄年十五，虽未许嫁，亦笄。母为主宗子主妇，则于中堂。非宗子而与宗子同居，则于私室，与宗子不同居，则如上仪。前期三日戒宾，一日宿宾。宾亦择亲姻妇女之贤而有礼者为之。以笺纸书其辞，使人致之。辞如冠礼，但子作女，冠作笄，吾子作某亲或某封。凡妇人自称于己之尊长则曰儿，卑幼则以属于夫党，尊长则曰新妇，卑幼则曰老妇。非亲戚而往来者，各以其党为称。后仿此。陈设。如冠礼，但于中堂布席如众子之位。厥明陈服。如冠礼，但用背子冠笄。序立。主妇如主人之位，将笄者双纷衫子，房中南面。宾至，主妇迎入升堂。如冠礼，但不用赞者，主妇升自阼阶。宾为将笄者加冠笄，适房服背子。略如冠礼，但祝用始加之辞，不能则省。乃醮如冠礼，辞亦同。乃字，如冠礼，但改祝辞"髦士"为"女士"。乃礼宾，皆如冠仪。愚按：男正位乎外，女正位乎内，此天地之常经也。顾世俗之人，待其男则恒厚，待其女则恒薄。故教子之法，虽庸人亦加详。而教女之法，则贤者多不之察焉。有志于《二南》之化者，其于冠笄二礼，诚不可偏废也。《孝经》、《论语》，男子必通焉而后可冠。《女戒》、《列女传》，女子何可不令其通焉。而遂轻于加笄乎。至若人之有名，所以章别也，其有字，所以示尊也，亦何间于男女？而女子例多废之，此则疏阔之甚也。噫！三代以上，闺门之内，师傅保姆之助诗书图史之戒，珩璜琚瑀之节，威仪动作之度，今皆不可得而见矣。独此一端，犹存十一于千百世之君子，不以为迂而忽之，倘亦内治之一助乎。

家礼拾遗卷之三

昏礼

议昏

男子年十六至三十，女子年十四至二十。司马公曰："古者男三十而娶，女二十而嫁。今令文，男年十五，女年十三以上，并听昏嫁。今为此说，所以参古今之道，酌礼令之中，顺天地之理，合人情之宜也。"身及，主昏者无期以上丧乃可成昏。大功未葬，亦不可主昏。凡主昏如冠礼主人之法，但宗子自昏，则以族人之长为主。必先使媒氏往来通言，俟女氏许之，然后纳采。司马公曰：凡议昏姻，当先察其婿与妇之性行，及家法何如，勿苟慕其富贵。婿苟贤矣，今虽贫贱，安知异时不富贵乎？苟为不肖，今虽富盛，安知异时不贫贱乎？妇者，家之所由盛衰也，苟慕其一时之富贵而娶之，彼挟其富贵，鲜有不轻其夫而傲其舅姑。养成骄妒之性，异日为患，庸有极乎？借使因妇财以致富，依妇势以取贵。苟有丈夫之志气者，能无愧乎？又世俗好于襁褓童幼之时轻许为昏，亦有指腹为昏者。及其既长，或不肖无赖，或身有恶疾，或家贫冻馁，或丧服相仍，或从宦远方，遂至弃信负约，速狱致讼者多矣。是以先祖太尉尝曰："吾家男女必俟既长然后议昏，既通书，不数月必成昏。"故终身无此悔，乃子孙所当法也。

纳采

纳其采择之礼，即今世俗所谓言定也。

主人具书主人即主昏者，书用笺纸，如世俗之礼。若族人之子，则其父具书告于宗子。夙兴，奉以告于祠堂。如告冠仪，其祝版前同。但云"某之子某，若某之某亲之子某，年已长成，未有伉俪，已议娶某官某郡姓名之女，今日纳采，不胜感怆，谨以"后同。若宗子自昏则自告。乃使子弟为使者如女氏。女氏主人出见使者。使者盛服如女氏。女氏亦宗子为主人，盛服出见使者。非宗子之女，则其父位于主人之右，尊则少进，卑则少退。啜茶毕，使者起致辞曰："吾子有惠，贶室某也，某之某亲某官，有先人之礼，使某请纳采。"从者以书进，使者以书授主人。主人对曰："某之子若妹侄孙，蠢愚又弗能教。吾子命之，某不敢辞。"北向再拜，使者避不答拜。使者请退，俟命，出就次。若许嫁者于主人为姑姊，则不云"蠢愚又弗能教"，馀辞并同。遂奉书以告于祠堂。如婿家之仪，祝版前同，但云"某之第几女，若某亲某之第几女，年渐长成，已许嫁某官某郡姓名之子，若某亲某，今日纳采，不胜感怆，谨以"后同。出，以复书授使者，遂礼之。主人出，延使者升堂，授以复书。使者受之，请退。主人请礼宾，乃以酒馔礼使者。使者至是始与主人交拜揖如常日宾客之礼，其从者亦礼之别室，皆酬以币。使者复命婿氏，主人复以告于祠堂。不用祝。

纳币

古礼有问名、纳吉，今不能尽用，止用纳采、纳币以从简便。

纳币币用色缯，贫富随宜，少不过两，多不逾十。今人更用钗钏、羊酒、果实之属亦可。具书，遣使如女氏。女氏受书，复书，礼宾。使者复命，并同纳采之仪。礼如纳采，但不告庙。使者致辞，改采为币。从者以书、币进使者。以书授主人，主人对曰："吾子顺先典，贶某重礼，某不敢辞，敢不承命。"乃受书，执事者受币。主人再拜，使者避之，复进请命。主人授以复书。馀并同。愚按：昏姻之事，男女终身之基也。故大《易》于渐独以女归言之。盖曰一失其序，则近于苟合，而不足以兆万福之原矣。是故纳采以定其议，问名以致其详，纳吉以谋诸神，而后纳征以成之，请期以申之，亲迎以亲之，而六礼于是乎备矣。《家礼》去其三，所以崇质也。然请期一节则有不可得而略者。故杨氏定其仪曰：请期具书，遣使如女氏。女氏受书，复书、礼宾，使者复命，并同纳采之仪。使者致辞曰："吾子有赐命，某既申受命矣，使某也请吉日。”主人曰：“某既前受命矣，惟命是听。”宾曰：“某命某听于吾子。”主人曰：“某固惟命是听。”宾曰：“某受命吾子，不许某敢不告期曰某日。”主人曰：“某敢不谨须如此，亦足以成节文而不失之仓卒矣。”惟是纳征之币，古人止用束帛、俪皮。《家礼》加以钗钏、羊酒、果实之属，是亦足矣。而流俗往往于此肆其侈心，竭夫家之资财，供女子之服饰，独不思夫家既贫，服饰岂能长保乎！而况男女居室，贵于丰约相称，彼男子或布衣而韦带矣，女子乃珠玑盈首，绮罗遍体，吾不知其于心安焉否也。为之节者，大夫笄以金，士笄以银，庶人笄以骨角。大夫衣以缎，士衣以绌，庶人衣以葛棉。可以戒冶容，可以谨财用，可以辨上下而定民志，亦何惮而不为耶！又若《周礼》妇人加于首者有三：副也，编也，次也。副以覆之，编以环之，次以垂之。后妃夫人以是为差，然皆以发为之而已，不知何代乃始以珍宝易之。夫弁冕之尊，亦不过以纯以皮为之质耳，曾是妇女而反可逾之乎！至于弓鞋之制，乃杨贵妃、李后主妖治荒淫之所为耳。违造物之赋形，亏父母之遗体，以供男子之玩，谅亦贤女之所不屑也。有志于先王之法服者，尚其审之。

亲迎

前期一日，女氏使人张陈其婿之室。世俗谓之铺房，然所张陈者，但毡褥帐幔帷幕应用之物，其衣服镤之箧笥，不必陈也。

司马温公曰：“文中子曰：夫昏姻者，所以合二姓之好，上以事宗庙，下以继后世也。今世俗之贪鄙者，将娶妇，先问资装之厚薄；将嫁女，先问聘财之多少。至于立契约云云某物若干、某物若干，以求售其女者。亦有既嫁而复欺绐负约者，是乃驵侩、卖婢、鬻奴之法，岂得谓之士大夫昏姻哉？其舅姑既被欺绐，则残虐其妇以摅其忿。由是爱其女者务厚其资装以悦其舅姑，殊不知彼贫鄙之人不可盈厌，资装既竭，则安用汝女哉？于是质其女以责贷于女氏，货有尽而责无穷，故昏姻之家往往终为仇雠矣。是以世俗生男则喜，生女则戚，至有不举其女者，用此故也。然则议昏姻有及于财者，皆勿与为昏姻可也。”**厥明，婿家设位于室中。**设倚卓子两位，东西相向，蔬果盘盏七箸，如宾客之礼。酒壶在东位之后，又以卓子置合卺一于其南。又南北设二盥盆勺于室东隅，右设酒壶盏注于室外或别室，以饮从者。卺音谨，以小匏一判而两之。**女家设次于外。初昏，**

婿盛服。世俗新婿带花胜以拥蔽其面，殊失丈夫之容体，勿用可也。主人告于祠堂。如纳采仪，祝版前同。但云“某之子某若某亲之子某，将以今日亲迎于某官某郡某氏，不胜感怆，谨以”后同。若宗子自昏，则自告。遂醮其子而命之迎。先以卓子设酒注盘盏于堂上，主人盛服坐于堂之东序，西向。设婿席于其西北，南向。婿升自西阶，立于席西，南向。赞者取盏斟酒，执之诣婿席前，婿再拜，升。婿南向受盏，跪祭酒，兴。就席末跪啐酒，兴。降席，授赞者盏，又再拜，进诣父坐前，东向跪。父命之曰：“往迎尔相，承我宗事，勉率以敬，若则有常。”婿曰：“诺，惟恐不堪，不敢忘命。”俯伏，兴，出。非宗子之子，则宗子告于祠堂，而其父醮于私室如仪，但改宗事为家事。若宗子已孤而自昏，则不用此礼。愚按：《仪礼》初无亲迎、告庙之文，而《家礼》有之，何也？曰：祠堂既设，每事必告，夫昏礼所以承先而启后者也。纳采诸仪，古人皆于庙中行之，亲迎则将合二姓之好而反不以与闻，可乎？公子围娶于郑而曰布几筵告于庄共之庙。郑公子忽先配而后祖，而陈针子以为诬其祖矣，何以能育？是亦可以为证矣。曰先配后祖之说，诸儒纷然，何以知其指此而言乎？曰谓礼必三月庙见而后配者，贾氏之说也。夫亲迎之夜，衽席相连，而曰必待之三月之久乃配，此岂近于人情乎？谓配为同牢而食者，先郑之说也。夫入门而设同牢之馔，其间初无祭祀之事也，而又何讥焉。谓祖为軷道之祭者，后郑之说也。夫春秋之时，礼教放坏，若鲁文姜之亲迎，而即相见，容或有之。然祖乃祭名，何得言诬？且不应舍其失礼之大而讥其小也。惟朱子以为恐失此礼，可以折千古之衷矣。又尝语其门人曰：“某定昏礼亲迎用温公，入门以后则从伊川。”而谓人之著书，但入己意则不免生病，如伊川谓亲迎入门而尊卑遍拜，温公谓妇入门而即拜影堂，皆非也。其去取之精审如此，夫岂无据而为是不经之仪也哉！婿出，乘马。以二烛前导。至女家，俟于次。婿下马，于大门外入俟于次。女家主人告于祠堂。如纳采仪，祝版前同。但云“某之第几女若某亲某之第几女，将以今日归于某官某郡姓名，不胜感怆，谨以”后同。遂醮其女而命之。女盛饰，姆相之，立于室外南向。父坐东序，西向。母坐西序，东向。设女席于母之东北，南向。赞者醮以酒如婿礼，姆导女出于母左。父起，命之曰：“敬之戒之，夙夜无违尔舅姑之命。”母送至西阶上，为之整冠敛帔，命之曰：“勉之敬之，夙夜无违尔闺门之礼。”诸母、姑、嫂、姊送至于中门之内，为之整裙衫，申以父母之命曰：“谨听尔父母之言，夙夜无愆。”非宗子之女，则宗子告于祠堂，而其父醮于私室如仪。

主人出迎，婿入奠雁。主人迎婿于门外，揖让以入。婿执雁以从，至于厅事。主人升自阼阶，立，西向。婿升自西阶，北向跪，置雁于地。主人侍者受之。婿俯伏，兴，再拜。主人不答拜。若族人之女，则其父从主人出迎，立于其右，尊则少进，卑则少退。凡贽用生雁，左首以生色缯交络之，无则刻木为之，取其顺阴阳往来之义。程子曰：“取其不再偶也。”愚按：亲迎，礼之正也。然里道有远近之殊，则不可以无变通之方焉。盖昏姻之道，择德为先，而其年之长幼，材之优劣，又不可不取其相称也。一乡一邑之内而能相就，固为善矣，其或不然，则异县异郡亦理势之当然，安得避里道之艰而苟焉以合二姓之好乎？然则女家设馆于中道，而婿就其处迎之，其于男先女、阴从阳之义，又何所违耶。程子有言：“先儒皆谓诸侯当亲迎。”亲迎者，迎于所馆耳。岂有委宗庙社稷远适他国以逆妇者乎？非惟诸侯，卿大夫而下皆然。《诗》称文王亲迎于渭，未尝出疆也。若其仪节，则黄勉斋所定，龚氏亲迎之礼为详尽矣。主人迎于门外，西面，再拜；宾东面答拜。主人揖入，三揖三让，主人升，西面，宾升。北面，奠雁。此则后世之所宜遵也。**姆奉女出，登车。**姆奉女出中门，婿揖之，降自西阶，主人不阶。婿遂出，女从之。婿举轿帘以俟。姆辞曰：“未教，不足与为礼也。”女乃登车。**婿乘马，先妇车。**妇车亦以二烛前导。**至其家，导妇以入。**婿至家，立于厅事，俟妇下车，揖之，导以入。**婿妇交拜，**妇从者布婿席于东方，婿从者布妇席于西方。婿盥于南，妇从者沃之，进帨。妇盥于北，婿从者沃之，进帨。婿揖妇，就席，妇拜，婿答拜。**就坐饮食毕，婿出。**婿揖妇，就坐，婿东妇西。从者斟酒设馔。婿妇祭酒，举殽，又斟酒。婿揖妇，举饮不祭，无殽，又取卺分置婿妇之前，斟酒，婿揖妇，举饮不祭，无殽。婿出就他室，姆与妇留室中，彻馔置室外，设席。婿从者馂妇之馀，妇从者馂婿之馀。**复入，脱服，烛出。**婿脱服，妇从者受之。妇脱服，婿从者受之。司马公曰：“古诗云：‘结发为夫妇’，言自少年束发即为夫妇，犹李广言结发与匈奴战也。今世俗昏姻乃有结发之礼，谬误可笑，勿用可也。”**主人礼宾。**男宾于外厅，女宾于中堂。愚按：女子有行，远父母、兄弟，则送之从之，亦人情之所不能已也。但先王之典既废，而四方遂各异其俗焉。于是有父母伯叔亲送之者，有昆弟子侄皆不送者。又有送至其乡，或望门而返，或觞之于郊而返者。是皆不得为尽善也。夫送行有追随之义，可施于卑，不可施于尊。而父母伯叔亲行，则邻于屈矣。古者国君嫁女，使卿大夫送之。自是以降，则当用其亲属，而昆弟子侄皆不行，则邻于薄矣。过门而不入室，圣人犹以为憾，况为昏姻之家乎？嘉礼不野合，而造次苟简，是委之于草莽也。则卒然而返者，皆非矣。然则何以折其衷乎。妇车既出，父母尊长皆返，择子弟之知礼者往焉，妇人亦如之。其有慈爱深至者，或于满旬满月之时而后躬往视焉。岂不即乎人情之安哉。但古者女子有保有傅，故礼度夙娴，而临行又从而相之，其有失仪者鲜矣。后世或不能然，故母及诸母姑姊之属，不免于亲行。然与其妇家越礼而送之，固不如婿家择人而相之之为愈也。又按：物不可以苟合，故先王于一献之礼亦必宾主百拜。所以民日迁善远罪，而莫知为之者也。生乎三代之后，上之朝聘燕飨之节，下之饮射相见之仪，皆不可得而见矣。惟昏姻之家始见之际，虽甚疏略〔者〕亦未敢遽忘敬心焉。但以无一成之节文，故穷乡僻壤、田夫野老犹知上宾之不敢亵。而通都大邑、学士大夫反一以脱略为高，此其深可叹者也。居今之日而欲概从古者飨燕之文，则诚有所难强，然载号载呶，恐君子于此亦不能以终日矣，必也。立之介以辅宾，立之僎以辅主，揖让以致其谦，洗盥以致其洁，献酬交错以致其情，旅酬既毕，赠币既将，于是乎安坐而宴乐焉。庶乎爱敬交尽而情文亦可以相称矣。不然，侈海陆之羞，供饔飧之用，相率而趋于标枝野鹿之归。是乃顽民之群饮耳，尚足以嘉天下之会也哉？

妇见舅姑

明日夙典，妇见于舅姑。妇夙兴，盛服俟见。舅姑坐于堂上，东西相向，各置卓子于前。家人男女，少于舅姑者立于两序，如冠礼之叙。妇进，立于阼阶下，北面拜舅，奠贽币于卓上，舅抚之，侍者以入。妇降，又拜毕，诣西阶下，北面拜姑，升，奠贽币，姑举以授侍者，妇降又拜。若非宗子之子而与宗子同居，则先行此礼于舅姑之私室，与宗子不同居则如上仪。舅姑礼之。如父母醮子之仪。妇见于诸尊长。妇既受礼，降自西阶。同居有尊于舅姑者，则舅姑以妇见于其室，如见舅姑之礼。还拜诸尊长于两序，如冠礼，无贽。小郎小姑皆相拜。非宗子之子而与宗子同居则既受礼，诣其堂上拜之，如舅姑礼，而还见于两序。其宗子及尊长不同居，则庙见而后往。

若冢妇，则馈于舅姑。是日食时，妇家具盛馔酒壶，妇从者设蔬果卓子于堂上舅姑之前。设盥盘于阼阶东南，帨架在东。舅姑就坐，妇盥升自西阶，洗盏斟酒置舅卓子上。降，俟舅饮毕，又拜。遂献姑，进酒，姑受饮毕，妇降拜。遂执馔升，荐于舅姑之前，侍立姑后，以俟卒食，彻饭。侍者彻馀馔，分置别室。妇就馂姑之馀，妇从者馂舅之馀。婿从者又馂妇之馀。非宗子之子，则于私室如仪。舅姑飨之。如礼妇之仪，礼毕，舅姑先降自西阶，妇降自阼阶。

庙见

三日，主人以妇见于祠堂。古者三月而庙见，今以其大远，改用三日。如子冠而见之仪，但告辞曰："子某之妇某氏敢见。"馀并同。愚按：古者三月而庙见，盖以成妇告于祖考也。《家礼》易为三日，则恐失之太速矣。何则？凡事神之道与事人异？故先王之制祭礼也，必七日戒，三日斋，而后致其殷荐。犹以为如在其上，如在其左右而已。夫岂三日之所能办乎？况人之有妻，所以供蘋蘩而事宗庙也。苟于始见之日而不示之以严肃，则何以启其敬心而欲求其不旷于礼也，难矣。然则无祠堂者奈之何？曰合卺之次日，见舅姑尊长于厅事。三月而后，见祖考于正寝，犹差为得其序也。若遂于正寝之内以次揖让，而于神独寂然揆之，事死如事生，事亡如事存之义，又恐不免于相违矣！至若无厅事者，大略贫乏之家居多。则既昏而告于神，逮三月而后洁诚以奠焉。倘亦亡于礼者之礼乎！

婿见妇之父母

明日，婿往见妇之父母。妇父迎送揖让如客礼，拜即跪而扶之。入见妇母，妇母阖门左扉，立于门内，婿拜于门外，皆有币。妇父非宗子即先见宗子夫妇，不用币，如上仪，然后见妇之父母。次见妇党诸亲，不用币，妇女相见如上仪。妇家礼婿如常仪。亲迎之夕，不当见妇母及诸亲及设酒馔，以妇未见舅姑故也。愚按：昏，嘉礼也。而《记》反言不贺，不用乐，其故何与？曰：古人之情之厚于兹可见矣。夫男女居室，虽人道之常，然女子有离亲之悲，男子有代亲之感，得不惕然于中乎？况孝衰于妻子，中人以下之所不免也。于其始昏，而即以至情示之，则不肖者庶有以企而及矣。然则守不贺之文，则亲故之间毋乃近于恝然乎？曰：礼，称情而立文者也。贺虽不用，然或以资助之，或以力襄之，亦何适而不可耶？《记》不云乎，为饮食以召乡党僚友，夫礼尚往来，焉有无故而饮之食之者哉？但其辞则云：“某子使某闻子有客，使某羞耳。”曰：乐以和为主，有室有家，可谓和矣，则奚为而不可用耶？曰：喜怒哀乐，发而中节之谓和。于至喜之日而孺慕之心未尝忘，是乃中节之至者，而奚以乐为哉。又况秦灰之后，先王之雅乐皆已沦亡，陵夷至于今日，即乐府新声亦不见其仿佛矣。夫何取乎优伶之杂沓以为欢耶？至若马上之铙吹，阵间之鼓角，本不足以为乐，而世俗多徇用之，岂非不察之过与？

家礼拾遗卷之四

丧礼

初终

疾病，迁居正寝。凡疾病，迁居正寝，内外安静，以俟气绝。男子不绝于妇人之手，妇人不绝于男子之手。愚按：《士丧礼》有行祷五祀之文，而《家礼》不用，何也？曰：此所以因世而立教也。盖先王之时，道德一，风俗同，而典礼达于天下。沉冥妖妄之说未尝经于斯民之耳目，其所制之祀典秩然无不出于正矣。而又择民之精爽不携贰者，以为巫祝之官，使达其意于鬼神。故于人之将终，特制此礼，以伸夫忠臣孝子之情，而非教病者以恶死而幸生也。然礼意易湮，民听多惑。当孔子之时，固已不欲用之矣。又况去此数千年之后，佛老之说盛行，所谓鬼神者，既已不胜其迂怪。所谓巫祝者，又往往以僧道之下乘者充之。其言词仪节，皆若狂焉。将以为有耶，则近于愚；将以为无耶，则邻于伪。若之何而可行也？善夫吾宗文胄先生，子病，乡人请祷而不可，曰："倾家用药，吾所不惜，然子可死而神不可媚也。"吾甥黄之纶疾笃，其祖及诸父谕以从俗，而谢之曰："丘之祷久，岂小子所敢言？然获罪于天，生平谅亦无之，此可以祛流俗之惑矣。"曰："然则用古者祷祈之法，而求诸五祀之神，则何如？"曰："古礼既湮，殆非仓卒之所能娴，而死生有命，恐亦徒为无益之求。"然或尊长意切，则又不可固违，通经学古者，其自酌之而可矣。既绝，乃哭。复。侍者一人，以死者之上服尝经衣者，左执领，右执要，升屋中霤，北面，招以衣，三呼曰："某人复。"毕，卷衣降覆尸上。男女哭擗无数。上服谓有官则公服，无官则襕衫、皂衫、深衣。妇人大袖背子。呼某人者，从生时之号。立丧主，凡主人，谓长子，无则长孙承重，以奉馈奠。其与宾客为礼，则同居之亲且尊者主之。主妇。谓亡者之妻，无则主丧者之妻。愚按：立主有二，有馈奠之主，有宾客之主。馈奠之主，专以恩属者也；宾客之主，兼以义制者也。《家礼》盖举其纲耳。《记》曰："凡丧，父在，父为主；父没，兄弟同居，各主其丧。亲同，长者主之；不同，亲者主之。"又曰："妇之丧，虞、卒哭，其夫若子主之，祔则舅主之，此礼之经也。"《记》曰："姑姊妹其夫死，而夫党无兄弟，使夫之族人主丧。妻之党虽亲，弗主。若无族人，则前后家、东西家，无则里尹主之。"此礼之变也。尊卑之分，亲疏之情，合族联交之谊，皆见于此矣。或曰《家礼》不言主女宾者，将何所据乎？曰："亦使同居之尊且亲者尔。但男主必使同姓，女主必使异姓，此则不可不辨也。"曰无妻无子者，其馈奠谁主之？曰："以礼言之，当为之置后矣。不然，则于卑幼之伦择其亲者而主之乎。天下之穷民而无告者，固王政之所先，不以死生而异情，可也。"**护丧**。以子弟知礼能干者为之。凡丧事皆禀之。**司书司货**。以子弟或仆吏为之。**乃易服不食**。妻、子、妇、妾皆去冠及上服，被发。男子扱上衽，徒洗。馀有服者皆去华饰。为人后者为本生父母，及女子已嫁者，皆不被发徒跣。诸子三日不食。期九月之丧，三不食。五月、三月之丧，再不食。亲戚邻里为糜粥以食之，尊长强之，少食可也。扱上衽谓插衣前襟之带，华饰谓锦绣红紫金玉珠翠之类。愚按：古礼有大丧，则举家不炊，非圣人之强世也。《传》曰："当食不叹。"又曰："惟食可以忘忧。"夫终天之痛，莫甚于袒括之时，则何忍于求食哉？然年之老壮不齐，谊之亲疏亦别，故族姻邻里必每日为糜粥焉。所以哀死恤生，而又以教民睦也。诸子三日不食，期九月之丧，三不食。五月、三月之丧，再不食。此固礼之定制。然老病者与童幼者则当日而食，可矣。其义服、从服之重者，则次日而食，可矣。至若悲哀之馀，焦肺干肾，则茗饮、姜饮之类，亦不妨于权用。与曾子执亲之丧，勺水不入于口，此固前民之芳躅，而以此概诸天下，则或难继矣。《经》固言三日而食，而未尝言三日而饮，则圣人之微意，不于兹而可见耶？**治棺**。护丧命匠择木为棺，油杉为上，柏次之，土杉为下。其制方直，头大足小。仅取容身，勿令高大及为虚檐高足。内外皆用灰漆，内仍用沥清溶泻，厚半寸以上。炼熟秫米灰，铺其底，厚四寸许。加七星版底四隅各钉大铁环，动则以大索贯而举之。司马公曰："棺欲厚，然太厚则重而难以致远，又不必高大占地，使圹中宽，易致摧毁，宜深戒之。椁虽圣人所制，自古用之，然板木岁久，终归腐烂，徒使圹中宽大不能牢固，不若不用之为愈也。孔子葬鲤，有棺而无椁。又许贫者还葬而无椁。今不欲用，非为贫也，乃欲保安亡者耳。"程子曰："杂书有松脂八地千年为伏苓，万年为琥珀之说，盖物莫久于此，故以涂棺，古人已有用之者。"愚按：温公论治棺而废椁，此亦可谓质而得其中矣。但松脂秫米，恐地气蒸化之馀，适足以为蝼蚁之资，殆非所以为永终计也。今参而酌之，有三法焉：一曰磁屑，二曰石灰，三曰蛤粉。棺之墙盖之内，皆以斯三者择而用之。磁屑则和之以漆，石灰则和之以油，蛤粉则和之以米汁。相时量力而饰焉，可也。又闻有虞氏瓦棺，虽曰质朴，实为坚久。张九仪亲见上虞村用之，故笔其说于地理铅弹子补之后。然则木椁既废，莫若于棺之外令陶人为瓦椁数片。下殡之时，合而环之，以油灰涂其隙，则虫豸、树根之类皆无自而入，岂徒为观美者之可比乎？夫质文损益，非浅陋之所敢议也，亦曰图其永终而已矣。讣告于亲戚僚友。护丧、司书为之发书。若无，则主人自讣亲戚，不讣僚友。自馀书问悉停，以书来吊者，并须卒哭后答之。

沐浴　袭　奠　为位　饭含

执事者设帏及床，迁尸掘坎。执事者以帏幛卧，内侍者设床于尸床前，纵置之，施箦去荐，设席枕，迁尸其上，南首，覆以衾，掘坎于屏处洁也。陈袭衣。以卓子陈于堂前东壁下，西领，南上。幅巾一，充耳二，用白纩如枣核大，所以塞耳者也。幎目帛方尺二寸，所以覆面者也。握手，用帛，长尺二寸，广五寸，所以裹手者也。深衣一，大带一，履二，袍袄、汗衫、袴、袜、勒帛、裹肚之类，随所用之多少。沐浴饭含之具。以卓子陈于堂前西壁下，南上。钱三实于小箱，米二升以新水淅，令精，实于碗。栉一，沐巾一，浴巾二，上下体各用其一也。乃沐浴，侍者以汤入，主人以下皆出帷外，北面。侍者沐发，栉之，晞以巾，撮为髻，抗衾而浴。拭以巾，剪爪。其沐浴馀水、巾栉，弃于坎而埋之。袭。侍者设袭床于帏外，施荐席褥枕。先置大带、深衣、袍、袄、汗衫、袴、袜、勒帛、裹肚之类于其上，遂举以入。置浴床之西，迁尸其上。悉去病时衣及复衣，易以新衣，但未着幅巾、深衣、履。徙尸床置堂中间，卑幼则各于室中间，馀言堂者放此。乃设奠。执事者以卓子置脯醢，升自阼阶。祝盥手，洗盏，斟酒，奠于尸东，当肩巾之。祝以亲戚为之。主人以下为位而哭。主人坐于床东，奠北。众男应服三年者，坐其下，皆藉以稿。同姓期功以下，各以服次坐于其后，皆西面南上。尊行以长幼坐于床北壁下，南向，西上，藉以席荐。主妇，众妇女，坐于床西，藉以稿。同姓妇女以服为次，坐于其后，皆东向南上。尊行以长幼坐于床西北壁下，南向，东上，藉以席荐。妾婢立于妇女之后，别设帏以障内外。异姓之亲，丈夫坐于帷外之东，北向，西上。妇人坐于帷外之西，北向，东上。皆藉以席，以服为行，无服在后。若内丧，则同姓丈夫尊卑坐于帷外之东，北向，西上。异姓丈夫坐于帷外之西，北向，东上。三年之丧，夜则寝于尸旁，藉稿枕块。病羸者藉以草荐可也。期以下寝于侧近，男女异室，外亲归家可也。乃饭含。主人哭尽哀，左袒，自前扱于腰之右，盥手执箱以入。侍者一人，插匙于米碗，执以从，置于尸西。以幎巾入，彻枕、覆面，主人就尸东，由足而西，床上坐，东面，举巾，以匙抄米实于尸口之右，并实一钱。又于左，于中亦如之。主人袭所袒衣，复位。侍者卒袭，覆以衾。加幅巾、充耳，设幎目，纳履，乃袭深衣，结大带，设握手，乃覆以衾。

灵座　魂帛　铭旌

置灵座设魂帛。设椸于尸南，覆以帕。置倚卓其前，结白绢为魂帛，置倚上。设香炉、香合、珓杯、注、酒果于卓子上。侍者朝夕设栉颒奉养之具，皆如平生。司马公曰："古者凿木为重，以主其神。今令式亦有之，然士民之家未尝识也。故用束帛依神，谓之魂帛，亦古礼之遗意也。世俗皆画影置于魂帛之后，男子生时有画像，用之犹无所谓。至于妇人，生时深居闺门，出则乘辎軿，拥蔽其面，既死，岂可使画工直入深室，揭掩面之帛，执笔訾相，画其容貌？此殊为非礼。又世俗或用冠帽衣履装饰如人状，此尤鄙俚不可从也。"立铭旌。以绛帛为铭旌，广终幅，三品以上九尺，五品以上八尺，六品以下七尺。书曰："某官某公之柩"，无官即随其生时所称。以竹为杠，如其长，倚于灵座之右。不作佛事。司马公曰："世俗信浮屠诳诱，于始死及七七日、百日、期年、再期、除丧，饭僧设道场，或作水陆大会，写经造像，修建塔庙。云为死者灭弥天罪恶，必生天堂，受种种快乐。不为者必入地狱，剉烧舂磨，受无边波吒之苦。殊不知人生含气血，知痛痒，或剪爪剃发从而烧斫之已不知苦。况于死者，形神相离，形则入于黄壤，朽腐消灭与木石等。神则飘若风火，不知何之。借使剉烧舂磨，岂复知之？且浮屠所谓天堂地狱者，计亦以劝善而惩恶也。苟不以至公行之，虽鬼可得而治乎？是以唐庐州刺史李丹与妹书曰："天堂无则已，有则君子登；地狱无则已，有则小人入。"世人亲死而祷浮屠，是不以其亲为君子，而为积恶有罪之小人也。何待其亲之不厚哉！就使其亲实积恶有罪，岂赂浮屠所能免乎？此则中智所共知，而举世滔滔信奉之，何其易惑而难晓也？甚者至有倾家破产然后已。与其如此，曷若早卖田营墓而葬之乎？彼天堂地狱若果有之，当与天地俱生。自佛法未入中国之前，人死而复生者亦有之矣，何故无一人误入地狱，见阎罗等十王者耶？不学者固不足言，读书知古者亦可以少悟矣！”执友、亲厚之人至是入哭可也。主人未成服而来哭者，当服深衣，临尸哭尽哀，出拜灵座，上香再拜，遂吊主人，相向哭尽哀。主人以哭对，无辞。

小敛祖　括发　免　髽　奠　代哭

厥明，谓死之明日。执事者陈小敛衣衾。以卓陈于堂东北壁下，据死者所有之衣，随宜用之。若多则不必尽用也。衾用复者。绞，横者三，纵者一。皆以细布或彩一幅而析其两头为三，横者取足以周身相结，纵者取足以掩首至足而结于身中。设奠，设卓子于阼阶东南，置奠馔及盏注于其上，巾之。设盥盆帨巾各二于馔东。其东有台者，祝所盥也。其西无台者，执事者所盥也。别以卓子设洁涤盆、新拭巾于其东，所以洗盏拭盏也。此一节至遣并同。具括发麻，免布，髽麻。括发谓麻绳撮髻，又以布为头𢃄也。免谓裂布或缝绢广寸，自项向前交于额上，却绕髻如著掠头也。髽亦用麻绳撮髻，竹木为簪也。设之皆于别室。设小敛床、布绞、衾衣。设小敛床，施荐席褥，于西阶之西，铺绞衣，举之升自西阶，置于尸南。先布绞之横者三于下，以备周身相结。乃布纵者一于上，以备掩首及足也。衣或颠或倒，但取正方，唯上衣不倒。乃迁袭奠，执事者迁置灵座西南，俟设新奠，乃去之。后凡奠，皆放此。遂小敛。侍者盥手，举尸。男女共扶助之，迁于小敛床上。先去枕而舒绢，叠衣，以藉其首，仍卷两端以补两肩空处，又卷衣夹其两胫，取其正方，然后以馀衣掩尸。左衽不纽，裹之以衾而未结以绞，未掩其面，盖孝子犹俟其复生，欲时见其面故也。敛毕，则覆以衾。愚按：杨氏曰：高氏一用《礼经》，袭敛用衣多，故袭有昌。上敛有布绞，大敛有布绞、布紟。司马公欲从简易，袭敛用衣少，小敛虽有布绞，而袭则无昌，大敛则无绞紟，此为疏略。先生初述《家礼》，皆取司马公《书仪》，后来与学者论礼，以高氏丧礼为最善，遗命致丧，俾用《仪礼》，此可以见其去取折衷之意矣。然欲悉从高氏之说，诚非贫者所能办，有如司马公之所虑者，但当量其力之所及，可也。窃谓送终衣衾固当丰厚，必大其棺制而后可容。但既非久远不敝之物，徒足以令异日棺中之空虚耳。文公疾革，门人请用《书仪》，而曰疏略，请用《仪礼》，而亦摇首，蔡沉请参用而后颔之，然则岂遂尽从周人之文乎？又古者丧用夷槃盛冰，盖取其寒耳。

则后世之敛用水银，亦必需之物也。但入于口者，必行肠胃之中而下污秽之物，甚非所忍，而入于鼻者，可以周流经络而无乎不到，固无所嫌也。欲保全遗骸者，尚其致察于此夫。**主人主妇凭尸哭擗**。主人西向凭尸哭擗，主妇东向亦如之。凡子于父母，凭之。父母于子，夫于妻，执之。妇于舅姑，奉之。舅于妇，抚之。于昆弟，执之。凡凭尸，父母先，妻子后。**袒，括发，免，髽于别室**。男子斩衰者，袒，括发。齐衰以下至同五世祖者，皆袒、免于别室。妇人髽于别室。**还迁尸床于堂中**。执事者彻袭床，迁尸其处。哭者复位，尊长坐，卑幼立。**乃奠**。祝帅执事者盥手，举馔，升自阼阶，至灵座前。祝，焚香，洗盏，斟酒，奠之。卑幼者皆再拜，侍者巾之。**主人以下哭尽哀，乃代哭不绝声**。愚按：丧礼，哀之至也。而未殡以前，则孝子之情尤切。圣人恐其过哀而伤生也，于是乎为代哭之法以节之。且使五服之人各得以致其情焉。但世风日薄，人情多漓，死丧之际，功缌之伦，其垂涕者或鲜，则门单族少之家，其势盖有所难行矣。或者乃佣善哭之人以代之，毋乃作伪之甚乎！必若此以全礼文，固不如率意而发者之尤会得其本也。至若临丧而歌，乃庄周放达之寓言。而《薤路》、《蒿里》之章，则田横之客悲愤之辞。所谓长歌当哭者，今野鄙之人多援此为例，每于有丧之家，醵饮豪歌，嬉笑嫚骂，无所不至。狐兔犹悲其类，人之无情，何乃至于斯极耶！《礼》曰："邻有丧，舂不相；里有殡，不巷歌。"吾以是而益叹三代之俗之厚也。

大敛

厥明，小敛之明日，死之第三日也。司马公曰："《礼》曰：三日而敛者，俟其复生也。三日而不生，则亦不生矣。故以三日为之礼也。今贫者，丧具或未办，或漆棺未干，虽过三日亦无伤也。世俗以阴阳拘忌，择日而敛，盛暑之际，至有汗出虫流，岂不悖哉！"**执事者陈大敛衣衾**。以卓子陈于堂东壁下，衣无常数，衾用有绵者。**设奠具**。如小敛之仪。**举棺入，置于堂中少西**。执事者先迁灵座及小敛奠于旁侧。役者举棺以入，置于床西，承以两凳，若卑幼则于别室。役者出，侍者先置衾于棺中，垂其裔于四外。司马公曰："周人殡于西阶之上，今堂室异制，或狭小，故但于堂中少西而已。今世俗多殡于僧舍，无人守视，往往以年月未利，逾数十年不葬，或为盗贼所发，或为僧所弃，不孝之罪，孰大于此。”乃大敛。侍者与子孙妇女俱盥手，掩首，结绞，共举尸，纳于棺中。实生时所落发齿及所剪爪于棺角，又揣其空缺处卷衣塞之，务令充实，不可摇动。谨勿以金玉珍玩置棺中，启盗贼心。收衾，先掩足，次掩首，次掩左，次掩右，令棺中平满。主人主妇凭哭尽哀，妇人退入幕中。乃召匠加盖，下钉，彻床，覆柩以衣。祝取铭旌，设跗于柩东，复设灵座于故处，留妇人两人守之。司马公曰：“凡动尸举柩，哭擗无算。然敛殡之际，亦当辍哭临视，务令安固，不可但哭而已。”按古者大敛而殡，既大敛则累墼涂之，今或漆棺未干，又南方土多蝼蚁，不可涂殡，故从其便。愚按：死而不冀其生，不仁而不可为也。死而必求其生，不智而不可为也。圣人立法，三日而敛，而仁智于是乎兼尽矣。然而气体之老壮，疾病之新剧，天时之温凉，皆不可不加斟酌于其间也。其有将变之机乎，则从速可也。其犹有温软之意乎，则缓数日以俟之可也。秦穆公、赵简子皆七日而苏，盖亦事之未尝绝无者。若余象斗地理统一全书，卷首所录数条，则又信而有征矣。先大人亦尝以目击之事书附其后曰：明末，疫大行，宗叔粲芳寓郡南门外寡姊何宅而卒。其姊为治葬具，而役夫利其棺，出而置诸土壕之内，及半夜而呼门，群以为鬼也，其姊启门阅视，乃知复苏。越四年而后死。岂火盛而土能解之与。宇宙之大，其变何穷。手泽尚新，愿与天下共识之。设灵床于柩东。床帐荐席屏枕衣被之属，皆如平生时。乃设奠。如小敛之仪。主人以下各归丧次。中门之外，择朴陋之室为丈夫丧次。斩衰寝苫枕块，不脱绖带，不与人坐焉，非时见乎母也，不及中门。齐衰寝席。大功以下异居者，既殡而归，居宿于外三月而复寝。妇人次于中门之内，别室或居殡侧，去帷帐衾褥之华丽者，不得辄至男子丧次。止代哭者。

成服

厥明，大敛之明日，死之第四日也。五服之人各服其服，入就位，然后朝哭、相吊如仪。其服之制，一曰斩衰三年。斩，不缉也。衣裳皆用极粗生布，旁及下际，皆不缉也。裳，前三幅，后四幅，缝内向，前后不连，每幅作三㡇，㡇谓屈其两边相著而空其中也。衣长过腰，足以掩裳上际，缝外向。背有负版，用布方尺八寸，缀于领下垂之。前当心有衰，用布长六寸，广四寸，缀于左衿之前。左右有辟领，各用布方八寸，屈其两头，相著为广四寸，缀于领下，在负版两旁各搀负版一寸，两腋下有衽，各用布三尺五寸，上下各留一尺。正方一尺之外，上于左旁裁入六寸，下于右旁裁入六寸，便于尽处相望斜裁，却以两方左右相沓缀于衣两旁，垂之向下，状如燕尾，以掩裳旁际也。冠比衣裳用布稍细，纸糊为材，广三寸，长足跨顶，前后裹以布，为三㡇，皆向右纵缝之。用麻绳一条，从额上约之，至顶后交过前，各至耳结之以为武。屈冠两头入武内，向外反屈之，缝于武。武之馀绳垂下为缨，结于颐下。首绖以有子麻为之，其围九寸，麻本在左，从额前向右围之，从顶过后，以其末加于本上，又以绳为缨以固之，如冠之制。腰绖大七寸有馀，两股相交，两头结之，各存麻本，散垂三尺，其交结处两旁各缀细绳系之。绞带用有子麻绳一条，大半腰绖，中屈之为两股，各一尺馀，乃合之。其大如绖，围腰从左过后至前，乃以其右端穿两股间而反插于右，在绖之下。其杖用竹，高齐心，本在下。屦亦粗麻为之。妇人则用极粗生布为大袖长裙、盖头，皆不缉，布头帮，竹钗，麻屦。众妾则以背子代大袖。凡妇人皆不杖。其正服则子为父也，其加服则嫡孙父卒为祖，若曾高祖承重者也，父为嫡子，当为后者也。其义服则妇为舅也，夫承重则从服也。为人后者为所后父也，为所后祖承重也。夫为人后，则妻从服也。妻为夫也，妾为君也。愚按：丧服传曰：童子何以不杖？不能病也。妇人何以不杖？亦不能病也。《家礼》之制，其本诸此与。然窃尝思之，杖之设也，所以辅病也。夫丧之致哀，哀之致毁，男女之情则一耳。在室而依父母，出嫁而依夫，为妾御而依君，皆恩义之极重者，胡为而不能病哉？《记》曰："君之丧，三日，子、夫人杖。五日既殡，授大夫、世妇杖。大夫之丧，三日之朝，既殡，主人、主妇、室老皆杖。士之丧，二日而殡，三日，主人杖，妇人皆杖。"则是无间于男女矣。又曰："女子在室，为父母，其主丧者不杖，则子一人杖。"则是有时而及于童幼矣。然则《传》非子夏之所作与？曰未可知也。意者，门人传其绪馀而失之与，不然，胡以可疑者之多也，以理决之而可矣。又按：三年之丧，天经地义。自汉以来，鲜克遵之。论者皆归咎于文帝之作俑，予独以为文帝之情，犹有可原。而景帝之失，则无可逭也。盖文帝谦逊慈惠之德，三代以下之所绝少。故不欲天下吏民之过于哀思也，则以三日限之。不欲亲属之过于疾痛也，则以大功十五日、小功十四日、纤七日限之。盖天资甚美，而学问之功未至，是以不无率意之讥耳。然其于人子，盖未尝遽命之以短丧也。就使微有此意，而为嗣君者，亦当以圣制为重，父命为轻，朔望之奠，命祝史而泣告之，不亦慈孝两全乎。况三年之丧，恻怛之实，哀痛之情，非若吏民之义服也，胡为而以他人为例耶？使晋武帝、魏孝文、周高祖、宋孝宗而当其时也，当必有以裁之，而不至犯天下之不韪矣。然就数君而论之，其情文之相副者，惟周祖一人耳。嗟夫！彼以深宫阿保之身，崇高富贵之奉，而犹能断然行之，为士大夫者，顾可以不勉乎哉！

二曰齐衰三年。齐，缉也。其衣裳冠制并如斩衰，但用次等粗生布，缉其旁及下际。冠以下为武及缨。自绖以无子麻为之，大七寸馀，本在右，末系本下，布缨。腰绖大五寸馀。绞带以布为之，而屈其右端尺馀。杖以桐为之，上圆下方。妇人服同斩衰，但布用次等为异。后皆放此。其正服则子为母也，士之庶子为其母同，而为父后则降也。其加服则嫡孙父卒为祖母，若曾高祖母承重者也，母为嫡子，当为后者也。其义服则妇为姑也，夫承重则从服也，为继母也，为慈母，谓庶子无母而父命他妾之无子者慈己也，继母，谓长子也，妾为君之长子也。愚按：古者父在为母期，避二尊也。在礼宗庙之祀，有丧则废，不敢以凶服见至尊也。事死犹尔，而况于事生乎！妇人之丧，夫既以期而除，则子亦不得不从之而降矣。武曌改为三年，盖一时之乱制，而《家礼》未及更之，亦非其终身之定论也。故朱子语曰：丧礼须从《仪礼》为正，如父在为母期，非薄于母也，为尊在父，不可复尊在母，然亦须心丧三年。此皆大体，非小节也，而后世多失之矣。然则何以别于旁亲之期服者乎？曰：期年之内不食肉，不饮酒，不御于内，《记》有明文，则与旁亲不相同矣。但以朱子心丧之意推之，则饮食寝处恐当以三年为断，然亦必视乎父命何如，而后为安耳。曰：若父丧未禫而母卒，则如之何？曰：贾氏尝言之矣，盖谓馀尊所压，止服期年。《内则》所谓女子二十而嫁，有故，二十三年而嫁。正以连遭亲丧而言也。此其引据似确，而揆之人心，终有未安者，盖人当失偶之时，忧戚之馀，只以儿女为慰耳。若三年之中，无所降压，凡人子致毁之为，皆天亲伤心之况，故不得已而抑其情，而非教人有所厚薄于其间也。若父丧将除，则未得纯以人道事之矣，安得以垂尽之哀压方新之服。纵曰灵座未彻，事死如生，亦当心丧以终之，而遂遽然而昏姻也，于心安乎？《内则》之言，恐亦大概论之，而推之者过于巧密耳。姑记所疑，以俟作者。又按《内则》言妇事舅姑，与子事父母也无异。而《仪礼》丧服之制，则子以三年，妇以期年，何也？曰：先王立法，以三纲为人道之统，故皆以三年制服。妇人之所为纲者，夫也。自此以外，皆居降杀之列矣。且夫父母者，人之本也。妇人于其本亲且降而为期，而于所天之亲反隆以三年，毋乃重义而轻恩乎？故先王皆以期服限之，盖曰妇事舅姑，固当尽礼，然已嫁而孝衰于父母，亦非盛德者之所为也。况三年之丧，中人所勉，苟于舅姑既隆，岂于父母而独杀？设不幸而妻更加以夫丧，妾更加以君丧，则是一妇人之身而苫块衰粝之时，已居十数年矣，不殆于责人之无已乎。然则魏仁浦所谓夫妇齐体，哀乐不同，求之人情，实伤至治者。非与曰既练之后，粱肉可也，珍膳则不可。布帛可也，绮丽则不可。晨昏上食，皆相夫子而不忘哀焉。倘所谓无服之丧者，非耶？**杖期**，服制同上，但又用次等生布。其正服则嫡孙父卒祖在，为祖母也。其降服则为嫁母、出母也。其义服则为父卒继母嫁而已从之者也。夫为妻也，子为父后，则为出母、嫁母无服。继母出，则无服也。愚按：出母，杖期之服，《经》有明文，而嫁母无之，《家礼》何所据而一之耶？曰："此触类而长之者也。"在《礼》继母出则无服，而生母出则有服，轻重之等也。然则继母从为之服报，是生母之嫁，虽不必从而亦当服矣，而况于从者乎。若天宝之间，出母、嫁母皆加为三年，是知有母而不知有父，禽兽之道也。但罔极之恩，终不能已，其以心丧终之乎？或曰为父后者，不遂恝然于育我者耶。曰：念劬劳者，私情也；承宗祀者，公义也。外遵公义，内致私情，斯仁之至而义之尽也。**不杖期**，服制同上，但不杖，又用次等生布。其正服则为祖父母，女虽适人，不降也。庶子之子为父之母，而为祖后则不服也。为伯叔父也，为兄弟也，为众子男女也，为兄弟之子也，为姑姊妹女在室及适人而无夫与子者也，妇人无夫与子者为其兄弟姊妹及兄弟之子也，妾为其子也。其加服则为嫡孙，若曾元孙当为后者也，女适人者为兄弟之为父后者也。其降服则嫁母出母为其子，子虽为父后犹服也，妾为其父母也。其义服则继母嫁母为前夫之子从己者也，为伯叔母也，为夫兄弟之子也，继父同居父子皆无大功之亲者也。妾为女君也，妾为君之众子也，舅姑为嫡妇也。**五月**，服制同上。其正服则为曾祖父母，女适人者，不降也。愚按：《仪礼》为高、曾祖父母皆齐衰三月，而《家礼》则改曾祖父母为五月，孰为定耶？曰："先王制服，有加有杀。至亲以期断，而父母加至于三年，次应九月，而祖父母、伯叔父母加至于期，此由仁而生者也。曾祖应五月，而降至于三月，此以义而制者也。"故《传》曰："重其衰麻，尊尊也；减其日月，恩杀也。"《家礼》从魏征之议，于齐衰增五月之条，而特为曾祖父母设焉，其亦从厚之一道与，但曾孙玄孙同于缌服，似又不伦。然曾孙既无嫡庶之差，则宜降杀以缌，而玄孙亦不得不上比焉耳。曰：高祖而上，玄孙而下，万一及见也，则如之何？曰：是皆一体之人，决无无服之理。意者，其亦缌乎？然或童耄之年，则亦有所难拘矣。但凡至尊之服，与旁亲殊。倘官人而仍留任，士人而仍应举，则是名为重服而实不行丧也。笃一本之谊者，当不然已。**三月**。服制同上。其正服，则为高祖父母，女适人者，不降也。其义服，则继父不同居者，谓失同今异或虽同居而继父有子，已有大功以上亲者也。其元不同居者则不服。

三曰大功九月。服制同上。但用稍粗熟布，无负版、衰、辟领，首绖五寸馀，腰绖四寸馀。其正服，则为从父兄弟姊妹，谓伯叔父之子也，为众孙男女也。其义服，则为众子妇也，为兄弟子之妇也，为夫之祖父母伯叔父母兄弟子之妇也，夫为人后者，其妻为本生舅姑也。愚按：《注疏》，衰、负版、辟领，惟子为父母用之，旁亲则不用也。然周氏疑之，曰《仪礼·丧服》于《斩衰》章首列冠、绖、衰、裳、杖、履之日。自《齐衰》章而下，若牡麻绖之异于苴绖，冠布缨之异于绳缨，布带之异于绞带，削杖之异于苴杖，疏屦之异于菅屦，悉数而详言之。若衰、负版、辟领，则无异于斩衰者，故不复言。自齐衰杖期以至缌麻，例应如此。又按《杂记》："大夫卜宅与葬日，有司麻衣、布衰、布带，因丧屦，缁布冠不緌。"郑《注》云："麻衣，白布深衣，而著衰焉，及布带、缁布冠，此服非纯吉，亦非纯凶也。"《疏》云："麻衣谓白布深衣，布衰谓粗衰也。"皇氏云："以三升半布为衰，长六寸，广四寸，缀于深衣，前当胸上。又有负版，长一尺六寸，广四寸。布带，以布为带。因丧屦，谓因丧之绳屦。缁布冠不緌者，以缁布为冠，不加镱也。夫深衣，吉服也，犹加衰、反布带，况缌服以上之服乎！有司非亲也，所服犹有衰、用布带，况缌麻以上之亲乎！又况丧服自斩衰至缌，皆有绖、有带，服必相称，不应有绖带而无衰及负版、辟领。《注疏》以为用之父母而不用之旁亲，似未然也。"此其考据确矣。然则《家礼》自大功以下去之，岂定论乎？又按：或问魏征以兄弟子之妇同于众子妇，朱子曰："《礼经》严嫡，故《仪礼》适妇大功，庶妇小功。"此固无可疑者，但兄弟子之妇则正经无文而旧制为之，大功乃更重于众子之妇。虽以报服使然，然于亲疏轻重之间亦可谓不伦矣。故魏公因太宗之问而重之，然不敢易其报服大功之重，而但升嫡妇为期，正得严嫡之义。升庶妇为大功，亦未害于降杀之差也。前此未喻，乃深讥其兄弟子妇而同于众子妇，为倒置人伦而不察其实，乃以众子妇而同于兄弟子之妇也，幸更详之。然杨氏则曰："案《仪礼》，妇服舅姑期，故舅姑服嫡妇大功。"今升嫡妇为期，虽得严嫡之义，又非轻重降杀之体。当考二说不同，并存以俟知礼者折衷之。

四曰小功五月。服制同上。但用稍熟细布，冠左缝，首绖四寸馀，腰绖三寸馀。其正服，则为从祖、祖父、从祖、祖姑，谓祖之兄弟姊妹也。为兄弟之孙，为从祖父、从祖姑，谓从祖、祖父之子、父之从父、兄弟姊妹也。为从父兄弟之子也，为从祖兄弟姊妹，谓从祖父之子，所谓再从兄弟姊妹者也。为外祖父母，谓母之父母也。为舅，谓母之兄弟也，为甥也。为从母，谓母之姊妹也，为姊妹之子也。为同母异父之兄弟姊妹也。其义服，则为从祖母也，为夫兄弟之孙也。为从祖母也，为夫从兄弟之子也。为夫之姑姊妹适人者不降也。女为兄弟侄之妻，已适人亦不降也。为娣姒妇，谓兄弟之妻相名，长妇谓次妇曰娣妇，娣妇谓长妇曰姒妇也。庶子为嫡母之父母兄弟姊妹，嫡母死则不服也。母出则为继母之父母兄弟姊妹也。为庶母慈已者，谓庶母之乳养已者也。为嫡孙若、曾元孙之当为后者之妇，其姑在则否也。为兄弟之妻也，为夫之兄弟也。愚按：先王之制，为舅缌，为从母小功。而舅之妻、从母之夫，则皆无服也。为甥缌，而甥之妇则亦无服也。魏征加舅为小功，其报甥亦以小功，而为其妇缌。《家礼》皆从之。《开元礼》又增为舅母缌。《家礼》独未之及也，是皆若有可议者。盖制族之法，父族四、母族三、妻族二，合之为九，而服以是差焉。今于甥之妇既服缌矣，则舅之妻、从母之夫皆安得而无之？是母族增而为五矣。且外祖父母止服小功，而舅亦同焉，毋乃失其伦与？独从母之服，若不应加隆于舅。然朱子有言："姊妹于兄弟，未嫁期，既嫁则降为大功。姊妹之身却不降也，故姨母重于舅也。"此可谓曲而中矣。而魏征反疑古人之未达，岂非思之不精与？又按：《或问》嫂叔古无服，今有之，何也？程子曰："《记》曰：'推而远之，其说非也。'古之所以无服者，以其无属耳。其夫属乎父道者，妻皆母道也，其夫属乎子道者，妻皆妇道也。今上有父有母，下有子有妇。叔父、伯父，父之属也。故叔母、伯母之服，与叔父、伯父同。兄弟之子，子之属也。故兄弟之子之妇服，与兄弟之子同。若兄弟，则已之属也。难以妻道属其嫂，此古者所以无服，与今之有服亦是也，岂有同居之亲而无服者。"朱子曰："若果鞠养于嫂，恩义深至，是其心自不能已，而安可以无服乎？"然则兄弟之妻无服者，正也。其有服者，权也。不得谓魏公之议、韩子之行，倍于圣人矣。

五曰缌麻三月。服制同上。但用极细熟布，首绖三寸，腰绖二寸，并用熟麻，缨亦如之。其正服，则为族曾祖父、族曾祖姑，谓曾祖之兄弟姊妹也。为兄弟之曾孙也，为族祖父、族祖姑，谓族曾祖父之子也。为从父兄弟之孙也，为族父、族姑，谓族祖父之子也。为从祖兄弟之子也，为族兄弟姊妹，谓族父之子，所谓三从兄弟姊妹也。为曾孙、元孙也，为外孙也。为从母兄弟姊妹，谓从母之子也，为外兄弟，谓姑之子也。为内兄弟，谓舅之子也。其降服，则庶子为父后者为其母，而为其母之父母兄弟姊妹则无服也。其义服，则为族曾祖母也，为夫兄弟之曾孙也。为族祖母也，为夫从兄弟之孙也。为族母也，为夫从祖兄弟之子也。为庶孙之妇也，士为庶母，谓父妾之有子者也。为乳母也，为婿也，为妻之父母，妻亡而别娶亦同。即妻之亲母，虽嫁出犹服也。为夫之曾祖高祖也，为夫之从祖祖父母也，为兄弟孙之妇也，为夫兄弟孙之妇也。为夫之从祖父母也，为从父兄弟子之妇也。为夫从兄弟子之妇也，为夫从父兄弟之妻也，为夫之从父姊妹适人者不降也，为夫之外祖父母也，为夫之从母及舅也，为外孙妇也，女为姊妹之子妇也，为甥妇也。愚按：君臣之谊，主仆之分，一也。而亦有不同者。命官之事君，纯乎臣道，而家仆之事主，则不得纯乎臣道焉。故古者天子、诸侯之丧，则其臣皆斩衰，王后、国夫人之丧，则其臣皆齐衰；而公卿大夫之丧，则其臣布带、绳屦；若士之丧，则其仆隶但吊服而加麻，所以避至尊也。今封建既废，四海一君，则虽台省之世家，其仆役皆非家臣之类。必也吊服加麻，以终三年之制，庶恩义之兼尽乎！至若旁亲之丧，则情所不属，不必制服。惟主人之祖妣与其子孙。则当从主人而服之，是亦近臣从君之遗意与。凡为殇服，以次降一等。凡年十九至十六为长殇，十五至十二为中殇，十一至八岁为下殇。应服期者，长殇降服，大功九月，中殇七月，下殇小功五月。应服大功以下，以次降等。不满八岁为无服之殇，哭之以日，易月，生未三月则不哭也。男子已娶，女子许嫁，皆不为殇。凡男为人后，女适人者，为其私亲皆降一等。私亲之为之也亦然。女适人者降服，未满被出，则服其本服已除则不复服也。凡妇服夫党当丧而出，则除之。凡妾为其私亲，则如众人。愚按：为人后者为之子，固已然鞠育者以恩制，推择者以义制，其情无不同也。女适人者，固以夫为天矣。然《记》有之为父母丧，未练而出则三年，既练而出则已，未练而返则期，既练而返则遂之。又安可以不察乎？或曰：丧服之制，其尽于此乎？曰：未也。祖父卒而后为祖母后也，则齐衰三年。祖父在而嫡孙为祖母也，则杖期。姊妹既嫁而相为服也，父母在而为妻也，则皆不杖期。为同母异父之昆弟同居者也，则大功九月。姑为嫡妇不为舅后者也，则小功五月。大夫为贵妾也，士为有子之妾也，为同爨也，为改葬也，皆缌麻三月。精察而遍考之，则可以应无穷之变矣。又按：夏商之间，服制虽明，而降杀之义未备。成周圣人有作，而后达贵贵之义于天下旁观之服。天子、诸侯、绝卿、大夫，降则仁之至而义之尽也。然自秦以来，罢侯置守，是虽位为牧伯，爵列公侯，亦与古之专土有民而聚族属于境内者不同矣。顾于旁亲之服绝焉，可乎？况古者，伯叔兄弟并为诸侯，则其服不绝。姑姊妹女子嫁于诸侯，则其服不绝。且始封之君不臣诸父兄弟，封君之子不臣诸父，则其服亦不绝。而说者又以为若虞、舜、汉高，其微时之旁亲，盖不得而绝也。然则今之达官其于旁亲，亦视古之大夫稍降其服焉，斯已矣。期降大功，大功降小功，小功降缌，而缌则遂绝。其于私亲之致哀，王事之尽瘁，不亦并行而不相悖乎！若致仕而家居者，又不得既释王事而复薄私亲矣。至于郎官，盖不过古之士耳，其爵既卑，则服殆不可以降。此又古今之宜，不可以不酌之者也。

成服之日，主人及兄弟始食粥。诸子食粥，妻妾及期、九月疏食水饮；不食菜果。五月、三月者饮酒食肉，不与宴乐。自是无故不出，若以丧事及不得已而出入，则乘朴马、布鞍、素轿、布廉。愚按：《仪礼》成服之后，主人乘恶车以谢宾，而

《家礼》无其文，恐不免于有所遗也。盖凡与乎敛者，率多亲厚之人，其哀情必甚，其执事必劳，其里道必迩，于是而不往谢，岂人情之所安乎。若窆封之时，则亲朋毕集，必欲一一而致谢，殆恐不胜其劳矣。《礼》天子七月而葬，同轨至；诸侯五月而葬，同盟至；大夫三月而葬，同位至；士逾月而葬，外姻至。不必其为一方之人也。将欲使主人跨州越郡，跋履山川，毋乃不近人情之甚耶。若曰可行于士大夫而不可行于君公，则父母之丧无贵贱，一也。胡为而劳逸之悬绝若此哉？况三年之丧，莫重于朔望之奠，倘远出而不能还，则将使谁主之？既殡之后，朝夕之间，恒哭哀至，而垂涕于他人之家，斯亦骇俗之甚矣。苟以为行之已久，不可猝废，则亦当俟卒哭之后，哀情稍杀，而后朴马、布鞍、素轿、布帘，以次致谢。遇朔望之期，虽苦雨积雪，亦必还焉。若亲朋之家而有酒肉之劝侑，裀帐之铺陈，必力辞之而后为安也。不然，其与无故而频出者，又何以间耶？凡重丧未除而遭轻丧，则制其服而哭之，月朔设位，服其服而哭之。既毕返重服。其除之也，亦服轻服。若除重丧而轻服未除，则服轻服以终其馀日。愚按：凡有识之物，莫不悲其类，而况于人乎！哀有厚薄，故服有重轻。缌麻之服，一时也；小功之服，再时也；大功之服，三时也；期之丧，二岁也。人之所以群居和壹之理，于是而备。故虽重服在身，无事不废，而独于轻丧不敢略焉。以为哀死之情，人道之终始，于是乎存也。世之君子，徒知致隆于所天之服，而五宗三党或概恝然，岂所谓一视而同仁者乎。夫不能三年之丧，而缌、小功之察固不得谓之知务。然立其本矣，而于末则置之，则圣人所以精义而入神者，果何为也。张子诗云："有丧不勉道终非，少为亲嫌老为衰。举世但知隆考妣，功缌不见我心悲。"门人记朱子之行曰："死丧之际，哀戚备至，饮食衰绖，各称其情。"噫三代以下，为法于天下，可传于后世。微斯人，而谁与归？又按：亲亲也，长长也，贵贵也，尊贤也，此天地之常经，虽越宇宙而不可易焉者也。圣人之制服，缘是以为差而已矣。第亲亲长长之服，自古行之；贵贵之服，成周明之。而尊贤之服，则未尝勒之为经，独于孔氏师弟子见其略耳。《记》曰："孔子之丧颜渊，若丧子而无服，其丧子路亦然，盖情厚则哀重，不较其材也。"又曰："颜渊之丧，馈祥肉，孔子出受之，入弹琴而后食之。"是再期哀素以嫡长子方之也，而师之于弟子，放焉而准矣。《记》曰："门人丧夫子，若丧父而无服，文有所不敢备也。"又曰："孔子之丧，二三子皆绖而出，情有所不敢忘也。"孟子曰："孔子没三年之外，门人治任将归，入揖于子贡，相向而哭，皆失声然后归。"则哀无已而制有所限耳。而弟子之于师，放焉而准矣。《记》曰："朋友麻，去其缌服，以别于三党。用其绖带以别于常人，《礼》之经也。"又曰："朋友皆在他邦，袒免归，则已同旅则用族属之制。既归，则反吊。服之常，《礼》之变也。”子游曰：“吾闻诸夫子丧朋友，居则绖，出则否。”丧所尊，虽绖而出，可也。于同道之中而复有所差焉，所谓称物而平施者与。而朋友之相为也，放焉而准矣。盖先王之制，民生于三事之如一，随其学之大小、情之厚薄，而莫不有师。袁逢之于荀爽，桓鸾之于向苗，怀荐举之恩，尚为之制服，而况于教之育之者乎！但尽伦尽制，必若孔氏之授受，斯足以当之。下此则自期功而降，饮食寝处各变其常。百工众技莫不皆然，而后心丧之礼可达于天下。其兼有五服之恩者，则月数终而服除。心丧免而绖去。若伊川之于明道，期月之外仍绖也。勉斋之于晦庵，三月之外仍绖也。倘一时而圣贤并生，幸而皆亲炙之，若苏季明、吕与叔之于程、张，虽各为之三年，可矣。若夫朋友之交，居五伦之一，辅仁责善，莫不资之，必俟虞祔之后，乃释吊服而脱绖带焉。其在师友之间者，当更逾数月，然后为安耳。虢叔之丧，闳夭、太颠、散宜生、南宫适皆为之服。故老聃曰：“朋友之服，古之达理者行之也。”嗟夫！此义不明，而师友之谊薄矣。道术安得而不裂，人材安得而不坏。而欲朝廷之正，天下之治也，其可得乎。有志于化民成俗者，尚念之哉！

朝夕哭奠　上食

朝奠，每日晨起，主人以下皆服其服入就位。尊长坐哭，卑者立哭，侍者设盥栉之具于灵床侧，奉魂帛出就灵座，然后朝奠。执事者设蔬果、脯醢。祝盥手，焚香，斟酒。主人以下再拜，哭尽哀。**食时上食**。如朝奠仪。**夕奠**，如朝奠仪，毕。主人以下奉魂帛入，就灵床哭尽哀。**哭无时**。朝夕之间，哀至则哭于丧次。愚按：《礼》云：“朝奠日出，夕奠逮日。”盖因阴阳交接之时，而思其亲也。春秋祭享，亦即此意而推之。但哀有隆杀，故其期亦因之而有疏数耳。朝奠将至，然后夕奠彻焉。夕奠将至，然后朝奠彻焉。所谓岂知神之所飨，亦以主人有齐敬之心焉耳。器必用幂，避尘垢也。然脯醢之类，暑月易至于朽败。刘氏谓当设馔如食，顷去之，止留茶、酒、果属，仍罩之，似亦得其宜者，惟主人择焉，可矣。**朔日则于朝奠设馔**。馔用鱼肉面米食羹饭各一器，礼如朝奠之仪。愚按：朔望之盛奠，盖因阴阳消长之〔际〕而思其亲也。《士丧礼》止有朔奠□属，以谨名分，抑恐财力有所不赡与。然窃意送死之哀，上下同之。一日之内，未尝废夕奠，则一月之内，何独不可用望奠乎。力能行之，殆未必遂涉于僭也。但朔望之礼，颇重于朝夕，故父在而母没，则必以父主之。虞与卒哭，皆放此焉，此又不可不知耳。有新物则荐之。如上食仪。

吊奠赙

凡吊皆素服。幞头、衫带，皆以白生绢为之。奠用香茶烛酒果。有状或用食物即别为文。赙用钱帛。有状惟亲友分厚者有之。具刺通名，宾主皆有官则具门状，否则名纸题其阴面，先使人通之与礼物俱入。入哭奠讫，乃吊而退。既通名，丧家炷火然烛布席，皆哭以俟。护丧出迎，宾入，至厅事，进揖曰："窃闻某人倾背，不胜惊怛，敢请入酹，并伸慰意。"护丧引宾入，至灵座前哭尽哀，再拜，焚香，跪，酹茶酒，俯伏，兴。护丧止哭者，祝跪读祭文，奠赙状于宾之右，毕，兴。宾主皆哭尽哀。宾再拜。主人哭，出，西向，稽颡再拜。宾亦哭，东向答拜。进曰："不意凶变，某亲某官，奄忽倾背，伏惟哀慕，何以堪处。"主人对曰："某罪逆深重，祸延某亲，伏蒙奠酹，并赐临慰，不胜哀感。"又再拜，宾答拜，又相向哭尽哀。宾先止，宽譬主人曰："修短有数，痛毒奈何。愿抑孝思，俯从礼制。"乃揖而出，主人哭而入。护丧送至厅事，茶汤而退，主人以下止哭。若亡者官尊即云薨逝，稍尊即云捐馆。生者官尊则云奄弃荣养。存亡俱无官即云色养。若尊长拜宾，礼亦同此，惟其辞各如启状之式，见卷末。愚按：吊必入哭，哀死之情也。若合志同方之侣，则其悲当益甚矣。孔子吊卫司徒敬子，哭不尽声，则以主人之不哀，故称情以立文，而非以是为常行之典也。纸题阴面，所以自卑而尊主人。然应服心丧者，又必素纸而后可，惟其称而已矣。素服素冠，既已自备，则不当受主人之布帛。行吊之日不饮酒、不茹荤，则主人亦不可有酒肉之设。惟衰老之年，当别为馔以待之。然司宾而过为劝侑，以陷人于醉饱之失，亦非所宜，惟适可而止耳。跪酹茶酒，非古人奠置之法，而宾主答拜，乃流俗相沿之习，必易此二者而后吊礼乃为尽善也。至若诔辞之后变为祭文，唐宋以来，莫不用之。然徒为溢美，既非诚心，且伤直道。九原可作，必有所不可，当适足为有识者之所鄙，则何益耶。程子祭李邦直，命张思叔主文，赞美过实以为失体，思叔退而改之。盖先贤之不苟如此，祝版纸章，乃事之宜，而世俗多以绫帛为之。焚之，既邻于暴殄；存之，或涉于污亵。夫丧礼以哀素为本，而岂以是为观美哉？先大人易箦之夕，遗言亦尝及此，其虑之也详矣。

闻丧　奔丧

始闻亲丧，哭，亲谓父母也。以哭答使者，又哭尽哀，问故。易服，裂布为四脚，白布衫，绳带，麻屦。遂行。日行百里，不以夜行，虽哀戚犹辟害也。道中哀至则哭。哭避市邑喧繁之处。司马公曰："今人奔丧及从柩行者，遇城邑则哭，过则止，是饰诈之道也。"望其州境，其县境，其城，其家皆哭。家不在城，则望其乡哭。入门诣柩前再拜。再变服，就位哭。初变服如初丧，柩东，西面，坐哭尽哀。又变服如小敛，亦如之。后四日成服。与家人相吊。宾至，拜之如初。若未得行，则为位不奠。设倚子一枚，以代尸柩，左右前后设位，哭如仪，但不设奠。若丧侧无子孙，则此中设奠如仪。变服亦以闻后之第四日。在道至家皆如上仪。若丧侧无子孙，则在道朝夕为位，设奠。至家但不变服，其相吊拜宾如仪。若既葬则先之墓哭拜。之墓者，望墓哭，至墓哭拜，如在家之仪。未成服者，变服如墓，归家诣灵座前哭拜。四日成服如仪。已成服者亦然，但不变服。齐衰以下闻丧为位而哭。尊长于正堂，卑幼于别室。司马公曰："今人皆择日举哀。凡悲哀之至，在初闻丧即当哭之，何暇择日？但法令有不得于州县公廨举哀之文，则在官者当哭于僧舍，其它皆哭于本家可也。"若奔丧则至家成服。奔丧者释去华盛之服，装办即行。既至，齐衰望乡而哭。大功望门而哭，小功以下至门而哭。入门诣柩前哭，再拜成服，就位哭吊如仪。若不奔丧，则四日成服。不奔丧者齐衰三日中，朝夕为位会哭。四日之朝成服，亦如之。大功以下丧为位，会哭，四日成服，亦如之。皆每月为位会哭，月数既满，次月之朔乃为位会哭而除之。其间哀至则哭可也。愚按：疾病而终于正寝，常也。其或因事而卒于外，则人之至不幸者。然君子正终，其节文亦不可以不之讲也。道之近者，小敛而载于床帐以入，升自阼阶。道之远者，大敛而以帷幌饰棺而入，升自西阶。五服之人，皆哭迎而殡于堂。主人而在侧乎，既小敛，免而从柩。既大敛，成服而从柩。主人而不在侧乎，则衰麻哀毁，而放奔丧之礼以迎焉。当造次之时，而欲存节文之略，其斯而已矣。乃若宫室既成，而歌于斯、哭于斯，此古人之所颂祷而求者也。乃鄙野之乡，或遇道死者，虽其至亲亦设厂而殡于外。贼礼伤教，莫此为甚。夫既葬之后，犹冀神之返于室庐，何乃亲见尸柩而拒之门外也？若父母之丧，则为人子者身且非己有，而况于宫室乎！纵其不祥，亦宜安受之而已矣。《聘礼》有以尸柩造朝之文。夫公庭之内，犹不以为忌，则不祥之说，胡为乎来哉？

治葬

三月而葬，前期择地之可葬者。司马公曰："古者天子七月，诸侯五月，大夫三月，士逾月而葬。今五服年月，敕王公以下皆三月而葬。然世俗信葬师之说，既择年月日时，又择山水形势，以为子孙贫富贵贱贤愚寿夭尽系于此。而其为术又多不同，争论纷纭，无时可决，至有终身不葬，或累世不葬，或子孙衰替，忘失处所，遂弃捐不葬者。正使殡葬实能致人祸福，为子孙者亦岂忍使其亲臭腐暴露而自求其利耶？悖礼伤义无过于此！然孝子之心，虑患深远，恐浅则为人所抇，深则湿润速朽，故必求土厚水深之地而葬之，所以不可不择也。"或曰，家贫乡远，不能归葬，则如之何？公曰："子游问丧具，夫子曰：'称家之有亡。'子游曰：'有亡乌乎齐？'夫子曰：'有无过礼。苟亡矣，敛手足形，还葬悬棺而窆，人岂有非之者哉？'昔廉范千里负丧，郭平自卖营墓，岂待丰富然后葬其亲哉。在礼，未葬不变服，食粥，居庐，寝苫枕块，盖闵亲之未有所归，故寝食不安。奈何舍之出游，食稻衣锦，不知其何以为心哉？世人又有游宦没于远方，子孙火焚其柩，收烬归葬者。夫孝子爱亲之肌体，故敛而藏之，残毁它人之尸，在律犹严，况子孙乃悖谬如此。其始盖出于羌胡之俗，浸染中华，行之既久，习以为常。见者恬然，曾莫之怪，岂不哀哉！延陵季子适齐，其子死，葬于嬴博之间。孔子以为合礼。必也不能归葬，葬于其地可也。岂不犹愈于焚之哉？"抇，音骨。恶，音乌。齐，子细切。窆，彼敛反。程子曰："卜其宅兆，卜其地之美恶也。非阴阳家所谓祸福者也。地之美则其神灵安，其子孙盛。若培壅其根而枝叶茂，理固然矣。地之恶者则反是。然则曷谓地之美者？土色之光润，草木之茂盛，乃其验也。父祖子孙同气，彼安则此安，彼危则此危，亦其理也。而拘忌者惑以择地之方位，决日之吉凶，不亦泥乎？甚者不以奉先为计，而专以利后为虑，尤非孝子安厝之用心也。惟五患者不得不谨，须使它日不为道路，不为城郭，不为沟池，不为贵势所夺，不为耕犁所及也。"一本云，所谓五患者，沟渠、道路、避村落、远井窑。愚按，古者葬地葬日皆决于卜筮，今人不晓占法，且从俗择之可也。愚按：温公、程子皆不信葬师之言，而朱子则谓葬地葬日当从俗而择之。二者恶乎从？曰：朱子之言，盖中正而无偏矣。夫形势之说，公刘洛诰之篇固已有之。以古人之神智若彼，岂能用之建都卜宅而遂不能推之于葬埋乎？后世踵事增华，则其言愈密，而其术愈工。若郭景纯、杨筠松、何令通之徒，骎骎乎可称一艺之圣矣。蔡氏有发微之篇，朱子有风水之议，其论亦为精切。学者取而熟复焉，自可以得其要领。若但取土色之光润，草木之茂盛，而遂以为美地，不已疏耶？方位之说，术家所谓理气也。郭氏一言形势为主，方位次之，而刘、赖二家遂尽发其秘焉。术家所用之节天表，亦原于朱蔡二先生之绪，岂可遂谓其无稽乎！岁月日时，亦有一成之运，天地一气，自必相符。倘葬期已届，而于法有所不合，则莫若暂攒于浅土，俟吉期而后告迁焉，亦不失其为慎也。但诹日之书，众喙纷然，惟造命之说，为稍平正而悫实耳。盖方技之学，皆簧鼓于术士之口。故名儒高士恶其惑世而诬民也，遂概从而屏之。而不知皆为坦途之支别，大壑之分流。苟能慎择，亦未必非知言穷理之一端也。韩子曰："尧舜之虑民也大，禹之利民也深。"吾于三先生之论亦云。**择日开茔域，祠后土。**主人既朝哭，帅执事者于所得地掘兆，四隅外其壤掘中南，其壤各立一标。当南门立两标。择远亲或宾客一人告后土民。祝帅执事者设位于中标之左，南向，设盏注酒果脯醢于其前，又设盥盆帨巾二于其东南，其东有台架，告者所盥，其西无者，执事者所盥也。告者吉服入立于神位之前，北向，执事者在其后。东上，皆再拜。告者与执事者皆盥帨。执事者一人取酒注，西向跪，一人取盏，东向跪。告者斟酒，反注，取盏，酹于神位前，俯伏，兴，少退，立。祝执版立于告者之左，东向跪，读之曰："维某年岁月朔日，子某官姓名，敢告于后土氏之神。今为某官姓名，营建宅兆，神其保佑，俾无后艰。谨以清酌脯醢，祗荐于神，尚飨。"讫，复位。告者再拜，祝及执事者皆再拜，彻出。主人若归，则灵座前哭，再拜，后放此。愚按：《记》曰：弁葛绖而葬，与神交之道也，有敬心焉。《家礼》欲主人之全其哀也，故以亲宾代之。然窃疑事神之道，惟斋戒严肃而后庶或飨之，安可以必之于他人。故君子之祭，必身亲莅之。有故则使人可也，焉有身亲在侧而使人摄焉者乎？孔子论丧而曰："敬为上，哀次之，毁为下。"则古人之深意可见矣。**遂穿圹，**司马公曰："今人葬有二法，有穿地直下为圹而悬棺以窆者，有凿隧道旁穿土室而撺柩于其中者。按古者唯天子得为隧道，其它皆直下为圹，而悬棺以窆。今当以此为法，其穿地宜狭而深，狭则不崩损，深则盗难近也。"**作灰隔。**穿圹既毕，先布炭末于圹底，筑实，厚二三寸。然后布石灰细沙黄土拌匀者于其上。灰三分，二者各一可也，筑实，厚二三尺。别用薄板为灰隔，如椁之状，内以沥清涂之。厚三寸许，中取容棺，墙高于棺四寸许，置于灰上。乃于四旁旋下四物，亦以薄板隔之，炭末居外，三物居内如底之厚。筑之既实，则旋抽其板，近上复下炭灰等而筑之，及墙之平而止。盖既不用椁，则无以容沥清，故为此制。又灰御木根，辟水蚁，石灰得沙而实，得土而黏，岁久结为全石，蝼蚁盗贼皆不能进也。程子曰："古人之葬欲比化，不使土亲肤。今奇玩之物尚保藏固密以防损污，况亲之遗骨，当如何哉。世俗浅识，惟欲不见而已，又有求速化之说者，是岂知必诚必信之义，且非欲求其不化也。未化之间，保藏当如是耳。"**刻志石**。用石二片，其一为盖，刻云："有宋某官某公之墓"，无官则书其字曰："某君某甫"；其一为底，刻云："有宋某官某公讳某字某某州某县人。考讳某某官，母氏某封某某，年月日生叙，历官迁次，某年月日终，某年月日葬，于某乡某里某处。娶某氏某人之女子男某某官，女适某官某人。"妇人夫在则盖云："有宋某官姓名某封某氏之墓"，无封则云："妻"。夫无官则书夫之姓名。夫亡则云："某官某公某封某氏。"夫无官则云："某君某甫妻某氏。"其底叙年若干适某氏因夫子致封号，无则否。葬之日，以二石字面相向，而以铁束束之，埋之圹前，近地面三四尺间。盖虑异时陵谷变迁或误为人所动，而此石先见，则人有知其姓名者庶能为掩之也。

造明器。刻木为车马仆从侍女，各执奉养之物，象平生而小。准令五品六品三十事，七品八品二十事，非升朝官十五事。**下帐**谓床帐茵席倚卓之类，亦象平生而小。**苞**竹掩一，以盛遣奠馀脯。**筲**竹器五，以盛五谷。**罂**。甆器三，以盛酒脯醢。司马公曰："自明器以下，俟实土及半，乃于其旁穿便房以贮之。"愚按：此虽古人不忍死其亲之意，然实非有用之物。且脯肉腐败，生虫聚蚁，尤为非便，虽不用可也。愚按：涂车刍灵，自古有之。踵事增华，而遂有明器之设焉。然其弊也，金蚕永沼，玑珠日月，竭天下物力，以供无益之费。而或反启发掘之阶，则何为乎？又其甚者，黄乌悲歌，三良临穴，以至骊山之葬，后宫皆令从死，工匠生闭圹中。以仁孝之道基残贼之端。假令先王当日而预知其祸之至此极也，当必有所权衡于其间矣。幸而天道好生，仁君应运，明英宗大渐，遗诏废徇，俯视千载，德莫盛焉。议礼者固当因此举而拔本塞源，并与明器、帐苞、筲、罂之类而废之。令为永藏之计者，但于砖石之封固，碑碣之观美，罗墙拜台之整饬，随分所至而尽其力焉。其于不忍死其亲之意，不有同符耶！朱子语亦云："礼文之意太备，则防患之意反不足。"夫质文损益若循环然，是在通变宜民者，善处之耳。**大舆**，古者柳车制度甚详，今不能然，但从俗为之，取其牢固平稳而已。其法用两长杠，杠上加伏兔，附杠处为圆凿。别作小方床以载柩。足高二寸，旁立两柱，柱外施圆枘，令入凿中，长出其外，枘凿之间须极圆滑，以膏涂之，使其上下之际柩尝适平。两柱近上，更为方凿，加横扃，扃两头出柱外者更加小扃。杠两头施横杠，横杠上施短杠，短杠上或更加小杠，仍多作新麻大索以备札缚。此皆切要实用不可阙者。但如此制而以衣覆棺，亦足以少华。道路或更欲加饰，则以竹为之，格以彩结之，上如撮蕉亭，施帷幔，四角垂流苏而已。然亦不可太高，恐多罣碍，不须大华，徒为观美。若道路远，决不可为此虚饰，但多用油单裹柩，以防雨水而已。翣，以木为筐，如扇而方，两角高广二尺，高二尺四寸，衣以白布，柄长五尺。黼翣画黼，黻翣画黻，画翣画云气。其绿皆为云气，皆画以紫准格。作主。程子曰："作主用栗，趺方四寸，厚寸二分，凿之洞底，以受主身。身高尺二寸，博三寸，厚寸二分，剡上五分为圆首。寸之下勒前为颔而判之，四分居前，八分居后颔下。陷中长六寸，广一寸，深四分。合之，植于趺下，齐窍，其旁以通。中圆径四分，居三寸六分之下，下距趺面七寸二分，以粉涂其前面。"司马公曰："府君夫人共为一椟。"愚按：古者虞主用桑，将练而后易之以栗。今于此便作栗主以从简便，或无栗止用木之坚者。椟用黑漆，且容一主，夫妇俱入祠堂，乃如司马氏之制。

迁柩　朝祖　奠赙　陈器　祖奠

发引前一日，因朝奠以迁柩告。设馔如朝奠。祝斟酒讫，北面跪，告曰："今以吉辰迁柩，敢告。"俯伏，兴。主人以下哭尽哀，再拜。盖古有启殡之奠，今既不涂殡，则其礼无所施，然又不可全无节文，故为此礼也。奉柩朝于祖。将迁柩，役者入，妇人退避。主人及众主人辑杖立视。祝以箱奉魂帛前行，诣祠堂前。执事者奉奠及倚卓次之，铭旌次之，役者举柩次之。主人以下从哭。男子由右，妇人由左，重服在前，轻服在后，服各为叙，侍者在末，无服之亲男居男右，女居女左，皆次主人主妇之后。妇人皆盖头。至祠堂前，执事者先布席，役者致柩于其上，北首而出。妇人去盖头。祝帅执事者设灵座及奠于柩西，东向。主人以下就位立，哭尽哀，止。此礼盖象平生将出必辞尊者也。愚按：杨氏曰："按《仪礼》朝祖，正柩之后遂匠始纳载柩之车于阶间，即《家礼》所谓大舆也。"方其朝祖时，又别有轶轴。《注》云："轶轴，状如长床。夫轶，状如长床，则仅可承棺。转之以轴，辅之以人，故得以朝祖。既正柩则用夷床，后世皆阙之。今但使役者举柩，柩既重大，如何可举，恐非谨之重之之意。若但魂帛朝于祖，亦失迁柩朝祖之本意，恐当从《仪礼》，别制轶轴以朝祖至祠堂前。正柩用夷床，北首，帅执事者设灵座及奠于柩西东向，主人以下就位，立哭尽哀，止此可以补《家礼》之阙矣，存之。"遂迁于厅事。执事者设帷于厅事。役者入，妇人退避，祝奉魂帛导柩，右旋。主人以下男女哭从，如前诣厅事。执事者布席，役者置柩于席上，南首而出。祝设灵座及奠于柩前，南向。主人以下就位坐哭，借以荐席。乃代哭，如未殓之前，以至发引。亲宾致奠赙。如初丧仪。陈器，方相在前，狂夫为之冠服如道士，执戈扬盾，四品以上四目为方相，以下两目为魌头。次明器下帐苞筲罂以床舁之，次铭旌，去跗执之，次灵车，以奉魂帛香火，次大舆，舆旁有翣，使人执之。日晡时设祖奠。馔如朝奠。祝斟酒讫，北向跪，告曰："永迁之礼，灵辰不留，今奉柩车，式遵祖道。"俯伏，兴。馀如朝夕奠仪。司马公曰："若柩自它所归葬，则行日但设朝奠哭而行，至葬乃备。"此及下，遣奠礼。

遣奠

厥明迁柩就舆。舆夫纳大舆于中庭，脱柱上横扃。执事者彻祖奠。祝北向跪告曰："今迁柩就舆，敢告。"遂迁灵座置旁侧。妇人退避。役夫迁柩就舆，乃施扃加楔，以索维之，令极牢实。主人从柩哭降，祝载。妇人哭于帷中。载毕，祝帅执事者迁灵座于柩前，南向。乃设遣奠。馔如朝奠有脯，惟妇人不在。奠毕，执事者彻脯纳苞中，置舁床上，遂彻奠。祝奉魂帛升车焚香。别以箱盛主，置帛后。至是妇人乃盖头出帷，降阶立哭。守舍者哭，辞尽哀，再拜而归。尊长则不拜。

发引

柩行，方相等前导，如陈器之叙。主人以下男女哭，步从。如朝祖之叙。出门则以白幕夹障之。尊长次之，无服之亲又次之，宾客又次之。皆乘车马。亲宾或先待于墓所，或出郭哭拜辞归。亲宾设幄于郭外道旁，驻柩而奠。如在家之仪。途中遇哀则哭。若墓远，则每舍设灵座于柩前，朝夕哭奠。食时上食，夜则主人兄弟皆宿柩旁，亲戚共守卫之。

及墓　下棺　祠后土　题木主　成坟

未至，执事者先设灵幄。在墓道西，南向，有倚卓。亲宾次在灵幄前十数步，男东女西，女次北，与灵幄相直，皆南向。妇人幄。在灵幄后，圹西。方相至，以戈击圹四隅。明器等至，陈于圹东南，北上。灵车至。祝奉魂帛就幄，座主箱亦置帛后。遂设奠而退。酒果脯醢。柩至，执事者先布席于圹南，柩至，脱载，置席上，北首。执事者取铭旌，去杠，置柩上。主人男女各就位哭。主人诸丈夫立于圹东，西向。主妇诸妇女立于圹西幄内，东向。皆北上，如在涂之仪。宾客拜辞而归，主人拜之，宾答拜。乃窆。先用木杠横于灰隔之上，乃用索四条穿柩底，镮不结而下之，置杠上，则抽索去之。别折细布若生绢兜柩底而下之，更不抽出，但截其馀弃之。若柩无镮，即用索兜柩底两头放下，至杠上乃去索用布如前。大凡下柩，最须详审，用力不可误，有倾坠动摇，主人兄弟宜辍哭亲临视之。已下，再整柩，衣铭旌，令平正。主人赠。玄六𫄸四，各长丈八尺，主人奉置柩旁，再拜稽颡。在位者皆哭尽哀。家贫或不能具此数，则玄𫄸各一可也。其馀金玉宝玩并不得入圹，以为亡者之累。愚按：古者宾客燕享，有将币之仪。鬼神祭祀有奉币之典。故人子之送其亲也，亦如之。后世乃有楮钱之制，至于衣冠车马，亦以此为之，不亦诬与。夫币帛本有用之物，故古人以之酬宾，且以之交神。父母也，而宾之所以为哀，神之所以为敬也。乃若纸之不可以为钱，其衣冠之必不能服，其车马之必不能乘，三尺童子皆知之矣。而以儿戏之物，为送终之具，是何忍于死其亲乎。至若愚顽之民，习闻异端之说，谓此物可以资冥途之用，结地府之欢，则惑之甚者矣。夫人之所以需财者，以其有服食器用之费耳，死则身且不有，而何取于多藏耶？阎罗官属，信或有之。当必正直廉洁者，而后可以充其选。今也有钱者减罪，无钱者负愆，则是贿赂公行，更甚于人间世矣，人之善恶果安往而有公论哉！昔者，邵尧夫盖尝用之，伊川疑而问焉，则对以从俗。此所以为打乖之学与。加灰隔内外盖。先度灰隔大小，制薄板一片，旁距四墙，取令吻合。至是加于柩上，更以油灰弥之。然后旋旋少灌沥清于其上，令其速凝，即不透板约以厚三寸许，乃加外盖。实以灰。三物拌匀者居下，炭末居上，各倍于底及四旁之厚，以酒洒而蹑实之，恐震柩中故未敢筑，但多用之以俟其实尔。乃实土而渐筑之。下土，每尺许即轻手筑之，勿令震动柩中。祠后土于墓左。如前仪，祝版前同，但云“今为某官封谥窆兹幽宅，神其”，后同。藏明器等，实土及半，乃藏明器下帐苞筲罂于侵房，以版塞其门。下志石。墓在平地，则于圹内近南先布砖一重，置石其上。又以砖四围之，而覆其上。若墓在山侧峻处，则于圹南数尺间掘地，深四五尺依此法埋之。复实以土而坚筑之。下土亦以尺许为准，但须密杵坚筑。题主。执事者设卓子于灵座东南，西向。置砚笔墨，对卓置盥盆帨巾如前。主人立于其前，北向。祝盥手，出主，卧置卓上，使善书者盥手，西向立，先题陷中。父则曰：“宋故某官某公讳某字某第几神主。”粉面曰：“皇考某官封谥府君神主。”其下左旁曰：“孝子某奉祀。”母则曰：“宋故某封某氏讳某字某第几神主。”粉面曰：“皇妣某封某氏神主。”旁亦如之。无官封则以生时所称为号。题毕，祝奉置灵座而藏魂帛于箱中，以置其后。炷香，斟酒，执板出于主人之右，跪读之日子同前。但云：“孤子某敢昭告于皇考某官封谥府君，形归窀穸，神返室堂，神主既成，伏惟尊灵，舍旧从新，是凭是依。”毕，怀之，兴，复位。主人再拜，哭尽哀，止。母丧称“哀子”，后放此。凡有封谥，皆称之，后皆放此。愚按：古者天子、诸侯之丧，然后可以作主。盖曰生为天下国家之主，则死不可无以象之也。若大夫之庙，止于束帛依神耳。后世封建既废，木主之制，疑惟天子乃得独用之，然稽诸礼，文祖之称，王考之称，皇夫之称辟，达乎上下，则木主之通用，疑亦无嫌于僭。与始死而作重，温公既以束帛易之矣。虞主用桑，练主用栗，有变迁之序焉。而《家礼》废桑主以从简，但栗主乃垂远之物，其取材也久。则其质坚，其择工也精，则其制美。恐非仓卒之所能办。则不如暂用桑主，而后以栗易之之为当也。若夫题主之仪，止用善书者，而俗恒以显者为荣，且又舍吊服而用公服，盖不独羔裘玄冠之失而已也。至其题之之法，不过加王字之一点焉，毋乃优宾之过乎？子言之，丧与其易也，宁戚，况此并不得谓之易矣，不知何故而群尚之也。或曰窀穸既毕，音容莫追，则画像之设，其亦仁人孝子之不得已乎。曰庙无二主，不知置于何所，而程子又虑一髭不似，则所祀者已为他人，是皆有难言者。就使仪容逼真，然孔子、阳货之仁暴，又将何以分之耶？夫继志述事，显亲扬名，仁人孝子之所宜用心也。礼制之所不言者，虽舍之可矣。祝奉神主升车。魂帛箱在其后。执事者彻灵座，遂行。主人以下哭从如来仪。至墓门，尊长乘车马。去墓百步许，卑幼亦乘车马。但留子弟一人监视实土，以至成坟。坟高四尺，立小石碑于其前，亦高四尺，趺高尺许。司马公曰：“按令式，坟碑石兽大小多寡虽各有品数，然葬者当为无穷之规。后世见此等物，安知其中不多藏金玉邪？是皆无益于亡者，而反有害。故令式又有贵得同贱，贱不得同贵之文。然则不若不用之为愈也。今按孔子防墓之封，其崇四尺，故取以为法。用司马公说，别立小碑，但石须阔尺以上，其厚居三分之二，圭首而刻其面如志之盖，乃略述其世系名字，行实而刻于其左，转及后右而周焉。妇人则俟夫葬，乃立面，如夫之志盖之刻云。愚按：言之无文，行之不远。故爱其亲者，于墓有铭，于碑有记，而必以行状为之稿，然后因而笔削之。三者体有隆杀之殊，故所托各异其人焉。若主人当苫块之馀，则无修文辞之理，必不得已，亦当俟之练后耳。但人之贤否，自有公论。虽以人君之尊，犹必就南郊而加谥，此三代之所以直道而行也。传影像者，尚虑一髭之不似，而况于纪生平之行实乎！至若谀墓之讥，识者所鄙，虽受人之托，亦不可以无体焉。故温公曰："古人有大勋德，勒名钟鼎，藏之宗庙，其葬则有丰碑以下棺耳。秦汉以来，始命文士褒赞功德，刻之于石，亦谓之碑。降及南朝，复有铭志埋之墓中，使其人果大贤耶，则名闻昭彰，众所称颂，流播终古，不可掩蔽，岂待碑志始为人知？若其不贤也，虽以巧言丽词，强加采饰，功侔吕望，德比仲尼，徒取讥笑，其谁肯信？碑犹立于墓道，人得见之。志乃藏之圹中，自非开发，莫之睹也。"隋文帝子秦王俊薨，府僚请立碑。帝曰：欲求名，一卷史书足矣，何用碑为？徒与人作镇石耳。此实语也。今既不能免俗，其志文但可直叙乡里、世家、官簿始终而已。季札墓前有石，世称孔子所篆，云："呜呼！有吴延陵季子之墓。"岂在多言，然后人知其贤也。今但列姓名于墓前，人自知之耳。又按：近世士大夫，多立私谥，然考横渠先生卒，门人欲谥为明诚，夫子质之明道，明道疑焉，访于温公，而公复以书曰："昨日承问张子厚谥事，仓卒未对。以汉魏以来，此例甚多，无不可者，退而思之，有所未尽。窃子厚生平用心，欲率今世之人复三代之礼者也。汉魏以下，盖不足法。《郊特牲》曰：'古者生无爵，死无谥。'爵，谓大夫以上也。《檀弓》记礼所由失，以为士之有谥，自县贲父始。子厚官比诸侯之大夫，则已贵，宜有谥矣。然《曾子问》曰：'贱不诔贵，幼不诔长，礼也。惟天子称天以诔之，诸侯相诔，非礼也。'诸侯相诔，犹为非礼，况弟子而诔其师乎？孔子之殁，哀公诔之，不闻弟子复为之谥也。子路欲使门人为臣，孔子以为欺天。门人厚葬颜渊，孔子叹不得视犹子也。君子爱人以礼，今关中诸君欲谥子厚，而不合于古礼，非子厚之志与，其以陈文范、陶靖节、王文中、孟贞曜为比，其尊之也，曷若以孔子为比乎？"观此则私谥之不当作，明矣，好礼者其审之。

反哭

主人以下奉灵车在途徐行，哭。其反如疑为亲在彼，哀至则哭。至家哭。望门即哭。祝奉神主入置于灵座。执事者先设灵座于故处，祝奉神主入就位，椟之，并出魂帛箱置主后。主人以下哭于厅事。主人以下及门哭，入，升自西阶，哭于厅事。妇人先入，哭于堂。遂诣灵座前哭。尽哀，止。有吊者，拜之如初。谓宾客之亲密者，既归，待反哭而复吊。《檀弓》曰："反哭之吊也，哀之至也。反而亡焉，失之矣，于是为甚。"期九月之丧者饮酒食肉，不与宴乐。小功以下大功异居者可以归。愚按：葬有定期，不可违也。然或资用之不给，时变之多艰，则不得已而过期焉。《记》曰："久而不葬者，惟主丧者不除，其馀以麻。终月数者，除丧则已。"盖谓殡未入土，则主人之哀未杀，故无除服之义。旁亲之哀虽尽，亦无变葛之节。但随月数而除之，至葬而仍服以送之也。又曰："三年而后葬者，必再祭。其祭之间，不同时而除丧。"盖谓丧既在殡，则不可行练、祥之祭。必既葬而后练，间一二月而后祥。祭不可渎，不得同时而行之。哀情已极，无俟乎禫而服可释矣。《礼》之所以处变者，于斯为极，然亦不过三年之内耳。过此以往，则非圣人之所许。其有出于无可如何者，势必若何。子平之所为，而后可也。八年之内，昼夜号哭，冬不衣絮，夏不就凉，每日啜粥，不进盐菜，所居屋败，不蔽风雨。曰我情事未申，天地一罪人耳，焉有食稻衣锦而可以即安者哉！又按：改葬，非得已也。虽水蚁侵蚀之馀，亦必薄用衣衾，小用棺椁以贮之。若火焚之法，则先王之所以加诸贼杀其亲者。人子之送终，而忍出于此乎？即以形家言论之，反气入骨，以荫所生，亦必本质之犹存而未可求之烬煨之间也。其迁之之节文，盖必先告于庙，次告于墓，而后启焉。设遗奠而遂行，道近则有朝夕之奠，道远则有朔望之盛奠。既毕事而哭告于庙，出。主于寝而祭之，庶几不悖于礼意乎！若其服，则古之人已言之矣。《经》曰："改葬，缌。"子思推其义曰："不忍无服送至亲也，非父母无服，无服则吊服而加麻。"《传》曰："改葬之礼，缌。举下缅也。"退之释其文曰："缅犹远也，下谓服之最轻者也。以其远，故其服轻也。"此其制度明矣。臣之于君，妻之于夫，亦若是而已矣。抑程子有言曰："革而无益，犹可悔也，况反害乎！"此古之人所以慎改作也。乃世之术士恒于此易言之，主人不察，多为所诱，是岂必诚必信之道哉？然则朱子再迁其父，非与？曰：有朱子之识则可，无朱子之识则惑矣。

虞祭葬之日，日中而虞。或墓远则但不出是日可也。若去家经宿以上，则初虞于所馆行之。郑氏曰："骨肉归于土，魂气则无所不之。孝子为其彷徨，三祭以安之。"

主人以下皆沐浴。或已晚不暇，即略自澡洁可也。**执事者陈器，具馔**。盥盆帨巾各二于西阶西，东南上。东盆有台、巾，有架，西者无之。凡丧礼皆放此。酒瓶并架一于灵座东南，置卓子于其东，设注子及盘盏于其上。火炉汤瓶于灵座西南，置卓子于其西，设祝版于其上。设蔬果盘盏于灵座前卓上。匕箸居内当中，酒盏在其西，醋楪居其东，果居外，蔬居果内。实酒于瓶，设香案于堂中，灶火于香炉，束茅聚沙于香案前。具馔如朝奠，陈于堂门外之东。**祝出神主于座，主人以下皆入哭**。主人及兄弟倚仗于室外，及与祭者皆入哭于灵座前。其位皆北面。以服为列，重者居前，轻者居后。尊长坐，卑幼立。丈夫处东，西上。妇人处西，东上。逐行各以长幼为序。侍者在后。**降神**祝止哭者。主人降自西阶，盥手帨手，诣灵座前，焚香，再拜。执事者皆盥帨，一人开酒实于注，西面跪，以主授主人，主人跪受。一人奉卓上盘盏东面跪于主人之左。主人斟酒于盏，以注授执事者。左手取盘盏，右手执盏，酹之茅上。以盘盏授执事者，俯伏，兴，少退，再拜，复位。愚按：《记》曰："既封，主人赠，而祝宿虞尸。"盖鬼神之事方始，而《家礼》不用，何也？曰：祭而立尸，此古人之深意。然自秦以来，其废既久。苟非上之人稽古定制，则安可以猝行乎？曰：鬼神必依其类，先王于女丧，胡以不用孙女之列而用孙妇之列耶？曰：妇人内夫家而外本宗，先王岂泛然而设之，然亦不过丧事之权宜耳。自此而外，禴祠烝尝，皆止立男尸，而于女但曰以某妃配而已，是非各于其类之明验乎。曰：或者以立尸为上古鄙野之习，中古圣人欲去之而未能，信乎？曰：是何言之谬也！夫人之既死，体魄则降，知气在上，然流行冥漠之间而无不之也。必取同类者以依之，于是乎散者可使之聚，微者可使之显，而庶或飨之。而独不观夫芥之拾于琥珀，针之引于磁石乎！今之祭也，皆厌而已矣。先王之所以施于殇与无后者，甚非孝子慈孙之所忍也。然《记》又有之，无禄者稷馈，稷馈者无尸，无尸者厌也。则士庶之伦，犹可以不用，彼莫之限而不为者，独何与？**祝进馔**。执事者佐之，其设之叙如朝奠。**初献**。主人进诣注子卓前，执注北向立。执事者一人取灵座前盘盏立于主人之左。主人甚酒，反注于卓子上，与执事者俱诣灵座前，北向立。主人跪，执事者亦跪，进盘盏，主人受盏，三祭于茅束上，俯伏，兴。执事者受盏，奉诣灵座前，奠于故处。祝执版出于主人之右，西向跪读之，前同。但云："日月不居，奄及初虞，夙兴夜处，哀慕不宁。谨以洁牲柔毛，粢盛，醴齐，哀荐袷事，尚飨。"祝兴，主人哭，再拜，复位，哭止。牲用豕，则曰刚鬣，不用牲，则曰清酌。庶羞袷合也，欲其合于先祖也。亚献，主妇为之礼如初，但不读祝，四拜。终献。亲宾一人或男或女为之礼，如亚献。愚按：祭必三献，所以别乎奠也。于初献，见父子之恩焉，于再献，见夫妇之职焉；于三献，见朋友之谊焉。亦各有序而不可越也。《记》曰："相趋也，出宫而退。相揖也，哀次而退。相问也，既封而退。朋友虞祔而退，则主献之宾长亦不得以泛然者充之。情钧以德，德钧以齿。于以奉荐，庶或飨之乎！"至若古者三献之爵，其制各殊。废爵无足，主人用之，其哀重，故其制朴也。足爵有足，主妇用之，其哀杀，故其体备也。缱爵有篆，宾长用之，其哀轻，故其饰著也。是固周有节文之详密，而《家礼》概略之，非阙如也，亦曰崇质而已矣。侑食。执事者执注就添盏中酒。主人以下皆出，祝阖门。主人立于门东，西向。卑幼丈夫在其后，重行北上。主妇立于门西，东向。卑幼妇女亦如之。尊长休于它所，如食间。祝启门，主人以下入哭辞神。祝进当门，北向噫歆，告启门三，乃启门。主人以下入就位。执事者点茶。祝立于主人之右，西向，告利成。敛主匣之，置故处。主人以下哭，再拜，尽哀止，出就次。执事者彻。祝埋魂帛。祝取魂帛，帅执事者埋于屏处洁地。罢朝夕奠。朝夕哭，哀至哭，如初。遇柔日再虞。乙、丁、巳、辛、癸为柔日，其礼如初虞，惟前期一日陈器具馔，厥明夙兴设蔬果酒馔，质明行事。祝出神主于座，祝辞改初虞为再虞，袷事为虞事为异。若墓远途中遇柔日，则亦于所馆行之。遇刚日三虞。甲丙戊庚壬为刚日，其礼如再虞，惟改再虞为三虞，虞事为成事。若墓远，亦途中遇刚日，且阙之，须至家乃可行此祭。

卒哭《檀弓》曰："卒哭曰成事。是日也，以吉祭易丧祭。"故此祭渐用吉礼。

三虞后遇刚日卒哭。前期一日，陈器具馔。并同虞祭，惟更设玄酒瓶一于酒瓶之西。厥明夙兴，设蔬果酒馔。并同虞祭，惟更取井花水充玄酒。质明，祝出主。同再虞主人以下皆入器，降神。并同虞祭。主人主妇进馔，主人奉鱼肉，主妇盥帨，奉面米食。主人奉羹，主妇奉饭以进，如虞祭之设。初献。并同虞祭，惟祝执板出于主人之左，东向跪读为异词，并同虞祭，但改“三虞”为“卒哭”，哀荐成事下云：“来日跻祔于祖考，某官府君尚飨。”按此云祖考，谓亡者之祖考也。亚献，终献侑食。阖门，启门，辞神。并同虞祭，唯祝西阶上东面告利成。愚按：葬毕而虞，虞而卒哭，礼之常也。然士、庶人之葬期，不过逾月。或财力不给，有不能及乎逾月者，于是而遂行卒哭之祭，不亦夺情之甚哉！夫葬以送终，既视其分之尊卑，又称其家之厚薄。若哀情之发于中而形于外也，不以贵贱，而或间安得而遽抑之耶。故葬期惟便是择，而卒哭必以三月为断，然后即乎人情之实耳。又古者卒哭之后，有受服之节。然其文繁密，故《家礼》去之，但菅楼之易而为疏也，麻绖之易而为葛与颣也，有变迁之序焉，或者未可尽废乎！盖丧之大节，不过四者：成服也，卒哭也，练也，祥也。服以称情，先王之权衡，审矣。自是朝夕之间，哀至不哭。犹朝夕哭。主人兄弟疏食水饮，不食菜果，寝席枕木。

祔《檀弓》曰：“商既练而祔，周卒哭而祔。孔子善商。”《注》曰：“期而神之，人情然。商礼既亡，其本末不可考。今三虞卒哭，皆用周礼次第，则此不得独从商礼。”

卒哭，明日而祔。卒哭之祭既彻，即陈器具馔。器如卒哭，唯陈之于祠堂。堂狭即于厅事，随便。设亡者祖考妣位于中，南向西上。设亡者位于其东南，西向。母丧则不设祖考位。酒瓶玄酒瓶于阼阶上，火炉汤瓶于西阶上。具馔如卒哭而三分。母丧则两分，祖妣，二人以上则以亲者。《杂记》曰：“男子祔于王父则配，女子祔于王母则不配。”《注》云：“有事于尊者，可以及卑。有事于卑者，不敢援尊也。”厥明夙兴，设蔬果、酒馔。并同卒哭。质明，主人以下哭于灵座前。主人兄弟皆倚杖于阶下，入哭尽哀止。按此谓继祖宗子之丧，其世嫡当为后者主丧，乃用此礼。若丧主非宗子，则皆以亡者继祖之宗主此祔祭。礼注云：祔于祖庙，宜使尊者为之。诣祠堂奉神主出置于座。祝轴帘，启椟，奉所祔祖考之主置于座内。执事者奉祖妣之主置于座，西上。若在它所，则置于西阶上卓子上，然后启椟。若丧主非宗子而与继祖之宗异居，则宗子为告于祖，而设虚位以祭。祭讫，除之。还奉新主人入祠堂，置于座。主人以下还诣灵座所，哭。祝奉主椟诣祠堂西阶上卓子上。主人以下哭，从如从柩之叙，至门止，哭。祝启椟，出主如前仪。若丧主非宗子，则唯丧主、主妇以下还迎。**叙立**，若宗子自为丧主，则叙立如虞，祭之仪。若丧主非宗子，则宗子、主妇分立两阶之下。丧主在宗子之右，丧主妇在宗子妇之左，长则居前，少则居后，馀亦如虞祭之仪。**参神**，在位者皆再拜，参祖考妣。**降神**。若宗子自为丧主，则丧主行之。若丧主非宗子，则宗子行之。并同卒哭。**祝进馔**。并同虞祭。**初献**，若宗子自为丧主，则丧主行之。若丧主非宗子，则宗子行之。并同卒哭，但酌献先诣祖考妣前。日子前同卒哭。祝版但云："孝子某谨以洁牲柔毛，粢盛醴齐，适于皇某考某官府君，跻祔孙某官，尚飨。"皆不哭。内丧则云："皇某妣某封某氏跻祔孙妇某封某氏。"次诣亡者前，若宗子自为丧主，则祝版同前。但云："荐祔事于先考，某官府君适于皇某考某官府君，尚飨。"若丧主非宗子，则随宗子所称，若亡者于宗子为卑幼，则宗子不拜。**亚献，终献**。若宗子自为丧主，则主妇为亚献，亲宾为终献。若丧主非宗子，则丧主为亚献，主妇为终献，并同卒哭及初献仪，惟不读祝。**侑食，阖门，启门，辞神**。并同卒哭，但不哭。**祝奉主各还故处**。祝先纳祖考妣神主于龛中匣之，次纳亡者神主西阶卓子上匣之，奉之反于灵座。出门，主人以下哭从如来仪，尽哀止。若丧主非宗子，则哭而先行，宗子亦哭送之，尽哀止。若祭于它所，则祖考妣之主亦如新主纳之。愚按：朱子曰："古者昭穆之次，昭常为昭，穆常为穆。"故祔新死者于其祖父之庙，则为告其祖父以当迁他庙，而告新死者以当入此庙之渐也。今公私之庙，皆为同堂异室，以西为上之制，而无复左昭右穆之次。一有递迁，则群室皆迁，而新死者当入于其祢之故室矣。此乃礼之大节，与古不同，而为礼者，犹执祔于祖父之文，似无意义，然欲遂变而祔于祢庙，又非爱礼存羊之意。窃意与其依违牵制，而均不免为失礼，曷若献议于朝，尽复公私之庙，皆为左昭右穆之制，而一洗其缪之为快乎！

小祥郑氏云："祥，吉也。"

期而小祥。自丧至此不计闰凡十三月。古者卜日而祭，今止用初忌以从简易。大祥放此。**前期一日主人以下沐浴，陈器，具馔**。主人帅众丈夫洒扫，涤濯。主妇帅众妇女涤釜鼎，具祭馔。它皆如卒哭之礼。**设次，陈练服**。丈夫妇人各设次于别所，置练服于其中。男子以练服为冠，去首绖、负版、辟领、衰。妇人截长裙不令曳地。应服期者改吉服。然犹尽其月，不服金珠锦绣红紫。唯为妻者犹服禫，尽十五月而除。愚按：练者，变除之大节。故《传》曰："男子除乎首，谓首绖也。妇人除乎要，谓要绖也。"乃《家礼》言男子变服之文，而于妇人，则多略焉。故杨氏辩之曰："《家礼》于妇人成服，并无绖带之文，故既练，亦不言此，为疏略。当以《仪礼》为正。"是则学礼者，所宜熟考也。厥明，夙兴，设蔬果、酒馔。并同卒哭。质明，祝出主，主人以下入哭。皆如卒哭，但主人倚杖于门外，与期亲各服其服而入。若已除服者来预祭，亦释去华盛之服，皆哭尽哀止。乃出就次，易服复入，哭。祝止之。降神如卒哭。三献如卒哭之仪，祝版同前，但云："日月不居，奄及小祥，夙兴夜处，小心畏忌，不惰其身，哀慕不宁，敢用洁牲柔毛，粢盛醴齐，荐此常事。尚飨。"侑食，阖门，启门，辞神。皆如卒哭之仪。止朝夕哭。惟朔望未除服者会哭。其遭丧以来，亲戚之未尝相见者相见，虽已除服，犹哭尽哀，然后叙拜。始食菜果。

大祥

再期而大祥。自丧至此不计闰凡二十五月。亦止用第二忌日祭。前期一日沐浴，陈器，具馔。皆如小祥。设次，陈禫服。司马公曰："丈夫垂脚黪纱幞头，黪布衫，布裹角带，未大祥间假以出谒者。妇人冠，梳假髻，以鹅黄青碧、皂白为衣履，其金珠红绣皆不可用。"愚按：《或问》子为母大祥，及禫，夫已无服，其祭当如何？朱子曰："今《礼》几筵，必三年而除，则小祥、大祥之祭，皆夫主之。但小祥之祭，夫既除服，大祥之祭，恐须素服，但改其祝词，不必言为子而祭也。"窃谓既禫服，而复主祥祭，殆不免于吉凶之相杂。由是观之，则父在为母期之制，断不可易矣。告迁于祠堂。以酒果告如朔日之仪。无亲尽之祖则祝版云云，告讫，改题神主如加赠之仪。递迁而西，虚东一龛以俟新主。若有亲尽之祖而其别子也，则祝版云云，告毕而迁于墓所，不埋。其支子也，而族人有亲未尽者，则祝版云云，告毕，迁于最长之房，使主其祭。其馀改题递迁如前。若亲皆已尽，则祝版云云，告毕，埋于两阶之间，其馀改题递迁如前。厥明行事，皆如小祥之仪。惟祝版改"小祥"曰"大祥”，“常事”曰“祥事”。**毕，祝奉神主入于祠堂。**主人以下哭从如祔之叙，至祠堂前，哭止。愚按：杨氏曰：“《家礼》祔与迁皆祥祭一时之事。按先生与学者书，则祔迁两事也。既祥而彻几筵，其主且当祔于祖父之庙，俟三年丧毕，祫祭而后迁。盖世次迭迁，昭穆继序，其事至重，岂可无祭告礼。但以酒果告，遽行迭迁乎？在《礼》，丧三年不祭。故横渠说三年丧毕，祫祭于大庙。因其祭毕还主之时，迭迁神主，用意婉转，此为得礼而先生从之。或者又以大祥，除丧而新主未得祔庙为疑。窃尝思之新主所以未迁庙者，为其体亡者、尊敬祖考之意。祖考未有祭告，岂敢遽迁也？况礼辨昭穆，孙必祔祖。凡祫祭时，孙常祔祖。今以新主且祔于祖父之庙，有何所疑耶？当俟告疾前一夕以荐告，迁主毕，乃题神主□□□，祭毕奉祧主埋于墓所。奉迁主、新主各归于庙。故并述其说，以俟参考云。”**彻灵座，断杖弃之屏处，奉迁主埋于墓侧。始饮酒食肉而复寝。**愚按：饮食寝处之节，丧礼之大经也。然《礼》文参错，亦有不尽同者。《丧大记》曰：“祥而食肉。”《间传》则曰：“禫而饮酒食肉。”此饮食之节不同也。《间传》曰：“大祥而复寝，禫而床。”《丧大记》则曰：“禫而从御吉祭而复寝，此寝处之节不同也。”然稽之于古，孔子于亲丧，既祥而弹琴。于颜渊之丧，既祥而食肉。此《家礼》之所为，一切以大祥为断乎。但窃意既祥之后，犹当饮醴酒、食干肉、废床帐、裀褥之安，至禫而后复常，庶粗为得其序耳。其礼之变，则《记》亦皆言之矣。不能食粥，羹之以菜可也。有疾，食肉饮酒，可也。则平居之时，不得以是借口矣。既葬，君若食之则食之，大夫、父之友食之则食之。不辟粱肉，若有酒醴，则辞。则家常之馔，不得以是藉口矣。蔡伯静居丧有疾，而朱子以书谕之曰：“疏食久亦不便，若不欲食肉，医家多以肉和药为丸，啖之亦助胃气，既无滋味，自无所妨。况在《礼》经，自有权制耶。”此贤者之所以过人与！或曰：“酒肉一也。《记》谓肉不当辞，而酒当辞，独何与？”曰：“酒之为物，所以合欢，安可忘哀而饮之。且其弊也，足以乱血气之常，足以荡性情之正。饮人以狂药，而责其全礼，不亦难乎，是以君子慎之也。昔陈履常、欧阳叔弼、季默皆以忧而在苏子瞻之座，予之酒则辞，命之赋诗则谢不能，子瞻反深讥之，岂非狂泉国人之见哉！”

禫 郑氏曰：“淡淡然平安之意。”

大祥之后，中月而禫。间一月也。自丧至此，不计闰凡二十七月。**前一**

月下旬卜日。下旬之首，择来月三旬各一日，或丁或亥，设卓子于祠堂门外。置香炉、香合、环珓、盘子于其上，西向。主人禫服，西向。众主人次之，少退，北上。子孙在其后，重行北上。执事者北向，东上。主人炷香熏珓，命以上旬之日曰："某将以来月某日，祗荐禫事于先考某官府君，尚飨。"即以珓掷于盘，以一俯一仰为吉，不吉更命中旬之日，又不吉则用下旬之日。主人乃入祠堂本龛前，再拜。在位者皆再拜。主人焚香。祝执辞立于主人之左，跪告曰："孝子某将以来月某日，祗荐禅事于先考某官府君，卜既得吉，敢告。"主人再拜，降，与在位者皆再拜。祝阖门，退。若不得吉，则不用"卜既得吉"一句。前期一日，沐浴设位，陈器具馔。设神位于灵座故处，它如大祥之仪。厥明行事，皆如大祥之仪。但主人以下诣祠堂。祝奉主椟置于西阶卓子上，出主置于座。主人以下皆哭尽哀。三献不哭，改祝版"大祥"为"禫祭"，"祥事"为"禫事"。至辞神乃哭，尽哀。送神主至祠堂，不哭。愚按：服之既禫，哀将尽矣。然盛丽之服，犹不可被于体；珍美之味，犹不可入于口。必俟逾时，吉祭而后，衣祭服，饮福酒，尽复平日之常耳。或曰：慎终追远，生民之最重，当丧而兼祭乎，则礼有所不可。当丧而废祭乎，则情有所不安。敢问所宜？曰：考之朱子，曰：荐新告朔，吉凶相袭，似不可行。未葬可废，既葬则使轻服或已除者入庙行礼，可也。然孔子有言：吾不与祭，如不祭，胡为而使人摄之乎。又曰：家间顷年居丧，于四时正祭则不敢举，而俗节荐享，皆以墨衰行之。然即以俗节代时祭，能无或疏或数之疑乎。究而论之，凡主人之所服，皆先祖一体之亲，祭享劝侑，必不歆也。故曰缌不祭，而况以上之丧乎？然则父母之丧，自应废祭，旁亲之丧，但行朔望之奠，可也。倘必欲举祭，则不读祝、不受胙、不饮福、不告利成，庶与纯乎吉者不同与。

居丧杂仪

《檀弓》曰："始死，充充如有穷。既殡，瞿瞿如有求而弗得。既葬，皇皇如有望而弗至。练而慨然，祥而廓然。"颜丁善居丧，始死，皇皇如有求而弗得。及殡，望望焉，如有从而弗及。既葬，慨然如不及，其反而息。愚按：充充者，行之极也。瞿瞿者，视之速也。皇皇者，心无所依也。念日月之奄忽，是以慨然；悲礼制之有限，是以廓然。望望如有从而弗及，犹欲随之也。慨然如不及，其反而息，犹欲待之也。然《问丧》又云：

"其往送也，望望然、汲汲然如有追而弗及也。其反哭也，皇皇焉若有求而弗得也。"所言不尽同者，盖君子思亲之心本无穷已。先王制礼，略为之节耳。岂有一成之情状也哉！《杂记》孔子曰："少连大连善居丧。三日不怠，三月不解。期悲哀，三年忧。"愚按：三日，始死之时也，极毁矣而能不怠。三月，既殡之时也，深哀矣而能不解。期则岁已易，而悲如故也。三年则制已终，而忧犹存也。其行如此，孔子所以列之〔逸〕民之目与。《丧服四制》曰："仁者可以观其爱焉。知者可以观其理焉。强者可以观其志焉。礼以治之，义以正之。孝子、弟弟、贞妇，皆可得而察焉。"愚按：恻怛之实，哀痛之情，仁也。备具之周，变除之当，智也。始终一节，隐显一致，强也。因是而品节之之谓礼，因是而各得其宜焉之谓义。丧虽主人之所自致，而同体者弟也，共事者妇也，故其孝、其弟、其贞，皆不可揜矣。《曲礼》曰："居丧未葬，读丧礼。既葬，读祭礼。丧复常，读乐章。"愚按：陈氏曰："非丧而读丧礼，则非人子之情。居丧而不读丧礼，不失之过，则失之不及。未葬而读祭礼，则非孝子之情。既葬而不读祭礼，不失之黩，则失之怠。丧未除而读乐章，则哀不足。丧复常而不读乐章，则乐必崩。"窃谓死生之义、鬼神之道，莫备于丧祭之仪，于居丧之时而读之，既可以考其节文度数之详，又可以兴其仁孝诚敬之念，此君子之学所以俯焉。日有孜孜，而尢一理之不穷，一事之不当也。《礼》经虽为残阙，然晦庵、勉斋裒辑成书，推衍光大，正所望于后之人。夫科举之业，何与于身心？然童而习之，白首而不以为劳者，比比也。倘能移是心，而竭三年之力以读《礼》，其于名教，岂不深有所裨乎。明儒编《大全》之书，废《仪礼》而取《小戴》。而士子之习之者，又皆舍凶礼诸篇。问其所以，则曰命题之所不取，呜呼！何其陋也。吾故曰科举之习不变，则通经学古之业不彰。《檀弓》曰："大功废业。"或曰："大功诵可也。"今居丧，但勿读乐章，可也。愚按：陈氏曰："业者，弦歌羽籥之事。诵者，诗书礼乐之文。大功废业而诵可，则大功而上，不特废业，而诵亦不可。大功而下，不特诵可，而业亦不废也。"窃谓古礼之严如此，《家礼》虑其过拘也，故但以勿读乐章言之。但居重丧之时，宜专精于礼书，有馀力则博及于经史子集之类。其野史杂曲，决不可得而陈诸前也。士子既废考试，则制艺论策之属，皆且暂辍。而应酬之书，亦必以直率无文为尚。然后可以全其哀耳。若诗歌之类，皆假音韵以成章，必不可作。他如博奕之类，本废业之物，平居尚不可习，而负重忧者，或为之，斯亦不足责也已。袁耽通脱，固晋人之鄙论夫。《杂记》："三年之丧，言而不语，对而不问。"言，言己事也。为人说为语。《丧大记》："父母之丧，非丧事不言。既葬与人立。君言王事，不言国事。大夫士言公事，不言家事。"《檀弓》："高子皋执亲之丧，未尝见齿。"言笑之征。愚按：当丧不言，不及它事，礼之正也。然讲习议论，非无故之语言可比，固不害于兼之矣。程子、朱子居丧，皆聚徒以讲学，见于《语录》者，斑斑可考也。惟笑则不可哀乐违，则岂性情之正哉？高子皋之行，足以为法矣。《杂记》："疏衰之丧既葬，人请见之则见，不请见人。小功请见人可也。"愚按：相见，宾礼也。不可以居忧之时行之，虽尊长之伦首，时俗节之，拜庆亦不可得而往也。其或人来拜庆乎己者，则使人辞谢之。《记》所谓人请见之则见者，盖谓平时耳。若夫君公官长，其体相近，衰麻在身，虽君不得而召之，或乃墨衰以入长吏之庭，斯亦不知类之甚矣。又，"凡丧，小功以上非虞祔练祥无沐浴"。《曲礼》："头有创则沐，身有疡则浴。"愚按：虞、祔、练、祥之沐浴，以致洁也；创疡之沐浴，以顺变也。然南方蒸暑之地，苟于夏月而不常沐浴，则非人情之适矣。先王之于民也，修其教，不易其俗；齐其政，不易其宜，岂必矫情而后为礼乎！《丧服四制》："百官备，百物具。不言而事行者，扶而起。言而后事行者，杖而起。身自执事而后行者，面垢而已。"愚按：居丧之礼，敬为上，哀次之，瘠为下。故治事有人，则主人得以致其病。治事无人，则主人不得以极其情，此贵贱之等也。然始死之不食，在殡之饩粥，既葬之疏水，则一而已，不以身自执事而有所间也。所谓礼不下庶人者，亦曰节文之不求备耳，岂听其荡闲而逾检也哉！凡此，皆古礼，今之贤孝君子必有能尽之者。自馀相时量力而行之可也。愚按：《礼》之所重者，大本与大经而已。生乎三代之下，冠裳衣屦之式，棺椁丘封之等，巫觋祝史之伦，皆已不能一一悉合于古。而秃者不髽，跛者不踊，伛者不袒，老病不止酒肉，古之人未尝无权制焉。苟非相时量力，其能行之而悉宜乎？然事亲而至于送死，人子之至情也。分之所得，为资之所可给，与夫口体之所能强者，而犹或借他端以自诿，则吾不知之矣。

致赙奠状

具位姓某。

某物若干。

右谨专送上某人灵筵聊备赙仪。香茶酒食云奠仪。伏惟歆纳。谨状。年月日具位姓某状。隆等不用年。

封皮状上某官灵筵。具位姓某谨封。降等即用面签。云："某人灵筵，具位姓某状谨封。"

谢状三年之丧，未卒哭，只令子侄发谢书。

具位姓名。

某物若干。

右伏蒙尊慈。降等云"仁私"。以某发书者名。某亲违世大官云"薨没"特赐平交云"贶"赙仪。襚奠随事下诚平交不用此二字不任哀感之至，谨具平交作"奉"状上平交云陈。谢。谨状。馀并同前，但封同不用"灵筵"字。

慰人父母亡疏慰嫡孙承重者同。

某顿首再拜言：降等云"顿首"不意凶变亡者官尊，即云"邦国不幸"，皆放此。先某位无官，即云"先府君"，有契即加"几丈"于"某位府君"之上。母云"先某封"，无封即云"先夫人"。承重则云"尊祖考某位，尊祖妣某封"，馀并同。奄弃荣养。亡者官尊，即云"庵捐馆舍"，或云"奄忽薨逝"。母封至夫人者，亦云"薨逝"。若生者无官，即云"奄违色养"。承讣惊怛，不能已已。伏惟平交云"恭惟"，降等缅惟。孝心纯至，思慕号绝，何可堪居。日月流迈，遽逾旬朔。经时即云"已忽"，经时已葬即云：遽经襄奉卒哭，小祥、大祥、禫、除，各随其时。哀痛奈何，罔极奈何，不审自罹荼毒，父在母亡，即云"忧苦"。气力何如。伏乞平交云"伏愿"，降等云"惟冀"，强加餐粥已葬则云"疏食"。俯从礼制。某役事所縻，在官即云"职业有守"。末由奔慰其于忧恋。无任下诚平交已下但云“某末由奉慰，悲系增深”。谨奉疏平交云“状”。伏惟鉴察。平交以下，去此四字。不备。谨疏。平交云“不宣。谨状”。月日具位降等用郡望。姓某疏上平交云“状”某官大孝。苫前母亡，即云“至孝”，平交以下，云“苫次”。

封皮疏上某官大孝。苫前具位姓某谨封。降等即用面签，云：某官大孝，苫次，郡望，姓名状。谨封。若慰人母亡即云“至孝”。

重封疏上平交云“状”。某官具位姓某谨封。

父母亡答人疏嫡孙承重者同。

某稽颡再拜言：降等去言。某罪逆深重，不自死灭，祸延先考。母云先妣，承重则祖父云先祖考，祖母云先祖妣。攀号擗踊上，五内分崩，叩地叫天，无所逮及。日月不居，奄逾旬朔。随时同前。酷罚罪苦，父在母亡，即云“偏罚罪深”，祖父母亦如之。无望生全。即日蒙恩，平交以下去此四字。祗奉几筵，苟存视息。伏蒙尊慈，俯赐慰问。哀感之至，无任下诚。平交云“仰承仁恩，俯垂慰问，其为哀感，但切下怀”。降等云“特蒙慰问，哀感良深”。司马公曰：“凡遭父母丧，知旧不以书来吊问，是无相恤之心，于礼不当。”先发书，不得已须至先发，即删此数句。末由号诉，不胜陨绝，谨奉疏。降等云“状”。荒迷不次，谨疏。降等云“状”。月日，孤子母丧称“哀子”，俱亡即称“孤哀子”，承重者称“孤孙”“哀孙”、“孤哀孙”。姓名疏上某位。座前谨空，平交以下去此二字。

封皮重封并同前。

慰人祖父母亡启状谓非承重者。伯叔父母、姑兄姊弟妹妻子侄孙同。

某启：不意凶变，子孙不用此句。尊祖考某位奄忽违世。祖母曰尊祖妣某封，无官封有契，已见上。伯叔父母姑即加“尊”字，兄姊弟妹加“令”字，降等皆加"贤"字，若彼一等之亲有数人，即加行第，云"几某位"。无官云"几府君"有契，即加几丈几兄于某位府君之上。姑姊妹则称以夫姓，云"某宅尊姑令姊妹"。妻则云"贤阁某封"，无封则但云"贤阁"。子即云"伏承令子几某位"，侄孙并同。降等则曰"贤"，无官者，称"秀才"。承讣惊怛，不能已已。妻改"怛"为"愕"，子孙但云"不胜惊怛"。伏惟恭缅见前。孝心纯至，哀恸摧裂，何可胜任。伯叔父母姑云"亲爱加隆，哀恸沉痛，何可堪胜"。兄姊弟妹则云"友爱加隆"，妻则云"伉俪义重，悲悼沉痛"，子侄孙则云"慈爱隆深，悲恸沉痛"，馀与伯叔父母姑同。孟春犹寒，随时。不审尊体何似。降等云"所履"。伏乞平交以下如前。深自宽抑，以慰慈念。其人无父母即但云远诚连书不上平。某事役所縻，在官如前。未由趋慰。其于忧想，无任下诚。平交以下如前。谨奉状，伏惟鉴察。平交如前。不备。平交如前谨状。月日，具位姓名，状上某位服前。平交云"服次"。

封皮重封同前。

祖[①]父母亡答人启状妻子侄孙同。

某启：家门凶祸，伯叔父母、姑兄姊弟妹云"家门不幸"，妻云"私家不幸"，子侄孙云"私门不幸"。先祖考祖母云先祖妣。伯叔父母云几伯叔父母。姑云几家姑。兄姊云几家兄。几家姊弟妹云几舍弟、几舍妹。妻云室人。子云小子某。侄云从子某。孙曰幼孙某。奄忽弃背。兄弟以下云"丧逝"，子侄孙云"遽尔夭折"。痛苦摧裂，不自胜堪。伯叔父母、姑兄姊弟妹云"摧痛酸楚，不自堪忍"。妻改"摧痛"为"悲悼"。子侄孙改"悲悼"为"悲念"。伏蒙尊慈，特赐慰问。哀感之至，不任下诚。平交降等如前。孟春犹寒，随时。伏惟恭缅如前某位尊体起居万福。平交不云"起居"，降等但云"动止万福"。某即日侍奉，无父母即不用此句。幸免它苦。未由面诉，徒增哽塞。谨奉状上平交云

①祖，原误作"祝"。

"陈"谢。不备。平交如前。谨状。月日某郡姓名，状上某位。座前谨空，平交如前。

封皮重封如前。

家礼拾遗卷之五

祭礼

四时祭

时祭用仲月前旬卜日。孟春下旬之首，择仲月三旬各一日，或丁或亥。主人盛服立于祠堂中门外，西向。兄弟立于主人之南，少退，北上。子孙立于主人之后，重行，西面，北上。置卓子于主人之前，设香炉、香合、环珓及盘于其上。主人搢笏，焚香，薰珓，而命以上旬之日，曰："某将以来月某日诹此岁事，适其祖考，尚飨。"即以珓掷于盘，以一俯一仰为吉。不吉更卜中旬之日，又不吉则不复卜而直用下旬之日。既得日，祝开中门，主人以下北向立，如朔望之位，皆再拜。主人升，焚香再拜。祝执辞跪于主人之左。读曰："孝孙某将以来月某日，祗荐岁事于祖考，卜既得吉，敢告。"用下旬日则不言"卜既得吉"。主人再拜，降，复位，与在位者皆再拜。祝阖门，主人以下复西向位。执事者立于门西，皆东面，北上。祝立于主人之右，命执事者曰："孝孙某将以来月某日，祗荐岁事于祖考。"有司具脩，执事者应曰："诺。"乃退。愚按：古者祭祀之日辰，或丁或亥，而《家礼》遵之。然语又曰：卜日无定，虑有不虔。司马公曰："只用分、至亦可。盖以二分为阴阳之中，二至为阴阳之始。一岁之变，无大于此者。孝子至是不能不思其亲，而因备物以飨之也。"但古人所以必用丁与亥之故，亦有说焉。考之天文，舆鬼之宿在丁，祠祀之主也；营室之宿在亥，清庙之居也。圣人无一事不顺天时，于兹可见矣。夫安可以轻变乎。抑卜筮之法，今人虽不尽晓，然《易》书具在，可以推象而考占。如曰繁重，不妨用钱以代之。若用珓卜，恐邻于鄙。礼有繁而不可厌者，此类是也。盖祭法未立，则贵得其本，而祭法已立，又贵致其文。少加润色，谅亦先贤之所与。前期三日斋戒。前期三日，主人帅众丈夫致斋于外，主妇帅众妇女致斋于内。沐浴更衣，饮酒不得至乱，食肉不得茹荤。不吊丧，不听乐。凡凶秽之事，皆不得与。愚按：《礼》曰：七日戒，三日斋，慎之至也。然则斋戒之期，当以十日为率，乃与古礼相合耳。又丧祭虽有吉凶之殊，然其哀慕之心则一也。苟非老病，则酒食之类，其亦可以不与乎，不然，其与平居相去亦奚以远哉！**前一日设位陈器**。主人帅众丈夫深衣，及执事洒扫正寝，洗拭倚卓，务令蠲洁。设高祖考妣位于堂西北壁下，南向。考西妣东，各用一倚一卓而合之。曾祖考妣，祖考妣、考妣以次而东，皆如高祖之位。世各为位，不属祔位。皆于东序西向北上或两序相向。其尊者居西，妻以下则于阶下。设香案于堂中，置香炉、香合于其上。束茅聚沙于香案前及逐位前地上。设酒架于东阶上，别置卓子于其东，设酒注一，酹酒盏一，盘一，受胙盘一，匕一，巾一，茶合、茶筅、茶盏、托、盐碟、醋瓶于其上。火炉、汤瓶、香匙、火箸于西阶上。别置卓子于其西，设祝版于其上。设盥盆、帨巾各二于阼阶下之东西，其西者有台架，又设陈馔大床于其东。愚按：《家礼》设位之法，四代之主并列于上，疑未得为至当也。盖古者时祭有犆、有祫。犆者，各祀于其庙也；祫者，合祀于一庙也。今庙制未备，则犆祭无所用之矣，当祫之时而不辨尊卑、序昭穆，岂所以妥之乎？但古者天子、诸侯有不祧之太祖，则有常尊矣。故自此以降，可左右而序列之。今祠堂之制，高祖有迭迁之势，似非太祖之比。然其体之尊，则一而已。又何妨特位于上而分置三代之主于两旁乎？或曰：古者太祖东面，而今乃以始祖南面。古者群昭南面，群穆北面，而今乃以曾祖及考西面，而祖东面，不亦紊越矣乎。曰：古人制作，皆取法乎天地之运，万物出乎震，此天地发生之气也。故宗庙则神主向之，祫禘则尊者向之。今室庐门户之制，皆不能如古则，但以上下为次焉可耳。曰：祔位者，胡不各以其伦设之，而列诸两序之间耶？曰：朱子尝言人家族众或主祭者不可以祭及伯叔父之类，则须令其嗣子别得祭之。然则当祭者，不过殇与无后者而已矣。古人有阳厌、阴厌之祭，是未尝遂与已之所自出者同也。苟并列焉，岂所谓亲亲之杀乎？曰一人而有数妻，则自主祭者之祖妣之母之外，皆等之旁亲，与曰不然也。《记》言妇人之祔而曰皇姑，有数人则祔于其亲者，则是皆与夫同处矣。曰：元配而无出，则如之何？曰：既与祖考拺合，子孙安得而抑之。程子谓合葬以元妃配享，以宗子之自出，意者记录之，或误耶？**省牲、涤器、具馔**。主人帅众丈夫深衣，省牲，莅杀。主妇帅众妇女背子涤濯祭器，洁釜鼎，具祭馔。每位果一品，菜蔬及脯、醢各三品，肉、鱼、馒头、糕各一盘，羹、饭各一碗，肝各一串，肉各二串，务令精洁。未祭之前，勿令人先食及为猫犬虫鼠所污。愚按：祭必夫妇亲之，所以备内外之官。故牲则主人躬省之，馔则主妇躬具之，不可专委诸使令之伦也。朱子尝以书戒其子塾曰："吾不孝，为先公弃捐，不及供养。事先妣四十年，然愚无识，知所以承颜顺色，甚有乖戾。至今思之，常以为终天之痛，无以自赎。惟有岁时享祀，致其谨洁，犹是可著力处。汝辈及新妇等切宜谨戒，凡祭肉，脔割之馀及皮毛之属，皆当存之，勿令残秽亵慢，以重吾不孝。"盖前贤之诚信如此。又牺牲之肠胃，羊可用而豕不可用。蔬果之属，亦不当以粪秽之厚壅者充之。惟野殺水菜，尤为洁清也。且古者祭祀，夫妇同尸，以其精气之合也。然则每位各馔，毋乃与此意相违与？用者酌之。**厥明夙兴，设蔬果酒馔**。主人以下深衣，及执事者俱诣祭所。盥手，设果楪于逐位卓子南端，蔬菜脯醢相间次之。设盏盘、醋楪于北端，盏西，楪东，匙箸居中。设玄酒及酒各一瓶于架上。玄酒其日取井花水，充在酒之西。炽炭于炉，实水于瓶。主妇背子炊暖祭馔，皆令极热，以合盛出，置东阶下大床上。**质明奉主就位**。主人以下各盛服，盥手，帨手，诣祠堂前。众丈夫叙立如告日之仪。主妇西阶下，北面立。主人有母，则特位于主妇之前。诸伯叔母诸姑继之。嫂及弟妇姊妹在主妇之左。其长于主母主妇者皆少进。子孙妇女内执事者在主妇之后，重行，皆北向东上。立定，主人升自阼阶，搢笏，焚香。出笏告曰："孝孙某，今以仲春之月，有事于皇高祖考某官府君，皇高祖妣某封某氏，皇曾祖考某官府君，皇曾祖妣某封某氏，皇祖考某官府君，皇祖妣某封某氏，皇考某官府君，皇妣某封某氏，以某亲某官府君，某亲某封某氏祔食。敢请神主出就正寝，恭伸奠献。"告辞，仲夏秋冬各随其时，祖考有无官爵封谥，皆如题主之文。祔食谓旁亲无后者及卑幼先亡者，无即不言。告讫，搢笏，敛椟，正位祔位各置一笥，各以执事者一人捧之。主人出笏前导，主妇从后，卑幼在后。至正寝，置于西阶桌子上。主人搢笏，启椟。奉诸考神主出就位。主妇盥，帨，升，奉诸妣神主亦如之。其祔位则子弟一人奉之。既毕，主人以下皆降复位。**参神**。主人以下叙立如祠堂之仪，立定，再拜。若尊长老疾者，休于它所。**降神**。主人升，搢笏，焚香，出笏，少退立。执事者一人开酒取巾，拭瓶口，实酒于注。一人取东阶卓上盘盏立于主人之左，一人执注立于主人之右。主人搢笏跪，奉盘盏者亦跪，进盘盏，主人受之，执注者亦跪，斟酒于盏，主人左手执盘，右手执盏，灌于茅上。以盘盏授执事者，出笏，俯伏，兴，再拜，降，复位。愚按：温公有言，古之祭者，不知神之所在，故灌用郁鬯，臭阴达于渊泉。萧合黍稷，臭阳达于墙屋。所以广求神也。今此礼既难行于士民之家，故但焚香酹酒以代之，此亦从宜之一道也。但降神之酒，则当尽倾，而三献之酒，不当倾之于地。《家礼》乃概而施之，则非礼之正耳。程子曰："古者灌以降神，故以茅缩酌。谓求神于阴阳有无之间，故酒必灌于地。若奠，则安置在此。今人以浇在地上，甚非也。既献，则彻去可也。”张子曰：“奠，安置也，若言奠挚、奠枕是也。注之于地，非也。”朱子亦曰：“酹酒有两说：一用郁鬯，以降神，唯天子诸侯有之。一是祭酒，盖古者饮食，必祭鬼神，自不能祭，故代之祭也。今人虽存其礼而失其义，不可不知。”由此观之，则献酬之时，但倾少许于茅上可矣。进馔。主人升，主妇从之，执事者一人以盘奉鱼、肉，一人以盘奉米、面食，一人以盘奉羹、饭从，升至高祖位前。主人搢笏，奉肉，奠于盘盏之南。主妇奉面食，奠于肉西。主人奉鱼，奠于醋碟之南。主妇奉米食，奠于鱼东。主人奉羹，奠于醋碟之东。主妇奉饭，奠于盘盏之西。主人出笏，以次设诸正位，使诸子弟妇女各设祔位。皆毕，主人以下皆降复位。初献。主人升，诣高祖位前。执事者一人执酒注，立于其右。冬月即先暖之。主人搢笏，奉高祖考盘盏，位前东向立。执事者西向斟酒于盏，主人奉之，奠于故处。次奉高祖妣盘盏亦如之。出笏位前，北向立。执事者二人奉高祖考妣盘盏立于主人之左右。主人搢笏跪，执事者亦跪。主人受高祖考盘盏，右手取盏，祭之茅上。以盘盏授执事者，反之故处。受高祖妣盘盏亦如之。出笏，俯伏，兴，少退，立。执事者炙肝于炉，以碟盛之。兄弟之长一人奉之，奠于高祖考妣前匙箸之南。祝取版立于主人之左，跪读曰：“维年岁月朔日，子孝玄孙某官某敢昭告于皇高祖考某官府君，皇高祖妣某封某氏。气序流易，时维仲春，追感岁时，不胜永慕。敢以洁牲柔毛，粢盛醴齐，祗荐岁事。以某亲某官府君某亲某封某氏祔食，尚飨。”毕，兴。曾祖前称“孝曾孙”，祖前称“孝孙”，考前称“孝子”，改“不胜永慕”为“昊天罔极”。凡祔者，伯叔祖父祔于高祖，伯叔父祔于曾祖，兄弟祔于祖，子行祔于考，馀皆仿此。如本位无，即不言以某亲祔食。祖考无官，及改夏秋冬字，皆已见上。主人再拜，退。诣诸位，献祝如初。每逐位读祝毕，即兄弟众男之不为亚终献者，以次分诣本位所祔之位酌献如仪，但不读祝。献毕，皆降复位。执事者以它器彻酒及肝，置盏故处。亚献。主妇为之，诸妇女奉炙肉及分献如初献仪，但不读祝。终献。兄弟之长或长男或亲宾为之。众子弟奉炙肉及分献如亚献仪。侑食。主人升，搢笏，执注，就斟诸位之酒皆满，立于香案之东南。主妇升，扱匙饭中，西柄，正箸，立于香案之西南。皆北向，再拜，降，复位。阖门。主人以下皆出。祝阖门，无门处即降帘可也。主人立于门东，西向，众丈夫在其后。主妇立于门西，东向，众妇女在其后。如有尊长则少休于他所，此所谓厌也。启门。祝声三噫歆，乃启门。主人以下皆入。其尊长先休于它所者亦入，就位。主人主妇奉茶，分进于考妣之前。祔位使诸子弟妇女进之。受胙。执事者设席于香案前。主人就席，北面。祝诣高祖考前，举酒盘盏，诣主人之右。主人跪祝亦跪。主人搢笏受盘盏，祭酒，啐酒。祝取匙并盘，抄取诸位之饭各少许，奉以诣主人之左。嘏于主人曰："祖考命工祝承致多福于汝孝孙。使汝受禄于天，宜稼于田，眉寿永年，勿替引之。"主人置酒于席前，出笏，俯伏，兴，再拜，搢笏，跪，受饭尝之，实于左袂，挂袂于季指，取酒卒饮。执事者受盏自右，置注旁；受饭，自左，亦如之。主人执笏，俯伏，兴，立于东阶上，西向。祝立于西阶上，东向。告利成，降，复位，与在位者皆再拜。主人不拜，降，复位。**辞神**。主人以下皆再拜。**纳主**。主人主妇皆升，各奉主纳于椟。主人以笥敛椟，奉归祠堂如来仪。**彻**。主妇还监彻。酒之在盏注它器中者，皆入于瓶，缄封之，所谓福酒。果蔬肉食并传于燕器，主妇监涤祭器而藏之。**馂**。是日，主人监分祭胙品，取少许置于合，并酒皆封之，遣仆执书归胙于亲友。遂设席，男女异处，尊行自为一列，南面。自堂中东西分首，若止一人，则当中而坐，其馀以次相对，分东西向。尊者一人先就坐，众男叙立，世为一行，以东为上，皆再拜。子弟之长者一人少进立，执事者一人执注立于其右，一人执盘盏立于其左。献者搢笏，跪，弟献则尊者起立，子侄则坐受。注斟酒，反注受盏，祝曰："祀事既成，祖考嘉飨，伏愿某亲，备膺五福，保族宜家。"授执盏者，置于尊者之前。长者出笏，尊者举酒毕。长者俯伏，兴，退，复位，与众男皆再拜。尊者命取注及长者之盏置于前自斟之，祝曰："祀事既成，五福之庆，与汝曹共之。"命执事者以次就位，斟酒皆遍。长者进跪受饮毕，俯伏，兴，退立。众男进揖，退立，饮。长者与众男皆再拜。诸妇女献女尊长于内如众男之仪，但不跪。既毕，乃就坐，荐肉食。诸妇女诣堂前献男尊长寿。男尊长酢之如仪。众男诣中堂献女尊长寿，女尊长酢之如仪。乃就坐，荐面食。内外执事者各献内外尊长寿如仪而不酢。遂就斟在坐者遍，俟皆举，乃再拜退。遂荐米食，然后泛行酒，间以祭馔，酒馔不足则以它酒它馔益之。将罢，主人颁胙于外仆，主妇颁胙于内执事者。遍及微贱，其日皆尽，受者皆再拜，乃彻席。愚按：祭矣而馂，欲神惠之均也。但古者祭必有尸，故主人也、主妇也、祝也、佐食也、宾客也、兄弟子姓也，皆献酬交错而各致其仪。若大夫之宾尸，则其节文更备，而诸侯、天子之绎祭，乃必俟次日而后能行之。此其所以事幽理明，各得其所。故曰庙中者，境内之象也。后世未能立尸，故《家礼》变为设席就宴之节，其亦无妨于权制者与。程子尝言骨肉日疏者，以其情不相接耳。然无故而会食剧饮，或相聚而为嬉游博奕之好，又岂所以为训乎？曷若于四时之间各举祀典，而合亲属以临之。尊祖敬宗，可以教孝。修仪尽饰，可以教礼。饮福颁胙，可以教睦。一物而三善具焉。今之君子，胡为而以为迂也。**凡祭，主于尽爱敬之诚而已。**贫则称家之有无，疾则量筋力而行之。财力可及者自当如仪。愚按：祭祀之报，本于人心，而先王制礼以成之。虽或限于资产之贫乏，筋力之老病，亦未始不可以自致其诚也。无祠堂者，祭之于寝。无特牲、少牢之馈者，代之以常馔。礼不云乎"春荐韭，夏荐麦，秋荐黍，冬荐稻。韭以卵，麦以鱼，黍以豚，稻以雁"，岂遂竭终岁之力而不能办乎？至若老病之伦，《家礼》明言降神之后，休于它所。尊长之辈，亦言阖门之后，少休于它所。夫何惮而莫之行也？豺獭能祭，而士大夫或忽之，盖俗之弊也久矣。

初祖惟继始祖之宗得祭。

冬至祭始祖。程子曰："此厥初生民之祖也。冬至一阳之始，故象其类而祭之。"前期三日斋戒。如时祭之仪。前期一日设位。主人众丈夫深衣，帅执事者洒扫祠堂，涤濯器具。设神位于堂中间北壁下，设屏风于其后，食床于其前。陈器。设火炉于堂中，设炊烹之具于东阶下盥东，炙具在其南，束茅以下并同时祭。主妇众妇女背子，帅执事者涤濯祭器，洁釜鼎，具果楪六，盘三，杅六，小盘三，盏盘匙箸各二，脂盘一，酒注、酹酒盘盏一，受胙盘匙一。按，此本合用古祭器，今恐私家或不能办，且用今器以从简便。神位用蒲荐加草席，皆有缘。或用紫褥①，皆长五尺，阔二尺有半。屏风如枕屏之制，足以围席三面。食床以版为面，长五尺，阔三尺馀，四围亦以版，高一尺二寸，二寸之下乃施版，面皆黑漆。具馔。脯时杀牲，主人亲割。毛血为一盘，首、心、肝、肺为一盘，脂杂以蒿为一盘，皆腥之。左胖不用，右胖前足为三段，脊为三段，胁为三条，后足为三段，去近窍一节不用，凡十一体。饭米一杅，置于一盘。蔬果各六品。切肝一小盘，切肉一小盘。厥明，夙兴，设蔬果酒馔。主人深衣，帅执事者设玄酒瓶及酒瓶于架上，酒注、酹酒盘盏、受胙盘匙各一于东阶卓子上。祝版及脂盘于西阶卓子上，匙箸各一于食床北端之东西相去二尺五寸。盘盏各一于箸西，果子在食床南端，蔬在其北。毛血腥盘切肝肉皆陈于阶下馔床上。米实阶下炊具中。十一体实烹其中，以火爨而熟之，盘一，杅六，置馔床上。质明，盛服就

①紫褥，疑当作"絮褥"。

位。如时祭仪。**降神，参神**。主人盥，升，奉脂盘诣堂中炉前，跪告曰："孝孙某今以冬至，有事于皇始祖考，皇始祖妣，敢请尊灵降居神位，恭伸奠献。"遂燎脂于炉炭上，俯伏，兴，少退，立，再拜。执事者开酒，主人跪酹如时祭之仪。**进馔**。主人升，诣神位前。执事者奉毛血腥肉以进。主人受，设之于蔬北，西上。执事者出熟肉，置于盘，奉以进。主人受，设之腥盘之东。执事者以杅二盛饭，杅二盛肉湇不和者，又以杅二盛肉湇以菜者，奉以进。主人受，设之，饭在盏西，大羹在盏东，铏羹在大羹东。皆降，复位。**初献**。如时祭之仪，但主人既俯伏，兴，兄弟炙肝加盐，实于小盘，以徙祝。辞曰："维年岁月朔日，子孝孙姓名，敢昭告于皇初祖考，皇初祖妣。今以中冬阳至之始，追惟报本，礼不敢忘，谨以洁牲柔毛，粢盛醴齐，祗荐岁事，尚飨。"**亚献**。如时祭之仪，但众妇炙肉加盐以从。**终献**。如时祭及上仪。**侑食，阖门，启门，受胙，辞神，彻，馂**。并如时祭之仪。

先祖继始祖高祖之宗得祭。继始祖之宗则自初祖而下，继高祖之宗则自先祖而下。

立春祭先祖。程子曰："初祖以下高祖以上之祖也。立春，生物之始，故象其类而祭之。"**前三日斋戒**。如祭初祖之仪。**前一日设位陈器**。如祭初祖之仪，但设祖考神位于堂中之西，祖妣神位于堂中之东。蔬果楪各十二，大盘六，小盘六，馀并同。**具馔**。如祭初祖之仪。但毛血为一盘，首心为一盘，肝、肺为一盘，脂蒿为一盘，切肝两小盘，切肉四小盘，馀并同。**厥明，夙兴，设蔬果酒馔**。如祭初祖之仪。但每位匙箸各一，盘盏各二，置阶下，馔床上，馀并同。**质明，盛服就位，降神，参神**。如祭初祖之仪。但告辞改"始"为"先"，馀并同。**进馔**。如祭初祖之仪。但先诣祖考位。奉毛血首心，前足上二节，脊三节，后足上一节。次诣祖妣位。奉肝、肺、前足一节，胁三节，后足下一节，馀并同。**初献**。如祭初祖之仪。但献两位合，俯伏，兴，当中少立。兄弟炙肝两小盘以从。祝词改"初"为"先"，"中冬阳至"为"立春生物"，馀并同。**亚献，终献**。如祭初祖之仪。但从炙肉各二小盘。**侑食，阖门，启门，受胙，辞神，彻，馂**。并如祭初祖仪。愚按：上古之时，未有火化，故祭始祖、先祖者，必荐血与腥焉。且夫礼之近人情者，非其至者也。《记》曰："有虞氏祭首，夏后氏祭心，殷祭肺，周祭肝。首者，体之尊，心者，形之主，肺则气之所聚也，肝则血之所归也。”故以祭先代始为饮食者，此其所以兼而用之乎！首心阳，故以奉诸祖，肝肺阴，故以奉诸妣，则其分用之意也。然此二祭者，朱子晚年又尝疑而去之，故语曰：“始祖之祭似禘，先祖之祭似祫。”集曰始祖、先祖之祭，伊川方有此说。足以尽孝子慈孙之心，然尝疑其礼近于禘祫，非臣民所得用，遂不敢行。德厚者流光，德薄者流卑。故古者大夫以下，极于三庙，而干祫可以及其高祖。今用先儒之说，通祭高祖，已为至矣。其上世久远，自合迁毁，不当更祭也，此其立义精矣。但先祖之中，而或有名臣修士，则乡人犹且庙社之，而况于子孙乎？宜藏其主于大宗祠堂之夹室，立春之日，率族人而奠之，恐不得遂谓之僭也。不推之上古之遥，则非似禘矣；不合陈祧庙之主，则非似祫矣。血腥之献，仍当去之。程朱可作，不知以为何如也。

祢祭继祢之宗以上皆得祭，惟支子不祭。

季秋祭祢，程子曰：“季秋，成物之始，亦象其类而祭之。”前一月下旬卜日。如时祭之仪。惟告辞改“孝孙”为“孝子”。又改“祖考妣”为“考妣”。若母在，则止云“皇考”。告于本龛之前，馀并同。前三日斋戒，前一日设位陈器。如时祭之仪。但止于正寝合设两位于堂中，西上。香案以下，并同。具馔。如时祭之仪。一分。厥明，夙兴，设蔬果酒馔。如时祭之仪。质明，盛服，诣祠堂，奉神主出就正寝。如时祭于正寝之仪。但告辞云：“孝子某，今以季秋成物之始，有事于皇考某官府君，皇妣某封某氏。”参神，降神，进馔，初献。并如时祭之仪。但祝辞曰：“今以季秋，成物之始，感时追慕，昊天罔极。”馀并同。亚献，终献，侑食，阖门，启门，受胙，辞神，纳主，彻，馂。并如时祭之仪。愚按：季秋之祭，似有丰祢之嫌。然朱子尝言其生日适在季秋，遂以其日祭祢。此则礼之以义起者，后世之所宜遵也。盖罔极之恩，莫先于悬弧之日。大孝终身慕父母，岂能忘情于此际乎。程子曰：“大无父母，生日当更悲痛，更安忍置酒张乐以为乐。若具庆者，可矣。”然则凡遇诞期者，皆于是日迎父母之主而奠焉，而孺慕之心，宛然如在矣。若夫寿筵，召宾寿文颂德，举世之人皆慕为之，其亦不学之过与。唐太宗曰：“四海皆为欢乐，在朕翻为感伤，奈何以劬劳之日反为宴乐乎？”大哉王言，可谓世为天下则者矣。

忌日

前一日斋戒。如祭祢之仪。设位，如祭祢之仪。但止设一位。陈器，如祭祢之仪。具馔。如祭祢之仪一分。厥明，夙兴，设蔬果酒馔。如祭祢之仪。质明，主人以下变服。祢则主人兄弟黪纱、幞头、黪布、衫布、裹角带。祖以上则黪纱衫，旁亲则皂纱衫。主妇特髻、去饰、白大衣、淡黄帔，馀人皆去华盛之服。诣祠堂，奉神主出就正寝。如祭祢之仪。但告辞云："今以某亲某官府君远讳之辰，敢请神主出就正寝，恭伸追慕。"馀并同。参神，降神，进馔，初献。如祭祢之仪。但祝辞云："岁序流易，讳日复临，追远感时，不胜永慕。"考妣改"不胜永慕"为"昊天罔极"。旁亲云："讳日复临，不胜感怆。"若考妣则祝兴，主人以下哭尽哀。馀并同。亚献，终献，侑食，阖门，启门。并如祭祢之仪。但不受胙。辞神，纳主，彻。并如祭祢之仪，但不馂。是日不饮酒，不食肉，不听乐。黪布、素服，素带以居，夕寝于外。愚按：古者于忌日致哀，示变而已。祭奠之设，自程张制之。然《家礼》于衣服有正亲、旁亲之分，而饮食、寝处之节，则无隆杀焉。及考之张子论忌日之言，变服易食为某某者甚多。而朱子则曰："横渠忌日，衣服有数等。今恐难遽行。且主祭者易以黪素之服，可也。好礼者其审处之。"

墓祭

三月上旬择日。前一日斋戒，如家祭之仪。具馔。墓上每分如时祭之品。更设鱼、肉、米、面食各一大盘，以祀后土。厥明洒扫，主人深衣，帅执事者诣墓所，再拜，奉行茔域。内外环绕哀者三周。其有草棘，即用刀斧锄斩芟夷。洒扫讫，复位，再拜。又除地于墓左，以祭后土。布席陈馔。用新洁席陈于墓前，设馔如家祭之仪。参神，降神，初献。如家祭之仪。但祝辞云："某亲某官府君之墓，气序流易，雨露既濡，瞻扫封茔，不胜感慕。”馀并同。**亚献，终献**。并以子弟亲宾为之。**辞神，乃彻，遂祭后土，布席，陈馔**。四盘于席南端，设盘盏匙箸于其北。馀并同上。**降神，参神，三献**。同上。但祝辞云：“某官姓名，敢昭告于后土氏之神。某恭修岁事于某亲某官府君之墓。惟时保佑，实赖神休。敢以酒馔敬伸奠献，尚飨。”**辞神，乃彻而退**。愚尝于少时为墓祭之叙而曰：墓祭，非古也。形归窀穸，神返室庐丘垅之间，非所以严庙貌也。荆榛之内，非所以列豆笾也。奔走仓卒之馀，非所以致敬而尽悫也。而人心之不容已者存焉。芳时令节，少长团圞。清旦黄昏，儿女嬉笑，顾九原独不可复作，其何以堪之。况夫日月迁流，陵移谷变，汲及之患，势所必然。行道之人，且为心恻矣。夫墓祭，亦犹行古之道也，于时先生长者咸以为然。及长而考诸礼书，则墓人之职，祭墓为尸，是土神之祀，不可废也。宗子去它邦，庶子无庙，望墓为坛，而以时祭祀，是先祖之祀，亦可权行也。而况清明展墓，历代相因，乌可不致其敬乎？但草野之中，难于备礼，则一献亦不为薄，而土神之祀，恐必以血腥为宜耳。或曰世俗于墓有飨堂焉，不识于礼合乎否也？曰：神主归庙，而墓间复为飨堂，是二之也。石兽等物，先贤犹恐启人觊觎之心，以为不若不用之为愈，而况于此哉！然则宗庙、丘墓，礼分隆杀，彼庐墓者非与？曰：舍晨昏朝夕之奠，而远托山陵，吾不知其为礼也。袁绍盖尝行之六年矣，又安知其非欺世以盗名者耶。

图书在版编目（CIP）数据

李文炤集（清）李文炤撰.—长沙：岳麓书社，2012.2

ISBN 978-7-80761-817-1

Ⅰ.①李… Ⅱ.①李… Ⅲ.①李文炤（1672~1735）—文集

Ⅳ.①Z424.9

中国版本图书馆 CIP 数据核字（2012）第 008227 号

湖湘文庫

湖湘文库编辑出版委员会

李文炤集

据湖南图书馆藏本校点

著　　者　〔清〕李文炤
校 点 者　赵载光
责任编辑　马美著　刘　文
整体设计　郭天民
出版发行　岳麓书社
网　　址　http://www.yueluhistory.com
地　　址　湖南省长沙市爱民路47号
邮　　编　410006
电　　话　0731—88885616（邮购）
经　　销　湖南省新华书店
印　　刷　湖南凌华印务有限公司
版　　次　2012年7月第1版第1次印刷
开　　本　960×640　1/16
印　　张　45.25
字　　数　527千字
书　　号　ISBN 978-7-80761-817-1/G·1100
定　　价　95.00元

如有印装质量问题，请与承印厂斟换

厂址：长沙市黄花工业园　电话：0731—82755085　邮编：410137

ISBN 978-7-80761-817-1

9 787807 618171 >